GW01091075

L'IDÉE DE JUSTICE

Du même auteur

Éthique et économie, Paris, PUF, 1993

L'économie est une science morale, Paris, La Découverte, 1999

Repenser l'inégalité, Paris, Seuil, 2000

Un nouveau modèle économique. Développement, justice, liberté, Paris, Odile Jacob, 2000

Civilisations, globalisation, guerre. Discours d'économistes (avec L.R. Klein, K.J. Arrow), Saint-Martin-d'Hères, PUG, 2003

La Démocratie des autres. Pourquoi la liberté n'est pas une invention de l'Occident, Paris, Payot, 2005

Rationalité et liberté en économie, Paris, Odile Jacob, 2005

L'Inde. Histoire, culture et identité, Paris, Odile Jacob, 2007

Identité et violence. L'illusion du destin, Paris, Odile Jacob, 2007

Amartya SEN

L'IDÉE DE JUSTICE

Traduit de l'anglais par Paul Chemla
avec la collaboration d'Éloi Laurent

Champs essais

L'ouvrage original a paru sous le titre *The Idea of Justice*
aux éditions Penguin Books Ltd, Londres, 2009

ISBN : 978-2-0812-7069-5

À la mémoire de John Rawls

PRÉFACE

« Dans le petit monde où vivent les enfants », dit Pip dans *De grandes espérances*, de Charles Dickens, « rien n'est plus délicatement perçu, rien n'est plus délicatement senti que l'injustice [1]. » Je crois qu'il a raison : après sa rencontre humiliante avec Estella, il se souvient avec force des « capricieuses et violentes corrections » qu'il a reçues, enfant, des mains de sa propre sœur. Mais les adultes aussi perçoivent fortement l'injustice. Ce qui nous émeut alors, de façon assez compréhensible, ce n'est pas de constater que le monde ne parvient pas à être entièrement juste (qui s'y attendrait parmi nous ?), c'est qu'il existe autour de nous des injustices manifestement réparables, que nous voulons éliminer.

Nous le voyons bien dans notre vie quotidienne : certaines iniquités ou oppressions dont nous pouvons souffrir nous inspirent à juste titre de la rancœur. Et il en va de même face aux injustices de grande ampleur du monde dans lequel nous vivons. On peut aisément admettre que les Parisiens n'auraient pas pris la Bastille, que Gandhi n'aurait pas défié l'empire sur lequel le soleil ne se couchait jamais ni Martin Luther King combattu la suprématie blanche sur « le pays des hommes libres et la patrie des braves » s'ils n'avaient eu le sentiment d'être confrontés à une injustice patente susceptible d'être vaincue. Ils ne cherchaient pas à instaurer un monde parfaitement juste (à supposer qu'on s'entende sur ce que c'est), ils voulaient seulement supprimer des injustices flagrantes, dans la mesure de leurs moyens.

L'identification d'injustices réparables n'est pas seulement l'aiguillon qui nous incite à penser en termes de justice et d'injustice, c'est aussi le cœur de la théorie de la justice – telle est du moins la thèse de ce livre. Dans la recherche que je présente ici, des diagnostics d'injustice serviront fréquemment de point de départ à l'analyse critique[2]. Mais, demandera-t-on peut-être, si c'est un point de départ raisonnable, n'est-ce pas aussi un bon point d'arrivée ? Quel besoin d'aller au-delà de nos sentiments de justice et d'injustice ? Pourquoi nous faudrait-il une théorie de la justice ?

La compréhension du monde ne s'arrête en aucune façon à l'enregistrement des perceptions immédiates. La compréhension passe inévitablement par le raisonnement. Nous devons « lire » ce que nous sentons et croyons voir, nous demander ce qu'indiquent ces perceptions et comment les prendre en compte sans nous laisser submerger par elles. La fiabilité de nos sentiments et impressions pose problème. Un sentiment d'injustice peut servir de « signal de départ » et nous mettre en mouvement, mais tout signal appelle l'examen critique, et il est bon de vérifier la solidité d'une conclusion principalement fondée sur des signaux. Adam Smith était convaincu de l'importance des sentiments moraux ; cela ne l'a pourtant pas empêché d'élaborer une *théorie* des sentiments moraux ni d'établir avec insistance qu'un sentiment d'injustice doit être examiné attentivement, à la lumière d'une critique raisonnée, afin de déterminer s'il peut constituer le socle d'un verdict légitime. Toute tendance à faire l'éloge de quelqu'un ou de quelque chose mérite aussi notre attention critique*.

Nous devons également nous demander quels types de raisonnement doivent intervenir dans l'évaluation de concepts éthiques

---

* L'ouvrage classique d'Adam Smith, *Théorie des sentiments moraux*, a été publié il y a deux cent cinquante ans exactement, en 1759, et la dernière édition révisée – la sixième – en 1790. Dans la nouvelle édition anniversaire de ce livre, parue chez Penguin Books en 2009, j'analyse, dans l'introduction, la nature de l'engagement moral et politique de Smith et sa pertinence persistante pour le monde contemporain.

et politiques tels que ceux de justice et d'injustice. En quoi un diagnostic d'injustice, ou bien le repérage de ce qui la réduirait ou l'éliminerait, peut-il être objectif ? Faut-il pratiquer une impartialité de type particulier, par exemple se détacher de ses intérêts matériels ? Est-il nécessaire, en outre, de réexaminer certaines attitudes, même si elles ne sont pas liées à des intérêts particuliers, mais reflètent des idées préconçues et des préjugés locaux, qui ne survivraient peut-être pas à une confrontation raisonnée avec d'autres arguments non limités par le même esprit de clocher ? Quel rôle jouent le rationnel et le raisonnable dans la compréhension des exigences de la justice ?

Ces questions et certaines idées générales qui leur sont étroitement liées seront abordées dans les dix premiers chapitres ; puis je passerai aux problèmes pratiques et examinerai les bases (quelles qu'elles soient : libertés, capabilités, ressources, bonheur, bien-être ou autre chose) sur lesquelles reposent les jugements de justice ; ensuite seront traités la pertinence de diverses considérations touchant aux catégories générales de l'égalité et de la liberté ; le lien évident qui relie la quête de la justice à la volonté de démocratie, définie comme « gouvernement par la discussion » ; enfin, la nature, la viabilité et la portée des revendications liées aux droits humains.

Quel type de théorie ?

Cet ouvrage présente une théorie de la justice au sens large. Au lieu de proposer certaines réponses à des interrogations sur la nature de la justice parfaite, il cherche à déterminer comment procéder pour promouvoir la justice et éliminer l'injustice. À cet égard, il se distingue nettement des théories de la justice qui dominent dans la philosophie morale et politique contemporaine. Trois différences, notamment, requièrent une attention particulière.

Avant toute chose, une théorie de la justice pouvant servir de base à nos raisonnements pratiques doit inclure des moyens de déterminer comment réduire l'injustice et faire progresser la justice ; elle ne doit pas viser exclusivement à définir des sociétés parfaitement justes – visée caractéristique de tant de théories de la justice dans la philosophie politique contemporaine. Les deux tâches – identifier des dispositifs parfaitement justes et déterminer si tel changement social particulier va accroître la justice – procèdent d'une même intention, mais n'en sont pas moins distinctes du point de vue de l'analyse. La seconde, sur laquelle se concentre cet ouvrage, est cruciale pour prendre des décisions relatives aux institutions, aux comportements et à d'autres facteurs déterminants de la justice, et la façon de parvenir à ces décisions est nécessairement au cœur d'une théorie de la justice qui vise à guider la raison pratique sur ce qu'il faudrait faire. En ce qui concerne le postulat tenant cet exercice comparatif pour impossible tant que n'ont pas été préalablement identifiées les exigences de la justice parfaite, on peut démontrer qu'il est erroné (ce point est analysé au chapitre 4, « Voix et choix social »).

Deuxièmement, s'il est possible, en matière de justice, de résoudre de nombreux problèmes comparatifs par un accord issu d'un débat argumenté, il existe des cas dans lesquels les conflits ne sont pas entièrement réglés. Je soutiens ici qu'il peut exister plusieurs logiques distinctes de la justice qui survivent toutes à l'examen critique mais aboutissent à des conclusions divergentes*. Des arguments raisonnables et pourtant concurrents émanent parfois de personnes dont les expériences et les traditions sont différentes, mais ils peuvent aussi provenir d'une même société, voire d'un même individu**.

Il est nécessaire d'engager un débat argumenté, avec soi-même et avec les autres, pour traiter ces revendications rivales, plutôt

* L'importance du pluralisme des évaluations a été très largement – et très puissamment – explorée par Isaiah Berlin et Bernard Williams. Une pluralité des évaluations peut survivre même au sein d'une communauté donnée, voire chez un individu, et rien n'impose qu'elle reflète les valeurs divergentes de « communautés différentes ». Néanmoins, celles-ci peuvent aussi jouer un grand rôle (comme l'ont montré de diverses façons, dans d'importantes contributions, Michael Walzer, Charles Taylor et Michael Sandel, entre autres).

** Par exemple, Marx a exposé à la fois les arguments qui incitent à éliminer l'exploitation du travail (et renvoient donc au juste droit de jouir du produit de ses propres efforts) et ceux qui justifient la répartition selon les besoins (lesquels renvoient aux exigences de la justice distributive). Il a ensuite analysé l'inévitable conflit entre ces deux priorités dans son dernier texte fondamental : *Critique du programme de Gotha* (1875).

que d'opter pour une sorte de « tolérance désengagée » – le confort d'une solution paresseuse du type : « Vous avez raison dans votre communauté et moi dans la mienne. » Raisonner et examiner la question impartialement est essentiel. Mais même le plus vigoureux des examens critiques peut laisser subsister des arguments contradictoires et concurrents que l'étude impartiale n'élimine pas. Notons bien que le besoin de raisonner et d'examiner n'est absolument pas remis en question par le fait que des priorités rivales puissent franchir le crible de la raison. La pluralité à laquelle nous aboutirons dans ce cas résultera de la réflexion, non de l'absence de réflexion.

Troisièmement : la présence d'une injustice réparable peut être liée à des comportements transgressifs et non à des insuffisances institutionnelles (lorsque Pip, dans *De grandes espérances*, se souvient de la brutalité de sa sœur, c'est exactement de cela qu'il s'agit, et pas d'une dénonciation de la famille en tant qu'institution). La justice est liée, en dernière analyse, à la façon dont chacun vit sa vie, pas seulement à la nature des institutions qui l'encadre. Or, parmi les grandes théories de la justice, beaucoup se concentrent prioritairement sur la façon d'établir des « institutions justes » et n'accordent aux traits comportementaux qu'un rôle dérivé et subsidiaire. L'approche justement célèbre de John Rawls, par exemple, la « justice comme équité », aboutit à un jeu unique de « principes de justice » qui porte exclusivement sur la création d'« institutions justes » (pour constituer la structure fondamentale de la société) ; elle suppose que le comportement des gens se conforme entièrement aux exigences du bon fonctionnement de ces institutions [3]. Dans la vision de la justice exposée ici, on soutiendra qu'il est inapproprié de concentrer l'essentiel de son attention sur les institutions (en postulant que les comportements auront la docilité adéquate) et non sur la vie que les gens peuvent mener. Se focaliser sur les vies réelles dans l'évaluation de la justice a des conséquences nombreuses et importantes pour la nature et la portée de l'idée de justice [*].

* La recherche récente sur ce que l'on appelle aujourd'hui la « perspective des capabilités » s'inscrit directement dans cette appréhension de la justice fondée sur les vies humaines et les libertés dont chacun peut jouir. Voir Martha Nussbaum et Amartya Sen (éd.), *The Quality of Life*, Oxford, Clarendon Press,

La divergence d'avec la théorie dominante de la justice que cet ouvrage se propose d'explorer a un impact direct, je le montrerai, sur la philosophie politique et morale. Mais je me suis également efforcé de souligner l'intérêt des arguments présentés ici pour certains débats en cours dans les champs du droit, de l'économie et de la politique. Ces arguments pourraient même, si l'on veut être optimiste, avoir quelque pertinence dans les discussions et décisions concernant des politiques et des programmes concrets *.

L'usage d'une perspective comparative, qui déborde largement le cadre limité – et limitant – du contrat social, peut apporter ici une précieuse contribution. Lorsque nous décidons de combattre une oppression (comme l'esclavage ou l'assujettissement des femmes), de protester contre une négligence médicale systématique (due à l'absence d'équipements médicaux dans certaines régions d'Afrique ou d'Asie, ou d'assurance-maladie universelle dans la plupart des pays du monde, y compris les États-Unis), de dénoncer la torture (qui reste très fréquemment utilisée dans le monde contemporain – parfois par des piliers de l'*establishment* mondial), ou encore de refuser que la disette chronique continue à être tolérée (par exemple en Inde, malgré l'élimination réussie des grandes famines), nous faisons des comparaisons en termes de progrès de la justice **. Nous pouvons assez souvent convenir que certains changements envisagés (comme l'abolition

---

1993. La portée et les limites de cette perspective seront examinées aux chapitres 11 à 14.

* Par exemple, les arguments favorables à ce que j'appelle ici l'« impartialité ouverte », qui consiste à écouter des voix lointaines et proches pour interpréter la justice des lois (pas seulement par équité envers les autres, mais aussi pour éviter le provincialisme intellectuel, comme l'explique Adam Smith dans *Théorie des sentiments moraux* et dans *Leçons sur la jurisprudence*), ont une pertinence directe pour certains débats contemporains de la Cour suprême des États-Unis – on le verra dans le dernier chapitre du livre.

** J'ai eu le privilège de prononcer un discours au Parlement indien sur « Les exigences de la justice », le 11 août 2008, à l'invitation de son porte-parole, Somnath Chatterjee. C'était la première conférence mémoriale Hiren Mukerjee, qui va devenir un événement parlementaire annuel. Le texte intégral est disponible en ligne et dans une brochure imprimée par le Parlement indien ; en outre, une version abrégée a été publiée dans *The Little Magazine*, vol. 8, n°s 1 et 2, 2009, sous le titre « What Should Keep Us Awake at Night ».

de l'*apartheid*, pour donner un exemple d'un autre type) réduiront l'injustice, mais, même si tous les changements consensuels de ce genre sont mis en œuvre avec succès, nous n'obtiendrons rien qui puisse être qualifié de justice parfaite. Tout autant que le raisonnement théorique, les préoccupations pratiques exigent une divergence assez radicale avec les théories dominants de la justice.

RAISONNEMENT PUBLIC, DÉMOCRATIE ET JUSTICE MONDIALE

Bien que les principes de justice ne soient pas définis ici en termes d'institutions, mais en termes de vies et de libertés des personnes, les institutions jouent nécessairement un rôle instrumental important dans la quête de la justice. À côté des déterminants du comportement individuel et social, un bon choix institutionnel a une importance cruciale pour promouvoir la justice. Les institutions entrent en ligne de compte à plusieurs titres. Elles peuvent aider directement les gens à vivre de la façon qu'ils ont choisi de valoriser. Elles peuvent aussi les rendre plus aptes à questionner telle valeur ou telle priorité, permettant au débat public de se tenir (ce qui met en jeu la liberté de parole et le droit à l'information mais aussi l'existence de lieux physiques de discussion informée).

Dans cet ouvrage, la démocratie est évaluée en termes de raisonnement public (chapitres 15-17) : on la voit comme un « gouvernement par la discussion » (idée que John Stuart Mill a largement promue). Mais elle se mesure aussi, plus largement, à sa capacité d'enrichir le débat argumenté, en facilitant l'accès à l'information et à la discussion interactive. La démocratie ne se juge pas aux seules institutions qui existent formellement, mais aussi à l'ampleur des possibilités réelles qu'ont de se faire entendre des voix différentes, issues de diverses composantes de la population.

Cette interprétation peut avoir un impact sur la façon d'envisager la démocratie au niveau mondial – et pas seulement au sein d'un État-nation. Si on ne l'assimile pas à la simple instauration de certaines institutions particulières (un gouvernement mondial démocratique ou des élections planétaires), si on la conçoit plutôt en termes de possibilité et d'importance du raisonnement public, si l'on se propose de la *faire progresser* – plutôt que de l'établir sous une forme achevée –, la démocratie mondiale et, avec elle, la justice mondiale pourront apparaître comme des idées éminemment compréhensibles, assez légitimes pour inspirer et influencer des actions concrètes par-delà les frontières.

LES LUMIÈRES EUROPÉENNES ET NOTRE HÉRITAGE MONDIAL

Que dire des antécédents de l'approche que je présente ici ? J'analyserai la question plus complètement dans l'Introduction, mais je souligne dès à présent que mon analyse de la justice est inspirée de pistes de réflexion qui ont été particulièrement explorées à l'époque intellectuellement rebelle des Lumières européennes. Cela posé, je m'empresse d'apporter deux éclaircissements pour prévenir de possibles malentendus.

Le premier est que ce rapport à la tradition des Lumières européennes ne rend pas le contexte intellectuel de ce livre particulièrement « européen ». L'une des caractéristiques inhabituelles – certains diront peut-être « des excentricités » – de cet ouvrage, comparé à d'autres écrits sur la théorie de la justice, est son très large recours à des idées issues de sociétés non occidentales, en particulier de l'histoire intellectuelle de l'Inde, mais aussi d'ailleurs. Il existe dans le passé intellectuel indien, comme dans les pensées qui se sont épanouies au sein de maintes autres sociétés non occidentales, de puissantes traditions de raisonnement argumenté qui préfèrent la logique à la foi et aux convictions irréfléchies. En focalisant presque exclusivement leur attention sur la littérature de l'Occident, les recherches contemporaines – largement occidentales – sur la philosophie politique en général, et les exigences de la justice en particulier, ont été, à mon sens, limitées et quelque peu localistes*.

* Kautilya, le maître indien antique de la stratégie gouvernementale et de l'économie politique, a parfois été présenté dans la littérature moderne (dès lors qu'on a remarqué son existence, comme le « Machiavel indien »). Ce

Non que je soutienne ici qu'il existe une discordance radicale entre les pensées « occidentale » et « orientale » (ou non occidentale en général) sur ces sujets. Il y a beaucoup de divergences en Occident, beaucoup aussi en Orient, et il serait totalement fantaisiste d'imaginer qu'un Occident uni se confronte à des priorités « orientales par essence* ». Les points de vue de ce genre, qui ne sont pas inconnus dans les débats contemporains, sont étrangers à ma pensée. J'estime pour ma part que des positions similaires – ou étroitement liées – sur la justice, l'équité, la responsabilité, le devoir, le bien, l'honnêteté ont été développées dans de nombreuses régions du monde, qu'elles peuvent étendre la portée des arguments qui ont été envisagés dans la littérature occidentale et que leur existence est souvent négligée ou marginalisée dans les traditions dominantes du discours occidental contemporain.

Certains raisonnements, par exemple de Gautama Bouddha (le champion agnostique de la « Voie de la connaissance ») ou des auteurs de l'école de Lokayata (engagés dans un examen sans concession de toutes les croyances traditionnelles) de l'Inde du VIe siècle avant Jésus-Christ, peuvent paraître tout à fait conformes à de nombreux textes critiques des grands auteurs des Lumières européennes. Mais nul besoin de se demander avec excitation s'il faut voir en Gautama Bouddha un membre par

---

n'est pas vraiment surprenant puisqu'il y a certaines ressemblances dans les idées stratégiques et tactiques des deux auteurs (malgré des différences profondes dans bien d'autres domaines, souvent plus importants), mais il est tout de même amusant qu'un théoricien indien du IVe siècle avant Jésus-Christ doive être introduit en tant que version locale d'un auteur européen né au XVe siècle. Cela ne traduit pas, bien sûr, l'affirmation brutale d'un ordre hiérarchique fondé sur la géographie, mais cette simple réalité : la littérature non occidentale n'est pas familière aux intellectuels occidentaux (et, en fait, aux intellectuels de l'ensemble du monde moderne, en raison de la domination planétaire actuelle de l'éducation occidentale).

* J'ai montré dans d'autres ouvrages qu'il n'existe pas de priorités orientales par essence, ni même indiennes par essence, puisqu'il y a dans l'histoire intellectuelle de ces pays des raisonnements orientés dans de nombreuses directions (voir mes livres *L'Inde : histoire, culture et identité*, trad. fr. de Christian Cler, Paris, Odile Jacob, 2007 [*The Argumentative Indian*, 2005] et *Identité et violence, l'illusion du destin*, trad. fr. de Sylvie Kleiman-Lafon, Paris, Odile Jacob, 2007 [*Identity and Violence : the Illusion of Destiny*, 2006]).

anticipation d'une association des Lumières européennes (le nom qu'il acquit, après tout, signifie « Illuminé » en sanskrit), ni d'examiner la thèse extravagante qui explique les Lumières européennes par une influence de la pensée asiatique. Des cheminements intellectuels semblables se sont produits dans des régions différentes du globe à des étapes distinctes de l'Histoire ; cela n'a rien de particulièrement étrange. Puisque des arguments un peu différents ont souvent été avancés pour traiter des mêmes questions, nous risquons de passer à côté de possibles avancées du raisonnement sur la justice si nous cantonnons nos explorations à une seule région.

J'en donnerai un exemple assez intéressant : l'importante distinction entre deux concepts différents de la justice dans la jurisprudence indienne de la haute époque – la *niti* et la *nyaya*. La première notion, la *niti*, renvoie à l'organisation appropriée et au comportement correct ; la seconde, la *nyaya*, se soucie de ce qui émerge, et comment, de la vie que les êtres humains ont la possibilité de mener. Cette distinction, dont la pertinence sera analysée dans l'Introduction, nous aide à voir nettement qu'il existe deux conceptions du « juste », non dépourvues de lien, que l'idée de justice doit inclure*.

Ma seconde remarque rappelle que les auteurs des Lumières n'ont pas parlé d'une seule voix. Comme je le montrerai, il existe un important clivage entre deux types de raisonnement sur la justice qui renvoient à deux ensembles d'éminents philosophes rattachés à la pensée radicale des Lumières. Une approche s'est concentrée sur la recherche de dispositifs sociaux parfaitement justes et a fait de la définition des « institutions justes » la tâche principale – et souvent la seule – de la théorie de la justice.

* La distinction entre la *nyaya* et la *niti* fait sens non seulement au sein d'une communauté politique, mais aussi par-delà les frontières politiques, comme je le montre dans l'étude « Global Justice » que j'ai présentée à Vienne en juillet 2008 au Forum de la justice mondiale (parrainé par l'American Bar Association, en coopération avec l'International Bar Association, l'Inter-American Bar Association, l'Inter-Pacific Bar Association et l'Union internationale des avocats). Ce texte s'inscrit dans le « Programme justice mondiale » de l'American Bar Association et a été publié dans James Heckman, Robert Nelson et Lee Cabatingan (éd.), *Global Perspectives on the Rule of Law*, New York, Routledge, 2009.

Tissées de diverses façons autour de l'idée d'un hypothétique « contrat social », des contributions majeures ont donné corps à cette entreprise intellectuelle : celles de Thomas Hobbes au XVIIe siècle, puis de John Locke, Jean-Jacques Rousseau et Immanuel Kant, entre autres. La perspective contractualiste a exercé une influence dominante sur la philosophie politique contemporaine, en particulier depuis un article pionnier de John Rawls paru en 1958 (« Justice as Fairness »), qui a précédé la formulation définitive de ses idées dans son livre devenu un classique, *Théorie de la justice*[4].

À l'inverse, plusieurs autres philosophes des Lumières (Adam Smith, Condorcet, Mary Wollstonecraft, Bentham, Marx, John Stuart Mill, par exemple) ont pris d'autres voies, partageant un même intérêt pour les comparaisons entre les divers modes de vie que les gens pourraient avoir, sous l'influence des institutions mais aussi par le comportement concret des individus, les interactions sociales et d'autres facteurs déterminants. Ce livre s'inspire largement de cette tradition « alternative »[*]. La discipline analytique – et assez mathématique – de la « théorie du choix social », qui prend sa source dans les œuvres de Condorcet, au XVIIIe siècle, mais dont la forme actuelle a été élaborée par les contributions pionnières de Kenneth Arrow au milieu du XXe siècle, appartient à cette seconde piste de recherche. Cette approche, moyennant les ajustements nécessaires, peut apporter une importante contribution à la pensée qui se propose de promouvoir la justice et d'éliminer l'injustice dans le monde.

LA PLACE DE LA RAISON

Malgré leurs différences, les deux traditions des Lumières – la contractualiste et la comparatiste – ont aussi de nombreux points communs. Par exemple, toutes deux s'appuient sur le raisonnement et invoquent les exigences du débat public. Même si ce

* Ce qui ne m'empêchera pas de faire usage d'idées issues de la première approche, par exemple les éclairages que nous apportent les textes de Hobbes et de Kant et, à notre époque, de John Rawls.

livre renvoie essentiellement à la seconde approche, et non à la logique du contrat développée, entre autres, par Immanuel Kant, l'une de ses grandes forces motrices est l'intuition kantienne fondamentale (pour reprendre les termes de Christine Korsgaard) : « Apporter la raison au monde devient l'affaire de la morale et non de la métaphysique, et la tâche autant que l'espoir de l'humanité[5]. »

Dans quelle mesure le raisonnement peut-il fournir une base fiable à une théorie de la justice ? La question elle-même est controversée. Le premier chapitre du livre porte sur le rôle et la portée du raisonnement. Je montre qu'il n'est pas plausible de tenir les émotions, la psychologie, les instincts pour des sources d'évaluation indépendantes sans y ajouter une appréciation raisonnée. Les réactions impulsives et le vécu demeurent néanmoins importants, et nous avons de bonnes raisons de leur prêter attention lorsque nous évaluons la justice et l'injustice dans le monde. Il n'existe ici, à mon sens, aucun conflit irrémédiable entre la raison et le sentiment ; de très bons arguments incitent à laisser un espace aux émotions.

Mais on trouve une autre sorte de contestation du recours au raisonnement : elle met l'accent sur la prééminence de la déraison dans le monde et sur l'irréalisme qu'il y aurait à postuler que la planète va s'engager sur la voie de la raison. Dans une critique aimable mais ferme de mon travail sur des sujets voisins, Kwame Anthony Appiah précise : « Aussi loin que vous pousserez votre compréhension de la raison dans les directions que Sen propose d'emprunter – et c'est un projet dont je salue l'intérêt –, vous n'arriverez jamais à destination. En adoptant la perspective de l'individu raisonnable, Sen doit détourner son regard de l'omniprésence de la déraison[6]. » En tant que description du monde, ce que dit Appiah est manifestement exact, et sa critique, qui ne vise pas la construction d'une théorie de la justice, donne de bonnes raisons de douter de l'efficacité pratique du débat argumenté sur des sujets sociaux confus (comme la politique identitaire). La prédominance et la résistance de la déraison peuvent affaiblir considérablement l'efficacité des réponses rationnelles aux questions difficiles.

Ce scepticisme particulier à l'égard de la puissance de la raison n'apporte – et (Appiah le dit clairement) n'entend apporter – aucun motif de ne pas utiliser la raison, si on peut le faire, quand on cherche à cerner l'idée de justice ou toute autre notion d'intérêt social, telle l'identité *. Et il n'affaiblit pas non plus les raisons que nous avons de tenter de nous persuader mutuellement d'examiner nos conclusions respectives. Notons aussi que, lorsque les autres repèrent des cas flagrants de « déraison », ils n'ont peut-être pas toujours raison **. Le débat rationnel peut admettre des positions conflictuelles, dans lesquelles certains verront des préjugés « irraisonnés » sans que ce soit vraiment le cas. Rien n'impose, comme on le postule parfois, d'éliminer toutes les options argumentées à l'exclusion d'une seule.

Mais le point décisif sur cette question est que les préjugés s'appuient en général sur un raisonnement – si déficient et arbitraire soit-il. Même les individus très dogmatiques ont généralement quelques arguments, peut-être très primaires, pour soutenir leurs dogmes (les préjugés de race, de sexe, de classe et de caste appartiennent à cette catégorie, ainsi que diverses variantes de sectarisme fondées sur un raisonnement grossier). La déraison, pour l'essentiel, ne consiste pas à se passer complètement d'argumentation, mais à se fonder sur un raisonnement très primitif et très défectueux. Ce qui laisse de l'espoir, puisqu'un mauvais raisonnement se combat par un meilleur. L'espace d'une confrontation argumentée existe donc bel et bien, même si beaucoup refusent, au moins dans un premier temps, de s'y engager quand ils sont défiés sur ce terrain.

---

* En fait, un nombre considérable de données montrent que les débats publics interactifs peuvent affaiblir le refus de raisonner. Sur ce point, voir les éléments empiriques présentés dans mes livres *Un nouveau modèle économique : développement, justice, liberté*, trad. fr. de Michel Bessières, Paris, Odile Jacob, 2000, rééd. Paris, Poches Odile Jacob, 2003 [*Development as Freedom*, 1999] et *Identité et violence, l'illusion du destin*, *op. cit.*

** Puisque les superstitieux évitent de passer sous une échelle, observe James Thurber, les esprits scientifiques qui « veulent défier la superstition » peuvent décider de « chercher les échelles pour s'amuser à passer dessous », mais, « si vous continuez pendant un certain temps à chercher des échelles et à passer dessous, quelque chose finira par vous arriver » (James Thurber, « Let Your Mind Alone ! », *New Yorker*, 1er mai 1937).

L'important n'est pas que la raison soit omniprésente dans la pensée de tous dès aujourd'hui. Cette exigence n'est ni possible ni nécessaire. Dire que les gens admettraient telle proposition particulière s'ils raisonnaient de façon ouverte et impartiale ne revient évidemment pas à supposer qu'ils ont déjà choisi cette voie ni même qu'ils souhaitent le faire. Ce qui compte avant tout, c'est d'examiner comment il faudrait raisonner pour rechercher la justice – tout en admettant qu'il puisse y avoir plusieurs positions raisonnables différentes. Cet exercice est tout à fait compatible avec la possibilité, et même la certitude, qu'à tel moment précis tout un chacun n'est pas disposé à entreprendre cet examen. Raisonner est crucial pour comprendre la justice, même dans un monde très marqué par la « déraison ». Surtout dans ce monde-là.

Introduction

UNE APPROCHE DE LA JUSTICE

Deux mois et demi avant la prise de la Bastille, coup d'envoi de la Révolution française, le philosophe et orateur Edmund Burke déclara devant le Parlement de Londres : « Un événement s'est produit sur lequel il est difficile de parler et impossible de se taire. » C'était le 5 mai 1789. Mais son discours était sans rapport avec l'ouragan qui se préparait en France. Burke visait la mise en accusation de Warren Hastings, alors à la tête de la Compagnie britannique des Indes orientales, engagée, depuis sa victoire à la bataille de Plassey (le 23 juin 1757), dans une tentative d'établissement de la domination britannique en Inde.

Dans son réquisitoire, Burke invoqua les « lois éternelles de la justice », que Hastings, affirmait-il, avait « violées ». Sa phrase sur l'impossibilité de se taire pourrait s'appliquer à de nombreux cas d'injustice flagrante qui nous mettent dans une rage telle que nous ne trouvons plus les mots pour les qualifier. Mais l'analyse d'une injustice se doit aussi d'être formulée clairement et examinée rationnellement.

Quant à Burke, on ne peut pas dire que les mots lui manquaient. Il a cité avec éloquence non un seul, mais une longue liste de méfaits, puis présenté simultanément plusieurs raisons indépendantes et toutes différentes d'inculper Warren Hastings et d'incriminer la nature de la domination britannique émergente en Inde :

> J'accuse Messire Warren Hastings de crimes et délits majeurs.
>
> Je l'accuse au nom des Communes de Grande-Bretagne assemblées en Parlement, dont il a trahi la confiance parlementaire.
>
> Je l'accuse au nom de toutes les communes de Grande-Bretagne, dont il a déshonoré le caractère national.
>
> Je l'accuse au nom du peuple de l'Inde, dont il a renversé les lois, les droits et les libertés ; dont il a détruit les biens ; dont il a dévasté et ravagé le pays.
>
> Je l'accuse au nom et en vertu des lois éternelles de la justice qu'il a violées.
>
> Je l'accuse au nom de la nature humaine, qu'il a cruellement outragée, blessée, opprimée, dans ses deux sexes, dans tous ses âges, rangs, situations et conditions de vie [*].

Aucun de ces arguments n'est privilégié ni présenté comme *la* raison d'inculper Warren Hastings – celle qui lui porte le coup fatal. Burke préfère énumérer une série de motifs différents visant à décider de son *impeachment* [**]. J'examinerai plus loin cette façon de procéder, « à fondements pluriels », pourrait-on dire, qui recourt à plusieurs logiques de condamnation différentes sans chercher à établir un consensus raisonné sur leurs mérites relatifs. La motivation implicite de cette méthode est claire : est-il vraiment nécessaire de s'entendre sur un type précis de censure pour repérer par un consensus raisonné une injustice à corriger de toute urgence ? La chose est d'importance. Il s'agit d'une vérité essentielle pour l'idée de justice : nous pouvons avoir un fort

---

* *The Works of the Right Honourable Edmund Burke*, t. X, Londres, John C. Nimmo, 1899, p. 144-145.

** Je ne m'intéresse pas ici à la véracité des assertions de Burke, mais seulement à sa méthode générale, qui consiste à présenter une pluralité de chefs d'inculpation. Sa thèse sur la perfidie personnelle de Hastings était en réalité plutôt injuste à l'égard de ce dernier. Curieusement, Burke avait précédemment défendu le rusé Robert Clive, infiniment plus coupable du pillage éhonté de l'Inde par la Compagnie, alors que Hastings avait essayé d'endiguer les exactions en insistant davantage sur le respect de la loi (et en introduisant dans l'administration de la Compagnie une certaine humanité qui jusque-là lui faisait cruellement défaut). J'ai analysé en juin 2007 ces événements historiques dans un discours commémoratif à l'hôtel de ville de Londres, à l'occasion du 250e anniversaire de la bataille de Plassey (« The Significance of Plassey »). Cette conférence a été publiée dans une version augmentée, « Imperial Illusions : Britain and India », *The New Republic*, décembre 2007.

sentiment d'injustice pour de nombreuses raisons sans s'accorder pour voir dans l'une ou l'autre *la grande motivation* de ce diagnostic.

Pour donner une illustration plus immédiate et contemporaine de cette idée générale des « conséquences convergentes », on peut évoquer la décision du gouvernement des États-Unis d'envahir militairement l'Irak en 2003. Il y a diverses façons de juger ce type de choix, mais ce qui nous importe ici, c'est que plusieurs arguments distincts et divergents peuvent aboutir à la même conclusion – en l'occurrence, que la coalition dirigée par les Américains a eu tort, en 2003, de déclencher la guerre en Irak.

Voyons les divers arguments, tous très plausibles, qui ont été avancés pour critiquer la décision d'ouvrir les hostilités*. Le premier est que l'invasion était une faute parce qu'il faut un large consensus mondial, notamment dans le cadre des Nations unies, pour qu'un pays ait le droit de faire entrer son armée sur le territoire d'un autre. Le second soulignait l'importance d'être bien informé, par exemple sur la présence ou l'absence d'armes de destruction massive dans l'Irak d'alors, avant de prendre des mesures militaires amenées à mettre un très grand nombre de personnes en danger d'être blessées, déplacées, voire massacrées. Le troisième se souciait de la démocratie, « gouvernement par la discussion » (pour reprendre cette vénérable expression souvent attribuée à John Stuart Mill, mais qu'avait utilisée avant lui Walter Bagehot**), et préférait se concentrer sur l'enjeu politique que représentait la distorsion des informations délivrées au peuple : certaines étaient des fictions délibérées (comme les liens imaginaires de Saddam Hussein avec les événements du 11-Septembre ou avec Al-Qaïda), qui rendaient plus difficile aux citoyens américains d'évaluer le bien-fondé des projets belliqueux de l'exécutif. Enfin, selon un quatrième argument, le problème

* Des arguments ont aussi été avancés, bien sûr, en faveur de l'intervention. On croyait notamment Saddam Hussein responsable des attentats terroristes du 11-Septembre et de mèche avec Al-Qaïda. Aucune de ces deux accusations ne s'est révélée fondée. Il est vrai qu'il était un dictateur brutal, mais beaucoup d'autres pouvaient – et peuvent – être qualifiés ainsi de par le monde.

** Journaliste et économiste britannique, rédacteur en chef de *The Economist* dans les années 1860-1870 [*NdT*].

principal, distinct des précédents, touchait aux *conséquences* concrètes de l'intervention : allait-elle apporter la paix et l'ordre dans le pays envahi, au Moyen-Orient, sur la planète ? Pouvait-on en attendre un recul de la violence et du terrorisme dans le monde ou au contraire une intensification ?

Toutes ces considérations sont sérieuses et reposent sur des critères d'évaluation très différents, dont aucun ne peut être récusé d'emblée comme étant hors sujet ou insignifiant pour apprécier des actes de ce genre. En général, ces divers raisonnements n'aboutissent pas nécessairement à la même conclusion. Mais s'il s'avère, comme dans ce cas précis, que tous les critères utilisables conduisent au même diagnostic d'erreur monumentale, on peut conclure que c'en est une sans attendre de déterminer les degrés de priorité qu'il convient d'attribuer à chacun d'eux. Pour parvenir à des conclusions utiles et solides sur ce qu'il faut faire, il n'est pas nécessaire de réduire arbitrairement des principes multiples et potentiellement contradictoires à un seul et unique, en décapitant tous les autres. Cela est vrai de la théorie de la justice comme de tout autre domaine de la raison pratique.

RAISON ET JUSTICE

On a besoin d'une théorie de la justice parce qu'il faut de la rigueur pour raisonner sur un sujet dont il est, comme Burke l'a remarqué, très difficile de parler. On soutient parfois que la justice n'a rien à voir avec le raisonnement, que c'est une affaire de flair, de sensibilité à l'injustice. On est aisément porté à le croire. Lorsqu'une famine fait rage, il paraît naturel de s'indigner et non de se lancer dans des raisonnements subtils sur la justice et l'injustice. Néanmoins, une calamité n'est une injustice que si elle était évitable, notamment si ceux qui pouvaient la prévenir n'ont pas tenté de le faire. Pour passer du constat d'une tragédie au diagnostic d'une injustice, il faut faire intervenir le raisonnement sous une forme ou sous une autre. Et les cas d'injustice peuvent être beaucoup plus complexes et délicats à apprécier qu'une catastrophe observable. Parfois, des arguments différents suggèrent des conclusions contrastées, et les évaluations en termes de justice peuvent être tout sauf évidentes.

Souvent, ce ne sont pas des protestataires scandalisés qui s'épargnent une justification argumentée, mais de placides représentants de l'ordre et de la justice. À toutes les époques, cette réticence à raisonner a séduit des personnages exerçant de hautes fonctions, les tenants d'une autorité publique qui n'étaient pas sûrs de leurs raisons d'agir ou ne voulaient pas réexaminer les fondements de leur politique. Lord Mansfield, puissant juge anglais du XVIIIe siècle, a donné à un gouverneur colonial fraîchement nommé ce célèbre conseil : « Vois ce qu'exige selon toi la justice et agis en conséquence. Mais ne donne jamais tes raisons ; car ton jugement sera probablement justes mais tes raisons certainement fausses [1]. » Le principe est peut-être habile, mais ne garantit sûrement pas que la décision sera bonne. Et il n'aide guère les parties concernées à reconnaître que justice est faite (ce qui est de rigueur, nous le verrons, si l'on veut prendre en la matière des décisions défendables).

L'un des impératifs d'une théorie de la justice est d'utiliser la raison pour diagnostiquer la justice et l'injustice. Depuis des siècles, les auteurs qui ont écrit sur le sujet dans diverses régions du monde se sont efforcés de poser des bases intellectuelles permettant de passer du sentiment général d'injustice au diagnostic raisonné de telle ou telle injustice particulière, puis à une réflexion sur les moyens de faire progresser la justice. Les traditions de raisonnement en matière de justice et d'injustice à travers le monde ont une longue et souvent étonnante histoire d'où l'on peut tirer des enseignements éclairants sur les fondements de la justice, ce que je voudrais faire à présent.

DIVERGENCE AU CŒUR DES LUMIÈRES

Si la réflexion sur la justice sociale a été menée à toutes les époques, elle a particulièrement progressé à celle des Lumières, aux XVIIIe et XIXe siècles, stimulée par le climat politique de changement ainsi que par la transformation socio-économique alors en cours en Europe et en Amérique. Deux logiques fondamentales, et divergentes, sont à l'œuvre chez les grands philosophes associés à la pensée radicale de cette époque. Et la distinction entre les deux a beaucoup moins retenu l'attention qu'elle ne le mérite, me semble-t-il. Je commencerai par cette dichotomie, car elle aidera à situer l'interprétation particulière de la théorie de la justice que j'entends présenter dans cet ouvrage.

L'une de ces approches, inaugurée par l'œuvre de Thomas Hobbes au XVIIe siècle et développée de diverses façons par des penseurs aussi exceptionnels que Jean-Jacques Rousseau, se proposait de définir des dispositifs institutionnels justes pour toute société. Cette perspective, qu'on peut baptiser « institutionnalisme transcendantal », possède deux traits distincts. D'abord, elle concentre son attention sur ce qui lui paraît être la justice parfaite et non sur des comparaisons entre des degrés de justice et d'injustice relatives. Son seul objectif est d'identifier des mécanismes sociaux qui ne peuvent être dépassés en termes de justice ; elle n'est donc guère intéressée par la comparaison entre des sociétés réalisables, qui risquent fort d'être toutes très inférieures aux idéaux de perfection. Sa recherche vise à définir ce qu'est « le juste », non à trouver des critères permettant de dire si une option est « moins injuste » qu'une autre.

Deuxièmement, dans sa quête de perfection, l'institutionnalisme transcendantal se consacre essentiellement à rendre les institutions justes et ne se préoccupe pas directement des sociétés concrètes qui en procéderont. La nature de la société qui résultera d'un jeu donné d'institutions dépendra aussi, bien sûr, de traits non institutionnels, par exemple des comportements réels de ses membres et de leurs interactions sociales. Or, quand une telle théorie envisage les conséquences probables des institutions qu'elle a choisies – si elle le fait –, elle introduit au sujet des comportements certains postulats spécifiques qui facilitent le fonctionnement de ces institutions.

Ces deux traits sont typiques de la démarche contractuelle inaugurée par Thomas Hobbes puis approfondie par John Locke, Jean-Jacques Rousseau et Immanuel Kant[2]. Il est clair qu'un hypothétique « contrat social » qu'on est censé choisir se pose en alternative idéale au chaos qui, sans lui, risquerait de caractériser une société, et les principaux contrats qui ont été débattus par ces auteurs traitent avant tout du choix des institutions. Le résultat, globalement, a été le développement de théories de la justice centrées sur l'identification transcendantale des institutions idéales *.

Il faut toutefois noter que les institutionnalistes transcendantaux en quête d'institutions parfaitement justes ont parfois apporté aussi des éléments très éclairants sur les impératifs moraux ou politiques du bon comportement social. C'est particulièrement vrai d'Immanuel Kant et de John Rawls, qui se sont engagés l'un et l'autre dans une recherche institutionnelle transcendantale, mais qui ont également effectué des analyses de grande portée sur les normes de comportement et leurs exigences. Même s'ils ont mis l'accent sur des choix institutionnels, on peut définir leurs analyses plus largement : ce sont des visions de la justice « centrées sur un dispositif » – et leurs dispositifs comprennent le bon comportement de tous autant que les bonnes institutions **. Il y a manifestement un contraste radical entre une conception de la justice fondée sur un dispositif et une vision centrée sur les réalisations : la seconde doit, par exemple, consacrer une plus grande attention à la conduite réelle des gens et ne pas postuler qu'ils adopteront tous le comportement idéal.

---

* Même si l'approche de la justice par le « contrat social », inaugurée par Hobbes, associe transcendantalisme et institutionnalisme, notons bien que les deux ne sont pas nécessairement liés. Nous pouvons avoir une théorie transcendantale centrée sur les réalisations sociales et non sur les institutions (la quête du monde utilitariste parfait, peuplé de gens au comble du bonheur, illustrerait la recherche d'une « transcendance à base de réalisations »). Nous pouvons aussi effectuer des évaluations institutionnelles dans une perspective comparative au lieu d'entreprendre la quête transcendantale du jeu parfait d'institutions sociales (une préférence pour l'expansion – ou la réduction – du rôle du marché libre serait un exemple d'institutionnalisme comparatif).

** Pour citer Rawls : « Notre étude est limitée en second lieu par le fait que j'examine, pour l'essentiel, des principes de la justice destinés à servir de règles dans une société bien ordonnée. Chacun y est supposé agir avec justice et apporter sa contribution au maintien d'institutions justes » (*Théorie de la justice*, trad. fr. de Catherine Audard, Paris, Ed. du Seuil, 1987, rééd., coll. « Points », 1997, p. 34).

À l'opposé de l'institutionnalisme transcendantal, plusieurs autres théoriciens des Lumières ont adopté toute une série d'approches comparatives qui se préoccupaient des réalisations sociales (résultant d'institutions réelles, de comportements réels et d'autres influences). On peut trouver, par exemple, diverses versions de ce type de pensée comparative dans les œuvres d'Adam Smith, Condorcet, Jeremy Bentham, Mary Wollstonecraft, Karl Marx ou John Stuart Mill, entre autres maîtres de la pensée novatrice des XVIIIe et XIXe siècles. Même si ces auteurs ont des conceptions très différentes des exigences de la justice et s'ils ont proposé des modes de comparaisons sociales tout à fait distincts, on peut dire, en exagérant à peine, qu'ils étaient tous engagés dans des comparaisons entre sociétés existantes ou qui pouvaient supposément émerger, et qu'ils ne limitaient pas leurs analyses à la quête transcendantale d'une société parfaitement juste. Ce qui intéressait souvent au premier chef ces adeptes de la comparaison entre réalisations, c'était d'éliminer certaines injustices manifestes du monde qu'ils avaient sous les yeux.

La distance entre les deux approches – *l'institutionnalisme transcendantal*, d'un côté, *la comparaison des situations réelles*, de l'autre – est capitale. C'est à la première source – la tradition de l'institutionnalisme transcendantal – que puise pour l'essentiel la philosophie politique courante d'aujourd'hui quand elle explore la théorie de la justice. L'exposé le plus puissant de cette conception de la justice se trouve dans l'œuvre du plus grand philosophe politique de notre époque, John Rawls (dont les idées et contributions majeures seront examinées au chapitre 2, « Rawls et au-delà »)*. De fait, les « principes de justice » de Rawls dans *Théorie de la justice* sont entièrement définis par rapport à des institutions parfaitement justes, bien qu'il étudie aussi – de façon

* Rawls écrit dans *Théorie de la justice* : « Mon but est de présenter une conception de la justice qui généralise et porte à un plus haut niveau d'abstraction la théorie bien connue du contrat social telle qu'on la trouve, entre autres, chez Locke, Rousseau et Kant » (*ibid.*, p. 37). Voir aussi son livre *Libéralisme politique*, trad. fr. de Catherine Audard, Paris, PUF, 1995, rééd., coll. « Quadrige », 2001. Rawls avait déjà mis l'accent sur les chemins « contractuels » de la théorie de la justice dans son article pionnier, « Justice as Fairness », *Philosophical Review*, vol. 67, 1958.

très éclairante – les normes du bon comportement dans des contextes politiques et moraux *.

Plusieurs autres grands théoriciens contemporains de la justice ont, dans l'ensemble, emprunté le chemin de l'institutionnalisme transcendantal – je pense ici à Ronald Dworkin, David Gauthier ou Robert Nozick, entre autres. Leurs théories, qui ont apporté des perspectives différentes, mais toutes importantes, sur les exigences d'une « société juste », partagent l'objectif commun d'identifier des règles et institutions justes, bien que les « dispositifs » qu'elles retiennent prennent des formes très diverses. Définir des institutions parfaitement justes est devenue l'activité principale des théories modernes de la justice.

OÙ SE SÉPARENT LES DEUX VOIES ?

Contrairement à la plupart des théories modernes de la justice, qui se préoccupent de la « société juste », ce livre tente d'explorer les comparaisons fondées sur les réalisations, qui se concentrent sur les avancées ou les reculs de la justice. À cet égard, il ne s'inscrit pas dans la tradition puissante, et philosophiquement plus admirée, de l'institutionnalisme transcendantal qui est apparue à l'époque des Lumières (inaugurée par Hobbes et développée par Locke, Rousseau et Kant, entre autres), mais plutôt dans « l'autre » tradition, qui, elle aussi, a pris forme à peu près à la même époque ou juste après (illustrée de diverses façons par Smith, Condorcet, Wollstonecraft, Bentham, Marx, Mill, entre autres). J'ai en commun avec ces divers penseurs un même point de divergence, ce qui ne signifie pas que je partage la substance de leur argumentation (ce qui est évident puisqu'ils sont si différents entre eux) ; et, par-delà ce point commun, nous devons

* En suggérant le besoin d'un « équilibre réfléchi », selon ses propres termes, Rawls intègre à son analyse sociale la nécessité pour chacun de soumettre ses valeurs et priorités à un examen critique. De plus, comme je l'ai brièvement signalé plus haut, quand l'analyse rawlsienne identifie les « institutions justes » elle postule que le comportement réel sera conforme aux bonnes règles de conduite.

considérer aussi certains points d'arrivée*. Le reste du livre va explorer ce parcours.

Considérons d'abord l'importance du point de départ, notamment du choix de certaines questions (« comment faire progresser la justice ? », par exemple) plutôt que d'autres (« quelles seraient les institutions parfaitement justes ? », etc.). Ce point de départ a deux effets : tout d'abord, nous faire emprunter la voie comparative et non transcendantale ; ensuite, nous amener à nous concentrer sur des réalisations concrètes dans les sociétés étudiées, au lieu de ne nous intéresser qu'à des institutions et à des règles. Compte tenu de l'état présent des forces dans la philosophie politique contemporaine, cela suppose de rompre avec l'approche dominante de la théorie de la justice.

Pourquoi avons-nous besoin de cette double divergence ? Commençons par le transcendantalisme. J'y vois deux problèmes. Premièrement, il est possible qu'on ne parvienne à aucun accord raisonné sur la nature de la « société juste », même dans de strictes conditions d'impartialité et d'ouverture d'esprit (par exemple celles que définit Rawls dans sa « position originelle ») : c'est le problème de la *faisabilité* d'un consensus sur une solution transcendantale. Deuxièmement, tout exercice de la raison pratique en vue d'un choix réel exige un cadre de comparaison des degrés de justice qui permette ce choix entre des options réalisables, et non l'identification d'une situation parfaite, insurpassable et peut-être inaccessible : c'est le problème de la *non-nécessité* de la quête d'une solution transcendantale. Avant d'analyser ces deux problèmes (la faisabilité et la non-nécessité), je commenterai brièvement la focalisation sur les institutions qu'implique l'approche transcendantale.

Il faut se concentrer sur des réalisations et des accomplissements concrets, et ne pas réfléchir exclusivement à l'instauration de ce que l'on a identifié comme les bonnes institutions et les bonnes règles. Ce contraste renvoie, je l'ai dit, à une dichotomie

* Ajoutons que ces auteurs utilisent le mot « justice » dans de nombreuses acceptions, dont toutes ne correspondent pas à mon usage du terme. Comme l'a relevé Adam Smith, le mot « justice » a « différentes significations » (*Théorie des sentiments moraux*, trad. fr. de Michaël Biziou, Claude Gautier et Jean-François Pradeau, Paris, Presses universitaires de France, 1999, p. 371).

générale – et bien plus large – entre deux visions de la justice, l'une centrée *sur des dispositifs*, l'autre *sur des réalisations.* La première démarche intellectuelle propose de conceptualiser la justice en termes de dispositifs organisationnels – telles institutions, telles réglementations, telles règles de comportement – dont la présence agissante indiquerait qu'il y a justice. Une question se pose ici : doit-on limiter l'analyse de la justice à sa capacité de mettre sur de bons rails les institutions de base et les règles générales ? Ne faut-il pas examiner aussi ce qui apparaît dans la société, la façon dont les gens y vivent concrètement, dans le cadre des institutions et des règles, ainsi que les autres influences – notamment les comportements réels – qui vont inévitablement s'exercer sur leur existence ?

Je présenterai successivement les arguments en faveur de cette double divergence. Je commencerai par les problèmes de l'identification transcendantale en traitant d'abord celui de sa faisabilité, pour aborder ensuite la question de sa non-nécessité.

La faisabilité d'un consensus transcendantal

Il peut subsister, après l'examen critique, de sérieuses différences entre des principes de justice rivaux qui prétendent tous à l'impartialité. Ce problème est assez grave, par exemple, pour la démarche de John Rawls, qui postule qu'un jeu unique de « deux principes de justice » sera choisi à l'unanimité dans une situation hypothétique d'égalité primordiale où les participants ignorent où sont leurs intérêts (il l'appelle la « position originelle »). Cela revient à supposer qu'il n'existe fondamentalement qu'un seul type de raisonnement impartial capable de satisfaire les exigences de l'équité, une fois évacués les intérêts privés. Ce qui, à mon avis, est une erreur.

Des différences d'appréciation apparaîtront peut-être, par exemple, sur les pondérations précises qu'il faut attribuer à l'égalité de la répartition, d'une part, et à l'augmentation du tout, de l'autre. Dans son identification de la justice transcendantale,

John Rawls prend une décision de ce genre (la règle du maximin lexicographique qui sera examinée au chapitre 2) parmi beaucoup d'autres possibles, sans arguments suffisamment convaincants pour éliminer les nombreuses options susceptibles de concurrencer sa formulation très particulière de l'attention impartiale *. Et les formulations précises que Rawls donne de ses deux principes de justice peuvent susciter maintes autres solutions, divergentes et argumentées, sans qu'il nous explique pourquoi ces dernières cesseraient d'éveiller l'intérêt dans le climat d'impartialité de sa position originelle.

Si reconnaître des dispositifs sociaux parfaitement justes pose des problèmes insolubles, toute la stratégie de l'institutionnalisme transcendantal est compromise, même à supposer que toutes les options concevables du monde soient réalisables. Par exemple, dans la réflexion classique de John Rawls sur la « justice comme équité », qui sera analysée plus complètement au chapitre 2, les deux principes de justice portent précisément sur les institutions parfaitement justes dans un monde où toutes les options sont disponibles. Mais ce que nous ne savons pas, c'est si la pluralité des logiques de justice permettra vraiment l'émergence, dans la position originelle, d'un seul et unique ensemble de principes de justice. Et, si ce n'est pas le cas, l'exploration détaillée de la justice sociale par Rawls, qui procède étape par étape à partir de l'identification et de l'instauration des institutions justes, sera d'emblée frappée de paralysie.

Dans ses écrits ultérieurs, Rawls fait quelques concessions. Il admet que « les citoyens seront bien entendu partagés sur la question de savoir quelle conception de la justice politique est la plus raisonnable ». Dans *Paix et démocratie. Le droit des peuples et la raison publique* (1999), il va même jusqu'à écrire :

> Le contenu de la raison publique est ainsi donné par une famille de conceptions politiques de la justice, et non par une seule conception. Il existe de nombreux libéralismes, et donc de nombreuses formes de raison publique spécifiées par une famille de conceptions

---

* Divers types de règles de distribution impartiales sont analysés dans mon livre *On Economic Inequality*, Oxford, Clarendon Press, 1973 ; éd. augmentée, avec un nouvel appendice, en coll. avec James Foster, 1997.

politiques raisonnables. La conception de la justice comme équité, quels que soient ses mérites, n'est que l'une d'entre elles [3].

Mais on ne voit pas clairement comment Rawls intègre les très vastes conséquences de cette concession. Les institutions spécifiques qu'il retient définitivement pour la structure fondamentale de la société exigent une réponse unique et précise à la question des principes de justice, selon la démarche développée dans ses premiers ouvrages, dont *Théorie de la justice* (1971) *. Une fois abandonnée la prétention à l'unicité de ses principes de justice (pour des raisons esquissées dans ses livres suivants), il est clair que son programme institutionnel souffrira d'une grave indétermination. Rawls ne nous dit pas grand-chose sur la façon dont serait choisi un ensemble précis d'institutions s'il fallait se fonder sur un jeu de principes de justice concurrents qui exigeraient des combinaisons institutionnelles différentes pour la structure fondamentale de la société. Il pourrait, bien sûr, résoudre le problème en abandonnant l'institutionnalisme transcendantal de ses premiers livres (notamment *Théorie de la justice*) – ce qui serait la décision la plus agréable à l'auteur du présent ouvrage **. Mais je ne peux affirmer, je le crains, que Rawls lui-même s'orientait nettement dans cette direction, même si certains de ses écrits tardifs posent la question avec force.

---

* Dans un livre ultérieur, *La Justice comme équité. Une reformulation de « Théorie de la justice »*, trad. fr. de Bertrand Guillarme, Paris, La Découverte, 2003, rééd., La Découverte-Poche, 2008, p. 183-186, Rawls analyse la difficulté de parvenir à un ensemble unique de principes qui guideront le choix institutionnel dans la position originelle. Je suis extrêmement reconnaissant à Erin Kelly [l'éditeur du livre original, *Justice as Fairness : A Restatement*, Cambridge, MA, Harvard University Press, 2001] d'avoir bien voulu discuter avec moi de la relation entre les écrits tardifs de Rawls et ses premières formulations de la théorie de la justice comme équité.

** Le scepticisme de John Gray sur la théorie rawlsienne de la justice est beaucoup plus radical que le mien, mais nous nous refusons tous deux à croire l'idée selon laquelle les questions de valeur ne peuvent avoir qu'une seule réponse exacte. Je suis également d'accord avec lui quand il estime que « la diversité des modes de vie et des régimes est un signe de liberté humaine et non d'erreur » (*Two Faces of Liberalism*, Cambridge, Polity Press, 2000, p. 139). L'objet de ma recherche, ce sont les consensus raisonnés auxquels nous pouvons parvenir sur les moyens de réduire l'injustice en dépit de nos visions différentes des régimes « idéaux ».

Exemple : trois enfants et une flûte

Au cœur de cette difficulté particulière, à savoir trouver une solution impartiale unique au problème de la société parfaitement juste, il y a la « durabilité » de logiques de justice plurielles et concurrentes, qui peuvent toutes prétendre à l'impartialité mais n'en sont pas moins différentes – et rivales. En voici un exemple : il s'agit de décider lequel de ces trois enfants – Anne, Bob ou Carla – doit recevoir la flûte qu'ils se disputent. Anne la revendique au motif qu'elle est la seule des trois à savoir en jouer (les autres ne le nient pas) et qu'il serait vraiment injuste de refuser cet instrument au seul enfant capable de s'en servir. Sans aucune autre information, les raisons de lui donner la flûte sont fortes.

Autre scénario : Bob prend la parole, défend son droit à avoir la flûte en faisant valoir qu'il est le seul des trois à être pauvre au point de ne posséder aucun jouet. Avec la flûte, il aurait quelque chose pour s'amuser (les deux autres concèdent qu'ils sont plus riches et disposent d'agréables objets). Si l'on n'entend que Bob et pas les autres enfants, on a de bonnes raisons de lui attribuer la flûte.

Dans le troisième scénario, c'est Carla qui fait remarquer qu'elle a travaillé assidûment pendant des mois pour fabriquer cette flûte (les autres le confirment) et au moment précis où elle atteint au but, « juste à ce moment-là », se plaint-elle, « ces extirpateurs tentent de [lui] prendre la flûte ». Si l'on n'entend que les propos de Carla, on peut être enclin à lui donner la flûte, car il est compréhensible qu'elle revendique un objet fabriqué de ses propres mains.

Mais si l'on a écouté les trois enfants et leurs logiques respectives, la décision est difficile à prendre. Les théoriciens de différentes tendances, comme les utilitaristes, les partisans de l'égalitarisme économique ou encore les libertariens purs et durs, diront peut-être que la solution juste, évidente crève les yeux. Mais il est à peu près certain que ce ne sera pas la même.

Il est probable que Bob, le plus pauvre, serait assez énergiquement soutenu par l'égalitariste économique, bien décidé à réduire les écarts entre les ressources économiques des gens. Et que Carla, la fabricante, éveillerait la sympathie immédiate du libertarien. C'est peut-être l'hédoniste utilitariste qui aurait le plus de mal à se décider, mais il serait sûrement enclin à trouver important, plus que le libertarien ou l'égalitariste, le plaisir d'Anne, qui sera probablement le plus intense des trois puisqu'elle est la seule à savoir jouer de la flûte. Néanmoins, il verrait aussi que le « gain de bonheur » serait chez Bob plus grand que chez les autres, en raison de son état de privation relative. Le « droit » de Carla à posséder ce qu'elle a fabriqué risque fort de ne pas éveiller chez l'utilitariste d'écho immédiat, mais une réflexion utilitariste plus poussée ferait néanmoins une place à la nécessité d'inciter au travail, de créer une société qui soutient et encourage la production d'utilités en autorisant chacun à garder ce qu'il produit par ses propres efforts *.

Le soutien du libertarien à Carla ne dépendra pas, comme ce serait nécessairement le cas pour l'utilitariste, d'une réflexion sur les incitations : un libertarien admet d'emblée le droit d'une personne à posséder ce qu'elle a produit. L'idée du droit aux fruits de son travail peut réunir la droite libertarienne et la gauche marxiste (et peu importe que chacune soit gênée de se retrouver en compagnie de l'autre) **.

L'idée générale qui s'impose ici est qu'il n'est pas facile de récuser d'emblée comme infondée l'une ou l'autre de ces revendications, qui reposent respectivement sur la recherche de la satis-

* Nous envisageons ici, bien sûr, un cas simple où il est aisé de dire qui a produit quoi. En l'occurrence, Carla a fabriqué une flûte. Mais ce type de diagnostic peut poser de graves problèmes lorsque interviennent des facteurs de production différents et des ressources autres que la main-d'œuvre.

** Il se trouve que Karl Marx lui-même est ensuite devenu assez sceptique sur le « droit aux fruits de son travail » : il a fini par le percevoir comme un « droit bourgeois », qu'il faudrait en définitive rejeter en faveur d'une « répartition en fonction des besoins », point de vue qu'il a développé avec une certaine vigueur dans son dernier ouvrage de fond, *Critique du programme de Gotha* (1875). L'importance de cette dichotomie est analysée dans mon livre *On Economic Inequality, op. cit.*, chap. 4. Voir aussi G. A. Cohen, *History, Labour and Freedom. Themes from Marx*, Oxford, Clarendon Press, 1988.

faction humaine, l'élimination de la pauvreté et le droit de jouir des fruits de son travail. Les différentes solutions reposent toutes sur des arguments sérieux, et il est très difficile de déclarer, sans quelque arbitraire, que l'une d'elles doit incontestablement l'emporter *.

Je voudrais aussi attirer ici l'attention sur un fait assez évident : les arguments qui fondent les positions des trois enfants divergent non pas sur ce qui constitue l'avantage individuel (tous les enfants estiment avantageux d'avoir la flûte et leurs raisonnements respectifs intègrent cette idée), mais sur les principes généraux qui doivent régir l'attribution des ressources. Ces différences portent sur la façon de prendre des mesures sociales et sur le type d'institutions sociales qu'il convient de choisir, et, par conséquent, sur les réalisations sociales qui en résulteront. Ce n'est pas seulement que les intérêts particuliers de ces trois enfants diffèrent (même si c'est le cas, bien sûr), c'est aussi que chacun des trois arguments renvoie à un type différent de logique impartiale et non arbitraire.

C'est un problème tant pour le mécanisme rigoureux d'élaboration des principes de la justice comme équité, dans la position originelle rawlsienne, que pour d'autres impératifs d'impartialité, par exemple l'exigence posée par Thomas Scanlon selon laquelle nos principes doivent satisfaire « ce que les autres ne peuvent pas raisonnablement rejeter [4] ». Des théoriciens de différentes tendances, on l'a dit – utilitaristes, partisans de l'égalitarisme économique, défenseurs des droits des travailleurs ou encore libertariens sans états d'âme –, assureront tous qu'il existe une seule solution juste, qu'elle s'impose immédiatement, qu'elle est aisément détectable, mais, au moment de citer « la » bonne solution, si évidente, chacun plaidera pour des options totalement différentes. Peut-être n'existe-t-il pas, en fait, de dispositif social

---

* Comme l'écrit Bernard Williams, « il n'est pas nécessaire qu'un désaccord soit surmonté ». De fait, « il peut demeurer un trait important et constitutif de nos relations à autrui, également être considéré comme quelque chose d'attendu à la lumière des explications dont nous disposons sur la façon dont il surgit » (*L'Éthique et les Limites de la philosophie*, trad. fr. de Marie-Anne Lescourret, Paris, Gallimard, 1990, p. 145).

parfaitement juste et identifiable susceptible de faire émerger un consensus impartial.

LE CADRE GÉNÉRAL : COMPARATIF OU TRANSCENDANTAL ?

Si l'approche transcendantale pose problème, ce n'est pas seulement parce qu'une pluralité de principes rivaux peuvent être jugés pertinents pour l'évaluation de la justice. Si important l'argument de l'inexistence d'un dispositif social parfaitement juste et identifiable soit-il, il en existe un autre, crucial, pour orienter la raison pratique de la justice vers l'approche comparative : le transcendantalisme est non seulement dépourvu de faisabilité, mais aussi de nécessité. Identifier des dispositifs sociaux entièrement justes n'est ni nécessaire ni suffisant pour qu'une théorie de la justice puisse guider le choix raisonné entre des politiques, des stratégies ou des institutions.

Si nous essayons de choisir entre un Picasso et un Dali, rien ne sert de renvoyer au fait que le tableau idéal est *La Joconde* (à supposer qu'un tel diagnostic transcendantal soit possible). Ce peut être un point de vue intéressant à connaître, mais d'aucune aide [5]. Il n'est donc absolument pas nécessaire de se demander quel tableau est le plus admirable ou le plus parfait du monde pour choisir entre ces deux options. Et il n'est ni suffisant ni particulièrement utile de savoir que *La Joconde* est le tableau le plus parfait quand le choix doit s'effectuer entre un Dali et un Picasso.

Mais peut-être est-ce trop simple pour être vrai. Une théorie qui identifie une option transcendantale ne nous dit-elle pas aussi, par là même, ce que nous voulons savoir sur la justice comparative ? La réponse est non, elle ne le fait pas. Certes, on peut être tenté de penser qu'il suffit d'ordonner les solutions en fonction de leur plus ou moins grande proximité avec le choix parfait, de telle sorte qu'une identification transcendantale apporterait ainsi, indirectement, un classement des options. Mais cette méthode ne nous mènera pas très loin, parce que les objets diffèrent à plusieurs points de vue (ce qui pose le problème supplémentaire d'évaluer l'importance relative des écarts dans ces dimensions distinctes) et parce que la proximité des descriptions n'est pas nécessairement un bon indicateur de celle des valeurs (celui qui préfère le vin rouge au vin blanc peut malgré tout préférer le blanc à un mélange des deux, même si, dans un sens purement descriptif, ce mélange est plus proche du vin rouge que le vin blanc pur).

Il est évidemment possible d'élaborer une théorie qui procède à la fois à des évaluations comparatives entre des couples d'options et à une identification transcendantale (lorsque la pluralité des raisons impartiales qui survivent à l'examen et revendiquent notre attention ne l'exclut pas). Ce serait une théorie agrégée, mais aucun des deux types de jugement qui y sont inclus ne découle de l'autre. Précisons que, dans l'immédiat, les théories courantes de la justice reposant sur une démarche d'identification transcendantale (par exemple celles de Hobbes, de Rousseau, de Kant ou, à notre époque, de Rawls et de Nozick) ne sont pas des théories agrégées. Toutefois, il est vrai que, dans le cadre du développement de leurs théories transcendantales respectives, certains de ces auteurs ont présenté des arguments particuliers qui sont transférables dans l'activité comparative. Mais, sur le plan général, l'identification d'une option transcendantale n'offre aucune solution au problème de la comparaison entre deux options non transcendantales, quelles qu'elles soient.

La théorie transcendantale répond simplement à une autre question que celle de l'évaluation comparative – une question dont l'intérêt intellectuel peut être considérable, mais qui n'a aucune pertinence directe pour le problème de choix qu'il nous faut résoudre. Ce dont nous avons besoin, c'est de trouver un accord, au terme d'un raisonnement public, sur des classements d'options réalisables. La séparation entre les approches transcendantale et comparative se manifeste sur tous les plans, comme on le verra de façon plus détaillée au chapitre 4 (« Voix et choix social »). Il se trouve que l'approche comparative est au cœur de la discipline analytique de la « théorie du choix social » inaugurée au XVIIIe siècle par Condorcet et d'autres mathématiciens français, qui travaillaient essentiellement à Paris[6]. La discipline formelle du choix social a longtemps été peu utilisée, bien que le travail se soit poursuivi dans le champ particulier de la théorie du vote. Elle a été ressuscitée et établie sous sa forme actuelle par Kenneth Arrow au milieu du XXe siècle[7]. Cette approche est devenue, ces dernières décennies, un champ très actif de recherches analytiques où l'on explore les moyens de fonder des évaluations comparatives d'options sociales sur les valeurs et les priorités des personnes concernées*. Puisque la littérature de la théorie du choix social est en général tout à fait technique et largement mathématique, et puisque de nombreux résultats dans ce domaine ne peuvent être établis que par des raisonnements mathématiques assez longs**, son orientation fondamentale a relativement peu retenu l'attention, notamment chez les philosophes. Pourtant, cette conception et la logique qui la sous-tend sont très voisines de la façon dont le sens commun appréhende la nature des décisions sociales convenables. Dans l'approche constructive que j'essaie de présenter dans ce livre, les éclairages issus de la théorie du choix social joueront un rôle important***.

---

* Sur les caractéristiques générales de l'approche du choix social qui motive et soutient les résultats analytiques, voir ma conférence Alfred Nobel donnée à Stockholm en décembre 1998, et reprise sous le titre « The Possibility of Social Choice », *American Economic Review*, vol. 89, 1999, et dans *Les Prix Nobel 1998*, Stockholm, Fondation Nobel, 1999 [« La possibilité du choix collectif », in *Rationalité et liberté en économie*, trad. fr. de Marie-Pascale d'Iribarne-Jaawane, Paris, Odile Jacob, 2006].

** Les formulations mathématiques ont cependant une certaine importance pour le contenu des arguments présentés sous forme d'axiomes et de théorèmes. Pour une analyse de certains liens entre arguments formels et informels, voir mon livre *Collective Choice and Social Welfare* (San Francisco, Holden-Day, 1970, rééd., Amsterdam, North-Holland, 1979), où alternent les chapitres mathématiques et informels. Voir aussi mon examen critique de cette littérature dans « Social Choice Theory », *in* Kenneth Arrow et Michael Intriligator (éd.), *Handbook of Mathematical Economics*, Amsterdam, North-Holland, 1986.

*** Les liens entre théorie du choix social et théorie de la justice sont explorés en particulier au chapitre 4, « Voix et choix social ».

RÉALISATIONS, VIES ET CAPABILITÉS

Je passe maintenant à la seconde divergence : la nécessité d'une théorie qui ne se limite pas à choisir des institutions ni à identifier des dispositifs sociaux idéaux. Nous avons besoin d'une interprétation de la justice fondée sur les accomplissements parce que la justice ne peut rester indifférente aux vies que mènent réellement les gens. L'importance des vies, expériences et réalisations humaines ne peut être supplantée par l'information sur les institutions existantes et les règles en vigueur. Institutions et règles ont bien sûr une influence très importante sur ce qui se passe, et elles font aussi partie intégrante du monde réel, mais la réalité concrète va bien au-delà du tableau organisationnel et comprend les existences que les gens parviennent – ou ne parviennent pas – à mener.

En prenant acte de la nature des vies humaines, nous sommes fondés à ne pas nous focaliser sur ce que nous réussissons à faire, mais à nous intéresser aussi à la liberté réelle dont nous disposons pour choisir entre divers modes de vie. La liberté de choisir notre vie peut largement contribuer à notre bien-être, mais, au-delà même de cette perspective, la liberté en soi mérite d'être valorisée. Être en mesure de raisonner et de choisir est un aspect déterminant de la vie humaine. De fait, rien ne nous oblige à chercher seulement notre propre bien-être, et il nous revient de décider des objectifs que nous avons de bonnes raisons de nous fixer (nous examinerons cette question de plus près aux chapitres 8 et 9). Nul besoin d'être un Gandhi, un Martin Luther King, un Nelson Mandela ou un Desmond Tutu pour comprendre qu'il est possible d'avoir d'autres buts ou priorités que la quête exclusive de son bien-être *. Les libertés et capabilités dont nous jouissons peuvent aussi nous être précieuses et c'est nous, en fin de compte, qui déciderons de l'usage que nous en ferons.

---

* Adam Smith soutient que, même chez l'égoïste, « il y a évidemment certains principes dans sa nature qui le conduisent à s'intéresser à la fortune des autres », et il précise : « Le brigand le plus brutal, le plus endurci de ceux qui violent les lois de la société n'en est pas totalement dépourvu » (*Théorie des sentiments moraux*, *op. cit.*, p. 23-24).

Soulignons, même dans ce bref exposé (une exploration plus complète sera présentée notamment aux chapitres 11-13), que l'évaluation des réalisations sociales à l'aune des capabilités réelles des gens – et non de leurs utilités ou du bonheur qu'elles procurent, comme le recommandent Jeremy Bentham et les autres utilitaristes –, entraînent d'important points de désaccord. D'abord, les vies humaines sont perçues globalement, car on y inclura les libertés concrètes dont jouissent les gens ; ainsi, tout ce qui ne relève pas des plaisirs ou utilités dont ils finissent par jouir. Ensuite, autre aspect important de la liberté, elle nous rend responsables de nos actes.

La liberté de choix nous permet de décider de ce que nous devons faire, mais elle s'accompagne de la responsabilité de ce que nous faisons – dans la mesure où il s'agit d'actes choisis. Puisqu'une capabilité est le pouvoir de faire quelque chose, la responsabilité émanant de ce pouvoir fait partie intégrante de la problématique de la capabilité, et cela peut ouvrir un espace aux devoirs – à ce qu'on peut appeler, globalement, les impératifs déontologiques. Les implications de l'approche par les capabilités recoupent ici les préoccupations centrées sur le rôle d'agent ; mais il n'y a rien d'immédiatement comparable dans la perspective utilitariste (rien qui puisse lier la responsabilité de quelqu'un à son bonheur) *. La perspective des réalisations sociales, comprenant les capabilités réelles dont disposent les gens, implique inévitablement un large éventail de problèmes qui se révèlent cruciaux pour l'analyse de la justice dans le monde, et il importe de les examiner minutieusement.

UNE DISTINCTION CLASSIQUE DE LA JURISPRUDENCE INDIENNE

Pour apprécier le contraste entre une conception de la justice centrée sur les dispositifs et une autre centrée sur les réalisations, il est utile de recourir à une ancienne distinction issue de la

* L'analyse de ce problème sera poussée plus loin aux chapitres 9, « Pluralité des raisons impartiales », et 13, « Bonheur, bien-être et capabilités ».

littérature sanskrite en matière d'éthique et de jurisprudence. Il existe en sanskrit classique deux mots différents qui signifient « justice » : *niti* et *nyaya*. *Niti* est notamment utilisé pour évoquer l'organisation appropriée et le comportement correct. *Nyaya*, contrairement à *niti*, exprime un concept global de justice réalisée. Vu sous cet angle, le rôle des institutions, des règles et de l'organisation, si important soit-il, doit être évalué dans la perspective plus large et plus englobante de la *nyaya*, indissociablement liée au monde qui émerge réellement et pas uniquement à nos institutions ou à nos règles*.

Pour citer un usage particulier du terme, les premiers théoriciens indiens du droit parlaient avec mépris de ce qu'ils appelaient la *matsyanyaya*, la « justice du monde des poissons », où un gros poisson est libre de dévorer un petit. Éviter la *matsyanyaya*, soulignaient-ils, doit être une composante essentielle de la justice et il est crucial de veiller à ce que la « justice des poissons » n'envahisse pas le monde humain. L'idée centrale est la suivante : lorsqu'il s'agit de la réalisation de la justice au sens de la *nyaya*, on ne juge pas seulement des institutions et des règles, on juge les sociétés elles-mêmes. Si judicieuses que soient les institutions

* Le plus célèbre des théoriciens indiens antiques du droit, Manu, s'intéressait surtout aux *nitis*, souvent du type le plus sévère (j'ai entendu certains participants à des débats indiens contemporains le qualifier de « législateur fasciste », ce qui n'est pas entièrement faux). Mais même Manu n'a pu éviter de se laisser entraîner vers les réalisations, et la *nyaya*, dans ses justifications du bien-fondé de certaines *nitis* particulières ; il nous explique ainsi, par exemple, pourquoi il vaut mieux être méprisé que mépriser : celui qui est en butte au mépris, « en effet, quoique méprisé, s'endort paisible et se réveille paisible ; il vit heureux dans ce monde, tandis que l'homme dédaigneux ne tarde pas à périr » (chapitre 2, instruction 163 ; *Les Lois de Manu*, trad. fr. d'Auguste Loiseleur-Deslongchamps, Paris, 1833, p. 56). De même, « partout où les femmes sont honorées, les Divinités sont satisfaites ; mais, lorsqu'on ne les honore pas, tous les actes pieux sont stériles », puisque « toute famille où les femmes vivent dans l'affliction ne tarde pas à s'éteindre ; mais, lorsqu'elles ne sont pas malheureuses, la famille s'augmente et prospère en toutes circonstances » (chapitre 3, instructions 56 et 57 ; trad. fr. citée, p. 80). Voir l'excellente traduction anglaise de Wendy Doniger, *The Laws of Manu*, Londres, Penguin, 1991. [La traduction française d'Auguste Loiseleur-Deslongchamps a été récemment rééditée : *Les Lois de Manu*, Toulon, Narratif, coll. « Connaissance védique », 2007.]

établies, dès lors qu'un gros poisson peut en dévorer un petit, il y a violation flagrante de la justice humaine au sens de la *nyaya*.

Voici un exemple qui clarifiera la distinction entre *niti* et *nyaya*. Ferdinand Ier, empereur du Saint Empire romain germanique, a fait au XVIe siècle cette célèbre remarque : « *Fiat justitia, et pereat mundus* », qu'on pourrait traduire par : « Que justice soit faite, le monde dût-il périr ! » Cette sévère maxime pourrait être une *niti* – une *niti* très austère – préconisée par certains (c'est ce que faisait l'empereur Ferdinand) ; mais il est difficile de présenter la catastrophe totale comme un exemple de monde juste quand nous concevons la justice au sens plus large de la *nyaya*. De fait, si le monde périt, il n'y aura pas grand-chose à fêter, même s'il est concevable que l'austère et sévère *niti* qui conduirait à ce résultat extrême puisse être défendue par divers types d'arguments très subtils.

Se concentrer sur les réalisations aide aussi à mieux comprendre combien il est important de prévenir l'injustice flagrante dans le monde, plutôt que de rechercher ce qui est parfaitement juste. L'exemple de la *matsyanyaya* le montre bien : l'objet de la justice n'est pas seulement d'essayer de réaliser – ou de rêver de réaliser – une société ou des dispositifs sociaux parfaitement justes, mais aussi d'empêcher l'injustice grave (comme la terrible situation de la *matsyanyaya*). Ceux qui faisaient campagne pour l'abolition de l'esclavage aux XVIIIe et XIXe siècles ne se dépensaient pas ainsi dans l'illusion qu'abolir l'esclavage rendrait le monde parfaitement juste. Ils disaient plutôt qu'une société esclavagiste est totalement injuste (parmi les auteurs cités plus haut, Adam Smith, le marquis de Condorcet et Mary Wollstonecraft ont défendu ce point de vue). C'est ce diagnostic d'une injustice intolérable qui a fait de l'abolition de l'esclavage une priorité absolue, sans qu'il fût pour cela nécessaire de rechercher un consensus sur les contours d'une société parfaitement juste. Ceux qui pensent, assez raisonnablement, que la guerre de Sécession, qui a conduit à l'abolition de l'esclavage, a beaucoup fait pour la justice en Amérique devront en prendre leur parti : dans la perspective de l'institutionnalisme transcendantal (où le seul clivage se situe entre le parfaitement juste et tout le reste), on ne peut pas dire grand-chose du progrès de la justice qu'a constitué l'abolition de l'esclavage*.

L'IMPORTANCE DES PROCESSUS ET DES RESPONSABILITÉS

Ceux qui voient la justice en termes de *niti* plutôt que de *nyaya*, quels que soient les mots qu'ils emploient pour nommer cette opposition, craignent peut-être qu'en se concentrant sur les réalisations concrètes on finisse par ignorer l'importance des processus sociaux, dont l'exercice des devoirs et des responsabilités individuelles. Nous pouvons agir comme il convient sans parvenir à nos fins. Ou obtenir un bon résultat non parce que nous l'avons cherché, mais pour une autre raison, accidentelle peut-être, et nous imaginer à tort que justice a été faite. Il ne saurait suffire (poursuivraient-ils) de se concentrer sur ce qui arrive vraiment, en ignorant complètement les processus, les efforts et les comportements. Les philosophes qui insistent sur le rôle du devoir se méfient peut-être particulièrement de la distinction entre dispositifs et réalisations parce qu'elle ressemble beaucoup, à leurs yeux, au vieux clivage entre les conceptions déontologique et conséquentialiste de la justice.

Il importe d'examiner cette inquiétude, mais je vais montrer qu'elle est en définitive infondée. Une définition complète des réalisations doit faire place aux processus précis par lesquels apparaissent les états de choses finaux. Un article que j'ai publié

* Notons avec intérêt que, lorsque Karl Marx évoque le « seul grand événement de l'époque actuelle », il réserve cet honneur à la guerre de Sécession américaine, qui a conduit à l'abolition de l'esclavage (voir *Le Capital*, Livre I, chap. 10, section 3 ; trad. fr. de Joseph Roy entièrement révisée par l'auteur [1875], Paris, Bureau d'éditions, 1938, t. I, p. 270 note). Si Marx soutenait que les rapports de travail capitalistes relèvent de l'exploitation, il tenait à souligner quelle énorme amélioration représentait le travail salarié par rapport au travail servile ; à ce sujet, voir aussi les *Grundrisse* de Marx (*Manuscrits de 1857-1858*, 2 vol., trad. fr. de Gilbert Badia, Étienne Balibar, Jacques Bidet, Yves Duroux..., Paris, Éd. sociales, 1980). Les analyses de Marx sur la justice étaient loin de se limiter à sa fascination, dont parlent tant ses adversaires, pour « le stade ultime du communisme ».

dans *Econometrica* il y a une dizaine d'années distinguait ce « résultat global », qui comprend les façons de procéder, du « point culminant » qu'est le simple résultat final [8] ; une arrestation arbitraire, par exemple, est davantage que la capture et la détention d'une personne. De même, on ne peut pas faire disparaître le rôle de l'action humaine en se concentrant exclusivement sur ce qui se passe *in fine* ; il y a une différence réelle entre celui qui meurt de faim en raison de circonstances échappant à tout contrôle et celui qu'on affame à mort délibérément (les deux cas sont tragiques, bien sûr, mais ils engagent la justice d'une façon très différente). Ou, pour prendre un exemple d'un autre ordre, si un(e) candidat(e) à une élection présidentielle déclare que ce qui compte vraiment pour lui ou elle n'est pas simplement de gagner, mais de « gagner proprement », le résultat recherché est, en un sens, un résultat global.

Prenons un autre type d'exemple. Dans l'épopée indienne le *Mahâbhârata*, plus précisément dans l'un de ses épisodes, la *Bhagavad-Gîtâ* (en abrégé, la *Gita*), à la veille de la bataille qui constitue le centre de l'épopée, Arjuna, l'invincible guerrier, exprime son extrême réticence à diriger les combats qui provoqueront une gigantesque tuerie. Son conseiller, Krishna, lui dit de ne penser qu'à son devoir, qui est de se battre sans réfléchir aux conséquences. On interprète souvent ce célèbre débat comme une opposition entre déontologie et conséquentialisme : Krishna, le déontologiste, incite Arjuna à faire son devoir, tandis qu'Arjuna, en qui l'on veut voir un conséquentialiste, se soucie des terribles effets de la guerre.

La sanctification par Krishna des exigences du devoir est censée l'emporter dans la discussion, du moins si on la lit d'un point de vue religieux. De fait, la *Bhagavad-Gita* est devenue un traité d'une grande importance théologique dans la philosophie hindouiste, où l'on accorde une attention particulière à la « levée » des doutes d'Arjuna. La position morale de Krishna a aussi été approuvée avec éloquence par de nombreux commentateurs philosophiques et littéraires du monde entier. Dans les *Quatre Quatuors*, T. S. Eliot résume le point de vue de Krishna sous la forme d'une admonestation : « Quant au fruit de l'action, n'allez pas y songer, mais en avant ! » – *Fare forward!* Eliot ajoute, pour que nous comprenions bien : « Et point d'adieux, / Mais en avant voyageurs [9] [*] » J'ai soutenu ailleurs (dans *L'Inde : histoire, culture et identité*) que, si nous sortons des étroites limites de la fin du débat dans cette partie du *Mahabharata* qu'on appelle la *Bhagavad-Gita* pour examiner les sections antérieures où Arjuna présente ses arguments, ou encore le *Mahabharata* en son entier, les limites de la perspective de Krishna deviennent tout à fait évidentes [10]. Puisque le *Mahabharata* se termine par la désolation totale du pays après la « guerre juste » – des bûchers funéraires brûlent et des femmes pleurent la mort de leurs proches –, on a du mal à croire que Krishna a vraiment réfuté de façon décisive la vaste perspective d'Arjuna. Peut-être reste-t-il de puissantes raisons de « bien » faire et pas seulement d'« aller de l'avant ».

Ce contraste peut effectivement plus ou moins correspondre à la différenciation entre les perspectives conséquentialiste et déontologique, mais il est plus intéressant ici de dépasser cette simple opposition pour examiner la totalité des préoccupations qu'exprime Arjuna à la perspective de ne pas « bien faire ». Il ne pense pas seulement au nombre de morts qu'entraînera cette bataille, où il doit mener la charge du côté de la justice et de la bienséance. Il exprime un autre souci dans la première partie de la *Gita* : lui-même va inévitablement commettre de nombreux meurtres, dont les victimes seront souvent des gens pour qui il éprouve de l'affection, qu'il connaît personnellement, puisqu'il s'agit d'un affrontement entre deux branches d'une même famille auxquelles se sont ralliées d'autres personnes bien connues des deux camps. L'événement réel qui tourmente Arjuna dépasse de loin, effectivement, le point de vue exclusivement conséquentialiste. La bonne compréhension d'une réalisation sociale – cruciale pour la justice au sens de la *nyaya* – doit passer par une description étendue des façons de procéder [11]. Il est donc difficile de récuser la perspective des réalisations sociales au motif qu'elle serait étroitement conséquentialiste et ignorerait le type de raisonnement qui inspire les préoccupations déontologiques.

---

* *Quatre Quatuors*, trad. fr. de Pierre Leyris, Paris, Éd. du Seuil, coll. « Le Don des langues », 1950, p. 85. Dans cette formule – « *Not fare well, / But*

Institutionnalisme transcendantal et négligence planétaire

Je terminerai cette analyse introductive par une ultime observation concernant un aspect particulièrement réducteur de la focalisation qu'effectue la philosophie politique dominante sur l'institutionnalisme transcendantal. Prenons n'importe lequel des très nombreux changements envisageables pour rendre la structure institutionnelle du monde actuel moins inéquitable et moins injuste (selon des critères largement admis). Disons, la réforme des lois sur les brevets pharmaceutiques, afin de pouvoir fournir à faible coût des médicaments éprouvés à des patients qui en ont un urgent besoin mais qui sont pauvres (par exemple, certains malades du sida) – problème qui, de toute évidence, a quelque importance pour la justice mondiale. La question ici se pose en ces termes : de quelles réformes internationales avons-nous besoin pour rendre le monde un petit peu moins injuste ?

Mais ce type de débat sur la façon de faire progresser la justice en général, et la justice mondiale en particulier, n'est que « verbiage » aux yeux de ceux que le discours hobbésien – et rawlsien – a convaincus qu'il faut un État souverain pour appliquer des principes de justice, grâce au choix d'un ensemble parfait d'institutions : c'est un effet direct de l'enfermement des questions de justice dans le cadre de l'institutionnalisme transcendantal. Il est certain que la justice mondiale parfaite assurée par un système institutionnel absolument juste, à supposer qu'on puisse identifier un tel objet, exigerait un État mondial souverain. Puisqu'il n'y en a pas, aux yeux des transcendantalistes les questions de justice mondiale ne peuvent être posées.

Telle est la raison du rejet vigoureux de « l'idée de justice mondiale » par l'un des philosophes les plus originaux, puissants et humains de notre époque, mon ami Thomas Nagel, dont l'œuvre m'a tant appris. Dans un article captivant, paru en 2005 dans *Philosophy and Public Affairs*, il fonde sa démarche sur son interprétation transcendantale de la justice pour conclure que la

---

fare forward, voyagers » –, il est clair qu'Eliot oppose « bien faire » (*fare well*, écrit en deux mots) et « aller de l'avant » (*fare forward*) [*NdT*].

justice mondiale n'est pas un sujet d'analyse viable, les exigences institutionnelles complexes que nécessiterait un monde juste ne pouvant être réunies au niveau planétaire pour l'instant. « Il me paraît très difficile de récuser la thèse de Hobbes sur la relation entre justice et souveraineté », écrit-il, et, « si Hobbes a raison, l'idée de justice mondiale sans gouvernement mondial est une chimère [12]. »

Dans le contexte mondial, Nagel se concentre donc sur la définition d'autres exigences, bien distinctes des impératifs de justice, par exemple une « morale humanitaire minimale » (qui « régit nos rapports avec toute autre personne »), et aussi sur des stratégies à long terme pour changer radicalement les dispositifs institutionnels (« je crois que le chemin le plus réaliste vers une certaine justice mondiale passe par la création de structures de pouvoir mondiales manifestement injustes et illégitimes qui seraient tolérables pour les intérêts des États-nations actuellement les plus puissants ») [13]. Ici, le contraste est net : ou l'on juge les réformes institutionnelles en fonction du rôle qu'elles peuvent jouer pour nous rapprocher de la justice transcendantale (perspective qu'esquisse Nagel), ou on les évalue par les améliorations qu'elles apportent vraiment, notamment en éliminant les situations perçues comme des injustices flagrantes (démarche qui fait partie intégrante de l'approche présentée ici).

Chez Rawls aussi, la mise en œuvre d'une théorie de la justice exige un vaste ensemble d'institutions qui déterminent la structure fondamentale d'une société entièrement juste. Il doit donc abandonner ses propres principes de justice quand il se demande comment penser la justice mondiale – il ne se prononce pas pour l'option chimérique de l'État mondial. Dans une contribution tardive, *Paix et démocratie. Le droit des peuples et la raison publique*, il invoque une sorte de « complément » à sa version nationale (ou « dans un seul pays ») des exigences de la « justice comme équité ». Mais ce complément prend une forme très émaciée : il passe par une négociation entre représentants de différents pays sur certaines questions élémentaires de civilité et d'humanité – que l'on peut voir comme des aspects très limités de la justice. En fait, Rawls n'essaie pas de formuler les « principes de justice » qui pourraient émaner de ces négociations (il n'en émerge d'ailleurs aucun digne de ce nom), et préfère se concentrer sur certaines règles générales d'ordre humanitaire [14].

Telle qu'elle est formulée dans le cadre aujourd'hui dominant de l'institutionnalisme transcendantal, la théorie de la justice réduit bon nombre des problèmes de justice les plus pertinents à une rhétorique creuse – même si elle est, de l'avis général, « bien intentionnée ». Ceux qui, de par le monde, font campagne pour avoir *plus* de justice mondiale – et je souligne ici l'adverbe comparatif « plus » – ne revendiquent pas un « humanitarisme minimal ». Ils ne se démènent pas non plus pour une société mondiale « parfaitement juste », mais pour l'élimination de certaines dispositions et accords outrageusement injustes dans le but de faire progresser la justice mondiale, comme Adam Smith, Condorcet ou Mary Wollstonecraft l'ont fait en leur temps ; dispositions et accords sur lesquels un consensus peut être élaboré par le débat public, en dépit de divergences de vue persistantes sur d'autres questions.

Ceux qui souffrent reconnaîtront peut-être mieux leur voix dans ces vers stimulants de Seamus Heaney :

> L'histoire dit : N'espère pas
> De ce côté-ci de la tombe.
> Et puis, une fois dans une vie,
> La marée tant désirée
> De la justice peut monter,
> Et histoire rime avec espoir [15].

Malgré l'immense attrait de cette aspiration à faire rimer espoir avec histoire, la justice de l'institutionnalisme transcendantal ne lui accorde aucune place. C'est l'un des signes qui montrent la nécessité de s'écarter sérieusement des théories de la justice actuelles. Telle est l'ambition de ce livre.

PREMIÈRE PARTIE

Les exigences de la justice

1

RAISON ET OBJECTIVITÉ

Ludwig Wittgenstein, l'un des penseurs majeurs de notre époque, a écrit dans l'avant-propos de son premier grand ouvrage de philosophie, le *Tractatus logico-philosophicus*, publié en 1921 : « Tout ce qui proprement peut être dit peut être dit clairement, et sur ce dont on ne peut pas parler, il faut garder le silence*. » Il réexaminera ses idées sur le discours et la clarté dans la suite de son œuvre, mais, même pendant qu'il rédigeait le *Tractatus*, le grand philosophe n'a pas toujours suivi, fort heureusement, son propre et rigoureux commandement. Dans une lettre à Paul Engelmann écrite en 1917, Wittgenstein a fait cette remarque merveilleusement énigmatique : « Je travaille avec acharnement, j'aimerais être meilleur et plus intelligent. Et c'est une seule et même chose [1]. » Vraiment ? Une seule et même chose que d'être une personne *plus intelligente* et un être humain *meilleur* ?

---

* *Tractatus logico-philosophicus*, trad. fr. de Gilles-Gaston Granger, Paris, Gallimard, coll. « Tel », 1993, p. 31. Notons avec intérêt qu'Edmund Burke a lui aussi parlé de la difficulté de s'exprimer dans certaines circonstances (voir l'Introduction, où je l'ai cité sur ce point) ; après quoi, il l'a fait, car il lui était, soutenait-il, « impossible de [se] taire » sur une question aussi grave que celle qu'il abordait (les arguments en faveur de la mise en accusation de Warren Hastings). Le conseil de Wittgenstein, garder le silence quand on ne peut pas parler assez clairement, apparaît à bien des égards comme l'exact opposé de l'approche de Burke.

Je sais bien que l'usage transatlantique moderne a effacé la distinction entre *being good*, « être bon » moralement, et *being well*, « aller bien » physiquement (n'avoir ni maladie ni douleur, avoir une tension artérielle parfaite, etc.), et j'ai depuis longtemps cessé de m'inquiéter de l'immodestie flagrante de certains de mes amis qui, lorsqu'on leur demande comment ils vont, répondent au risque de s'auto-encenser : « *I am very good.* » Mais Wittgenstein n'était pas américain, et cette tournure pittoresque devait conquérir le monde bien après 1917. Quand Wittgenstein écrivait que « meilleur » et « plus intelligent » sont « une seule et même chose », il donnait sûrement aux mots tout leur sens.

Peut-être a-t-il simplement voulu rappeler que les actes odieux sont souvent commis par des gens qui, d'une façon ou d'une autre, se trompent sur le sujet. Il est certain que manquer de finesse est l'une des sources des défaillances morales. Se demander ce qu'il serait vraiment intelligent de faire peut parfois aider à mieux se comporter envers les autres. Le cas peut aisément se présenter, et la « théorie des jeux » moderne l'a très clairement démontré [2]. Parmi les motifs de prudence qui incitent à un comportement vertueux peut figurer le bénéfice retiré d'un tel comportement. Il peut être extrêmement profitable aux membres d'un groupe de suivre un code de bon comportement susceptible d'aider chacun. Et une collectivité dont l'action est désastreuse pour tous ceux qui la composent ne fait pas preuve d'un grand discernement [3].

Mais peut-être n'est-ce pas du tout ce que Wittgenstein avait à l'esprit. Être plus intelligent peut aussi nous permettre de penser plus clairement nos fins, nos objectifs et nos valeurs. Si l'intérêt personnel est au bout du compte une idée primitive (malgré les subtilités que je viens d'évoquer), avoir les idées claires sur les priorités et obligations plus complexes que nous souhaitons valoriser et respecter dépend souvent de notre puissance de raisonnement. On peut avoir des raisons mûrement réfléchies, autres que la promotion de son profit personnel, pour agir de façon socialement convenable.

Plus d'intelligence aide non seulement à voir où est son intérêt, mais aussi à comprendre que ses actes peuvent avoir un impact lourd sur la vie des autres. Les promoteurs de la théorie dite du choix rationnel (avancée au début en économie, puis adoptée avec enthousiasme par plusieurs penseurs de la politique et du droit) se sont beaucoup dépensés pour nous faire admettre une interprétation très particulière de cette expression : « choix rationnel » signifie exclusivement, selon eux, habile promotion de ses intérêts propres (car c'est bien ainsi, bizarrement, que les tenants de la marque déposée « théorie du choix rationnel » définissent le terme). Mais les esprits n'ont pas tous été colonisés par cette croyance remarquablement aliénante. Il y a au contraire une forte résistance à l'idée qu'il est manifestement irrationnel – et idiot – de tenter de faire quoi que ce soit pour autrui qui ne soit pas dicté par l'effet que cette action a en retour sur son propre bien-être [4].

« Ce que nous nous devons les uns aux autres » : voilà un important sujet de réflexion intelligente [5]. Réflexion qui nous mène plus loin que la mise en œuvre d'une vision étriquée de l'intérêt personnel – nous pouvons même découvrir que les objectifs que nous nous sommes fixés après mûre réflexion nous imposent d'abandonner complètement l'étroit territoire des fins intéressées. Dans certains cas, nous avons des raisons de ne pas privilégier exclusivement nos propres buts (qu'ils soient ou non exclusivement intéressés), parce que les règles de comportement décent que nous suivons laissent un espace aux visées (intéressées ou non) d'autres personnes qui partagent le monde avec nous *.

Puisqu'il existait déjà, au temps de Wittgenstein, des précurseurs de la marque « théorie du choix rationnel », peut-être a-t-il voulu dire qu'être plus intelligent aide à voir plus clair dans ses préoccupations et responsabilités sociales. On a soutenu que certains enfants se livrent à des actes de brutalité contre d'autres enfants ou des animaux parce qu'ils n'arrivent pas à évaluer

* Certains restent perplexes à l'idée que nous puissions raisonnablement compromettre la quête exclusive de nos propres fins pour laisser les autres aller vers les leurs (ce genre de comportement « prouve » que les objectifs que nous croyions avoir n'étaient pas en réalité nos vrais buts, disent même quelques commentateurs). Il n'y a là, pourtant, aucun mystère quand on analyse correctement la portée du raisonnement que nous faisons dans la pratique. Ces problèmes seront analysés aux chapitres 8, « La rationalité et les autres », et 9, « Pluralité des raisons impartiales ».

correctement la nature et l'intensité des douleurs d'autrui, et que cette capacité d'évaluation se développe à mesure de la maturité intellectuelle.

Nous ne pouvons pas être certains de ce que Wittgenstein a voulu dire *. Mais il ne fait aucun doute qu'il a lui-même consacré beaucoup de temps et d'efforts intellectuels à penser ses responsabilités et ses engagements. Le résultat n'a pas été systématiquement très intelligent ni très sage. En 1938, Wittgenstein voulait absolument rentrer à Vienne au moment où Hitler paradait triomphalement dans la ville – or il était juif et incapable de se taire ou d'arrondir les angles. Ses collègues de Cambridge ont dû l'en empêcher **. Mais ce que nous savons de ses conversations le prouve amplement : il pensait que sa puissance intellectuelle devait servir à rendre le monde meilleur ***.

Critique de la tradition des Lumières

Si c'est bien ce qu'entendait signifier Wittgenstein, il se situait, sur ce point important, au sein de la puissante tradition européenne des Lumières, qui voit la raison comme une grande alliée

* Tibor Machan a brillamment traité ce problème d'interprétation dans « A Better and Smarter Person : A Wittgensteinian Idea of Human Excellence », contribution présentée au Ve Colloque international Wittgenstein, 1980.

** Piero Sraffa, l'économiste, dont l'influence a beaucoup joué dans le réexamen par Ludwig Wittgenstein de sa position philosophique initiale, celle du *Tractatus logico-philosophicus*, et contribué ainsi à ouvrir la voie aux œuvres ultérieures du philosophe, dont les *Investigations philosophiques*, a joué un rôle crucial pour dissuader Wittgenstein d'aller à Vienne sermonner durement Hitler triomphant. Leurs relations personnelles et intellectuelles sont évoquées dans mon article « Sraffa, Wittgenstein et Gramsci », *Journal of Economic Literature*, vol. 41, décembre 2003. Sraffa et Wittgenstein étaient amis intimes et aussi collègues, puisqu'ils étaient tous deux *fellows* de Trinity College à Cambridge. Voir le chapitre 5, « Objectivité et impartialité », pour une analyse du dialogue intellectuel de Sraffa avec Antonio Gramsci d'abord, puis avec Wittgenstein, et la pertinence du contenu de ces échanges tripartites pour certains des thèmes du présent ouvrage.

*** Engagement lié à ce que son biographe Ray Monk appelle « le devoir de génie » (*Wittgenstein : le devoir de génie*, trad. fr. d'Abel Gerschenfeld, Paris, Odile Jacob, 1993).

dans l'effort d'amélioration des sociétés. Le progrès social par l'argumentation systématique était un thème privilégié des grands débats qui ont créé la dynamique intellectuelle de ce mouvement en Europe, notamment au XVIIIe siècle.

Certes, il est difficile de généraliser, de conclure à une hégémonie écrasante du rationalisme dans la pensée de la période dite éclairée. Isaiah Berlin a montré qu'il y avait alors également de nombreux courants antirationalistes[6]. Mais il est certain qu'une des grandes différences entre la pensée de « l'âge des Lumières » et les traditions préexistantes fut l'accent mis sur la raison – de manière un peu exagérée. Il est d'ailleurs devenu très courant, dans les débats politiques contemporains, de soutenir que les Lumières ont surestimé les capacités de la raison. Certains ont aussi accusé cet excès de confiance, que la tradition des Lumières aurait inoculé à la pensée moderne, d'avoir contribué au penchant du monde « post-éclairé » pour les atrocités. Joignant sa voix aux leurs, l'éminent philosophe Jonathan Glover reprend cet angle d'attaque dans un texte très argumenté, « Moral History of the Twentieth Century » (Histoire morale du XXe siècle) : « la vision de la psychologie humaine qu'avaient les Lumières », estime-t-il, s'est révélée de plus en plus « superficielle et mécanique », et « leurs espoirs de progrès social par l'expansion de l'humanitarisme et de la pensée scientifique » paraissent aujourd'hui bien « naïfs »[7]. Puis (à l'instar d'autres critiques des Lumières), il fait le lien entre cette vision des choses et la dictature moderne, en soutenant que « Staline et ses héritiers » étaient totalement « sous l'emprise des Lumières », mais aussi que celles-ci ont « indirectement influencé » Pol Pot[8]. Glover ne souhaitant pas chercher refuge sous l'autorité de la religion ou de la tradition (à cet égard, observe-t-il, « nous ne pouvons échapper aux Lumières »), il prend pour cibles les croyances fortes, auxquelles l'usage trop assuré de la raison contribue éminemment. « La vulgarité du stalinisme », souligne-t-il, « venait des croyances[9]. »

On ne peut contredire Glover sur la puissance bien réelle des croyances fortes et des certitudes effrayantes, ni contester sa thèse sur « le rôle de l'idéologie dans le stalinisme ». Ce qu'on peut lui reprocher n'est pas de dénoncer le potentiel de nuisance des idées fausses, mais d'en tirer argument contre l'efficacité de la raison en général et la perspective des Lumières en particulier[10]. Est-il vraiment juste, quand on constate le penchant de chefs politiques terrifiants pour les certitudes hâtives et les idées irréfléchies, d'en accuser les Lumières, alors que tant d'auteurs de ce mouvement attachaient une importance primordiale au rôle du raisonnement dans les choix et condamnaient le recours à la croyance aveugle ? Il est certain (les dissidents l'ont d'ailleurs fait) qu'on pouvait combattre la « vulgarité du stalinisme » en démontrant rationnellement l'énorme écart entre ses promesses et sa pratique et en faisant apparaître la brutalité du régime malgré ses prétentions – une brutalité que les autorités devaient soustraire à l'examen en recourant à la censure et à l'expurgation des données.

C'est d'ailleurs l'un des grands arguments en faveur de la raison : elle nous aide à examiner l'idéologie et la croyance aveugle*. En réalité, la grande alliée de Pol Pot n'était pas la raison, mais bien la conviction frénétique et irrationnelle qui ne laisse aucun espace au questionnement raisonné. Parmi les questions intéressantes et importantes que la critique glovérienne pose avec force, relevons celle-ci : où est le remède contre le mauvais raisonnement ? Et cette autre, voisine : quelle relation entretiennent la raison et les émotions, lesquelles incluent la compassion et l'empathie ? En poussant plus loin, on doit aussi se demander : quelle est la justification ultime du recours à la raison ? L'apprécie-t-on parce que c'est un bon outil et, si oui, à quoi sert cet outil ? Ou bien la raison est-elle sa propre justification et, dans ce cas, en quoi diffère-t-elle de la croyance aveugle et irréfléchie ?

* Il est vrai, bien sûr, que beaucoup de croyances grossières naissent de certains raisonnements – parfois assez primitifs. Les préjugés racistes et sexistes se fondent assez souvent sur la « raison » (perçue comme telle) que les non-Blancs ou les femmes sont biologiquement ou intellectuellement inférieurs. En plaidant pour le recours à la raison, on ne nie pas que chacun – on le constate aisément – donne des arguments de divers types pour défendre ses convictions (même aberrantes). La discipline du *raisonnement* consiste à soumettre convictions dominantes et raisons alléguées à un examen critique. Ces problèmes seront étudiés de plus près aux chapitres 8, « La rationalité et les autres », et 9, « Pluralité des raisons impartiales ».

On débat de ces problèmes depuis des siècles, mais nous sommes tenus de les affronter ici, puisque c'est par le raisonnement que nous allons, dans cet ouvrage, explorer l'idée de justice.

AKHBAR ET LA NÉCESSITÉ DE LA RAISON

« Mais pourquoi donc Nietzsche pense-t-il que la nuit n'a pas d'étoiles, rien que des chauves-souris, des hiboux et la démence de la lune [11] ? » a noté W. B. Yeats en marge de son exemplaire de *La Généalogie de la morale*. Nietzsche avait exprimé son scepticisme envers l'humanité et sa terrifiante vision de l'avenir juste à la veille du XXe siècle (il est mort en 1900). Les événements qui ont suivi, guerres mondiales, holocaustes, génocides et autres horreurs, nous donnent assez de raisons pour nous demander si sa méfiance envers le genre humain n'était pas amplement justifiée [*]. De fait, examinant les inquiétudes de Nietzsche à la fin du XXe siècle, Jonathan Glover conclut qu'il nous faut « regarder distinctement et sans faiblesse certains monstres au-dedans de nous », et trouver moyen de les « mettre en cage et de les dompter » [12].

Les changements de siècle ont souvent paru propices à l'examen critique de ce qui se passe et de ce qu'il faudrait faire. Sur la nature humaine et la possibilité d'un changement raisonné, ces méditations ne sont pas toujours aussi pessimistes et désabusées que celles de Nietzsche (ou de Glover). Il est intéressant d'opposer aux idées de ces auteurs les réflexions bien antérieures de l'empereur moghol Akhbar, en Inde, à un tournant millénaire et non simplement séculaire. Alors que s'achevait le premier millénaire du calendrier musulman de l'Hégire, en 1591-1592 (mille années lunaires, donc, après le voyage épique

* Comme le dit dans un *ghazal* le poète ourdou Javed Akhtar : « Religion ou guerre, caste ou race, je ne connais pas ces choses / Devant notre sauvagerie, comment jugeons-nous le fauve » (Javed Akhtar, *Quiver : Poems and Ghazals*, trad. angl. de David Matthews, New Delhi, HarperCollins, 2001, p. 47).

de Mahomet de La Mecque à Médine en 622 après Jésus-Christ)*, Akhbar s'est engagé dans un vaste examen des valeurs sociales et politiques et de la pratique juridique et culturelle. Le défi des relations intercommunautaires, l'impérieuse nécessité de la paix civile et d'une coopération fructueuse dans l'Inde déjà multiculturelle du XVIe siècle ont particulièrement retenu son attention. Il faut mesurer combien la politique d'Akhbar était inhabituelle pour l'époque. Les Inquisitions battaient leur plein – Giordano Bruno a été brûlé en place publique pour hérésie, à Rome, en 1600 – au moment où Akhbar prononçait ses déclarations sur la tolérance religieuse en Inde. Non seulement il soulignait que l'État avait, entre autres devoirs, celui de garantir « que nul ne soit importuné à cause de sa religion et que chacun soit autorisé à embrasser la religion qui lui plaît[13] », mais il organisait dans sa capitale, Agra, des dialogues systématiques entre hindous, musulmans, chrétiens, jaïns, parsis, juifs et autres, y invitant même des agnostiques et des athées.

Prenant acte de la diversité religieuse de son peuple, Akhbar a posé de diverses façons les bases de la laïcité et de la neutralité religieuse de l'État ; la Constitution laïque adoptée par l'Inde lors de son indépendance, en 1949, après la fin de la domination britannique, contient de nombreux principes dont il s'était déjà fait le champion dans les années 1590. Parmi ces points communs figure une certaine idée de la laïcité : l'État doit maintenir la même distance avec les différentes confessions et n'octroyer de faveur à aucune.

La méthode générale d'Akhbar pour évaluer les coutumes de la société et l'action publique était fondée sur une thèse primordiale : la solution des problèmes difficiles en matière de morale et de justice sociale se situe dans « la recherche de la raison » (et non dans « le marécage de la tradition », disait-il)[14]. La question de la laïcité n'est que l'un des très nombreux sujets pour lesquels, selon Akhbar, il faut examiner librement si la raison soutient ou non un usage existant, justifie ou non une politique en vigueur. Il a, par exemple, aboli tous les impôts spéciaux pesant sur les

* Une année lunaire comprend en moyenne 354 jours, 8 heures et 48 minutes ; elle est donc plus courte qu'une année solaire.

non-musulmans au motif qu'ils étaient discriminatoires, ne traitaient pas tous les citoyens à égalité. En 1582, il a décidé de libérer « tous les esclaves impériaux » parce qu'on « sort du champ de la justice et de la bonne conduite » si l'on profite de la « force »[15].

Il est facile de relever dans les arguments d'Akhbar des critiques contre des pratiques sociales existantes. Il était hostile, par exemple, au mariage des enfants, alors tout à fait traditionnel (une pratique pas totalement éradiquée aujourd'hui, hélas, dans le sous-continent) : dans ce cas, explique-t-il, « l'objet qui est visé » dans le mariage « est encore lointain et la possibilité de dommage immédiate ». Il critiquait aussi la coutume hindouiste prohibant le remariage des veuves (elle ne sera réformée que des siècles plus tard) et ajoutait que, « dans une religion qui interdit le remariage de la veuve », autoriser le mariage des enfants est une violence « beaucoup plus grande ». Concernant l'héritage, il soulignait que, « dans la religion musulmane, on attribue à la fille une part plus petite, alors qu'en raison de sa faiblesse elle mérite une part plus grande ». En vertu d'un autre type de raisonnement, il autorisait les rites religieux alors qu'il les regardait lui-même d'un œil très sceptique. Lorsque son second fils, Mourad, qui savait Akhbar hostile à tout rituel, lui demanda s'il fallait les interdire, il s'y opposa immédiatement, au motif qu'en priver « le niais obtus qui prend l'exercice corporel pour une adoration de la divinité reviendrait à l'empêcher [totalement] de se souvenir de Dieu ».

Si Akhbar était lui-même un musulman pratiquant, il soutenait que chacun avait besoin de soumettre les convictions et les priorités dont il avait héritées à un examen critique. Et c'est peut-être l'idée la plus importante qu'il a émise dans sa défense d'une société multiculturelle, laïque et tolérante : le rôle qu'il assignait au raisonnement dans l'ensemble de cette entreprise. Pour Akhbar, la suprématie de la raison est absolue : même pour contester la raison il faut donner des raisons. Attaqué par deux de ses coreligionnaires qui préconisaient une foi instinctive et inconditionnelle dans la tradition islamique, Akhbar dit à son ami et homme de confiance Abul Fazl (fabuleux lettré en sanskrit, arabe et persan) : « Le choix de la raison et le rejet du traditionalisme sont d'une évidence si éclatante qu'ils se situent au-dessus du besoin d'argumenter[16]. » La « voie de la raison » ou « loi de l'intellect » (*rahi aql*), concluait-il, doit être la pierre de touche de la bonne et juste conduite, ainsi que d'un cadre acceptable de droits et de devoirs légaux*.

Objectivité éthique et examen raisonné

Akhbar voyait juste en tenant la raison pour indispensable. Nous montrerons que même l'importance des émotions peut s'apprécier de façon rationnelle. Nous pouvons illustrer leur rôle éminent dans nos réflexions en énumérant les raisons de les prendre au sérieux (mais non sans critique). Lorsque nous sommes bouleversés par une émotion particulière, nous sommes fondés à nous demander ce qu'elle éveille en nous. La raison et l'émotion sont complémentaires dans la réflexion humaine, et leurs relations complexes seront examinées dans la suite de ce chapitre.

On le voit sans peine : les jugements éthiques exigent le *rahi aql* – l'usage de la raison. Reste une question : pourquoi la raison devrait-elle être l'arbitre suprême des positions morales ? Doit-on attribuer à l'usage de la raison un rôle particulier – découlant peut-être d'un mode de raisonnement particulier – qui rendrait celle-ci primordiale, capitale dans la formation des jugements éthiques ? Puisque l'appui de la raison ne suffit pas en lui-même à conférer une qualité aux jugements moraux, il convient de nous demander pourquoi nous attachons tant d'importance à cet appui. Parce que l'examen rationnel est une sorte de garantie de parvenir à la vérité ? On aurait du mal à le soutenir : en matière

* Akhbar aurait souscrit à ce diagnostic de Thomas Scanlon (établi dans sa brillante étude sur le rôle de la raison dans la détermination de « ce que nous nous devons les uns aux autres ») : nous ne devons pas « regarder l'idée de raison comme mystérieuse, ou comme une idée qui demande, ou peut recevoir, une explication philosophique qui viendrait d'une autre notion, encore plus fondamentale » (*What We Owe to Each Other*, Cambridge, MA, Harvard University Press, 1998, p. 3).

de convictions morales et politiques, la nature de la vérité est un sujet fort difficile ; surtout, la plus rigoureuse des recherches, en éthique comme dans toute autre discipline, peut échouer.

Parfois, d'ailleurs, une procédure plus que douteuse peut finalement, par accident, donner une réponse plus exacte qu'un raisonnement extrêmement rigoureux. En épistémologie, c'est évident : si une procédure scientifique peut avoir de meilleures chances de succès que d'autres procédures envisageables, il arrive aussi qu'une démarche extravagante donne la réponse exacte dans un cas particulier (plus exacte, dans ce cas-là, que les méthodes mieux pensées). Celui qui, pour savoir l'heure, se fie à une montre arrêtée aura l'heure exacte deux fois par jour, et si c'est justement à ces moments-là qu'il la consulte, celle-ci s'avérera peut-être plus précise que toutes les montres en état de marche alentour. Néanmoins, s'il fallait choisir une procédure, préférer un mécanisme d'horlogerie immobile à une montre qui indique l'heure réelle approximative ne serait pas très judicieux, même si cette dernière est battue deux fois, tous les jours, par celle qui ne fonctionne pas[*].

C'est probablement un argument semblable qui incite à choisir la procédure la mieux raisonnée, bien que rien ne garantit qu'elle sera invariablement exacte, ni même toujours plus exacte qu'une autre procédure moins raisonnée (à supposer que nous puissions évaluer l'exactitude des jugements avec la moindre certitude). Ce qui plaide pour l'examen argumenté n'est pas qu'il constitue un moyen infaillible d'atteindre la vérité parfaite (il n'en existe probablement pas), mais qu'il nous permet d'être aussi objectifs qu'il est raisonnablement possible de l'être[**]. Ce

* Leela Majumdar, romancière bengalie (et tante du grand réalisateur Satyajit Ray), se souvient, dans un livre pour enfants, que, lorsqu'elle était étudiante (volontiers provocatrice) à l'université de Calcutta, elle avait arrêté un inconnu qui passait et lui avait demandé – pour le seul plaisir de le perturber : « Bonjour, quand êtes-vous arrivé de Chittagong ? » L'homme avait répondu, abasourdi : « Hier, comment le savez-vous ? »

** Voir l'impressionnante analyse dans laquelle Bernard Williams suggère que la conviction raisonnée « vise » la vérité (« Deciding to believe », in *Problems of the Self*, Cambridge, Cambridge University Press, 1973). Voir aussi Peter Railton, *Facts, Values and Norms : Essays Toward a Morality of Consequence*, Cambridge, Cambridge University Press, 2003.

qui pousse également à recourir à la raison pour porter des jugements éthiques, c'est, je crois, l'exigence d'objectivité, dans la mesure où elle requiert une certaine discipline de raisonnement. Le rôle important que joue l'argumentation dans cet ouvrage est lié au besoin de raisonner objectivement quand on réfléchit aux problèmes de justice et d'injustice.

En philosophie morale et politique, l'objectivité est une question délicate qui nécessite quelques éclaircissements. La recherche de l'objectivité éthique est-elle une quête d'*objets* éthiques ? Si bon nombre de débats complexes sur l'objectivité morale ont pris le chemin de l'ontologie (notamment en se demandant métaphysiquement « quels objets éthiques existent »), on voit mal à quoi ces objets pourraient ressembler. Je préfère suivre Hilary Putnam, qui juge cette piste de recherche peu utile et mal orientée *. Lorsque nous discutons des exigences de l'objectivité morale, nous ne croisons pas le fer sur la nature et le contenu de prétendus « objets » éthiques.

Il y a, bien sûr, des énoncés éthiques qui présument l'existence d'objets identifiables pouvant être observés (on en formule, par exemple, quand on cherche des preuves observables susceptibles de déterminer si une personne est courageuse ou compatissante), tandis que le contenu d'autres énoncés exclut ce lien (par exemple, lorsqu'on déclare une personne totalement immorale ou injuste). Mais, en dépit d'un certain chevauchement entre la description et l'évaluation, l'éthique ne saurait se réduire à la description véridique d'objets précis. Mieux vaut écouter ce qu'en dit Putnam : « Les questions éthiques réelles sont une espèce des questions pratiques, et les questions pratiques font

* Hilary Putnam, *Ethics without Ontology*, Cambridge, MA, Harvard University Press, 2004. Ce qui gêne Putnam, ce n'est pas seulement que l'approche ontologique de l'objectivité éthique n'est pas d'un grand secours, mais aussi qu'elle se fourvoie en cherchant quelque chose de très éloigné de la nature du sujet. « La tentative de fournir une explication ontologique de l'objectivité des mathématiques m'apparaît, en fait, comme un effort pour donner *des raisons qui ne font pas partie des mathématiques à la vérité des énoncés mathématiques* ; la tentative de fournir une explication ontologique de l'objectivité de l'éthique, comme un effort comparable de donner *des raisons qui ne font pas partie de l'éthique à la vérité des énoncés éthiques* ; et ces deux tentatives me semblent vraiment mal orientées » (*ibid.*, p. 3).

intervenir non seulement des évaluations, mais aussi un mélange complexe de croyances philosophiques, de croyances religieuses et de croyances factuelles[17]. » Les procédures concrètes dont on use dans la quête de l'objectivité ne sont peut-être pas toujours claires, ni explicitées, mais, soutient Putnam, on peut le faire dans la clarté si les problèmes sous-jacents sont examinés comme il convient*.

Le mode de raisonnement que nous recherchons pour analyser les exigences de la justice intégrera certains impératifs fondamentaux d'impartialité, car il s'agit d'une composante indissociable de l'idée de justice et d'injustice. Il est utile, à ce stade, de faire appel aux idées de John Rawls, à son analyse de l'objectivité morale et politique, formulée pour défendre celle de la « justice comme équité » (qui sera le sujet de notre prochain chapitre)**. Le premier élément essentiel, selon lui, « est qu'une conception de l'objectivité doit établir un cadre public de pensée qui soit suffisant pour que le concept de jugement puisse s'appliquer et pour permettre d'atteindre des conclusions sur la base de raisons et de preuves, après discussion et réflexion. » Plus loin, il précise :

---

* Dans mon livre *Un nouveau modèle économique : développement, justice, liberté*, *op. cit.*, je me suis abstenu de toute analyse sérieuse de méthodologie éthique et j'ai fondé l'acceptabilité de certaines priorités générales de développement sur des bases de simple bon sens. Hilary Putnam a analysé, avec clarté et précision, la méthodologie implicite de cet ouvrage d'économie du développement et montré qu'elle cadre – heureusement pour moi – avec son approche générale de l'objectivité ; voir son livre *Fait-valeur, la fin d'un dogme, et autres essais*, trad. fr. de Marjorie Caveribière et Jean-Pierre Cometti, Paris, Éd. de l'Éclat, 2004. Voir aussi Vivian Walsh, « Sen after Putnam », *Review of Political Economy*, vol. 15, 2003.

** Je dois souligner ici qu'il existe des différences substantielles entre la vision de l'objectivité de Putnam, marquée par son scepticisme face aux « principes universels » (« on peut résoudre peu de problèmes réels en les traitant comme de simples cas d'une généralisation universelle », *Ethics without Ontology*, *op. cit.*, p. 4), et celle de Rawls, qui se sert de principes universels accompagnés d'une enquête sur les spécificités de problèmes éthiques particuliers (*Libéralisme politique*, *op. cit.*, p. 146-155). Mais ni Rawls ni Putnam ne sont tentés de voir l'objectivité de l'éthique en termes d'ontologie ou de quête de certains objets réels. Dans cet ouvrage, je m'appuie à la fois sur les analyses de Putnam et sur celles de Rawls, sans approfondir davantage les problèmes précis qui fondent leurs divergences.

« Dire qu'une conviction politique est objective, c'est dire qu'il existe des raisons, déterminées par une conception politique raisonnable et mutuellement reconnaissable (satisfaisant ces conditions), suffisantes pour convaincre toutes les personnes raisonnables du caractère raisonnable d'une telle conviction [18]. »

Ce critère d'objectivité, qui contient certains éléments clairement normatifs (notamment dans l'identification des « personnes raisonnables »), coïnciderait-il avec ce qui survivrait probablement à un débat public ouvert et informé ? Il serait intéressant d'en discuter. Contrairement à John Rawls, Jürgen Habermas s'est concentré sur la seconde voie, largement procédurale, au lieu de chercher à déterminer, hors de toute procédure, ce qui convaincra les personnes qui sont « raisonnables » et qui trouvent certaines convictions politiques « raisonnables » aussi [19]. Je vois la force de l'argument de Habermas et l'exactitude de la distinction catégorielle qu'il effectue, même si je ne suis pas entièrement persuadé qu'il y ait vraiment une différence radicale entre leur stratégie respective de raisonnement.

Pour obtenir le type de société politique qui l'intéresse, Habermas aussi impose de nombreuses contraintes à la délibération publique. Si, chez lui, les êtres humains sont capables d'être raisonnables, au sens où ils prennent bonne note des points de vue des autres et font bon accueil à l'information – deux des exigences essentielles du dialogue public mené dans un esprit ouvert –, alors l'écart entre les deux approches ne paraît pas forcément énorme *.

* Habermas soutient aussi que le type de consensus qui émergerait dans le système qu'il décrit serait nettement différent des règles et priorités plus « libérales » de Rawls (« La réconciliation grâce à l'usage public de la raison. Remarques sur le libéralisme politique de John Rawls », *in* Jürgen Habermas et John Rawls, *Débat sur la justice politique*, trad. fr. de Rainer Rochlitz, avec la coll. de Catherine Audard, Paris, Éd. du Cerf, 1997). Reste à savoir si ces différences entre les conclusions habermassiennes et rawlsiennes sur la substance des résultats sont vraiment dues à la différence des procédures utilisées plutôt qu'aux convictions respectives des deux philosophes sur ce qui devrait sortir de délibérations ouvertes et interactives dans des échanges libres et démocratiques. Voir aussi Jürgen Habermas, *Justification and Application : Remarks on Discourse Ethics*, trad. angl. de Ciaran Cronin, Cambridge, MA, MIT Press, 1993.

Je ne ferai pas une grande distinction entre ceux que Rawls classe comme « raisonnables » et le reste de l'humanité, en dépit de ses fréquentes références à la catégorie des « personnes raisonnables » et de l'usage évident qu'il en fait. J'ai essayé de soutenir ailleurs que nous sommes dans l'ensemble tous capables d'être raisonnables, en accueillant l'information avec ouverture d'esprit, en réfléchissant à des arguments de sources différentes et en entreprenant des délibérations et des débats interactifs sur la façon dont il convient d'appréhender les problèmes[20]. Cette supposition ne me paraît pas fondamentalement différente de ce que dit Rawls lui-même quand il parle de « personnes libres et égales » qui ont toutes « des facultés morales* ». L'analyse de Rawls semble se soucier davantage de *caractériser* les êtres humains délibérants que de créer une *catégorie* des « personnes raisonnables » où certains seraient admis et d'autres exclus**. Le rôle du débat public argumenté et sans restriction est tout à fait central dans la politique démocratique en général et la recherche de la justice sociale en particulier***.

ADAM SMITH
ET LE SPECTATEUR IMPARTIAL

Il est clair que le raisonnement public est essentiel à l'objectivité en matière de croyances éthiques et politiques. Si Rawls expose une des façons de penser l'objectivité des jugements portant sur la justice, Adam Smith, en invoquant le « spectateur

* Rawls renvoie en particulier à « deux facultés morales » : la « capacité d'un sens de la justice » et la « capacité d'une conception du bien » (*La Justice comme équité. Une reformulation de « Théorie de la justice »*, *op. cit.*, p. 39).

** De fait, Rawls ne nous dit pas comment les personnes jugées « déraisonnables » voient les idées de justice, ni comment on les intègre à l'ordre social.

*** Voir Joshua Cohen, « Deliberation and Democratic Legitimacy », *in* Alan Hamlin et Philip Pettit (éd.), *The Good Polity : Normative Analysis of the State*, Oxford, Blackwell, 1989, et *Politics, Power and Public Relations*, Tanner Lectures at the University of California, Berkeley, 2007. Voir aussi Seyla Benhabib (éd.), *Democracy and Difference : Contesting the Boundaries of the Political*, Princeton, NJ, Princeton University Press, 1996.

impartial », en avance une autre. Cette approche « ancienne » (à l'heure où j'écris, cela fait exactement deux cent cinquante ans que Smith a publié la première édition de *Théorie des sentiments moraux* [1759]) est de très grande portée. Et son contenu touche simultanément à la procédure et au fond. Lorsqu'on cherche une solution par le débat public, il semble pertinent d'admettre les points de vue et raisonnements présentés par tous ceux dont la contribution est importante, soit parce que leurs intérêts sont engagés, soit parce que leur mode de pensée sur ces problèmes éclaire des évaluations particulières – éclairage qui pourrait manquer si l'on ne donnait pas à ces points de vue l'occasion de s'exprimer.

Alors que Rawls semble concentrer d'abord son attention sur les variations d'intérêts privés et de priorités personnelles, Adam Smith juge aussi nécessaire d'élargir la discussion pour éviter le localisme des valeurs, qui peut conduire à ignorer des arguments pertinents parce que peu familiers dans une culture particulière. Puisque le recours au débat public peut prendre une forme hypothétique (« Qu'en dirait un spectateur impartial venu de loin ? »), un des grands soucis méthodologiques d'Adam Smith est de préconiser l'usage d'une gamme très variée de points de vue et perspectives fondés sur des expériences diverses, très éloignées ou très proches, au lieu de se contenter de joutes – réelles ou supposées – avec des interlocuteurs de même milieu social, de même origine culturelle, qui ont le même type d'expériences, de préjugés et de convictions sur ce qui est raisonnable ou non, voire sur ce qui est faisable ou non. Si Adam Smith insiste tant sur le fait que nous devons, *inter alia*, regarder nos sentiments « à une certaine distance de nous-mêmes », c'est pour permettre l'examen des intérêts matériels, mais aussi celui de l'impact d'une tradition et de coutumes bien établies*.

Si les types d'arguments avancés par Smith, Habermas et Rawls sont bien distincts, il existe une similitude essentielle dans

* Voir aussi l'analyse de Simon Blackburn sur le rôle du « point de vue commun », et en particulier les contributions d'Adam Smith et de David Hume au développement de cette perspective (*Ruling Passions : A Theory of Practical Reasoning*, Oxford, Clarendon Press, 1998, notamment le chapitre 7).

leurs approches respectives de l'objectivité, puisque les trois auteurs la lient, directement ou indirectement, à la capacité de survivre aux défis d'un examen informé venu de diverses sources. Dans la logique de ce livre également, l'examen rationnel effectué de divers points de vue est une composante essentielle des exigences de l'objectivité pour les convictions éthiques et politiques.

Mais je dois ajouter ici – et avec force – une autre idée : les principes qui survivront à cet examen ne constitueront pas forcément un ensemble unique (pour des raisons qui ont déjà été exposées dans l'Introduction). En affirmant cela, je m'écarte davantage de John Rawls que de Hilary Putnam [*]. De fait, toute approche de la justice qui, comme celle de Rawls, commence par choisir des principes de justice, en déduit une structure institutionnelle unique et rigide (c'est l'un des aspects de l'institutionnalisme transcendantal évoqué dans l'Introduction), puis nous raconte par le menu la mise en place imaginaire de la justice, ne peut aisément admettre la persistance simultanée de principes concurrents et polyphoniques. Or je soutiens que des positions contraires peuvent survivre simultanément sans qu'il soit possible, par une chirurgie radicale, de toutes les ranger dans une boîte d'exigences complètes et bien assorties – ce qui, dans la théorie de Rawls, nous amènerait à une configuration institutionnelle unique où elles seraient satisfaites (par un État souverain).

Quelles que soient leurs divergences, les approches de l'objectivité envisagées ici ont un point commun, primordial : toutes reconnaissent la nécessité d'un affrontement raisonné sur une base impartiale (mais elles situent cette impartialité dans des champs différents, comme on le verra au chapitre 6). La raison peut, bien sûr, prendre des formes distinctes, qui ont de nombreux usages spécifiques [**]. Quand nous recherchons l'objectivité éthique, le raisonnement doit satisfaire des impératifs que l'on

---

* Et pas du tout de Bernard Williams : voir son livre *L'Éthique et les Limites de la philosophie*, *op. cit.*, chap. 8. Voir aussi J. Gray, *Two Faces of Liberalism*, *op. cit.*

** J'examinerai certaines de ces différences aux chapitres 8, « La rationalité et les autres », et 9, « Pluralité des raisons impartiales ».

peut voir comme ceux de l'impartialité. Les raisons de justice sont différentes des raisons d'« amour de soi » – pour reprendre l'une des expressions d'Adam Smith – et des raisons de prudence, mais elles constituent un vaste domaine. Celui que nous allons explorer dans ce qui suit.

La portée de la raison

Le raisonnement est une source abondante d'espoir et de confiance dans un monde terni par des agissements ténébreux, passés et présents. Il n'est guère difficile de voir pourquoi. Même lorsque quelque chose éveille en nous une fureur immédiate, nous pouvons interroger cette réaction, nous demander si elle est adaptée, si nous devons vraiment la prendre pour guide. Le raisonnement peut porter sur la bonne façon de voir et de traiter les autres, les autres cultures, les autres revendications, examiner divers motifs de respect et de tolérance. Nous pouvons aussi raisonner sur nos propres erreurs et nous efforcer d'apprendre à ne pas les répéter, à l'instar du grand écrivain Kenzaburô Ôé, qui espère que ses compatriotes japonais respecteront « la démocratie et le serment de non-belligérance », aidés par les leçons de leur propre « expérience d'envahisseurs de l'Asie* ».

Autre usage, non moins important : on a besoin de la pierre de touche de l'intellect pour repérer des méfaits qui ne sont pas inspirés par la volonté de nuire, mais qui sont objectivement nocifs. Ainsi, l'inertie face à des calamités aussi atroces que les famines sous prétexte qu'on croit impossible de les combattre sans aumenter le volume des produits alimentaires disponibles et qu'il est difficile d'organiser cela vite. Des centaines de milliers de personnes, des millions en fait, peuvent mourir de l'inaction désastreuse inspirée par un fatalisme irréfléchi qui se dissimule

---

* Kenzaburô Ôé, *Moi, d'un Japon ambigu*, trad. fr. de René de Ceccatty et Ryôji Nakamura, Paris, Gallimard, 2001, p. 18. Voir aussi Onuma Yasuaki, « Japanese War Guilt and Postwar Responsibilities of Japan », *Berkeley Journal of International Law*, vol. 20, 2002. De même, apprendre des erreurs passées, en particulier de la période nazie, a constitué l'une des priorités contemporaines de l'Allemagne.

en sang-froid fondé sur le réalisme et le bon sens *. En réalité, il est facile d'empêcher les famines : elles ne touchent qu'un petit pourcentage de la population (rarement plus de 5 %, pratiquement jamais plus de 10 %), et il est possible d'organiser la redistribution des produits alimentaires existants instantanément, par des moyens comme la création d'emplois d'urgence qui assurent aux indigents un revenu immédiat pour acheter des denrées. Naturellement, avoir davantage de nourriture faciliterait les choses, parce que cela stimulerait les distributions publiques de produits alimentaires et qu'une hausse du volume des denrées disponibles sur le marché contribuerait à faire baisser les prix, mais ce n'est pas une nécessité absolue pour combattre une famine avec succès – on est souvent persuadé du contraire, et cette idée justifie la décision de ne rien faire au lieu d'organiser des aides immédiates. La redistribution assez réduite de l'approvisionnement alimentaire qui est nécessaire pour que nul ne meure de faim peut être impulsée en dotant d'un pouvoir d'achat ceux qui, en raison de telle ou telle calamité, se trouvent privés de tout revenu, ce qui est en général la cause première de la famine **.

---

* J'ai analysé les causes des famines et les mesures nécessaires pour les prévenir dans mes livres *Poverty and Famines : An Essay on Entitlement and Deprivation*, Oxford, Clarendon Press, 1981, et, en collaboration avec Jean Drèze, *Hunger and Public Action*, Oxford, Clarendon Press, 1989. C'est l'illustration d'un problème général : une théorie erronée peut avoir des conséquences fatales. Sur ce point, voir mon livre *Un nouveau modèle économique : développement, justice, liberté*, *op. cit.*, et Sabina Alkire, « Development : A Misconceived Theory Can Kill », *in* Christopher W. Morris (éd.), *Amartya Sen*, Cambridge, Cambridge University Press, coll. « Contemporary Philosophy in Focus », à paraître en 2010. Voir aussi Cormac ÓGráda, *Famine : A Short History*, Princeton, NJ, Princeton University Press, 2009.

** De plus, puisque la plupart des victimes de la famine souffrent et souvent meurent de maladies ordinaires [la faim provoquant l'affaiblissement du corps humain et l'expansion des infections], les soins et les équipements médicaux peuvent faire beaucoup. Plus des quatre cinquièmes des décès de la grande famine du Bengale en 1943 étaient directement liés à des maladies courantes dans la région : les morts de faim au sens strict ne représentaient pas plus d'un cinquième du total (voir Appendice dans mon livre *Poverty and Famines*, *op. cit.*). Un tableau semblable se dégage de beaucoup d'autres famines. Voir en particulier Alex de Waal, *Famine that Kills : Darfur, Sudan, 1984-1985*, Oxford, Clarendon Press, 1989 ; et aussi son livre *Famine*

Autre exemple, qui commence, enfin, à recevoir l'attention qu'il mérite : la négligence et la dégradation de l'environnement naturel. Il s'agit, on le voit de plus en plus clairement, d'un problème extrêmement grave et étroitement lié aux effets négatifs du comportement humain, mais il ne procède ni d'un désir des humains actuels de nuire à ceux qui ne sont pas encore nés, ni même d'une insensibilité délibérée aux intérêts des générations futures. Pourtant, par manque de volonté et d'action raisonnées, nous ne parvenons toujours pas à prendre soin comme il le faudrait de l'environnement, ni à garantir la durabilité de ce qui est nécessaire à une vie digne. Pour prévenir les catastrophes causées par la négligence ou l'entêtement des humains, nous avons besoin d'examen critique et pas seulement de bonne volonté [21].

Le raisonnement est en cela notre allié, non une menace qui nous met en danger. Alors, pourquoi ceux qui jugent si problématique de lui faire confiance le voient-ils d'un œil si différent ? Peut-être ont-ils été impressionnés par des personnes si imbues de leurs propres raisonnements qu'elles ignorent les objections ou les arguments susceptibles de conduire à la conclusion opposée. Peut-être est-ce cela qui tourmente réellement Glover, ce qui pourrait en effet être une inquiétude légitime. Mais le problème ici vient à coup sûr d'une certitude hâtive et mal pensée, non du recours à la raison. Le remède à un mauvais raisonnement, c'est un meilleur raisonnement, et la tâche de l'examen rationnel consiste à passer du premier au second. Il est possible aussi que certains énoncés des « auteurs éclairés » n'aient pas assez souligné la nécessité de la réévaluation et de la prudence, mais cela ne saurait suffire pour prononcer une condamnation générale de la perspective des Lumières, et encore moins pour mettre en accusation le rôle global de la raison dans le comportement juste ou la bonne politique sociale.

Crimes : Politics and the Disaster Relief Industry in Africa, Londres, African Rights et International African Institute, 1997. J'examine ce problème dans l'entrée sur les « désastres humains » de *The Oxford Textbook of Medicine*, Oxford, Oxford University Press, 2008.

La raison, les sentiments et les Lumières

Reste le problème de l'importance relative des sentiments instinctifs et du froid calcul, sur lequel plusieurs auteurs des Lumières ont eux-mêmes eu beaucoup à dire. Si Jonathan Glover argumente en faveur d'une « nouvelle psychologie humaine », selon lui nécessaire, c'est qu'il a conscience des liens étroits entre le politique et le psychique. Il me semble que le raisonnement, sur la base de ce que l'on sait du comportement humain, conduirait à accepter la validité de ces liens. Pour éviter les atrocités, la révulsion instinctive contre la cruauté et l'insensibilité peut sûrement jouer un rôle préventif considérable, et Glover a raison de souligner, entre autres, toute l'importance de « la tendance à réagir aux gens avec certaines formes de respect » et « d'empathie : en se souciant des malheurs et bonheurs des autres » [22].

Mais rien n'impose qu'il y ait ici un conflit avec la raison, qui peut soutenir précisément ces priorités-là. La bonne logique a clairement joué ce rôle dans la propre enquête de Glover sur les dangers d'une croyance unilatérale et trop assurée (la remarque d'Akhbar est sûrement pertinente ici : même pour contester la raison il faut donner des raisons). Et le raisonnement lui-même pourra reconnaître, s'il le faut, que s'en remettre exclusivement au froid calcul pour garantir la sécurité humaine n'est pas toujours un moyen fiable, ni raisonnable.

De fait, il n'y a aucune raison particulière de nier le rôle éminent de la psychologie instinctive, des réactions spontanées. Les deux aspects sont complémentaires, et faire comprendre la fonction enrichissante et libératrice de nos sentiments est souvent un bon sujet de raisonnement. Adam Smith, l'une des grandes figures des Lumières écossaises (et très influent aussi sur les Lumières françaises), a très longuement analysé le rôle central des émotions et des réactions psychologiques dans son livre *Théorie des sentiments moraux* *. Peut-être n'est-il pas allé jusqu'à

* Voir aussi Martha Nussbaum, *Upheavals of Thought : The Intelligence of Emotions*, Cambridge, Cambridge University Press, 2001.

affirmer, avec David Hume : « la *raison* et le *sentiment* concourent à la plupart des déterminations et conclusions dans le domaine moral [23] », mais, pour les deux philosophes, raisonner et ressentir étaient des activités intimement liées. Smith et Hume étaient bien sûr des auteurs typiques des Lumières, au même titre que Kant ou Diderot.

Cependant, même quand on a reconnu la puissance des émotions et salué le rôle positif de nombreuses réactions instinctives (telle la révulsion face à la cruauté), le besoin d'un examen raisonné des états psychologiques ne disparaît pas. Smith en particulier – peut-être plus encore que Hume – accordait à la raison un rôle capital dans l'évaluation de nos sentiments et préoccupations psychologiques. Hume, lui, semble souvent tenir la passion pour plus puissante que la raison. Comme l'écrit Thomas Nagel dans son livre *The Last Word*, où il défend vivement la raison, « chacun sait ce que pensait Hume : puisque chaque motivation est nécessairement sous-tendue par une "passion" imperméable à l'évaluation rationnelle, il ne peut y avoir, spécifiquement, de raison pratique, ni de raison morale non plus * ». Smith n'était pas de cet avis, même si, comme Hume, il jugeait les émotions importantes et influentes, et soutenait que nos « premières perceptions » du bien et du mal « ne peuvent pas être l'objet de la raison, mais d'un sens ou sentiment immédiats ». Il soutenait aussi que même ces réactions instinctives à une conduite particulière s'appuyaient forcément – ne serait-ce qu'implicitement – sur notre compréhension raisonnée des liens de cause à effet entre une conduite et ses conséquences dans « une grande variété de cas ». De plus, les premières perceptions peuvent aussi changer à la suite de l'examen critique, par exemple à la suite d'une étude empirique de causalité révélant, remarque Smith, qu'un certain « objet est le moyen d'en obtenir un autre » [24].

---

* Thomas Nagel, *The Last Word*, New York, Oxford University Press, 1997, p. 102. Cependant, Hume semble varier sur ce problème de priorité. S'il accorde à la passion un statut élevé qui paraît dominer le rôle de la raison, il écrit aussi : « Au moment même où nous percevons l'erreur d'une supposition ou l'insuffisance de certains moyens, nos passions cèdent à notre raison sans aucune opposition » (David Hume, *Traité de la nature humaine*, trad. fr. d'André Leroy, Paris, Aubier, 1983, p. 526).

L'appel d'Adam Smith à reconnaître le besoin constant d'un questionnement raisonné est bien illustré par sa discussion de la manière dont il convient de comparer nos positions individuelles avec celles qui prévalent dans la société. C'est un point manifestement important pour ses puissants plaidoyers en faveur des réformes – l'abolition de l'esclavage, l'allégement des restrictions bureaucratiques arbitraires sur le commerce entre les pays, ou encore l'assouplissement des contraintes punitives imposées aux indigents en échange du soutien économique que leur procuraient les Lois sur les pauvres*.

S'il est incontestable que l'idéologie et le dogmatisme peuvent provenir d'autres sources que la religion et la coutume, comme cela fut fréquemment le cas, cela n'enlève rien à l'efficacité de la raison, tant pour évaluer la logique qui préside aux positions instinctives que pour apprécier les arguments présentés à l'appui de politiques intentionnelles. Ce qu'Akbar a appelé « la voie de la raison » n'interdit nullement de prendre acte de la valeur des réactions spontanées, et ne néglige pas non plus le rôle souvent instructif que jouent nos réactions instinctives. Ce qui est somme toute parfaitement cohérent avec le fait ne de pas laisser le dernier mot à nos instincts.

* Dans son article bien argumenté « Why Economics Needs Ethical Theory », John Broome écrit : « Les économistes n'aiment pas imposer leurs opinions éthiques, mais ce n'est pas de cela qu'il s'agit. Très peu d'économistes sont en position d'imposer leurs opinions à qui que ce soit [...]. La solution pour eux est de se trouver de bons arguments et d'élaborer la théorie. Ce n'est pas de se cacher derrière les préférences des autres, alors qu'elles ne sont peut-être pas fondées et que les intéressés eux-mêmes peuvent rechercher l'aide des économistes pour les améliorer » (Kaushik Basu et Ravi Kanbur (éd.), *Arguments for a Better World : Essays in Honor of Amartya Sen*, t. I, Oxford, Oxford University Press, 2009, p. 14). C'est exactement ce qu'Adam Smith a tenté de faire.

2

RAWLS ET AU-DELÀ

Ce chapitre est essentiellement une critique de la théorie de la justice élaborée par le plus grand penseur contemporain de la philosophie politique, John Rawls. J'analyserai les points où je dois m'écarter de ses thèses, mais je ne peux commencer ce travail sans reconnaître d'abord combien ma propre compréhension de la justice – et de la philosophie politique en général – a été influencée par ce que j'ai appris de lui, ni sans rappeler l'énorme dette que nous avons tous envers celui qui a ranimé l'intérêt philosophique pour la question de la justice. C'est Rawls qui a fait de ce sujet ce qu'il est aujourd'hui, et j'inaugure cette critique en me souvenant de l'enthousiasme que j'ai ressenti à le voir transformer si radicalement la philosophie politique de notre époque. Outre que j'ai bénéficié de ses écrits, j'ai eu le privilège d'avoir cette merveilleuse personnalité comme ami et collègue – sa gentillesse était stupéfiante, et la perspicacité de ses commentaires, critiques et suggestions n'a cessé de m'éclairer et d'exercer une influence profonde sur ma pensée.

J'ai eu la chance d'entrer dans la discipline au bon moment. Sous l'impulsion de Rawls, la philosophie morale et politique faisait d'immenses progrès dans la période précise où j'ai commencé à m'y intéresser, en observateur venu d'autres disciplines (d'abord les mathématiques et la physique, puis l'économie). Son article de 1958 « Justice as Fairness » – la justice comme équité – a été une illumination soudaine, que j'aurais du mal à décrire aujourd'hui avec exactitude. Toujours dans les années 1950, ses précédents articles sur la nature des « procédures de décision » et les différents concepts de « règle », que j'ai découverts lorsque j'étais jeune étudiant, m'avaient déjà éclairé et ouvert des perspectives vraiment exaltantes [1].

Puis, en 1971, l'ouvrage pionnier de Rawls, *Théorie de la justice* [2] a paru. En fait, Rawls, Kenneth Arrow et moi en avions déjà utilisé une rédaction antérieure dans un cours de philosophie politique que nous donnions en commun, lorsque j'étais enseignant visiteur à Harvard pendant l'année universitaire 1968-1969 (en provenance de l'université de Delhi, qui était alors ma base). J'étais en train d'écrire mon propre livre sur le choix social, et notamment sa façon de prendre en compte la justice, *Collective Choice and Social Welfare* [Choix collectif et bien-être social] (1970), et je dois énormément aux incisives remarques et suggestions de Rawls. Un peu plus tard, j'ai eu le privilège de commenter publiquement le texte final de *Théorie de la justice* pour Harvard University Press. Cela peut paraître un peu outré, mais j'ai vraiment eu l'impression de comprendre le sentiment exprimé par Wordsworth : « Quel bonheur d'être vivant en cette aurore, / mais être jeune était vraiment le paradis [*] ! »

Cette excitation ne s'est pas émoussée avec le temps, même si certaines poutres maîtresses de la théorie rawlsienne me paraissent aujourd'hui gravement défectueuses. Je vais exposer mes divergences dans un instant, mais je tenais d'abord à saisir l'occasion de reconnaître que Rawls a solidement ancré toute la question de la théorie de la justice [3]. Certains concepts qu'il a identifiés comme essentiels continuent de structurer ma propre interprétation de la justice, même si l'orientation et les conclusions de mon travail diffèrent.

* Wordsworth évoquait dans ces vers le début de la Révolution française [*NdT*].

LA JUSTICE COMME ÉQUITÉ : L'APPROCHE RAWLSIENNE

La notion la plus essentielle pour bien comprendre la justice est probablement l'idée fondatrice de Rawls : il faut concevoir la justice en termes de *fairness*, d'exigences d'équité. Je sais bien qu'en dernière analyse tout résumé est un acte de barbarie, mais, au risque de la simplifier abusivement, il est utile de décrire brièvement la théorie de la « justice comme équité », afin de concentrer l'attention sur les traits essentiels qui permettent de saisir l'approche de Rawls et d'entreprendre d'aller au-delà dans la réflexion sur la justice*. Dans sa vision des choses, la notion d'équité sert vraiment de base, et il la tient, en quelque sorte, pour « antérieure » au développement des principes de justice. Je vais montrer qu'il faut suivre Rawls quand il affirme que la recherche de la justice doit être liée à l'idée d'équité – et, en un sens, dérivée de cette idée. Ce point crucial ne vaut pas seulement pour sa théorie, il est aussi de première importance pour la plupart des analyses de la justice, dont celle que j'essaie d'exposer dans ce livre**.

* Je dois préciser que l'idée de justice intervient chez Rawls dans trois contextes différents au moins. Il y a d'abord la dérivation de ses « principes de justice » à partir de l'idée d'équité, ce qui permet ensuite d'identifier les institutions nécessaires, pour les besoins de la justice, à la structure fondamentale de la société. Cette théorie, que Rawls affine avec une extrême précision, progresse pas à pas de ce stade à la promulgation et à la mise en œuvre des impératifs, à son sens, de la « justice comme équité ». Il existe un deuxième domaine – celui de la réflexion et du développement d'un « équilibre réfléchi » – où peuvent figurer des idées de justice, mais où l'intérêt se concentre sur nos évaluations personnelles respectives du bien. Le troisième contexte est ce que Rawls appelle le « consensus par recoupement », qui traite des modalités complexes de nos accords et désaccords, dont dépend la stabilité des ordres sociaux. Ce sont les principes de justice – la première question – qui m'intéressent essentiellement ici.

** L'impact de la pensée de Rawls est perceptible dans d'autres ouvrages contemporains sur la justice, comme ceux de Ronald Dworkin, Thomas Nagel, Robert Nozick, Thomas Pogge, Joseph Raz, Thomas Scanlon et bien d'autres : leurs analyses des problèmes de justice ont été manifestement très influencées par la théorie rawlsienne, même si dans certains cas, comme pour Robert Nozick, cette influence s'est plutôt déployée sur le mode dialectique de l'affrontement (voir le livre de Nozick *Anarchie, État et utopie*, trad. fr.

Donc, *qu'est-ce que l'équité* ? Cette idée fondatrice peut revêtir diverses formes, mais en son cœur on trouvera nécessairement une exigence : évitons d'être partiaux dans nos évaluations, tenons compte des intérêts et préoccupations des autres ; et, notamment, ne nous laissons pas influencer par nos propres intérêts ni par nos priorités, excentricités et préjugés personnels. On peut, à gros traits, concevoir l'équité comme un impératif d'impartialité. L'exposé détaillé que donne Rawls des exigences de l'impartialité repose sur son idée constructive de « position originelle », qui est capitale pour sa théorie de la « justice comme équité ». La position originelle est une situation imaginaire d'égalité initiale où les participants n'ont aucune connaissance de leur identité personnelle ni de leurs intérêts respectifs au sein de la société. Leurs représentants doivent choisir sous ce « voile d'ignorance », c'est-à-dire dans cet état imaginé d'ignorance sélective (ils ne connaissent pas, notamment, leurs intérêts privés respectifs et leur conception du bien dans la vie – ce que Rawls appelle leurs « doctrines compréhensives » ou « englobantes ») ; c'est donc dans cette situation d'ignorance organisée que les principes de justice sont choisis à l'unanimité. Les principes de justice, selon la formulation rawlsienne, déterminent les institutions sociales de base qui vont régir la société sur le point, imaginons-nous, d'être « créée ».

Dans cette position originelle hypothétique, les délibérations sur les principes de justice satisfont l'impartialité nécessaire à l'équité. Rawls formule l'idée en ces termes dans *Théorie de la justice* (1971) :

> J'ai dit que la position originelle représentait le *statu quo* initial adéquat qui garantit l'équité des accords fondamentaux qui pourraient y être conclus. De là l'expression la « justice comme équité ». Il est donc clair, selon moi, qu'une conception de la justice est plus raisonnable, ou plus susceptible de justification, qu'une autre si ses principes sont choisis de préférence à ceux de l'autre par des personnes rationnelles placées dans cette situation initiale. Les conceptions de la justice doivent être classées en fonction de leur capacité

---

d'Évelyne d'Auzac de Lamartine, rév. par Pierre-Emmanuel Dauzat, Paris, PUF, 1988, rééd. coll. « Quadrige », 2003).

à être acceptées par des personnes placées dans les circonstances que je viens de citer (p. 44).

Dans ses ouvrages suivants, en particulier *Libéralisme politique* (1993), fondé sur ses conférences Dewey à l'université Columbia, Rawls a exposé une défense encore plus complète de la façon dont est censée fonctionner la procédure d'équité*. La justice comme équité est, par essence, « dès le départ [...] une conception politique de la justice » (p. 5). L'une des questions fondamentales que traite Rawls consiste à se demander comment les membres d'une société peuvent coopérer entre eux, alors même qu'ils souscrivent à des doctrines compréhensives « profondément opposées bien que raisonnables » (p. 6). C'est possible « quand les citoyens partagent une conception politique raisonnable de la justice », ce qui leur donne « une base qui permet à la discussion publique des questions politiques fondamentales de se dérouler et de trouver une solution de manière raisonnable, pas dans tous les cas, bien sûr, mais, nous l'espérons, dans la plupart des questions constitutionnelles essentielles et dans celles de justice fondamentale » (p. 9). Ils peuvent être en désaccord, par exemple, sur leurs croyances religieuses et leurs visions générales de ce qu'est une vie digne d'être vécue, mais les délibérations les conduisent à tomber d'accord, dans l'analyse de Rawls, sur la façon de tenir compte de ces différences entre les membres et de parvenir à un ensemble unique de principes de justice équitable pour tout le groupe.

---

* On a eu une nouvelle confirmation de l'extraordinaire portée de la démarche rawlsienne avec la publication récente d'un véritable pactole de textes de Rawls, parus ou inédits, qui confortent et élargissent ses écrits antérieurs. Voir John Rawls, *Collected Papers*, éd. Samuel Freeman, Cambridge, MA, Harvard University Press, 1999 ; *Paix et démocratie. Le droit des peuples et la raison publique*, trad. fr. de Bertrand Guillarme, Paris, La Découverte, 2006 ; *Leçons sur l'histoire de la philosophie morale*, trad. fr. de Marc Saint-Upéry et Bertrand Guillarme, Paris, La Découverte, 2002, rééd., La Découverte-Poche, 2008 ; *A Theory of Justice*, Cambridge, MA, Harvard University Press, éd. revue, 2000 ; *La Justice comme équité. Une reformulation de « Théorie de la justice »*, *op. cit.* [N.B. : tous les numéros de page indiqués dans le texte renvoient aux traductions françaises – *NdT.*]

De l'équité à la justice

La mise en œuvre de l'équité, sous cette forme, vise à identifier les principes appropriés qui détermineront le choix d'institutions justes, nécessaires à la structure fondamentale d'une société. Rawls aboutit à certains principes de justice tout à fait spécifiques (que nous analyserons un peu plus loin), et pose une thèse forte : ces principes représentent le choix unanime qui émergerait de la conception politique de la justice comme équité. Puisque tout le monde les choisirait dans la position originelle et son égalité initiale, ils constituent la « conception politique » appropriée de la justice, et les personnes qui grandiraient dans une société ordonnée sous l'égide de ces principes auraient de bonnes raisons de développer un sens de la justice fondé sur eux (quelles que soient la conception du bien propre à chaque individu et ses priorités « compréhensives » personnelles). L'unanimité sur ces principes de justice accomplit donc dans le système rawlsien un énorme travail : il comprend tant le choix des *institutions* qui structurent fondamentalement la société que la détermination d'une *conception politique* de la justice qui, présume Rawls, influencera les comportements individuels dans le sens de cette conception commune (j'y reviendrai dans ce chapitre).

Le choix des principes de justice fondamentaux est le premier acte du déploiement par étapes de la justice sociale chez Rawls. Cette première phase conduit à la suivante, dite constitutionnelle : le choix d'institutions concrètes conformes au principe de justice retenu, en tenant compte des réalités de chaque société particulière. Le fonctionnement de ces institutions conduit à de nouvelles décisions sociales dans des phases suivantes du système rawlsien, par exemple par voie législative (au cours de ce que Rawls appelle « l'étape de la législation »). L'enchaînement imaginaire progresse pas à pas sur un chemin fermement spécifié pour opérer la mise en place, définie de façon très détaillée, d'une organisation sociale entièrement juste.

L'ensemble de ce processus de déploiement repose sur l'émergence, à la première étape, de ce que Rawls appelle « les deux principes de justice » et qui influencent tout ce qui se passe ensuite dans l'enchaînement rawlsien. Je dois dire que Rawls me laisse tout à fait sceptique quand il affirme le caractère unique du choix, dans la position originelle, de l'ensemble des principes appelés à régir les institutions justes, sur lesquelles une société pleinement juste doit s'appuyer. Notre compréhension de la justice est pourtant influencée par des considérations générales foncièrement plurielles et souvent contradictoires [4]. Rien n'impose qu'elles diffèrent de cette façon commode – je veux dire : pour qui doit choisir – qui ferait qu'un seul de ces ensembles de principes incarne effectivement l'impartialité et l'équité, et pas les autres [*]. Beaucoup de ces ensembles partagent ces caractéristiques : ils sont sans partialité et dépassionnés, et chacun représente une maxime dont ses partisans pourraient souhaiter qu'« elle devienne une loi universelle » (pour user du célèbre impératif d'Immanuel Kant) [5].

La pluralité des principes non biaisés reflète, selon moi, une réalité : l'impartialité peut revêtir de nombreuses formes et avoir des manifestations distinctes. Dans l'exemple des trois enfants et de la flûte évoqué dans l'Introduction, la revendication de chaque enfant repose sur une théorie générale du traitement impartial, sans biais, qui se concentre respectivement sur l'usage efficace et l'utilité, sur l'équité économique et la justice distributive, enfin sur le droit aux fruits de ses propres efforts. Leurs arguments sont parfaitement généraux et leurs raisonnements respectifs sur la nature d'une société juste reflètent des idées fondamentales différentes, qui peuvent toutes être défendues impartialement (sans être tributaires d'intérêts particuliers). Or, s'il n'y a pas émergence unique d'un ensemble de principes de justice bien précis qui définissent ensemble les institutions nécessaires à la structure fondamentale de la société, toute la procédure de la « justice comme équité » telle que la développe la théorie classique de Rawls est difficilement utilisable [**].

* Les diverses théories de la justice que compare et oppose John Roemer dans son livre *Theories of Distributive Justice*, Cambridge, MA, Harvard University Press, 1996, peuvent toutes prétendre à l'impartialité, et il faut choisir entre elles sur d'autres bases.

** Le scepticisme que m'inspire la thèse rawlsienne du choix unanime d'un contrat social dans la position originelle ne date pas d'hier. Mes premiers

Comme on l'a vu dans l'Introduction, la thèse fondamentale de Rawls sur l'apparition d'un ensemble unique de principes de justice dans la position originelle (exposée et défendue dans *Théorie de la justice*) est considérablement adoucie et nuancée dans ses ouvrages suivants. De fait, dans *La Justice comme équité. Une reformulation de « Théorie de la justice »*, Rawls observe qu'« on peut faire appel à des considérations infiniment nombreuses dans la position originelle et que chacune des conceptions de la justice en compétition est favorisée par certaines considérations et défavorisée par d'autres », et aussi que « l'équilibre des raisons lui-même repose sur le jugement, même s'il s'agit du jugement informé et guidé par le raisonnement »[6]. Quand Rawls concède ensuite que « l'idéal ne peut pas être pleinement réalisé », il veut parler de l'idéal de sa théorie de la justice comme équité. Mais il n'y a rien de particulièrement « non idéal » dans une théorie de la justice qui laisse une place à la persistance de divergences et de désaccords sur certaines questions, mais parvient sur beaucoup d'autres à des conclusions précises et unanimes issues d'un débat argumenté.

Il n'en est pas moins clair que, si la révision de Rawls dit vraiment ce qu'elle semble dire, sa théorie antérieure de la justice comme équité doit être abandonnée. Puisque celle-ci prévoit de fonder les institutions sur un ensemble unique de principes qui découlent de l'application de l'équité, dans le cadre de la position originelle, alors l'absence de caractère unique de cet ensemble ne peut qu'ébranler à la racine la théorie de Rawls. Il y a à ce propos une réelle tension dans l'évolution du raisonnement de Rawls au fil des ans. Il n'abandonne pas, du moins explicitement, sa théorie de la justice comme équité, mais il semble admettre que l'obtention d'un accord unanime sur un seul et même ensemble

---

doutes à ce sujet, partagés avec mon ami Garry Runciman, transparaissent dans notre article commun, « Games, Justice and the General Will », *Mind*, vol. 74, 1965. C'était, bien sûr, avant la publication de *Théorie de la justice* de Rawls (éd. originale, Cambridge, MA, Harvard University Press, 1971), mais nous nous fondions sur la présentation de la position originelle qu'il avait donnée dans son article fondateur, « Justice as Fairness », *Philosophical Review*, vol. 67, 1958. Voir aussi mon livre *Collective Choice and Social Welfare*, *op. cit.*

de principes de justice dans la position originelle pose des problèmes insolubles – ce qui a immanquablement des conséquences dévastatrices pour cette théorie.

Je suis, pour ma part, enclin à penser que la théorie originelle de Rawls a joué un rôle immense pour nous faire comprendre divers aspects de l'idée de justice et que, même s'il fallait l'abandonner – ce que, je crois fermement, nous devons faire –, une bonne partie de l'élucidation apportée par cette contribution pionnière resterait et continuerait d'enrichir la philosophie politique et morale. Il est possible d'être à la fois très admiratif et sérieusement critique à l'endroit d'une théorie, et rien ne me rendrait plus heureux que d'effectuer en compagnie de Rawls, si c'était possible, cette double évaluation de la théorie de la justice comme équité.

L'APPLICATION DES PRINCIPES DE JUSTICE RAWLSIENS

Quoi qu'il en soit, je vais à présent esquisser les grandes lignes de la théorie rawlsienne de la justice comme équité. Son auteur ne l'a jamais abandonnée, et elle a probablement été la théorie de la justice la plus influente de la philosophie morale moderne. Rawls soutenait qu'un consensus unanime dans la position originelle ferait émerger les « principes de justice » suivants (*Libéralisme politique*, 1993) :

> 1) Chaque personne a un droit égal à un système pleinement adéquat de libertés de base égales pour tous, qui soit compatible avec un même système de libertés pour tous.
>
> 2) Les inégalités sociales et économiques doivent satisfaire à deux conditions : *a)* elles doivent d'abord être attachées à des fonctions et à des positions ouvertes à tous, dans des conditions de juste (*fair*) égalité des chances ; et *b)* elles doivent procurer le plus grand bénéfice aux membres les plus désavantagés de la société (p. 347).

Notons bien que les principes de justice identifiés par Rawls envisagent la liberté comme la priorité (le « premier principe ») : la liberté maximale de chacun, sous condition d'une liberté semblable pour tous, passe avant toute autre considération, dont celle de l'équité économique ou sociale. Une liberté personnelle égale reçoit priorité sur les exigences du second principe, qui porte sur l'égalité de certaines possibilités générales et sur l'équité dans la répartition des ressources d'ordre général. Autrement dit, on ne peut violer les libertés dont tous peuvent jouir sous prétexte que cela permettrait, par exemple, d'accroître la richesse ou le revenu, ou encore de mieux répartir les ressources économiques dans la population. Même si Rawls place la liberté sur un piédestal qui domine sans contestation possible toute autre considération (et ce non sans quelque extrémisme), la thèse qu'il défend en réalité est qu'on ne peut réduire la liberté à un moyen qui complète d'autres moyens (comme la prospérité économique) ; la liberté personnelle joue un rôle très particulier dans la vie humaine. C'est de cette thèse générale – et pas nécessairement extrémiste – que je vais partiellement m'inspirer dans la partie de ce livre où ma critique devient constructive.

D'autres problèmes de choix institutionnel sont réglés, dans les principes de justice rawlsiens, par la combinaison d'exigences que formule le « second principe ». La première partie de ce principe établit un impératif institutionnel : garantir que les positions et fonctions publiques soient ouvertes à tous, sans exclure ou défavoriser quiconque, par exemple pour des raisons de race, d'ethnie, de caste ou de religion. La seconde partie du second principe (dite principe de différence) porte à la fois sur l'équité distributive et sur l'efficacité globale, et prévoit de favoriser le plus possible les membres les plus désavantagés de la société.

L'analyse de Rawls sur l'équité dans la répartition des ressources mobilise un indice de ce qu'il nomme des « biens premiers (ou primaires) » : ce sont des moyens d'ordre général pour atteindre toute une série de fins (toute ressource qui peut contribuer à l'obtention de ce qu'on veut, si variés ces souhaits soient-ils). Pour Rawls, les biens premiers comprennent notamment « les droits, les libertés et les possibilités offertes à l'individu, les revenus et la richesse », ainsi que les bases sociales du « respect de soi-même [7] ». Notons qu'ici les libertés font à nouveau leur apparition, cette fois comme simple moyen qui complète d'autres moyens, tels le revenu et la richesse.

Outre ce qui est inclus dans les préoccupations de répartition, l'exclusion par Rawls de certaines revendications distributives mises en avant par d'autres théoriciens est aussi significative. Il importe de noter le type de considérations qu'il *n'intègre pas* au calcul d'évaluation directe, comme celles qui touchent à la question du mérite ou à la propriété matérielle. Rawls donne une justification raisonnée de ce qu'il exclut comme de ce qu'il inclut*.

Les différences de capacité productive sont néanmoins reconnues indirectement, à travers leur rôle dans les progrès de l'efficacité et de l'équité : les inégalités qui leur sont liées sont autorisées et justifiées, dans la théorie rawlsienne de la répartition, si elles aident les plus désavantagés à améliorer leur sort, notamment par le jeu des incitations. Manifestement, dans un monde où le comportement individuel n'est pas uniquement modelé par la « conception de la justice » dans la position originelle, il n'y a aucun moyen d'éviter les problèmes d'incitation.

D'un autre côté, si dans la position originelle les inégalités fondées sur les incitations sont jugées mauvaises et injustes (perçues tel un pot-de-vin destiné à inspirer le zèle et la productivité nécessaires), les principes adoptés ne sont-ils pas cencés abolir la nécessité de ces incitations ? Si l'on prétend que, dans une économie juste, il ne faut pas d'inégalités dues aux incitations, les principes qui émergent dans cet état d'impartialité ne doivent-ils pas contenir un accord où chacun accepterait de faire sa part sans qu'il soit besoin de l'acheter ? Et, puisque le raisonnement rawlsien pose que, dans le monde qui résulte du contrat, chacun se comportera conformément à la conception de la justice émanant de la position originelle, ne pouvons-nous pas penser que, dans cet univers de devoir, chacun s'acquittera spontanément de ses obligations productives (dans le cadre de cette conception de la justice), sans aucun besoin d'incitation ?

---

* Voir aussi Liam Murphy et Thomas Nagel, *The Myth of Ownership : Taxes and Justice*, New York, Oxford University Press, 2002, texte qui applique les idées générales de justice au débat, lourd d'enjeu idéologique, sur la politique fiscale (p. 4).

Rawls affirme que les gens vont accomplir spontanément ce qu'ils ont accepté de faire dans la position originelle *. Mais il ne va pas au-delà de ce point. Et il n'est pas d'une évidence absolue qu'on réussisse à tracer une frontière permettant de juger acceptables les inégalités fondées sur des incitations (même dans un monde où les normes de comportement issues de la position originelle sont uniformément efficaces), tout en rejetant celles qui ont d'autres motifs [8].

Ce problème peut susciter deux réactions différentes. La première est formulée avec force par G. A. Cohen dans son livre *Rescuing Justice and Equality* [Sauver la justice et l'égalité] (2008) : il soutient que l'intégration de l'inégalité pour des raisons d'incitation limite la portée de la théorie rawlsienne de la justice [9]. Peut-être les concessions aux incitations paraissent-elles judicieuses dans la pratique, mais ont-elles leur place dans une théorie plausible qui porte spécifiquement sur la justice ? Dans un univers où justice signifie uniquement justice transcendantale, la position de Cohen semble une critique légitime.

En prenant le problème autrement, on peut avoir du mal à imaginer que la nécessité des incitations sera éliminée du seul fait que la conception de la justice dans la position originelle déterminera tout le monde à jouer spontanément et complètement son rôle productif sans aucun mécanisme incitatif. Cohen a peut-être raison de dire qu'une société se présentant comme parfaitement juste ne devrait pas s'embarrasser d'une inégalité fondée sur les incitations, mais cela constitue une raison de plus de ne pas braquer la focale, dans l'élaboration d'une théorie de la justice, sur le caractère transcendantal de celle-ci. La maison de Rawls n'est sans doute pas bâtie sur un terrain assez transcendantal pour Cohen ; cependant, Rawls doit affronter d'autres problèmes dus à sa propre option transcendantale (pour des raisons déjà exposées), même s'il ne va pas chercher son inspiration chez Cohen. Dans l'univers des justices comparées, le monde juste de Cohen serait peut-être supérieur à celui esquissé par Rawls dans la justice comme équité, mais la principale utilité des

* « Chacun y est supposé agir avec justice et apporter sa contribution au maintien d'institutions justes » (J. Rawls, *Théorie de la justice*, *op. cit.*, p. 34).

théories comparatives est de confronter des possibilités réalisables qui se situent moins haut – en termes de justice – que les mondes « justes » de Cohen et de Rawls.

QUELQUES LEÇONS POSITIVES DE L'APPROCHE RAWLSIENNE

On le voit : l'approche rawlsienne de la justice comme équité et la façon dont Rawls a présenté et expliqué ses conséquences comportent des apports de grande valeur. Premièrement, l'équité est au cœur de la justice : cette idée, défendue de façon lumineuse par Rawls, est une affirmation de portée majeure, qui nous mène bien au-delà de la compréhension à laquelle avait abouti la littérature antérieure sur la question de la justice (par exemple, la justification de la théorie utilitariste de Bentham). Même si je ne crois pas que l'impartialité saisie dans le dispositif de réflexion de la position originelle (sur laquelle Rawls compte beaucoup) soit adéquate pour atteindre son objectif, ce n'est en aucune façon une révolte contre l'idée rawlsienne de base – la priorité fondatrice de l'équité dans l'élaboration d'une théorie de la justice.

Deuxièmement, je dois redire ici l'extrême importance de la thèse de Rawls sur la nature de l'objectivité dans la raison pratique, notamment lorsqu'il écrit : « Le premier [élément] est qu'une conception de l'objectivité doit établir un cadre public de pensée qui soit suffisant pour que le concept de jugement puisse s'appliquer et pour permettre d'atteindre des conclusions sur la base de raisons et de preuves, après discussion et réflexion[10]. » Le problème a été analysé assez longuement au chapitre 1 (« Raison et objectivité ») et je n'en dirai pas davantage ici.

Troisièmement, outre qu'il montre clairement pourquoi l'idée d'équité doit précéder la justice, Rawls apporte une autre contribution fondamentale en attirant l'attention sur la présence, chez les êtres humains, de « facultés morales » liées à leur « capacité à acquérir un sens de la justice » et « une conception du bien ».

On est ici fort loin du monde imaginaire où l'attention est toute entière absorbée par diverses variantes de la « théorie du choix rationnel » (que nous examinerons de plus près au chapitre 8, « La rationalité et les autres »), monde où les êtres humains possèdent exclusivement le sens de leur intérêt personnel et de la prudence, et n'ont de toute évidence ni la capacité ni l'envie de prendre en compte les idées d'équité et de justice [11]. Tout en enrichissant le concept de rationalité, Rawls explore aussi très utilement la distinction entre le « rationnel » et le « raisonnable » [12], distinction qui sera assez largement utilisée dans cet ouvrage.

Quatrièmement, la priorité donnée par Rawls à la liberté, sous une forme certes assez extrême puisque cette priorité est chez lui totale, pointe vers une conception séparée et, dans bien des cas, prééminente de l'enjeu de la liberté dans l'évaluation du caractère juste des arrangements sociaux. Dans la détermination de l'avantage global d'un individu, la liberté entre bien entendu aussi en jeu à l'égal d'autres dimensions : elle est incluse dans l'inventaire des « biens premiers » dont Rawls donne le détail afin de prendre la mesure de l'avantage individuel qu'il entend soumettre à l'application de son principe de différence. Mais la liberté se voit attribuer un rôle bien plus étendu que celui qu'elle occupe dans l'ensemble des biens premiers : lui est conféré de manière spécifique un statut supplémentaire qui importe en soi. Lui donner cette place, celle d'une prééminence générale, revient à aller bien au-delà de la prise en considération de ce que la justice joue un rôle dans l'avantage global d'un individu, parmi de nombreux autres facteurs. La liberté personnelle lui est bien sûr très utile, à l'image du revenu et d'autres biens premiers, mais quelque chose lui donne un poids supplémentaire. C'est qu'elle intervient à la fois dans la dimension personnelle, touchant aux aspects les plus intimes de la vie individuelle, mais aussi comme moyen élémentaire, par exemple sous la forme de la liberté d'expression, pour exercer le raisonnement public qui compte tellement dans l'évaluation sociale [*]. Il n'est pas surprenant que la compréhension raisonnée de la valeur de la

* La liberté, liberté d'expression comprise, est cruciale pour la justice à différents titres : voir aussi Thomas Scanlon, *The Difficulty of Tolerance*, Cambridge, Cambridge University Press, 2003.

liberté personnelle ait poussé les gens, au fil des siècles, à la défendre et à se battre pour elle. En isolant l'importance du droit égal de tous à la liberté, Rawls attire l'attention sur une distinction – entre la liberté et d'autres attributs utiles – qu'il est essentiel de remarquer et d'approfondir également [13].

Cinquièmement, en soulignant la nécessité de l'équité procédurale dans la première partie du second principe, Rawls a sensiblement enrichi la littérature sur l'inégalité dans les sciences sociales, qui a souvent eu tendance à se concentrer trop exclusivement sur les disparités de *statut* social ou de *résultats* économiques et à ignorer les différences liées aux modes opératoires, par exemple les procédures d'exclusion qui empêchent certaines personnes d'accéder à telle ou telle fonction en raison de leur race, de leur couleur ou de leur sexe*.

Sixièmement, après avoir rendu sa juste place à la liberté et satisfait le besoin d'ouvrir aux individus la possibilité d'entrer équitablement en concurrence pour les postes et les charges, le principe de différence pointe l'importance du caractère équitable des arrangements sociaux afin d'appeler l'attention sur le sort des plus défavorisés [14]. L'élimination de la pauvreté, mesurée en termes de privation des biens premiers, tient une grande place dans la théorie de la justice de Rawls, et cette attention a de fait exercé une influence puissante sur l'analyse des politiques publiques de lutte contre la pauvreté.

Enfin (bien qu'il s'agisse largement de ma propre lecture dans laquelle d'autres ne verront peut-être pas une bonne interprétation de Rawls), en se concentrant sur les biens premiers (c'est-à-dire sur les moyens généraux d'atteindre ses objectifs globaux), Rawls reconnaît indirectement l'importance de la liberté humaine, puisqu'il donne aux gens des possibilités réelles – et non simplement formelles – de faire ce qu'ils veulent de leur vie. Je soutiendrai plus loin, aux chapitres 11 et 12, que la correspon-

* L'une des raisons de la réaction extraordinairement positive que l'élection de Barack Obama à la présidence des États-Unis a suscitée dans le monde entier est qu'elle démontre l'affaiblissement des préjugés racistes dans la vie politique du pays. C'est une question bien distincte des qualités de dirigeant visionnaire d'Obama et de son adaptation évidente à sa fonction, qui sont indépendantes de ses origines.

dance entre les biens premiers que détient une personne et les libertés concrètes dont elle jouit est parfois très imparfaite et que ce problème peut être réglé en se concentrant plutôt sur les capabilités réelles des êtres humains [15]. Il reste qu'en soulignant, dans une perspective instrumentale, l'importance de la liberté humaine, Rawls a donné, selon moi, une place irrévocable à la pensée de la liberté dans le corps de sa théorie de la justice [*].

Problèmes pouvant être résolus

Cependant, il y a quelques problèmes et difficultés. Commençons par deux problèmes importants, mais qu'on peut à mon avis résoudre sans contredire l'approche fondamentale de Rawls et qui ont déjà fait l'objet d'une attention considérable dans la littérature sur le sujet.

Premièrement, on a soutenu qu'une priorité totale accordée à la liberté va trop loin. Pourquoi faudrait-il considérer que la faim, la malnutrition et la négligence médicale sont moins importantes que la violation de n'importe quelle liberté personnelle ? Herbert Hart fut le premier à poser la question, vigoureusement, peu après la publication de *Théorie de la justice* [16] et Rawls lui-même s'est efforcé de rendre sa position, dans les faits, moins extrémiste dans ses ouvrages suivants (notamment *Libéralisme politique*) [17]. On peut en effet admettre que la liberté doit avoir une certaine priorité, mais il est à peu près certain qu'une priorité totale et sans réserve est excessive. Il existe, par exemple, de nombreux mécanismes de pondération différents qui permettent de donner un avantage partiel à une préoccupation sur une autre [**].

---

* De même, l'argumentation puissante de Philippe Van Parijs en faveur d'un revenu de base pour chacun s'appuie sur les progrès de la liberté personnelle que permettrait une telle mesure ; voir son livre *Real Freedom for All : What (If Anything) Can Justify Capitalism*, Oxford, Clarendon Press, 1995.

** Il y a ici un problème mathématique de « pondération » qui a peut-être contribué à orienter Rawls vers la priorité lexicographique totale qu'il donne à la liberté. Il jugeait manifestement erroné de ne pas lui accorder plus de prix qu'à tout autre moyen d'épanouissement humain. C'est pour cela, semble-t-il, qu'il a conféré à la liberté une priorité irrésistible dans tous les

Deuxièmement, dans le principe de différence, Rawls évalue les possibilités offertes aux gens à l'aune des moyens qu'ils possèdent, sans tenir compte des grosses variations d'aptitude à *convertir* les biens premiers en vie satisfaisante. Une personne invalide, par exemple, peut faire beaucoup moins avec le même niveau de revenu et les mêmes biens premiers qu'une personne valide. Une femme enceinte a besoin, entre autres, d'un meilleur soutien nutritionnel qu'une personne qui ne porte pas d'enfant. La conversion des biens premiers en capacité à faire diverses choses valorisées varie énormément en fonction des dispositions innées (comme la propension à souffrir de maladies héréditaires), des traits acquis, ou de l'impact contrasté des divers milieux environnementaux (le fait, par exemple, d'habiter un quartier où les maladies infectieuses sont endémiques ou les épidémies fréquentes). Il y a donc d'excellentes raisons de passer d'une concentration sur les biens premiers à une évaluation concrète des libertés et des capabilités[*]. Cependant, si j'interprète correctement ce qui a motivé Rawls à recourir aux biens premiers (je veux dire : si c'était pour lui un moyen indirect de se concentrer

---

cas de conflit, ce qui paraît beaucoup trop fort si ma lecture des intentions de Rawls est exacte. En fait, les mathématiques de la pondération autorisent de nombreuses positions intermédiaires où le poids de la liberté est accentué (à divers degrés d'intensité). Certaines méthodes bien plus flexibles de recours aux pondérations sont analysées dans mon livre *Choice, Welfare and Measurement* (Oxford, Blackwell, 1982, et Cambridge, MA, Harvard University Press, 1997), particulièrement aux chapitres 9-12. Il existe nombre de façons d'attacher une certaine priorité à une préoccupation par rapport à une autre sans la rendre insurpassable en toutes circonstances (ce qu'implique la forme « lexicale » choisie par Rawls).

* Sur ce point, voir mon article « Equality of What ? », *in* S. McMurrin (éd.), *Tanner Lectures on Human Values*, t. I, Cambridge, Cambridge University Press, et Salt Lake City, UT, University of Utah Press, 1980 [il existe deux traductions françaises de cet article : « Quelle égalité ? », in *Éthique et économie (et autres essais)*, trad. fr. de Sophie Marnat, Paris, Presses universitaires de France, 1993, p. 189-213 ; et une traduction de Jacques Hoareau parue dans *M*, n° 44, février 1991, p. 45-54] ; ainsi que mes livres *Commodities and Capabilities*, Amsterdam, North-Holland, 1985 ; *Repenser l'inégalité*, trad. fr. de Paul Chemla, Paris, Éd. du Seuil, 2000 [*Inequality Reexamined*, 1992] ; et, coédité avec Martha Nussbaum, *The Quality of Life*, *op. cit.* Les problèmes en cause ici sont traités aux chapitres 11, « Vies, libertés et capabilités », et 12, « Capabilités et ressources », du présent ouvrage.

sur la liberté humaine), passer des biens premiers aux capabilités ne constitue pas à mon sens une divergence essentielle d'avec le programme rawlsien, mais bien plutôt un ajustement dans l'approche centrée sur la raison pratique *.

Difficultés nécessitant de nouvelles recherches

Les problèmes analysés dans la section précédente ont considérablement mobilisé l'attention et continuent de le faire. S'ils n'ont pas été pleinement résolus, il y a des raisons de penser que leurs ressorts principaux sont aujourd'hui relativement clairs et compris. Ils ne seront pas négligés dans la suite de ce livre, mais il me semble indispensable à ce stade d'élucider d'autres difficultés soulevées par l'approche rawlsienne, peu présentes dans les débats en cours.

(1) L'incontournable pertinence du comportement réel

D'abord, l'exercice de l'équité par l'approche du contrat social s'oriente, dans le cas rawlsien, vers l'identification des seules « institutions justes », réalisée grâce à « un accord sur des principes qui doivent gouverner les institutions de la structure de base elle-même dans le présent et l'avenir »[18]. Dans le système rawlsien de la justice comme équité, l'attention directe va presque exclusivement aux « institutions justes », elle ne s'intéresse pas à des « sociétés justes » qui pourraient tenter de s'appuyer à la fois sur des institutions efficaces et sur des caractéristiques comportementales réelles.

Samuel Freeman, qui a fait avec Erin Kelly un remarquable travail de collecte et d'édition des multiples écrits de Rawls, résume ainsi la stratégie de ce dernier dans « la justice comme équité » :

* Voir P. Van Parijs, *Real Freedom for All*, *op. cit.*, sur l'avantage stratégique d'un recours à l'instrument du revenu même quand l'objectif fondamental est de promouvoir la liberté ; voir aussi Norman Daniels, *Just Health*, Cambridge, Cambridge University Press, 2008.

Rawls utilise l'idée d'un hypothétique pacte social pour argumenter en faveur des principes de justice. Ces principes servent d'abord à décider de la justice des institutions qui constituent la *structure de base de la société.* Les individus et leurs actes sont justes dans la mesure où ils se conforment aux exigences d'institutions justes [...]. La façon dont [ces institutions] sont spécifiées et intégrées dans un système social a un impact profond sur les personnalités, les désirs et les projets des gens, ainsi que sur leurs perspectives futures et sur le type de personne qu'ils aspirent à être. En raison de l'ampleur des effets de ces institutions sur les types de personnes que nous sommes, Rawls dit que la structure de base de la société est « l'objet premier de la justice [19] ».

Nous pouvons mesurer la différence entre cette approche centrée sur la *niti* et toutes les conceptions de la justice reposant sur la *nyaya*, comme celle de la théorie du choix social (voir l'opposition évoquée dans l'Introduction). Cette dernière approche tend à concevoir l'évaluation des combinaisons institutions sociales-comportements publics à partir des conséquences sociales et des réalisations qu'elles engendrent (reconnaissant, entre autres, l'importance intrinsèque que des institutions et des modes de comportement spécifiques peuvent avoir au sein des réalisations sociales qu'il s'agit d'évaluer).

Dans cette comparaison, deux problèmes en particulier méritent qu'on s'y arrête. Premièrement, l'interprétation de la justice au sens de la *nyaya* ne peut négliger les réalisations sociales concrètes qui vont probablement résulter de tel choix d'institutions, étant donné les autres caractéristiques d'une société (dont les modes de comportement réels). Du point de vue de la *nyaya*, ce qui arrive réellement aux gens est le premier souci d'une théorie de la justice (quoiqu'il ne faille pas ignorer la valeur intrinsèque qu'on pourrait raisonnablement attacher à la présence d'institutions et de normes de comportement également perçues comme importantes en elles-mêmes).

Deuxièmement, même si nous admettons que le choix des institutions sociales de base réalisé au terme d'un accord unanime permet une certaine identification du comportement « raisonnable » (ou de la « juste » conduite), une grande question demeure : comment les institutions choisies fonctionneraientelles dans un monde où la conduite réelle de chacun peut être ou ne pas être entièrement conforme au comportement raisonnable en question ? Le choix unanime des principes de justice est une base suffisante, soutient Rawls, pour qu'ils constituent une « conception politique » de la justice que tous acceptent ; mais il y aurait loin, probablement, de cette acceptation aux comportement réels qui émergeraient dans toute société concrète dotée de ces institutions. Puisque nul n'a démontré avec plus d'énergie et de raffinement que John Rawls la nécessité d'un comportement « raisonnable » des individus pour que la société fonctionne bien, celui-ci était sûrement tout à fait conscient de la difficulté de supposer, à quelque titre que ce fût, l'émergence spontanée d'un comportement raisonnable universel chez tous les membres d'une société.

La question à poser devient alors : si le caractère juste de ce qui se passe dans une société dépend d'une combinaison de traits institutionnels et de caractéristiques comportementales concrètes, ainsi que d'autres influences qui déterminent les réalisations sociales, est-il possible de définir des institutions « justes » pour cette société sans les rendre dépendantes des comportements réels (qui ne sont pas nécessairement identiques à la conduite « juste » ou « raisonnable ») ? La simple acceptation de certains principes en tant que « conception politique de la justice » appropriée ne résout pas ce problème si tant est que l'on cherche une théorie de la justice un tant soit peu utilisable pour guider le choix des institutions dans les sociétés réelles.

En fait, nous sommes fondés à admettre que la marche vers la justice est en partie affaire de formation progressive de modes de comportement – il n'y a pas de bond immédiat qui permette d'aller de l'acceptation de certains principes de justice à une restructuration totale du comportement réel de chacun conformément à cette conception. En règle générale, les institutions doivent être choisies non seulement en fonction de la nature de la société considérée, mais aussi en relation de codépendance avec les modes de comportement réels auxquels on peut s'attendre même si – et après que – tous ses membres ont accepté une conception politique de la justice. Dans le système rawlsien, les deux principes de justice retenus ont pour but de garantir à la fois le bon choix des institutions et l'émergence d'un comportement concret approprié de la part de tous, ce qui revient à rendre la psychologie individuelle et collective extrêmement dépendante d'une sorte d'éthique politique. L'approche de Rawls, développée avec une cohérence et une habileté admirables, passe bel et bien par une simplification arbitraire et radicale d'une tâche immense et multiforme : mettre en harmonie le fonctionnement des principes de justice et le comportement réel des gens – tâche qui est au cœur du raisonnement pratique sur la justice sociale. C'est regrettable, car la relation entre institutions et comportements réels des individus a nécessairement une importance cruciale pour toute théorie de la justice qui se propose de guider le choix social *.

(2) Alternatives à l'approche contractuelle

La méthode d'investigation de Rawls recourt à un raisonnement « contractuel » qui implique la question : quel est le « contrat social » que tout le monde accepterait unanimement dans la position originelle ? La logique contractuelle s'inscrit au sens large dans la tradition kantienne [20], et elle a été très influente dans la philosophie morale et politique contemporaine – en grande partie sous l'impulsion de Rawls. Celui-ci place sa théorie de la justice comme équité sous les auspices de cette tradition et la présente, nous l'avons signalé dans l'Introduction, comme une tentative « qui généralise et porte à un plus haut niveau d'abstraction la théorie bien connue du contrat social telle qu'on la trouve, entre autres, chez Locke, Rousseau et Kant [21] ».

Rawls compare ce mode de raisonnement qui aboutit à un contrat social et la tradition utilitariste qui se propose de produire « le plus grand bien possible après une addition prenant

* Comme je le dirai un peu plus loin, la relation entre ces deux aspects de la recherche de la justice a été une pomme de discorde majeure dans la pensée politique de l'Inde ancienne, avec par exemple Kautilya d'un côté et Ashoka de l'autre (voir chapitre 3, « Institutions et personnes »). C'est aussi le sujet d'un des engagements centraux d'Adam Smith dans son étude de la philosophie politique et de la jurisprudence ; voir *Théorie des sentiments moraux*, *op. cit.*, et *Leçons sur la jurisprudence*, trad. fr. d'Henri Commetti, Paris, Dalloz, 2009.

en compte tous ses membres, ce bien étant un bien total spécifié par une doctrine englobante[22] * ». C'est une comparaison intéressante et importante, mais la concentration exclusive de Rawls sur cette opposition particulière l'amène à négliger l'exploration d'autres approches qui ne sont ni contractuelles ni utilitaristes. Pour reprendre l'exemple d'Adam Smith, celui-ci recourt au mécanisme du « spectateur impartial » afin de fonder les jugements de justice sur des impératifs d'équité. Ce modèle ne relève ni du contrat social ni de la maximisation de la somme des utilités (ni d'ailleurs de la maximisation d'un quelconque autre indicateur agrégé de « bien total »).

Traiter la question de l'équité par le mécanisme smithien du spectateur impartial ouvre certaines possibilités dont il n'est pas facile de disposer dans la logique contractuelle de Rawls. Il nous faut examiner ce que le raisonnement smithien, impliquant le spectateur impartial, parvient à faire et que l'approche du contrat social ne peut aisément réaliser :

1 – effectuer des évaluations comparatives et pas seulement identifier une solution transcendantale ;
2 – prendre en compte les réalisations sociales et pas seulement les exigences d'institutions et de règles ;
3 – admettre l'incomplétude de l'évaluation sociale mais pouvoir guider l'examen des problèmes de justice sociale, y compris dans l'impérieuse lutte contre les inégalités flagrantes ;
4 – écouter les voix de personnes extérieures au groupe contractant pour prendre en compte leurs intérêts et ne pas se laisser piéger par les préjugés locaux.

J'ai déjà commenté brièvement, dans l'Introduction, chacun de ces problèmes, qui limitent l'approche contractuelle et la théorie rawlsienne de la « justice comme équité » et nécessitent une démarche plus constructive.

---

* « Doctrines englobantes » et « doctrines compréhensives » ont le même sens : ce sont deux traductions différentes de la même expression, *comprehensive doctrines* – *NdT.*

(3) La pertinence des perspectives mondiales

L'usage du contrat social sous la forme rawlsienne limite inévitablement l'engagement direct dans la mise en œuvre de la justice aux membres d'une communauté politique donnée, d'un « peuple » (Rawls nomme ainsi cette collectivité plus ou moins semblable à la population d'un État-nation dans la théorie politique courante). Le mécanisme de la position originelle ne laisse ici guère de possibilité de faire autrement, si ce n'est en recherchant un gigantesque contrat social mondial, comme l'a fait entre autres Thomas Pogge par une extension « cosmopolite » de la position originelle rawlsienne[23]. La possibilité de continuer à suivre dans ce cas l'enchaînement rawlsien, en établissant des institutions justes pour la société mondiale, c'est-à-dire en exigeant un gouvernement mondial, est cependant des plus problématiques et, dans l'Introduction, j'ai déjà eu l'occasion de commenter le scepticisme qui a incité des auteurs comme Thomas Nagel à nier la possibilité même d'une justice mondiale.

Pourtant, lorsqu'on évalue la justice dans un pays, le monde extérieur à ses frontières intervient nécessairement, pour au moins deux raisons distinctes, brièvement évoquées plus haut. D'abord, ce qui se passe dans ce pays et la façon dont fonctionnent ses institutions ne peuvent qu'avoir des effets, et parfois d'énormes conséquences, sur le reste de la planète. C'est une évidence quand nous pensons au mode opératoire du terrorisme mondial ou aux efforts pour faire échec à ses activités, ou encore à des événements comme l'invasion de l'Irak par les États-Unis. Les influences qui franchissent les frontières nationales sont omniprésentes dans le monde où nous vivons. Deuxièmement, chaque pays, ou chaque société, peut abriter des croyances locales qui appellent un examen et un questionnement du point de vue global, ce qui permettra d'élargir la classe et le type de questions qui seront prises en compte et de remettre en question, sur la base des expériences d'autres pays ou sociétés, les présupposés factuels qui sous-tendent des jugements éthiques et politiques particuliers. Un questionnement ouvert sur le monde peut se révéler plus important pour une évaluation complète d'un problème que des discussions cantonnées au plan local, s'agissant, par exemple, des faits et des valeurs qui entourent l'enjeu de l'inégalité entre les hommes et les femmes ou du caractère acceptable de la torture et *a fortiori* de la peine de mort. Le mécanisme d'équité dans l'analyse rawlsienne répond à d'autres problèmes, notamment aux différences d'intérêts personnels et de priorités individuelles *au sein* d'une même société. Il faudra explorer dans les chapitres qui suivent les moyens de faire face à ces deux types d'entraves : les intérêts privés et le localisme.

JUSTITIA ET *JUSTITIUM*

Je terminerai ce chapitre en évoquant un problème différent, et peut-être de moins grande portée. Dans la théorie rawlsienne de la justice comme équité, l'idée d'équité renvoie à des *personnes* (comment elles peuvent être équitables entre elles), alors que les principes de justice rawlsiens s'appliquent aux choix d'*institutions* (comment identifier des institutions justes). La première conduit aux seconds dans l'analyse de Rawls (ce qui m'a inspiré quelque scepticisme), mais il faut noter qu'équité et justice sont des concepts tout à fait distincts dans le raisonnement rawlsien. Rawls explique très précisément la différence entre les deux idées, et je l'ai déjà commentée dans le présent chapitre.

Mais la distinction entre équité et justice – indispensable à la théorie rawlsienne – est-elle vraiment si importante ? J'ai reçu une réponse de John Rawls, éclairante comme à son habitude, quand je lui ai demandé ce qu'il pensait d'une critique particulière contre son approche qu'avait émise, dans une conversation, Isaiah Berlin. L'idée de *justice as fairness*, m'avait dit Berlin, ne peut pas être si fondamentale puisque certaines des principales langues du monde n'ont même pas de mots qui font clairement la distinction entre *justice* et *fairness*. La langue française, par exemple, n'a pas de vocable pour exprimer l'une sans l'autre : elle emploie le mot « justice » dans les deux cas*. Rawls a

* Le mot anglais *fair* a des racines germaniques et vient du vieil haut-allemand *fagar*, dont est issu le vieil-anglais *faeger*. L'usage de ces termes était à l'origine essentiellement esthétique : ils signifiaient « plaisant » ou

répondu que l'absence, dans les faits, de termes spécifiques suffisamment différents était en réalité sans grande portée ; l'essentiel est de savoir si les locuteurs d'une langue qui n'opère pas la distinction lexicale peuvent néanmoins différencier les concepts et formuler ensuite l'opposition en utilisant autant de mots que nécessaire. Je crois que c'est effectivement la bonne réponse à la question de Berlin *. Les mots ont leur importance, mais il convient de ne pas en être trop prisonnier.

Il existe une opposition intéressante liée au mot même de justice. C'est W. V. O. Quine qui me l'a signalée en commentant l'un de mes articles. Voici ce qu'il m'écrit dans sa lettre, datée du 17 décembre 1992 :

> Je me suis mis à réfléchir au mot *justice* en le rapprochant de *solstice*. Il est clair que le second, *solstitium*, est *sol* plus un *stit*, forme réduite de *stat-*, et signifie donc « arrêt du soleil » ; donc, je me suis dit : et *justitium* ? À l'origine, « arrêt du droit » ? J'ai vérifié dans le Meillet, et c'était bien ça. Bizarre ! Cela voulait dire « congé du tribunal ». Poursuivant mes vérifications, j'ai trouvé que *justitia* n'a aucun rapport avec *justitium*. *Justitia* est *just*(um) + *-itia*, donc « just-esse », tout à fait normalement, alors que *justitium* est *jus* + *stitium*.

Quand j'ai reçu la lettre de Quine, mon inquiétude sur notre héritage démocratique fut telle que je suis immédiatement allé vérifier, non sans quelque appréhension, le texte de la *Magna Carta*, ce grand classique de la gouvernance démocratique. Et j'y ai lu avec soulagement : « *Nulli vendemus, nulli negabimus aut differemus, rectum aut justitiam* » – ce qui pourrait se traduire

« séduisant ». L'emploi de *fair* dans le sens d'« équitable » commence beaucoup plus tard, à l'époque du moyen-anglais.

* Même si, je dois l'avouer, il était amusant de se demander, alors que la traduction française du livre de Rawls sur les vertus de la « *justice as fairness* » était sur le point de sortir, comment l'intellectuel parisien allait faire face à ce redoutable défi : se colleter avec « la justice comme justice ». Je me hâte de préciser que la traductrice française de Rawls a maintenu la distinction avec des tournures bien choisies et en rendant l'idée de base par l'expression « la justice comme équité » (voir J. Rawls, *Théorie de la justice*, *op. cit.* ; voir aussi Id., *La Justice comme équité. Une reformulation de « Théorie de la justice »*, *op. cit.*).

par : « Nous ne vendrons, ne dénierons, ne différerons à quiconque ses droits et la justice. » Nous pouvons nous en féliciter : non seulement les dirigeants de cette grande campagne d'agitation anti-autoritaire savaient ce qu'ils faisaient, mais ils savaient aussi quels mots utiliser (bien que je puisse imaginer que les juges en exercice du monde entier s'inquiètent peut-être de l'absence de toute garantie de « congé du tribunal » dans la *Magna Carta*).

Les contributions majeures de John Rawls aux idées d'équité et de justice méritent d'être saluées ; mais il y a dans sa théorie de la justice d'autres idées qui exigent, je l'ai montré, d'être soumises à un examen critique et modifiées. Son analyse de l'équité, de la justice, des institutions et du comportement a éclairé en profondeur notre compréhension de la justice. Elle a joué – et joue encore – un rôle incroyablement constructif dans le développement de la théorie de la justice. Mais nous ne pouvons pas faire du mode de pensée rawlsien un « terminus » intellectuel. Nous devons profiter de la richesse de ses idées et poursuivre le travail, plutôt que de partir en « congé ». Nous avons un urgent besoin de *justitia*, non de *justitium*.

3

INSTITUTIONS ET PERSONNES

L'idée d'une affinité forte entre être « meilleur » et « plus intelligent », suggérée par Wittgenstein (voir chapitre 1), n'est pas tout à fait aussi neuve qu'il y paraît au premier abord. De nombreux penseurs se sont prononcés sur cette question au fil des âges, même s'ils n'ont peut-être pas fait le lien avec autant de vigueur que le philosophe dans sa petite phrase. En voici un exemple intéressant : Ashoka, empereur de l'Inde au IIIe siècle avant Jésus-Christ et auteur de nombreux textes sur le comportement juste et bon, textes durablement gravés sur des tablettes et des piliers de pierre dans tout le pays et à l'étranger, a commenté cette relation dans l'une de ses plus célèbres inscriptions.

Il plaidait contre l'intolérance et voulait faire comprendre que, même lorsqu'une « secte » sociale ou religieuse s'opposait à d'autres sectes, celles-ci « devaient être dûment honorées à tous égards et en toutes occasions ». L'une des raisons qu'il invoquait à l'appui de ce conseil était au fond épistémique : « Les sectes des autres méritent toutes le respect pour une raison ou pour une autre. » Mais il poursuivait en ces termes : « Celui qui révère sa secte tout en discréditant celle des autres par pur attachement à la sienne porte en réalité, par sa conduite, *le coup le plus dur à sa propre secte* [1]. » Ashoka soulignait à l'évidence que l'intolérance à l'égard des croyances et religions des autres ne contribue pas à créer la confiance dans la magnanimité de sa propre tradition. Il affirmait donc ici que le manque de subtilité intellectuelle – la méconnaissance de ce qui peut porter « le coup le plus dur » à sa propre secte, celle que l'on s'efforce justement de promouvoir – peut engendrer un comportement stupide et contre-productif. Se conduire ainsi serait, selon cette analyse, simultanément « mauvais » et « inintelligent ».

Ashoka était convaincu que faire progresser le bien-être et la liberté de tous était une fonction importante de l'État comme de chaque membre de la société. Mais sa pensée sur la justice sociale comprend aussi un autre aspect : cet enrichissement social peut, selon lui, se réaliser par la bonne conduite volontaire des citoyens eux-mêmes, sans qu'on ait à les y contraindre par la force. Il a passé une grande partie de sa vie à tenter de promouvoir ce bon comportement spontané des individus les uns envers les autres, et les inscriptions qu'il a érigées dans tout le pays sont l'un des aspects de cet effort*.

Si Ashoka comptait beaucoup sur le comportement humain, il n'en allait pas de même de Kautilya, principal conseiller du grand-père d'Ashoka, Chandragupta (l'empereur maurya qui a fondé la dynastie et a été le premier à régner sur la quasi-totalité de l'Inde), et auteur de l'*Arthasastra*, célèbre traité du IVe siècle avant Jésus-Christ (titre qu'on peut librement traduire par « Économie politique »). Lui met l'accent, à l'inverse, sur la construction et l'utilisation d'institutions sociales. L'économie politique de Kautilya repose sur son idée du rôle des institutions, tant dans le succès politique que dans l'efficacité économique, et certains traits institutionnels – dont des restrictions et des interdictions – constituent, selon lui, des contributions majeures à la bonne conduite et de nécessaires entraves à la licence. Il est clair

* Le bilan remarquable des engagements sociaux peu communs d'Ashoka, et de ses efforts de grande envergure pour développer des dispositifs de bien-être social à l'intention des peuples sur lesquels il régnait, explique ce jugement de H. G. Wells dans *Esquisse de l'histoire universelle* : « Au milieu des mille noms de monarques qui couronnent les colonnes de l'histoire, des Majestés, des Grâces, des Altesses sérénissimes, le nom d'Ashoka brille, et brille seul, pareil à une étoile » (H. G. Wells, *Esquisse de l'histoire universelle*, trad. fr. d'Édouard Guyot, Genève, Payot, 1948, p. 196).

que nous avons là une vision institutionnelle, sans états d'âme, de la promotion de la justice qui laisse très peu d'espace à la capacité des gens à faire le bien volontairement sans y être conduits par des incitations matérielles bien conçues et, si nécessaire, par la contrainte et les sanctions. Beaucoup d'économistes actuels partagent bien sûr cette vision d'une humanité vénale, mais les idées de Kautilya tranchent radicalement avec l'optimisme d'Ashoka, qui était convaincu de pouvoir amener les êtres humains à améliorer radicalement leur conduite en les persuadant de réfléchir davantage et en les encourageant à comprendre que les idées courtes induisent en général un mauvais comportement ayant de terribles conséquences pour tous.

Il est à peu près certain qu'Ashoka a surestimé ce que peut faire la seule réforme des comportements. Il fut au début de son règne un empereur dur et austère, avant d'effectuer une conversion morale et politique majeure, révolté par la barbarie dont il avait été témoin dans la guerre qu'il avait menée et remportée contre un territoire de l'Inde non encore conquis (le Kalinga – l'Orissa actuel). Il avait donc décidé de changer de priorités éthiques et politiques, embrassé les doctrines non violentes de Gautama Bouddha, démantelé progressivement son armée, puis libéré les esclaves et les serfs, et s'était posé en professeur de morale plus qu'en monarque fort [2]. L'immense empire d'Ashoka allait malheureusement se désintégrer peu après sa mort. Certaines données indiquent que cette fragmentation territoriale ne s'est pas produite de son vivant en partie grâce à l'admiration sacrée qu'il inspirait au peuple, mais aussi parce qu'il n'avait pas complètement supprimé le système administratif répressif de Kautilya (comme l'a montré Bruce Rich) [3].

Ashoka, de toute évidence, n'avait donc pas entièrement raison dans son optimisme sur le champ d'action et l'efficacité du comportement moral. Mais le scepticisme de Kautilya sur la possibilité même d'atteindre de bons résultats par l'éthique sociale était-il justifié ? Il paraît probable que les points de vue d'Ashoka et de Kautilya étaient intrinsèquement incomplets, mais tous deux méritent notre attention dans notre réflexion sur les divers moyens de faire progresser la justice dans la société.

Le choix des institutions est contingent par nature

L'interdépendance des rôles des institutions et des comportements dans la réalisation de la justice sociale n'est pas seulement une notion pertinente pour évaluer des idées sur la gouvernance venues d'un lointain passé, comme celles de Kautilya et d'Ashoka ; elle s'applique aussi, bien évidemment, aux économies et à la philosophie politique contemporaines*. La formulation de la justice comme équité chez John Rawls peut inspirer, entre autres, cette question : si les modes de comportement varient d'une société à une autre (et il est clair que c'est le cas), comment Rawls peut-il user des mêmes principes de justice, dans ce qu'il appelle l'« étape constitutionnelle », pour établir les institutions de base de ces sociétés très différentes ?

Il faut répondre que les principes de Rawls portant sur les institutions justes ne spécifient pas, en général, d'institutions physiques particulières, mais formulent des règles qui doivent gouverner le choix de ces institutions concrètes. Celui-ci peut donc s'effectuer en tenant compte autant que nécessaire des paramètres concrets du comportement social en vigueur. Prenons, par exemple, le second principe de justice de Rawls :

> Les inégalités sociales et économiques doivent remplir deux conditions : elles doivent d'abord être attachées à des fonctions et des positions ouvertes à tous dans des conditions d'*égalité* équitable des chances ; ensuite, elles doivent procurer le plus grand bénéfice aux membres les plus défavorisés de la société[4].

Même si la première partie semble suggérer qu'il y a une exigence directe d'institutions non discriminatoires qui n'a pas à dépendre des normes de comportement, il est plausible d'estimer que l'impératif d'« égalité équitable des chances » peut élargir considérablement le rôle des aspects comportementaux dans la détermination du choix approprié des institutions (on se

---

* Voir la fine analyse d'Edmund S. Phelps sur l'interdépendance dans la vision du capitalisme de Friedrich Hayek : « Hayek and the Economies of Capitalism : Some Lessons for Today's Times », Conférence Hayek 2008, Institut Friedrich August von Hayek, Vienne, janvier 2008.

demandera, par exemple, quel type de critères de sélection sera efficace eu égard aux comportements en vigueur, etc.).

Lorsque nous en venons à la seconde partie de ce principe de choix institutionnel (impératif important qui porte un nom spécifique, « principe de différence »), nous devons examiner comment les divers dispositifs institutionnels potentiels vont se mêler aux normes de comportement courantes dans la société et interagir avec elles. En fait, le principe de différence reflète dans sa formulation même le lien de ce critère avec ce qui se passe réellement dans la société (les inégalités vont-elles ou non se révéler au « plus grand bénéfice » des « membres les plus défavorisés de la société » ?). Là encore, cela donne à Rawls beaucoup plus de marge pour intégrer la sensibilité aux différences de comportement.

LES RESTRICTIONS COMPORTEMENTALES DU RAISONNEMENT CONTRACTUEL

Mais il y a un second problème à prendre en compte dans l'analyse des rapports entre comportement réel et choix des institutions. On l'a évoqué au chapitre précédent : il concerne le postulat de Rawls selon lequel, le contrat social conclu, les individus abandonnent toute promotion étroite de leurs intérêts personnels et suivent les règles de comportement nécessaires pour que ce contrat fonctionne. L'idée rawlsienne de comportement « raisonnable » s'applique à la conduite réelle à laquelle on peut s'attendre une fois que les institutions retenues – choisies à l'unanimité dans la position originelle – ont été mises en place [5].

Rawls émet des hypothèses très restrictives sur la nature du comportement qui se manifestera à l'issue du contrat. Dans *Libéralisme politique*, il présente ainsi la question :

> Des personnes raisonnables [...] désirent comme fin en soi un monde social dans lequel elles-mêmes, en tant qu'êtres libres et égaux, peuvent coopérer avec les autres dans des termes que tous peuvent accepter. Elles insistent sur le fait que la réciprocité doit

être respectée dans ce monde de manière que chacun, comme tous les autres, puisse en bénéficier.

Par contre, les gens sont déraisonnables, dans le même sens fondamental, quand ils projettent de s'engager dans des plans de coopération mais qu'ils ne sont disposés ni à respecter ni même à proposer, sauf comme une nécessaire comédie publique, des principes ou des critères pour déterminer les termes équitables de la coopération. Ils sont prêts à violer de tels termes en fonction de leurs intérêts si les circonstances le permettent [6].

En postulant que le comportement réel dans le monde issu du contrat intégrera les exigences d'une conduite raisonnable adaptée au contrat, Rawls rend d'autant plus simple le choix des institutions, puisqu'il nous dit quel comportement les individus adopteront une fois qu'elles auront été instaurées.

On ne saurait donc en aucune façon accuser Rawls d'incohérence ou d'incomplétude dans l'exposé de ses théories. Reste à savoir, cependant, comment ce modèle politique logique et cohérent va pouvoir orienter les jugements sur la justice dans le monde où nous vivons, et non dans le monde imaginaire dont se soucie essentiellement Rawls ici. Sa focalisation fait sens si son intention est de montrer comment instaurer les agencements sociaux parfaitement justes et, avec l'aide supplémentaire du comportement raisonnable, une société totalement juste [*]. Mais cela rend d'autant plus grande et problématique la distance

* Mais une question importante se pose ici : au vu de la concession que fait Rawls aux inégalités nécessaires pour satisfaire les exigences des incitations, sa théorie est-elle adéquate pour définir la justice transcendantale ? Si nous acceptons l'argument de G. A. Cohen dans *Rescuing Justice and Equality*, Cambridge, MA, Harvard University Press, 2008, selon lequel cet aspect rend la théorie de Rawls très insatisfaisante en tant que théorie de la justice parfaite, puisqu'il ne devrait y avoir aucune concession à l'inégalité pour amener des gens, par certaines faveurs, à bien se conduire (ils devraient le faire sans incitations personnelles, dans un monde juste), il est certain que la théorie rawlsienne de la justice parfaite est fragilisée dans son contenu même. Comme nous l'avons montré au chapitre précédent, il y a ici un problème théorique important, car Rawls pose des exigences comportementales fortes sur la conduite individuelle dans le monde issu du contrat, mais en exclut la nécessité d'avoir un comportement idéal sans incitations, puisqu'il intègre les incitations au contrat social lui-même.

évoquée dans l'Introduction entre pensée transcendantale et jugements comparatifs sur la justice sociale.

Il y a ici une réelle ressemblance entre le comportement raisonnable issu du contrat chez Rawls et la société régie par la bonne conduite (ou *dharma*) chez Ashoka. Mais, entre les mains « critiques » de Rawls, nous avons un tableau beaucoup plus complet de la façon dont les choses sont censées se passer dans un monde auquel nous pouvons tenter d'aboutir, compte tenu du double rôle des institutions et du comportement. On peut y voir une importante contribution à la pensée sur la justice transcendantale en soi. Rawls esquisse sa vision transcendantale idéalisée des institutions et des comportements avec force et clarté :

> En bref, il s'agit des aspects suivants :
>
> I/ à côté d'une capacité à avoir une conception du bien, les citoyens ont une capacité à acquérir des conceptions de la justice et de l'équité et un désir d'agir selon ce qu'exigent ces conceptions ;
>
> II/ quand ils croient que des institutions ou des pratiques sociales sont justes, ou équitables (au sens défini par ces conceptions), ils sont prêts et disposés à assumer leur rôle dans cette organisation, à condition d'avoir l'assurance raisonnable que les autres feront de même ;
>
> III/ si d'autres personnes avec des intentions évidentes font des efforts pour assumer leur rôle dans des organisations justes ou équitables, les citoyens tendent à développer leur confiance en eux ;
>
> IV/ cette confiance devient plus forte et plus complète quand le succès des organisations de coopération se maintient pendant une plus longue période ;
>
> V/ il en va de même quand les institutions fondamentales conçues pour garantir nos intérêts fondamentaux (les droits et les libertés de base) sont reconnues plus fermement et volontairement[7].

Cette vision est à la fois éclairante et à bien des égards exaltante. Néanmoins, si nous essayons de nous attaquer aux injustices du monde où nous vivons, avec son mélange d'institutions déficientes et de comportements inadéquats, nous devons nous demander aussi comment créer les institutions, ici et maintenant, pour faire progresser la justice par l'expansion des libertés, de l'autonomie et du bien-être des personnes vivantes, qui demain ne seront plus. C'est là, très précisément, qu'une lecture réaliste des normes et régularités de comportement devient importante pour le choix des institutions et la quête de la justice. Exiger davantage des comportements actuels qu'on ne peut en attendre ne serait pas un bon moyen de faire progresser la cause de la justice. Cette prise de conscience fondamentale doit jouer un rôle dans notre réflexion sur la justice et l'injustice aujourd'hui, et elle le fera dans ce livre.

ÉQUILIBRE DES POUVOIRS, NÉCESSITÉ D'UN CONTREPOIDS

Peut-être faut-il mentionner ici une idée capitale de John Kenneth Galbraith sur la nature des institutions sociales appropriées dont la société peut avoir besoin. Galbraith était très conscient des effets négatifs du pouvoir sans entrave, parce que l'équilibre institutionnel est essentiel pour la société, mais aussi parce que le pouvoir corrompt toujours. Il soulignait l'intérêt d'avoir des institutions sociales distinctes et capables d'exercer les unes sur les autres « un pouvoir compensateur ». Il a expliqué cet impératif et son importance dans un livre de 1952, *Le Capitalisme américain*, qui offre une analyse inhabituelle et éclairante du succès de la société américaine en montrant à quel point il dépend de la mise en œuvre du pouvoir d'une multiplicité d'institutions qui contrôlent et équilibrent la puissance et l'éventuelle domination qu'exercerait, sans elles, une seule institution [8].

Cette analyse de Galbraith a beaucoup à nous apprendre sur ce qui a plutôt mal tourné ces dernières années aux États-Unis, quand l'exécutif a tenté d'exercer un pouvoir plus absolu que ne l'avait apparemment prévu la Constitution américaine. Mais, de façon plus frappante encore, il nous en dit long sur ce qui ne va pas dans les États centralisés et à parti unique, comme l'ex-Union soviétique. Malgré l'enthousiasme politique et les attentes de justice qu'avait suscités dans un premier temps la Révolution d'octobre, l'URSS connut bientôt d'énormes échecs politiques et économiques (les purges, les procès-spectacles, les goulags, ainsi que des institutions économiques et sociales inefficaces et bureaucratiques). Ces échecs proviennent en partie, selon moi, de l'absence totale de pouvoirs compensateurs dans la structure institutionnelle soviétique. Et ce problème renvoie de toute évidence à l'absence de démocratie (j'y reviendrai au chapitre 15, « La démocratie comme raisonnement public »). La question de la pratique démocratique peut être étroitement liée à l'existence et à l'utilisation de pouvoirs de contrepoids dans une société caractérisée par une pluralité de voix et de forces.

PEUT-ON FONDER LA JUSTICE SUR LES INSTITUTIONS ?

Toute théorie de la justice doit reconnaître un rôle important aux institutions, donc accorder beaucoup d'attention à la façon de les choisir. Mais, pour des raisons déjà indiquées, nous devons chercher des institutions qui *font avancer* la justice et non voir en elles des incarnations de la justice, ce qui relèverait d'une sorte de fondamentalisme institutionnel. Si la perspective de la *niti*, centrée sur les dispositifs, est souvent interprétée de telle façon que la présence des institutions appropriées paraît suffire à satisfaire les exigences de la justice, la perspective plus large de la *nyaya* affirme la nécessité d'examiner les réalisations sociales qui sont réellement produites au moyen de cette base institutionnelle. Il est bien entendu sensé de compter les institutions elles-mêmes comme une part des réalisations sociales qui passent par elles, mais notre attention ne doit pas se concentrer seulement sur elles, car la vie des individus est également en jeu *.

Il existe dans l'analyse économique et sociale une longue tradition qui identifie réalisation de la justice et structure institution-

* Le juge Stephen Breyer a fait ressortir avec force et clarté combien il est essentiel de prêter « attention à la finalité et aux conséquences » lorsqu'on interprète une Constitution démocratique, en soulignant le rôle des « conséquences en tant que critère important pour mesurer la fidélité d'une interprétation donnée à ces objectifs démocratiques » (*Active Liberty : Interpreting Our Democratic Constitution*, New York, Knopf, 2005, p. 115).

nelle qu'on juge bonne. On ne manque pas d'exemples de ces traditions qui mettent l'accent sur les institutions et offrent de vibrants plaidoyers en faveur de diverses conceptions institutionnelles de la société juste, allant de la panacée des marchés concurrentiels et du libre-échange merveilleusement performants au Shangri-La de la collectivisation des moyens de production et de la planification centralisée qui se révèle, par enchantement, efficace. Mais, les données de l'expérience nous incitent à penser qu'aucune de ces grandioses recettes institutionnelles n'aboutit régulièrement au résultat espéré par les visionnaires qui les préconisent et que leur capacité réelle de produire de bonnes réalisations sociales est lourdement tributaire de diverses circonstances sociales, économiques, politiques et culturelles [9]. Non seulement le fondamentalisme institutionnel foule aux pieds la complexité des sociétés, mais il n'est en outre pas rare que l'autosatisfaction qui accompagne la prétendue sagesse institutionnelle empêche l'examen critique des conséquences réelles qu'ont les institutions recommandées. Dans la conception purement institutionnelle, il n'est d'ailleurs plus question de la justice, du moins officiellement, une fois établies les « institutions justes ». Pourtant, à quelque bien que l'on associe les institutions choisies, il est difficile de les penser comme bonnes fondamentalement, en soi, car elles sont plutôt des moyens efficaces d'atteindre des résultats sociaux acceptables ou excellents.

Tout cela paraît assez facile à voir. Pourtant, par nature, le plaidoyer en faveur d'une institution choisie implique très souvent le fondamentalisme institutionnel, même en philosophie politique. David Gauthier, par exemple, dans son exploration justement célèbre de la « morale par contrat », se sert des accords entre diverses parties, qui prennent la forme d'une entente sur des dispositifs institutionnels, pour nous conduire directement à la justice sociale. Il accorde aux institutions une priorité écrasante – priorité qui semble immunisée contre toute remise en cause fondée sur leurs conséquences réelles. Il se trouve que Gauthier compte énormément sur l'économie de marché : celle-ci doit faire son travail, produire des mécanismes efficaces, sur lesquels les parties qui cherchent à conclure un accord sont censées concentrer leur attention. Et, une fois les « bonnes » institutions établies, nous sommes censés nous trouver entre les mains sûres de ces institutions. Lucide, Gauthier en déduit que l'instauration des bonnes institutions libère les parties de la nécessité de subir aussi la contrainte permanente de la morale. Dans son livre, le chapitre qui explique tout cela est judicieusement intitulé : « *The Market : freedom from morality* » – « Le marché : la liberté qui nous délivre de la morale » [10] [*].

Donner aux institutions un rôle aussi fondamental dans l'évaluation de la justice sociale que le fait David Gauthier est un peu exceptionnel, néanmoins beaucoup d'autres philosophes ont été tentés d'aller dans ce sens-là. Il est bien entendu très tentant de postuler le caractère intangible d'institutions que l'on imagine choisies selon un processus rationnel au terme d'un accord hypothétiquement juste, indépendamment de ce qu'elles permettent effectivement d'accomplir. Une question générale se pose ici : pouvons-nous limiter l'entreprise au choix des institutions (que l'on effectue, manifestement, avec un œil sur les résultats, dans la mesure où ils entrent dans les négociations et les accords) et ne plus mettre en cause le statut des accords et des institutions *une fois* que les dispositifs ont été choisis, quelles qu'en soient ensuite leurs conséquences réelles [**] ?

Certaines théories ne sont pas institutionnellement fondamentalistes sous la même forme que celle de Gauthier, mais ont en commun avec elle la priorité donnée aux institutions choisies sur la nature des résultats et des réalisations. Robert Nozick, par exemple, estime que la justice exige la garantie de libertés individuelles, qui comprennent les droits de propriété et les libertés d'échange, de transfert et d'héritage ; dans ces conditions, les institutions (juridiques et économiques) nécessaires à l'exercice de ces droits deviennent des prérequis essentiels à sa vision d'une société juste [11]. Et il est prêt à s'en remettre entièrement à elle : il ne prévoit aucune révision fondée sur une évaluation des

* Le titre de ce chapitre dans la traduction française est moins littéral mais aussi judicieux : « Le Marché : l'anarchie morale » [*NdT*].

** Néanmoins, tous les plaidoyers en faveur de l'économie de marché ne sont pas inconditionnels ; chez John Gray, par exemple, la défense forte du marché comme institution dépend de ses conséquences (*The Moral Foundations of Market Institutions*, Londres, IEA Health and Welfare Unit, 1992).

résultats (aucune « mise en forme » des résultats n'est autorisée dans sa théorie, du moins sous sa forme pure). Certes, il y a une différence entre valoriser les institutions elles-mêmes et voir une institution comme essentielle à la justice parce qu'elle est nécessaire à la concrétisation d'autre chose, tels les « droits » de l'individu dans le système de Nozick. La distinction est cependant assez formelle et il n'est pas totalement faux de conclure que la théorie de Nozick fait bien le choix, indirectement, de tout fonder sur les institutions.

Et si les institutions tenues pour « justes », sans violer leur principe premier (pour Nozick, la garantie des droits libertariens), avaient pourtant des conséquences terribles pour les membres de la société[*] ? Nozick a reconnu qu'il pourrait y avoir ici un problème. Il a donc envisagé une exception possible : le cas où le système qu'il préconise, qui donne priorité aux droits libertariens, conduirait à ce qu'il appelle « une horreur morale catastrophique »[**]. Dans ces cas extrêmes, les exigences institutionnelles pourraient être abandonnées. Mais, dès l'instant où Nozick exprime cette exception, on ne voit plus clairement ce qui reste des priorités de base dans sa théorie de la justice ni de la place fondamentale reconnue aux institutions et aux règles nécessaires dans le cadre de cette théorie. Si les horreurs morales catastrophiques sont une raison adéquate de perdre toute confiance dans les institutions prétendument justes, se pourrait-il que des conséquences sociales négatives, pas absolument catastrophiques mais néanmoins fort déplaisantes, soient des motifs suffisants de réexaminer dans un sens moins radical la priorité des institutions ?

---

* On peut démontrer que les forces économiques et politiques qui créent des famines, même gigantesques, sont en mesure d'œuvrer à ce résultat sans violer les droits libertariens de quiconque. Sur ce point, voir mon livre *Poverty and Famines : An Essay on Entitlement and Deprivation, op. cit.* Voir aussi chapitre 1, « Raison et objectivité ».

** Nozick laisse la question ouverte, cependant : « j'espère surtout largement éviter la question de savoir si ces contraintes secondaires sont absolues, ou si elles peuvent être violées pour éviter une horreur morale catastrophique, et, dans ce cas, à quoi ressemblerait la structure qui en résulterait » (R. Nozick, *Anarchie, État et Utopie*, *op. cit.*, p. 49*n*).

La question plus fondamentale est bien entendu celle de l'insuffisance, même en présence d'institutions que l'on juge excellentes, d'une position qui ne serait pas sensible aux évènements du monde. John Rawls motive très clairement son analyse des institutions par la structure sociale qu'elles favorisent, mais, lorsqu'il définit ses « principes de justice » en termes entièrement institutionnels, il s'oriente lui aussi, jusqu'à un certain point, vers une vision purement institutionnelle de la justice *. Plusieurs autres grands théoriciens de la justice procèdent de la même façon : en dernière analyse, ils font confiance à la justesse des institutions qu'ils recommandent, alors qu'ils les ont choisies parce qu'ils en attendent certains effets.

Nous arrivons ici à l'endroit où les chemins se séparent. Contrairement à ce type d'approches institutionnelles, d'autres théories de la justice et du choix social examinent longuement les situations sociales qui émergent dans la réalité, afin d'évaluer ce qui se passe et de savoir si les dispositifs peuvent ou non être considérés comme justes. L'utilitarisme voit les choses ainsi (même si son évaluation des états sociaux demeure dans les limites étroites de la perspective des utilités produites et ignore tout le reste). C'est aussi le cas, plus généralement, de la théorie du choix social lorsqu'elle s'intéresse à l'évaluation et à la justice et qu'on l'étudie dans le cadre établi par Kenneth Arrow, qui rejoint à peu près les approches normatives de Condorcet et d'Adam Smith, entre autres. Il n'est pas nécessaire ici de compter exclusivement sur les utilités pour évaluer des états de choses, ni d'ailleurs sur le seul « état final » (comme dit Robert Nozick) en ignorant l'énorme importance des procédures utilisées. Ce sont les états de choses globaux réellement émergents qui apparaissent d'une importance cruciale pour déterminer si nous faisons ce qu'il convient de faire ou si nous pouvons faire mieux.

Dans la perspective englobante de la *nyaya*, nous ne pouvons jamais nous contenter de laisser la tâche de la justice à une *niti*

---

* Certes, dans le système rawlsien de la « justice comme équité », les institutions sont en partie choisies en fonction des résultats ; mais, une fois qu'elles ont été choisies à travers les « principes de justice », il n'existe aucune procédure interne au système pour vérifier qu'elles produisent bien les résultats prévus.

d'institutions et de règles sociales qui nous paraissent très exactement les bonnes et nous en tenir là, libérés de tout nouvel effort d'évaluation sociale (voire « libérés de la morale », pour employer l'expression pittoresque de David Gauthier). Se demander comment vont les choses et si elles peuvent être améliorées est une constante incontournable de la quête de la justice.

4

VOIX ET CHOIX SOCIAL

Quand Alexandre le Grand parcourut le nord-ouest de l'Inde en 325 avant Jésus-Christ, il livra une série de batailles contre les rois locaux du Pendjab et des territoires voisins, et les gagna toutes. Mais il ne parvint pas à insuffler à ses soldats l'enthousiasme nécessaire pour aller plus à l'est en découdre avec la puissante dynastie impériale des Nanda, qui régnait sur la majeure partie du territoire indien à partir de sa capitale d'alors, Pataliputra (l'actuelle ville de Patna). Néanmoins, Alexandre n'était pas prêt à rentrer tranquillement en Grèce et, en bon élève d'Aristote, il passa un temps considérable à converser à bâtons rompus avec des philosophes et théoriciens indiens – religieux ou non *.

Dans l'un des plus vigoureux de ces débats, le conquérant universel demanda à un groupe de philosophes jaïns pourquoi

* C'était en Inde une grande époque d'hétérodoxie intellectuelle – à peu près celle de la composition des grandes épopées, le *Ramayana* (en particulier le *Valmiki Ramayana*) et le *Mahabharata*, qu'on situe entre le VIIe et le Ve siècle av. J.-C. On trouvera dans ma préface à la nouvelle édition du *Valmiki Ramayana*, réalisée par Richard Gombrich et Sheldon Pollock, dans la collection « Clay Sanskrit Library » (New York University Press, 2009), une analyse de l'importante hétérodoxie des croyances et raisonnements dans les épopées. C'est aussi à cette époque que les enseignements rebelles de Gautama Bouddha et de Mahavira Jain, à partir du VIe siècle av. J.-C., ont lancé un gigantesque défi à l'orthodoxie religieuse dominante.

ils ne lui prêtaient aucune attention. Et il reçut cette réponse, assez démocratique :

> Roi Alexandre, tout homme ne peut posséder de la surface de la Terre que le petit fragment où il se tient. Tu n'es qu'un être humain comme nous, sauf que tu t'agites toujours, et pour rien de bon, à voyager si loin de chez toi, calamité pour toi-même et pour les autres !... Bientôt tu seras mort et tu auras juste autant de terre qu'il en faudra pour t'enterrer [1].

Nous apprenons de son biographe, Arrien, qu'Alexandre réagit à ce dur reproche égalitariste en éprouvant le même sentiment d'admiration intense que lors de sa rencontre avec Diogène : il exprima un immense respect pour son interlocuteur et admit le bien-fondé de l'argument qu'on lui opposait. Mais sa conduite personnelle, observe aussi Arrien, demeura inchangée : « exactement le contraire de ce qu'il faisait alors profession d'admirer [2] ».

Il est clair que les débats et discussions ne sont pas toujours efficaces. Mais ils peuvent l'être. Dans le cas d'Alexandre, il est possible que ces conversations apparemment vaines – avec Diogène, les jaïns et bien d'autres – aient contribué à son ouverture d'esprit et à sa tolérance croissantes, ainsi qu'à son rejet du localisme intellectuel. Mais ce qui arriva à Alexandre lui-même n'est pas le plus important. Les canaux de communication ouverts par son expédition indienne eurent des effets majeurs, au fil des siècles, sur la littérature, le théâtre, les mathématiques, l'astronomie, la sculpture et bien d'autres activités en Inde, et influencèrent profondément ce pays à bien des égards *.

---

* Comme on le verra plus loin (au chapitre 15, « La démocratie comme raisonnement public »), c'est aussi sous l'influence grecque que les Indiens allaient entreprendre leurs propres expériences de gouvernement démocratique dans l'administration municipale. De leur côté, les Grecs se sont beaucoup intéressés aux idées et à la philosophie indiennes, souvent sous une forme quelque peu romantique et idéalisée. Sur les ressemblances entre les philosophies grecque et indienne de cette période, voir l'excellente étude de Thomas McEvilley, *The Shape of Ancient Thought : Comparative Studies in Greek and Indian Philosophies*, New York, Allworth Press, 2002. Certaines démarches semblables ont pu se produire indépendamment, mais il y a également des zones considérables d'influence et d'interaction. Une étude importante, malheureusement inédite, est celle de John Mitchener, « India, Greece

Comme toute autre discipline humaine, la réflexion sur la justice n'est pas une activité solitaire. Lorsque nous nous efforçons de déterminer comment nous comporter et quel type de société taxer d'injustice flagrante, nous avons raison d'écouter avec quelque attention les idées et suggestions des autres, qui peuvent parfois nous conduire à réviser certaines de nos conclusions. Nous tentons aussi assez souvent d'amener les autres à prêter attention à nos priorités et à nos façons de penser, et nous y parvenons parfois, tandis qu'à d'autres moments notre échec est total. Non seulement le dialogue et la communication ont leur place dans la théorie de la justice (nombreuses sont les raisons de douter de la possibilité d'une « justice sans discussion »), mais la nature, la vigueur et la portée des théories proposées dépendent aussi des apports du débat.

Une théorie de la justice qui exclut la possibilité que, malgré tous nos efforts, nous restions prisonniers de telle ou telle erreur, même très discrète, aura du mal à justifier sa prétention. Une approche qui reconnaît l'incomplétude des jugements et l'absence d'une finalité déterminée une fois pour toutes n'est en aucun cas défaitiste. Il est essentiel qu'une théorie de la raison pratique soit assez large et englobante pour prévoir en son sein un cadre de débat argumenté – c'est en tout cas dans cet esprit que ce livre entend approcher la théorie de la justice.

Mais la plupart de ceux qui les conçoivent et les étudient ne considèrent pas les théories de la justice comme aussi générales et délibérément vagues que l'est un cadre de débat rationnel. Ils semblent bien décidés à nous conduire directement à une recette assez détaillée de la justice sociale, et à une identification ferme de la nature des institutions sociales justes. La théorie de la justice de Rawls en est un excellent exemple : on y trouve ainsi quantité de raisonnements critiques qui portent respectivement sur la prééminence de l'équité, la conception de la position originelle, la nature de la représentation qu'elle implique et le type d'unanimité attendu lors du choix des principes institutionnels

---

and Rome : East-West Contacts in Classical Times », polycopié, Office of the UK Deputy High Commissioner, Kolkata, Inde, 2003.

dans la position originelle. Tous ces raisonnements généraux nous conduisent, on nous le garantit, à des règles tout à fait tranchées qu'il faut suivre en tant que principes de justice clairs et nets ayant des conséquences institutionnelles bien définies. Dans le cas de la justice rawlsienne, ces principes incluent avant tout (nous l'avons vu au chapitre 2) la priorité de la liberté (premier principe), certains impératifs d'égalité procédurale (première partie du second principe) et certaines exigences d'équité associée à des considérations d'efficacité qui servent les intérêts et avantages du groupe le plus défavorisé (seconde partie du second principe). Avec un tracé si précis, la théorie rawlsienne n'a guère à craindre qu'on la taxe d'indécision.

Mais prend-elle trop de décisions ? Si le raisonnement présenté jusqu'ici est correct, ce degré de spécification nous rend nécessairement aveugles à plusieurs considérations pertinentes, voire cruciales. La nature et le contenu des « principes de justice rawlsiens » et la procédure par laquelle on les obtient peuvent conduire à certaines exclusions qui posent sérieusement problème, dont celles-ci :

1 – ignorer la nécessité de s'astreindre à répondre aux questions comparatives sur la justice, pour se concentrer sur la seule définition des exigences d'une société parfaitement juste ;

2 – formuler les impératifs de la justice en termes de principes de justice portant exclusivement sur les « institutions justes » et en ignorant la perspective plus large des réalisations sociales ;

3 – ignorer les effets peut-être négatifs des actes et des choix d'un pays sur ceux qui vivent hors de ses frontières, puisque aucune nécessité dictée par les institutions n'impose d'écouter la voix des personnes extérieures éventuellement touchées ;

4 – ne disposer d'aucune procédure systématique de correction de l'influence des valeurs locales, à laquelle chaque société est exposée quand elle est coupée du reste du monde.

5 – refuser d'admettre que dans la position originelle, même après d'intenses débats publics, des personnes différentes puissent continuer à défendre des principes de justice différents, en raison de la pluralité de leurs normes et valeurs politiques raisonnées (et non de la divergence de leurs intérêts) ;

6 – refuser d'admettre que certaines personnes puissent ne pas se conformer en permanence aux normes identifiées comme raisonnables, et ce en dépit du contrat social hypothétique auquel elles ont souscrit, et que ce comportement pourrait en retour remettre en cause le bien-fondé de tous les dispositifs sociaux (y compris, bien entendu, le choix des institutions) dont la conception a été drastiquement simplifiée par l'hypothèse forte selon laquelle tous adopteraient un comportement « raisonnable » bien précis. *.

Si l'on entend refuser ces invitations à ne pas voir d'importants problèmes liés à la justice, l'identification et la mise en œuvre de ses exigences doit prendre une forme plus large et contingente. L'importance d'un cadre de raisonnement public – sur lequel John Rawls lui-même a tant insisté – est particulièrement nette dans cette entreprise plus vaste.

La nature de la tâche peut être présentée un peu plus clairement à l'aide de la théorie du choix social, et je vais passer maintenant à cet axe de recherche.

---

* Certaines de ces limites ont déjà été analysées, d'autres seront examinées dans les chapitres suivants. Le dernier point de cette liste d'actes « commis ou omis » a reçu quelque attention dans la littérature orthodoxe, sous une forme un peu stylisée : on a admis le besoin de théories traitant de conditions « non idéales ». Mais on ne peut interpréter utilement les autres points dans le cadre d'une distinction entre théories « idéale » et « non idéale ». La portée et les limites de la « théorie idéale » ont été examinées dans un intéressant colloque sur le thème « Justice sociale : théorie idéale, circonstances non idéales » (voir Ingrid Robeyns et Adam Swift (dir.), « Social Justice : Ideal Theory, Non-Ideal Circumstances », *Social Theory and Practice*, vol. 34, juillet 2008).

La théorie du choix social comme méthode

Les débats sur l'éthique et la politique ne datent pas d'hier. Aristote a traité ces sujets au IVe siècle av. J.-C. avec beaucoup de force et de clarté, notamment dans l'*Éthique à Nicomaque* et la *Politique* ; son contemporain Kautilya, en Inde, a abordé ces questions d'un point de vue plus strictement institutionnel dans son célèbre traité d'économie politique l'*Arthasastra* (on l'a vu au chapitre précédent). Mais les procédures formelles de décision publique et leurs présomptions normatives sous-jacentes – souvent cachées – n'ont commencé à être explorées que beaucoup plus tard. L'une des façons d'aborder ces problèmes est celle de la théorie du choix social, qui, en tant que discipline systématique, s'est constituée pour la première fois à l'époque de la Révolution française.

Le sujet a été défriché par des mathématiciens français travaillant pour la plupart à Paris à la fin du XVIIIe siècle, tels Jean-Charles de Borda et Condorcet, qui ont traité en termes mathématiques le problème de l'agrégation des préférences individuelles fondées sur des priorités individuelles. Ils ont été les pionniers de la théorie formelle du choix social, grâce à leur exploration de la discipline de l'agrégation appliquée aux jugements individuels d'un groupe de personnes différentes [3]. Le climat intellectuel de la période était très influencé par les Lumières européennes et en particulier françaises (ainsi que par la Révolution française), avec leur intérêt pour la construction raisonnée d'un ordre social. De fait, certains des premiers théoriciens du choix social, notamment Condorcet, ont aussi compté parmi les dirigeants intellectuels de la Révolution française.

La motivation de ces premiers théoriciens était d'éviter à la fois l'arbitraire et l'instabilité dans les procédures de choix social. Leur travail s'est concentré sur l'élaboration d'un cadre de prise de décisions rationnelles et démocratiques, permettant de tenir compte des préférences et des intérêts de tous les membres d'un groupe. Mais leurs recherches théoriques ont généralement produit des résultats assez pessimistes. Condorcet a montré, par exemple, que la règle de la majorité pouvait être totalement incohérente lorsque A l'emporte sur B à la majorité, B sur C à la majorité aussi, et C sur A, toujours à la majorité (démonstration qu'on appelle parfois le « paradoxe de Condorcet »). Sur la nature de ces difficultés, quantité de travaux exploratoires se sont poursuivis en Europe tout au long du XIXe siècle (qui ont souvent eu, là encore, de nouveaux résultats pessimistes). Certains esprits très créatifs ont d'ailleurs œuvré dans ce domaine et se sont colletés avec les difficultés du choix social, par exemple Lewis Caroll, l'auteur d'*Alice au pays des merveilles*, qui a écrit sur le sujet sous son vrai nom, C. L. Dodgson [4].

Quand la théorie du choix social a été ressuscitée sous sa forme moderne par Kenneth Arrow, vers 1950 (c'est aussi lui qui a donné à cette discipline le nom qu'elle porte), celui-ci s'est également beaucoup préoccupé des difficultés des décisions de groupe et des incohérences auxquelles elles pouvaient conduire. Arrow a donné à la discipline du choix social une forme structurée et analytique, avec des axiomes explicitement formulés et examinés, en exigeant que toute décision sociale satisfît à certaines conditions minimales de nature à garantir qu'elle était raisonnable ; de tout cela devaient émerger des classements et des choix d'états sociaux appropriés [5]. Ainsi est née la théorie moderne du choix social, qui a remplacé l'approche un peu aléatoire de Condorcet, Borda et autres, en reconnaissant la nécessité de formuler explicitement les conditions auxquelles toute procédure de décision sociale devait satisfaire pour être acceptable et en autorisant les autres contributeurs à modifier les axiomes et les exigences d'Arrow après une critique raisonnée.

C'est cette grand-route positive et constructive qu'a ouverte le travail pionnier d'Arrow. Mais, sur ses propres axiomes, il a aggravé considérablement la démoralisation ambiante en établissant un résultat ahurissant – et extrêmement pessimiste –, de portée apparemment générale, qu'on appelle aujourd'hui le « théorème d'impossibilité d'Arrow » (lui-même lui avait donné un nom plus enjoué : « théorème de possibilité générale ») [6]. C'est un résultat mathématique d'une rare puissance et d'une grande élégance qui montre que, même sous des conditions très raisonnables de sensibilité des décisions sociales à ce que veulent les membres d'une société, il n'existe pas de procédure de choix social capable de satisfaire les préférences individuelles qui puisse être décrite comme rationnelle et démocratique (au sens, plausible, que donne Arrow à ces termes). Deux siècles après la première floraison des ambitions de la rationalité sociale dans la pensée des Lumières et les textes des théoriciens de la Révolution française, l'étude des décisions démocratiques rationnelles paraissait irrémédiablement condamnée, alors même qu'un monde pacifique, pris d'une ardeur nouvelle pour la démocratie, émergeait des horreurs de la Seconde Guerre mondiale[7].

Le théorème pessimiste d'Arrow, les nouveaux résultats mathématiques dans son sillage et les débats généraux de grande envergure qu'a suscités cette littérature largement technique ont eu en définitive un effet très constructif sur la discipline du choix social[*]. Ils ont forcé les théoriciens des décisions collectives à examiner en profondeur ce qui pouvait expliquer que des exigences apparemment raisonnables de pratique démocratique sensible aux vœux des citoyens entraînent ces résultats d'impossibilité. Il s'est avéré que, si les impasses de ce genre surgissaient avec une grande fréquence et une généralité stupéfiante, on pouvait aussi, dans la plupart des cas, résoudre une large part de la difficulté en intégrant dans les modes de décision collective une plus forte sensibilité à la base informationnelle des individus[8]. L'information concernant les comparaisons interpersonnelles du bien-être et des avantages relatifs se révélait, en l'affaire, particulièrement cruciale[9].

La plupart des procédures mécaniques de choix politique (comme le vote, les élections) ou d'évaluation économique (comme celle du revenu national) peuvent intégrer assez peu

---

* Les liens tant motivationnels que théoriques entre le théorème d'impossibilité et les ruptures constructives qui en sont sorties sont analysés dans ma conférence du prix Nobel « The Possibility of Social Choice », *American Economic Review*, vol. 89, 1999, et in *Les Prix Nobel 1998*, *op. cit.* [« La possibilité du choix collectif », in *Rationalité et liberté en économie*, *op. cit.*]. Les relations mathématiques en cause sont examinées dans mon livre *Choice, Welfare and Measurement*, *op. cit.*, et dans mon article « Social Choice Theory », *in* K. J. Arrow et M. Intriligator (éd.), *Handbook of Mathematical Economics*, t. III, *op. cit.*

d'informations, sauf dans les débats qui les accompagnent parfois. En soi, un résultat de vote n'apprend pas grand-chose, sauf qu'un candidat a eu plus de voix qu'un autre. De même, la procédure économique d'agrégation du revenu national opère sur la base d'une information limitée : ce qui a été acheté et vendu, et à quel prix – rien d'autre. Quand toute l'information que nous pouvons injecter dans le système d'évaluation et de prise de décision prend une forme aussi émaciée, nous devons admettre que les résultats seront pessimistes. Mais, si nous voulons bien comprendre les exigences de la justice, les besoins de l'organisation sociale et des institutions et les méthodes satisfaisantes de prise de décisions en matière d'action publique, il nous faut chercher beaucoup plus d'informations et de données empiriques examinées.

Kenneth Arrow lui-même a participé aux efforts de recherche pour trouver le moyen d'élargir la base informationnelle du choix social [10]. Condorcet aussi, d'ailleurs, avait indiqué cette direction, en termes très généraux, dès les années 1780 [11]. Au niveau des motivations, il y a ici un lien étroit avec son plaidoyer passionné pour l'enseignement public, et notamment l'éducation des femmes : Condorcet a été l'un des premiers à souligner combien il était important de donner une instruction aux filles. Et le rapport est tout aussi étroit avec son intérêt profond pour l'enrichissement des statistiques sociétales et son attachement à la nécessité de faire vivre le débat public, puisque ces deux éléments permettent d'introduire plus d'informations dans les procédures de choix public et l'exploration de la justice sociale [12].

Je reviendrai sur ces questions après avoir examiné la nature et les conséquences de l'énorme différence entre les formulations de la théorie du choix social – qui cherche essentiellement à parvenir à un classement de réalisations sociales alternatives – et la forme des théories de la justice courantes – qui ne visent pas à évaluer les progrès et les reculs de la justice, mais à identifier des dispositifs sociaux parfaitement justes sous forme d'« institutions justes ».

La portée de la théorie du choix social

La théorie formelle du choix social étant apparemment fort éloignée des questions d'intérêt immédiat, beaucoup de commentateurs ont eu tendance à la juger d'une applicabilité très limitée. Sa nature résolument mathématique a aussi contribué à ce sentiment qui situait la discipline du choix social loin de la raison pratique. Il est certain que les interactions concrètes entre théorie du choix social et travail sur des préoccupations pratiques ont été considérablement découragées par l'impression d'un immense abîme entre les méthodes mathématiques strictes et formelles de la première et les arguments publics en langage clair du second.

Il n'est donc pas surprenant que de nombreux commentateurs aient considéré la théorie du choix social comme désavantagée, en termes de pertinence pratique, par rapport à l'analyse philosophique de la justice sociale. Même si les écrits de Hobbes, Kant ou Rawls suscitent des discussions ardues et nécessitent une réflexion complexe, leurs messages centraux sont apparus en général nettement plus faciles à assimiler et à utiliser que les apports de la théorie du choix social. Les théories philosophiques courantes de la justice paraissent donc, aux yeux de beaucoup, bien plus proches des réalités pratiques que la théorie du choix social ne pourra jamais l'être.

Cette conclusion est-elle juste ? Je soutiendrai non seulement qu'elle est inexacte, mais qu'il faut totalement l'inverser. La théorie du choix social comporte de nombreux aspects dont une théorie de la justice peut tirer un considérable profit, comme on le verra plus loin, mais je commencerai ici par souligner ce qui est sûrement l'un des points cruciaux qui le distinguent des théories courantes de la justice. Discipline d'évaluation, la théorie du choix social se soucie du fondement rationnel des jugements sociaux et des décisions publiques qui doivent trancher entre diverses options. Les résultats de la procédure du choix social se présentent sous la forme d'un classement de différents états de choses d'un « point de vue social », à la lumière des évaluations des personnes concernées*. C'est très différent de la quête de l'option suprême parmi tous les possibles qui occupe les théories de la justice de Hobbes à Rawls et à Nozick[13].

La distinction est importante, pour des raisons qui ont déjà été analysées dans les chapitres précédents. Une approche transcendantale ne peut pas par elle-même traiter les questions de promotion de la justice et comparer des propositions rivales pour rendre une société plus juste ; elle ne peut que proposer un projet utopiste de grand bond imaginaire jusqu'à un monde parfaitement juste. De fait, les réponses que donne – ou peut donner – une conception transcendantale de la justice sont tout à fait distinctes et éloignées du type de préoccupations qui pousse les gens à engager des débats sur la justice et l'injustice dans le monde (par exemple la faim, la pauvreté, l'analphabétisme, la torture, le racisme, l'oppression des femmes, l'incarcération arbitraire ou la privation de soins médicaux en tant que réalités sociales auxquelles il faut remédier).

La distance entre le transcendantal et le comparatif

Si important que soit ce contraste élémentaire, ce n'est pas parce qu'elle est éloignée, dans sa forme, des jugements fonctionnels sur la justice que l'approche transcendantale ne peut être la bonne. Peut-être y a-t-il un lien moins évident, une relation entre le transcendantal et le comparatif susceptible de faire de la

* Comme on le verra un peu plus loin, les classements individuels qui servent d'intrants informationnels dans le processus peuvent être interprétés de nombreuses façons différentes, et cette polyvalence est importante pour la portée de la théorie du choix social et son aptitude à adapter la forme « choix social » à divers problèmes d'évaluation sociale. Voir Kenneth J. Arrow, Amartya Sen et Kotaro Suzumura (éd.), *Social Choice Re-examined*, Londres, Macmillan, 1997 ; Kenneth J. Arrow, Amartya Sen et Kotaro Suzumura (éd.), *Handbook of Social Choice and Welfare*, t. I, Amsterdam et Oxford, Elsevier, 2002 ; t. II, à paraître ; Paul Anand, Prasanta K. Pattanaik et Clemens Puppe (éd.), *The Handbook of Rational and Social Choice*, Oxford, Oxford University Press, 2009.

méthode transcendantale la juste méthode pour procéder à des jugements comparatifs. Il faut étudier la question, mais la tentation de croire que toute théorie transcendantale porte nécessairement en elle certaines justifications qui aideront aussi à résoudre tous les problèmes comparatifs n'est pas fondée. En fait, certains théoriciens transcendantaux concèdent qu'il y a là discontinuité ; ils en sont même assez fiers, car c'est folie, selon eux, que de s'engager dans la voie de garage comparative (et c'en est bien une d'un point de vue purement transcendantal). Robert Nozick, par exemple, exige que tous les droits libertariens soient satisfaits (c'est *son* image du transcendantal), mais rejette tout arbitrage entre les « non-satisfactions » de différents types de droits (il ne supporte guère ce qu'il appelle « l'utilitarisme des droits [14] »). De même, on voit mal comment le diagnostic de perfection dans les cadres de pensée de Hobbes, Locke ou Rousseau pourrait nous conduire à des comparaisons concluantes entre des options imparfaites.

L'affaire se complique avec Kant, ou Rawls, puisque leurs raisonnements élaborés sur l'identification de la solution transcendantale offrent aussi des clés pour certaines questions comparatives (pas pour toutes). Par exemple, la formulation que donne Rawls du principe de différence (l'une des composantes de son second principe de justice) nous fournit une base suffisante pour classer d'autres options en fonction des avantages que chacune apporte aux plus défavorisés [15]. Mais on ne peut pas en dire autant de l'autre partie de son second principe : les violations différentes de la juste égalité des chances devront être évaluées à l'aide de critères sur lesquels il ne nous donne aucune orientation précise. Il en va de même des violations des libertés qui contrediraient le respect du premier principe : les libertés sont de divers types (Rawls le montre lui-même) et on ne sait pas du tout comment évaluer comparativement plusieurs violations de libertés. Il existe différentes façons de le faire et Rawls n'en privilégie aucune. Globalement, il en dit relativement peu sur cette question. Ce qui, bien sûr, ne pose aucun problème pour sa propre démarche, puisque identifier le transcendantal n'exige pas de résoudre ce problème comparatif. Rien n'impose à une théorie transcendantale d'être ce que nous avons appelé dans l'Introduction une théorie « conglomérat » (qui résout simultanément des problèmes transcendantaux et comparatifs) et, même s'il y a plus d'articulations avec les questions comparatives dans le raisonnement de Rawls que dans beaucoup d'autres théories transcendantales, un gouffre énorme demeure. Rawls n'a pas besoin d'une théorie conglomérat pour ses principes de justice (qui identifient des institutions parfaitement justes) et il n'en donne pas.

Mais une identification transcendantale ne nous dit-elle pas quelque chose des problèmes comparatifs, bien qu'elle ne les affronte pas explicitement ? N'y a-t-il pas ici des liens analytiques ? Nous laissons-nous égarer par des séparations artificielles qui n'existent pas ? Ces doutes exigent des investigations sérieuses. Il y a notamment deux questions à examiner. D'abord se pourrait-il qu'en déterminant, par une approche transcendantale, des dispositifs sociaux parfaitement justes nous puissions par là même classer également les autres options ? En répondant aux questions transcendantales, obtenons-nous aussi, indirectement, des évaluations comparatives, qui seraient en quelque sorte leurs sous-produits ? Pouvons-nous, en particulier, effectuer ces évaluations comparatives sur la base des écarts entre les divers dispositifs sociétaux et le « parfaitement juste » ? L'approche transcendantale pourrait-elle être suffisante pour nous en apprendre bien plus que son contenu explicite ?

Deuxièmement, si l'on se pose la question de sa suffisance, on peut aussi se poser celle de sa nécessité. La question transcendantale (« qu'est-ce qu'une société juste ? ») doit-elle être nécessairement réglée d'abord, devenir un prérequis essentiel, pour avoir une théorie forte et fondée de la justice comparative sans laquelle cette théorie reposerait sur des bases instables et fragiles ? L'approche transcendantale, qui vise à identifier un état parfaitement juste, est-elle indispensable aux jugements comparatifs sur la justice ?

S'il y a un tel consensus pour accorder à l'approche transcendantale une place centrale dans la théorie de la justice, c'est manifestement parce qu'on croit, sans le dire, qu'elle est suffisante et/ou nécessaire pour porter des jugements comparatifs [16]. Sans nier l'importance pratique ou l'intérêt intellectuel des jugements comparatifs, de nombreux théoriciens estiment que l'approche transcendantale est indispensable pour qu'une théorie soit bien assise. Il faut donc examiner de près les deux hypothèses de leur rôle suffisant et nécessaire pour déterminer le rôle concret des théories transcendantales dans la philosophie de la justice.

L'APPROCHE TRANSCENDANTALE EST-ELLE SUFFISANTE ?

Une approche transcendantale engendre-t-elle comme « sous-produits » des conclusions relationnelles « prêtes-à-servir » qui font que la transcendance nous apporte finalement beaucoup plus que ce qu'exprime sa surface visible ? En particulier, spécifier une société entièrement juste suffit-il à nous donner des classements d'écarts par rapport au juste au moyen de comparaisons des distances séparant de la perfection, de sorte qu'une identification de la transcendance entraîne aussi, *inter alia*, une graduation comparative ?

La méthode de comparaison des distances paraît avoir une certaine plausibilité, mais en réalité elle ne fonctionne pas. La difficulté est que la détermination de la distance fait intervenir des traits différents, parce qu'il existe, entre autres distinctions, plusieurs domaines où peuvent se produire les écarts, plusieurs dimensions de transgression et diverses façons de pondérer les infractions séparées. L'identification de la transcendance ne donne aucun moyen de régler ces problèmes pour aboutir à un classement relationnel des écarts par rapport au transcendantal. Dans une analyse rawlsienne de la société juste, par exemple, les écarts peuvent se produire sur de nombreux plans différents, dont la violation de la liberté, laquelle implique parfois diverses violations de libertés distinctes (dont beaucoup figurent dans la vaste définition que donne Rawls de la liberté et de sa priorité). Il peut également y avoir violations des exigences d'équité dans la répartition des biens premiers – là encore sous des formes éventuellement disparates : il est aisé de s'écarter de bien des façons des exigences du « principe de différence ».

Il existe de nombreux moyens d'évaluer l'ampleur de chaque discordance de ce genre et d'apprécier dans une optique comparative l'éloignement des répartitions réelles par rapport à ce qu'exigent les principes d'une justice complète. Il nous faut tenir compte, en plus, des infractions à l'égalité procédurale (par exemple, à la juste égalité face à l'offre de services ou d'emplois publics) qui figure au nombre des impératifs de la justice rawlsienne (première partie du second principe). Déterminer le poids respectif de ces écarts de procédure et des décisions malheureuses dans les modes émergents de répartition interpersonnelle (par exemple, les répartitions de biens premiers), qui figurent aussi dans le système rawlsien, exigerait de spécifier – peut-être en termes axiomatiques – leur importance relative (ou les concessions mutuelles d'un « marchandage », comme on dit parfois dans le langage assez cru de l'évaluation multidimensionnelle). Mais ces méthodes, si secourables soient-elles, sont extérieures au champ spécifique de l'identification de l'absolu : elles constituent en fait les ingrédients élémentaires d'une approche « comparative » et non « transcendantale » de la justice. La définition d'une justice sans tache, même si elle devait émerger clairement, n'apporterait aucune indication sur la façon de comparer et de classer divers écarts par rapport à son éclat immaculé.

L'absence de ces conséquences comparatives n'est pas un embarras pour une théorie transcendantale en soi, appréhendée dans toute son autonomie. Le silence relationnel n'est aucunement une difficulté « interne » ; certains transcendantalistes purs seraient d'ailleurs totalement opposés à l'idée même de flirter avec des graduations et des évaluations comparatives, et ils rejetteraient vraisemblablement les conclusions relationnelles en bloc. Ils peuvent faire valoir, notamment, que, dans leur vision des choses, « le dispositif social juste » ne signifie en aucun cas « le meilleur dispositif social », ce qui pourrait ouvrir la voie à un dérapage intellectuel (selon eux) vers des évaluations graduées en termes de « meilleur » et de « pire » (liés au superlatif relatif « le meilleur »). Le choix de l'absolu, du « juste » transcendantal – plutôt que des relatifs « meilleur » et « le meilleur » –, peut lui-même reposer ou ne pas reposer sur une argumentation forte (je m'abstiens d'aborder ce problème *). Mais il est certain qu'il ne peut être d'aucune aide – et c'est l'essentiel ici – dans les évaluations comparatives de degrés de justice, donc dans le choix entre les politiques possibles.

Certes, les membres de toute communauté politique peuvent imaginer qu'une réorganisation gigantesque et totale est possible et qu'elle les ferait passer d'un seul coup à l'idéal d'une société complètement juste. Une théorie transcendantale sans états d'âme peut faire office, dans ce sens, d'équivalent du « Petit Livre unique » du grand révolutionnaire. Mais ce manuel merveilleusement radical ne serait guère invoqué dans les débats réels sur la justice où nous sommes toujours engagés. Le champ d'application de l'analyse de la justice est plus ou moins défini par les questions sur la façon de réduire les multiples injustices qui caractérisent le monde ; le bond vers la perfection transcendantale n'appartient pas à cet espace. Il est également utile de noter ici une idée théorique générale, déjà signalée dans l'Introduction : le repérage d'une injustice n'exige pas qu'on ait identifié avec précision « la société juste », puisqu'une condamnation sans équivoque d'une société marquée, disons, par une présence massive de la faim, un analphabétisme très répandu ou une effroyable négligence médicale peut s'accompagner d'opinions très différentes sur ce que doit être à d'autres égards la société parfaitement juste.

Même si nous ne pensons pas la transcendance en termes non gradués (les dispositifs sociaux « justes »), mais en termes gradués (« les meilleurs » dispositifs sociaux), identifier « le meilleur » ne nous en apprendra guère sur l'ensemble de la graduation – ne nous dira pas, par exemple, comment comparer deux solutions qui ne sont pas les meilleures – et ne spécifiera pas non plus un classement unique dans lequel « le meilleur » serait au pinacle ; de fait, le même meilleur peut être propulsé au même pinacle par quantité de classements différents.

Pour revenir à une analogie déjà utilisée, savoir qu'une personne voit dans *La Joconde* le meilleur tableau du monde ne dit

* Voir néanmoins Will Kymlicka, « Rawls on Teleology and Deontology », *Philosophy and Public Affairs*, vol. 17, été 1988.

pas comment elle classe un Picasso par rapport à un Van Gogh. La recherche de la justice transcendantale peut être en soi un exercice intellectuel attrayant, mais, que nous pensions le transcendant avec ou sans degrés – qu'il soit pour nous « le meilleur » ou « le juste » –, il ne nous dit pas grand-chose des mérites comparés d'agencements sociétaux différents.

L'APPROCHE TRANSCENDANTALE EST-ELLE NÉCESSAIRE ?

Envisageons maintenant l'hypothèse où l'identification du meilleur, ou du juste, est nécessaire, même si elle n'est pas suffisante, pour classer n'importe quelle paire d'options en termes de justice. Au sens habituel de « nécessaire », ce serait une éventualité assez curieuse. Lorsqu'il y a jugement comparatif dans un domaine quelconque, l'évaluation relative de deux options est en général une affaire entre elles, sans qu'il soit nécessaire d'aller solliciter l'aide d'une troisième option « hors sujet ». De fait, on ne voit pas du tout pourquoi, pour juger un dispositif social X meilleur qu'un dispositif Y, il faudrait passer par l'identification d'une option tout à fait différente, appelons-la Z, qui serait le dispositif social « le meilleur de tous » (ou absolument « juste »). Quand nous expliquons pourquoi nous préférons un Van Gogh à un Picasso, nul besoin pour cela d'avoir repéré le meilleur tableau du monde, celui qui surpasse les Van Gogh, les Picasso et toutes les autres peintures de la planète.

Mais on objectera peut-être que l'analogie d'ordre esthétique pose problème puisqu'on risque fort de ne pas avoir la moindre idée de ce qu'est un tableau parfait, alors que l'idée de « société juste » a paru à beaucoup clairement identifiable au sein des théories transcendantales de la justice. (Je soutiendrai un peu plus loin que l'existence d'une option qui serait la meilleure – ou sacro-sainte – n'est en fait pas garantie même par le classement le plus complet possible des concrétisations relatives de la justice, mais je raisonne pour l'instant en supposant qu'on peut l'identifier.) La possibilité d'avoir une « option parfaite » bien reconnaissable n'implique pas qu'il soit nécessaire ni même utile de s'y référer pour juger les mérites relatifs de deux autres options ; nous savons que l'Everest est le point culminant du monde et que sa stature est inégalée, mais le savoir n'est ni nécessaire ni particulièrement utile pour comparer les altitudes du Kilimandjaro et du mont McKinley. Croire qu'en règle générale on ne peut raisonnablement pas comparer deux options sans avoir préalablement identifié l'option suprême serait vraiment très curieux. Il n'y a ici aucun lien analytique.

Les comparaisons identifient-elles la transcendance ?

L'identification transcendantale n'est donc ni nécessaire ni suffisante pour porter des jugements comparatifs en termes de justice. Mais nous devons examiner un troisième type de relation susceptible de lier le comparatif au transcendantal : les classements comparatifs d'options différentes doivent-ils aussi, *inter alia*, être nécessairement capables d'identifier le dispositif social transcendantalement juste ? Le transcendantal découle-t-il invariablement d'un usage complet du comparatif ? Si c'était le cas, il serait plausible de conclure que, dans un sens quelque peu affaibli, l'option transcendantale est nécessairement possible à définir. Cela n'impliquerait, bien sûr, aucun besoin de passer par elle pour réaliser des évaluations comparatives, mais garantirait au moins à l'identification de la transcendance une présence nécessaire dans la théorie de la justice au sens où, s'il nous était impossible de répondre à la question transcendantale, il nous faudrait conclure qu'il ne nous est pas possible non plus de répondre totalement à la question comparative.

Une succession de comparaisons par paires nous conduit-elle inévitablement à repérer « le meilleur » ? L'hypothèse n'est pas sans attrait, puisque le superlatif peut effectivement faire figure d'aboutissement naturel d'une démarche comparative forte. Mais cette conclusion serait dans la plupart des cas une déduction fausse. Seul le cas d'un classement « ordonné » (commc la mise en un ordre total et transitif d'un ensemble fini) peut nous apporter la certitude que l'ensemble des comparaisons par paires identifie toujours également l'option « la meilleure ».

La question est donc la suivante : jusqu'à quel point l'évaluation doit-elle être complète dans une théorie systématique ? Dans l'approche « totalisante » qui caractérise les théories courantes de la justice, comme celle de Rawls, l'incomplétude apparaît comme une lacune, ou du moins un signe d'inachèvement. La subsistance de l'incomplet dans une théorie de la justice est d'ailleurs parfois perçue comme un vice de cette théorie qui remet en question ses assertions positives. En réalité, une théorie de la justice qui fait systématiquement place à l'incomplétude peut permettre d'aboutir à des jugements forts (et fort pertinents) : elle permet par exemple de déclarer injuste la persistance des famines dans un monde prospère ou le maintien d'un odieux assujettissement des femmes, etc. Et cela sans qu'on soit tenu d'évaluer avec une exactitude parfaite chaque dispositif politique et social par rapport à tous les autres, donc de répondre, par exemple, à une question du genre : quel taux d'imposition précis faut-il appliquer aux ventes de carburant dans tel pays pour des raisons environnementales ?

J'ai montré ailleurs pourquoi une théorie systématique et méthodique d'évaluation raisonnée comme celle de la justice sociale n'est pas obligée de prendre une forme « totalisante »*. L'incomplétude peut être durable pour diverses raisons, par exemple, à cause de lacunes irrémédiables dans l'information et l'indécidabilité de jugements qui impliquent des considérations

---

* C'est un trait central de l'approche de la théorie du choix social que j'ai tenté de développer dans mon livre *Collective Choice and Social Welfare*, *op. cit.* Le problème est réexaminé, en réaction à des commentaires critiques, dans certains de mes articles récents, dont « Maximization and the Act of Choice », *Econometrica*, vol. 65, 1997 [« Maximisation et acte de choix », in *Rationalité et liberté en économie*, *op. cit.*] ; « The Possibility of Social Choice », *American Economic Review*, vol. 89, 1999 [« La possibilité du choix collectif », in *Rationalité et liberté en économie*, *op. cit.*] ; et « Incompleteness and Reasoned Choice », *Synthese*, vol. 140, 2004. Voir aussi la réponse d'Isaac Levi à ce dernier texte dans « Amartya Sen », *in* le même numéro de *Synthese*, et son livre important *Hard Choices*, Cambridge, Cambridge University Press, 1986.

disparates impossibles à éliminer entièrement, même avec une information complète. On risque d'avoir du mal, par exemple, à trancher entre les prétentions contradictoires de diverses considérations d'équité, parmi lesquelles Rawls a fait le choix très spécial du maximin lexicographique : celui-ci donne une priorité absolue au gain le plus mince du groupe le plus défavorisé, même quand ce gain implique des pertes considérables pour des groupes qui ne sont pas les plus mal lotis, mais qui sont très défavorisés tout de même – sur ce point, des observateurs impartiaux adoptent des positions raisonnables tout à fait différentes. On peut également envisager divers compromis raisonnables permettant de mettre en balance de modestes avancées en matière de liberté, ce que Rawls juge prioritaire quand il énonce son premier principe, et n'importe quelle réduction d'inégalité économique, si grande soit celle-ci. La nécessité de reconnaître la pluralité des logiques de justice a déjà été évoquée au début de ce livre, et le problème sera réexaminé dans des chapitres ultérieurs.

Pourtant, malgré cette ambiguïté durable, nous conviendrons aisément qu'il y a échec social évident dans les famines persistantes ou l'exclusion massive de l'accès aux soins : cela impose d'y remédier d'urgence (ce qui fera progresser la justice), même après avoir pris acte des coûts. De même, les libertés d'individus différents peuvent entrer en conflit jusqu'à un certain point (si bien que toute détermination fine des exigences de « l'égale liberté » risque d'être difficile à élaborer), mais tous conviendront que la torture de prisonniers organisée par l'État ou l'incarcération arbitraire de présumés coupables privés de procédures judiciaires sont d'injustes violations de la liberté à corriger d'urgence.

Une autre considération incite fortement à créer un espace politique pour l'incomplétude des jugements de justice sociale, même si l'on suppose que chacun possède un classement complet des dispositifs sociaux possibles. On sait que, sous sa forme courante, une théorie de la justice invoque un accord entre des parties différentes (par exemple, l'accord unanime recherché dans la « position originelle » du système rawlsien) ; dans ces conditions, l'incomplétude peut aussi être due à la persistance éventuelle de jugements différents (puisqu'il doit y avoir accord sur un très grand nombre de jugements comparatifs). Si les intérêts matériels et les priorités personnelles sont évacués par des dispositifs comme « le voile d'ignorance », certains points de vue contradictoires sur les priorités sociales peuvent malgré tout subsister, par exemple sur l'arbitrage entre la satisfaction des besoins et le droit aux fruits de son travail (voir l'exemple de la querelle des trois enfants autour d'une flûte).

Même quand toutes les parties en cause ont leurs propres classements complets qui ne coïncident pas, l'« intersection » entre ces classements – c'est-à-dire les convictions sur la justice *partagées* par les différentes parties – apportera un ordre partiel plus ou moins étendu (selon l'importance des points communs entre les classements) [17]. L'acceptabilité de l'incomplétude dans l'évaluation est vraiment un enjeu central dans la théorie du choix social en général, et elle est pertinente également pour les théories de la justice, bien que la « justice comme équité » de Rawls et d'autres théories de ce genre affirment avec force (car c'est une assertion plus qu'une conclusion vraiment étayée par des arguments précis) qu'un accord complet se dégagera sûrement dans la « position originelle » et d'autres cadres similaires.

Ainsi, pour des raisons tant d'évaluation individuelle incomplète que de concordance incomplète entre les jugements d'individus différents, la persistance de l'incomplétude est un trait prononcé des jugements de justice sociale. Elle risque d'être problématique pour l'identification d'une société parfaitement juste et de rendre très difficile de tirer des conclusions transcendantales [*]. Mais elle n'empêche pas, dans de très nombreux cas – où

---

* Sur un plan mathématique, il faut reconnaître qu'un ordre transitif mais incomplet dans un ensemble fini fera apparaître invariablement un ou plusieurs éléments « maximaux », au sens où il y aura une ou plusieurs options qui ne seront dominées par aucun autre élément. Mais il ne faut pas confondre un ensemble maximal avec un ensemble des « meilleurs » éléments, puisque la maximalité ne garantit pas l'existence d'un meilleur élément, mais seulement celle d'un élément qui n'est pire qu'aucun autre. Sur l'importance majeure de la distinction entre la maximalité (nécessaire à un choix acceptable) et l'optimalité (nécessaire à un choix parfait), voir mes articles « Internal Consistency of Choice », *Econometrica*, vol. 61, 1993 [« La cohérence interne des choix », in *Rationalité et liberté en économie*, *op. cit.*] et « Maximization and the Act of Choice », *Econometrica*, vol. 65, 1997

des classements de paires particulières peuvent donner lieu à des consensus assez larges –, de porter des jugements comparatifs sur les moyens de promouvoir la justice et de réduire l'injustice.

Le hiatus entre l'approche relationnelle et l'approche transcendantale de la justice paraît donc tout à fait conséquent. En dépit de son intérêt intellectuel propre, la question « qu'est-ce qu'une société juste ? » n'est pas un bon point de départ pour une « théorie de la justice » utile. Et il faut ajouter que ce n'est peut-être pas un point d'arrivée plausible non plus. Une théorie systématique de la justice comparative n'a pas besoin d'une réponse à cette question et n'en donne pas nécessairement.

LE CHOIX SOCIAL COMME CADRE DE RAISONNEMENT

Quels sont, dans ces conditions, les apports pertinents de la théorie du choix social à la théorie de la justice ? Leurs liens sont nombreux, mais je me concentrerai ici sur sept contributions significatives [18].

(1) La théorie du choix social se concentre sur le comparatif, pas sur le transcendantal

L'apport le plus important de l'approche du choix social à la théorie de la justice est peut-être son souci des évaluations comparatives. Ce cadre relationnel, non transcendantal, se concentre sur la raison pratique qui se soucie des choix à faire et des décisions à prendre au lieu de spéculer sur le profil (consensuel ou non) qu'aurait une société parfaitement juste. Une théorie de la justice doit avoir quelque chose à dire sur les choix qui s'offrent réellement à nous, et pas seulement nous

[« Maximisation et acte de choix », in *Rationalité et liberté en économie*, *op. cit.*]. On constate que cette distinction mathématique est de nature fondamentale dans Nicolas Bourbaki, *Topologie générale*, 2 vol., Paris, Masson, 1982, et *Théorie des ensembles*, Paris, Masson, 1982.

retenir dans un monde imaginaire et peu plausible d'une insurpassable splendeur. Ayant déjà analysé ce contraste assez longuement, je n'en dirai pas plus ici.

(2) Elle reconnaît la pluralité incontournable de principes concurrents

La théorie du choix social a reconnu très largement la pluralité des raisons qui toutes réclament notre attention lorsque nous réfléchissons aux problèmes de justice sociale et qui sont parfois en conflit entre elles. Cette incontournable pluralité peut ou non conduire à un résultat d'impossibilité, donc à une impasse, mais la nécessité de prendre acte de la possibilité de conflits durables entre des principes non éliminables est très importante pour la théorie de la justice. Dans les chapitres qui suivent, cette pluralité sera explorée plus complètement.

(3) Elle permet et facilite le réexamen

Autre trait d'une certaine importance : le rôle permanent que la théorie du choix social reconnaît à la réévaluation et à l'examen prolongé. De fait, l'un des apports principaux de résultats comme le théorème d'impossibilité d'Arrow est de démontrer que des principes généraux de décision sociale qui, à l'origine, paraissent plausibles peuvent se révéler très problématiques puisqu'ils entrent parfois en conflit avec d'autres principes généraux pouvant aussi donner l'impression, du moins initialement, qu'ils étaient plausibles.

Nous réfléchissons souvent, ne serait-ce qu'implicitement, à la plausibilité des principes en pensant à un certain nombre de cas précis qui attirent notre attention sur ces idées – l'esprit humain est fréquemment incapable de saisir l'immense portée de principes généraux. Mais, une fois ces principes formulés sans restrictions, et couvrant *inter alia* un très grand nombre d'autres situations que celles qui ont motivé notre intérêt pour eux, nous pouvons nous heurter à des difficultés que nous n'avions pas prévues quand nous les avons acceptés pour ainsi dire en pointillé. Nous devons alors décider ce qui doit céder et pourquoi. Certains jugent peut-être la théorie du choix social trop permissive et indécise (pour Condorcet, ses résultats devaient ouvrir le débat et non le clore), mais l'autre option, parfaitement illustrée par les théories courantes de la justice comme celles de Rawls ou de Nozick, et qui consiste en un maintien inflexible de règles exigeantes et très rigoureuses, ne rend pas justice à l'idée de justice.

(4) Elle admet les solutions partielles

La théorie du choix social reconnaît que même une théorie complète de la justice peut procurer des « classements de justice » incomplets. Dans de nombreux cas, il s'agit d'ailleurs d'une incomplétude « affirmée » – avec des énoncés tels que : « X et Y *ne peuvent pas* être classés en termes de justice » –, qui est à distinguer de l'incomplétude admise à titre provisoire, en attendant de – ou en travaillant à – compléter le classement avec plus d'informations, un examen plus poussé ou encore certains critères supplémentaires.

La théorie de la justice doit faire place aux deux types d'incomplétude, affirmée ou provisoire. L'incomplétude provisoire peut refléter des difficultés opérationnelles et non une impasse de fond dans les concepts ou les valeurs. Les problèmes opérationnels peuvent être dus à l'insuffisance des connaissances, à la complexité du calcul ou à un autre obstacle pratique (le genre de considérations qu'a explorées avec force et clarté Herbert Simon et qui lui ont inspiré son importante notion de « rationalité limitée »)[19]. Même quand l'incomplétude est provisoire dans ce sens, elle peut être assez résistante pour qu'il faille l'intégrer à une théorie opérationnelle de la justice, en prévoyant une marge de réexamen et peut-être d'extension du classement. En revanche, avec l'incomplétude affirmée, la nature partielle de la solution fait partie intégrante des conclusions avancées par une théorie de la justice, même si cette théorie elle-même peut être réexaminée et révisée.

(5) Elle admet une diversité d'interprétations et d'intrants

La structure formelle de la théorie du choix social, qui prend souvent la forme d'une exploration, guidée par des ensembles d'axiomes, des liens fonctionnels entre des classements et des priorités individuels, d'un côté, et des conclusions sociales, de l'autre, peut être conçue de plusieurs façons. La distinction entre l'addition des intérêts individuels et celle des jugements individuels, par exemple, a suscité un intérêt considérable au sein de la discipline [20].

La voix d'une personne peut compter pour deux raisons : soit ses intérêts sont en cause, soit sa logique et son jugement sont susceptibles d'éclairer le débat. De même, le jugement d'une personne peut paraître important soit parce qu'elle est l'une des parties directement concernées (au titre, donc, du « droit des membres »), soit parce que son point de vue et les arguments qui le sous-tendent introduisent des idées et un discernement précieux dans une évaluation et que, même si elle n'est pas en cause directement, il y a de bonnes raisons d'écouter ce qu'elle a à dire (au nom, disons, de la « pertinence pour l'élucidation ») [21]. Dans l'univers rawlsien de la justice comme équité, c'est le « droit des membres » qui semble retenir toute l'attention au niveau politique (bien que Rawls ait conçu la position originelle pour éliminer l'influence de leurs intérêts personnels dans le choix des principes de justice), tandis que, dans l'approche proposée par Adam Smith, qui recourt à des « spectateurs impartiaux », des voix lointaines peuvent tenir une place très importante en raison de leur pertinence pour l'élucidation, par exemple pour éviter les préjugés locaux. Ce contraste sera exploré plus complètement au chapitre 6.

Parfois, les classements et priorités dits individuels ne renvoient pas à des personnes distinctes, mais à différentes approches qui ont été adoptées par la même personne pour résoudre les problèmes de décision en cause et qui peuvent toutes mériter le respect et l'attention. Dans une autre variante possible, les classements individuels ne reflètent pas du tout des préférences individuelles (dans aucun des divers sens de l'expression), comme le présume en général la théorie courante du choix social, mais sont des classements différents obtenus par des modes de raisonnement différents. Globalement, la théorie du choix social en tant que discipline cherche à aboutir à des jugements d'ensemble fondés sur une large diversité de points de vue et de priorités.

(6) Elle insiste sur la précision de l'expression et du raisonnement

La clarté explicite d'axiomes formulés complètement et de déductions établies avec soin a un grand intérêt : elle permet de voir plus aisément quels sont les postulats et ce qu'ils impliquent exactement. Puisque les exigences de justice dans le débat public, et parfois même dans les théories de la justice, ont souvent grand besoin d'être formulées plus clairement et justifiées plus rigoureusement, cette explicitation systématique peut être en soi une sorte de contribution.

Prenons par exemple la thèse de Rawls selon laquelle un contrat émerge dans la position originelle avec les priorités qu'il précise, dont la priorité absolue de la liberté dans le cadre de son premier principe et la priorité conditionnelle des intérêts du groupe le plus pauvre, déterminé sur la base de la détention de biens premiers, en vertu de son second principe *. En fait, il existe d'autres contrats possibles qui peuvent séduire, et il n'est pas certain qu'un consensus clair se dégagerait sur ce point, même dans les conditions de la position originelle. Rawls est persuadé que ses deux principes seraient choisis à l'unanimité dans la position originelle, mais sa conviction ne s'appuie sur aucun raisonnement précis et on ne sait même pas clairement quelles prémisses normatives conduiraient à ce choix spécifique ou seraient cohérentes avec lui. Or, dans le cadre de la théorie du choix social, plusieurs recherches assez détaillées ont identifié la base axiomatique de ces postulats rawlsiens [22] et contribué à clarifier l'objet du débat. Même si les correspondances axiomatiques ne résolvent pas le problème difficile de la certitude sur ce qui serait choisi, elles montrent dans quelles directions les débats normatifs pourraient se dérouler fructueusement.

Étant donné leur complexité naturelle, les valeurs humaines et le raisonnement social sont souvent difficiles à saisir en termes axiomatiques précis, et pourtant la nécessité d'être explicite, dans

---

* Rawls présente dans *Théorie de la justice* plusieurs arguments pour expliquer l'attrait de ces principes dans la position originelle et il en ajoute d'autres, un peu plus généraux, dans ses écrits ultérieurs, notamment *Libéralisme politique*.

la mesure du possible, a incontestablement un grand mérite dialogique. Jusqu'où pousser l'axiomatisation ? Pour l'essentiel, ce ne peut être qu'une question d'arbitrage entre deux exigences rivales : la précision des définitions, d'un côté, et, de l'autre, la prise en compte de complexités souvent difficiles à schématiser mais néanmoins importantes, utilement analysables dans un langage plus général, donc un peu moins rigoureux. La théorie du choix social contribue grandement à clarifier ce processus interactif.

(7) Elle accorde un rôle au raisonnement public dans le choix social

Même si la théorie du choix social a été fondée par plusieurs mathématiciens, le sujet est resté étroitement associé à la défense du raisonnement public. Les résultats mathématiques peuvent alimenter le débat public, comme le souhaitait Condorcet, lui-même éminent mathématicien. Les résultats d'impossibilité, tels le paradoxe de Condorcet (sur le vote) et le théorème d'impossibilité plus général établi par Arrow, sont en partie conçus comme des contributions au débat public sur la façon de résoudre ces problèmes et sur la nature des variables à prendre en compte et à examiner [*].

Voyons un autre théorème d'impossibilité en théorie du choix social : « l'impossibilité du libéral parétien », qui montre qu'une exigence, même minimale, de liberté des individus dans leur vie personnelle est incompatible avec le respect des préférences unanimes de tous sur n'importe quel autre choix [23]. Ce résultat d'impossibilité, que j'ai présenté en 1970, a été suivi d'une vaste littérature sur sa nature, sa cause et bien évidemment ses conséquences [24]. Il conduit en particulier à un examen critique de la pertinence de la préférence (en montrant clairement que le

* Les œuvres de James Buchanan et de l'école du choix public, dont il a été le pionnier, ont beaucoup contribué à clarifier le rôle et l'importance du raisonnement public. Voir James Buchanan, « Social Choice, Democracy, and Free Markets », et « Individual Choice in Voting and the Market », l'un et l'autre in *Journal of Political Economy*, vol. 62, 1954. Voir aussi son livre *Liberty, Market and the State*, Brighton, Wheatsheaf Books, 1986, et, en collaboration avec Gordon Tullock, *The Calculus of Consent*, Ann Arbor, MI, University of Michigan Press, 1962.

raisonnement qui justifie une préférence, même quand elle est unanime, peut faire une différence) et de la bonne façon d'intégrer la valeur de liberté et de libéralisme au choix social. (Ces problèmes seront approfondis au chapitre 14, « Égalité et liberté ».) Il a aussi suscité des discussions sur la nécessité d'un respect mutuel des droits de chacun sur sa vie personnelle, puisque le résultat d'impossibilité repose également sur une condition appelée « domaine universel », qui rend admissible n'importe quel ensemble de préférences individuelles. S'il s'avère, par exemple, que, pour sauvegarder les libertés de tous, nous devons intégrer la tolérance mutuelle à nos valeurs respectives, cela devient un argument utilisable dans le débat public en faveur de la tolérance [25]. Ce qui est, formellement, un simple résultat d'impossibilité peut donc avoir des conséquences sur divers types de raisonnements publics, par exemple sur des questions comme le statut normatif des préférences, la définition des conditions nécessaires de la liberté et le besoin de réexamen des normes de raisonnement et de conduite [26].

DÉPENDANCE MUTUELLE DE LA RÉFORME INSTITUTIONNELLE ET DU CHANGEMENT COMPORTEMENTAL

Nous l'avons dit, il y a une relation bilatérale entre l'encouragement à repenser les comportements sur des bases de justice sociale et le besoin institutionnel de promouvoir la justice sociale en prenant les paramètres comportementaux d'une société comme données. Si Condorcet, par exemple, souligne l'importance de l'éducation des femmes, c'est, entre autres, parce qu'il comprend qu'on a besoin que les femmes fassent entendre leur voix dans les affaires publiques comme dans la famille et la vie sociale. Et, lorsqu'elles le feront, ces voix féminines pourront, à leur tour, nous amener à donner priorité dans l'action publique à l'éducation des femmes, dans le cadre de la promotion de la justice dans la société, tant pour ses bénéfices directs que pour ses effets indirects.

Le rôle de l'éducation et des Lumières est crucial dans la vision que Condorcet développe de la société. Pensons par exemple à ses idées nuancées sur le problème de la population, si éloignées de l'angoisse obsessionnelle de Malthus, qui jugeait la rationalité humaine incapable d'endiguer la marée démographique. Condorcet a fait observer avant Malthus le risque d'un grave surpeuplement du monde si le taux de croissance ne ralentissait pas – observation sur laquelle Malthus lui-même a pris appui, de son propre aveu, lorsqu'il a élaboré sa théorie démographique catastrophiste. Mais Condorcet estimait également qu'une société plus instruite, éclairée sur le plan social, avec un débat public et davantage d'éducation pour les femmes, connaîtrait une réduction spectaculaire du taux de croissance démographique et pourrait même l'arrêter ou l'inverser – axe d'analyse que Malthus rejetait totalement et qui prouvait, selon lui, la naïveté de Condorcet [*]. Aujourd'hui, alors que l'Europe redoute et combat le déclin et non l'explosion démographique, et alors que les preuves des effets spectaculaires de l'éducation en général et de celle des femmes en particulier sur la réduction des taux de croissance de la population s'accumulent dans le monde entier, l'intérêt de Condorcet pour les lumières et sa vision interactive se sont avérés beaucoup plus justifiés que le terrible scepticisme de Malthus, qui niait l'action du libre raisonnement humain dans la réduction de la taille des familles [27]. L'insistance de Condorcet sur le rôle des raisons individuelle et publique dans les décisions familiales et les processus sociaux se reflète nettement dans le soubassement théorique général de la théorie du choix social.

Le lien fondamental entre le raisonnement public, d'une part, et les exigences des décisions sociales participatives, de l'autre, est effectivement crucial pour faire face non seulement à un défi

---

* Voir Marie-Jean-Antoine Caritat, marquis de Condorcet, *Esquisse d'un tableau historique des progrès de l'esprit humain* (repris in *Œuvres de Condorcet*, t. VI, Paris, Firmin-Didot Frères, 1847 ; rééd. récente, Stuttgart, Friedrich Frommann Verlag, 1968) ; Thomas Robert Malthus, *Essai sur le principe de population, en tant qu'il influe sur le progrès futur de la société, avec des remarques sur les théories de M. Godwin, de M. Condorcet et d'autres auteurs*, trad. fr. d'Éric Vilquin, Paris, INED, 1980.

pratique – rendre la démocratie plus efficace –, mais aussi à un problème conceptuel – fonder une idée suffisamment structurée de la justice sur les impératifs du choix social et de l'équité. Deux efforts qui tiennent une place importante dans ce livre.

5

IMPARTIALITÉ ET OBJECTIVITÉ

La grande forteresse et prison royale de Paris, la Bastille, tomba le 14 juillet 1789. Tandis que la Révolution prenait son essor, l'Assemblée nationale adopta en août la Déclaration des droits de l'homme et, en novembre, interdit à ses membres d'accepter toute fonction sous Louis XVI. Edmund Burke, qui avait exprimé tant de sympathie (on l'a vu dans l'Introduction) pour les Indiens opprimés par la Compagnie des Indes orientales et soutenu les Américains assujettis pendant leur révolution de 1776, a-t-il immédiatement salué la Révolution française ? Sympathisait-il avec la Revolutionary Society qui, dans sa célèbre réunion de novembre 1789 à Londres, avait félicité l'Assemblée nationale pour son engagement radical ? La réponse est non. Burke s'est montré profondément hostile à la Révolution française et l'a dénoncée sans ambiguïté au Parlement de Londres, dans un discours de février 1790.

Burke était un *whig*, mais il avait sur la Révolution française une position franchement conservatrice. Son jugement sur ces événements l'a d'ailleurs conduit à formuler l'un des énoncés fondateurs de la philosophie conservatrice moderne : *Réflexions sur la révolution de France*. Mais il n'y a là aucune contradiction avec la position radicale de Burke sur l'Inde : elle était fondamentalement conservatrice aussi, puisqu'il regrettait, entre autres, la destruction du vieil ordre social indien et d'une société qui fonctionnait bien. Conformément à ses penchants conservateurs, Burke était contre le bouleversement provoqué par le nouveau régime britannique en Inde et contre le bouleversement en cours en France. Si, dans la pensée classificatrice d'aujourd'hui, la première position (sur l'autorité britannique en Inde) peut paraître « de gauche » et la seconde (sur la Révolution française) « de droite », les deux s'harmonisent parfaitement du point de vue des principes personnels de Burke et sont tout à fait cohérentes.

Mais que dire de la guerre d'Indépendance américaine ? Là, Burke n'était sûrement pas conservateur, puisqu'il soutenait la révolution en Amérique et se montrait favorable à un grand changement. Comment cette position cadre-t-elle avec le reste ? Tenter d'interpréter diverses décisions sur toute une série de sujets disparates à l'aide d'une seule idée classificatrice – dans ce cas, le conservatisme – me semble être une erreur. C'est encore plus vrai pour Burke : son envergure intellectuelle et ses multiples préoccupations lui permettaient de prendre en considération plusieurs aspects distincts. Mais la conjonction de logiques de justice différentes qui s'applique à tout événement confirme aussi ce principe. Il serait absurde de tenter d'expliquer les attitudes de Burke face à des événements différents dans son monde du XVIIIe siècle par une seule inclination – conservatrice, radicale ou autre.

Néanmoins, même dans le cas de la Révolution américaine, la vision qu'avait Burke des États-Unis comportait un puissant élément conservateur. La militante révolutionnaire britannique Mary Wollstonecraft, qui a été l'une des initiatrices de la pensée féministe, lui a posé quelques questions cinglantes peu après son discours au Parlement contre la Révolution française. Elle a publié sa critique dans un livre qui prend la forme d'une longue lettre, où elle attaque la position de Burke non seulement sur la Révolution française, mais aussi sur la Révolution américaine. Elle y fait cette remarque qui peut laisser perplexe : « Mais sur quels principes M. Burke a-t-il pu défendre l'indépendance américaine, je ne puis le comprendre *. » Que voulait dire la révolutionnaire Mary Woll-

* Il s'agit du premier des deux livres de Mary Wollstonecraft sur ce que nous appelons aujourd'hui les « droits humains » : il s'intitulait *Défense des*

stonecraft lorsqu'elle critiquait Burke pour son soutien à la Révolution américaine ?

Elle soulignait en fait qu'on ne défend pas vraiment la liberté quand on chérit et protège celle de certains sans se préoccuper de celle des autres. Mary Wollstonecraft reprochait à Burke son silence sur les droits des esclaves américains, alors qu'il défendait la liberté des *non-esclaves* qui revendiquaient l'indépendance. Voici ce qu'elle écrivait :

> La substance de ses arguments [Burke] établit l'esclavage sur des bases immuables. Si l'on admet que son respect servile pour l'Antiquité, et les précautions qu'il prend pour préserver les intérêts particuliers, sont, comme il le dit, des arguments valables, il ne faudrait jamais abolir le commerce des esclaves ; et parce que nos ancêtres, dans leur ignorance de la dignité native de l'homme, ont légitimé un trafic qui constitue un outrage à la raison et à la religion, nous devrions nous plier à cette coutume inhumaine et dire que cette insulte infâme envers l'humanité est en fait amour de la patrie et juste soumission aux lois qui garantissent la propriété [1] !

L'esclavage devait être aboli aux États-Unis beaucoup plus tard que dans l'Empire britannique : après la guerre de Sécession, dans les années 1860. On voit bien, avec le recul, que la critique opposée par Mary Wollstonecraft à la vision qu'avait Burke de la Révolution américaine ne portait pas seulement sur un problème de cohérence théorique, loin de là. Les États-Unis ont mis du temps à supprimer l'anomalie qui compromettait gravement l'engagement américain pour la liberté de tous : le traitement des esclaves. Même le président Abraham Lincoln n'a pas exigé à l'origine de droits politiques et sociaux pour les esclaves – seulement quelques droits minimaux concernant leur vie, leur liberté et les fruits de leur travail –, et c'était soixante-dix ans

---

droits des hommes. Lettre à l'honorable Edmund Burke, avait été achevé en 1790 et devait être suivi deux ans plus tard par son second livre, *Défense des droits de la femme*. Les deux ouvrages ont été traduits en français : pour le premier, voir *Une Anglaise défend la Révolution française. Réponse à Edmund Burke*, trad. fr. de Marie-Odile Bernez, Paris, Éd. du CTHS (voir note 1 p. 513), 2003, et, pour le second, Mary Wollstonecraft, *Défense des droits de la femme*, trad. fr. de Marie-Françoise Cachin, Paris, Payot, 1976, rééd. Payot & Rivages, coll. « Petite Bibliothèque Payot », 2005.

après l'analyse sans équivoque de Mary Wollstonecraft sur les contradictions internes de la rhétorique de la liberté aux États-Unis.

L'idée principale que formule ici et ailleurs Mary Wollstonecraft, c'est qu'une défense de la liberté des êtres humains qui fait un distinguo entre des personnes dont les libertés importent et des personnes qu'il faut exclure de cette catégorie favorisée est insoutenable *. Deux ans après sa lettre à Burke, elle a publié le second de ses deux traités sur les droits humains, *Défense des droits de la femme*[2]. L'un des thèmes récurrents de cet ouvrage souligne que nous ne pouvons pas défendre les droits des hommes sans accorder un intérêt semblable aux droits des femmes. Ici comme dans ses autres textes, l'une de ses idées fondamentales est à l'œuvre : la justice, par nature, doit avoir une portée universelle ; on ne peut pas l'appliquer aux problèmes et souffrances de certains sans l'appliquer aux autres.

Impartialité, interprétation et objectivité

Peut-il y avoir une interprétation satisfaisante de la morale en général, et de la justice en particulier, qui limite son attention à certaines personnes et en exclut d'autres, en présumant – ne serait-ce qu'implicitement – que les premières comptent et pas les secondes ? La philosophie morale et politique contemporaine s'est orientée, globalement, dans le sens de Mary Wollstonecraft : elle rejette cette possibilité et exige que nul ne soit perçu, moralement et politiquement, comme « hors sujet » **. Même si, pour

* L'argument de Mary Wollstonecraft est de très grande portée : il s'applique par exemple au statut des intouchables en Inde (l'intouchabilité était tolérée sous l'Empire britannique et n'a été abolie qu'après l'indépendance de l'Inde, en 1947), à la position des non-Blancs sous l'apartheid sud-africain (qui n'a changé qu'après la chute de ce régime) et aux cas d'exclusion moins tranchés fondés sur la classe, la religion ou l'ethnie.

** Pour un bon recueil d'articles de plusieurs grands philosophes sur la façon dont cette bataille pour l'inclusion a été engagée – et largement gagnée au niveau théorique –, voir le volume consacré à la mémoire de Susan Moller Okin, *Toward a Humanist Justice : The Political Philosophy of Susan Moller*

une raison ou une autre, nous nous concentrons sur les libertés d'un groupe particulier – comme les membres d'une nation, d'une communauté, d'une famille –, il importe de toujours rappeler que ces efforts étroits s'inscrivent dans un cadre plus large et englobant où chacun a sa place. L'inclusion sélective sur des bases arbitraires dans une catégorie privilégiée – regroupant ceux dont les intérêts sont importants ou dont les voix comptent – serait un geste de partialité. Et l'inclusion universelle qu'exige Mary Wollstonecraft fait partie intégrante de l'impartialité, dont la place dans l'éthique en général et dans la théorie de la justice en particulier a été analysée plus haut (en particulier au chapitre 1).

Nul n'a peut-être autant contribué qu'Immanuel Kant à faire comprendre cette exigence universaliste, qui comprend des principes comme ceux qu'exprime sa formule si souvent répétée : « Agis uniquement d'après la maxime qui fait que tu peux vouloir en même temps qu'elle devienne une loi universelle[3]. » Quand Henry Sidgwick, le grand économiste et philosophe utilitariste, a énoncé sa propre exigence de couverture universelle, il s'est réclamé de Kant en dépit de la distance entre l'utilitarisme et la philosophie kantienne. Voici comment il l'a exprimé dans la préface de son ouvrage *The Methods of Ethics*, qui deviendra un classique : « Que tout ce qui est bon pour moi doit être bon pour toute personne dans des conditions semblables – c'est sous cette forme que j'ai accepté la formule kantienne – m'a paru être à coup sûr une idée fondamentale, certaine et non sans importance pratique[4]. » En qualifiant la maxime de Kant de « certaine », Sidgwick use d'un langage que d'aucuns préfèrent réserver aux questions scientifiques et épistémologiques et ne jugent pas applicable à l'éthique.

L'impartialité de l'évaluation, je l'ai dit, peut constituer une idée compréhensible et plausible de l'objectivité en philosophie morale et politique. Ce qui apparaît, au vu de la séparation traditionnelle entre science et valeurs, comme un mot malheureux a peut-être un sens rigoureux que la langue elle-même a fini par

Okin, éd. Debra Satz et Rob Reich, New York, Oxford University Press, 2009.

entériner. Lorsque Sidgwick qualifie la thèse de Kant de « certaine », l'idée qu'il avance est suffisamment claire pour que nous n'ayons pas à nous interroger sur le sens des notions d'« objectivité » et de « vérité » appliquées à des thèses éthiques. Le vocabulaire de la justice et de l'injustice reflète une interprétation commune des énoncés de ce genre, même si l'on peut les contester sur le fond après les avoir compris.

Il y a ici, en réalité, deux problèmes différents de non-subjectivité : l'un concerne la compréhension et la communication sur une base objective (afin que les convictions et déclarations de chacun ne soient pas irrémédiablement confinées dans une subjectivité personnelle susceptible d'échapper aux autres), l'autre renvoie à l'acceptabilité objective (afin que les gens puissent engager des débats sur le bien-fondé des thèses avancées par des personnes différentes). Lorsque Mary Wollstonecraft affirme qu'il est fondamentalement juste d'inclure tout le monde dans une comptabilité morale ou politique, ou quand Sidgwick parle de l'universalité et de l'impartialité comme d'une vérité certaine, leurs propos englobent à la fois la question de la compréhension interpersonnelle et celle de la vérité générale. Les deux problèmes renvoient à l'idée d'objectivité de façon différente. La littérature sur l'objectivité éthique s'est intéressée à l'un et à l'autre problème, qui, bien que liés, ne se confondent pas.

ENCHEVÊTREMENTS, LANGUE ET COMMUNICATION

Je commence par le premier – dont l'objet est la communication et la compréhension interpersonnelle, conditions cruciales pour le raisonnement public. Notre langage reflète la diversité des préoccupations qui inspirent nos évaluations éthiques. Il y a ici de vastes enchevêtrements de faits et de valeurs, mais, remarque finement Vivian Walsh, « si l'expression "enchevêtrement de faits et de valeurs" est un résumé commode, nous sommes en général confrontés (comme [Hilary] Putnam l'a bien montré) à un triple enchevêtrement : de faits, de conventions et de valeurs[5] ». Le rôle que joue la compréhension des conventions pour donner sens à nos interrogations sociales et éthiques vaut particulièrement d'être souligné ici.

Voici ce qu'Antonio Gramsci, peut-être le plus créatif des philosophes marxistes du XXe siècle, a consigné il y a près de quatre-vingts ans dans ses *Cahiers de prison*, alors qu'il était incarcéré dans une geôle fasciste à Turi : « Pour sa propre conception du monde, on appartient à un groupement déterminé, et précisément à celui qui réunit les éléments sociaux partageant une même façon de penser et d'agir. On est toujours les conformistes de quelque conformisme, on est toujours homme-masse ou homme collectif[6]. »

Il serait bon d'effectuer ici ce qui apparaîtra peut-être comme une digression. Sujet : l'intérêt de Gramsci pour les enchevêtrements et l'usage des « règles de langage », qui a été d'une extrême importance dans le développement de la philosophie contemporaine. Comme j'ai tenté de le soutenir ailleurs[7], la démarche intellectuelle de Gramsci a joué, à distance, un grand rôle dans la transition de fond qui a détourné Ludwig Wittgenstein, alors fortement influencé par Piero Sraffa, d'un projet largement voué à l'échec : élaborer une forme complète de la *picture theory of meaning*, qu'on appelle parfois un peu tendancieusement la « théorie du langage-tableau », reflétée, en gros, par le *Tractatus logico-philosophicus* (1921). Selon cette hypothèse d'interprétation, une phrase représente un état de choses comme si elle en était une sorte d'image, si bien qu'une proposition et ce qu'elle décrit sont censés avoir, à un certain niveau, la même forme logique.

Les doutes de Wittgenstein sur le bien-fondé de cette approche ont grandi et sont arrivés à maturité après son retour à Cambridge en janvier 1929 (il y avait auparavant été étudiant, et avait travaillé avec Bertrand Russell). Dans cette mutation, Piero Sraffa, économiste à Cambridge (qui enseignait au Trinity College, comme Wittgenstein), a joué un rôle majeur. Or il avait lui-même été très influencé par Antonio Gramsci, car les deux hommes avaient étroitement coopéré, notamment dans le foyer de créativité intellectuelle qu'était *L'Ordine Nuovo*, la revue fondée par Gramsci puis interdite par le régime fasciste de Mussolini. Wittgenstein confierait plus tard à Henrik von Wright, l'éminent philosophe finlandais, qu'après ses conversations avec Sraffa il se sentait « comme un arbre dont on a coupé toutes les branches ». Il est traditionnel de diviser l'œuvre de Wittgenstein en deux périodes : on parle du « premier » et du « second Wittgenstein », et l'année 1929 est la ligne de démarcation manifeste entre les deux phases. Dans la préface de son ouvrage capital, *Investigations philosophiques*, Wittgenstein reconnaît sa dette envers la critique « qu'un professeur de l'université de Cambridge, M. P. Sraffa, exerça inlassablement sur [ses] idées durant plusieurs années » et ajoute : « C'est à cette dernière *stimulation* que je dois les idées les plus conséquentes, les plus fécondes de cet ouvrage [8]. »

Wittgenstein a également précisé à un ami (Rush Rhees, un autre philosophe de Cambridge) ce que Sraffa lui avait appris de plus important : une « manière anthropologique » de voir les problèmes philosophiques [9]. Alors que le *Tractatus* s'efforce de concevoir le langage indépendamment des conditions sociales dans lesquelles il est utilisé, les *Investigations philosophiques* soulignent les conventions et les règles qui donnent aux énonciations un sens particulier. Et c'est évidemment une composante de ce que Vivian Walsh appelle le « triple enchevêtrement », qui intéressait tant Gramsci et Sraffa. Il est facile de faire le lien entre cette perspective et la « philosophie du langage ordinaire », selon l'expression consacrée, cette discipline devenue si importante dans la philosophie anglo-américaine, en grande partie sous l'influence du « second Wittgenstein » [*].

---

* Peut-être devrais-je commenter ici brièvement, ne serait-ce que pour l'intérêt du commérage, une anecdote souvent répétée sur un moment prétendument crucial dans le passage de Wittgenstein du monde du *Tractatus* à celui des *Investigations philosophiques*. Selon cette histoire, quand Wittgenstein dit à Sraffa que pour comprendre le sens d'un énoncé il faut regarder sa forme logique, celui-ci répondit en se frottant le menton du bout des doigts, ce qui, paraît-il, est immédiatement compris à Naples comme un geste de scepticisme, puis demanda : « Et ça, quelle est sa forme logique ? » Piero Sraffa (que j'ai eu plus tard le privilège de bien connaître, puisque j'ai été d'abord son étudiant, puis son collègue au Trinity College de Cambridge) soulignait énergiquement que ce récit, à supposer qu'il ne fût pas entièrement

Gramsci a beaucoup insisté sur la mise au jour du rôle du langage ordinaire en philosophie et lié l'importance de ce problème épistémologique à ses préoccupations sociales et politiques. Dans un article sur « l'étude de la philosophie », il analyse « quelques points de référence préliminaires » qui contiennent cette thèse audacieuse : « Il faut détruire le préjugé très répandu que la philosophie est quelque chose de très difficile, du fait qu'elle est l'activité intellectuelle propre d'une catégorie déterminée de savants spécialisés ou de philosophes professionnels ayant un système philosophique. » Bien au contraire, soutenait Gramsci, « il faut [...] démontrer en tout premier lieu que tous les hommes sont "philosophes", en définissant les limites et les caractères de cette "philosophie spontanée" propre à "tout le monde" ». Et qu'est-ce qui relève de cette « philosophie spontanée » ? Le premier élément que Gramsci inscrit sous ce titre est « le langage même, qui est un ensemble de notions et de concepts déterminés et non certes exclusivement de mots grammaticalement vides de contenu ». La pertinence de tout cela pour le projet dont Sraffa s'est fait le champion auprès de Wittgenstein – voir le langage et la communication de « manière anthropologique » – serait difficile à manquer ; et c'est de fait l'une des préoccupations importantes des *Cahiers de prison* de Gramsci *.

apocryphe (« Je ne peux me souvenir d'un événement précis de ce genre »), ressemblait plus à un conte suivi d'une morale qu'à un événement réel (« J'ai si souvent et si copieusement discuté avec Wittgenstein que le bout de mes doigts n'avait pas besoin d'en dire long »). Mais cette histoire est bel et bien une illustration assez spectaculaire d'une réalité : le scepticisme transmis par le frottement de menton napolitain (même effectué par un jeune Toscan de Pise né à Turin) est interprétable au moyen – et *seulement* au moyen – des règles et conventions établies dans le monde napolitain (le « flux de la vie », comme disait le cercle de Gramsci).

* Toutes les citations de Gramsci figurant dans ce paragraphe proviennent de la première section (« Introduction à l'étude de la philosophie. Quelques points de référence préliminaires ») de « La philosophie de la praxis face à la réduction mécaniste du matérialisme historique (cahier 11) », *in* Antonio Gramsci, *Textes*, éd. André Tosel, Paris, Éd. sociales, 1983, p. 134 [*NdT*].

Raisonnement public et objectivité

Il est évident qu'un certain conformisme est nécessaire pour qu'on puisse se comprendre en tout domaine, dont celui des énoncés éthiques ; se déclarer d'accord ou non avec la thèse qu'on a comprise est une autre question, qui n'intervient que dans un second temps. Gramsci, révolutionnaire en politique, voulait changer la pensée et les priorités des gens, mais, pour ce faire, il lui fallait aussi pénétrer les façons courantes de penser et d'agir, puisque, quand nous communiquons, nous devons être, pour reprendre son expression déjà citée, « les conformistes de quelque conformisme, [...] toujours homme-masse ou homme collectif ». Il s'agit en quelque sorte d'une double tâche : utiliser le langage et l'imagerie efficaces pour communiquer parce qu'ils s'appuient sur des règles conformistes, mais s'efforcer de les mettre au service d'idées non conformistes. L'objectif était de formuler et de discuter d'importantes idées neuves qui seraient néanmoins immédiatement comprises dans le cadre des anciennes règles d'expression.

L'intérêt de cette double tâche est visible quand on cherche à formuler des notions bien établies sur la justice tout en proposant des idées supplémentaires qu'une théorie de la justice doit prendre en compte. Puisque le raisonnement et le débat publics sont au cœur de la quête de la justice (pour des raisons déjà analysées), cette double entreprise joue un rôle crucial pour notre projet dans ce livre. Ce que l'on examine surtout ici, lorsqu'on se demande si une proposition éthique est correcte, c'est le raisonnement sur lequel elle est fondée et l'acceptabilité de cette façon de raisonner. Comme nous l'avons vu (au chapitre 1), le problème de l'objectivité est essentiel dans cette opération. Les exigences de l'objectivité éthique, nous l'avons dit, ont des rapports étroits avec la capacité de survivre à un débat public argumenté et ouvert, aptitude elle-même intimement liée à l'impartialité des positions proposées et des arguments qui les soutiennent.

Dans sa critique de Burke, Mary Wollstonecraft commence par prouver qu'il établit vraiment l'esclavage « sur des bases immuables » quand il soutient sans réserve l'indépendance américaine. Cet exposé des faits la conduit ensuite à dénoncer la position générale de Burke en raison de sa dimension exclusionniste, qui contredit l'impartialité et l'objectivité. Elle ne satisferait pas, par exemple, au critère de Rawls pour qu'« une conviction politique [soit] objective », à savoir qu'« il existe des raisons, déterminées par une conception politique raisonnable et mutuellement reconnaissable (satisfaisant ces conditions), suffisantes pour convaincre toutes les personnes raisonnables du caractère raisonnable d'une telle conviction »[10]. Le besoin d'objectivité dans la communication et dans le langage du raisonnement public est suivi par les exigences plus spécifiques de l'objectivité dans l'évaluation éthique, qui comprennent des impératifs d'impartialité. Les deux acceptions de l'objectivité jouent un rôle dans cette mise en œuvre du raisonnement public, et ces rôles sont liés, mais ne se confondent pas.

Deux espaces d'impartialité

Dans cette approche de la justice, le rôle de l'impartialité dans l'évaluation de la justice sociale et des arrangements sociétaux est capital. Mais il existe une distinction fondamentale entre deux façons d'invoquer l'impartialité, et leur opposition nécessite plus ample examen. Je les appellerai respectivement impartialité « ouverte » et « fermée ». Avec l'« impartialité fermée », la procédure de constitution des jugements impartiaux ne concerne que les membres d'une société ou d'une nation donnée (d'un « peuple », écrit John Rawls), et c'est pour eux que ces évaluations sont produites. La méthode rawlsienne de la « justice comme équité » utilise le mécanisme de la position originelle et un contrat social sur cette base entre les citoyens d'une communauté politique précise. Dans cette procédure contractuelle, aucun élément extérieur n'intervient ou n'est partie prenante.

En revanche, dans l'« impartialité ouverte », la procédure d'évaluation impartiale peut (et parfois doit) recourir, entre autres, à des jugements venus de l'extérieur du groupe focal pour éviter un biais localiste. Dans le célèbre mécanisme du « spectateur impartial » imaginé par Adam Smith, l'exigence d'impartialité nécessite, comme il s'en explique dans *Théorie des sentiments moraux*, de faire appel au jugement désintéressé de « tout spectateur impartial et juste » qui n'est pas nécessairement un membre du groupe focal (l'idéal est parfois qu'il n'en fasse pas partie)[11]. Les points de vue impartiaux peuvent venir de très loin comme de l'intérieur d'une communauté, d'une nation ou d'une culture. Selon Smith, il y a place pour les uns et les autres – et on a besoin des deux.

C'est sur cette distinction, importante pour la théorie de la justice, que portera le chapitre suivant.

6

IMPARTIALITÉS OUVERTE ET FERMÉE

L'expérience de pensée d'Adam Smith sur l'impartialité fait appel au mécanisme du « spectateur impartial », dispositif qui diffère nettement de l'impartialité fermée de la « justice comme équité ». Smith énonce laconiquement l'idée fondamentale dans *Théorie des sentiments moraux* : c'est l'exigence, quand on juge sa propre conduite, de « l'examiner comme nous imaginons qu'un spectateur impartial le ferait » ou, pour citer la formulation plus détaillée d'une édition ultérieure du même livre, d'« examiner notre conduite comme nous imaginons que tout spectateur impartial et juste le ferait [1] ».

L'insistance sur l'impartialité dans la philosophie morale et politique contemporaine reflète dans une large mesure la force de l'influence kantienne. Même si l'exposition de cette idée par Smith est moins présente, il y a des similitudes notables entre les approches kantienne et smithienne. De fait, Adam Smith a quelque titre à revendiquer d'avoir été, avec son analyse du « spectateur impartial », le pionnier de toute l'entreprise d'interprétation de l'impartialité et de formulation des exigences de l'équité qui a tant séduit le monde des Lumières européennes. Ses idées n'ont pas seulement influencé des penseurs éclairés comme Condorcet, qui a écrit sur Smith. Immanuel Kant aussi connaissait la *Théorie des sentiments moraux* (dont la première édition date de 1759) et il l'a commentée dans une lettre à Markus Herz en 1771 (même si, hélas, Herz appelait le fier Écossais « l'Anglais Smith »)[2]. Tout cela intervint avant la publication de ses grands ouvrages *Fondements de la métaphysique des mœurs* (1785) et *Critique de la raison pratique* (1788), et il semble tout à fait vraisemblable que Kant ait été influencé par Smith.

Un contraste tranché oppose l'approche smithienne du « spectateur impartial » et l'approche contractuelle, dont la « justice comme équité » de Rawls constitue une éminente application. Se demander comment apparaîtraient les choses à « tout spectateur impartial et juste » peut introduire des jugements émis par des personnes désintéressées venues également d'autres sociétés, lointaines ou proches. En revanche, la nature même du système rawlsien, fondé sur la « construction d'institutions », restreint les possibilités d'intégrer des points de vue des « éléments extérieurs » lorsqu'on procède à une évaluation impartiale. Même si Smith appelle souvent le spectateur impartial « l'homme au-dedans du cœur », l'une des principales motivations de sa stratégie intellectuelle était d'élargir notre compréhension et d'étendre le champ de notre recherche éthique*. Voici comment il formule le problème (*Théorie des sentiments moraux*, III, 3, 38, p. 218) :

> Dans la solitude, nous sommes enclins à sentir trop fortement tout ce qui se rapporte à nous [...]. La conversation d'un ami nous ramène à un tempérament meilleur, et celle d'un étranger à un tempérament meilleur encore. L'homme au-dedans du cœur, le spectateur abstrait et idéal de nos sentiments et de notre conduite, demande souvent à être éveillé et amené à son devoir par la présence d'un spectateur réel. Et c'est toujours du spectateur de qui nous pouvons attendre le moins de sympathie et d'indulgence que nous

---

* Dans son bel exposé sur l'importance du « point de vue commun » en philosophie morale, Simon Blackburn interprète l'usage que fait Smith du spectateur impartial dans cette perspective (*Ruling Passions : A Theory of Practical Reasoning*, *op. cit.*). Cet emploi particulier du spectateur impartial est sûrement présent dans l'œuvre de Smith. Mais celui-ci utilise aussi cette expérience de pensée comme mécanisme dialectique pour interroger et discuter des convictions communément admises. C'est certainement un usage important, même s'il ne devait en sortir aucun de ces « points de vue communs » dont Blackburn souligne à juste titre la pertinence.

sommes susceptibles d'apprendre la leçon de maîtrise de soi la plus complète.

Smith invoquait le spectateur impartial, cet instrument de réflexion, pour dépasser un mode de raisonnement susceptible d'être bridé – imperceptiblement, peut-être – par des conventions de pensée locales et examiner lentement, dans le cadre d'une procédure, à quoi ressembleraient les conventions admises du point de vue d'un « spectateur » qui les verrait à distance. Il justifie cette procédure d'impartialité ouverte en ces termes :

> Nous ne pouvons jamais examiner nos sentiments et nos motifs, nous ne pouvons jamais former un jugement les concernant, à moins de quitter, pour ainsi dire, notre position naturelle et de nous efforcer de les voir comme s'ils étaient à une certaine distance de nous-mêmes. Or nous ne pouvons le faire d'aucune autre façon qu'en nous efforçant d'observer ces motifs et sentiments avec les yeux des autres, ou comme les autres les observeraient [3].

Donc, le raisonnement smithien non seulement admet, mais exige la prise en considération des idées des autres, qu'ils se trouvent très loin ou tout près. En ce sens, cette procédure pour atteindre l'impartialité est ouverte ; elle n'est pas fermée, confinée aux manières de voir et de comprendre de la seule communauté locale.

La position originelle et les limites de la logique du contrat

Bien que le « voile d'ignorance » rawlsien réponde efficacement au besoin d'éliminer l'influence des intérêts matériels et préjugés personnels des divers individus qui composent le groupe focal, il s'abstient de faire appel à l'examen (dans le vocabulaire de Smith) des « yeux du reste de l'humanité ». Pour traiter ce problème, un « black-out sur l'identité » de ceux qui appartiennent au groupe local de référence ne suffirait pas. À cet égard, l'instrument procédural de l'impartialité fermée dans la « justice comme équité » peut être perçu comme « provincialiste » par construction.

Afin d'éviter tout malentendu, je tiens à dire qu'en montrant les limites de la démarche qui conduit Rawls à ses « principes de justice » (et, à travers eux, à la détermination d'« institutions justes »), je ne l'accuse pas de localisme (ce serait évidemment de l'arrogance). Mon questionnement porte uniquement sur la stratégie particulière qu'il utilise pour parvenir à la « justice comme équité » en passant par la position originelle, ce qui n'est qu'une composante de son vaste corpus de travaux de philosophie politique. Par exemple, son analyse sur la nécessité d'un « équilibre réfléchi » dans la détermination de nos propres préférences et priorités et de notre sentiment personnel de la justice ne comporte aucune restriction de ce genre. Il est clair que Rawls aurait soutenu nombre des idées avancées par Adam Smith sur le besoin de s'ouvrir l'esprit en s'intéressant à ce que verraient « les yeux du reste de l'humanité ». Le goût œcuménique de Rawls, en tant que philosophe politique, pour des arguments issus de cercles divers ne fait aucun doute [*]. Dans la composante de l'analyse rawlsienne qui souligne l'importance d'un « cadre public de pensée » et la nécessité de considérer « notre société et la place que nous y occupons de manière objective [4] », il y a d'ailleurs beaucoup de points communs avec le raisonnement smithien [**].

* Comme je lui avais soumis, en 1991, certains arguments fondés sur ma première lecture du manuscrit de son article initial sur « le droit des gens », qu'il a ensuite développé jusqu'à en faire un livre, Rawls m'a adressé une réponse, aimable et rassurante comme à son habitude, dans une lettre datée du 16 avril 1991 : « J'ai une vision cosmopolite de la société mondiale, ou de la possibilité d'en avoir une, bien qu'il y ait sûrement de nombreuses variantes. »

** Il y a encore plus de similitudes, nous le verrons, entre le cadre du raisonnement public chez Adam Smith et l'approche « contractualiste » de Thomas Scanlon, qui diffère du modèle du contrat rawlsien mais conserve ce que Scanlon tient pour « un élément central de la tradition du contrat social qui remonte à Rousseau » : « l'idée d'une disposition commune à modifier nos exigences privées pour trouver une base de justification que d'autres aussi ont des raisons d'accepter » (T. Scanlon, *What We Owe to Each Other*, *op. cit.*, p. 5). Dans la présente analyse du raisonnement contractuel, fondée sur sa formulation rawlsienne, je n'inclus pas l'approche « contractualiste » de

Néanmoins, la procédure des « positions originelles » hermétiquement séparées, opérant dans un isolement voulu, ne permet pas de garantir un examen suffisamment objectif des conventions sociales et des sentiments localistes qui peuvent influencer les règles choisies dans la position originelle. Lorsque Rawls précise que « nos convictions et nos principes moraux sont objectifs dans la mesure où nous y parvenons en supposant [un] point de vue général qui permet aussi de les évaluer », il tente d'ouvrir la porte au libre examen, et malgré tout, dans la suite de sa phrase, il remet partiellement les verrous, sous la forme procédurale d'une exigence de conformité à la position originelle territorialement isolée : « et où nous jugeons les arguments en leur faveur à l'aide des restrictions exprimées par la conception de la position originelle [5] ».

C'est le cadre contractuel de la « justice comme équité » qui amène Rawls à limiter les délibérations dans la position originelle à un groupe politiquement isolé dont les membres « sont nés dans la société où leur vie se déroule * ». Non seulement aucune barrière procédurale ne protège de l'exposition aux préjugés locaux, mais il n'y a aucun moyen systématique d'ouvrir au regard de l'humanité les réflexions de la position originelle. Ce qui pose problème ici, c'est le peu d'insistance sur la nécessité d'une procédure de questionnement vigoureux des valeurs locales, qui peuvent, à plus ample examen, apparaître comme des préjugés et partis pris courants dans un groupe restreint.

Rawls se rend bien compte ensuite d'une limite de sa formulation « régionale » de la justice, conçue à l'usage du « peuple » d'un seul pays ou d'une seule entité politique : « à un moment ou à un autre, une conception politique de la justice doit aborder le problème de la justice des relations entre peuples, le "droit des gens", comme je l'appelle » (*Libéralisme politique*, p. 36). Et il

---

Scanlon, mais j'y reviendrai aux chapitres 8, « La rationalité et les autres », et 9, « Pluralité des raisons impartiales ».

* Plus complètement : « La justice comme équité reformule la doctrine du contrat social [...] les termes équitables de la coopération sociale sont conçus comme résultant d'un accord entre ceux qui coopèrent, c'est-à-dire entre des citoyens libres et égaux qui sont nés dans la société où leur vie se déroule » (J. Rawls, *Libéralisme politique*, *op. cit.*, p. 48).

traite effectivement le problème dans la suite de son travail (*Paix et démocratie. Le droit des peuples et la raison publique*, 1999). Mais la « justice des relations entre peuples » et le besoin d'un examen ouvert des valeurs et pratiques de toute société ou communauté politique au moyen d'une procédure non localiste sont des questions tout à fait différentes. Le prix à payer pour le programme fermé de la « position originelle » rawlsienne est lourd : c'est l'absence de toute procédure garantissant que les valeurs locales seront examinées dans un cadre plus large.

Le mécanisme du « voile d'ignorance » rawlsien dans la « position originelle » est très efficace pour amener les gens à voir au-delà de leurs intérêts matériels et objectifs personnels. Mais il l'est fort peu pour assurer un examen ouvert de valeurs locales et peut-être étriquées. Il y a quelque chose à apprendre du scepticisme d'Adam Smith sur la possibilité même de dépasser les présupposés locaux – voire un sectarisme implicite –, « à moins de quitter, pour ainsi dire, notre position naturelle et de nous efforcer de les voir comme s'ils étaient à une certaine distance de nous-mêmes ». La procédure smithienne insiste, par conséquent, pour que le contrôle de l'impartialité soit ouvert (et non fermé localement), car « nous ne pouvons le faire d'aucune autre façon qu'en nous efforçant d'observer ces motifs et sentiments avec les yeux des autres, ou comme les autres les observeraient [6] ».

LES CITOYENS D'UN ÉTAT ET AUTRUI AU-DELÀ

Quels problèmes y a-t-il à ne prendre en compte que les points de vue et préoccupations des citoyens d'un État souverain ? N'est-ce pas ainsi que procède la politique réelle dans un monde composé de ce type d'États ? L'idée de justice doit-elle aller au-delà de ce dont se satisfait la pratique politique ? Ces préoccupations plus larges ne sont-elles pas plutôt à classer dans la sphère de l'humanitarisme, non dans l'idée de justice ?

Trois problèmes distincts, au moins, se présentent ici. D'abord, la justice est en partie une relation où l'idée d'obligations mutuelles est importante. Rawls expose longuement ce que nous devrions faire les uns pour les autres et comment parvenir à un « équilibre réfléchi » sur nos obligations pratiques – au moins minimales – à l'égard des autres êtres humains. Beaucoup de celles que nous nous reconnaissons, comme l'a dit Immanuel Kant, prennent la forme d'« obligations imparfaites » – sans définition rigoureuse, mais pas inexistantes ni négligeables pour autant (j'y reviendrai au chapitre 17 de ce livre, dans le cadre d'une analyse sur les droits humains). Soutenir que nous ne devons rien, en réalité, à ceux qui ne sont pas du quartier, même s'il est très vertueux de nous montrer aimables et charitables à leur égard, restreindrait vraiment beaucoup les limites de nos devoirs. Si nous devons nous soucier quelque peu des autres – qu'ils vivent très loin ou tout près, et même si la définition de cette responsabilité est assez vague –, une théorie de la justice du calibre convenable doit les inclure tous dans l'orbite de nos pensées sur la justice (et pas seulement dans la sphère cloisonnée de l'humanitarisme bienveillant).

Une théorie de l'impartialité rigoureusement confinée aux frontières d'un État souverain fonctionne à l'intérieur de limites territoriales qui ont bien sûr une importance juridique, mais une portée politique et morale probablement moins évidente *. Non que je nie notre tendance à penser souvent nos identités en termes de groupes qui incluent certaines personnes et en excluent d'autres. Mais notre sens de l'identité – en fait, nous en avons plusieurs – ne s'arrête pas aux frontières d'un État. Nous nous identifions aux gens de la même religion, du même groupe linguistique, de la même ethnie, du même sexe, des mêmes convictions politiques, de la même profession [7]. Ces identités multiples traversent les frontières nationales et les gens font des choses parce qu'ils sentent qu'ils doivent les faire, non parce qu'ils ont vertueusement accepté de les faire.

Deuxièmement, les actions d'un pays peuvent avoir un impact sérieux sur la vie d'autres populations. Il ne s'agit pas uniquement de l'usage délibéré de la violence (comme dans l'occupation de l'Irak en 2003), mais aussi des influences moins directes des

* J'examinerai la question de plus près au chapitre suivant.

échanges commerciaux. Nous ne vivons pas dans des cocons bien séparés. Or, si les institutions et les politiques d'un pays influencent la vie de populations extérieures, ne faudrait-il pas prendre en compte d'une façon ou d'une autre les voix des intéressés pour déterminer ce qui est juste ou injuste dans le mode d'organisation d'une société qui a très généralement des effets profonds – directs ou indirects – sur les membres d'autres sociétés ?

Troisièmement, outre ces préoccupations, n'oublions pas l'avertissement d'Adam Smith sur le risque de localisme que fait courir la négligence des voix venues d'ailleurs. Selon lui, il ne faut pas tenir compte de ces voix et points de vues extérieurs pour la simple raison qu'ils existent – ils peuvent exister sans du tout convaincre ni avoir la moindre pertinence –, mais parce que l'objectivité exige un examen sérieux et l'intégration de points de vue différents provenant d'autres horizons et reflétant l'influence d'autres expériences empiriques. Un point de vue différent interroge, et, s'il apparaît souvent que sa question mérite d'être écartée après mûre réflexion, ce n'est pas systématiquement le cas. Nous vivons dans un monde local de croyances immuables et de pratiques spécifiques, où l'étroitesse d'esprit menace (Smith donne l'exemple du soutien intellectuel des Athéniens antiques, Platon et Aristote compris, à la pratique bien établie de l'infanticide : ils ignoraient que des sociétés fonctionnaient bien sans cette prétendue nécessité). Réfléchir aux idées des autres et au raisonnement qui les fonde peut être un moyen efficace de déterminer les exigences de l'objectivité.

Pour conclure cette analyse, l'évaluation de la justice exige le regard des « yeux de l'humanité » pour trois raisons : premièrement, nous pouvons nous identifier de diverses façons avec des gens d'ailleurs et pas seulement avec notre communauté locale ; deuxièmement, nos choix et nos actes peuvent avoir un impact sur la vie des autres, qu'ils vivent très loin ou tout près ; troisièmement, ce que les autres voient à partir de leurs positions historiques et géographiques respectives peut nous aider à dépasser l'esprit de clocher.

SMITH ET RAWLS

Le recours par Adam Smith au spectateur impartial entretient avec le raisonnement contractuel un rapport assez semblable à celui qui lie les modèles de l'arbitrage équitable (où l'on peut solliciter l'opinion de n'importe qui) et de la négociation équitable (à laquelle seuls participent les membres du groupe qui a conclu le contrat originel pour le « peuple » d'un pays souverain bien précis). Dans l'analyse smithienne, les jugements pertinents peuvent venir de l'extérieur des horizons intellectuels des protagonistes d'une négociation ; ils peuvent provenir, dit Smith, de « tout spectateur impartial et juste ». En faisant appel au spectateur impartial, Smith n'a évidemment pas l'intention d'abandonner la prise de décision finale à un individu désintéressé et non concerné, et à cet égard l'analogie avec l'arbitrage au sens juridique ne fonctionne pas. Il y a toutefois une dimension où elle fonctionne : dans les deux cas, on écoute certaines voix non parce qu'elles émanent du groupe des décideurs, ni même des parties intéressées, mais parce qu'il est important d'entendre d'autres points de vue qui peuvent nous aider à appréhender le problème de façon plus complète – et plus équitable.

Chercher à réaliser une évaluation complète de la justice réglant tous les problèmes de décision serait évidemment une entreprise sans espoir*. Comme on l'a vu (dans l'Introduction et au chapitre 1), l'admissibilité de l'incomplétude, tant provisoire qu'affirmée, fait partie de la méthodologie d'une discipline capable d'autoriser et de faciliter l'usage d'idées émises par des spectateurs impartiaux proches ou lointains. Ceux-ci n'entrent pas dans le jeu en tant qu'arbitres, mais en tant que personnes qui, par leur lecture et leur évaluation du problème, nous aident

* John Gray soutient, et cela me paraît convaincant, que, « si le libéralisme a un avenir, il est dans l'abandon de la quête d'un consensus rationnel sur la meilleure façon de vivre » (*Two Faces of Liberalism*, *op. cit.*, p. 1). L'idée de consensus rationnel sur une évaluation complète de la justice inspire le même scepticisme. Ce qui n'exclut pas un accord raisonné sur des moyens de faire progresser la justice, par exemple par l'abolition de l'esclavage ou l'arrêt de certaines politiques économiques particulièrement contre-productives (comme Adam Smith l'avait d'ailleurs compris).

à comprendre de façon moins partiale ses dimensions éthiques et ses enjeux de justice – l'autre solution pour nous étant de limiter exclusivement notre attention aux voix des individus directement concernés (et de dire à tous les autres de se mêler de leurs affaires). Une voix peut être pertinente parce qu'elle vient d'un membre du groupe concerné par le contrat qui a été négocié pour une entité politique particulière, mais elle peut l'être aussi pour une autre raison : les perspectives plus claires et plus larges que cette voix extérieure aux parties contractantes peut ouvrir. L'opposition entre ce que l'on a nommé au chapitre 4 « droit des membres » et « pertinence pour l'élucidation » est une distinction qui fait sens. La légitimité du premier n'efface pas l'importance de la seconde.

D'importantes similitudes existent aussi entre certains éléments du raisonnement de Rawls et la mise en œuvre de l'impartialité ouverte avec l'aide de spectateurs impartiaux. Malgré la forme « contractuelle » de la théorie rawlsienne de la justice comme équité, le contrat social, on l'a dit, n'est pas le seul instrument qu'invoque Rawls dans son approche générale de la philosophie politique ni même dans son interprétation particulière de la justice*. Les événements imaginaires de la position originelle ont un « contexte » qu'il importe d'examiner ici. En fait, une bonne partie de la réflexion se produit avant même qu'on

* Il est très important de ne pas enfermer l'immense contribution de Rawls à la philosophie politique dans un casier verrouillé qu'on appellerait « position originelle » ou même « justice comme équité ». Je sais par expérience que l'on fait des découvertes intellectuelles d'importance majeure en lisant l'ensemble de ses écrits, en dépit de l'énormité du corpus. C'est aujourd'hui plus facile qu'avant, parce qu'en plus de *Théorie de la justice* (1971, trad. fr. 1987), de *Libéralisme politique* (1993, trad. fr. 1995) et de *Paix et démocratie. Le droit des peuples et la raison publique* (1999, trad. fr. 2006), nous avons accès à : Samuel Freeman (éd.), *John Rawls : Collected Papers* (1999) ; *Leçons sur l'histoire de la philosophie morale* (2000, trad. fr. 2002) ; *A Theory of Justice*, éd. revue (2000) ; et Erin Kelly (éd.), *La Justice comme équité. Une reformulation de « Théorie de la justice »* (2001, trad. fr. 2003) [tous *op. cit.*]. Nous qui sommes influencés par les idées et le raisonnement de Rawls, nous avons une immense dette envers Erin Kelly et Samuel Freeman, qui ont rassemblé les textes des derniers volumes de son œuvre, souvent à partir de manuscrits difficiles.

imagine les représentants du peuple réunis dans la position originelle. On peut voir dans le « voile d'ignorance » une exigence procédurale d'impartialité conçue pour contraindre les réflexions morales et politiques de chacun, qu'il y ait ou non en définitive un contrat. Qui plus est, si l'aspect formel de cet usage de l'impartialité demeure fermé au sens discuté plus haut, il est clair que les intentions de Rawls comprennent, *inter alia*, l'élimination de l'emprise des influences arbitraires liées au passé (et des avantages individuels).

En voyant dans la position originelle « un mécanisme de représentation », Rawls tente de traiter divers types d'arbitraires pouvant influencer notre pensée effective, qui doit être soumise à la discipline éthique pour parvenir à un point de vue impartial. Dans sa *Reformulation de la théorie de la justice*, il a clarifié cet aspect dès l'énoncé premier de la motivation qui sous-tend la position originelle :

> La position originelle, avec sa composante que j'ai nommée le « voile d'ignorance » [...], définit ce point de vue [...]. Les avantages historiques contingents et les influences accidentelles du passé ne doivent pas affecter un accord sur les principes qui sont destinés à régir la structure de base pour le présent et pour l'avenir [8].

De fait, avec le recours à la discipline du « voile d'ignorance », les parties (c'est-à-dire les individus sous ce voile) seraient déjà d'accord entre elles quand elles commenceraient à négocier le contrat. Rawls le remarque et s'interroge : un contrat est-il vraiment nécessaire étant donné qu'un accord préexiste au contrat ? Il répond qu'en dépit de cet accord préexistant le contrat originel joue vraiment un rôle significatif : conclure un contrat, même sous une forme hypothétique, est un acte important en soi, et la perspective d'avoir à le faire – par un « vote contraignant » – peut influencer les délibérations précontractuelles.

> Mais alors, pourquoi faut-il conclure un accord, puisqu'il n'y a pas de divergences à négocier ? La réponse est que parvenir à un consensus unanime sans vote contraignant n'est pas la même chose que voir tout le monde arriver au même choix, ou former la même intention. Le fait qu'il s'agit d'une garantie que donnent les gens peut aussi influer sur les réflexions de chacun, si bien que l'accord

final est différent du choix que tout le monde aurait fait dans d'autres conditions [9].

Le contrat originel reste donc important pour Rawls ; pourtant, une partie significative de son raisonnement porte sur les réflexions précontractuelles et s'avère à certains égards parallèle à la procédure de Smith sur l'arbitrage équitable. Ce qui distingue néanmoins la méthode rawlsienne, même dans cette partie-là, de l'approche smithienne, c'est que l'activité participative y est « fermée », puisque Rawls restreint le « voile d'ignorance » aux membres d'un groupe focal donné [*].

C'est bien conforme à l'inclination de Rawls à ne reconnaître, dans ce contexte, que le « droit des membres », sans prêter une attention suffisante, dans cette démarche spécifique, à la « pertinence pour l'élucidation ». Ce qui, je l'ai dit, est une limite sérieuse. Pourtant, avant de passer à l'approche rivale d'Adam Smith (où la « pertinence pour l'élucidation » est de la plus haute importante), je tiens à réaffirmer qu'en dépit de l'étroitesse du cadre qu'il a dessiné Rawls nous apprend bel et bien quelque chose de tout à fait fondamental sur la place de l'impartialité dans l'idée de justice. Il montre avec une logique puissante pourquoi les jugements de justice ne peuvent pas être une affaire entièrement privée et incommunicable à d'autres, et son recours à un « cadre public de pensée », qui en lui-même n'exige pas de « contrat », est une initiative d'une importance capitale : « Nous considérons notre société et la place que nous y occupons de manière objective, c'est-à-dire que nous partageons un point de vue commun avec les autres et ne formulons pas nos jugements à partir d'une perspective personnelle [10]. » Initiative que renforce encore cet argument qu'il avance, notamment, dans *Libéralisme*

---

* Une autre différence entre Smith et Rawls concerne le degré d'unanimité que nous pouvons attendre de l'impartialité et de l'équité. Nous pouvons avoir des logiques distinctes – et concurrentes – qui passent toutes le test de l'impartialité : toutes peuvent être, par exemple, « non rejetables raisonnablement », donc satisfaire l'impératif qu'avance Scanlon dans son ouvrage *What We Owe to Each Other*, *op. cit.* Cette éventualité est parfaitement compatible avec l'approche de Smith, qui admet des jugements comparatifs spécifiques, mais pas avec le contrat social unique que la « justice comme équité » attend de la position originelle rawlsienne.

politique : le critère pertinent de l'objectivité des principes éthiques consiste fondamentalement à exiger qu'ils soient défendables dans un cadre public de pensée *.

En quoi cette théorie rawlsienne diffère-t-elle de celle qu'on pourrait dériver d'une extension de l'idée smithienne de spectateur impartial ? Les différences sont nombreuses, mais trois viennent immédiatement à l'esprit : premièrement, l'insistance de Smith sur ce que j'appelle ici l'impartialité ouverte, puisqu'il accepte la légitimité et l'importance de la « pertinence » des idées des autres « pour l'élucidation » (et pas seulement du « droit des membres ») ; deuxièmement, la focalisation comparative (et pas seulement transcendantale) de sa recherche, qui ne s'arrête pas à la quête d'une société parfaitement juste ; troisièmement, son engagement dans des réalisations sociales (au lieu d'une concentration exclusive sur la conception d'institutions justes). Ces différences sont à certains égards liées, puisque élargir l'espace des voix admissibles au-delà des frontières du territoire ou de l'État local permet de prendre en considération des principes moins ressemblants pour répondre à toute une série de questions liées à la justice. Il y aura bien sûr des divergences considérables entre des idées impartiales différentes – venues de loin ou de près –, mais, pour des raisons déjà esquissées dans l'Introduction, il en résultera un classement social incomplet, fondé sur les paires classées de façon convergente, et ce classement incomplet apparaîtra comme partagé par tous. La prise en compte de cet ordre partiel commun et la réflexion sur les divergences (liées aux parties incomplètes du classement) pourront enrichir considérablement le débat public argumenté sur la justice et l'injustice **.

* On peut se demander, nous l'avons vu, si l'approche de Rawls n'est pas normative, et non procédurale à la façon de celle de Habermas. Mais, je l'ai dit, cette distinction m'apparaît assez exagérée ; elle passerait à côté de certains aspects centraux des priorités personnelles de Rawls et du rôle que jouent dans la délibération démocratique « les deux facultés morales » qu'il attribue à toutes les personnes libres et égales. Voir néanmoins Christian List, « The Discursive Dilemma and Public Reason », *Ethics*, vol. 116, 2006.

** Mais elles entraîneront une difficulté : l'espoir qu'une société parfaitement juste puisse être identifiée à l'unanimité. Les accords sur des mesures particulières de promotion de la justice sont suffisants pour l'action publique (selon la procédure dite plus haut « à fondements pluriels »), et, pour guider cette

Le « spectateur impartial » smithien est un mécanisme d'examen critique et de débat public. Il n'a donc pas besoin de rechercher l'unanimité ou le consensus total, comme l'exige la camisole de force institutionnelle de la théorie de la justice rawlsienne *. Si des idées concurrentes apparaissent, rien n'oblige à aller au-delà d'un ordre partiel à formulation limitée qui est capable, néanmoins, d'énoncer des positions fermes et utiles. Dans ces conditions, on peut se mettre d'accord sur des propositions sans avoir à exiger qu'elles soient absolument justes : il suffit qu'elles le soient probablement, ou au minimum qu'elles ne soient pas manifestement injustes. Les exigences d'une pratique raisonnée peuvent s'accommoder, d'une façon ou d'une autre, de beaucoup d'incomplétude ou de conflits non résolus. L'accord qui émergera d'un « cadre public de pensée » peut être « partiel mais fructueux ».

SUR L'INTERPRÉTATION RAWLSIENNE DE SMITH

Il y a des ressemblances importantes, autant que des différences, entre l'impartialité ouverte du spectateur impartial et l'impartialité fermée du contrat social. D'où la possible question : le spectateur impartial peut-il vraiment être la base d'une

---

entreprise, l'unanimité sur la nature de la société parfaitement juste n'est pas nécessaire.

* Mais, nous l'avons vu, le raisonnement général de Rawls dépasse de loin sa formalisation dans un modèle. D'ailleurs, malgré les traits principaux de sa théorie transcendantale, fondée sur la traduction des délibérations effectuées dans la position originelle en principes qui établissent fermement une structure institutionnelle particulière pour une société juste, Rawls s'autorise cette pensée : « étant donné les nombreux obstacles à un accord en matière de jugement politique, même entre personnes raisonnables, nous n'arriverons pas toujours à un accord, ni même, peut-être, la plupart du temps » (*Libéralisme politique*, *op. cit.*, p. 155). Ce qui semble parfaitement exact, même si l'on ne voit pas bien comment la vérité ainsi reconnue concorde avec le programme rawlsien qui structure les institutions fondamentales de la société conformément à des contrats sociaux uniques reflétant des accords complets entre leurs participants.

approche viable de l'évaluation morale ou politique sans parasiter, directement ou indirectement, une version de l'impartialité fermée comme la logique du contrat social ? Ce problème, en fait, a été traité par John Rawls lui-même dans *Théorie de la justice*, où il commente le mécanisme général du spectateur impartial (*Théorie de la justice*, section 30, p. 214-222).

Rawls voit dans le concept du spectateur impartial une illustration particulière de l'approche de l'« observateur idéal ». Ainsi perçue, l'idée est assez malléable, comme il le relève à juste titre : on peut la préciser de diverses façons. Il soutient donc que, si on interprète les choses ainsi, « il n'y a pas de conflit [...] entre cette définition et la théorie de la justice comme équité ». De fait, « il se peut bien qu'un spectateur idéalement rationnel et impartial approuve un système social si et seulement s'il satisfait aux principes de la justice qui seraient adoptés dans le système contractuel » (p. 215).

C'est certainement une interprétation possible de l'« observateur idéal », mais cela ne correspond absolument pas, nous l'avons vu, à l'idée que se fait Adam Smith du « spectateur impartial ». Certes, le spectateur peut dûment noter ce à quoi l'on pourrait s'attendre dans le cadre d'un contrat social rawlsien, mais Smith lui demande de faire beaucoup plus et, au minimum, de voir comment apparaissent les problèmes en cause « avec les yeux des autres », du point de vue de « spectateurs réels » – tant proches que lointains.

Rawls aussi indique ensuite que, « s'il est possible d'ajouter à la définition du spectateur impartial la doctrine du contrat, il y a cependant d'autres moyens de lui donner une base déductive » (p. 216). Mais il entreprend ici, bizarrement, de consulter les textes de David Hume et non ceux d'Adam Smith. Ce qui, naturellement, le conduit à envisager cette option : le spectateur impartial exprime uniquement les « satisfactions » que fait naître en lui l'observation sympathisante des expériences des autres ; auquel cas « la force de son approbation est l'indice ou la mesure du montant de satisfaction dans la société observée » (p. 216). Cette éventualité suggère alors à Rawls une interprétation : le spectateur impartial est peut-être, en réalité, un « utilitariste classique » déguisé. Une fois posé ce diagnostic des plus étranges, la réaction de Rawls est bien sûr tout à fait prévisible – et sa vigueur aussi. Il souligne que, dès le premier chapitre de *Théorie de la justice*, il a examiné ce point de vue et trouvé des raisons de s'en dispenser puisque, « dans un certain sens, l'utilitarisme classique échoue à prendre au sérieux la différence entre les personnes » (p. 217).

Ajoutant à la confusion, il compte Adam Smith parmi les premiers tenants de cette doctrine au côté de Hume quand il évoque l'histoire de l'utilitarisme classique [11]. C'est un diagnostic tout à fait incorrect puisque Smith avait fermement récusé la thèse utilitariste qui fondait les idées du bien et du juste sur l'agréable et le douloureux, et rejeté avec mépris la possibilité même de réduire le raisonnement des jugements moraux complexes à un simple dénombrement de plaisirs et de douleurs, ou, plus généralement, il avait refusé de remplacer les diverses considérations pertinentes par une « seule espèce de convenance [12] ».

L'interprétation rawlsienne d'Adam Smith et de son usage du « spectateur impartial » est donc entièrement erronée [*]. Surtout, rien n'impose de fonder l'approche du spectateur impartial soit sur la logique rawlsienne du contrat, soit sur l'utilitarisme classique benthamien – les deux seules options envisagées par Rawls. En fait, les préoccupations morales et politiques diverses dont Rawls a lui-même donné une analyse si éclairante sont précisément celles que le spectateur impartial doit affronter, mais sans l'exigence supplémentaire (inévitablement arbitraire dans la perspective smithienne) d'impartialité fermée. Dans l'approche du

* Lorsqu'on sait combien Rawls maîtrise l'histoire des idées et avec quelle générosité extraordinaire il présente celles des autres, cela ne lui ressemble guère d'accorder si peu d'attention aux écrits d'Adam Smith, en particulier à *Théorie des sentiments moraux*. Dans *Leçons sur l'histoire de la philosophie morale* (*op. cit.*), ouvrage capital édité par Barbara Herman, Rawls mentionne Smith cinq fois, en se limitant à dire qu'il est 1) un protestant, 2) un ami de Hume, 3) un amusant utilisateur du langage, 4) un brillant économiste, et 5) l'auteur de *La Richesse des nations*, publiée l'année même (1776) où David Hume est mort. Plus généralement, il est assez stupéfiant de constater le peu d'intérêt des penseurs actuels de l'éthique pour le professeur de philosophie morale de Glasgow, si influent sur la pensée philosophique de son temps (dont celle de Kant).

spectateur impartial, l'impératif de rigueur du raisonnement éthique et politique est bien là, et l'exigence d'impartialité demeure au tout premier plan : seule manque la « fermeture » de l'impartialité. Le spectateur peut fonctionner et dispenser ses lumières sans être une partie contractante ni un utilitariste camouflé.

LES LIMITES DE LA « POSITION ORIGINELLE »

La position originelle, dispositif d'élaboration de principes de justice sur la base d'une interprétation particulière de l'équité, peut être examinée de plusieurs points de vue. On peut se demander si elle prête aux êtres humains les motivations qui conviennent : le raisonnement rawlsien ne les réduit-il pas exagérément à des visées « prudentielles au sens large », où les « personnes raisonnables » ont pour seul souci de trouver comment tirer profit d'une « coopération avec les autres » * ? On peut voir là une limite générale que l'approche du « contrat social » impose au rayon d'action de la pensée impartiale, puisque ce type de contrat, comme l'avait bien vu Thomas Hobbes, est par nature un mécanisme de coopération fondé sur le bénéfice mutuel. Rien n'impose de toujours concevoir l'impartialité sous cette forme-là : on peut aussi l'associer à des obligations unilatérales, que nous nous reconnaissons parce que nous sommes en position de produire un impact social que nous avons des raisons de valoriser (sans nécessairement en bénéficier) **.

Dans ce qui suit, je me concentrerai sur certains problèmes spécifiques qui sont étroitement liés à la fermeture de l'impartialité visée par la position originelle[13]. On peut regrouper ces limites possibles sous trois titres généraux :

* Voir J. Rawls, *Libéralisme politique*, *op. cit.* On voit immédiatement le contraste avec le critère plus général de Thomas Scanlon, qui n'est pas fondé sur la prudence élargie (*What We Owe to Each Other*, *op. cit.*).

** Ce problème sera examiné aux chapitres 8, « La rationalité et les autres », et 9, « Pluralité des raisons impartiales ».

1 – *Négligence par exclusion* : l'impartialité fermée peut exclure la voix de ceux qui ne sont pas membres du groupe focal mais qui subissent dans leur vie l'impact de ses décisions. Les systèmes « à plusieurs niveaux » de l'impartialité fermée, comme le « droit des gens » de Rawls, ne suffisent pas à apporter ici une solution adéquate.

Le problème ne se posera pas si les décisions prises par le groupe focal (par exemple dans la position originelle) n'ont aucun effet sur quiconque en dehors de lui, mais ce cas de figure serait vraiment extraordinaire : il faudrait pour cela que les gens vivent dans un monde fait de communautés entièrement cloisonnées. Cette question peut être particulièrement problématique pour la « justice comme équité » lorsqu'elle doit traiter de la justice transfrontalière, puisque la structure sociale de base choisie pour une société peut avoir une influence qui dépasse la vie de ses membres pour toucher d'autres personnes (auxquelles on n'a fait aucune place dans la position originelle de cette société). Il peut y avoir beaucoup d'ennuis et de tourments sans représentation.

2 – *Incohérence dans l'inclusion* : l'acte même de « fermer » le groupe focal est porteur d'incohérences potentielles quand les décisions que doit prendre ce groupe risquent de modifier sa propre taille ou sa propre composition.

Par exemple, quand la taille ou la composition de la population d'un pays (ou d'une entité politique) est elle-même influencée – directement ou indirectement – par les décisions prises dans la position originelle (en particulier le choix de la structure sociale de base), l'ensemble « membres du groupe focal » varie en fonction de choix qu'il est prévu de laisser audit groupe focal. Des dispositifs structurels comme le « principe de différence » rawlsien ne peuvent qu'influencer la structure des interactions sociales – et biologiques –, donc induire des populations de tailles et compositions différentes [14].

3 – *Localisme procédural* : l'impartialité fermée est conçue pour éliminer toute tendance à favoriser les intérêts matériels ou les objectifs personnels des membres indivi-

duels du groupe focal, mais elle n'a pas été pensée pour affronter la partialité due aux préjugés ou partis pris collectifs de l'ensemble du groupe.

Les deux derniers problèmes (le « localisme procédural » et l'« incohérence dans l'inclusion ») n'ont fait l'objet d'aucun traitement systématique dans la littérature générale – disons même qu'ils n'ont pas été relevés. Le premier, en revanche, la « négligence par exclusion », a déjà beaucoup retenu l'attention, sous diverses formes. Je commencerai par examiner ce problème, relativement mieux perçu, du modèle rawlsien de l'équité.

Négligence par exclusion et justice mondiale

La négligence des intérêts et points de vue de ceux qui, sans être parties du contrat social d'une entité politique, supportent certaines conséquences des décisions prises dans cette entité est manifestement une question importante. Je dirais aussi que, dans ce contexte, il nous faut voir clairement pourquoi les impératifs de la « justice mondiale » et ceux de la « justice internationale » peuvent diverger considérablement [15]. L'impartialité ouverte, par le biais de mécanismes comme le spectateur impartial smithien, a des idées à proposer sur ce sujet difficile. Les relations entre pays ou entités politiques sont omniprésentes dans un monde interdépendant et opèrent par interaction. Entre autres auteurs, John Rawls lui-même s'est penché sur la question dans le contexte spécifique de la justice transfrontalière, en avançant sa proposition de « droit des gens », qui fait appel à une seconde position originelle entre des représentants d'entités politiques différentes (ou « peuples ») [16]. D'autres aussi, dont Charles Beitz, Brian Barry et Thomas Pogge, ont réfléchi au problème et suggéré des moyens de le traiter [17].

Rawls le fait en invoquant une nouvelle « position originelle » qui réunit cette fois des représentants de « peuples » différents. En simplifiant un peu abusivement – mais cela n'a pas grande importance ici –, on peut appeler respectivement les deux « positions originelles » *intra*nationale (entre individus d'une même nation) et *inter*nationale (entre représentants de nations différentes). L'une et l'autre relèvent de l'impartialité fermée, mais les deux réunies couvrent l'ensemble de la population mondiale.

Cette procédure n'élimine évidemment pas l'asymétrie entre les divers groupes de personnes concernées puisque les différentes entités politiques sont diversement dotées en ressources et en possibilités ; et dans la prise en compte de la population mondiale, il y a un contraste tranché entre une succession d'impartialités hiérarchisées (comme dans la méthode de Rawls) et un effort global d'impartialité (comme dans la version « cosmopolite » de la position originelle rawlsienne que propose, entre autres, Thomas Pogge). Cela dit, l'idée d'un effort planétaire pour un contrat social unique couvrant la population du monde entier apparaît profondément irréaliste, tant aujourd'hui que dans un avenir proche. Il est clair qu'il y a ici une lacune institutionnelle *.

Mais il ne faut pas perdre de vue qu'admettre cette réalité forte n'oblige pas à nier toute possibilité d'invoquer des idées et enseignements produits dans un « cadre public de pensée » transfrontalier, comme Adam Smith (parmi beaucoup d'autres) a tenté de le faire. La pertinence et l'influence d'analyses et de débats mondiaux ne dépendent pas de l'existence d'un État mondial ni même d'un forum planétaire bien organisé pour conclure de gigantesques accords institutionnels.

Dès à présent, même dans le monde politiquement conflictuel où nous vivons, nous devons reconnaître plus pleinement cette autre réalité : des individus différents séparés par des frontières ne sont pas obligés, pour entrer en contact, de passer exclusivement par les relations internationales (ou « interpeuples »). Le monde est divisé, c'est certain, mais il est divisé de diverses façons, et la partition de la population mondiale en « nations »

* Le scepticisme de Thomas Nagel à propos de la justice mondiale dans son article « The Problem of Global Justice », *Philosophy and Public Affairs*, vol. 33, 2005, évoqué dans l'Introduction, apparaît beaucoup plus lié à la quête d'un contrat social cosmopolite qu'à celle de la justice mondiale par la voie smithienne moins exigeante de l'impartialité ouverte. Le contrat social cosmopolite dépend bien davantage d'institutions mondiales que l'approche « plus souple » d'Adam Smith.

ou « peuples » distincts n'est pas sa seule ligne de faille*. La division en nations n'a pas non plus priorité sur les autres classifications (comme le postule implicitement le « droit des gens »).

Les relations interpersonnelles transfrontalières vont bien au-delà des interactions internationales sur de nombreux plans. La « position originelle » des nations ou des « peuples » serait un cadre particulièrement étriqué pour traiter de nombreux effets transfrontaliers de l'action humaine. Si l'on veut évaluer ou examiner les effets du fonctionnement des firmes transnationales, il faut les voir pour ce qu'elles sont : des entreprises qui opèrent sans frontières, qui décident de leur lieu d'immatriculation, de leur domiciliation fiscale et autres contingences de ce genre pour la commodité de leurs affaires. On peut difficilement les faire entrer dans le modèle de l'impact d'un « peuple » (ou « nation ») sur un autre.

De même, les liens qui unissent, par-delà les frontières, des êtres humains dans des relations de devoir et de souci de l'autre ne sont pas tenus de passer par leurs collectivités nationales respectives**. Une militante féministe des États-Unis qui veut faire quelque chose pour remédier aux désavantages des femmes, par exemple au

---

* Notons avec intérêt que de nombreuses analyses politiques différentes posent la priorité d'un seul et unique partage spécifique de la population mondiale : elles accordent respectivement la place d'honneur à une série bigarrée de critères uniques *disparates*. Celui qui sous-tend le « choc des civilisations » est un exemple de division concurrente de la partition en « peuples » (voir Samuel P. Huntington, *Le Choc des civilisations*, trad. fr. de Jean-Luc Fidel, Geneviève Joublain, Patrice Jorland..., Paris, Odile Jacob, 1997), puisque les catégories fondées sur les nations et les entités politiques ne coïncident pas avec celles qui opposent les cultures ou les civilisations. La coexistence de ces prétentions rivales montre par son existence même pourquoi aucun de ces partages supposés fondateurs – et dont on prétend qu'ils le seraient aussi pour l'éthique et la politique – ne parvient aisément à éliminer la concurrence des autres et, derrière elle, le besoin de prendre en considération les autres identités des êtres humains dans le monde. Cette question est analysée plus avant dans mon ouvrage *Identité et violence. L'illusion du destin*, *op. cit.*

** La diversité des canaux par lesquels les gens interagissent entre eux autour du globe aujourd'hui et leur importance éthique et politique sont brillamment analysées par David Crocker, *Ethics of Global Development : Agency, Capability and Deliberative Democracy*, Cambridge, Cambridge University Press, 2008.

Soudan, s'inspire d'un sentiment d'affinité qui n'a pas besoin de s'inscrire dans la sympathie du peuple américain pour les malheurs du peuple soudanais. Son identité de femme s'adressant à d'autres femmes, ou de personne (homme ou femme) motivée par des préoccupations féministes, peut être plus importante dans un contexte particulier que sa nationalité, et il est tout à fait possible d'introduire la perspective féministe dans une démarche d'« impartialité ouverte » sans qu'elle soit « subordonnée » à des identités nationales. D'autres identités seront particulièrement invoquées dans d'autres entreprises d'« impartialité ouverte » : la classe, la langue, la littérature, la profession, etc. Et elles peuvent dessiner des perspectives différentes et concurrentes disputant la priorité à la politique des nations.

Même notre identité d'être humain – peut-être la plus fondamentale – peut avoir l'effet, quand elle est pleinement comprise, d'élargir notre point de vue à son échelle. Les impératifs que nous associons à notre humanité ne passent pas nécessairement par la médiation de notre appartenance à des collectivités plus réduites, comme les peuples ou les nations. De fait, les appels normatifs à nous laisser guider par notre « humanité » se fondent sur notre appartenance à l'immense catégorie des êtres humains, indépendamment de nos nationalités, religions ou affiliations tribales (traditionnelles ou modernes) *.

Les entrelacs comportementaux du commerce mondial, de la culture mondiale, de la politique mondiale, de la philanthropie mondiale et même de la contestation mondiale (comme celle qui s'est exprimée ces dernières années dans les rues de Seattle, Washington, Melbourne, Prague, Québec ou Gênes) se fondent sur des rapports directs entre êtres humains – avec leurs propres critères, leurs inclusions et priorités respectives liées à toute une

* La nature du raisonnement identitaire, même du type le plus permissif, y compris l'identité de membre du groupe de tous les êtres humains, est cependant à distinguer des arguments en faveur du souci de l'autre, qui ne se fondent sur aucune *appartenance commune*, mais invoquent néanmoins des normes éthiques (disons de gentillesse, d'équité ou d'humanité) qui devraient guider le comportement de tout être humain. Je n'explorerai pas davantage cette distinction ici (à ce sujet, voir mon livre *Identité et violence. L'illusion du destin*, *op. cit.*).

gamme de classifications. Ces éthiques peuvent, bien sûr, être soutenues, examinées ou critiquées de diverses façons, y compris en invoquant d'autres relations transversales, mais elles n'ont pas à être enfermées dans – ni même gouvernées par – les relations internationales (ou le « droit des gens »). Il y a une sorte de tyrannie idéologique à concevoir les lignes de démarcation politiques entre États (essentiellement entre États-nations) comme fondamentales, à voir en elles non pas seulement des contraintes pratiques auxquelles il faut faire face, mais des clivages de base et de très grande portée dans la philosophie politique et l'éthique*. Elles peuvent en effet impliquer des groupes d'une très grande diversité, avec un vaste éventail d'identités où chacun se voit comme un homme d'affaires ou un travailleur, une femme ou un homme, un libertarien, un conservateur ou un socialiste, un pauvre ou un riche, un membre de tel ou tel groupe professionnel (comme ceux des médecins ou des avocats)**. Des collectivités de toutes sortes pourraient être citées. Pour la justice mondiale, la justice internationale est simplement inadaptée.

Cette question a aussi un intérêt direct pour les analyses contemporaines des droits humains. La notion de droits humains repose sur notre humanité commune. Ces droits ne dérivent pas du fait qu'on est citoyen d'un pays, qu'on appartient à une nation : on postule que tout être humain peut s'en prévaloir ou les revendiquer. Ils sont donc différents des droits créés constitutionnellement et garantis à un peuple précis (tels les citoyens américains ou français) ; par exemple, le droit humain d'une personne à ne pas être torturée ou victime d'attentats terroristes est affirmé indépendamment du pays dont elle est citoyenne, et tout

---

* Une autre tyrannie pose un problème du même genre : celle qui entend donner priorité à une identité prétendument « culturelle » ou « raciale » sur les autres identités et sur les préoccupations non identitaires ; sur ce point, voir K. Anthony Appiah et Amy Gutmann, *Color Conscious : The Political Morality of Race*, Princeton, NJ, Princeton University Press, 1996 ; voir aussi Susan Moller Okin (et ceux qui lui répondent), *Is Multiculturalism Bad for Women ?*, Princeton, NJ, Princeton University Press, 1999.

** De même, les militants dévoués qui travaillent dans les ONG mondiales (Oxfam, Amnesty International, Médecins sans frontières, Human Rights Watch et autres) se concentrent explicitement sur des affiliations et associations transfrontalières.

aussi indépendamment de ce que le gouvernement de ce pays – ou de tout autre – est disposé à faire ou à soutenir.

Pour surmonter les limites de la « négligence par exclusion », on peut utiliser l'idée d'impartialité ouverte intégrée à une approche universaliste, dans une optique très voisine du concept de spectateur impartial de Smith. Ce cadre général d'impartialité montre de façon particulièrement claire pourquoi les considérations de droits humains fondamentaux, dont l'importance de sauvegarder les libertés civiles et politiques élémentaires, n'ont pas à être subordonnées à une citoyenneté, à une nationalité, et peuvent être institutionnellement indépendantes d'un contrat social élaboré au niveau national. Et elles ne supposent pas non plus un gouvernement mondial, ni même l'invocation d'un hypothétique contrat social mondial. On peut estimer que les « obligations imparfaites » liées à la reconnaissance de ces droits humains incombent, en gros, à quiconque est en position d'aider *.

La logique libératrice de l'impartialité ouverte permet de prendre en considération divers types de perspectives dénuées de préjugés et de parti pris, et elle nous encourage à tirer profit des éclairages apportés par des spectateurs impartiaux différemment situés. Quand on les examine ensemble, il arrive qu'une certaine interprétation commune émerge avec force, mais rien n'oblige à présumer que toutes les divergences issues des perspectives distinctes pourront être réglées de la même façon. Comme nous l'avons vu, on peut être systématiquement guidé vers des décisions raisonnées par des classements incomplets qui reflètent des conflits non résolus. De fait, comme l'a bien montré la littérature récente en « théorie du choix social », qui autorise des formes « souples » de résultats (tels les ordres partiels), les jugements sociaux ne deviennent pas non-nécessaires ou gravement problématiques pour la simple raison que le processus d'évaluation laisse de nombreuses paires d'options non classées et beaucoup de conflits sans solution [18].

* Ces problèmes seront analysés plus complètement au chapitre 17, « Droits humains et impératifs mondiaux ».

Pour qu'émerge une vision partagée et opératoire de nombreuses questions concrètes liées aux droits et aux devoirs (et aussi à ce qui est bon et mauvais), nul besoin d'exiger que nous nous soyons mis d'accord sur des classements complets ou que nous ayons, par des formulations universellement admises, pleinement défini le juste en le séparant strictement de l'injuste. Une résolution conjointe à se battre pour en finir avec les famines, les génocides, le terrorisme, l'esclavage, l'intouchabilité, l'analphabétisme, les épidémies, etc., ne nécessite pas l'existence préalable d'un consensus tout aussi large sur le calcul des droits de succession, le libellé des feuilles de déclaration d'impôts, le niveau du salaire minimum ou les lois sur le Copyright. L'importance fondamentale des points de vue distincts – certains convergents, d'autres divergents – des habitants de la planète (diversement divers comme nous le sommes, nous les humains) est l'une des réalités que l'impartialité ouverte aide à comprendre. Et ce constat n'a rien de défaitiste.

Incohérence dans l'inclusion et plasticité du groupe focal

Le fait que les membres du groupe focal ont dans la démarche contractuelle un statut dont les non-membres ne jouissent pas crée des problèmes, et ce même lorsque nous limitons notre attention à une seule société, ou à un seul « peuple ». La taille et la composition de la population peuvent être modifiées par les politiques des pouvoirs publics (qu'il s'agisse ou non de politiques démographiques au sens strict) et même varier en fonction de la « structure fondamentale » de la société. Tout réaménagement des institutions économiques, politiques ou sociales (dont des règles telles que le « principe de différence ») tend à influencer, comme l'a brillamment démontré Derek Parfit, la taille et la composition du groupe qui va naître, par le biais des changements dans les mariages, la formation des jeunes couples, le concubinage et autres paramètres de la reproduction[19]. Le groupe focal qui effectue le choix de la « structure de base » serait donc lui-même modifié par ce choix et, dans ces conditions, la « clôture » du groupe nécessaire à l'impartialité fermée devient un facteur potentiel d'incohérence.

Pour illustrer ce problème de plasticité du groupe, supposons qu'il y ait deux structures institutionnelles, A et B, qui induiraient respectivement une société de 5 et de 6 millions de personnes. Il pourrait s'agir, bien sûr, d'individus entièrement différents, mais, pour montrer combien le problème est épineux même avec les postulats les plus favorables, supposons que les 6 millions dont nous parlons comprennent la totalité des 5 millions, plus 1 million supplémentaire. Nous pouvons alors demander : qui participe à la position originelle où seront prises les décisions sociales qui vont influer, entre autres, sur le choix entre A et B, donc sur la taille et la composition de leurs populations respectives ?

Pour contourner la difficulté, choisissons la population la plus nombreuse, les 6 millions de personnes, comme groupe focal des inclus de la position originelle. Supposons maintenant que la structure institutionnelle choisie dans cette position soit A, qui conduit à une population réelle de 5 millions de personnes. Dans ce cas, le groupe focal a été mal déterminé. Se pose alors la question suivante : comment le million de personnes supplémentaires inexistantes – qui, de fait, n'ont *jamais* existé – ont-elles fait pour participer à la position originelle ? Si, à l'inverse, nous prenons comme groupe focal la population la plus restreinte, les 5 millions, et que la structure institutionnelle choisie dans la position originelle correspondante est B, qui aboutit à une population réelle de 6 millions, que se passe-t-il ? Là encore, le groupe focal a été mal déterminé. Un million de personnes n'ont pas participé à la position originelle, là où ont été décidées les structures institutionnelles qui influenceront énormément leur vie (pas seulement en autorisant ou non leur naissance, mais aussi dans de multiples aspects de leur existence concrète). Si les décisions prises dans la position originelle influencent la taille et la composition de la population, et si la taille et la composition de la population influencent la nature de la position originelle ou les décisions qui y sont prises, il n'existe aucun moyen de garantir que le groupe focal associé à la position originelle est défini de façon cohérente.

La difficulté demeure même lorsque nous examinons la version dite « cosmopolite » ou « mondiale » de la « justice comme équité » rawlsienne, qui englobe l'ensemble de la population mondiale dans une démarche contractuelle unique de très grande envergure (comme celle que propose, entre autres, Thomas Pogge). Le problème de la plasticité démographique se pose, que nous considérions une seule nation ou tous les habitants de la planète.

Mais, quand le système de Rawls est appliqué à un « peuple » particulier au sein du vaste monde, d'autres problèmes apparaissent. Le fait que les naissances et les décès sont dépendants de la structure sociale de base entraîne aussi une influence de cette structure sur les mouvements de population d'un pays à un autre. Cette préoccupation d'ordre général n'est pas sans ressembler à l'une des raisons qu'avait David Hume de douter de la pertinence conceptuelle comme de l'existence historique du « contrat originel », déjà proposé en son temps :

> La face de la Terre change constamment, les petits royaumes deviennent de grands empires, les grands empires se dissolvent en petits empires, des colonies s'implantent, des tribus migrent. Découvre-t-on autre chose que la force et la violence dans ces événements ? Où est donc l'accord mutuel ou l'association volontaire dont on parle tant [20] ?

Cela dit, le point qui nous intéresse ici n'est pas seulement – ni même essentiellement – que la taille et la composition de la population changent sans cesse (malgré l'importance de ce problème), mais que ces changements ne sont pas indépendants des structures sociales fondamentales qui sont censées se constituer, dans la logique contractuelle, par le mécanisme même de la position originelle.

Il nous faut vérifier de plus près si la dépendance du groupe focal par rapport à la structure sociale de base fait réellement problème pour la « justice comme équité » de Rawls. Le groupe focal doit-il vraiment déterminer, dans la position originelle qui lui correspond, la structure sociale de base ? La réponse est bien sûr un oui sans équivoque si l'ensemble des participants à la position originelle est exactement identique au groupe focal (autrement dit, s'il comprend *tous* les membres de la communauté politique ou de la société et *seulement* eux). Mais il arrive que Rawls présente la « position originelle » comme « un simple mécanisme de représentation[21] ». On pourrait donc être tenté de dire : nous n'avons pas à postuler que tous les membres de la société ou de l'entité politique participent à la négociation du contrat originel et, dans ces conditions, le fait que les groupes focaux dépendent de décisions prises dans la position originelle n'est pas forcément problématique.

Je ne crois pas que ce soit une réfutation adéquate du problème de l'incohérence dans l'inclusion, pour deux raisons au moins. D'abord, l'usage que fait Rawls de l'idée de « représentation » ne consiste pas à créer un ensemble entièrement nouveau d'individus (ou de fantômes) qui seraient les parties de la position originelle à distinguer des membres réels de l'entité politique concernée. Il s'agit plutôt des *mêmes* personnes qui, sous le « voile d'ignorance », sont perçues comme « se représentant » elles-mêmes (mais « derrière le voile »). Rawls s'en explique en ces termes : « C'est dit de façon figurée en situant les parties derrière un voile d'ignorance. En somme, la position originelle est simplement un mécanisme de représentation » (*Collective Papers*, p. 401). De fait, lorsque Rawls justifie la nécessité d'un contrat en invoquant, on l'a vu, « une garantie que donnent les gens », il indique que les participants concrets (même s'ils se trouvent sous le voile d'ignorance) sont bien les personnes qui seront engagées par le contrat originel[22].

Deuxièmement, même si les représentants étaient d'autres personnes (ou des fantômes imaginaires), il faudrait bien qu'ils représentent le groupe focal (par exemple grâce au voile d'ignorance, qui fait qu'ils pourraient être n'importe quel membre de ce groupe). La variabilité du groupe focal serait alors réfléchie par – ou deviendrait – celle de l'ensemble de personnes *que les représentants représentent* dans la position originelle*.

* Pour écarter d'avance un type de réponse possible, je tiens à souligner que ce problème ne se confond pas avec la difficulté de représenter les membres des générations futures (vues comme un *groupe fixe*). C'est aussi un problème, bien sûr (par exemple, quels postulats peut-on faire sur le raisonnement des générations futures puisqu'elles ne sont pas encore là ?), mais ce n'est pas le

Ce ne serait pas un gros problème *si*, premièrement, la taille de la population ne changeait rien au mode d'organisation de la structure fondamentale de la société (totale invariance d'échelle), et si, deuxièmement, tout groupe d'individus était exactement identique à tout autre en termes de priorités et de valeurs (totale invariance des valeurs). Aucune de ces deux conditions n'est aisément postulable si elle ne s'accompagne pas d'autres restrictions structurelles de toute théorie de la justice dotée d'un contenu concret*. Par conséquent, la plasticité du groupe reste bel et bien un problème pour la mise en œuvre de l'impartialité fermée, qui s'effectue dans un groupe focal *donné* d'individus.

Nous devons enfin nous demander si l'approche smithienne du spectateur impartial est perturbée de la même façon par l'incongruité qu'introduit la plasticité du groupe et, si elle ne l'est pas, pourquoi. Elle ne l'est pas, effectivement, et pour une raison précise : le spectateur impartial ne vient pas obligatoirement du groupe focal donné. Le « spectateur abstrait et idéal » de Smith est un « spectateur », pas un « participant » à une quelconque activité ressemblant à la conclusion d'un contrat dans un groupe. Il n'y a pas de groupe passant contrat ; rien n'impose, même, que les évaluateurs coïncident nécessairement avec les

---

même. Il y a une différence entre la question de ce que l'on peut présumer acceptable pour les générations futures (vues comme un groupe fixe) qu'il faut représenter et l'impossibilité d'avoir un groupe fixe à représenter pour choisir la structure fondamentale de la société quand l'ensemble des personnes réelles varie lui-même en fonction du choix de cette structure.

* Il importe aussi d'éviter un malentendu que j'ai déjà rencontré en présentant cet argument (il figurait également dans mon article « Open and Closed Impartiality », *Journal of Philosophy*, vol. 99, 2002). Certains répondent que, dans la position originelle rawlsienne, des populations différentes ne peuvent rien changer puisque, sous le « voile d'ignorance », chaque individu est exactement semblable à tous les autres. Or il faut bien voir que, si le « voile d'ignorance » met *des individus différents au sein d'un groupe donné* dans un état où ils ne connaissent pas leurs intérêts et valeurs respectifs (ce qui les rend tous tout à fait semblables dans les délibérations hypothétiques de ce groupe), il n'a absolument pas le pouvoir de faire en sorte que *des groupes différents d'individus* aient exactement le même ensemble d'intérêts et de valeurs. Plus généralement, si l'on veut rendre la mise en œuvre de l'impartialité fermée totalement indépendante de la taille et de la composition du groupe focal, il faut appauvrir très sérieusement son contenu, sa portée concrète.

personnes concernées. Le problème très difficile de la position qu'adopterait un spectateur impartial sur des questions comme la taille variable de la population (enjeu éthique d'une profonde complexité*) demeure, bien sûr, mais celui de l'incohérence et de l'incongruité qui en résultent pour l'« inclusion fermée » de la démarche contractuelle n'a pas d'analogue immédiat dans le cas du spectateur.

Impartialité fermée et localisme

On a déjà montré que l'impartialité fermée, inhérente à la position originelle, peut enfermer l'idée même – et les principes – de justice dans l'étroit carcan des perspectives et préjugés locaux d'un groupe ou d'un pays. Je voudrais compléter cette analyse sur trois points précis.

Premièrement, nous devons reconnaître que le localisme procédural n'est pas universellement considéré comme un problème. Il existe des conceptions de l'évaluation sociale qui ne voient aucun intérêt à éviter les inclinations du groupe – parfois, c'est même tout à fait le contraire. Certains types de communautarisme, par exemple, peuvent même célébrer le caractère « local » de leurs priorités. On pourrait en dire autant d'autres formes de justice locale.

Pour prendre un cas extrême, quand le gouvernement taliban d'Afghanistan a soutenu avec force, avant l'intervention militaire, qu'Oussama ben Laden ne devait être jugé que par un tribunal religieux islamique, selon la charia, il ne niait pas la nécessité d'une certaine impartialité, du moins pas sur le principe (il n'accordait pas à Ben Laden de faveurs personnelles ou de

* Complexité qui serait encore plus grande si ces jugements devaient obligatoirement prendre la forme de classements *complets*, mais, on l'a vu, ce n'est pas nécessaire pour avoir un cadre public de pensée utile, ni pour effectuer des choix publics sur la base de la « maximalité » (sur ce point, voir aussi mon article « Maximization and the Act of Choice », *Econometrica*, vol. 65, 1997 [« Maximisation et acte de choix », in *Rationalité et liberté en économie*, *op. cit.*]).

traitement particulier)*. Mais il proposait que les jugements impartiaux émanent d'un groupe fermé dont les membres acceptaient tous un code éthique et religieux bien précis. Il n'y a donc aucune tension interne dans de tels cas entre l'impartialité fermée et les normes implicites de l'affiliation au groupe. Les tensions plus larges – sur l'acceptabilité ou non du choix de limiter exclusivement l'attention à un raisonnement « séquestré localement » – demeurent, bien sûr. Et ces difficultés et limites sont celles qui ont été examinées par Adam Smith.

Quand nous quittons le monde de l'éthique rivé à la sphère locale et que nous essayons d'associer une procédure d'impartialité fermée à des intentions par ailleurs universalistes, le provincialisme de la procédure pose un grave problème. C'est assurément le cas de la « justice comme équité » rawlsienne. Malgré les intentions de l'approche générale, profondément hostile au localisme, l'usage de l'impartialité fermée qu'implique la « position originelle » n'offre pas la moindre garantie procédurale contre le risque de tomber sous l'emprise exclusive des préjugés collectifs locaux.

Deuxièmement, nous devons prêter particulièrement attention à la *procédure* de la position originelle, et pas seulement aux intentions susceptibles de prévaloir sur les méthodes recommandées. En dépit de l'inclination générale de Rawls à l'universalisme, la procédure formelle qu'il propose pour la position originelle semble orientée de façon à l'exposer fort peu aux vents frais du dehors. Il souligne d'ailleurs que la fermeture de la position originelle doit être celle, du moins sur le principe, d'un camp retranché (*Libéralisme politique*, p. 36) :

> Je suppose, en outre, que la structure de base est celle d'une société fermée, c'est-à-dire indépendante et sans relations avec d'autres sociétés [...]. Parler d'une société fermée est une abstraction considérable qui n'est justifiée qu'en ce qu'elle nous permet de nous concentrer sur certaines questions sans nous laisser distraire par des détails.

---

* Je ne parle ici, évidemment, que des principes de justice qu'invoquaient les dirigeants talibans et non de leur pratique.

Mais prendre en considération des idées et expériences venues d'ailleurs revient-il à se « laisser distraire par des détails » qu'il faudrait en quelque sorte laisser de côté pour la pureté de l'exercice de l'équité ? C'est toute la question.

Troisièmement, en dépit des puissants arguments qui plaident en faveur de l'impartialité ouverte, on peut craindre que la limitation de l'esprit humain et de notre aptitude à dépasser notre monde local ne crée de graves difficultés. La compréhension et la réflexion normative peuvent-elles vraiment traverser les frontières géographiques ? Certains, de toute évidence, sont tentés de croire que nous ne pouvons pas nous comprendre de part et d'autre des frontières d'une communauté donnée ou d'un pays particulier, ou hors des limites d'une culture spécifique (tentation nourrie, notamment, par la popularité de certains séparatismes communautaristes). Mais en fait il n'y a aucune raison de supposer que la communication interactive et le dialogue public ne peuvent s'engager qu'au sein de ces espaces bornés (ou uniquement entre ceux qui semblent former « un seul peuple »).

Selon Adam Smith, il faut absolument que le spectateur impartial puisse nourrir son propre raisonnement de celui d'individus qui lui sont familiers mais aussi étrangers. C'était d'ailleurs un thème important dans les préoccupations intellectuelles des Lumières. La possibilité de communiquer et d'élaborer du savoir par-dessus les frontières ne devrait pas paraître plus absurde aujourd'hui que dans le monde d'Adam Smith, au XVIIIe siècle. Même si nous n'avons pas d'État mondial ni de démocratie mondiale, l'insistance de Smith sur le recours au spectateur impartial a une résonance immédiate dans la situation d'aujourd'hui : elle met l'accent sur le rôle du débat public mondial.

Le dialogue planétaire, qui est d'une importance capitale pour la justice planétaire, ne passe pas seulement par des institutions comme les Nations unies ou l'Organisation mondiale du commerce, mais, beaucoup plus largement, par les médias, l'agitation politique, le travail et l'engagement d'associations citoyennes et de nombreuses ONG, ainsi que par le travail social, qui ne s'appuie pas seulement sur les identités nationales mais aussi sur d'autres types de solidarité – mouvements syndicaux, activités de coopération, campagnes pour les droits humains ou actions féministes, par exemple. La cause de l'impartialité ouverte n'est pas entièrement négligée dans le monde contemporain.

En outre, à l'heure où ce monde discute des moyens d'arrêter le terrorisme international (et débat des racines de ce phénomène), à l'heure où il s'interroge sur la façon de surmonter des crises économiques mondiales qui accablent des milliards de personnes sur la planète, l'idée selon laquelle nous sommes incapables de nous comprendre au-delà des frontières de notre entité politique n'est guère crédible *. C'est la perspective résolument « ouverte », celle du « spectateur impartial » de Smith, qu'il faut aujourd'hui réaffirmer, car nous en avons grand besoin. Elle peut changer considérablement notre façon d'appréhender les exigences de l'impartialité en philosophie morale et politique dans le monde interconnecté où nous vivons.

---

* Dans la littérature sur les difficultés de la communication transculturelle, le désaccord est parfois confondu avec l'incapacité à se comprendre. Ce sont évidemment des phénomènes tout à fait distincts. Un désaccord authentique présuppose la compréhension de l'objet du débat. Sur le rôle constructif de la compréhension pour la lutte contre la violence dans le monde contemporain, voir le rapport de la Commonwealth Commission for Respect and Understanding, que j'ai eu le privilège de présider : *Civil Paths to Peace*, Londres, Commonwealth Secretariat, 2007.

Deuxième partie

Formes de raisonnement

7

POSITION, PERTINENCE ET ILLUSION

Quand le roi Lear dit à Gloucester l'aveugle : « Un homme peut voir sans yeux comment va le monde », il lui conseille aussi : « Regarde avec tes oreilles. »

> Vois-tu comme ce juge déblatère contre ce simple filou ? Écoute, un mot à l'oreille ! Change-les de place, et puis devine lequel est le juge, lequel est le filou... Tu as vu le chien d'un fermier aboyer après un mendiant [1] ?

Changer de place permet de « voir » des choses cachées, telle est l'idée générale qu'avance ici le roi Lear, tout en attirant l'attention de Gloucester, par une remarque politiquement subversive, sur ce fait étonnant : il pourrait voir dans le chien du fermier « la grande image de l'autorité ».

Il y a un fort besoin d'aller au-delà des limites des points de vue que nos positions nous dictent en matière de philosophie morale et politique et en matière de jurisprudence. Un tel affranchissement peut n'être pas toujours aisé, mais c'est un défi que la pensée éthique, politique et juridique doit relever. Nous devons faire mieux que « ce juge » qui laisse libre cours à sa rage contre « ce simple filou ».

Point de vue positionnel* de l'observation et connaissance

La tentative pour échapper à l'enfermement de position est également au cœur de l'épistémologie. Mais nous rencontrons un problème d'observabilité, et souvent des obstacles à la compréhension de ce qui se passe à partir du point de vue limité de ce que nous observons. Ce qu'il nous est possible de voir n'est pas indépendant de l'endroit où nous nous trouvons par rapport à ce que nous essayons de voir. Et cela peut influencer nos convictions, nos interprétations et nos décisions. Les observations, les croyances et les choix tributaires de la position peuvent être importants pour la connaissance comme pour la raison pratique. L'épistémologie, la théorie de la décision et l'éthique doivent toutes trois tenir compte de ce que les constats et les inférences d'un individu dépendent de la position de celui-ci. Bien entendu, l'objectivité n'est pas toute affaire d'objets, comme je l'ai discuté plus haut, mais dans la mesure où les constats et la compréhension qui en découle interviennent dans la recherche de l'objectivité, la position à partir de laquelle ces constats sont faits doit être prise en considération**.

L'idée de variation positionnelle des observations est assez élémentaire. Elle peut être illustrée par un exemple physique tout à fait obvie. Prenons l'énoncé : « Le soleil et la lune paraissent de la même taille. » L'observation rapportée n'est de toute évidence pas indépendante de la position de l'observateur, et les deux corps seraient apparus de tailles très différentes si on les avait vus d'ailleurs, disons de la Lune. Mais ce n'est pas une raison pour déclarer la proposition citée « non objective » ou pour y voir un pur phénomène mental propre à un individu particulier. Une autre personne observant le Soleil et la Lune du même endroit (la Terre) confirmerait qu'ils paraissent de la même taille.

---

* Le point de vue positionnel de l'observation est ce qu'il doit à la « position » (au sens large) de l'observateur [*NdT*].

** Voir *supra*, chap. 5, « Impartialité et objectivité ». La possibilité d'une « objectivité sans objets », par exemple en mathématiques et en éthique, a fait l'objet d'une analyse lumineuse de Hilary Putnam, *Ethics without Ontology*, *op. cit.*

Même si la position n'est pas précisée explicitement dans l'énoncé, il est clair qu'il s'agit d'une assertion positionnelle que l'on peut formuler ainsi : « Vus d'ici, sur Terre, le Soleil et la Lune paraissent avoir la même taille. » Les observateurs peuvent aussi, bien sûr, faire d'autres assertions sur l'aspect qu'auraient les choses s'ils les voyaient d'une autre position que celle qu'ils occupent au moment où ils parlent, et leurs déclarations ne seraient pas nécessairement en contradiction avec le second énoncé. Ici, sur Terre, nous pouvons toujours dire : « Vus de la Lune, le Soleil et la Lune ne paraîtraient pas avoir la même taille. »

L'objectivité de position exige l'invariance interpersonnelle quand la position d'observation est fixe, et cette exigence est tout à fait compatible avec les variations de ce qui est vu à partir d'autres positions*. Des personnes différentes occupant la même position confirmeront la même observation, tandis qu'une même personne occupant des positions différentes fera des observations différentes.

LE POINT DE VUE POSITIONNEL COMME BOUSSOLE ET COMME ILLUSION

Les résultats d'observations dépendent donc de la position de l'observateur. Cette dépendance peut à la fois s'avérer instructive (en l'occurrence, elle répond à la question : quelle taille paraît avoir cet objet vu d'ici ?) et induire en erreur (lorsqu'on aborde d'autres questions communément associées à la dimension, par exemple : quelle est la taille réelle de cet objet ?). Ces deux aspects de la variabilité positionnelle se manifestent dans des réponses à des questions très différentes, mais ni l'un ni l'autre n'est entièrement subjectif. L'idée demande peut-être quelques

* J'ai essayé d'explorer pour la première fois l'idée d'objectivité de position dans mes conférences Storrs (1990), à la faculté de droit de Yale, et plus tard dans mes conférences Lindley (*Objectivity and Position*, Kansas City, University of Kansas, 1992). Voir « Positional Objectivity », *Philosophy and Public Affairs*, vol. 22, 1993 [« L'objectivité positionnelle », in *Rationalité et liberté en économie*, *op. cit.*].

éclaircissements, car définir l'objectivité comme un phénomène qui dépend de la position n'est pas l'interprétation habituellement donnée de cette notion.

Dans *Le Point de vue de nulle part*, un ouvrage important, Thomas Nagel définit l'objectivité en ces termes : « Un point de vue ou une forme de pensée est d'autant plus objectif qu'il ne repose plus sur les spécificités de la constitution et de la place de l'individu dans le monde ou sur les caractéristiques du type particulier de créature qu'il est [2]. » Cette façon de voir l'objectivité n'est pas sans mérite : elle se concentre sur un aspect important de la conception classique de l'objectivité – l'indépendance vis-à-vis de la position. Conclure que le Soleil et la Lune ont le même volume parce qu'ils semblent de la même taille vus de la Terre serait une violation grossière de l'objectivité indépendante de la position. Les observations positionnelles peuvent en ce sens induire en erreur, si nous ne tenons pas compte comme il se doit de la variabilité positionnelle et si nous n'essayons pas d'effectuer les corrections appropriées.

En revanche, l'« objectivité de position », pourrait-on dire, est l'objectivité de ce qui est observable à partir d'une position précise. Ce qui nous intéresse ici, c'est le cas où ce que nous pouvons voir d'une même position relève d'observations et d'une observabilité qui ne varient pas en fonction des personnes, mais sont pourtant dépendantes de la position. Le contenu d'une évaluation objective au sens positionnel est quelque chose que peut vérifier toute personne occupant une position d'observation donnée. Comme l'illustrent les énoncés sur la taille relative du Soleil et de la Lune, ce qui est observé peut varier d'une position à une autre, mais des personnes différentes font, à partir de la même position, à peu près les mêmes observations.

Le contenu de l'évaluation, dans ce cas, est la façon dont apparaît un objet quand on le voit d'une position d'observation déterminée, et cette apparence serait la même pour quiconque présenterait les mêmes caractéristiques positionnelles *. Il ne faut

* Rien n'impose, bien sûr, que les caractéristiques positionnelles soient uniquement liées au lieu (ou à la position dans l'espace) ; elles comprennent toute condition générale, en particulier non mentale, qui peut à la fois influencer l'observation et s'appliquer systématiquement à des observations

pas attribuer les variations positionnelles dans les observations à la « subjectivité », ce que certains pourraient être tentés de faire. Au regard de deux critères courants de la subjectivité, rien ne justifie de dire que l'énoncé « le Soleil et la Lune paraissent de la même taille » prend « sa source dans l'esprit », ou qu'il est « propre ou particulier à un individu ou à ses opérations mentales » (pour citer les définitions du mot subjectif dans l'*Oxford English Dictionary*).

Un énoncé observationnel n'est pas nécessairement un énoncé sur le fonctionnement spécifique de tel esprit. Il identifie un phénomène qui a aussi des qualités physiques indépendantes de l'esprit de quiconque ; ainsi, c'est parce que le Soleil et la Lune ont la même taille apparente quand on les observe de la Terre que nous pouvons assister à une éclipse complète du Soleil. La petite masse de la Lune peut obscurcir la grosse masse du Soleil du point de vue spécifique d'un terrien – et il serait difficile de prétendre qu'une éclipse solaire prend « sa source dans l'esprit ». Si notre travail consiste à prédire les éclipses, l'important en matière de tailles relatives du Soleil et de la Lune est la coïncidence de leurs projections positionnelles vues de la Terre et pas – je veux dire pas directement – leurs tailles réelles respectives.

Aryabhata, mathématicien et astronome indien du début du Ve siècle, avait eu recours à la taille des projections pour expliquer les éclipses : c'est l'une de ses nombreuses contributions à l'astronomie *. Sans surprise, il a été attaqué pour s'être écarté si radicalement de l'orthodoxie religieuse. Parmi ses censeurs figurait son brillant disciple Brahmagupta, autre grand mathématicien : ce dernier faisait des déclarations favorables à l'orthodoxie tout en se servant des innovations d'Aryabhata et en les développant. Des centaines d'années plus tard, au début du XIe siècle, quand

et observateurs différents. Les caractéristiques positionnelles sont parfois liées aux caractéristiques spéciales non mentales d'un individu, par exemple la cécité. Des personnes différentes peuvent partager le même type de cécité et obtenir les mêmes séries d'observations.

* Parmi ses apports originaux, Aryabhata a notamment contesté la rotation du Soleil en orbite autour de la Terre et suggéré l'existence d'une force gravitationnelle afin d'expliquer pourquoi les objets ne sont pas éjectés de la Terre malgré son mouvement de rotation.

l'éminent mathématicien et astronome iranien Alberuni a pris la défense d'Aryabhata, il a souligné que les prédictions effectives des éclipses, y compris celles de Brahmagupta, utilisaient la méthode des projections d'Aryabhata et non le compromis personnel qu'avait conclu Brahmagupta avec l'orthodoxie hindouiste. Dans un plaidoyer intellectuel remarquable rédigé il y a un millier d'années, Alberuni a critiqué Brahmagupta en ces termes :

> Nous n'allons pas argumenter avec lui [Brahmagupta], mais seulement lui chuchoter à l'oreille : « [...] Pourquoi, après avoir prononcé des mots aussi [durs] [contre Aryabhata et ses partisans], t'es-tu mis à calculer le diamètre de la lune pour expliquer l'éclipse du soleil, et le diamètre de l'ombre de la terre pour expliquer l'éclipse de la lune ? Pourquoi as-tu calculé les deux éclipses conformément à la théorie de ces hérétiques et non pas selon les idées de ceux avec qui tu estimais convenable d'être d'accord [3] ? »

L'objectivité de position peut être une façon appropriée de comprendre l'objectivité : tout dépend de la tâche que nous sommes en train d'accomplir.

Voici divers types de paramètres positionnels qui ne sont pas des bizarreries mentales ou psychologiques et que peuvent partager des individus différents : connaître ou non telle langue particulière ; savoir ou ne pas savoir compter ; être daltonien ou avoir une vision normale (parmi quantité de variations paramétriques semblables). On ne viole pas l'objectivité de position quand on fait une assertion sur la façon dont le monde apparaîtrait à une personne dotée de certains attributs « positionnels » précis.

Je ne veux pas dire, il importe de le préciser, que tout ce qui peut être « expliqué » par un lien de cause à effet est « positionnellement objectif ». Cela dépend beaucoup de la nature de la variabilité en cause. Voici un exemple classique de l'épistémologie indienne de haute époque : si quelqu'un prend une corde pour un serpent parce qu'il est nerveux ou a une peur phobique des reptiles, ce lien causal ne rend pas positionnellement objectif son diagnostic manifestement subjectif. En revanche, si quelqu'un prend la corde pour un serpent là où tout le monde les confondrait, dans la pénombre, laquelle accentue l'apparence reptilienne de la corde, on peut légitimement invoquer l'idée d'objectivité de position.

On retrouve, en matière d'évaluation éthique et politique, le même contraste qu'entre les caractères respectivement éclairant et trompeur du point de vue positionnel. Si on se réfère aux théories de la responsabilité personnelle fondée sur les relations sociales, par exemple la responsabilité qu'ont les parents de veiller sur leurs enfants, il est fort plausible qu'accorder une importance particulière à ses enfants sera jugé conforme à l'éthique. Cet intérêt asymétrique à la vie de ses enfants n'est peut-être pas une extravagance subjective ; cette attitude reflète un point de vue éthique déterminé objectivement (et lié, en l'occurrence, à l'importance positionnelle du statut de parent *).

Si, dans cette situation-là, on pensait l'objectivité éthique exclusivement du « point de vue de nulle part » et non « d'un endroit bien précis », on passerait à côté de quelque chose. On peut trouver une pertinence particulière dans le point de vue positionnel qu'une théorie éthique ambitieuse doit reconnaître et prendre en considération. Pour conserver le même exemple, les devoirs des parents vis-à-vis de leurs enfants n'ont pas leur source uniquement « dans l'esprit », ils revêtent une importance réelle dans certaines approches éthiques. Lorsqu'on considère les questions d'évaluation et de responsabilité touchant aux individus et plus généralement à la position qu'ils occupent, comme cela sera fait au chapitre 10, le rôle éclairant de l'objectivité de position devient pertinent. Mais, dans d'autres contextes, privilégier les intérêts de ses enfants doit être perçu, du point de vue

* La pertinence des relations et liens personnels est un sujet d'une importance et d'une complexité considérables dans la discipline de l'évaluation morale. Bernard Williams a analysé nombre des problèmes qu'elle implique avec force et clarté, notamment dans sa critique de l'utilitarisme ; voir son article « Critique de l'utilitarisme », *in* J. J. C. Smart et B. Williams, *Utilitarisme : le pour et le contre*, trad. fr. de Hugues Poltier, Genève, Labor et Fides, 1997, et son livre *Moral Luck : Philosophical Papers, 1973-1980*, Cambridge, Cambridge University Press, 1981, notamment le texte intitulé « Persons, Character and Morality » (dont on trouvera la traduction française dans un recueil de textes de Bernard Williams intitulé *La Fortune morale. Moralité et autres essais*, trad. fr. de Jean Lelaidier, Paris, Presses universitaires de France, 1994, p. 227-251).

d'une éthique non relationnelle, comme une faute incontestable. Si un responsable public favorise ses enfants dans le cadre de ses fonctions, on peut y voir un manquement à la morale politique ou à l'éthique, même si les intérêts de ses enfants lui importent plus, en raison de leur proximité positionnelle.

Ce qui s'impose dans le cas de cet individu, c'est une approche « sans biais positionnel ». Elle lui fait obligation de reconnaître que les enfants des autres ont des intérêts aussi importants que les siens ; dans ce contexte, regarder la situation « d'un endroit bien précis » (par exemple le lien de parenté) est une faute.

La tentative d'interpréter le monde indépendamment de la position est au cœur de l'élucidation éthique qu'on recherche dans une approche non relationnelle. Mary Wollstonecraft a durement reproché à Edmund Burke d'avoir soutenu la Révolution américaine sans s'être le moins du monde intéressé au statut des esclaves, comme si la liberté qu'il soutenait pour les Américains blancs ne valait pas pour leurs esclaves noirs (on l'a vu au chapitre 5). Elle plaidait en faveur d'une perspective universaliste qui dépasse le préjugé positionnel et le favoritisme catégoriel. Ce qui est visé ici n'est pas une compréhension positionnelle, mais une sorte d'interprétation transpositionnelle. Dans ce contexte, le « point de vue de nulle part » est manifestement le bon choix.

Illusions objectives et objectivité de position

Même lorsque le point de vue adéquat pour une évaluation épistémologique, éthique ou politique est indépendant d'une position donnée, la réalité de celle-ci et le fait que les constats opérés en dépendent doivent être pris en compte pour expliquer la difficulté de parvenir à une compréhension qui ne soit pas biaisée par le point de vue positionnel. Sous l'emprise des perspectives positionnelles, on peut avoir beaucoup de mal à dépasser une vision des choses positionnellement limitée. Par exemple, dans une société où il est traditionnel de reléguer les femmes à une position subordonnée, la norme culturelle consistant à souligner les caractéristiques prétendument révélatrices de l'infériorité des femmes peut être si puissante qu'il faut une grande indépendance d'esprit pour interpréter ces caractéristiques de manière différente. Puisque, dans une société qui n'encourage pas les femmes à étudier les sciences (celles-ci sont très rares dans les milieux scientifiques), le constat que très peu de femmes réussissent dans ces carrières peut lui-même faire obstacle à la compréhension de ce qui se passe : les femmes peuvent être tout aussi douées en sciences que les hommes et, à égalité de talents et d'aptitudes à la naissance, avoir rarement l'occasion d'exceller dans ces domaines parce qu'on ne les autorise pas ou ne les encourage pas à entreprendre la formation appropriée.

Qu'il y ait peu de femmes scientifiques dans telle ou telle société peut être exact, mais en conclure que les femmes ne sont pas douées pour les sciences serait entièrement erroné. Il peut s'avérer nécessaire de dépasser le point de vue positionnel des observations locales dans les sociétés où une discrimination est profondément ancrée. Des observations venues d'autres sociétés où les femmes ont plus de possibilités pourraient confirmer qu'elles peuvent réussir aussi bien que les hommes dans le domaine scientifique si on leur en donne l'occasion et les moyens. On retrouve ici l'argument qui plaide pour l'« impartialité ouverte », notamment des idées comme le dispositif méthodologique du spectateur impartial chez Adam Smith, qui sollicite des points de vue lointains autant que proches*.

Lorsque l'emprise des croyances locales est forte, et difficile à surmonter, il peut y avoir un refus catégorique d'admettre que la façon dont les femmes sont traitées dans la société en question constitue vraiment une injustice à leur égard, et de nombreuses femmes sont elles-mêmes persuadées de l'infériorité intellectuelle des femmes par ce qu'elles « voient de leurs yeux », interprétant de façon erronée ce qu'elles constatent localement, au sein d'une société stratifiée. Si l'on veut expliquer pourquoi l'asymétrie et la discrimination sociales qui sont constatées dans de nombreuses sociétés traditionalistes sont acceptées sans protestation, l'idée d'objectivité de position a comme une portée scientifique car elle nous révèle l'origine de l'usage illégitime de la compréhension

* Voir *supra* l'analyse du chapitre 6, « Impartialités ouverte et fermée ».

dérivée de la position (quand c'est en fait une compréhension transpositionnelle qui est nécessaire).

L'importante notion d'« illusion objective », utilisée dans la philosophie marxiste, peut aussi être utilement interprétée en termes d'objectivité de position *. Vue sous cet angle, une illusion objective est une croyance positionnellement objective qui est erronée quand on la soumet à un examen transpositionnel. Le concept d'illusion objective exprime à la fois l'idée de conviction positionnellement objective *et* le diagnostic transpositionnel qui déclare cette conviction en réalité fausse. Dans l'exemple des tailles relatives du Soleil et de la Lune, la similitude de leurs apparences (positionnellement objective, car conforme à ce qu'on voit de la Terre) peut conduire – en l'absence d'autres informations, idées et possibilités d'examen critique – à une « compréhension » positionnelle de la similitude de leurs « tailles réelles » (par exemple en termes de temps nécessaire pour faire le tour de ces deux corps célestes). Cette conviction fallacieuse serait un exemple d'illusion objective.

Dans son livre *Marx's Theory of History : A Defence* [La Théorie de l'histoire de Marx : une défense], G. A. Cohen fait une analyse intéressante de l'idée marxienne d'illusion objective :

> Pour Marx, les sens nous trompent sur la composition de l'air et les mouvements des corps célestes. Mais celui qui parviendrait, en respirant, à détecter les différents éléments présents dans l'air aurait un nez qui ne fonctionne pas comme le nez humain en bonne santé. Et celui qui dirait sincèrement qu'il voit le Soleil stationnaire et la Terre en rotation souffrirait d'un trouble de la vue ou du contrôle moteur. Sentir l'air comme un élément unifié et voir le Soleil en mouvement sont des expériences plus proches du mirage que de l'hallucination.

---

* Le concept d'illusion objective figure dans les écrits économiques de Marx (pas seulement dans ses écrits philosophiques), dont *Le Capital*, t. I, et *Théories sur la plus-value*. Marx était particulièrement soucieux de montrer que la croyance commune dans l'équité de l'échange sur le marché du travail est en fait une illusion et que, pourtant, cette prétention à l'équité est acceptée comme un fait « objectif » parce que les gens voient que les choses s'échangent à valeur égale aux prix du marché. Même les travailleurs exploités auxquels, dans l'analyse marxiste, on dérobe une partie de la valeur de leurs produits ont souvent du mal à voir dans le marché du travail autre chose qu'un échange de « valeurs égales ».

> Car, si quelqu'un ne voit pas de mirage dans les conditions appropriées, c'est qu'il a un problème de vue. Ses yeux n'ont pas enregistré le jeu des lumières dans le lointain [4].

Ici, les observations qui sont considérées comme objectives sont liées à des caractéristiques de position : respirer l'air avec un nez normal, voir le Soleil avec des yeux normaux, observer le jeu des lumières dans le lointain avec une vue normale, etc. Et ces caractéristiques observées sont bel et bien positionnellement objectives, même si elles sont trompeuses ou erronées au regard d'autres critères de vérité – contextuellement plus contraignants – qui sont invoqués lorsque nous allons au-delà des perspectives positionnelles.

SANTÉ, MORBIDITÉ ET VARIATIONS POSITIONNELLES

L'usage personnel qu'a fait Marx de l'idée d'illusion objective se situait essentiellement dans le contexte de l'analyse de classes, et elle l'a conduit à explorer ce qu'il appelait la « fausse conscience ». L'autoperception de la morbidité en offre un exemple de type très différent, qui peut se révéler particulièrement important lorsqu'on analyse l'état de la santé dans des économies en développement. Ainsi, parmi les États indiens, c'est dans le Kerala que l'espérance de vie est de très loin la plus longue (plus élevée qu'en Chine et assez proche de celle de l'Europe), et nombre d'évaluations médicales professionnelles prouvent que cet État a réussi sa transition en ce qui concerne la santé. Pourtant, dans les études sur les taux de morbidité autoperçue, on constate que le Kerala a aussi, et de très loin, les chiffres les plus élevés (tant en moyenne que par classes d'âge). À l'inverse, dans des États comme le Bihar et l'Uttar-Pradesh, les taux d'espérance de vie sont très faibles et ceux de mortalité par classes d'âges extrêmement élevés (et on n'y voit guère de preuves d'une transition sanitaire). Pourtant, les taux de morbidité autodéclarée y sont étonnamment faibles. Si les données médicales et les taux de mortalité sont justes (il n'y a aucune raison qu'ils ne le soient pas), l'image qui ressort de la comparaison des taux de morbidité auto-évaluée doit être considérée comme erronée ou du moins très problématique.

On ne peut pourtant pas récuser ces taux de morbidité perçue comme de simples erreurs accidentelles ou des effets de la subjectivité individuelle. Pourquoi cette discordance systématique entre taux de mortalité et taux de morbidité auto-évaluée ? Le concept d'illusion objective est ici très utile. La population du Kerala a un taux d'alphabétisation (y compris féminine) remarquablement plus élevé que le reste de l'Inde, et les services de santé publique y sont beaucoup plus développés. Dans cet État, on est donc beaucoup plus conscient des maladies possibles, de la nécessité de se faire soigner et de prendre des mesures préventives. Les mêmes idées et comportements qui contribuent à réduire la morbidité et la mortalité réelles au Kerala ont aussi pour effet d'y amplifier la conscience des maladies. En revanche, les populations de l'Uttar-Pradesh ou du Bihar, moins alphabétisées, moins instruites et disposant de services de santé publique très déficients, sont moins conscientes des pathologies possibles. Les habitants de ces États ont plus de problèmes de santé et une espérance de vie plus faible que ceux du Kérala, mais ils ont une perception très faible de leur propre morbidité.

L'illusion d'une faible morbidité dans les États socialement arriérés de l'Inde a de fait une base objective – positionnellement, la population a un faible niveau scolaire et une expérience des soins médicaux limitée *. L'objectivité de position de ces diagnostics

* Le travail empirique sur ce point est en grande partie fondé sur des données indiennes et sur leur interprétation ; voir l'analyse, et la bibliographie très fournie, de mes livres écrits en commun avec Jean Drèze, *India : Economic Development and Social Opportunity*, Delhi et Oxford, Oxford University Press, 1995, et *India : Development and Participation*, Delhi et Oxford, Oxford University Press, 2002. Mais il existe des informations empiriques venues d'autres régions du monde en développement qui, dans leurs grandes lignes, cadrent avec cette lecture ; voir mon livre *Un nouveau modèle économique : développement, justice, liberté*, *op. cit.*, chap. 4. Ce type d'explication est corroboré par la confrontation des taux de morbidité auto-évalués aux États-Unis et en Inde (y compris au Kerala). Dans une comparaison procédant maladie par maladie, il s'avère que, si le Kerala a, pour la plupart des maladies, des taux d'auto-évaluation plus élevés que le reste de l'Inde, les États-Unis ont des taux encore supérieurs pour ces mêmes maladies. Sur ce

erronés par « localisme » mérite attention et les sociologues ne peuvent pas les récuser comme purement subjectifs et fantaisistes. Néanmoins, d'un juste point de vue transpositionnel, ces autoperceptions ne reflètent pas fidèlement l'état de santé et de maladie.

La possibilité et la fréquence de ce type d'illusion objective ont des conséquences très importantes sur la manière dont les institutions nationales et internationales établissent leurs données médicales et sanitaires comparatives. Ces données comparatives sur les maladies autodéclarées et les demandes de consultations médicales sont à lire d'un œil critique, en tenant grandement compte des perspectives positionnelles *.

DISCRIMINATION SEXUELLE ET ILLUSIONS POSITIONNELLES

La discordance entre les classements de la morbidité perçue par les intéressés et ceux de la mortalité constatée chez les hommes et chez les femmes est un autre phénomène intéressant. En Inde, globalement, les femmes vivaient moins longtemps que les hommes (comme dans de nombreux autres pays d'Asie et d'Afrique du Nord, tels la Chine, le Pakistan, l'Iran ou l'Égypte). Jusqu'à tout récemment, les taux de mortalité ont été plus élevés chez les femmes de toutes les classes d'âge (après une brève période néonatale de quelques mois) jusqu'à celle des 35-40 ans. C'est contraire à ce que l'on attendrait biologiquement, car les données médicales indiquent qu'à égalité de soins les taux de mortalité des femmes à ces âges sont inférieurs à ceux des hommes **.

point, voir Lincoln Chen et Christopher Murray, « Understanding Morbidity Change », *Population and Development Review*, vol. 18, septembre 1992.

* Je n'en dirai pas plus ici sur cet important problème pratique ; voir cependant mon livre *Un nouveau modèle économique : développement, justice, liberté*, *op. cit.*, chap. 4.

** L'espérance de vie des femmes en Inde a récemment dépassé celle des hommes, mais le rapport entre les longévités féminine et masculine reste considérablement inférieur à celui qu'on pourrait attendre à égalité de soins. Le Kerala fait exception à cet égard aussi : l'espérance de vie des femmes y est nettement supérieure à celle des hommes (dans une proportion semblable à celles de l'Europe et des États-Unis).

En dépit de leur désavantage relatif dans les taux de mortalité réels, les taux de « morbidité perçue » des femmes en Inde ne sont souvent pas plus élevés – et sont parfois même beaucoup plus bas – que ceux des hommes. Probablement parce qu'elles sont moins instruites, mais aussi parce que la société indienne tend à considérer l'inégalité des sexes comme un phénomène « normal »*. Heureusement (j'utilise ici le terme dans un sens qui n'aurait peut-être pas l'aval des utilitaristes), l'insatisfaction des femmes au sujet de leur santé a systématiquement augmenté dans tout le pays : cela indique que l'emprise des contraintes positionnelles sur la perception de ce que signifie être en bonne ou mauvaise santé s'affaiblit. Notons avec intérêt que, depuis que l'oppression des femmes est devenue un enjeu politique (notamment grâce à l'action d'organisations de femmes), les biais affectant la perception de ces inégalités sont devenus moins courants. Cette meilleure compréhension de la nature du problème et des illusions sur la santé des femmes a largement contribué à la réduction (et, dans de nombreuses régions de l'Inde, à l'élimination) du déséquilibre entre les sexes en matière de mortalité**.

La notion d'objectivité de position est particulièrement cruciale pour comprendre l'inégalité des sexes en général. Le fonc-

* J'ai signalé à une autre occasion ce fait remarquable : dans une enquête au Bengale après la famine de 1944, les veuves ne déclarèrent pratiquement jamais un état de santé « médiocre », tandis que les veufs le firent massivement (voir mon livre *Commodities and Capabilities*, *op. cit.*, Appendice B). Sur des questions voisines, voir mon livre *Resources, Values and Development*, Cambridge, MA, Harvard University Press, 1984, et aussi, en collaboration avec Jocelyn Kynch, « Indian Women : Well-being and Survival », *Cambridge Journal of Economics*, vol. 7, 1983.

** Le phénomène des « femmes manquantes » en Inde, en Chine et dans beaucoup d'autres pays du monde – le nombre de femmes qui « ne sont pas là » comparé à ce qu'on pourrait attendre en l'absence de traitement déséquilibré – aurait dû diminuer considérablement avec la très large réduction mondiale du biais sexuel dans la mortalité. Malheureusement, un autre phénomène relativement neuf, le biais sexuel dans la natalité (l'avortement ciblé des fœtus féminins), a agi en sens contraire. La nouvelle situation est analysée dans deux de mes articles, « Missing Women », *British Medical Journal*, vol. 304, mars 1992, et « Missing Women Revisited », *British Medical Journal*, vol. 327, décembre 2003.

tionnement des familles comprend des conflits autant que des convergences d'intérêts dans la répartition des avantages et des corvées (caractéristique des rapports internes au groupe que l'on peut appeler le « conflit coopératif »), mais l'harmonie de la vie familiale exige que les aspects conflictuels soient résolus implicitement plutôt que par négociation explicite. S'appesantir sur ces conflits serait perçu comme anormal. Résultat : les comportements habituels passent pour légitimes et même raisonnables, et la plupart des régions du monde partagent une tendance commune, celle de ne pas voir que les femmes sont systématiquement défavorisées par rapport aux hommes dans tel ou tel domaine.

POINT DE VUE POSITIONNEL ET THÉORIE DE LA JUSTICE

Le problème est décisif quand on cherche à formuler une théorie de la justice et, plus spécifiquement, à explorer une théorie qui accorde un rôle particulier au raisonnement public dans l'interprétation des exigences de la justice. Dans la pratique, la portée du débat public argumenté peut être limitée par la façon dont les gens lisent le monde dans lequel ils vivent. Et, si l'influence puissante du point de vue positionnel obscurcit leur compréhension de la société, cela prouve que le sujet requiert une attention spéciale quand il s'agit de mesurer les défis et les difficultés auxquels nous sommes confrontés dans l'évaluation de la justice et de l'injustice.

Si le point de vue positionnel de l'observation et de la construction joue un rôle important dans la progression du savoir scientifique, il contribue plus largement à la formation des croyances en général, dans le jugement social comme dans la recherche en sciences naturelles. Le rôle du point de vue positionnel peut être déterminant dans l'interprétation des illusions systématiques et persistantes qui influencent de façon significative – et déforment – la vision de la société et le jugement porté sur les affaires publiques.

Revenons à l'exemple simple de la taille relative du Soleil et de la Lune vus de la Terre. Imaginons un membre d'une communauté qui ne connaît pas la théorie des projections en fonction de la distance et ne dispose d'aucune autre information sur la Lune et le Soleil. Privée des cadres conceptuels pertinents et des connaissances auxiliaires, cette personne conclura, sur la base des observations positionnelles, que le Soleil et la Lune sont effectivement de la même taille et qu'il faudrait sans doute le même laps de temps pour en faire le tour (en se mouvant à la même vitesse). Ce serait bien sûr un avis des plus singuliers si l'intéressé connaissait les distances, les projections et le reste, mais pas surprenant s'il ne sait rien de tout cela. Sa conviction est bien sûr une erreur (une illusion), mais pas purement subjective compte tenu de l'ensemble de ses caractéristiques positionnelles. Toute personne se trouvant exactement dans sa position (partageant en particulier la même ignorance des concepts et des informations appropriés) se forgera très probablement la même opinion, avant examen critique, pour des raisons à peu près semblables*.

Les illusions associées à une objectivité de position peuvent être très difficiles à dissiper, même quand le point de vue positionnel dont il s'agit désinforme au lieu d'éclairer**. Avec ces

* Les philosophes de l'école de la *Nyaya* en Inde, dont la pensée s'est épanouie dans les premiers siècles de notre ère, soutenaient que les connaissances, mais aussi les illusions, dépendent de concepts préexistants. Quand quelqu'un prend une corde pour un serpent dans la pénombre (exemple classique évoqué plus haut), cette illusion se produit précisément en raison de sa compréhension préalable – une compréhension *authentique* – du « concept de serpent ». Celui qui ne sait pas à quoi ressemble un serpent et qui ne sait pas distinguer, par exemple, le « concept de serpent » du « concept de cochon » ne sera pas enclin à prendre une corde pour un serpent. Sur ce qu'impliquent ces connexions (et d'autres, voisines) entre concepts et réalités telles que les explorent l'école de la *Nyaya* et ses rivales pendant cette période, voir Bimal Matilal, *Perception : An Essay on Classical Indian Theories of Knowledge*, Oxford, Clarendon Press, 1986, chap. 6.

** Une théorie de la justice, on l'a dit, peut aussi faire place à des préoccupations relationnelles et, dans ce cadre, des perspectives positionnelles sont importantes et à prendre en compte. C'est vrai de problèmes comme les priorités et devoirs relatifs à un agent (on estime que celui-ci a une responsabilité spéciale dans l'acte qu'il accomplit), ainsi que d'obligations particulières associées à des relations humaines spécifiques, comme les responsabilités parentales. La pertinence réelle des perspectives positionnelles (quand elle

perceptions fausses, les disparités entre les sexes sont difficiles à surmonter, voire à identifier clairement comme une inégalité qui mérite attention[5]. Puisque, au sein de la famille, les victimes de cette inégalité sont consentantes, l'opacité des perspectives positionnelles joue un rôle majeur dans son emprise et son maintien.

SURMONTER LES LIMITES POSITIONNELLES

Dans la quête de la justice, les illusions positionnelles peuvent créer de sérieux obstacles qu'il faut surmonter en élargissant la base informationnelle des évaluations : c'est l'une des raisons pour lesquelles Adam Smith exigeait la prise en compte systématique de points de vue extérieurs, dont certains venus de très loin (voir chapitre 6). Bien que l'usage délibéré de l'impartialité ouverte soit très utile, on ne saurait espérer passer sans heurt des idées positionnelles au stade ultime du « point de vue de nulle part ».

Toute notre vision du monde, pourrait-on dire, dépend largement des perceptions que nous avons et des pensées que nous concevons, étant donné le type de créature que nous sommes. Nos pensées et nos perceptions dépendent intégralement de nos organes des sens, de notre cerveau et des autres capacités physiques du corps humain. L'idée même de « point de vue » est tributaire de celle de vision, qui est une capacité physique liée au fonctionnement physiologique résultant du processus de l'évolution.

Dans le monde de nos pensées, nous pouvons bien sûr imaginer que nous levons l'ancre qui nous fixe au monde où nous vivons et à ce corps dont les activités gouvernent notre discernement et nos cogitations. Nous pouvons même tenter d'imaginer un monde où

peut être justifiée) est tout à fait différente de ce qui est envisagé ici dans le contexte d'une éthique et d'une politique non relationnelles. Le premier point de vue sera examiné au chapitre 10, « Réalisations, conséquences et agence ».

nous aurions d'autres perceptions que celles que nous recevons de fait (de par notre constitution physique) – la lumière, le son, la chaleur, l'odeur, le goût, le toucher... –, mais il est malaisé de se représenter concrètement le monde dans cet univers sensoriel différent. Les mêmes limites bornent l'ampleur de nos processus de pensée et l'étendue de ce que nous sommes capables de concevoir. Notre compréhension du monde est arrimée à nos expériences et à nos idées, à tel point que la possibilité d'aller au-delà semble assez réduite.

Mais tout cela ne signifie pas qu'il est impossible de surmonter partiellement ou complètement le point de vue positionnel, en nous efforçant de nous transposer dans un espace de réflexion moins confiné. Là aussi (comme pour le choix de la focalisation d'une théorie de la justice), il est raisonnable de chercher des points de comparaison et non de se donner comme position utopique celle de la transcendance. L'élargissement du spectre du comparatisme est l'objet d'un intérêt soutenu dans les travaux innovants en matière épistémologique, éthique et politique, et il a déjà produit de très nombreuses avancées dans l'histoire mondiale des idées. Le « nirvana » de l'autonomie totale par rapport aux caractéristiques personnelles n'est pas la seule question à laquelle nous avons des motifs de nous intéresser.

De qui sommes-nous le voisin ?

La liste est longue des tentatives qui visent à surmonter l'horizon du voisinage comme limite au point de vue positionnel sur nos préoccupations morales, à résister à la vision étroitement relationnelle selon laquelle si nous devons bien quelque chose à nos voisins, nous ne devons rien à ceux qui se situent hors de notre voisinage. Dans l'histoire mondiale des idées éthiques, la question des devoirs envers son prochain tient une place centrale. À la question : « Qu'apprends-tu essentiellement par ces Commandements ? », le livre de prières anglican, *Book of Common Prayer*, répond sans ambiguïté : « J'apprends deux choses : mon devoir envers Dieu et mon devoir envers mon prochain » – mon voisin (*my duty to my Neighbour*).

Si cette interprétation de nos obligations est juste et si les droits de nos voisins sont incomparablement supérieurs à ceux des autres, n'est-il pas possible de se dire que cela rend moins brutale l'idée de « la justice dans un seul pays » (contre laquelle je me suis élevé) ? Mais la base éthique qui fonderait l'importance disproportionnée d'un souci exclusif pour nos voisins reste elle-même à justifier. Et, point tout aussi important, la base intellectuelle d'une vision de l'humanité en termes de communautés figées de voisins est extrêmement fragile.

Cette dernière idée est parfaitement illustrée par l'histoire du « bon samaritain » que raconte Jésus dans l'Évangile selon saint Luc*. On a parfois ignoré la mise en cause par Jésus des « voisinages figés » et préféré voir dans cette histoire une morale du souci universel de l'autre, ce qui est assez juste, mais le sens principal de cette parabole est le rejet raisonné de la notion de voisinage figé.

Dans ce passage, Jésus discute avec un docteur de la loi de sa conception du prochain. Il lui raconte une histoire : un homme qui a été roué de coups gît au bord d'un chemin, entre Jérusalem et Jéricho, et c'est le bon Samaritain qui va s'arrêter pour lui porter secours. Avant lui, un prêtre, puis un lévite étaient passés à côté de la victime mais ils avaient préféré traverser et passer leur chemin**.

---

* Sur ce point, voir aussi l'excellente analyse de Jeremy Waldron, orientée un peu différemment, dans « Who Is My Neighbor ? Humanity and Proximity », *The Monist*, vol. 86, juillet 2003.

** Mon regretté collègue le redoutable John Sparrow, ancien doyen du All Souls College d'Oxford, se plaisait à soutenir que nous ne devons rien aux autres si nous ne leur avons pas porté tort, et il aimait bien demander si le prêtre et le lévite qui avaient traversé la rue au lieu d'aider avaient « mal agi », comme on le suppose couramment. Sa propre réponse, énergique, était : « Bien sûr que oui. » Après quoi il adorait expliquer à un public très majoritairement choqué (ce qui était le but, bien sûr) que le lévite et le prêtre s'étaient mal comportés non parce qu'ils auraient dû aider (pas du tout), mais parce qu'ils n'auraient pas dû traverser la rue avec un sentiment évident de culpabilité au lieu de faire face au blessé. Ils auraient dû avoir le courage moral de passer à côté du blessé, du même côté de la rue, et de poursuivre leur chemin sans l'aider, et sans le moindre sentiment de honte superflue ou de gêne déplacée. Pour se faire une idée de ce point de vue sans états d'âme sur « ce que nous nous devons les uns aux autres » (ou plutôt sur « ce que

Jésus ne se demande pas directement si l'on doit aider les autres – *tous* les autres – qui sont dans le besoin, voisins ou non, il pose plutôt une question de typologie eu égard à la définition du voisin, du prochain. Il demande au docteur de la loi avec lequel il discute : « Lequel de ces trois-là semble avoir été le prochain de celui qui était tombé au milieu des brigands ? » Le docteur de la loi ne peut éviter de répondre : « L'homme qui l'a aidé. » Et c'était exactement, bien sûr, ce que voulait démontrer Jésus. Le devoir envers son prochain ne se limite pas au voisin de palier. Pour comprendre la force de l'argument de Jésus, il faut aussi se souvenir que les Samaritains ne vivaient pas seulement à une certaine distance de là, mais inspiraient généralement aux Juifs de l'antipathie et du mépris*.

C'est l'événement lui-même qui lie le Samaritain au Juif blessé : il tombe sur un homme battu, un homme dans le besoin, et lui vient en aide. Et c'est ainsi qu'il entre en relation avec la personne meurtrie. Peu importe si le Samaritain a été motivé par la charité, par un sens de la justice ou par un sens profond de l'équité incitant à traiter les autres en égaux. Une fois qu'il se trouve dans cette situation, il est dans un nouveau « voisinage ».

Ce voisinage que tissent nos relations avec de lointaines personnes est primordial pour comprendre la justice en général, tout particulièrement dans le monde contemporain. Nous sommes liés les uns aux autres par les échanges, le commerce, la littérature, la langue, la musique, les arts, les loisirs, la religion, la médecine, la santé, la politique, les actualités, les médias, etc. Plus nous développons nos contacts avec des voisins éloignés,

---

nous ne nous devons *pas* les uns aux autres »), voir John Sparrow, *Too Much of a Good Thing*, Chicago, Ill., University of Chicago Press, 1977.

* En me remémorant cette parabole évangélique, dont la portée et l'efficacité sont remarquables, je me souviens que l'on m'a rappelé une remarque de Ludwig Wittgenstein sur les Évangiles, qu'il opposait aux plus solennelles épîtres de saint Paul : « Dans les Évangiles – à mon avis –, tout est moins prétentieux, plus humble, plus simple. Là, on a des cabanes ; chez Paul, une église. Là, tous les hommes sont égaux et Dieu lui-même est un homme ; chez Paul, il y a déjà une hiérarchie ; des honneurs, des postes officiels » (Ludwig Wittgenstein, *Culture and Value*, éd. G. H. von Wright, Oxford, Blackwell, 1980, p. 30).

plus notre sentiment de justice s'élargit, comme l'a bien vu David Hume il y a près d'un quart de millénaire :

> Supposons encore [...] que plusieurs sociétés distinctes entretiennent certaines relations mutuelles, pour la commodité et l'avantage des uns et des autres, les limites de la justice s'éloignent encore, en proportion de la largeur de vue des hommes et de la force de leurs liens mutuels [6].

C'est sur « la largeur de vue des hommes » que s'appuie toute l'entreprise de l'impartialité ouverte. Et c'est parce que « la force de leurs liens mutuels » s'accroît que « les limites de la justice s'éloignent encore » *.

Jusqu'où doit s'étendre notre souci des autres dans une théorie de la justice pour qu'elle ait une certaine plausibilité aujourd'hui ? Nous pouvons en débattre, mais nous n'obtiendrons aucune réponse unanime sur l'espace qu'il devrait couvrir. De nos jours, aucune théorie de la justice ne peut se concentrer uniquement sur un pays et occulter le reste du monde : notre voisinage est étendu dans le monde actuel, même si l'on tente de nous persuader que c'est à nos voisins les plus proches que nous devons assistance dans la lutte contre l'injustice **. Nous sommes de plus en plus liés les uns aux autres, non seulement par nos échanges économiques, sociaux et politiques, mais aussi par de vastes préoccupations qui nous concernent tous, de près ou de loin : l'injustice et l'inhumanité qui défient notre monde,

---

* Avec le récent rétrécissement du monde dû aux innovations dans les communications et les transports et à l'expansion actuelle des médias planétaires et des organisations transnationales, il est devenu difficile de ne pas remarquer les multiples liens qui nous unissent au niveau mondial et qui ont des conséquences de grande ampleur non seulement pour la forme et le contenu d'une théorie de la justice (dont je me soucie essentiellement ici), mais aussi pour la politique mondiale – et en fait pour la survie. Sur des sujets voisins, voir aussi Chris Patten, *What Next ? Surviving the Twenty-first Century*, Londres, Allen Lane, 2008.

** Nos larges préoccupations mondiales se font parfois entendre dans un cadre organisé par des manifestations et protestations tonitruantes, et, à d'autres moments, elles cherchent à s'exprimer plus calmement dans le commentaire politique, les médias ou simplement les conversations personnelles. Je reprendrai la question dans les chapitres 15 à 17.

la violence et le terrorisme qui le menacent. Même nos frustrations communes, notre sentiment partagé d'impuissance face aux enjeux globaux peuvent nous unir plus que nous diviser. Il reste peu de non-voisins dans le monde d'aujourd'hui.

8

LA RATIONALITÉ ET LES AUTRES

En 1638, le grand mathématicien Pierre de Fermat fit parvenir à René Descartes une communication sur certains de ses travaux. Le manuscrit circulait à Paris depuis quelques années déjà et Descartes ne fut pas particulièrement impressionné lorsqu'il le reçut enfin. Ce que disait Fermat était pourtant du plus haut intérêt : il établissait fermement la méthode de maximisation et de minimisation *. Celle-ci est importante en mathématiques et en philosophie, mais aussi très largement utilisée dans les sciences et les sciences sociales, en particulier l'économie.

Ces dernières disciplines invoquent essentiellement la maximisation en tant que caractéristique comportementale (j'y reviendrai), mais il importe de noter que le principe de Fermat en optique, ce « principe de moindre temps » qui indique comment la lumière va le plus rapidement d'un point à un autre – bel exercice de minimisation –, ne portait absolument pas sur un comportement conscient : aucune volition n'intervient dans le « choix » par la lumière du chemin correspondant au temps

* Il s'agit de la théorie du calcul différentiel que Fermat a été le premier à développer. Les caractéristiques théoriques de la maximisation et de la minimisation ne diffèrent pas fondamentalement, puisqu'il s'agit dans les deux cas de chercher des valeurs « extrêmes ». De fait, une maximisation est aisément transformable en minimisation par simple inversion du signe de la fonction en question (et *vice versa*).

minimal entre les deux points. De fait, dans les sciences physiques et naturelles, la maximisation se produit la plupart du temps hors de toute intervention délibérée d'un « maximisateur ». L'absence de choix décisionnel caractérise aussi, en général, les tout premiers usages théoriques de la maximisation et de la minimisation, dont ceux de la géométrie, qui remontent à la recherche de « l'arc le plus court » par les mathématiciens grecs et à d'autres exercices proches effectués par les « grands géomètres » de l'Antiquité, tel Apollonius de Perge.

À l'inverse, le processus de maximisation en économie est essentiellement perçu comme le résultat d'un choix conscient (même si « le comportement maximisant *habituel* » joue parfois un rôle) et l'exercice du choix rationnel est typiquement interprété comme la maximisation délibérée de ce qu'une personne a des raisons de promouvoir. « L'acteur rationnel est celui ou celle qui agit pour des raisons suffisantes [1] », écrit Jon Elster dans son petit livre élégant et concis *Raison et raisons*. De fait, la rationalité du choix doit avoir un lien fort avec le raisonnement. Et c'est parce qu'on a la conviction, souvent implicite plus qu'explicite, que le raisonnement favorisera probablement la maximisation de ce qu'on veut promouvoir ou atteindre (idée qui n'a rien d'extravagant) qu'on prête à la maximisation un rôle central dans le comportement rationnel. La discipline économique fait un usage intensif de la recherche des « extrêmes » pour prédire les choix les plus probables : la maximisation de l'utilité par les consommateurs, la minimisation des coûts par les producteurs, la maximisation du profit par les entreprises, etc.

Cette conception de la rationalité des choix nous conduit à un postulat courant dans la discipline économique contemporaine : la meilleure façon d'interpréter les choix réels des gens est de les supposer fondés sur un type approprié de maximisation. Identifier ce qu'il serait raisonnable de maximiser est donc nécessairement au cœur de la présente enquête sur la nature du choix rationnel et la détermination du choix réel.

Mais une question méthodologique fondamentale sur l'usage de la maximisation en économie requiert d'abord quelque attention. Elle concerne le double usage du comportement maximisant dans la discipline, qui l'utilise à la fois comme mécanisme prédictif (pour tenter de deviner ce qui va probablement se passer) et comme critère de rationalité (pour évaluer les normes à suivre afin que le choix paraisse rationnel). L'assimilation de deux problèmes différents (le choix rationnel et le choix réel), aujourd'hui tout à fait courante dans une grande partie de la réflexion économique, pose une grande question qui mérite qu'on s'y arrête : le choix rationnel (quelle que soit sa définition correcte) est-il une bonne anticipation de ce qui est vraiment choisi ?

DÉCISIONS RATIONNELLES ET CHOIX RÉELS

Les gens sont-ils toujours, ou souvent, guidés par la raison plutôt que par la passion ou l'instinct ? S'ils ne suivent pas les normes du comportement rationnel dans leur comportement *réel*, faut-il chercher une réponse unique à ces deux questions assez différentes : que serait-il *rationnel* de faire pour une personne ? Et que fait-elle *réellement* ? Plus généralement, peut-on espérer régler deux questions tout à fait différentes en leur donnant exactement la même réponse ? Ne faudrait-il pas inviter les économistes qui font ce double usage de la maximisation – par raisonnement explicite ou par postulat implicite – à se le demander ?

Plusieurs économistes se sont intéressés aux écarts systématiques qui éloignent les choix réels de la rationalité. L'une des explications qui a été avancée, sur un axe de recherche proposé par Herbert Simon, porte le nom de « rationalité limitée [2] ». Selon cette hypothèse, les gens ne choisissent pas dans la totalité des cas les options pleinement rationnelles parce qu'ils ne parviennent pas à rester suffisamment concentrés, ou aussi fermes qu'il le faudrait, ou assez vigilants, pour chercher et utiliser l'information nécessaire à la mise en œuvre intégrale de la rationalité. Divers travaux empiriques ont enrichi l'ensemble de données prouvant que le comportement réel des individus peut s'écarter de la maximisation complète de leurs buts et objectifs.

Des preuves considérables, puissamment présentées, par exemple, par Kahneman, Slovik et Tversky, montrent que, lorsqu'ils font des anticipations dans une situation précise sur la base des données disponibles, il leur arrive de ne pas bien comprendre la nature de l'incertitude à laquelle ils sont confrontés [3].

Un autre facteur intervient, que l'on appelle parfois la « faiblesse de la volonté », sujet qui a retenu l'attention de nombreux philosophes depuis très longtemps – les Grecs antiques l'appelaient *akrasia* : on sait très bien ce qu'on doit faire rationnellement, pourtant, on agit autrement. Certains mangent trop ou boivent trop, jugent leur conduite stupide ou irrationnelle, mais ne résistent pas à la tentation. Dans la littérature économique, on parle parfois de « volonté limitée » ou de « manque de maîtrise de soi », et ce phénomène a aussi été étudié très attentivement par plusieurs économistes – d'Adam Smith au XVIIIIe siècle à Thomas Schelling de nos jours [4]. Notons bien que ce problème porte sur l'incapacité d'agir de façon pleinement rationnelle, mais que ces écarts dans le comportement réel ne suggèrent pas que l'idée même de rationalité ou que les exigences qui lui sont attachées soient à modifier [5].

Le rapport entre choix rationnel et comportement réel est lié à un ancien clivage en économie : certains auteurs jugent à peu près correct de postuler que la conduite effective des individus est conforme à ce que leur dicte la rationalité, tandis que d'autres en doutent profondément. Néanmoins, les divergences au sujet des postulats fondamentaux sur le comportement humain, et en particulier le scepticisme portant sur la rationalité du comportement réel, n'a pas empêché l'économie moderne de se servir très largement du choix rationnel comme mécanisme prédictif. L'hypothèse est assez souvent utilisée sans justification particulière, mais, quand on en donne une, on fait valoir soit qu'elle est généralement assez proche de la vérité (malgré certains écarts bien connus), soit que le comportement postulé suffit pour l'usage précis qu'on en fait (on ne cherche pas toujours la description la plus conforme à la vérité).

Milton Friedman en particulier a préconisé avec enthousiasme certains écarts par rapport à la vérité des faits lorsqu'on a d'autres objectifs que de donner une description exacte : il a souligné, par exemple, leur utilité pour faire, à l'aide de modèles simples, des prédictions qui se révèlent assez justes [6]. Puis il est allé jusqu'à soutenir que le « réalisme » d'un postulat se démontre, non en vérifiant son exactitude descriptive, mais « en tentant de voir si la théorie fonctionne, donc si elle permet des prévisions suffisamment précises ». C'est manifestement une vision très spéciale du réalisme et elle a été bien sûr vivement critiquée, notamment par Paul Samuelson (qui l'a baptisée « F-*twist* » – la torsion ou contorsion F). Je n'entrerai pas dans ce débat ni dans la substance du problème en cause, car il ne s'agit pas d'enjeux centraux pour le sujet de ce livre. Mais j'ai examiné la discussion (et les problèmes méthodologiques qui la sous-tendent) par ailleurs [7].

Quand on étudie la rationalité du comportement réel, d'importants problèmes d'interprétation se posent, et l'on va parfois trop vite en le déclarant irrationnel [8]. Il est possible que ce qui apparaît aux autres comme tout à fait irrationnel, voire parfaitement stupide, ne soit pas si inepte que cela. On peut juger imprudent tel comportement parce qu'on ne voit pas les raisons implicites de certains choix, alors qu'elles existent et sont assez convaincantes.

Faire une place à l'action irrationnelle est important, mais diagnostiquer l'irrationalité est beaucoup plus complexe qu'il y paraît à première vue [9]. Le postulat nécessaire au présent ouvrage ne dit pas que les gens agissent invariablement de façon rationnelle, mais qu'ils ne sont pas totalement allergiques aux exigences de la rationalité (même s'ils font les choses de travers de temps à autre ou ne suivent pas les préceptes de la raison en toutes circonstances). La *nature* du raisonnement auquel les êtres humains peuvent être sensibles compte davantage pour notre démarche que leur aptitude à agir rationnellement dans toutes les situations sans exception. Et ce n'est pas uniquement dans leur comportement quotidien qu'ils peuvent y être sensibles, mais aussi quand ils réfléchissent à de vastes questions comme la nature de la justice et les caractéristiques d'une société acceptable. Ce livre invoque souvent leur aptitude à prendre en considération divers types de raisonnement (dont certains leur sont familiers, d'autres non) et à y répondre. Ces activités ne perdent pas leur pertinence pour la simple raison que les comportements réels ne coïncident pas avec le choix rationnel dans la totalité des cas. L'important pour notre entreprise, c'est que les gens sont dans l'ensemble capables de raisonner et d'examiner leurs décisions et celles des autres. Il n'y a pas ici d'abîme infranchissable.

CHOIX RATIONNEL
CONTRE « THÉORIE DU CHOIX RATIONNEL »

Même quand nous admettons, avec ou sans réserve, que le comportement réel n'est pas totalement coupé des exigences de la rationalité ou imperméable à leur influence, il reste la grande question de la définition du choix rationnel. Quels sont, au juste, ses impératifs ?

Une réponse a largement séduit, d'abord en économie, puis, plus récemment, dans la politique et le droit : les gens choisissent rationnellement si et seulement s'ils recherchent habilement leur intérêt personnel et rien d'autre. Cette vision excessivement étroite du choix rationnel a reçu le nom ambitieux – et bizarrement générique – de « théorie du choix rationnel » (c'est assez ahurissant, mais on l'appelle juste ainsi, sans autre précision). De fait, la théorie estampillée « théorie du choix rationnel », en abrégé TCR, définit simplement la rationalité du choix comme une habile maximisation de l'intérêt personnel. Dans cette approche, on considère comme évident que les gens ne seraient pas rationnels s'ils ne recherchaient pas intelligemment leur seul intérêt personnel hors de toute autre considération (sauf si cette « autre considération » facilitait – directement ou indirectement – la promotion de leur intérêt personnel). Puisque les êtres humains sont également fondés à prêter quelque attention à d'autres objectifs que la poursuite obsessionnelle de leur intérêt et ne sont pas dépourvus d'arguments pour se familiariser avec des valeurs plus larges ou des règles normatives de bon comportement, la TCR reflète en réalité une conception extrêmement limitée de la raison et de la rationalité.

On a naturellement beaucoup écrit sur le sujet, et divers textes tentent de défendre en finesse l'assimilation de la rationalité à la promotion de l'intérêt personnel. L'un des problèmes principaux est alors d'interpréter les actes altruistes inspirés par le propre raisonnement de leur auteur : l'existence de cet argument qui lui paraît juste signifie-t-elle vraiment que, s'il agissait pour la « raison qu'il donne lui-même », cela lui bénéficierait personnellement ? La réponse dépend nécessairement de la nature de la raison dont il s'agit. Si quelqu'un juge pénible de vivre dans une société marquée par de grandes inégalités et s'il agit dans le but de les réduire, il est clair que son intérêt personnel se mêle inextricablement à l'objectif social qu'est la réduction des inégalités. Si, en revanche, il veut faire reculer l'inégalité non pour moins souffrir en la voyant, mais parce qu'il la juge nuisible à la société (qu'il en soit ou non victime), la motivation sociale se distingue de la recherche personnelle du gain privé. Les divers arguments avancés sur ce vaste sujet (massivement étudié) sont analysés dans mon ouvrage *Rationalité et liberté en économie* (2002) [10].

La vision remarquablement miniaturisée de la rationalité humaine qui la réduit exclusivement à la recherche de l'intérêt personnel sera examinée un peu plus loin, mais j'aimerais d'abord faire une proposition, que j'ai présentée ailleurs, pour définir la rationalité du choix de façon moins restrictive et plus rigoureuse. Choisir rationnellement, dans cette optique, c'est essentiellement fonder nos choix – explicitement ou implicitement – sur des raisonnements que nous pouvons *maintenir* de façon réfléchie si nous les soumettons à examen critique *. Ainsi conçue, la discipline du choix rationnel consiste fondamentalement à mettre nos choix en conformité avec une investigation

* Si des questions techniques, dont certaines sont mathématiques, interviennent dans le développement de ce point de vue, l'argument principal est assez facile à comprendre : la rationalité consiste à se conformer à des arguments que l'on peut soutenir même après examen, pas seulement à première vue. Pour une présentation et une défense générale de cette approche, voir mon texte « Introduction : rationalité et liberté », in *Rationalité et liberté en économie*, *op. cit.* Les questions plus techniques sont traitées dans les chapitres 3 à 7 du même ouvrage. Voir aussi Richard Tuck, *Free Riding*, Cambridge, MA, Harvard University Press, 2008.

critique des raisons de retenir telle ou telle option. L'impératif essentiel du choix rationnel consiste à assujettir les choix – de ses actes comme de ses objectifs, valeurs et priorités – à l'examen raisonné.

Cette approche est fondée sur l'idée d'un lien entre ce qu'il serait rationnel de choisir et ce que nous avons des raisons de choisir. Avoir des raisons de faire quelque chose n'est pas une simple question de conviction non examinée – de « sentiment viscéral » – qui nous dit que nous avons « bien raison » de faire ce que nous avons choisi de faire. Nous devons chercher les raisons qui nous y incitent et nous demander si elles survivraient à l'examen critique (que chacun peut entreprendre réellement dans les cas où il en ressent le besoin). Les motifs du choix doivent survivre à cette investigation fondée sur un raisonnement rigoureux (mené avec l'effort de réflexion qui convient et, si nécessaire, en dialoguant avec d'autres), enrichi d'informations nouvelles si et quand elles sont pertinentes et accessibles. Et évaluer ainsi nos décisions au regard de nos objectifs et de nos valeurs n'est pas tout : nous pouvons aussi vérifier si ces objectifs et ces valeurs résistent eux-mêmes à l'examen critique [11].

Il ne s'agit pas, bien sûr, d'exiger que chaque décision s'accompagne d'un examen critique approfondi – si le comportement rationnel l'imposait, la vie serait intolérable. Mais on peut poser qu'un choix n'est rationnel que si nous sommes sûrs qu'il aurait résisté à un examen critique raisonné *si* nous en avions mené un. Quand les raisons de tel ou tel choix sont ancrées dans notre esprit par l'expérience ou l'habitude, il nous devient possible de choisir assez raisonnablement sans vérifier la rationalité de toutes les décisions. Rien de particulièrement nocif n'apparaît dans ces normes de comportement raisonnable (même si nous pouvons parfois être induits en erreur par nos vieilles habitudes quand des conditions nouvelles exigent que nous en changions). Si, après le dîner, une personne a l'habitude de boire un décaféiné alors qu'elle préfère le café, on ne peut pas dire qu'elle agisse irrationnellement, même si elle n'entreprend pas un examen argumenté chaque fois que la situation se présente. Son habitude peut être fondée sur un raisonnement implicite, car elle sait par expérience que le café du soir l'empêchera de dormir. Inutile qu'elle se remémore toutes les fois où elle s'est tournée et retournée dans son lit parce qu'elle avait bu du café à cette heure-là. Il peut y avoir un raisonnement soutenable même si l'on ne procède pas à un examen explicite en toute occasion.

Cette conception d'ensemble du choix rationnel – à savoir un choix fondé sur des raisons soutenables – a paru si générale à certains qu'ils ont été tentés de croire qu'elle était, au fond, vide de contenu. En réalité, assimiler le choix rationnel à un choix fondé sur des raisons soutenables, c'est avancer des thèses précises, fortes, et rejeter toute une série d'autres thèses sur sa nature. Dire que le choix rationnel est le choix soumis à examen critique est une définition à la fois exigeante et permissive.

Elle est exigeante, car aucune « recette » simple (comme la maximisation de l'intérêt personnel) ne sera automatiquement tenue pour rationnelle : elle devra faire l'objet d'une enquête approfondie, qui comprendra l'examen critique tant des objectifs souhaitables que des contraintes de comportement raisonnables que l'on peut avoir des raisons d'accepter. Par exemple, la vision étriquée de la rationalité que reflète la « théorie du choix rationnel » n'aurait aucun titre immédiat à être jugée appropriée.

Notons bien que le cadre général de la maximisation, qui fournit une structure mathématique au choix discipliné, est lui-même beaucoup plus large que la maximisation particulière de l'intérêt personnel *. Si nos objectifs vont au-delà de notre propre intérêt et introduisent des valeurs plus larges (que nous avons des raisons de promouvoir ou d'apprécier), la maximisation de leur satisfaction peut s'écarter des exigences spécifiques de la

* L'aptitude des mathématiques de la maximisation à intégrer divers types de contraintes et variétés d'objectifs (dont des préférences dépendant du contexte) est analysée dans mon article « Maximization and the Act of Choice », *Econometrica*, vol. 65, 1997 [« Maximisation et acte de choix », in *Rationalité et liberté en économie, op. cit.*]. Voir aussi mon livre *Rationalité et liberté en économie, op. cit.* Mais je dois préciser ici que la définition théorique de la maximisation ne recouvre pas entièrement l'usage du terme en anglais courant. Si l'on me dit que « Paul est un *ferocious maximizer*, un "maximisateur" acharné », je ne vais pas en conclure que Paul, en toute abnégation, œuvre inlassablement à maximiser le bien social. L'usage courant et peu flatteur du mot *maximizer* est parfaitement correct dans son niveau de langue, mais il faut le distinguer de la définition théorique du mot « maximisation ».

maximisation de notre intérêt personnel. De plus, les raisons de « se comporter décemment » en acceptant certaines contraintes que l'on s'impose à soi-même (suivre les règles de sécurité quand retentit l'alerte au feu et se diriger sans se bousculer jusqu'à la porte de sortie, ou ne pas courir pour s'asseoir avant tout le monde dans le fauteuil le plus confortable lors d'une soirée, par exemple) et la maximisation des objectifs que nous dictent ces contraintes auto-imposées peuvent être conformes aux exigences générales de la rationalité*.

Si l'approche du choix rationnel comme « choix soumis au questionnement critique » est, en ce sens, plus rigoureuse que l'application d'une formule élémentaire de maximisation de l'intérêt personnel, elle est également plus lâche en ceci qu'elle n'exclut pas la possibilité qu'il y ait plus d'un objet du choix raisonné qui franchisse le crible du questionnement critique individuel. Une personne peut être nettement plus altruiste qu'une autre sans qu'aucune des deux ne viole les normes de la rationalité. Nous trouverons l'une plus raisonnable que l'autre en nous fondant – peut-être implicitement – sur notre idée du « raisonnable » dans un contexte social (comme le fait John Rawls), mais l'autre n'en deviendra pas nécessairement irrationnelle. Bien que les impératifs de l'examen critique soient très rigoureux, celui-ci autorise plusieurs logiques rivales à se disputer notre attention**.

* Parfois, ces règles de comportement décent sont aussi dans l'intérêt personnel à long terme de celui qui les suit, mais rien n'oblige à les justifier uniquement sur cette base-là. Il faut moins se demander si une règle sert l'intérêt personnel (cela peut être *une* raison importante, parmi d'autres, de s'y conformer) que vérifier que l'on a suffisamment de raisons de la suivre (qu'elle soit fondée sur l'intérêt ou sur un autre motif raisonné). La distinction est analysée dans mon article « Maximization and the Act of Choice », *Econometrica*, vol. 65, 1997 [« Maximisation et acte de choix », in *Rationalité et liberté en économie*, *op. cit.*]. Voir aussi Walter Bossert et Kotaro Suzumura, « Rational Choice on General Domains », *in* K. Basu et R. Kanbur (éd.), *Arguments for a Better World : Essays in Honor of Amartya Sen*, t. I, *op. cit.* ; et Shatakshee Dhongde et Prasanta K. Pattanaik, « Preference, Choice and Rationality : Amartya Sen's Critique of the Theory of Rational Choice in Economics », *in* C. W. Morris (éd.), *Amartya Sen*, *op. cit.*

** Voir aussi George Akerlof, « Economics and Identity », *Quarterly Journal of Economics*, vol. 115, 2000 ; John Davis, *Theory of the Individual in Economics : Identity and Value*, Londres, Routledge, 2003 ; Richard H. Thaler et

Cette permissivité a une conséquence directe qui mérite d'être commentée. Puisque les exigences du choix rationnel n'aboutissent pas invariablement à l'identification d'une option unique, l'usage du choix rationnel à des fins prédictives est forcément problématique. Comment le choix rationnel peut-il indiquer ce qui sera vraiment choisi si plusieurs options sont considérées comme rationnelles ? Donc, ne confondons pas : il faut chercher à comprendre la nature du choix rationnel pour son importance propre, et aussi parce qu'il aide à analyser le choix réel ; mais il ne faut pas croire qu'évaluer la rationalité des options en présence suffit pour prédire le choix réel, même si l'on postule que les êtres humains ne font que des choix rationnels, car plusieurs options différentes peuvent leur paraître rationnelles.

La possibilité d'une pluralité de raisons soutenables n'est pas seulement importante parce qu'elle « rend justice » à la rationalité ; elle éloigne aussi le choix rationnel de son rôle supposé de prédicteur simple du choix réel, dont l'économie orthodoxe fait si largement usage. Même si tout choix réel était toujours rationnel au sens où il survivrait à l'examen critique, la pluralité des options rationnelles rendrait très difficile toute prédiction unique du choix réel d'une personne sur la seule base de la rationalité.

L'ÉTROITESSE DE VUE DE LA THÉORIE ÉCONOMIQUE STANDARD

Dans son ouvrage classique *Mathematical Psychics*, le remarquable économiste Francis Edgeworth, peut-être le plus grand théoricien de la fin du XIXe siècle dans la discipline, a fait état d'une intéressante dichotomie entre l'hypothèse sur le comportement humain qui fondait son analyse économique (conforme à la tradition de l'économie d'alors) et sa conviction personnelle sur la nature réelle de ce comportement [12]. « Le premier principe de la science économique veut que tout agent ne soit mû que par son propre intérêt », écrit-il. Il ne déviera de ce principe, du

---

Cass R. Sunstein, *Nudge : Improving Decisions about Health, Wealth and Happiness*, New Haven, Conn., Yale University Press, 2008.

moins dans sa théorie officielle, même s'il croyait en fait que l'être humain contemporain est « surtout un égoïste impur, un utilitariste mitigé ». Certes, il est surprenant de constater qu'un si grand économiste consacrera une si grande partie de sa vie et de sa puissance théorique à suivre un axe de recherche dont le « premier principe » lui semblait erroné, mais l'expérience de la théorie économique au cours du siècle suivant nous a habitués à cette discordance particulière entre la conviction et l'hypothèse. Le postulat de l'être humain totalement égoïste a fini par dominer une large part de la théorie économique orthodoxe, alors que nombre de ses éminents spécialistes ont aussi exprimé des doutes sérieux sur sa véracité.

Cette dichotomie n'a pas toujours existé en économie. Les premiers auteurs de traités économiques, comme Aristote et les penseurs médiévaux qui ont pratiqué la discipline (Thomas d'Aquin, Guillaume d'Ockham et Maïmonide, entre autres), voyaient dans l'éthique un facteur important pour comprendre le comportement humain ; les principes moraux jouaient selon eux un grand rôle dans les relations sociales et les comportements*. On peut en dire autant des économistes des Temps modernes (William Petty, Gregory King, François Quesnay, etc.), tous très engagés, de diverses façons, dans l'analyse éthique.

Cela est vrai aussi – et de façon beaucoup plus construite – d'Adam Smith, le père de l'économie moderne. On pense souvent, à tort, qu'il défendait le postulat de la recherche exclusive de l'intérêt personnel, l'« *homo œconomicus* ». En fait, Smith a donné une analyse très fine des limites de cette hypothèse. Il a souligné que « l'amour de soi », ainsi appelait-il la pulsion qui

* Je me réfère ici aux traditions occidentales, mais on pourrait élargir l'analyse à d'autres traditions ; par exemple, Kautilya, le maître indien de l'économie politique du IVe siècle av. J.-C. (contemporain d'Aristote), avait analysé le rôle du comportement éthique dans le succès économique et politique, même s'il était tout à fait sceptique sur la portée réelle des sentiments moraux (voir Kautilya, *The Arthasastra*, trad. angl. et éd. de L. N. Rangarajan, Harmondsworth, Penguin Books, 1992 ; version française traduite de l'anglais par Gérard Chaliand et François Richard, *Arthasastra : traité politique et militaire de l'Inde ancienne*, Paris, Éd. du Félin, 1998, rééd. Pocket, 2004). Voir aussi chapitre 3, « Institutions et personnes ».

sous-tend le comportement intéressé, n'était que l'une des multiples motivations des êtres humains. Il distinguait plusieurs raisons d'aller à l'encontre des préceptes de l'amour de soi, dont celles-ci :

– *l'empathie* (« les actions les plus humaines n'exigent aucune abnégation, aucune maîtrise de soi, aucun usage remarquable du sens de la convenance » et « consistent seulement à agir comme cette exquise affinité nous pousse d'elle-même à le faire ») ;

– *la générosité* (« il en va autrement de la générosité », où « nous sacrifions un grand et important intérêt à l'intérêt égal d'un ami ou d'un supérieur ») ;

– *l'esprit public* (« quand il compare ces deux objets entre eux, il ne les considère pas du point de vue d'où ils lui apparaissent naturellement, mais de celui d'où ils apparaissent à la nation pour laquelle il combat ») [13].

L'empathie, cette « affinité » fondamentale, inspire souvent des actes spontanés qui sont bénéfiques pour les autres, sans « aucune abnégation » puisque leur auteur aime aider. Dans d'autres cas, on peut faire appel au « spectateur impartial » (idée que j'ai déjà analysée) pour guider « les principes de sa conduite » [14]. Et cela permet de prendre en considération « l'esprit public » et « la générosité ». Smith a longuement analysé la nécessité d'un comportement désintéressé et conclu : si la « prudence » est « de toutes les vertus, [...] la plus utile à l'individu », nous devons comprendre que « l'humanité, la justice, la générosité et l'esprit public sont les qualités les plus utiles à autrui » [15].

L'interprétation de Smith a été un véritable champ de bataille. Malgré la fréquence de ses analyses sur l'importance d'autres motivations, il a acquis la réputation de défendre l'idée de recherche exclusive, par tous les êtres humains, de leur propre intérêt. Par exemple, dans deux articles bien connus et très argumentés, le célèbre économiste de Chicago George Stigler a présenté sa « théorie de l'intérêt personnel » (où il soutient que « l'intérêt personnel domine la majorité des hommes ») comme « d'inspiration smithienne » [16]. En l'occurrence, il ne faisait pas preuve d'originalité : c'est effectivement la vision courante de

Smith qu'ont promue de nombreux auteurs l'invoquant à l'appui de leur vision de la société [17]. Ce contresens précis sur Smith est même entré dans la littérature anglaise à la faveur d'un *limerick* de Stephen Leacock (qui était à la fois un littéraire et un économiste) :

Adam, Adam, Adam Smith,
Écoute mon réquisitoire !
N'as-tu pas dit
un jour en classe
que l'égoïsme allait sûrement payer ?
De toutes les doctrines c'était le suc.
Pas vrai, pas vrai, pas vrai, Smith [18] ?

Si certains naissent petits et d'autres le deviennent, il est clair qu'Adam Smith a été beaucoup rétréci [19].

L'une des raisons de cette confusion est la tendance de nombreux économistes à concentrer leur attention sur un autre problème : Smith soutient que, pour expliquer la motivation de l'échange économique sur le marché, nul n'est besoin d'invoquer d'autres objectifs que la recherche de l'intérêt personnel. Dans le passage le plus célèbre de son œuvre et le plus largement cité, issu de *La Richesse des nations*, il écrit : « Ce n'est pas de la bienveillance du boucher, du marchand de bière ou du boulanger que nous attendons notre dîner, mais bien du soin qu'ils apportent à leurs intérêts. Nous ne nous adressons pas à leur humanité, mais à leur égoïsme [20]. » C'est parce que le boucher, le marchand de bière et le boulanger veulent notre argent qu'ils nous donnent leur viande, leur bière et leur pain, et c'est parce que nous – les consommateurs – voulons leur viande, leur bière et leur pain que nous sommes prêts à les payer avec notre argent. L'échange bénéficie à tous et il n'est pas nécessaire que nous soyons des altruistes pour qu'il ait lieu.

Dans certaines facultés d'économie, la lecture de Smith ne semble pas aller au-delà de ces quelques lignes, bien que cette analyse ne traite qu'un seul problème tout à fait spécifique, l'*échange* (pas la distribution ni la production), et un point particulier, la *motivation* qui le sous-tend (et non tout ce qui rend possibles les échanges normaux – la confiance, par exemple). Les autres écrits de Smith contiennent de longues analyses du rôle d'autres motivations qui influencent l'action et le comportement humains.

Smith a aussi remarqué que notre comportement moral prend parfois la forme d'un simple respect des conventions établies. S'il observe que « les hommes de réflexion et de spéculation » voient la force de certains arguments moraux plus facilement que « la plus grande partie du genre humain »[21], il ne suggère nulle part dans ses écrits que les gens sont systématiquement inaptes à se laisser influencer par des considérations morales lorsqu'ils font des choix de comportement. Mais Smith comprend – et il est important de le relever – que, même quand nous sommes motivés par les conséquences de raisonnements éthiques, nous pouvons ne pas nous en rendre compte et avoir l'impression d'agir simplement selon la pratique établie de notre société. Il le dit explicitement dans *Théorie des sentiments moraux* : « Beaucoup d'hommes se comportent très décemment en évitant, pendant leur vie entière, tout degré de blâme considérable. Cependant, ils n'ont peut-être jamais éprouvé le sentiment sur la convenance duquel nous fondons notre approbation de leur conduite ; ils ont agi seulement par souci pour ce qu'ils ont observé être les règles établies du comportement[22]. » Cette insistance sur la force des « règles établies du comportement » joue un rôle majeur dans l'analyse smithienne de la conduite individuelle et de ses implications sociales. Et les règles établies ne se limitent pas à suivre les préceptes de l'amour de soi.

Mais, si Smith a été parfaitement clair sur l'importance de toute une gamme de motivations diverses qui, directement ou indirectement, font agir les êtres humains (comme on l'a noté au début de ce chapitre), une très large part de l'économie moderne cède toujours plus à la facilité de les ignorer toutes, à l'exception de la recherche de l'intérêt personnel. La théorie dite du choix rationnel a même élevé cette prétendue uniformité du comportement humain à la dignité de principe de base de la rationalité. C'est ce lien que je vais maintenant examiner.

Intérêt personnel, empathie et engagement

Même si la théorie dite du choix rationnel considère que la rationalité du choix se définit par la recherche intelligente de l'intérêt personnel, rien ne l'oblige à exclure la possibilité qu'une personne éprouve pour d'autres de l'empathie ou de l'antipathie. Dans une version plus restrictive de la TCR (aujourd'hui de plus en plus démodée), on a parfois postulé que les individus rationnels devaient être non seulement intéressés, mais aussi détachés des autres, afin de n'être absolument pas touchés par leur bien-être ou le résultat de leurs actes. Mais prêter attention aux autres ne détourne pas nécessairement de son intérêt personnel (cela n'implique « aucune abnégation », dit Smith), si l'on finit par promouvoir son propre bien-être en prenant acte de sa propre satisfaction – ou de sa propre souffrance – face au niveau de bien-être des autres. Il y a une nette différence entre, d'une part, noter l'impact que la situation des autres a sur son bien-être, puis œuvrer exclusivement à améliorer son bien-être (y compris celui qui vient de la « réaction à la vie des autres »), et, d'autre part, rompre totalement avec la recherche obsessionnelle de son bien-être. La première attitude s'inscrit encore dans le grand récit du comportement mû par l'intérêt personnel et elle est intégrable à l'approche de la TCR.

Il y a plus de trente ans, j'ai essayé, dans un article intitulé « Des idiots rationnels » (c'était ma conférence Herbert Spencer à Oxford), d'explorer la distinction entre l'« empathie » et l'« engagement » comme fondements possibles d'un comportement attentif à l'autre*. L'empathie (mais aussi l'antipathie, quand elle est négative) renvoie « à l'impact de la situation des autres sur le bien-être d'une personne » (qui peut, par exemple, se sentir déprimée à la vue de leurs malheurs), tandis que

* Amartya Sen, « Des idiots rationnels », in *Éthique et économie (et autres essais)*, *op. cit.*, p. 87-116. Cette distinction « duelle » entre empathie et engagement est certes beaucoup moins élaborée que la différenciation multicatégorielle d'Adam Smith, qui distingue toute une série de motivations de nature à contrarier l'étroite recherche de l'intérêt personnel, mais elle ne s'en inspire pas moins, bien sûr, de l'analyse smithienne.

l'« engagement » « rompt le lien étroit entre bien-être individuel (avec ou sans empathie) et choix de l'action (quelqu'un s'engage, par exemple, dans un effort pour éliminer une calamité même si elle ne lui cause personnellement aucune souffrance) »[23]. L'empathie peut s'associer à un comportement motivé par l'intérêt personnel, et elle est même compatible avec ce qu'Adam Smith appelle amour de soi. Si l'on essaie de soulager le malheur des autres seulement parce que – et dans la mesure où – il affecte notre propre bien-être, il n'y a pas de différence avec l'amour de soi comme seule raison d'agir admise*. Mais si l'on s'engage à faire son possible pour soulager le malheur des autres – que son bien-être personnel en soit ou non affecté, et pas seulement dans la mesure où il l'est –, il y a une différence claire et nette avec le comportement intéressé.

L'un des principaux architectes de la « théorie du choix rationnel » contemporaine, le professeur Gary Becker, a donné un exposé lumineux de la TCR sous sa forme élargie en faisant systématiquement place à l'empathie dans le cadre des sentiments humains, tout en s'en tenant fermement à la thèse de la recherche exclusive de l'intérêt personnel. De fait, être intéressé n'exige pas nécessairement d'être replié sur soi et on peut prendre acte des intérêts des autres *au sein* de sa propre utilité. Mais le réexamen de Becker dans *Accounting for Tastes* [Tenir compte des goûts] (1996), bien que très innovant, ne comporte pas le moindre écart fondamental par rapport aux principes de base qu'il avait formulés dans son ouvrage classique et tant cité, *The Economic Approach to Human Behavior* [L'Approche économique du comportement humain] (1976) : « Tout comportement humain peut être perçu comme un phénomène impliquant des

* Dans sa critique pionnière de l'explication exclusive par le comportement intéressé (*The Possibility of Altruism*, Oxford, Clarendon Press, 1970), Thomas Nagel fait aussi une autre distinction importante, entre le cas de celui qui peut bénéficier d'une action altruiste, mais ne l'effectue pas pour cette raison, et le cas de celui qui l'effectue justement parce qu'il en attend un profit personnel. Même si, au seul niveau des choix observés et sans aucun examen des motivations, les deux paraissent tout à fait identiques, il faut bien voir que le second s'intègre à l'approche générale de la TCR, fondée sur l'intérêt personnel, mais pas le premier.

participants qui (1) maximisent leur utilité, (2) constituent un ensemble stable de préférences et (3) accumulent une quantité optimale d'informations et d'autres intrants sur toute une série de marchés[24]. »

Ce qui est vraiment au cœur de l'approche de la TCR, sans restriction superflue, c'est que le maximand* du choix de comportement de chacun n'est autre que son intérêt ou son bien-être personnel – ce postulat central n'exclut pas que son intérêt et son bien-être personnel puissent être diversement influencés par l'existence et le bien-être des autres. La « fonction d'utilité » beckérienne qu'un individu est censé maximiser représente *à la fois* le maximand de son choix raisonné et son intérêt personnel. Cette coïncidence est extrêmement importante pour nombre des analyses économiques et sociales qu'entreprend Becker.

Selon la TCR, donc, qui fait de la recherche de l'intérêt personnel l'unique base rationnelle du choix, l'empathie peut être intégrée, mais l'engagement doit être évité : il y a une limite à ne pas dépasser. Certes, Becker procède à un élargissement bienvenu de la TCR par rapport à la version inutilement restrictive dont il s'était fait le champion dans ses travaux antérieurs, mais il importe aussi de voir ce que la TCR sous cette forme beckérienne exclut encore. Elle ne fait aucune place, notamment, à toute raison qui pourrait conduire une personne à se fixer un autre but que son bien-être (par exemple : « quoi qu'il puisse m'arriver, je dois l'aider » ou : « je suis prêt à de grands sacrifices pour l'indépendance de mon pays »), voire – si l'on va plus loin – qui pourrait l'inciter à rompre avec le souci exclusif de ses propres buts (par exemple : « je connais mon but, mais je dois parfois le laisser de côté pour être juste vis-à-vis des autres »). Non seulement la TCR, même sous sa forme la plus large, suppose que les êtres humains n'ont pas réellement d'autres buts que la recherche de leur bien-être, mais elle suppose aussi qu'ils violeraient les exigences de la rationalité s'ils se fixaient un but ou une motivation autres que la poursuite obsessionnelle de leur bien-être (qu'elle définit en prenant acte de tous les facteurs

---

* Le maximand est la variable qu'il faut maximiser (*NdT*).

externes susceptibles de l'influencer) *. Telle est donc la question la plus importante à élucider ici, dans le cadre de la présente analyse de la raison et de la rationalité.

ENGAGEMENTS ET OBJECTIFS

Il est aisé de constater que se fixer un objectif non circonscrit à son propre intérêt n'a rien d'inhabituel ou de particulièrement contraire à la raison. Comme l'a relevé Adam Smith, nos motivations sont nombreuses et différentes. Elles nous poussent parfois bien au-delà de la recherche obsessionnelle de notre intérêt. Il n'y a rien d'irrationnel à faire des choses qui ne sont pas entièrement à notre service. Certaines de ces motivations, comme « l'humanité, la justice, la générosité et l'esprit public », peuvent même être – Smith l'a noté ** – très fructueuses pour la société.

Et si nous avions de bonnes raisons de faire autre chose que d'œuvrer à nos propres objectifs (qu'ils soient ou non fondés sur notre intérêt personnel) ? Cette hypothèse suscite davantage de résistance. Avec cet argument : si, délibérément, vous ne recherchez pas ce que vous croyez être vos buts, c'est qu'ils ne sont pas vraiment vos buts. Aux yeux de nombreux auteurs, l'idée que

---

* Voir aussi l'important article de Christine Jolls, Cass Sunstein et Richard Thaler, « A Behavioral Approach to Law and Economics », *Stanford Law Review*, vol. 50, mai 1998. Jolls, Sunstein et Thaler poussent beaucoup plus loin la remise en question de la définition autocentrée de l'intérêt personnel, et les extensions qu'ils suggèrent ont une plausibilité empirique et une valeur explicative. Mais ils ne sont pas hostiles pour autant, dans cet article, à la coïncidence fondamentale entre (1) le bien-être d'une personne (compte tenu de toutes ses sympathies et antipathies) et (2) le maximand qu'elle utilise dans ses choix raisonnés. La critique présentée par ces auteurs est donc une importante contribution au débat « interne » à la conception fondamentale de la rationalité que formule la théorie du choix rationnel (TCR) sous sa forme la plus large. J'ai analysé la portée et les limites de cette argumentation de Jolls, Sunstein et Thaler dans le texte introductif de mon livre *Rationalité et liberté en économie*, *op. cit.* : « Introduction : Rationalité et liberté », p. 13-58.

** *Théorie des sentiments moraux*, *op. cit.*, p. 265. Smith envisage diverses raisons de faire une place à toute une série de motivations de ce genre : il cite notamment leur attrait moral et leur élégance comportementale, ainsi que leur utilité sociale.

l'on pourrait avoir des raisons de ne pas se limiter à servir ses propres buts est « un non-sens, puisque même des agents fortement hétérocentrés ou altruistes ne peuvent pas œuvrer en vue des objectifs des autres sans en faire les leurs * ».

Nier que la rationalité nous oblige à œuvrer de manière obsessionnelle à nos propres buts (uniquement soumis à des contraintes qui *ne sont pas* auto-imposées) ne nous condamne pas nécessairement à nous vouer aux objectifs des autres. De bons arguments peuvent nous amener à suivre des règles de comportement décent que nous jugeons équitables pour les autres, et cela peut restreindre la domination sans partage de nos propres buts. Cette démarche n'a vraiment rien d'énigmatique : nous respectons des normes de conduite raisonnables et elles imposent certaines limites à nos efforts pour atteindre nos objectifs – qui restent ceux que nous nous fixons à juste titre, et raisonnablement, dans la plupart des situations.

Voici un exemple de ce type de retenue qui ne nous oblige pas à faire des buts des autres nos « buts réels ». Vous êtes dans un avion, vous occupez le siège près du hublot. Le rideau est levé, c'est une belle journée ensoleillée. Mais l'occupant du siège couloir, à vos côtés, vous demande de baisser le rideau (si vous voulez bien, s'il vous plaît) pour qu'il puisse mieux voir l'écran de son ordinateur, sur lequel il joue à un jeu vidéo. Ce jeu, vous le connaissez, et vous le trouvez « vraiment stupide » (« quelle perte de temps ! »). Vous êtes en général frustré par tant d'ignorance autour de vous : tous ces gens qui jouent à des jeux idiots alors qu'ils pourraient s'instruire en lisant les journaux – et mieux comprendre ce qui se passe vraiment en Irak ou en Afghanistan,

* C'est ainsi que Fabienne Peter et Hans Bernhard Schmid résument un angle d'attaque contre toute divergence avec l'idée du « choix nécessairement inspiré par ses propres buts », dans leur essai introductif à un très intéressant recueil d'articles sur ce thème et d'autres sujets voisins : « Symposium on Rationality and Commitment : Introduction », *Economics and Philosophy*, vol. 21, 2005, p. 1. Pour traiter cette objection, je m'inspire de ma réponse à un recueil plus volumineux d'essais réunis par Peter et Schmid (avec leurs propres contributions importantes sur le sujet). Elle est incluse dans ce recueil : « Rational Choice : Discipline, Brand Name and Substance », *in* Fabienne Peter et Hans Bernhard Schmid (éd.), *Rationality and Commitment*, Oxford, Oxford University Press, 2007.

voire dans leur ville ! Vous décidez néanmoins de bien vous conduire et vous baissez le rideau pour faire plaisir à cet accro des jeux vidéo.

Que pouvons-nous dire de votre choix ? On comprend sans mal que vous n'êtes pas hostile à l'idée d'aider votre voisin – ou n'importe qui – à améliorer son bien-être. Mais, en l'occurrence, vous ne pensez pas que le bien-être de votre voisin soit bien servi quand il perd son temps à jouer à des jeux idiots – et quand vous l'aidez à perdre son temps. Vous êtes même tout à fait disposé à lui prêter votre exemplaire du *New York Times*, lecture qui serait, vous en êtes convaincu, meilleure pour son édification et son bien-être. Votre acte n'est pas un corollaire de la recherche générale du bien-être.

Le problème principal, ici, se pose peut-être ainsi : devez-vous élever (ou refuser de démanteler) des barrières contre l'effort des autres pour atteindre leurs objectifs quand ceux-ci ne sont pas moralement odieux, même si – comme dans ce cas – vous pensez qu'ils ne contribuent pas à améliorer leur bien-être ? Peut-être n'aimez-vous pas vous montrer peu secourable avec votre voisin (quoi que vous pensiez de ses buts). Ou peut-être estimez-vous que votre contrôle du rideau est un avantage fortuit, dont vous ne devez pas profiter dans votre seul intérêt en ignorant les objectifs d'autrui et l'effet qu'aura sur lui votre décision concernant ce rideau (et cela même s'il vous était agréable de profiter du soleil désormais caché et si vous avez très peu d'estime pour le but que votre voisin s'est fixé).

Ces arguments peuvent être invoqués explicitement ou envisagés implicitement dans votre décision, mais est-il juste de penser que votre comportement sous influence sociale signifie que votre objectif est d'aider les autres à poursuivre leurs buts, quoi que vous en pensiez ? En acceptant les normes sociales de comportement, il est certain qu'en fin de compte vous avez aidé votre voisin à atteindre son objectif propre. Mais ce serait sûrement trop s'avancer que de dire que votre objectif est de maximiser votre aide aux autres pour qu'ils poursuivent les leurs, ou que leurs buts sont en un sens devenus aussi les vôtres (« Ah ça non ! », dites-vous avec un soupir de soulagement). Vous suivez seulement une norme de politesse que vous approuvez (laisser les autres faire ce qu'ils veulent) : c'est une restriction auto-imposée que vous acceptez quand vous prenez votre décision.

Il n'y a rien de particulier, stupide ou irrationnel à « laisser les autres être comme ils sont ». Nous évoluons dans un monde où les autres sont très nombreux, et laisser de la place à leur façon de vivre ne signifie pas considérer ce qu'ils font comme quelque chose de bien qu'il conviendrait de promouvoir. L'engagement, ce n'est pas seulement se fixer des buts qui ne sont pas polarisés sur notre intérêt personnel, c'est aussi suivre des règles de comportement indulgentes, voire généreuses, qui limitent notre inclination à ne servir que nos propres objectifs, indépendamment de leur impact sur les autres. Prendre en considération les souhaits et les projets des autres n'est pas violer la rationalité.

9

PLURALITÉ DES RAISONS IMPARTIALES

On a soutenu au chapitre précédent qu'il n'y a rien d'extraordinaire ou d'irrationnel à faire des choix et à prendre des décisions qui excèdent les étroites limites de l'intérêt personnel. Chacun peut avoir des objectifs beaucoup plus amples que la promotion obsessionnelle de ses propres intérêts et même effectuer des choix qui ne servent pas ses propres objectifs, par souci, peut-être, d'avoir un comportement décent permettant également à d'autres d'atteindre leurs buts. Quand la théorie dite du choix rationnel impose d'assimiler la rationalité à la seule promotion intelligente de l'intérêt personnel, elle sous-estime considérablement le raisonnement humain.

Le lien entre la rationalité du choix et la stabilité des raisons dont ce choix procède vient d'être examiné. Selon cette analyse, la rationalité consiste essentiellement à fonder nos choix – explicitement ou implicitement – sur un raisonnement que nous pouvons *soutenir* de façon réfléchie, et cela exige que nos choix, comme nos actions, objectifs, valeurs et priorités, puissent survivre à notre propre questionnement critique. On a également montré pourquoi il n'y avait pas véritablement de raison de penser que tout motif autre que la quête de l'intérêt personnel devait en quelque sorte être sacrifié sur l'autel de ce questionnement critique.

Mais, si la rationalité du choix peut aisément autoriser des motivations désintéressées, la rationalité en soi ne les exige pas. Se préoccuper des autres n'est en rien bizarre ou irrationnel, mais il serait plus difficile de soutenir, sur la seule base de la rationalité, que c'est une nécessité ou une obligation. Nous pouvons avoir des raisons d'agir solides et stables qui reflètent nos inclinations personnelles et nos propres modes individuels d'auto-examen. La démarche rationnelle dans l'acte de choisir n'exclut ni l'altruiste dévoué ni l'individu qui recherche de façon raisonnée son profit personnel.

Si Marie décide, pour des raisons intelligentes et convaincantes, de se conformer à son idée du bien social même au prix de lourds sacrifices, il sera difficile de la juger « irrationnelle ». Cependant, accuser Paul d'irrationalité ne serait pas plus facile, même s'il maximise sans états d'âme son intérêt personnel, du moment que ses valeurs, ses priorités et ses choix survivent à son propre questionnement approfondi [*]. Le souci des autres est peut-être moins important pour Paul que pour Marie, tout simplement [**]. Libre à nous de trouver Paul moins « raisonnable » que Marie, mais, comme l'a montré John Rawls, c'est un problème différent de l'irrationalité [1]. Il apparaît en fait que la rationalité est une discipline assez permissive : elle exige l'épreuve du raisonnement mais se montre tolérante quant à la diversité des formes prises par le questionnement personnel raisonné, en n'imposant pas d'uniformité dans les critères mobilisés. Si la rationalité était une Église, elle serait assez œcuménique. Les exigences du raisonnable telles que les définit Rawls sont plus strictes que les impératifs de la simple rationalité [***].

---

* Paul devrait prendre en compte, entre autres considérations, les effets négatifs que l'égoïsme sans états d'âme risque d'avoir sur ses relations avec les autres : celui-ci pourrait provoquer une perte même dans sa logique intéressée.

** Le mot « rationnel » autorise une distinction supplémentaire, dont Thomas Scanlon a donné une analyse lumineuse : (1) ce qu'une personne a le plus de raisons de faire, et (2) ce qu'une personne doit faire pour ne pas être irrationnelle (voir T. Scanlon, *What We Owe to Each Other*, *op. cit.*). On peut considérer que Marie et Paul sont rationnels *dans les deux sens*. Mais il reste une question supplémentaire : la soutenabilité des raisons invoquées, qui est au cœur de l'idée de rationalité telle qu'elle est conçue dans cet ouvrage (voir chapitre 8) ; on en trouvera une analyse plus complète dans mon livre *Rationalité et liberté en économie*, *op. cit.*

*** Cependant, lorsqu'il illustre la « distinction familière entre le raisonnable et la rationalité », Thomas Scanlon donne un exemple qui semble aller dans l'autre sens (*What We Owe to Each Other*, *op. cit.*, p. 192-193). Quelqu'un,

Les exigences de la rationalité doivent être affinées et aiguisées quand nous passons de l'idée du rationnel à celle du raisonnable, si nous suivons au sens large John Rawls dans cette distinction. Nous l'avons vu au chapitre 5 (« Impartialité et objectivité »), l'idée d'objectivité, en matière de comportement et de raison pratique, peut être systématiquement liée à des exigences d'impartialité. Sur cette base, nous pouvons formuler ainsi le critère pertinent de l'objectivité des principes éthiques : ils doivent être défendables dans le cadre d'un raisonnement public ouvert et libre *. Les points de vue et les évaluations des autres, ainsi que leurs intérêts, joueront alors un rôle sur un mode que la seule rationalité n'exige pas **.

---

souligne-t-il, peut trouver que le comportement d'un puissant n'est pas entièrement « raisonnable », mais juger « irrationnel » d'exprimer son objection en raison de la colère probable qu'elle suscitera chez ce haut personnage ; une proposition raisonnable ne doit donc pas, rationnellement, être formulée en certaines circonstances. Deux problèmes distincts, à mon sens, se trouvent réunis ici. D'abord, les exigences respectives du rationnel et du raisonnable sont différentes et n'ont pas à coïncider (je soutiens que le raisonnable exige en général quelque chose de *plus* que la simple rationalité). Ensuite, il faut distinguer la rationalité d'une analyse ou d'une décision et la rationalité de l'expression publique de cette analyse ou de cette décision. La différence entre ce qui est « bien pensé » et « bon à dire » peut souvent être capitale dans la discipline duelle de la pensée et de la communication. J'ai essayé d'analyser cette distinction dans mon article « Description as Choice », in *Choice, Welfare and Measurement*, *op. cit.*

* La formulation propre à Rawls semble se concentrer sur un dialogue ouvert qui ne serait pas mené avec tout le monde, mais avec les seules « personnes raisonnables » ; la distinction entre cette approche intégrant des éléments normatifs clairement signalés (que reflète la définition des « personnes raisonnables » et de ce qu'elles vont juger « raisonnable ») et la vision plus pleinement procédurale de Habermas a été analysée au chapitre 5. J'y ai soutenu que la distinction n'est peut-être pas aussi tranchée qu'elle peut le paraître à première vue.

** On peut définir de différentes façons la portée d'un « cadre de raisonnement public ouvert et libre », et les différences de formulation peuvent être très importantes pour voir les distinctions précises – et parfois subtiles – entre l'usage que fait Rawls de cette approche et la façon dont elle est utilisée par d'autres, dont Kant et Habermas. Mais je n'en dirai pas plus ici sur ces problèmes de différenciation, puisqu'ils ne sont pas essentiels pour notre démarche dans ce livre.

Il nous faut néanmoins examiner de plus près la notion de « défendable » dans le débat argumenté avec les autres. Qu'exige-t-elle au juste, et pourquoi ?

CE QUE LES AUTRES NE PEUVENT RAISONNABLEMENT REJETER

Dans la pièce de William Shakespeare *Le Roi Jean*, Philippe le Bâtard remarque que notre évaluation générale du monde est souvent influencée par nos intérêts particuliers :

> Oui tant que je serai misérable, je déblatérerai et ne trouverai de fautes qu'aux riches ; quand je serai riche, j'aurai pour vertu de ne trouver de vices qu'à la misère *.

Que notre position et notre sort puissent influencer notre conception générale et nos croyances politiques quant aux différences et aux déséquilibres sociaux, il est difficile de le nier. Si nous prenons vraiment à cœur l'exercice du questionnement personnel, il est possible que nous parvenions à être suffisamment opiniâtres dans nos jugements généraux (de sorte, par exemple, que nos jugements sur les riches et les pauvres ne diffèrent pas radicalement selon que nous soyons riches ou pauvres). Mais rien ne garantit que nous procéderons à cet examen rigoureux en toute circonstance, et le fait que nous soyons si indulgents à l'égards des idées et des opinions que nous avons sur tout ce qui nous touche directement peut restreindre la portée de celui-ci.

Dans le contexte social, qui met en jeu l'équité vis-à-vis des autres, se fait sentir le besoin de mener ce questionnement personnel permissif au-delà des exigences de la rationalité pour considérer celles d'une « conduite raisonnable » à l'égard d'autrui. Ce cadre plus exigeant nous impose de prêter une attention sérieuse aux idées et aux préoccupations des autres, puisqu'elles vont jouer un rôle dans l'examen auquel nous soumettrons raisonnablement nos décisions et nos choix. En ce

* William Shakespeare, *Le Roi Jean*, acte II, scène I, v. 593-596, in *Théâtre complet*, trad. fr. de François-Victor Hugo, Paris, Garnier, 1961, t. II, p. 31.

sens, notre compréhension du bien et du mal dans la société doit dépasser ce qu'Adam Smith appelle les prescriptions de « l'amour de soi ».

De fait, et Thomas Scanlon l'a démontré de façon convaincante, « penser au bien et au mal est, au niveau le plus élémentaire, penser à ce qui serait justifiable devant les autres sur des bases qu'il leur serait impossible, si leurs motivations sont bonnes, de rejeter raisonnablement[2] ». Si la survie à l'auto-examen est au cœur de l'idée de rationalité, la prise en compte sérieuse de l'examen critique mené du point de vue des autres joue nécessairement un rôle important pour nous conduire, au-delà de la rationalité, vers le comportement raisonnable dans les rapports avec autrui. À l'évidence, les impératifs de l'éthique politique et sociale peuvent trouver place ici.

Le critère de Scanlon est-il différent des exigences de l'équité rawlsienne qui ont été examinées plus haut et qui procèdent du dispositif de la « position originelle » ? Il est certain qu'il existe un lien fort entre les deux. Le « voile d'ignorance » qui caractérise la « position originelle » (en assurant que nul ne sait qui il ou elle sera dans le monde réel) a été conçu par Rawls pour que tous regardent au-delà de leurs intérêts et objectifs personnels. Cela dit, il y a d'importantes différences entre l'approche fermement « contractuelle » de Rawls, dont le ressort ultime est le bénéfice mutuel au moyen d'un accord, et l'analyse plus large du raisonnement de Scanlon, bien que celui-ci brouille un peu les pistes en tenant à qualifier sa méthode de « contractualiste ».

Dans l'analyse rawlsienne, quand les représentants du peuple se réunissent et déterminent les principes à considérer comme « justes » pour orienter la structure institutionnelle de base de la société, tous les intérêts des différentes personnes comptent (de façon anonyme, puisque nul ne sait, grâce au « voile d'ignorance », qui il sera vraiment). Au cours des délibérations sur la position originelle telle que Rawls la définit dans *Théorie de la justice*, les parties ou leurs représentants n'expriment pas d'idées morales ni de valeurs culturelles qui leur sont propres ; leur tâche consiste uniquement à promouvoir le mieux possible leurs propres intérêts et ceux de leurs mandants. Même si toutes les parties visent leur propre intérêt, le contrat qui est censé faire l'unanimité peut être considéré, dans la perspective rawlsienne, comme le meilleur pour les intérêts de tous, pris globalement, sous le « voile d'ignorance » (puisque le voile empêche chacun de savoir qui il ou elle sera)*. Rien n'impose, soulignons-le, que la fusion impartiale de tous ces intérêts sous le « voile d'ignorance » soit opérée sans problème : on ne peut pas prévoir ce qui sera choisi dans ce type d'incertitude artificielle. Il n'y aura pas de solution unique approuvée à l'unanimité par toutes les parties, parce qu'il n'y a pas d'harmonie sociale unique entre les intérêts contradictoires des membres de la société. Le principe de répartition rawlsien, qui donne priorité aux intérêts des plus désavantagés, va se heurter à la concurrence du principe utilitariste, qui enjoint de maximiser la somme des intérêts de tous. C'est justement en faisant usage, comme Rawls, d'une situation imaginaire d'incertitude sur « qui sera quoi » que John Harsanyi est parvenu à cette solution utilitariste.

En revanche, dans la formulation de Scanlon, bien que les intérêts des parties servent de base au débat public, les arguments peuvent venir de quiconque, dans cette société ou ailleurs, est en mesure de donner des raisons spécifiques de penser que les décisions envisagées sont (ou ne sont pas) susceptibles d'être « rejetées raisonnablement ». Les parties en cause ont un certain poids puisque ce sont leurs intérêts qui sont en jeu, mais les arguments concernant ce qu'elles peuvent ou ne peuvent pas rejeter raisonnablement feront éventuellement intervenir des perspectives morales différentes, si elles sont jugées raisonnables, et ne restreindront pas l'attention aux modes de pensée des parties elles-mêmes. À cet égard, l'approche de Scanlon permet d'aller dans la

* Voir John Harsanyi, « Cardinal Welfare, Individualistic Ethics, and Interpersonal Comparisons of Utility », *Journal of Political Economy*, vol. 63, 1955. D'autres solutions ont été proposées, par exemple maximiser une somme d'utilités pondérées dans un souci d'équité, comme le propose James Mirrlees (« An Exploration in the Theory of Optimum Income Taxation », *Review of Economic Studies*, vol. 38, 1971). Voir aussi John Broome, *Weighing Lives*, Oxford, Clarendon Press, 2004. Je n'approfondirai pas davantage cette question ici, mais elle est traitée dans mes ouvrages *Collective Choice and Social Welfare*, *op. cit.*, *On Economic Inequality*, *op. cit.*, et dans mon article « Social Choice Theory », *in* K. Arrow et M. Intriligator (éd.), *Handbook of Mathematical Economics*, *op. cit.*

direction explorée par Adam Smith avec son idée de « spectateur impartial » (voir chapitre 8), bien que le point d'ancrage de tous les arguments soit limité, même dans l'analyse de Scanlon, aux préoccupations et aux intérêts des parties impliquées.

La démarche de Scanlon procède aussi par élargissement, inclusion, puisqu'il n'est pas nécessaire que les personnes dont les intérêts sont affectés viennent toutes d'une seule et même société, nation ou entité politique, comme dans la quête rawlsienne de la justice « peuple par peuple ». La formulation scanlonienne permet d'élargir l'ensemble des gens dont les intérêts sont jugés pertinents : ils n'ont pas besoin d'être tous citoyens d'un État souverain particulier, contrairement au modèle rawlsien. De plus, puisqu'il s'agit de chercher les raisons génériques de personnes diversement positionnées, les évaluations des gens du cru ne sont pas les seuls points de vue qui comptent. J'ai déjà commenté, au chapitre 6 en particulier, la nature restrictive de l'approche « contractuelle » rawlsienne, qui limite la gamme des perspectives autorisées dans les délibérations publiques. Dans la mesure où l'approche dite contractualiste de Scanlon lève certaines de ces restrictions, il apparaît judicieux de partir de sa formulation plutôt que de celle de Rawls.

Si Scanlon nomme son approche « contractualiste » (ce qui ne contribue pas à faire apparaître ses différences avec le mode de pensée contractuel), c'est, explique-t-il, parce qu'il fait usage de « l'idée de disposition commune à modifier nos exigences personnelles pour trouver une base justificatrice que les autres ont aussi des raisons d'accepter ». Certes, cela ne présuppose aucun contrat, mais Scanlon n'a pas tort de voir dans cette idée « un élément central de la tradition du contrat social qui remonte à Rousseau » (p. 5). Néanmoins, sous cette forme générale, c'est une idée fondamentale que partagent nombre d'autres traditions, des chrétiens (j'ai évoqué au chapitre 7 les arguments de Jésus dans sa discussion avec le légiste local sur la logique de l'histoire du bon Samaritain) aux smithiens et même aux utilitaristes (notamment version John Stuart Mill). La perspective de Scanlon est beaucoup plus vaste que ne le suggère sa propre tentative de l'enfermer dans les strictes limites de la « tradition du contrat social ».

Pluralité de ce qui ne peut être rejeté

Considérons à présent un autre problème. Il convient de noter que la méthode utilisée par Scanlon pour identifier des principes qui puissent être considérés comme raisonnables n'est supposée, en aucune façon, aboutir à la détermination d'un ensemble unique de principes. Scanlon lui-même ne dit pas grand-chose sur la multiplicité des principes concurrents qui satisfont son critère de non-rejetabilité. S'il l'avait fait, le contraste entre son approche dite contractualiste et une démarche proprement contractuelle serait encore plus transparent. Cette dernière – que ce soit celle de Hobbes, de Rousseau ou de Rawls – doit conduire à un seul contrat bien précis. Dans le cas de Rawls, elle spécifie un ensemble unique de « principes de justice » dans le cadre de la « justice comme équité ». Il est en outre très important de voir à quel point cette unicité est cruciale pour la base institutionnelle de la pensée rawlsienne, puisque c'est cet unique ensemble d'exigences qui détermine, dans le récit de Rawls, la structure institutionnelle de base d'une société. Le déroulement de l'exposé rawlsien sur la société juste part de ce premier pas institutionnel, qui repose sur l'accord réalisé autour d'un ensemble unique de principes, et passe ensuite à d'autres aspects (comme l'« étape de la législation »). Si des principes concurrents s'accompagnant d'une pluralité d'exigences institutionnelles différentes étaient apparus dans la position originelle, Rawls ne pourrait raconter l'histoire comme il le fait.

J'ai examiné la question au chapitre 2 (« Rawls et au-delà »), sous un angle voisin mais différent – l'invraisemblance du postulat selon lequel, dans la position originelle rawlsienne, un ensemble unique de principes fait l'unanimité. S'il était possible de choisir entre de nombreuses solutions à la fin de l'exercice de l'équité, aucun contrat social unique ne pourrait être identifié pour servir de base au récit institutionnel que donne Rawls.

D'un examen rigoureux peut émerger une pluralité de raisons fortes et impartiales. Quelque chose d'assez important se joue dans la prise de conscience de cette réalité. Nous avons vu (dans l'Introduction) qu'il existe diverses logiques rivales de la justice, et il apparaît impossible de les rejeter toutes à l'exclusion d'une seule, un unique ensemble de principes complémentaires dont la cohérence serait parfaite et totale. Même si quelqu'un privilégie l'une d'elles, il y aura variation de personne à personne, et chacun aura du mal à rejeter complètement des arguments, peut-être bien défendus, auxquels d'autres donnent priorité.

Dans l'exemple, évoqué en introduction, des trois enfants qui se disputent une flûte, on constate que les trois positions ont en leur faveur des arguments qui ne peuvent être raisonnablement rejetés, même après moult délibérations et questionnements. Les justifications sur lesquelles reposent les thèses respectives des trois enfants prennent des formes « impartiales », certes fondées sur des bases impersonnelles différentes. La première des revendications s'appuie sur la valeur de l'épanouissement et du bonheur, la deuxième sur l'importance de l'équité économique, la troisième sur la reconnaissance du droit à jouir des fruits de son travail. Après examen de ces motifs concurrents, même si nous options pour l'un ou l'autre, nous ne pourrions prétendre que les autres fondements proposés sont à rejeter pour « non-impartialité ». D'ailleurs, des juges parfaitement impartiaux, n'agissant pas sous l'emprise d'un intérêt privé ou d'une excentricité personnelle, pourraient voir, dans un cas comme celui-ci, les points forts de logiques de justice différentes et rendre des jugements différents, puisque les arguments rivaux reposent tous sur un principe impartial.

LES BÉNÉFICES MUTUELS DE LA COOPÉRATION

On voit aisément pourquoi l'approche contractuelle attire certains soi-disant « réalistes » qui veulent que le comportement décent résulte en dernière analyse de considérations d'avantage personnel. Le désir de Rawls de concevoir « la société comme système équitable de coopération sociale * » cadre bien avec cette

* Il est significatif que ce soit le titre donné par Rawls à la section 2 de la première partie de son livre *La Justice comme équité. Une reformulation de « Théorie de la justice »*, *op. cit.*, p. 22-26.

vision d'ensemble. L'idée de coopération, dit-il, « contient également celle de l'avantage rationnel ou du bien de chaque participant ». Et « cette idée d'avantage rationnel précise ce que ceux qui sont engagés dans la coopération cherchent à obtenir du point de vue de leur propre bien ». Il y a ici un point commun avec la perspective intéressée de la théorie du choix rationnel, à cette différence près que Rawls la met en œuvre dans les conditions de la position originelle, avec un voile d'ignorance jeté sur les identités individuelles. De plus, tous les participants comprennent qu'ils ne peuvent avoir ce qu'ils souhaitent sans coopérer avec les autres. Le comportement coopératif est donc retenu en tant que norme collective pour le bénéfice de tous et il implique le choix commun de « termes [...] que chaque participant peut raisonnablement accepter, et doit quelquefois accepter à condition que tous les autres les acceptent également[3] ».

C'est peut-être de la morale sociale, mais c'est en dernière analyse une morale sociale inspirée par la *prudence*. Puisque l'idée de coopération mutuellement avantageuse est au cœur de la conception de la position originelle rawlsienne, et puisque Rawls introduit son idée fondatrice d'équité essentiellement par le biais de la position originelle, l'approche rawlsienne de la « justice comme équité » repose sur un soubassement dont la quintessence est l'avantage.

Le point de vue de l'avantage est effectivement important pour l'organisation d'une société et le comportement social : il existe de nombreuses situations où les intérêts communs d'un groupe sont mieux servis lorsque chacun respecte des règles de conduite qui lui interdisent d'essayer de faire un petit profit au prix d'une aggravation de la situation des autres. Le monde réel abonde en problèmes de ce genre, de la durabilité de l'environnement et de la préservation des ressources naturelles partagées (« les communaux* ») à l'éthique du travail dans les processus de production et au sens civique dans la vie urbaine[4].

---

* Les biens communs, *indivis*, que tous peuvent exploiter et risquent donc de surexploiter s'ils ne pensent qu'à leur intérêt personnel (ce qu'on appelle la « tragédie des communaux ») [*NdT*].

Dans ce type de situation, il y a deux grandes voies pour concrétiser les bénéfices mutuels de la coopération : les contrats issus d'accords dont on peut assurer le respect et les normes sociales qui induisent un comportement volontaire dans ce sens. Si les deux ont été examinées, d'une manière ou d'une autre, dans la littérature contractuelle en philosophie politique, qui remonte au moins à Hobbes, c'est la voie du contrat et des moyens de le faire respecter qui a reçu la place d'honneur. Celle de l'évolution des normes sociales, en revanche, a été largement explorée dans la littérature sociologique et anthropologique. Les avantages du comportement coopératif et la justification de sa démarche de restriction volontaire ont fait l'objet de recherches très intéressantes de théoriciens sociaux visionnaires comme Elinor Ostrom, qui entendaient analyser l'émergence et la perpétuation de l'action collective à travers les normes sociales de conduite [5].

LE RAISONNEMENT CONTRACTUEL ET SA PORTÉE

On n'en saurait douter : la logique prudentielle de la coopération sociale, et par là même de la morale sociale et de la politique – logique dont le fondement ultime est l'avantage mutuel –, est très importante pour comprendre les sociétés, leurs succès et leurs échecs. Le raisonnement contractuel a beaucoup contribué à expliquer et développer la perspective de la coopération sociale tant par des ruptures éthiques que par des dispositifs institutionnels. La philosophie politique et l'interprétation anthropologique ont été considérablement raffermies par le discernement qu'a permis ce type d'argumentation.

Entre les mains de Rawls, et avant lui de Kant, la démarche contractuelle a aussi été beaucoup enrichie par rapport à l'analyse primitive (bien qu'éclairante) de la coopération sociale que Thomas Hobbes avait initialement formulée en termes directement prudentiels. De fait, l'usage que fait Rawls de la perspective du « bénéfice mutuel » a plusieurs spécificités très importantes, notamment le recours au raisonnement impartial, même si la force motrice de la « coopération mutuellement avantageuse » ne peut qu'être en dernière analyse prudentielle, sous une forme ou sous une autre.

Premièrement, même si Rawls utilise l'idée de contrat pour déterminer la nature des institutions sociales justes et les exigences comportementales correspondantes, son analyse s'appuie moins sur l'usage de la force pour faire respecter l'accord (comme dans de nombreuses théories contractuelles) que sur la volonté des gens de s'en tenir effectivement au comportement qu'ils ont, si l'on peut dire, « accepté ». Cette façon de voir le problème a tenu Rawls à distance de la nécessité d'une action répressive pour maintenir le contrat : celle-ci est évitable, du moins en théorie. Les normes de comportement prennent donc une forme reconstruite à l'issue du contrat – problème qui a déjà été évoqué lui aussi, notamment aux chapitres 2 (« Rawls et au-delà ») et 3 (« Institutions et personnes »). La démonstration de l'avantage mutuel en prélude au contrat dans la position originelle aboutit au contrat, et celui-ci – du moins le fait de se l'imaginer (puisque c'est un contrat purement hypothétique) – façonne le comportement des êtres humains dans des sociétés dotées d'institutions justes, établies selon les principes figurant dans le contrat*.

Deuxièmement, un autre trait conduit l'analyse rawlsienne bien au-delà des arguments habituels qui préconisent le comportement décent au nom de l'avantage mutuel : Rawls fait en sorte que, dans la position originelle, personne ne puisse argumenter ni marchander en connaissant sa position réelle dans la société, mais seulement derrière le voile d'ignorance. L'exercice est ainsi déplacé de la recherche d'un avantage réel pour soi-même à la promotion de l'avantage collectif de la communauté, puisque

* L'analyse politique de Rawls et l'analyse sociologique de l'évolution graduelle des normes sociales élaborée, entre autres, par Elinor Ostrom sont orientées dans des directions légèrement différentes, même s'il existe des similitudes dans les conséquences comportementales des deux types de raisonnement. Chez Rawls, la reconnaissance initiale de la possibilité de contrats mutuellement avantageux a ensuite une influence restrictive sur le comportement réel dans la société, en vertu de la morale politique du respect de l'accord sur le contrat social.

nul ne sait ce qui lui profitera personnellement dans le tableau d'ensemble. Il y a sûrement assez d'impartialité à cet égard dans le récit rawlsien, et pourtant le lien avec la justification de la coopération par la recherche de l'avantage, en l'occurrence sous une forme impartiale (grâce au voile d'ignorance), n'est pas dépassé par cette extension.

Avec l'analyse rawlsienne de la « justice comme équité », la logique du contrat acquiert une envergure qui l'emporte bien au-delà du vieux territoire de la littérature contractuelle. Néanmoins, la concentration sur l'avantage individuel en général et l'avantage mutuel en particulier est aussi au cœur de l'argumentation de Rawls (sous une forme certes raffinée) : c'est un point commun qu'elle partage avec toute l'approche du contrat. Malgré les succès du raisonnement contractuel dans cette version élargie, deux questions voisines méritent examen : la recherche, directe ou indirecte, de l'avantage est-elle la seule base solide du comportement raisonnable dans une société ? Et : le bénéfice mutuel et la réciprocité sont-ils nécessairement les fondements du raisonnable en politique ?

LE POUVOIR ET SES OBLIGATIONS

À cette logique, je voudrais opposer un autre type de raisonnement dont la forme générale se présente ainsi : si une personne a le pouvoir d'effectuer un changement dont elle remarque qu'il réduira l'injustice dans le monde, l'argument social pour qu'elle le fasse est fort (sans avoir à invoquer les bénéfices d'une coopération imaginaire pour le justifier). Cette obligation dérivant du pouvoir effectif diffère radicalement de l'obligation mutuelle de coopération sur le plan fondamental de la justification et de la motivation.

La perspective des obligations du pouvoir a été puissamment exposée par Gautama Bouddha dans le *Sutta-Nipata*[6]. Bouddha soutient dans ce texte que nous avons une responsabilité à l'égard des animaux en raison, précisément, de l'asymétrie qui existe entre eux et nous, et non d'une symétrie qui susciterait en nous un besoin de coopérer. Bien au contraire, c'est parce que notre puissance est considérablement supérieure à la leur que nous avons une certaine responsabilité envers les autres espèces, en proportion exacte de cette asymétrie de pouvoir.

Bouddha illustre ensuite l'idée en établissant une analogie avec la responsabilité de la mère à l'égard de son enfant : ce n'est pas parce qu'elle lui a donné naissance (ce lien n'est pas invoqué dans ce raisonnement particulier – il est largement pris en compte ailleurs), mais parce qu'elle peut accomplir des choses qui ont un impact sur la vie de l'enfant et que l'enfant lui-même ne peut faire. La raison qu'a la mère d'aider l'enfant, selon ce mode de pensée, n'est pas à chercher dans les récompenses de la coopération, mais justement dans la conscience qu'a la mère de cette asymétrie : ses actes feront une différence énorme pour la vie de l'enfant et celui-ci ne peut les effectuer lui-même. Elle n'a pas besoin de rechercher un avantage mutuel – réel ou imaginaire – ni de faire comme s'il y avait un contrat pour comprendre ses obligations à l'égard de l'enfant. Voilà ce que voulait dire Gautama.

Ici, la justification prend la forme suivante : si une action pouvant être entreprise librement est accessible à une personne (ce qui rend l'action réalisable) et si celle-ci estime qu'entreprendre cette action créera une situation plus juste dans le monde (ce qui rend l'action bonne pour la justice), c'est un argument suffisant pour que cette personne réfléchisse sérieusement à ce qu'elle doit faire, au vu de ce qu'elle a reconnu. Certes, de nombreuses actions, prises isolément, satisfont ces deux conditions sans qu'on soit capable de les entreprendre. Le raisonnement n'est donc pas ici une injonction d'agir chaque fois que les deux conditions sont réunies, il vise seulement à faire admettre l'obligation d'examiner les arguments favorables à l'action. S'il est possible d'imaginer un raisonnement contractuel au sens large – grâce à l'ingéniosité de cette logique – qui expliquerait pourquoi la mère envisage d'aider son enfant, ce serait un chemin beaucoup plus détourné vers une conclusion à laquelle le raisonnement fondé sur les obligations du pouvoir conduit en droite ligne.

L'idée fondamentale ici est qu'il y a plusieurs façons de concevoir le comportement raisonnable, qu'il n'est pas toujours lié à la coopération mutuellement profitable, donc à une logique de l'avantage personnel. La recherche de bénéfices mutuels, qu'elle soit directe, comme chez Hobbes, ou anonyme, comme chez Rawls, a incontestablement une énorme importance sociale. Mais elle n'est pas le seul argument pertinent pour déterminer ce que doit être le comportement raisonnable.

Je terminerai cette analyse de la pluralité des raisons impartiales par une dernière observation. La base logique des obligations associées à l'approche dite aujourd'hui des droits humains, mais qui existe depuis longtemps sous d'autres noms (elle remonte au moins au XVIIIe siècle et à Tom Paine et Mary Wollstonecraft), a toujours intégré une forte composante de raisonnement social lié à la responsabilité du pouvoir effectif, comme on le verra au chapitre 17 (« Droits humains et impératifs mondiaux »)[7]. Les arguments qui ne s'inscrivent pas dans la logique de l'avantage mutuel mais soulignent les obligations unilatérales induites par l'asymétrie de pouvoir ne sont pas courants uniquement dans le militantisme contemporain des droits humains : ils trouvent place aussi dans les toutes premières tentatives pour tirer les conséquences de la valorisation des libertés – et par conséquent des droits humains – de tous. Les écrits de Tom Paine et de Mary Wollstonecraft sur ce que cette dernière appelait la « défense en justice » (*vindication*) des droits des femmes et des hommes, par exemple, s'appuyaient largement sur ce type de motivation née du raisonnement faisant obligation au pouvoir effectif d'aider à promouvoir les libertés de tous. Cette façon de penser se trouve grandement confortée, on l'a dit, par Adam Smith et son analyse des « raisons morales », dont le recours au mécanisme du spectateur impartial pour éclairer les gens sur les enjeux et les devoirs éthiques.

L'avantage mutuel, fondé sur la symétrie et la réciprocité, n'est pas la seule base possible pour penser le comportement raisonnable à l'égard des autres. La détention du pouvoir effectif et les obligations unilatérales qu'il induit peuvent aussi offrir au raisonnement impartial un important fondement qui dépasse largement la motivation du bénéfice mutuel.

10

RÉALISATIONS, CONSÉQUENCES ET AGENCE

Nous avons évoqué dans l'Introduction une intéressante conversation tenue dans le *Mahabharata*. C'est un dialogue entre Arjuna, le grand héros guerrier de cette épopée sanskrite antique, et Krishna, son ami et conseiller, à la veille de l'immense bataille de Kurukshetra, non loin de la ville de Delhi. Il porte sur les devoirs des êtres humains en général et ceux d'Arjuna en particulier. Les deux interlocuteurs y expriment des points de vue radicalement divergents. Je vais d'abord, dans ce chapitre, examiner de plus près les enjeux de leur controverse.

La bataille de Kurukshetra oppose les Pandava, la vertueuse famille royale dirigée par Yudhisthira (le frère aîné d'Arjuna et héritier légitime du trône), et les Kaurava, leurs cousins, qui ont injustement usurpé leur royaume. La plupart des dynasties des différents royaumes du nord, de l'ouest et de l'est de l'Inde ont pris parti pour l'un ou l'autre camp dans cette bataille épique, et les deux armées qui s'affrontent représentent un pourcentage considérable des hommes valides du pays. Arjuna est le grand guerrier invincible du camp des justes, les Pandava. Krishna est son conducteur de char, mais il est aussi dans l'épopée une incarnation de Dieu qui a pris forme humaine.

Par sa vigueur, le débat Arjuna-Krishna enrichit le récit épique, mais il a provoqué aussi de nombreux débats moraux et politiques au fil des siècles. La section de l'épopée qui rapporte leur conversation s'intitule la *Bhagavad-Gita*, ou en abrégé la *Gita*, et elle a suscité un extraordinaire intérêt religieux et philosophique, tout en captivant les lecteurs profanes par la vivacité de la dispute elle-même.

Arjuna et Krishna contemplent les armées des deux camps. Ils méditent sur la gigantesque bataille qui va s'engager. Arjuna exprime alors ses profondes hésitations : A-t-il vraiment raison de se battre ? Non qu'il ait des doutes sur la cause qu'il défend : c'est la bonne, la guerre est juste et son camp, qui est le plus fort (notamment grâce à ses talents exceptionnels de combattant et de général), va sûrement la gagner. Mais il y aura tant de morts dans cette bataille ! observe-t-il. Et autre chose le tourmente : il lui faudra tuer lui-même quantité de gens, et la plupart de ceux qui vont se battre et peut-être mourir n'ont rien fait de particulièrement répréhensible, sinon accepté de soutenir l'un des deux camps (souvent par loyauté, en raison d'engagements familiaux ou autres). Si l'angoisse d'Arjuna vient en partie du carnage imminent qui menace d'engloutir le pays, et qu'il peut considérer comme un désastre sans penser particulièrement à son propre rôle, elle est liée par ailleurs à sa responsabilité personnelle dans les meurtres qu'il s'apprête à commettre et dont certaines victimes seront des proches, pour lesquels il a de l'affection. L'argumentation qui incite Arjuna à ne pas se battre comporte donc à la fois des raisons positionnelles et transpositionnelles *.

Arjuna déclare à Krishna que, vraiment, il ne devrait pas livrer cette bataille et tuer ; peut-être les Pandava feraient-ils mieux, tout simplement, de laisser leurs injustes adversaires les Kaurava régner sur le royaume qu'ils ont usurpé : ce serait le moindre des deux maux. Krishna s'insurge contre cette idée et répond, en substance, que la priorité est de faire son devoir quelles qu'en soient les conséquences, position qui sera invoquée à d'innombrables reprises dans les débats indiens de philosophie religieuse et morale. De fait, avec le passage graduel de Krishna du rôle, noble mais partisan, de protecteur des Pandava à celui d'incarna-

* La distinction liée à au point de vue positionnel a été examinée au chapitre 7, « Position, pertinence et illusion ».

tion de Dieu, la *Gita* s'est aussi muée en document de grande portée théologique.

Krishna soutient qu'Arjuna doit faire son devoir quoi qu'il advienne. Et son devoir, en l'occurrence, est de se battre quel qu'en soit le résultat. La cause est juste, et lui, combattant et chef militaire sur lequel son camp doit compter, ne peut faillir à ses obligations. La déontologie exigeante de Krishna, son injonction d'agir en ne pensant qu'à son devoir, sans se soucier des conséquences, a exercé une influence profonde sur les débats moraux au fil des millénaires qui ont suivi.

Faut-il y voir une preuve de la puissance de la théorie pure ? Même Gandhi, l'apôtre de la non-violence, s'est senti profondément inspiré par le principe de Krishna – faire son devoir quelles que soient les conséquences (et il a cité assez souvent le Krishna de la *Gita*) –, alors que le devoir d'Arjuna consistait à livrer un violent combat sans hésiter à tuer les autres, ce qui, normalement, n'aurait pas dû enthousiasmer Gandhi.

De nombreux commentateurs philosophiques et littéraires de par le monde ont également soutenu avec éloquence la position morale du dieu ; l'admiration pour la *Gita*, et pour les arguments de Krishna en particulier, a été un phénomène de longue durée dans certaines sphères de la culture intellectuelle européenne [*]. Christopher Isherwood a traduit en anglais la *Bhagavad-Gita* [1] ; T. S. Eliot a expliqué le raisonnement de Krishna et condensé son message dans une admonestation poétique : « *And do not think of the fruit of action. / Fare forward. Not fare well, / But fare forward, voyagers* [2] » [« Quant au fruit de l'action, n'allez pas y songer, mais en avant ! Et point d'adieux, mais en avant, voyageurs [**] ! »]

---

* Dès le début du XIXe siècle, la *Gita* avait été portée aux nues par Wilhelm von Humboldt, qui voyait en elle « le plus beau, peut-être le seul vrai chant philosophique existant dans toute langue connue ». Jawaharlal Nehru cite Humboldt, mais ajoute que « chaque école de pensée et de philosophie [...] interprète [la *Gita*] à sa façon » (*The Discovery of India*, Calcutta, The Signet Press, 1946 ; rééd., Delhi, Oxford University Press, 1981, p. 108-109).

** L'opposition entre *fare well* (qui a aussi le sens littéral de « bien faire ») et *fare forward* (« aller de l'avant ») est ce qui importe ici [*NdT*].

Les arguments d'Arjuna

Au fil du débat, Arjuna et Krishna développent des arguments au service de leurs positions respectives et leur discussion peut être perçue comme une controverse classique entre la déontologie indifférente aux conséquences et l'examen qui la prend en considération. Arjuna finit par s'avouer vaincu – pas avant, toutefois, que Krishna n'ait renforcé la puissance logique de ses raisons par une manifestation surnaturelle de sa divinité.

Mais Arjuna avait-il vraiment tort ? Pourquoi ne devrions-nous n'être mus que par la volonté d'« aller de l'avant » et non de « bien faire » ? Croire que l'on a le devoir de lutter pour une juste cause sans se soucier des conséquences pèse-t-il vraiment plus lourd que nos raisons de ne pas vouloir tuer les gens, dont certains qui nous inspirent de l'affection ? Je ne dis pas qu'Arjuna aurait eu incontestablement raison de refuser de se battre (beaucoup d'autres arguments que ceux retenus par Krishna militaient dans l'autre sens), mais il y avait largement matière à peser le pour et le contre, et on ne peut pas récuser son point de vue, son souci de la vie humaine, par l'invocation pure et simple d'un prétendu devoir de se battre sans penser aux résultats.

Il s'agit en fait d'un clivage entre deux positions de fond, dont chacune est défendable de diverses façons. La bataille de Kurukshetra va changer la vie des habitants du pays : on le voit dans l'épopée elle-même. Pour décider ce qu'il convient de faire, il faut donc procéder à une évaluation large et critique et non donner une réponse simple parce qu'on rejette d'emblée toute autre considération que le supposé devoir d'Arjuna de se battre quoi qu'il advienne, un devoir déterminé sans examen de ses effets. Même si, en tant que texte religieux, la *Gita* est interprétée dans un sens nettement favorable à Krishna, l'épopée du *Mahabharata*, un récit beaucoup plus vaste dans lequel s'inscrit ce dialogue, laisse les deux interlocuteurs développer à loisir leurs arguments respectifs. Et le *Mahabharata* se termine tragiquement, par une lamentation sur la mort et le carnage. Le triomphe de la cause « juste » a pour compagnes la douleur et l'angoisse. Comment ne pas voir dans cette réalité une sorte de justification des doutes profonds d'Arjuna ?

L'émotion a poussé J. Robert Oppenheimer, le chef de l'équipe de savants américains qui a mis au point la bombe atomique pendant la Seconde Guerre mondiale, à citer une phrase de Krishna issue de la *Gita* quand il a vu de ses yeux, le 16 juillet 1945, la force stupéfiante de la première explosion nucléaire provoquée par l'homme : « Maintenant, je suis devenu la mort, destructrice des mondes[3]. » Conformément au conseil qu'Arjuna le « guerrier » avait reçu de Krishna sur le devoir de se battre pour une cause juste, Oppenheimer le « physicien » était, à l'époque, persuadé du bien-fondé de ses efforts techniques pour doter d'une bombe le camp qui manifestement était le bon. Plus tard, se posant, avec le recul, beaucoup de questions sur sa contribution personnelle à l'élaboration de l'arme atomique, Oppenheimer réexaminera la situation : « Lorsqu'on voit une belle possibilité technique, on y va, on tente ; à quoi cela va servir, on ne se le demande qu'après le succès technique[*]. » Malgré cette pulsion à « aller de l'avant », Oppenheimer avait aussi maintes raisons de réfléchir aux préoccupations d'Arjuna (et pas seulement de se laisser fasciner par les paroles de Krishna) : quel bien peut-on attendre du meurtre de tant de gens ? Et pourquoi devrais-je faire uniquement mon devoir de physicien, en ignorant tous les autres effets, tous les malheurs, tous les morts qui seront dus à mes actes[**] ?

* Voir *In the Matter of J. Robert Oppenheimer : USAEC Transcript of the Hearing before Personnel Security Board*, Washington, DC, Government Publishing Office, 1954. Voir aussi la pièce de Heinar Kipphardt inspirée par ces auditions, *In the Matter of J. Robert Oppenheimer* (trad. fr. de Jean Sigrid, *En cause : J. Robert Oppenheimer*, Paris, L'Arche, 1967). Je voudrais souligner ici que, même si Oppenheimer cite Krishna et si sa foi dans la justesse de la cause pour laquelle il œuvre ressemble à la vision que peut avoir Krishna de la cause d'Arjuna, les positions de Krishna et d'Oppenheimer ne sont pas exactement identiques. Krishna invoque le « devoir » d'Arjuna de se battre en guerrier au service d'une cause juste ; Oppenheimer avance une justification plus ambiguë : exploiter une belle possibilité technique. Peut-être la beauté technique est-elle liée à l'accomplissement satisfaisant de son devoir de savant, mais il y a ici une ambiguïté par rapport à l'admonestation directe que Krishna adresse à Arjuna. Je remercie Eric Kelly de son analyse éclairante sur ce point.

** Comme je l'ai dit dans un de mes livres, *L'Inde : histoire, culture et identité*, *op. cit.*, j'ai demandé à mon professeur de sanskrit au lycée s'il était permis

Pour examiner en quoi tout cela nous aide à mieux comprendre les exigences de la justice, il est utile de distinguer dans la logique d'Arjuna trois éléments assez différents, même s'ils sont liés. La vaste littérature qu'a suscitée la *Gita* les confond souvent, mais ce sont des idées distinctes, et chacune mérite attention.

Il y a d'abord, au cœur du raisonnement d'Arjuna, une conviction d'ordre général : ce qui se passe dans le monde doit être pris en considération et jouer un rôle important dans notre pensée morale et politique. On ne peut pas fermer les yeux sur ce qui arrive vraiment et s'en tenir à une *niti* coupée de toute conséquence, en ignorant complètement la situation qui en résultera. Cette composante de la position d'Arjuna, que l'on peut appeler « la pertinence du monde réel », est complétée par l'identification d'une partie précise du monde réel dont il se soucie particulièrement : la vie et la mort des personnes concernées. Il y a ici un argument général sur l'importance de nos vies, même lorsque d'autres causes détournent notre attention vers des objectifs différents – par exemple faire respecter des interdits qui définissent la bonne conduite, assurer la gloire d'une dynastie ou la puissance d'un royaume (ou encore, comme ce fut peut-être le cas en Europe pendant la sanglante Première Guerre mondiale, la victoire de « la nation »).

Au regard de la distinction classique entre *nyaya* et *niti*, analysée dans l'Introduction, les arguments d'Arjuna penchent nettement dans le sens de la *nyaya*, et non de la simple *niti*, qui consisterait pour lui à faire cette guerre juste en privilégiant son devoir de chef militaire. Ce que nous avons appelé « réalisation sociale » joue un rôle crucial dans sa logique*. Et, au sein de ce cadre

---

de dire que le divin Krishna se tirait d'affaire face à Arjuna avec une argumentation incomplète et peu convaincante. « Peut-être », m'a-t-il répondu, « mais uniquement avec le respect qui convient. » Bien des années plus tard, j'ai pris la liberté de défendre la position initiale d'Arjuna, en expliquant – avec, je l'espère, le respect qui convient – pourquoi la déontologie indifférente aux conséquences telle que la préconise Krishna emportait peu l'adhésion : « Consequential Evaluation and Practical Reason », *Journal of Philosophy*, vol. 97, septembre 2000.

* Dans la controverse de la *Gita*, Krishna se concentre essentiellement sur la *niti* fondamentale, faire son devoir, tandis qu'Arjuna s'interroge à la fois sur la *niti* (pourquoi devrais-je tuer tant de gens même s'il est clair que c'est

général, un argument particulier est très présent dans le raisonnement d'Arjuna : dans ce type de jugement éthique et politique, nous ne pouvons ignorer ce qui arrive aux vies humaines. J'appellerai cet aspect du point de vue d'Arjuna « l'importance des vies humaines ».

Le deuxième élément concerne la responsabilité personnelle. Arjuna soutient que celui dont les décisions entraînent des conséquences sérieuses doit assumer personnellement la responsabilité de ce qui résulte de ses choix. Le problème de la responsabilité est au cœur du débat entre Arjuna et Krishna, bien que les deux interlocuteurs se fassent une idée tout à fait différente de la bonne façon de voir les responsabilités du premier. Arjuna estime que les effets des choix et des actes accomplis sont à prendre en compte dans la décision de les accomplir, tandis que Krishna soutient qu'il faut faire son devoir quoi qu'il arrive et que l'on peut déterminer la nature de ce devoir, par exemple dans la situation où ils se trouvent, sans avoir à examiner les conséquences des actes choisis.

Il existe en philosophie politique et morale une vaste littérature sur les exigences respectives de l'évaluation des conséquences et du raisonnement fondé sur le devoir, et c'est sûrement un point de divergence entre la forme extrême de déontologie que prône Krishna et le raisonnement sensible aux effets que tient Arjuna. Relevons ici un point qui passe souvent inaperçu : Arjuna ne nie pas l'importance de l'idée de responsabilité personnelle – il ne veut pas uniquement que les conséquences soient bonnes, il regarde aussi qui fait quoi, et en particulier ce qu'il aura à faire lui-même, en l'occurrence tuer des gens. Sa propre participation et les responsabilités qui en découleront sont déterminantes dans son raisonnement, en plus de son souci de l'importance des vies humaines.

---

mon devoir ?) et sur la *nyaya* de la société qui résulterait de la guerre (peut-on construire un monde juste par un immense massacre ?). Autant dire, et je voudrais le souligner, qu'à côté de la discussion sur les devoirs et les conséquences (et de l'opposition apparentée entre déontologie et conséquentialisme) – aspect qui monopolise en général l'attention lorsqu'on étudie les raisonnements de la *Gita* – ce riche débat intellectuel aborde aussi, directement ou indirectement, d'autres problèmes importants qu'il ne faut pas ignorer.

Arjuna ne plaide pas, il faut le dire clairement, pour un type de conséquentialisme qui ferait abstraction de son agence.

Troisièmement, Arjuna identifie aussi le problème des éventuelles victimes, et l'idée qu'il lui faudra tuer des personnes pour qui il éprouve de l'affection, dont des parents, le tourmente particulièrement. Tuer lui est extrêmement pénible, et plus encore à l'échelle de cette guerre gigantesque, mais il distingue malgré tout cet aspect-ci : devoir tuer des gens qui, à un titre ou à un autre, comptent particulièrement pour lui. Ce souci révèle une inclination générale : Arjuna est attentif à ses relations personnelles avec les autres individus concernés par un acte particulier. Cette préoccupation relève du point de vue positionnel et du type d'idées qui amènent à se reconnaître une responsabilité spéciale envers d'autres, par exemple ses enfants ou les enfants qu'on a élevés. (Cette question a été évoquée au chapitre 7, « Position, pertinence et illusion ».) Si les obligations relationnelles découlant des liens familiaux et de l'affection personnelle et les préoccupations liées à son propre rôle d'agent sont à exclure dans certains contextes éthiques, par exemple quand des responsables publics conçoivent une politique sociale, il faut les intégrer au vaste champ de la philosophie morale et politique, notamment à la théorie de la justice, où les responsabilités personnelles doivent entrer en ligne de compte et recevoir leur juste place.

Arjuna n'est certes pas présenté dans la *Gita* comme un philosophe, et on aurait tort d'attendre qu'il y expose une défense élaborée de ses divers soucis. Mais il est frappant que toutes ses préoccupations distinctes trouvent harmonieusement leur place dans la formulation de sa conclusion : qu'il pourrait être juste pour lui de se retirer de la bataille. Pour cerner le contenu de la *nyaya* dans son cas, ces trois éléments sont à l'évidence tous pertinents, en plus de son humanité fondamentale.

Résultats finaux et globaux

Puisqu'on pense souvent que les raisonnements conséquentiels se soucient des résultats (et parfois qu'ils ne se soucient *que* des résultats), il est utile, pour comprendre les arguments d'Arjuna, d'examiner de plus près et d'un œil plus critique que de coutume ce qu'on entend par l'expression « le résultat ». On appelle « le résultat » l'état de choses qui découle de toute décision variable qui nous importe telle qu'une action, une règle, une mesure. Certes, nous ne pouvons pas décrire un état de choses « dans son intégralité », ce n'est pas crédible (il sera toujours possible d'ajouter un détail supplémentaire, si nécessaire en observant à la loupe les événements et les actes), mais l'idée fondamentale d'état de choses peut être informationnellement riche et intégrer tous les traits qui nous paraissent importants.

Il n'y a aucune raison particulière d'exiger une description appauvrie d'un état de choses pour l'évaluer. L'état de choses – ou le résultat, dans le contexte du choix que nous examinons ici – peut intégrer des *procédures* de choix et pas seulement l'aboutissement ultime au sens étroit. On peut considérer aussi que le contenu des résultats comprend toute l'information éventuellement pertinente relative à l'agent et sur toutes les relations personnelles et impersonnelles susceptibles d'être jugées importantes dans le problème décisionnel dont il s'agit.

Dans mes travaux antérieurs sur la théorie de la décision et le choix rationnel, j'ai préconisé d'accorder une attention particulière aux « résultats globaux », qui comprennent les actions entreprises, les agents en cause, les procédures mises en œuvre, etc., *en même temps* qu'aux résultats simples, appréhendés indépendamment des procédures, de la nature des agents et des relations – ce que j'ai appelé les « résultats finaux * ». En économie, en politique, en sociologie et dans la théorie générale des décisions

* La distinction entre résultats finaux et résultats globaux a été analysée dans l'Introduction, et elle est très importante pour l'approche de la justice développée dans ce livre, qui assigne aux résultats globaux un rôle que ne peuvent pas jouer les résultats finaux. De fait, l'un des problèmes majeurs des théories dites conséquentialistes de la raison pratique est leur tendance à se limiter aux seuls résultats finaux. Sur la grande portée de cette distinction, voir mes articles « Maximization and the Act of Choice », *Econometrica*, vol. 65, 1997 [« Maximisation et acte de choix », in *Rationalité et liberté en économie*, *op. cit.*] ; « Consequential Evaluation and Practical Reason », *Journal of Philosophy*, vol. 97, 2000 ; et mon livre *Rationalité et liberté en économie*, *op. cit.*

rationnelles et des jeux, cette distinction peut être cruciale pour certains problèmes *. Elle est d'ailleurs cruciale aussi pour évaluer la portée du raisonnement conséquentiel, puisque les conséquences dépassent le lendemain immédiat. L'appréciation des résultats globaux peut faire partie intégrante de l'estimation d'états de choses et constituer à ce titre un élément crucial de l'élaboration d'une évaluation conséquentielle.

En quoi cette distinction est-elle pertinente pour comprendre les arguments d'Arjuna ? Dans les débats philosophiques sur le contenu de la *Gita*, il est courant de voir Krishna, on l'a dit, comme la quintessence du déontologiste qui met inlassablement l'accent sur le devoir, et Arjuna comme le conséquentialiste type qui fonde entièrement l'évaluation des actions sur le caractère souhaitable ou non des effets qu'elles auront. Ces deux interprétations sont assez fallacieuses. Rien n'interdit à une perspective globalement déontologique d'accorder une attention considérable aux conséquences, même si elle commence par poser l'importance de devoirs identifiés indépendamment ; on aurait tort, par conséquent, de prendre la morale un peu émaciée de Krishna pour l'archétype de la déontologie. Il est impossible, par exemple, de comprendre la déontologie d'Immanuel Kant sur la base de l'extrémisme de Krishna **. La déontologie de Krishna est particulièrement puriste, elle ne se borne pas à voir l'importance de raisonner à partir des devoirs, mais nie la pertinence de toute autre préoccupation, notamment de toute préoccupation conséquentielle, quand on détermine s'il faut ou non entreprendre une action.

---

* Pour illustrer l'un de ces problèmes, dans un contexte décisionnel, par un exemple très simple qui montre la pertinence des procédures et de l'agence pour l'évaluation d'un état de choses : une personne peut trouver très satisfaisant qu'on lui attribue un fauteuil particulièrement confortable pendant une soirée mondaine de longue durée, mais elle ne sera pas particulièrement encline à courir vers le siège le plus confortable pour l'occuper avant tout le monde. Les structures de nombreux jeux et décisions changent lorsqu'on intègre ces considérations de procédures.

** Le très vif intérêt de Kant pour les conséquences dans l'exposé de sa position déontologique fondamentale est tout à fait frappant ; voir par exemple *Critique de la raison pratique* (1788). Ces arguments font évidemment partie de sa position éthique d'ensemble.

Arjuna n'est pas non plus un conséquentialiste pur, sans états d'âme, bien décidé à ignorer tout ce qui n'est pas le résultat final, conformément à la définition de la version étroite du conséquentialisme. Bien au contraire, son raisonnement moral et politique est profondément soucieux des résultats sous leur forme globale. L'idée de réalisations sociales, on l'a dit, impose de percevoir les résultats sous cette forme élargie, en prenant en compte les actions, les relations et l'agence. Arjuna, on l'a déjà signalé, laisse un espace important à sa propre idée du devoir en assumant sa responsabilité pour son propre rôle d'agent et en reconnaissant ses relations spéciales avec nombre des victimes potentielles de la guerre (en plus de sa douleur générale face à la perspective de mort massive et de tuerie délibérée). Cette démarche est certainement beaucoup plus large que le conséquentialisme fondé sur les résultats finaux.

L'un des éléments de la méthode de travail présentée dans ce livre est la possibilité d'intégrer une compréhension globale des états de choses à une évaluation globale des réalisations sociales. Si les conséquences – même les résultats finaux – sont prises au sérieux parmi d'autres préoccupations, il n'y a ici aucune défense de la version standard du conséquentialisme telle qu'elle est née de deux siècles de travaux dirigés par l'école utilitariste. Il importe donc de se demander dans quel sens, s'il y en a un, la position d'Arjuna relève du conséquentialisme, même si elle n'en est pas un archétype.

CONSÉQUENCES ET RÉALISATIONS

Il n'est pas facile de formuler une définition du conséquentialisme qui satisferait tous ceux qui en ont évoqué l'idée, pour la défendre ou pour la critiquer. En fait, ce terme a été forgé par des adversaires et non des partisans de l'évaluation conséquentielle, et on l'a essentiellement invoqué pour le réfuter, souvent à l'aide de contre-exemples hauts en couleur qui ont ajouté un certain piquant – et quelque drôlerie intellectuelle – à la philosophie morale. S'avouer « conséquentialiste » revenait presque à se présenter en disant : « Je suis un *chintok* de Londres » (ou un

Amerloque, un *franchouillard* d'où on voudra). Le mot « conséquentialisme » est si peu séduisant qu'on peut raisonnablement l'abandonner à qui voudra le prendre *.

Néanmoins, il faut bien voir que le raisonnement sensible aux conséquences est une nécessité pour comprendre dans toute son ampleur l'idée de responsabilité. Il doit faire partie de la discipline du choix responsable, où celui qui choisit évalue divers états de choses, notamment toutes les conséquences pertinentes, appréhendées à la lumière des choix effectués et des résultats globaux associés à leurs effets réels [4]. C'est une question concrète. Elle n'est pas directement liée, bien sûr, à l'usage du mot « conséquentialisme ». Savoir s'il faut ou non classer les idées de responsabilité et de réalisations sociales, telles que nous les explorons ici, dans un vaste ensemble baptisé « conséquentialisme » est un sujet qui (à la différence des idées elles-mêmes) n'a pas grand intérêt **.

* Proposer une définition de ce qu'est vraiment le conséquentialisme ne m'intéresse pas beaucoup, mais je dois préciser ici que le point de vue d'Arjuna est certainement compatible avec la définition que donne Philip Pettit dans l'introduction de l'intéressant recueil d'articles qu'il a édité sur le sujet : « En gros », écrit Pettit, « le conséquentialisme est la théorie selon laquelle le moyen de déterminer si tel choix particulier est le bon choix qu'aurait dû faire un agent consiste à examiner les conséquences pertinentes de la décision ; à examiner les effets pertinents de la décision sur le monde » (*Consequentialism*, Aldershot, Dartmouth, 1993, p. XIII). Puisqu'il n'y a ici aucune exigence de limiter la prise en compte des conséquences aux seuls résultats finaux, en ignorant la pertinence des rôles actifs, des procédures ou des relations que saisit l'image du résultat global, on peut sans problème regarder Arjuna comme un conséquentialiste au sens de Philip Pettit.

** Il se pose aussi, en fait, un problème d'« appellation » : « conséquentialisme » est un nom inadapté pour désigner une méthode qui commence par – et se concentre sur – l'évaluation d'états de choses. Concevoir ces états de choses comme des « conséquences » suscite aussitôt la question : conséquence de *quoi ?* Donc, même si les philosophes qui se considèrent comme conséquentialistes semblent enclins à procéder à partir d'évaluations d'états de choses (et à passer ensuite à celle d'autres éléments comme les actes ou les règles), le terme « conséquentialisme » oriente dans le sens opposé : il accorde la pertinence première à une autre réalité (une action, une règle ou ce qu'on voudra) dont l'état de choses est une conséquence. C'est comme si l'on commençait par définir un pays comme une colonie, avant de faire les pires efforts pour prouver non seulement que la colonie est importante indépendamment de la métropole, mais aussi que la métropole doit être évaluée exclusivement à la lumière de la colonie.

Il est vrai que, dans le cadre de l'éthique dite conséquentialiste, l'importance de la responsabilité personnelle n'a pas toujours été reconnue comme il convient. Les versions courantes de l'éthique utilitariste ont été sur ce point particulièrement faibles, notamment en ignorant toutes les conséquences autres que les utilités, même quand elles font partie intégrante de l'état de choses (par exemple, les actions d'agents particuliers qui se sont réellement produites). C'était une retombée du programme utilitariste, qui associait au conséquentialisme des exigences supplémentaires, en particulier le « welfarisme », en vertu duquel les états de choses sont à juger exclusivement à l'aune de l'information sur les utilités (tels le bonheur ou la satisfaction du désir) qui leur est liée – et quoi que puissent être les autres caractéristiques des situations en résultant, par exemple l'accomplissement d'actes particuliers, même les plus odieux, ou la violation des libertés, même les plus personnelles, d'autres individus *.

RÉALISATIONS ET AGENCE

Ici se termine mon analyse du conséquentialisme. Les problèmes concrets demeurent, bien sûr, et il y aura quantité d'occasions de les affronter dans le reste du livre. Mais je voudrais tout de même avancer deux autres idées avant de clore ce chapitre. J'ai souligné que la perspective des réalisations sociales est beaucoup plus englobante que l'étroite assimilation des états de choses aux résultats finaux. Il est bon non seulement de penser aux conséquences qu'entraînera un choix particulier, mais aussi d'avoir une vision suffisamment large des réalisations qui en résulteront – notamment en se demandant

* En fait, le raisonnement utilitariste est un amalgame de trois axiomes distincts : 1) le conséquentialisme, 2) le welfarisme et 3) le classement par sommation (cette expression indique qu'il suffit, pour évaluer un état de choses, d'additionner les utilités de toutes les personnes sans prêter attention, par exemple, aux inégalités entre elles). Sur la factorisation de l'utilitarisme, voir mon article « Utilitarianism and Welfarism », *Journal of Philosophy*, vol. 76, septembre 1979, p. 463-489, et Amartya Sen et Bernard Williams (éd.), *Utilitarianism and Beyond*, Cambridge, Cambridge University Press, 1982 ; voir en particulier notre introduction commune.

qui agira, quelles procédures seront utilisées, quels seront les rapports humains. Certains dilemmes déontologiques auxquels on recourt, avec une pertinence évidente, pour discréditer le raisonnement conséquentialiste étroit ne se poseront pas, du moins sous ces formes-là, face à une décision responsable fondée sur l'évaluation des réalisations sociales qui découleraient de tel ou tel choix.

Étant donné l'importance des états de choses dans les réalisations sociales, une question viendra sûrement à l'esprit de nombreux critiques du raisonnement conséquentiel : si nous voulons tenir compte des agents, des procédures et des relations personnelles, y a-t-il le moindre espoir de parvenir à un système *cohérent* d'évaluation des réalisations sociales sur lequel fonder des décisions raisonnées et responsables ? Et, puisqu'il faut de la cohérence, comment admettre que deux personnes évaluent le même état de choses différemment, en fonction de leur agence et de leurs responsabilités respectives ? L'origine du problème que l'on croit voir ici est claire : c'est la tentation de concevoir l'évaluation des réalisations sociales en termes strictement impersonnels. Si nous partageons, vous et moi, le même système de valeurs éthiques, il faut absolument que nous évaluions un résultat global exactement de la même façon : cette exigence correspond aux impératifs de l'éthique utilitariste, cas de raisonnement conséquentiel qui est certes classique, mais extrêmement pauvre en informations. Exiger que l'évaluation des résultats globaux soit absolument identique même lorsque nous nous intéressons aux agents, aux relations et aux procédures est visiblement tout à fait arbitraire, et les motivations d'une telle démarche seraient d'ailleurs contradictoires[5].

En fait, si des personnes distinctes jouent dans le développement d'un état de choses des rôles totalement différents, il serait absurde de poser l'étrange impératif qu'elles l'évaluent très exactement de la même façon. Dans ces conditions, prendre en compte l'agence qui fait partie intégrante des réalisations sociales n'aurait aucun sens. Quand Othello, par exemple, signifie à Lodovico qu'il a tué Desdémone en disant : « Voici celui qui fut Othello : me voici* », il serait vraiment ridicule d'exiger qu'il

* William Shakespeare, *Othello*, acte V, scène II, trad. fr. de F.-V. Hugo, in *Théâtre complet*, *op. cit.*, t. III, p. 197 [*NdT*].

voie ce qui s'est passé exactement de la même façon que Lodovico. La conscience de la nature de l'acte et du fait qu'il en est l'agent, qui va conduire Othello au suicide, le met aussi dans l'impossibilité d'envisager la situation sans tenir compte de son rôle personnel dans le meurtre, ce qui rend son point de vue entièrement différent de celui des autres. Le point de vue positionnel d'Othello est au cœur de son évaluation de l'événement – ce n'est pas un détail que l'on peut négliger*.

Il n'est guère surprenant que le raisonnement conséquentiel d'Arjuna attache une importance particulière au fait qu'il va devoir accomplir lui-même une large part de la tuerie et que certaines des victimes seront des parents pour lesquels il éprouve de l'affection. Être sensible aux conséquences n'impose pas d'être insensible à son rôle d'agent et à ses relations lorsqu'on évalue ce qui se passe dans le monde. On peut avoir d'excellentes raisons de prendre en compte à la fois les préoccupations liées à l'agence et indépendantes d'elle dans l'appréciation de ce qui arrive, donc dans l'évaluation de la justice au sens de la *nyaya***. Il reste qu'on ne peut pas faire l'économie de l'examen personnel, ni d'ailleurs du débat public, pour estimer leur pertinence et leur importance respectives. Recourir au rationnel dans l'évaluation du raisonnable est nécessaire dans les deux cas.

---

* Comme on l'a vu au chapitre 7, « Position, pertinence et illusion », seule une estimation raisonnée peut déterminer si, dans l'évaluation d'un état de choses par quelqu'un, un lien positionnel constitue une préoccupation importante ou n'est qu'un facteur de distorsion à surmonter. En l'occurrence, le rôle d'Othello dans l'assassinat de Desdémone peut difficilement passer pour un détail qui fait perdre de vue l'essentiel et qu'Othello devrait laisser de côté lorsqu'il évalue ce qui s'est passé.

** L'idée de responsabilité peut avoir une portée très différente selon le contexte et le but recherché. Pour certaines distinctions majeures que je n'ai pas traitées ici, voir Jonathan Glover, *Responsibility*, Londres, Routledge, 1970 ; Hilary Bok, *Freedom and Responsibility*, Princeton, N. J., Princeton University Press, 1998 ; et Ted Honderich, *On Determinism and Freedom*, Édimbourg, Edinburgh University Press, 2005, parmi plusieurs autres travaux importants. Voir aussi Samuel Scheffler, « Responsibility, Reactive Attitudes, and Liberalism in Philosophy and Politics », *Philosophy and Public Affairs*, vol. 21, automne 1992.

TROISIÈME PARTIE

Les matériaux de la justice

11

VIES, LIBERTÉS ET CAPABILITÉS

Il y a deux mille cinq cents ans, le jeune Gautama, qu'on appellerait plus tard Bouddha, quitta sa résidence princière sur les contreforts de l'Himalaya pour aller chercher l'illumination. Autour de lui, il vit la mort, la maladie et l'invalidité, et en fut profondément perturbé. Il fut aussi désespéré par l'ignorance qu'il rencontrait. Nous comprenons aisément ce qui tourmentait Gautama Bouddha, en particulier les privations et les insécurités de l'existence humaine, même si nous nous interrogeons davantage sur son analyse de la nature ultime de l'univers que cette expérience lui a inspirée. Nous voyons bien la place centrale des existences humaines dans les jugements raisonnés sur le monde où nous vivons. Nous l'avons déjà dit, il s'agit d'un trait essentiel de la perspective de la *nyaya*, par opposition à la *niti*, qui s'en tient strictement à la règle – même si l'idée de *nyaya* n'est nullement la seule à souligner l'importance d'un examen des vies humaines pour juger de la santé d'une société.

De fait, la nature des existences réelles a beaucoup intéressé les penseurs du social au fil des siècles. Si les critères courants du progrès économique, reflétés par une nuée de statistiques « clés en main », se sont concentrés sur la croissance d'« objets de confort » inanimés (tels le produit national brut [PNB] et le produit intérieur brut [PIB], qui sont au cœur d'innombrables études économiques sur le développement), cette focalisation ne pourrait être justifiée en dernière analyse – si elle peut l'être – que par l'impact desdits objets sur les vies humaines qu'ils influencent, directement ou indirectement. Et l'intérêt de les remplacer par des indicateurs directs de la qualité de la vie, du bien-être et des libertés dont les vies humaines peuvent jouir est de plus en plus reconnu [1].

Même les inventeurs de l'estimation quantitative du revenu national, qui a fait l'objet de tant d'attention et d'adhésion, ont tenté d'expliquer que leur centre d'intérêt ultime était la richesse des existences humaines, bien que ce soient leurs indices et non leurs motivations qui ont largement marqué les esprits. William Petty, par exemple, le pionnier de la mesure du revenu national au XVIIe siècle (il a proposé des moyens de l'évaluer tant par la méthode des « revenus » que par celle des « dépenses », comme on dit aujourd'hui), formulait ainsi son intention : examiner si « les sujets du roi » se trouvaient « dans une situation aussi mauvaise que l'ont dit des hommes mécontents ». Sur quoi il expliquait les divers déterminants de la situation du peuple, dont « la sécurité commune » et « le bonheur particulier de chaque homme » [2]. Cette motivation profonde a souvent été ignorée dans l'analyse économique, où les moyens d'existence sont le centre et le point d'aboutissement de la recherche. Or il importe de ne pas confondre les fins et les moyens : ne prêtons pas aux revenus, à la prospérité, une importance intrinsèque, mais évaluons-les en fonction de ce qu'ils aident à construire, en particulier des vies dignes d'être vécues [*].

La prospérité économique et la liberté réelle, si elles ne sont pas sans lien, peuvent fréquemment diverger. En ce qui concerne la liberté de vivre assez longtemps, par exemple (ne pas succom-

* Inaugurée par Mahbub ul Haq, économiste pakistanais visionnaire mort en 1998 (et que j'ai eu le privilège d'avoir comme ami proche depuis nos années d'études), l'« approche du développement humain » est née d'un désir de passer de la perspective du produit national brut (PNB), orientée vers des moyens, à une autre, qui serait centrée sur certains aspects des vies humaines elles-mêmes, dans la mesure où les données internationales disponibles le permettent. Les Nations unies publient régulièrement des *Rapport(s) sur le développement humain* depuis 1990.

ber aux maladies curables, éviter les causes de mortalité prématurée), il est remarquable que les privations dont souffrent les groupes sociaux particulièrement désavantagés dans des pays très riches peuvent être comparables à ce qu'on voit dans les économies en développement. Aux États-Unis, par exemple, les Afro-Américains des centres-villes, en tant que groupe, n'ont pas plus de chances (et souvent nettement moins) d'atteindre un âge avancé que les habitants de nombreux pays pauvres comme le Costa Rica, la Jamaïque, le Sri Lanka ou de vastes régions de la Chine et de l'Inde[3]. Avoir un revenu décent aide globalement, bien sûr, à éviter une mort prématurée (je ne le conteste pas). Mais cette entreprise dépend aussi d'autres caractéristiques, notamment de l'organisation de la société, dont la santé publique, la garantie des soins médicaux, la nature de l'éducation et du système scolaire, l'ampleur de la cohésion et de l'harmonie sociales, etc.[*] Regarder uniquement les moyens d'existence ou observer directement les vies que les gens parviennent à mener constitue une vraie différence[4].

En évaluant ces vies, nous sommes fondés à nous intéresser non seulement à celles que l'on parvient à mener, mais aussi à la liberté réelle que l'on a de choisir entre différentes façons de vivre. La liberté de déterminer la nature de son existence est une composante précieuse de la vie et nous y sommes à juste titre attachés. Reconnaître l'importance de la liberté peut aussi élargir nos préoccupations, nos engagements. Nous pouvons décider d'user de notre liberté pour œuvrer en faveur de nombreux objectifs qui ne s'inscrivent pas dans le seul périmètre de notre vie personnelle (par exemple, la préservation d'espèces animales menacées d'extinction). C'est une question cruciale pour les impératifs de la responsabilité environnementale et du « développement durable ». Grand sujet sur lequel je reviendrai plus loin.

* Au-delà des applications bien connues de l'approche par les capabilités, ce type de raisonnement peut s'étendre à des domaines moins balisés, par exemple l'importance de tenir compte, dans l'urbanisme et l'architecture, de la liberté associée à la capabilité de fonctionner. C'est ce qu'illustre fort bien le travail pionnier, et de très grande portée, qu'effectuent Romi Khosla et ses collègues. Voir Romi Khosla et Jane Samuels, *Removing Unfreedoms : Citizens as Agents of Change in Urban Development*, Londres, ITDG Publishing, 2004.

Mais procédons d'abord à un examen général de la perspective de la liberté dans l'évaluation des vies humaines.

LA VALEUR DE LA LIBERTÉ

L'évaluation de la liberté est un champ de bataille depuis des siècles et même des millénaires : elle a eu ses chauds partisans, ses enthousiastes, mais aussi ses censeurs, ses détracteurs sévères. Ces clivages ne sont pas essentiellement géographiques, comme on le suggère parfois. On ne saurait dire que les « valeurs asiatiques », pour user d'un terme fréquent dans les débats contemporains, ont toutes été autoritaires – et ont toutes contesté l'importance de la liberté –, tandis que les « valeurs européennes » traditionnelles auraient été en bloc favorables à la liberté et antiautoritaires. Il est vrai qu'aux yeux de nombreux « classificateurs » contemporains, la croyance à la liberté individuelle constitue un crible important pour séparer « l'Occident » de « l'Orient ». Ce mode de classement a d'ailleurs été défendu à la fois par d'intraitables gardiens de l'« exception culturelle occidentale » et par de bruyants champions orientaux des valeurs dites « asiatiques », censées donner priorité à la discipline sur la liberté. Mais les données empiriques qui inciteraient à diviser l'histoire des idées de cette façon-là sont bien rares[5].

La liberté a des partisans comme des détracteurs dans les grands textes classiques occidentaux (il suffit d'opposer, par exemple, Aristote à saint Augustin) et il en va de même dans les grands textes non occidentaux (on a vu au chapitre 3 le contraste entre Ashoka et Kautilya). Nous pouvons tenter, bien sûr, de comparer la fréquence relative de l'idée de liberté dans différentes régions du monde à diverses périodes de l'histoire, et cela pourrait nous conduire à certaines découvertes statistiques intéressantes, mais n'espérons pas voir apparaître ainsi une large dichotomie géographique qui refléterait le clivage idéologique, « pour » ou « contre » la liberté.

LA LIBERTÉ : DES POSSIBILITÉS ET DES PROCESSUS

La liberté est précieuse pour au moins deux raisons distinctes. D'abord, plus de liberté nous donne plus de *possibilités* d'œuvrer à nos objectifs – à ce que nous valorisons. Cela nous permet, par exemple, de décider de vivre comme nous l'entendons et de travailler aux fins que nous souhaitons promouvoir. Tel est ce premier aspect de la liberté : la possibilité d'accomplir ce que nous valorisons, quelle que soit la façon dont cela se produit. Deuxièmement, il est possible que nous attachions de l'importance au *processus* de choix lui-même. Nous voulons, par exemple, être certains de ne pas être mis dans telle ou telle situation en raison de contraintes imposées par d'autres. La distinction entre la dimension de possibilité et la dimension procédurale de la liberté a une importance certaine et des conséquences de très grande portée*.

Commençons par donner un exemple simple de ce qui les différencie. Kim décide, un dimanche, qu'il préfère rester chez lui plutôt que sortir se livrer à une activité quelconque. S'il parvient à faire exactement ce qu'il veut, nous appellerons cela le « scénario A ». Autre possibilité : des voyous font irruption dans sa vie, le traînent dehors et le jettent dans le caniveau. Cette situation terrible sera le « scénario B ». Dans un troisième cas de figure, le « scénario C », les voyous restreignent les mouvements de Kim en lui ordonnant de ne pas sortir de chez lui sous peine de dures représailles.

On voit aisément que, dans le scénario B, la liberté de Kim est très compromise : il ne peut pas faire ce qu'il voulait (rester chez lui) et sa liberté de décider par lui-même a également disparu. Il y a donc violation à la fois de la dimension de possibilité de la liberté de Kim (ses possibilités se trouvent gravement

* Il est très important de bien comprendre que l'idée de liberté réunit ces deux aspects tout à fait distincts et que certaines méthodes d'évaluation saisissent l'un mieux que l'autre. La nature et les conséquences de cette distinction ont été explorées dans mes conférences Kenneth Arrow, « Freedom and Social Choice », reprises dans mon livre *Rationalité et liberté en économie*, *op. cit.*, chap. 20-22 (« Liberté et choix collectif »).

réduites) et de sa dimension procédurale (il ne peut pas décider lui-même de ce qu'il va faire).

Et le scénario C ? Manifestement, la dimension procédurale de la liberté de Kim est compromise (même s'il fait sous la contrainte ce qu'il aurait fait de toute façon, ce n'est plus lui qui choisit) : il ne peut pas faire autre chose sans être cruellement puni. La question intéressante concerne la dimension de possibilité de la liberté de Kim. Puisqu'il fait la même chose dans les deux cas, avec ou sans contrainte, peut-on dire que cette dimension est la même dans les deux scénarios ?

Quand on juge les possibilités dont disposent les gens en se demandant uniquement si, en fin de compte, ils font bien ce que, hors de toute contrainte, ils auraient choisi de faire, on doit conclure qu'il n'y a aucune différence entre les scénarios A et C. Dans cette vision étriquée des « possibilités », la dimension de possibilité de la liberté de Kim n'est pas modifiée puisque, dans les deux cas, il peut rester chez lui, exactement comme il l'avait prévu.

Mais cette conception reflète-t-elle convenablement ce que nous entendons par le mot « possibilité » ? Pouvons-nous juger les possibilités que nous avons sur le seul constat que nous nous trouvons, finalement, dans la situation que nous aurions choisie, sans nous demander s'il y avait ou non d'autres options de valeur que nous aurions pu choisir si nous l'avions voulu ? Pouvions-nous choisir d'aller faire une belle promenade ? Ce n'était pas l'option préférée de Kim ce dimanche-là, mais c'était une possibilité assez intéressante, sûrement préférable à la chute dans le caniveau. Et la possibilité de changer d'avis ? Ou, plus directement peut-être, la *possibilité de choisir librement de* rester chez soi, à distinguer de la *possibilité de* rester chez soi (et rien d'autre) ? Il y a ici une distinction entre les scénarios C et A, même en termes de possibilités. Si ces préoccupations sont sérieuses, il semble plausible de soutenir que, dans le scénario C, la dimension de possibilité de la liberté de Kim est compromise aussi, bien que moins radicalement que dans le scénario B.

La distinction entre « résultat final » et « résultat global », évoquée plus haut, est ici pertinente. Elle permet de percevoir la dimension de possibilité de la liberté de deux façons différentes.

On peut la définir comme simple « possibilité du résultat final » (ce qu'une personne finit par faire) si nous appréhendons la possibilité sous cet angle particulièrement étriqué et considérons la présence de plusieurs options et la liberté de choisir comme des traits plus ou moins négligeables[6]. Mais nous pouvons aussi donner de la dimension de possibilité une définition plus large – et à mon avis plus vraisemblable – en termes de réalisation du « résultat global », qui intègre aussi *la façon* dont la personne parvient à la situation finale (si c'est par choix personnel ou par diktat extérieur). Dans cette conception élargie, la dimension de possibilité de la liberté de Kim est clairement compromise dans le scénario C, puisqu'on lui ordonne de rester chez lui (il ne peut choisir aucune autre solution). Dans le scénario A, en revanche, Kim a bel et bien la possibilité d'envisager les diverses options réalisables, puis de choisir de rester chez lui si c'est sa préférence, tandis que dans le scénario C il ne peut absolument pas jouir de cette liberté-là.

La distinction entre les visions étroite et large de la possibilité se révèle tout à fait centrale quand nous passons de l'idée fondamentale de liberté à des concepts plus spécifiques, tels les capabilités d'un individu. Dans ce contexte, il nous faut nous demander s'il est bon d'évaluer la capabilité d'une personne de mener le type de vie qu'elle valorise à l'aune de la seule option qui s'est finalement concrétisée ou s'il vaut mieux recourir à une approche plus large qui tient compte de la procédure de choix, en particulier des autres solutions qu'elle aurait pu choisir, dans les limites de sa capacité réelle à le faire.

L'APPROCHE PAR LES CAPABILITÉS

Toute théorie concrète de l'éthique et de la philosophie politique, notamment toute théorie de la justice, doit choisir une base informationnelle, c'est-à-dire décider sur quels aspects du monde se concentrer pour juger une société et mesurer la justice et l'injustice[7]. Il est particulièrement important, dans ce contexte, d'avoir une idée de la façon dont il convient d'estimer l'avantage global d'un individu ; par exemple, l'utilitarisme, inauguré par Jeremy Bentham, se concentre sur le bonheur ou le plaisir individuel (ou sur une autre version de l'« utilité individuelle »), car ce plan-là lui paraît le meilleur pour mesurer l'avantage d'une personne et le comparer à celui des autres. Une autre méthode, employée dans de nombreux travaux d'ordre pratique en économie, évalue l'avantage d'un individu à son niveau de revenu, de fortune ou de ressources. Ces exemples font apparaître le contraste entre les approches fondées sur l'utilité et les ressources, et l'approche par les capabilités, fondée sur la liberté *.

Contrairement aux modes de pensée reposant sur l'utilité ou les ressources, l'approche par les capabilités juge l'avantage d'un individu à sa capabilité de faire les choses qu'il a des raisons de valoriser. L'avantage d'une personne, en termes de possibilités, est jugé inférieur à celui d'une autre si elle a moins de capabilité – moins de possibilités réelles – de réaliser ce à quoi elle a des raisons d'attribuer de la valeur. Ici, l'attention se concentre sur la liberté qu'elle a vraiment de faire ceci ou d'être cela – ce qu'il lui paraît bon de faire ou d'être. À l'évidence, il est particulièrement important pour nous de pouvoir réaliser ce que nous valorisons le plus. Mais l'idée de liberté respecte aussi notre autonomie : elle signifie que nous déterminons en toute indépendance ce que nous voulons, ce que nous apprécions et, finalement, ce que nous décidons de choisir. Le concept de capabilité est donc étroitement

* J'ai commencé à travailler sur l'approche par les capabilités parce que je cherchais un meilleur point de vue sur les avantages individuels que celui que permettait la concentration rawlsienne sur les biens premiers : voir « Equality of What ? », *in* S. McMurrin (éd.), *Tanner Lectures on Human Values*, t. I, *op. cit.* [« Quelle égalité ? », in *Éthique et économie (et autres essais)*, *op. cit.*]. Mais il s'est vite avéré que la perspective des capabilités pouvait avoir une application beaucoup plus large : voir *Commodities and Capabilities*, *op. cit.* ; « Well-being, Agency and Freedom : The Dewey Lectures 1984 », *Journal of Philosophy*, vol. 82, 1985 ; *The Standard of Living*, Cambridge, Cambridge University Press, 1987 ; *Repenser l'inégalité*, *op. cit.* Le lien avec les idées aristotéliciennes m'a été signalé par Martha Nussbaum, qui a écrit ensuite des contributions pionnières à ce champ de recherche en pleine expansion et a beaucoup influencé le développement de l'approche par les capabilités. Voir aussi le livre que nous avons coédité, *The Quality of Life*, *op. cit.*

lié à la dimension de possibilité de la liberté vu sous un angle « global » et pas seulement focalisé sur ce qui se passe « finalement ».

Il est important de mettre l'accent sur certains traits spécifiques de cette approche qui doivent être clarifiés d'emblée, puisqu'il y eut parfois des malentendus ou des erreurs d'interprétation. Premièrement, l'approche par les capabilités indique une *base informationnelle sur laquelle se concentrer* pour juger et comparer les avantages individuels globaux. Elle ne propose pas elle-même de recette particulière sur la façon d'utiliser cette information. Des usages différents peuvent apparaître selon la nature des questions posées (s'il s'agit par exemple de politiques qui concernent respectivement la pauvreté, le handicap ou la liberté culturelle) et, plus concrètement, selon la disponibilité des données et informations utilisables. L'approche par les capabilités est une méthode d'ordre général qui oriente l'attention vers l'information sur les avantages individuels, jugés en termes de possibilités et non en fonction d'un « projet » spécifique sur la bonne façon d'organiser une société. Martha Nussbaum et d'autres auteurs ont publié ces dernières années plusieurs contributions très importantes sur des questions d'évaluation et de politique sociales en usant puissamment de l'approche par les capabilités. Leur contenu complet et leurs acquis précis sont à distinguer de la perspective informationnelle sur laquelle elles sont fondées [8].

La perspective des capabilités souligne certes l'importance capitale de l'inégalité des capabilités dans l'évaluation des différences sociales, mais elle ne propose aucune recette spécifique à l'action publique. Par exemple, contrairement à une interprétation souvent exprimée, utiliser l'approche par les capabilités pour l'évaluation ne nous impose pas d'adhérer à des politiques sociales totalement orientées vers l'égalisation des capabilités de tous, en dépit des autres effets de ces politiques. De même, quand on évalue le progrès global d'une société, l'approche par les capabilités attire évidemment l'attention sur l'énorme importance du développement des capabilités humaines de tous ses membres, mais elle n'indique aucune marche à suivre pour régler les conflits entre les considérations d'agrégation et de répartition, par exemple, même si les unes et les autres sont estimées en termes de capabilités. Pourtant, le choix de se concentrer sur une base informationnelle – celle des capabilités – peut être tout à fait décisif pour attirer l'attention sur des décisions qu'il faut prendre et sur une analyse de l'action publique prenant en compte le type de données pertinent. L'évaluation des sociétés et des institutions sociales peut être profondément influencée par l'information sur laquelle on se focalise pour l'effectuer. C'est là, très précisément, que se situe la contribution principale de l'approche par les capabilités [9].

Un second point est à souligner : la perspective des capabilités se soucie inévitablement d'une pluralité d'aspects de nos vies et de nos préoccupations. Les succès susceptibles d'être valorisés dans le fonctionnement humain sont très diversifiés : cela va d'être bien nourri ou de ne pas mourir prématurément à pouvoir participer à la vie de la communauté ou acquérir les compétences nécessaires à ses ambitions professionnelles. La capabilité qui nous intéresse est notre aptitude à réaliser diverses combinaisons de fonctionnements que nous pouvons comparer et juger les unes par rapport aux autres au regard de ce que nous avons des raisons de valoriser [*].

L'approche par les capabilités se concentre sur la vie humaine et pas seulement sur des « objets de confort » comme les revenus ou les produits de base – souvent érigés en critères principaux du succès humain, notamment dans l'analyse économique. Elle propose d'abandonner la focalisation sur les *moyens* d'existence pour s'intéresser aux *possibilités réelles* de vivre. Et cela induit aussi un changement par rapport aux méthodes d'évaluation

* Même s'il est souvent commode de parler de capabilités particulières (perçues en termes d'aptitudes à réaliser les fonctionnements individuels correspondants), il est important de garder à l'esprit que l'approche par les capabilités s'intéresse en dernière analyse à l'aptitude à réaliser des *combinaisons* de fonctionnements valorisés. Une personne peut devoir effectuer un arbitrage entre sa capabilité d'être bien nourrie et celle d'être bien logée (la pauvreté rend parfois inévitable ce type de choix), et nous devons évaluer sa capabilité globale par les accomplissements combinés qui lui sont accessibles. Néanmoins, il est souvent commode de parler de telle ou telle capabilité individuellement (en postulant implicitement que d'autres exigences sont satisfaites) et je le ferai de temps à autre, pour la simplicité de l'exposé, dans ce qui suit.

orientées vers les moyens, notamment celles qui se concentrent sur ce que John Rawls appelle les « biens premiers », qui sont des moyens d'ordre général comme le revenu, la fortune, les pouvoirs et prérogatives des fonctions, les bases sociales du respect de soi, etc.

Alors que les biens premiers sont, au mieux, des moyens d'atteindre les fins valorisées de l'existence humaine, ils deviennent, dans la formulation rawlsienne des principes de justice, les critères cruciaux pour juger l'équité de la répartition. Cela me paraît une erreur, je l'ai dit, car les biens premiers ne sont que des moyens en vue d'autre chose, en particulier de la liberté (j'ai rapidement analysé ce point au chapitre 2). Mais j'ai aussi brièvement signalé que la motivation sous-jacente de la démarche rawlsienne, en particulier sa volonté première de promouvoir la liberté humaine, est tout à fait compatible avec – et peut-être mieux servie par – une focalisation directe sur l'évaluation de la liberté et non sur la mesure des moyens permettant de l'atteindre (si bien que cette opposition me semble moins fondamentale qu'on serait tenté de le croire à première vue). Ces questions seront examinées plus amplement au chapitre suivant. L'approche par les capabilités se préoccupe tout spécialement de corriger cette concentration sur les moyens et elle insiste sur la possibilité de réaliser effectivement les fins et sur la liberté concrète d'atteindre ces fins raisonnées *.

On voit sans peine que le raisonnement en faveur de cette réorientation vers la capabilité peut faire une différence importante, et constructive ; si quelqu'un, par exemple, a un revenu élevé mais souffre de maladies chroniques ou de handicaps physiques graves, il ne faut pas nécessairement le juger très avantagé pour la simple raison qu'il dispose d'un haut revenu. Cette personne dispose certainement d'un moyen de bien vivre en plus grande quantité (c'est-à-dire un gros revenu), mais elle est

* L'importance de la « formation de la capabilité humaine » pour la liberté suggère le besoin de nouveaux axes de recherche sur le développement des facultés cognitives et constructives. On trouvera un bon point de départ dans James J. Heckman, « The Economics, Technology, and Neuroscience of Human Capability Formation », *Proceedings of the National Academy of Sciences*, vol. 106, 2007.

confrontée à la difficulté de le traduire en vie satisfaisante (autrement dit d'avoir une vie dont elle ait des raisons de se féliciter), à cause des infortunes de sa maladie et de son handicap. Ce qu'il convient de regarder, c'est dans quelle mesure elle peut atteindre concrètement, si elle fait ce choix, un état de bonne santé et de bien-être, et une forme physique suffisante pour faire ce qu'elle a des raisons de valoriser. Comprendre que les *moyens* d'une vie humaine satisfaisante ne sont pas en eux-mêmes les *fins* du bien-vivre aide à élargir nettement le champ de l'évaluation. Et c'est là, très exactement, que commence l'utilité de la perspective des capabilités. Divers aspects de son apport ont été mis au jour par les contributions de plusieurs chercheurs qui travaillent dans ce domaine, dont Sabina Alkire, Enrica Chiappero-Martinetti, Flavio Comim, David A. Crocker, Reiko Gotoh, Mozaffar Qizilbash, Jennifer Prah Ruger, Ingrid Robeyns, Tania Burchardt et Polly Vizard [10].

D'autres caractéristiques méritent aussi quelques commentaires (ne serait-ce que pour prévenir des malentendus). Elles portent respectivement sur (1) l'opposition entre capabilité et accomplissement ; (2) la composition plurielle des capabilités et le rôle du raisonnement (dont le raisonnement public) dans l'usage de l'approche par les capabilités ; (3) la place des individus et des collectivités, et leurs relations mutuelles dans la conception des capabilités. J'aborderai ces points successivement.

Pourquoi privilégier les capabilités

Dans l'approche par les capabilités, on ne s'intéresse donc pas seulement à ce qu'une personne finit par réaliser, mais aussi à ce qu'elle est vraiment en mesure de faire, qu'elle choisisse ou non de le faire. Cet aspect de la théorie a été contesté par plusieurs auteurs (dont Richard Arneson et G. A. Cohen), qui ont présenté des arguments assez plausibles, du moins à première vue, en faveur d'un changement d'orientation : mieux vaut, selon eux, concentrer son attention sur l'*accomplissement* réel des fonctionnements (un point privilégié également par Paul Streeten et Frances Stewart) que sur la *capabilité* de choisir entre plusieurs accomplissements [11].

Ce type de raisonnement procède souvent d'une idée force : la vie est faite de ce qui se passe vraiment, non de ce qui aurait pu se passer si les personnes concernées avaient eu d'autres inclinations. Mais il simplifie un peu trop les choses, puisque notre liberté et nos choix font bel et bien partie de notre vie réelle. La vie de Kim est *vraiment* modifiée, dans l'exemple cité plus haut, s'il est forcé de rester chez lui au lieu de choisir de le faire tout en ayant d'autres possibilités. Néanmoins, la critique de l'approche par les capabilités au nom de l'accomplissement mérite d'être examinée sérieusement, puisque de nombreux auteurs lui font écho. Nous devons donc nous demander : serait-il plus approprié de fonder les évaluations sociales des avantages ou désavantages des personnes sur ce qu'elles accomplissent vraiment et non sur ce qu'elles sont respectivement capables d'accomplir [*] ?

Pour répondre, je commencerai par évoquer un point mineur et assez technique, qui a une certaine importance méthodologique mais que beaucoup de ceux qui avancent cette critique trouveront peut-être trop formel pour être vraiment intéressant. Les capabilités sont définies par dérivation à partir des fonctionnements et elles comprennent, entres autres, toute l'information sur les combinaisons de fonctionnements qu'une personne peut choisir. Le groupe de fonctionnements réellement choisi est évidemment l'une de ces combinaisons réalisables et, si nous tenons absolument à nous concentrer sur les fonctionnements accomplis, rien ne nous empêche d'évaluer un ensemble de capabilités en nous appuyant exclusivement sur la combinaison de fonction-

* Il existe en outre une raison pragmatique d'être particulièrement attentif aux accomplissements réels quand il y a des doutes sur le fait que des personnes précises disposent réellement de telle capabilité. Cela peut être important dans l'évaluation de l'équité entre les sexes : chercher des preuves réelles de certains accomplissements extrêmement importants peut être plus rassurant que croire à l'existence de la capabilité correspondante. Sur ce type de préoccupations et d'autres soucis de ce genre, voir Anne Philips, *Engendering Democracy*, Londres, Polity Press, 1991.

nements qui a été choisie dans cet ensemble[12]. Si la liberté n'avait qu'une importance *instrumentale* pour le bien-être d'une personne et si le choix n'avait aucune valeur intrinsèque, ce pourrait être effectivement la bonne focalisation informationnelle pour l'analyse de la capabilité.

Identifier la valeur de l'ensemble de capabilités à celle de la combinaison de fonctionnements choisie permet à l'approche par les capabilités de donner beaucoup de poids – et peut-être même *tout* le poids – aux accomplissements réels. En termes de polyvalence, la perspective des capabilités est plus générale – et englobe plus d'informations – que la concentration sur les seuls fonctionnements accomplis. Il n'y a, du moins en ce sens, rien à perdre à utiliser la base informationnelle plus large des capabilités, qui permet, entre autres, de procéder exclusivement à l'évaluation des fonctionnements accomplis (si nous souhaitons cette orientation-là), mais qui autorise aussi l'usage d'autres priorités dans l'évaluation – celles qui attachent de l'importance aux possibilités et aux choix. Cette remarque préliminaire est manifestement un argument minimal, et beaucoup d'autres, cette fois positifs, montrent toute l'importance de la perspective des capabilités et de la liberté.

Premièrement, même une situation où deux personnes paraissent vraiment *ex aequo* dans les fonctionnements réalisés peut malgré tout dissimuler des différences importantes entre leurs avantages respectifs, ce qui nous amènerait à conclure que l'une est en réalité beaucoup plus « désavantagée » que l'autre. Par exemple, en termes de faim ou de carence alimentaire, quelqu'un qui jeûne volontairement pour des raisons politiques ou religieuses est parfois tout aussi dénutri qu'une victime de la famine. Leur sous-alimentation manifeste – leur fonctionnement accompli – est tout à fait comparable ; pourtant, les capabilités de la personne aisée qui *choisit* de jeûner sont bien supérieures à celle de la personne qui meurt de faim involontairement par pauvreté et indigence. L'idée des capabilités est en mesure de saisir cette importante distinction puisqu'elle est orientée vers la liberté et les possibilités, c'est-à-dire vers l'aptitude réelle des gens à choisir entre différents types de vie qui sont à leur portée, et elle ne limite pas exclusivement son attention sur ce qu'on peut appeler le point culminant – ou le lendemain – du choix.

Deuxièmement, la capacité de choisir entre des affiliations différentes dans la vie culturelle peut avoir une importance à la fois personnelle et politique. Réfléchissons à la liberté des immigrés venus des pays non occidentaux de conserver certains éléments de leurs modes de vie et de leurs traditions culturelles ancestrales qui leur sont chers, même après leur installation dans un pays européen ou aux États-Unis. Ce sujet complexe ne saurait être appréhendé correctement si l'on ne distingue pas entre *faire* quelque chose et être *libre* de le faire. On peut préconiser, avec des arguments solides, de laisser aux immigrés la liberté de conserver au moins certains éléments de leur culture ancestrale (comme leur culte ou leur attachement à leur poésie et à leur littérature natales) s'ils accordent de la valeur à ces éléments après les avoir comparés aux comportements dominants dans le pays où ils se sont installés, et souvent après avoir dûment noté les principaux arguments par lesquels on justifie, dans ce pays, les différentes pratiques qui y sont en vigueur *.

Mais l'importance de cette liberté culturelle n'est pas un argument en faveur du maintien des modes de vie ancestraux, que l'intéressé *voie ou non* des raisons de s'y conformer. L'enjeu crucial est la liberté de choisir sa façon de vivre – peut-être en suivant à certains égards, si on le désire, ses préférences culturelles ancestrales. Il ne s'agit pas de plaider pour le respect absolu

* On soutient souvent que des pratiques ancestrales odieuses et tyranniques, comme la mutilation génitale des jeunes femmes ou la punition réservée aux femmes adultères, ne doivent pas être mises en œuvre dans le pays où ont émigré ceux qui s'y conforment, parce qu'elles sont choquantes pour les autres habitants de ce pays. Mais l'argument décisif contre ces pratiques est sûrement qu'elles sont effroyables où qu'elles se produisent, et la nécessité de les éliminer est extrêmement forte en raison de la perte de liberté qu'elles représentent pour les victimes, et cela indépendamment du fait que les migrants potentiels émigrent effectivement ou n'émigrent pas. Le raisonnement porte fondamentalement sur l'importance de la liberté en général, dont la liberté des femmes concernées. Que ces pratiques soient ou non choquantes pour d'autres – les résidents de longue date – n'est pas du tout l'argument le plus fort contre elles : un bon argument doit se préoccuper des victimes et non de leur entourage.

de ces modes de comportement, que l'intéressé ait ou non le désir de s'y conformer ou des raisons de le faire. Les capabilités, qui reflètent les possibilités et le choix, sont ici au cœur du sujet – et non la célébration d'un mode de vie particulier indépendamment de ce qu'on préfère ou choisit.

Troisièmement, la distinction entre capabilité et accomplissement est importante pour une autre raison, liée à l'action publique. Il s'agit de la responsabilité et de l'obligation qu'ont les sociétés, et les autres en général, d'aider les défavorisés, question qui a un impact tant sur les mesures prises au sein des États que sur l'effort général pour promouvoir les droits humains. Lorsqu'on envisage les avantages respectifs d'adultes responsables, il est peut-être plus adapté de penser leurs revendications vis-à-vis de la société en termes de liberté d'accomplir (indiquée par l'ensemble des possibilités réelles) que d'accomplissements réalisés. Garantir une assurance-maladie de base, par exemple, c'est essentiellement donner aux gens la capabilité d'améliorer leur état de santé. Si quelqu'un peut bénéficier d'un système de santé financé par la société mais décide, en toute connaissance de cause, de ne pas l'utiliser, on peut en déduire que cette absence de soins n'est pas une préoccupation sociale aussi brûlante que si la possibilité de se soigner ne lui avait pas été offerte.

De nombreux arguments positifs prouvent donc qu'il est plus judicieux d'utiliser la perspective des capabilités, plus riche en informations, que de se concentrer exclusivement sur le point de vue, informationnellement plus étroit, des fonctionnements réalisés.

La peur du non-commensurable

Les fonctionnements et les capabilités sont différents, et il est essentiel qu'ils le soient puisqu'ils concernent des aspects différents de notre vie et de notre liberté. C'est un fait qui n'a vraiment rien de remarquable, mais on est habitué depuis si longtemps, dans certaines composantes de l'économie et de la philosophie politique, à traiter une caractéristique prétendument homogène (par exemple le revenu ou l'utilité) comme l'unique « bonne chose » qu'il suffit de maximiser sans effort (plus il y en a, plus on est content), qu'on ressent quelque nervosité à l'idée d'être confronté à un problème d'estimation d'objets hétérogènes, telle l'évaluation des capabilités – et des fonctionnements.

La tradition utilitariste, qui travaille à ramener tout ce qui a une valeur à une grandeur d'« utilité » prétendument homogène, a éminemment contribué à créer l'impression sécurisante que « compter » une chose est suffisant (« ici, y en a-t-il plus ou moins ? »). Elle a aussi semé le doute sur la possibilité même de « juger » des combinaisons de plusieurs valeurs distinctes (« cette combinaison est-elle plus ou moins intéressante ? »). Pourtant, tout jugement social sérieux peut difficilement esquiver la nécessité d'intégrer une pluralité de valeurs, comme l'ont montré, notamment, Isaiah Berlin et Bernard Williams [13]. Il est impossible de réduire à une mesure homogène tout ce que nous avons des raisons de valoriser. D'ailleurs, une grande diversité règne au sein même de l'utilité (comme l'ont noté Aristote et John Stuart Mill), même si l'on décide de négliger dans l'évaluation sociale tout ce qui n'est pas utilité [*].

Si la longue tradition de l'utilitarisme, avec son postulat d'utilité homogène, a nourri ce sentiment de confort lié à la commensurabilité, l'usage massif du produit national brut (PNB) comme indicateur de la situation économique d'un pays a aussi œuvré dans le même sens. Les tentatives de priver les auteurs d'évaluations économiques du recours exclusif au PNB les inquiètent : s'il faut juger des objets différents, ils craignent de perdre le sentiment de facilité qu'ils avaient quand il suffisait de vérifier si le PNB était supérieur ou inférieur. Mais les évaluations sociales sérieuses ne peuvent éviter de traiter d'une façon ou d'une autre l'estimation d'objets différents susceptibles de se concurrencer (tout en étant complémentaires dans bien des cas). Même si

* Sur cette question, y compris l'analyse du pluralisme d'Aristote et de Mill, voir mon article « Plural Utility », *Proceedings of the Aristotelian Society*, vol. 81, 1980-1981.

T. S. Eliot remarque avec perspicacité (dans « Burnt Norton ») que « le genre humain / ne peut pas supporter trop de réalité [14] », l'humanité devrait être capable d'en supporter un peu plus qu'une image du monde où n'existe qu'une seule bonne chose.

La question a parfois été liée à celle de la « non-commensurabilité » – concept philosophique très utilisé qui paraît susciter angoisse et panique chez certains experts de l'évaluation. Il est clair que les capabilités sont non commensurables puisqu'elles sont d'une irréductible diversité, mais cela ne nous renseigne pas beaucoup sur le degré de difficulté – ou de facilité – de comparaisons entre des combinaisons différentes de capabilités [15].

Qu'est-ce au juste que la commensurabilité ? Deux objets distincts sont jugés commensurables s'ils sont mesurables dans des unités communes (comme deux verres de lait). Il y a non-commensurabilité lorsque plusieurs dimensions de valeur sont irréductibles entre elles. Pour évaluer un choix, la commensurabilité exige que nous puissions percevoir en une seule et même dimension les valeurs de tous les résultats pertinents des diverses options – les mesurer tous sur une échelle commune –, si bien que, pour décider quelle est la meilleure option, nous n'aurons besoin que de « compter » sa valeur globale dans cette seule métrique homogène. Puisque les résultats sont tous réduits à une seule dimension, nous n'avons qu'à vérifier combien de cette « unique bonne chose », à laquelle chaque valeur est réduite, apporte respectivement chaque option.

Il est certain qu'il ne sera guère difficile de choisir entre deux solutions qui offrent exactement le même avantage mais en plus grande quantité dans l'une que dans l'autre. C'est un cas agréablement trivial. Faut-il en conclure que, chaque fois que le problème du choix ne sera pas aussi trivial, nous aurons forcément de « grosses difficultés » à décider ce qu'il est raisonnable de faire ? C'est une thèse qui semble particulièrement faible (on a envie de dire : quels enfants gâtés !). Si compter un unique ensemble de nombres réels est tout ce que nous savons faire quand nous prenons une décision raisonnée entre diverses options, les choix que nous pourrons effectuer intelligemment ne seront pas nombreux.

Que nous ayons à décider quel panier de marchandises acheter, que faire pendant les vacances ou pour qui voter, nous sommes inévitablement conduits à évaluer des options qui ont des aspects non commensurables. Quiconque est déjà allé faire des courses sait qu'on doit choisir entre des objets non commensurables – les mangues ne se mesurent pas en unités de pomme et le sucre est irréductible aux unités de savon (quoique des parents m'aient dit que le monde aurait été bien meilleur si c'était le cas). La non-commensurabilité peut difficilement passer pour une découverte sensationnelle dans le monde où nous vivons. Et elle ne rend pas, en soi, très difficiles les choix sensés.

Se faire opérer et partir en vacances à l'étranger sont deux accomplissements absolument « non commensurables » ; pourtant, selon sa situation, un individu n'aura guère de mal à décider laquelle est la meilleure pour lui. Ce jugement peut évidemment varier en fonction de ce qu'il sait de son état de santé et de ses autres préoccupations. Le choix et la pondération sont parfois difficiles, mais il n'y a aucune impossibilité générale à faire des choix raisonnés sur des combinaisons d'objets divers.

Choisir entre des avantages non commensurables, c'est comme parler en prose. Il n'est pas particulièrement difficile de parler en prose (même si M. Jourdain, dans *Le Bourgeois gentilhomme*, de Molière, s'émerveillait de notre aptitude à réussir cet exploit). Mais cette affirmation n'empêche nullement de reconnaître que parler peut se révéler parfois très difficile, non parce que s'exprimer en prose est ardu mais, par exemple, parce qu'on est submergé par l'émotion. La présence de résultats non commensurables indique que les choix ne seront pas triviaux (qu'ils ne se réduiront pas à compter le « plus » et le « moins »), mais sûrement pas qu'ils seront impossibles – ni même qu'ils seront toujours extrêmement difficiles.

ÉVALUATION ET RAISONNEMENT PUBLIC

Dans une évaluation réfléchie, il faut raisonner sur l'importance relative et pas seulement compter. C'est une activité que nous pratiquons constamment. À cette compréhension d'ordre général il faut ajouter l'importance possible du raisonnement public en tant que moyen d'étendre la portée des évaluations et de renforcer leur fiabilité et leur solidité. Quand on parle de la nécessité de l'examen et du jugement critique, il ne s'agit pas seulement d'exiger une évaluation autocentrée effectuée par des individus séparés ; cela renvoie aussi à l'apport fructueux du débat public et du raisonnement public interactif : les évaluations sociales peuvent être privées d'informations utiles et de bons arguments si elles sont entièrement fondées sur des réflexions séparées et cloisonnées. Le débat et la délibération publics peuvent conduire à mieux comprendre le rôle, la portée et l'importance de fonctionnements particuliers et de leurs combinaisons.

Le débat public sur les inégalités entre les sexes en Inde a contribué à faire apparaître, ces dernières années, l'importance de certaines libertés qui n'avaient pas reçu jusque-là l'attention adéquate*. Par exemple, la liberté de s'écarter des rôles familiaux immuables et immémoriaux qui limitent les possibilités sociales et économiques des femmes, ainsi que d'un système de valeurs sociales qui reconnaît davantage les privations dont souffrent les hommes que celles dont souffrent les femmes. Pour combattre ces antécédents traditionnels de l'inégalité des sexes dans des sociétés où la domination masculine est bien ancrée, il faut non seulement s'en soucier individuellement, mais aussi recourir au débat public informé, voire, assez souvent, à l'agitation.

Il convient de souligner le lien que le choix et la pondération des capabilités dans l'évaluation sociale entretiennent avec le raisonnement public. Ce lien montre aussi l'absurdité de l'argument parfois avancé selon lequel l'approche par les capabilités n'est utilisable – et « opérationnelle » – que si elle s'accompagne d'une pondération prédéfinie des divers fonctionnements figurant sur une liste fixe des capabilités pertinentes. La recherche d'une pondération prédéterminée est non seulement conceptuellement infondée, mais elle néglige, en outre, le fait que les évaluations et les pondérations à utiliser peuvent être

* Ce point sera analysé au chapitre 16, « La pratique de la démocratie ».

raisonnablement influencées par notre propre examen permanent et par l'impact du débat public *. On voit mal comment cela pourrait cadrer avec l'usage rigide de pondérations préétablies sous une forme non contingente **.

Il se peut, bien sûr, que l'accord qui émergera sur les pondérations à utiliser soit loin d'être total ; il nous faudra alors nous servir des gammes de pondérations sur lesquelles nous pouvons établir un certain consensus. Cela ne portera pas un coup fatal à l'évaluation de l'injustice ou à l'élaboration de l'action publique, pour des raisons déjà évoquées (dès l'Introduction). Pour montrer, par exemple, que l'esclavage entrave gravement la liberté des esclaves, que l'absence d'accès aux soins médicaux abrège notre espérance de vie, ou qu'une grave malnutrition des enfants, induisant des souffrances immédiates et le sous-développement de leurs capabilités cognitives, dont leur aptitude à raisonner, est nuisible à la justice, il n'est pas nécessaire de disposer d'une pondération unique applicable aux diverses dimensions en cause dans ces jugements. De nombreuses pondérations qui ne coïncident pas pleinement pourraient nous donner sur ces points des directives assez semblables ***.

* À côté des variations générales liées aux circonstances sociales et aux priorités politiques, il serait bon de maintenir ouverte la possibilité de poser de nouvelles questions intéressantes sur les inclusions et les pondérations. Par exemple, on a présenté récemment des arguments importants et fort judicieux en faveur d'une insistance spéciale sur des valeurs comme la « civilité » pour amener à mieux comprendre l'importance de la liberté et de l'universalité : sur ce point, voir l'analyse perspicace de Drucilla Cornell, « Developing Human Capabilities : Freedom, Universality, and Civility », in *Defending Ideals : War, Democracy, and Political Struggles*, New York, Routledge, 2004.

** De plus, le choix des pondérations peut dépendre de la nature de la tâche (il ne sera pas le même, par exemple, si nous recourons à la perspective des capabilités pour évaluer la pauvreté ou guider une politique de santé, ou si nous l'utilisons pour estimer l'inégalité des avantages globaux de personnes différentes). Des questions distinctes peuvent être traitées à l'aide de l'information sur les capabilités, et la diversité des tâches possibles peut conduire, fort raisonnablement, à des choix de pondération assez différents.

*** Les problèmes analytiques et mathématiques que pose le recours à des gammes de pondérations (plutôt qu'à une seule) pour produire des ordres partiels réguliers sont étudiés dans mon article « Interpersonal Aggregation and Partial Comparability », *Econometrica*, vol. 38, 1970, et dans mon livre *On Economic Inequality, op. cit.* Voir aussi Enrica Chiappero-Martinetti,

L'approche par les capabilités est entièrement compatible avec le recours à des classements partiels et à des accords limités, dont l'importance a été soulignée tout au long de cet ouvrage. La tâche principale est de corriger ce qui ne va pas à l'aide des jugements comparatifs obtenus par le raisonnement personnel et public, sans se sentir obligé d'opiner sur toutes les comparaisons possibles et imaginables.

Capabilités, individus et collectivités

Je commenterai à présent le troisième des points énumérés plus haut. Les capabilités sont essentiellement perçues comme des attributs d'individus et non de collectivités. Il n'y a, bien sûr, aucune difficulté majeure à penser des capabilités de groupe. Lorsque nous disons, par exemple, que l'Australie peut vaincre dans les matchs d'essai tout autre pays qui pratique le cricket (cela semblait le cas quand j'ai commencé à écrire ce livre, mais ce n'est peut-être plus vrai), nous parlons de la capabilité de l'équipe australienne de cricket et non de tel ou tel joueur australien en particulier. La réflexion sur la justice ne devrait-elle pas prendre en compte, outre les capabilités individuelles, ces capabilités collectives ?

Certains censeurs de l'approche par les capabilités ont d'ailleurs vu, derrière cette concentration sur les capabilités des individus, se profiler la sinistre influence de ce qu'on appelle – ce n'est pas un compliment – l'« individualisme méthodologique ». Je voudrais d'abord montrer pourquoi rattacher l'approche par les capabilités à l'individualisme méthodologique serait une grave erreur. Cette méthodologie a connu de nombreuses définitions *, mais voici l'idée force qui la caractérise,

---

« A New Approach to the Evaluation of Well-being and Poverty by Fuzzy Set Theory », *Giornale degli Economisti*, vol. 53, 1994.

* Sur les problèmes complexes que pose le diagnostic d'individualisme méthodologique, voir Steven Lukes, *Individualism*, Oxford, Blackwell, 1973, et aussi son article « Methodological Individualism Reconsidered », *British Journal of Sociology*, vol. 19, 1968, ainsi que les références qu'il cite.

selon Frances Stewart et Séverine Deneulin : « Tous les phénomènes sociaux doivent être expliqués par ce que pensent, choisissent et font les individus [16]. » Sans doute y eut-il des écoles de pensée qui ont tout fondé sur les idées, les choix et les actes des individus détachés de la société dans laquelle ils vivent. Mais pas l'approche par les capabilités : non seulement celle-ci ne postule pas de détachement de ce genre, mais, en se souciant de l'aptitude des gens à vivre le type de vie qu'ils ont des motifs de valoriser, elle fait intervenir des influences sociales – dans ce qu'ils valorisent (par exemple, « prendre part à la vie de la communauté ») comme dans ce qui influence leurs valeurs (par exemple, l'impact du raisonnement public sur l'appréciation individuelle).

Il est difficile d'imaginer que des personnes vivant en société puissent penser, choisir ou agir sans être influencées par la nature et le fonctionnement du monde qui les entoure. Si, dans des sociétés traditionnellement sexistes, les femmes jugent normal que leur position soit inférieure à celle des hommes, cette idée – qu'elles ont faite leur, mais sous l'influence de la société – n'est absolument pas indépendante des conditions sociales *. Et, quand elle œuvre pour le rejet raisonné de ce préjugé, la perspective des capabilités exige un débat public engagé sur ces questions. Toute l'approche du « spectateur impartial », d'ailleurs, dont s'inspire la démarche générale de ce livre, est centrée sur la pertinence de l'apport de la société – des personnes lointaines autant que proches – dans les évaluations individuelles. Enfin, les usages de l'approche par les capabilités (par exemple, dans mon livre *Un nouveau modèle économique. Développement, justice, liberté*) sont sans équivoque : ils ne postulent à aucun moment qu'il faut voir les individus indépendamment de la société dans laquelle ils se trouvent.

Si ceux qui font cette objection se trompent, c'est peut-être parce qu'ils ne veulent pas distinguer comme il convient les caractéristiques individuelles (utilisées dans l'approche par les capabilités) et les influences sociales qui s'exercent sur elles. En

---

* Ce problème a été analysé au chapitre 7, « Position, pertinence et illusion ».

ce sens, l'objection s'arrête beaucoup trop tôt. Noter le rôle « de la pensée, du choix et de l'action » des individus n'est qu'un premier pas pour comprendre ce qui se passe (car il est sûr qu'en tant qu'individus nous réfléchissons aux problèmes, nous choisissons, nous agissons), mais on ne peut s'arrêter là sans prendre en compte l'influence profonde, omniprésente, de la société sur « notre pensée, nos choix et nos actes ». Quand quelqu'un pense, choisit, agit, c'est évidemment lui qui le fait – pas un autre. Mais il serait difficile de comprendre pourquoi et comment il se livre à de telles activités si l'on n'avait aucune idée de ses relations à la société.

Le problème de fond a été formulé avec une clarté et une efficacité admirables par Karl Marx il y a plus d'un siècle et demi : « Il faut surtout éviter de fixer de nouveau la "société" comme une abstraction en face de l'individu [17]. » Reconnaître la présence d'individus qui pensent, choisissent et agissent – réalité manifeste dans le monde – ne rend pas une théorie méthodologiquement individualiste. C'est la présomption illégitime d'une indépendance des pensées et des actes individuels par rapport à la société environnante qui introduit le loup tant redouté dans la bergerie.

Si l'accusation d'individualisme méthodologique n'est guère soutenable, on peut bien sûr se demander pourquoi restreindre les capabilités pertinentes, jugées précieuses, à celles des individus sans prendre en considération celles des groupes. Il n'y a aucune raison particulière relevant de l'analyse d'exclure *a priori* les capabilités collectives – la puissance militaire de la nation américaine ou l'aptitude des Chinois aux jeux – du discours sur la justice ou l'injustice dans leur société respective ou dans le monde. Les arguments qui dissuadent de prendre ce chemin portent sur la nature du raisonnement que cela impliquerait.

Puisqu'un groupe ne « pense » pas dans le sens évident où le font les individus, l'importance de ses capabilités collectives serait plus ou moins comprise, pour des raisons assez claires, en fonction de la valeur que leur accordent ses membres (ou d'ailleurs d'autres personnes). En dernière analyse, c'est sur des évaluations individuelles qu'il nous faudrait prendre appui, tout en reconnaissant l'interdépendance profonde des jugements d'individus qui interagissent. Leurs estimations seront probablement fondées sur l'importance qu'ils attachent à leur capacité de faire certaines choses en coopération avec les autres *. Lorsqu'on évalue l'aptitude d'une personne à prendre part à la vie de la société, on évalue implicitement la vie de la société elle-même, et c'est un aspect assez important de la perspective des capabilités **.

Un second problème se révèle pertinent ici. Une personne appartient à diverses collectivités (liées à son sexe, à sa classe, à son groupe linguistique, à sa profession, à sa nationalité, à son lieu de résidence, à sa race, à sa religion, etc.) et la considérer comme membre d'un seul groupe particulier est un déni majeur de la liberté de chacun de décider comment il se perçoit lui-même. La tendance croissante à voir les gens en termes d'« identité » dominante unique (« c'est ton devoir d'Américain » ; « tu dois agir en musulman » ; « en tant que Chinois, il faut que tu privilégies cet engagement national ») revient non seulement à imposer une priorité extérieure et arbitraire, mais aussi à nier une importante liberté : chacun peut décider de ses allégeances à l'égard des divers groupes dont il est membre.

Il se trouve que l'une des premières mises en garde contre la tendance à ignorer les appartenances multiples des individus à divers groupes est venue de Karl Marx. Dans sa *Critique du programme de Gotha*, il a souligné la nécessité d'aller au-delà de l'analyse de classes, même si l'on appréciait sa pertinence pour comprendre la société (et s'il avait lui-même, bien sûr, éminemment contribué à son étude) :

---

* Il y a aussi une nette distinction entre « culpabilité collective » et culpabilité des individus qui constituent la collectivité. Les « sentiments de culpabilité collective » sont ainsi à distinguer des sentiments de culpabilité des individus du groupe. Sur ce point, voir Margaret Gilbert, « Collective Guilt and Collective Guilt Feelings », *Journal of Ethics*, vol. 6, 2002.

** Il est clair que rien n'interdit de prendre en compte cette interaction des capabilités, et les raisons de l'intégrer peuvent en fait être très fortes. James E. Foster et Christopher Handy ont étudié le rôle et le fonctionnement des capabilités interdépendantes dans un texte fort perspicace, « External Capabilities », polycopié, université Vanderbilt, janvier 2008. Voir aussi James E. Foster, « Freedom, Opportunity and Well-being », polycopié, université Vanderbilt, 2008, et également Sabina Alkire et James E. Foster, « Counting and Multidimensional Poverty Measurement », document de travail n° 7 de l'OPHI, université d'Oxford, 2007.

> Les individus inégaux (et ce ne seraient pas des individus distincts s'ils n'étaient pas inégaux) ne sont mesurables d'après une unité commune qu'autant qu'on les considère d'un même point de vue, qu'on ne les saisit que sous un aspect *déterminé* ; par exemple, dans le cas présent, qu'on ne les considère *que comme travailleurs* et rien de plus, et que l'on fait abstraction de tout le reste [18].

Cet avertissement contre la tentation de ne voir dans une personne que le membre d'un groupe auquel il ou elle appartient (Marx protestait dans ce texte contre le programme de Gotha du Parti ouvrier allemand, qui ne considérait les travailleurs « que comme travailleurs ») est particulièrement important dans le climat intellectuel d'aujourd'hui. On a trop tendance à étiqueter les gens en les classant dans une seule catégorie (on considère qu'ils sont « cela » et rien d'autre) : un individu est censé être exclusivement un musulman, un chrétien ou un hindouiste, un Arabe ou un Juif, un Hutu ou un Tutsi, ou un membre de la civilisation occidentale (qu'on la pense ou non engagée dans un choc inévitable contre d'autres civilisations). Les êtres humains individuels, avec leurs identités plurielles, leurs affiliations multiples et leurs associations diverses, sont par essence des créatures sociales qui ont divers types d'interactions sociétales. Les thèses qui réduisent une personne au seul statut de membre d'un groupe unique sont généralement fondées sur une interprétation inadéquate de l'envergure et de la complexité de toute société dans le monde [*].

Le développement durable et l'environnement

Je termine cette analyse de la pertinence de la liberté et des capabilités par une illustration pratique qui porte sur le développement durable. La menace qui pèse aujourd'hui sur l'environnement a été récemment soulignée, mais il est nécessaire de

---

* Sur ce point, voir Kwame Anthony Appiah, *The Ethics of Identity*, Princeton, NJ, Princeton University Press, 2005, et A. Sen, *Identité et violence, l'illusion du destin*, *op. cit.*

clarifier nos choix dans l'abord de ces défis environnementaux. Concentrer notre attention sur la qualité de vie nous aidera à mieux comprendre la question et à éclairer non seulement les exigences du développement durable, mais aussi le contenu et la pertinence des problèmes que nous qualifions d'environnementaux.

On assimile parfois l'environnement (par une simplification qui me paraît abusive) à l'état de la nature, qui comprend l'étendue de la couverture forestière, la profondeur de la nappe phréatique, le nombre d'espèces vivantes, etc. Si l'on postule que cette nature préexistante restera intacte si nous ne lui ajoutons pas d'impuretés ni de polluants, on pourrait en conclure que la meilleure façon de protéger l'environnement consiste à interférer le moins possible avec lui. Mais si cette interprétation, à première vue, paraît plausible, elle est en réalité tout à fait erronée, pour deux importantes raisons.

D'abord, ce qui fait la valeur de l'environnement n'est pas seulement ce qu'il contient, mais aussi les possibilités qu'il offre aux humains. Son impact sur les vies humaines compte énormément. Pour prendre un exemple extrême, si l'on veut comprendre pourquoi l'éradication de la variole n'est pas perçue comme un appauvrissement de la nature au même titre que la destruction des forêts (il n'y a guère de lamentations sur le thème : « l'environnement est plus pauvre depuis que le virus de la variole a disparu »), il faut tenir compte du lien de l'environnement avec la vie en général, et avec la vie humaine en particulier.

Il n'est donc pas surprenant que la durabilité environnementale ait été conçue en termes de préservation et de renforcement de la qualité de vie humaine. Selon la définition d'un texte justement célèbre, le rapport Brundtland de 1987, le développement durable est « un développement qui répond aux besoins du présent sans compromettre la capacité des générations futures de répondre aux leurs [19] ». La Commission Brundtland a-t-elle cerné là avec une exactitude absolue ce qu'il convient de « rendre durable » ? On peut en discuter, et je ferai un peu plus loin quelques remarques sur sa formulation, mais je tiens d'abord à dire combien nous sommes tous redevables à Gro Brundtland et à la Commission qu'elle a présidée d'avoir fait comprendre que la valeur de l'environnement est indissociable de la vie des êtres vivants.

Deuxièmement, le combat pour l'environnement ne consiste pas seulement à le préserver, mais aussi à agir sur lui. Si beaucoup d'activités humaines qui accompagnent le processus de développement ont eu des conséquences destructrices, les humains ont aussi le pouvoir de fortifier et d'améliorer l'environnement où ils vivent. Lorsqu'on envisage les mesures qui permettraient d'arrêter la destruction de l'environnement, il faut y inclure l'intervention constructive de l'humanité. Notre pouvoir d'intervenir de façon efficace et rationnelle peut être substantiellement accru par le processus de développement lui-même. Ainsi, accroître l'instruction et l'emploi des femmes contribue à réduire les taux de fécondité, ce qui, à long terme, réduit la pression qui stimule le réchauffement de la planète et la destruction croissante des milieux naturels. De même, si la scolarisation s'étend et s'améliore qualitativement, la conscience environnementale progressera ; une meilleure communication, des médias plus actifs et mieux informés peuvent nous éveiller davantage à la nécessité de penser et d'agir en prenant en compte l'environnement. On pourrait citer bien d'autres exemples de liens positifs. Plus généralement, quand on conçoit le développement comme une expansion de la liberté concrète des individus, l'engagement personnel de ceux-ci dans des activités qui visent à préserver l'environnement procède directement du processus de développement.

Fondamentalement, le développement est une prise de pouvoir, et ce pouvoir peut servir à préserver et à enrichir l'environnement, pas seulement à le dévaster. Nous ne devons donc pas penser l'environnement seulement en termes de conservation des conditions naturelles préexistantes, car il peut aussi accueillir des interventions humaines. Épurer l'eau, par exemple, est un acte d'amélioration de l'environnement où nous vivons. Éliminer des épidémies, c'est à la fois contribuer au développement et fortifier l'environnement.

Nous pouvons débattre, cependant, de la façon précise dont nous devons penser les exigences du développement durable. Le rapport Brundtland l'a défini comme la satisfaction des « besoins du présent sans compromettre la capacité des générations futures de répondre aux leurs ». Cette initiative sur la question de la durabilité a déjà été très bénéfique, mais demandons-nous malgré tout si la conception implicite des êtres humains à l'œuvre dans cette interprétation de la durabilité reflète une vision assez large de l'humanité. Certes, les gens ont des besoins, mais ils ont aussi des valeurs ; en particulier, ils chérissent leur aptitude à raisonner, évaluer, choisir, participer et agir. Les limiter à leurs besoins nous donnerait une vision assez appauvrie de l'humanité.

Le concept de durabilité de Gro Brundtland a été affiné et développé par l'un des économistes majeurs de notre temps, Robert Solow, dans une étude intitulée *An Almost Practical Step toward Sustainability*[20]. La durabilité selon Solow impose de laisser à la génération suivante « tout ce dont elle a besoin pour avoir un niveau de vie au moins égal au nôtre et veiller de la même façon aux intérêts de la génération qui lui succédera ». Sa formulation est séduisante à plusieurs titres. D'abord, en se concentrant sur la « durabilité » des niveaux de vie, qu'il érige en motivation de la protection de l'environnement, Solow élargit la démarche de Gro Brundtland, focalisée sur la satisfaction des besoins. Ensuite, sa formulation clairement récursive tient compte des intérêts de toutes les générations futures grâce aux dispositions prises par chaque génération pour celle qui la suivra. Il y a une admirable exhaustivité dans la transmission générationnelle que prévoit Solow.

Mais la vision de l'humanité est-elle suffisamment ample, même dans cette reformulation du développement durable ? Se concentrer sur le maintien des niveaux de vie a de toute évidence certains mérites (l'objectif que propose Solow, faire en sorte que les générations futures puissent « avoir un niveau de vie au moins égal au nôtre », a beaucoup d'attrait), mais on peut tout de même se demander si la considération des seuls niveaux de vie est suffisante. Les « rendre durables » n'est pas la même chose, notamment, que perpétuer la liberté et la capabilité des gens d'avoir – et de préserver – ce qu'ils valorisent et à quoi ils ont des raisons d'attacher de l'importance. Nous pouvons valoriser des possibilités particulières pour d'autres raisons que leur contribution à notre niveau de vie, ou plus généralement à nos intérêts *.

Réfléchissons, par exemple, à notre sentiment de responsabilité vis-à-vis d'autres espèces qui sont menacées d'extinction. Si nous attachons de l'importance à leur préservation, ce n'est pas simplement parce que – ni seulement dans la mesure où – la présence de ces espèces améliore notre propre niveau de vie. Supposons que quelqu'un estime qu'il nous incombe de faire tout notre possible pour assurer la survie d'une espèce animale en péril, disons la chouette tachetée. Il pourrait dire sans aucune contradiction : « Mon niveau de vie ne changera pas selon qu'il existe ou non des chouettes tachetées. D'ailleurs, je n'en ai jamais vu. Mais je suis absolument convaincu que nous ne devons pas laisser s'éteindre cette espèce de chouette, pour des raisons qui n'ont pas grand-chose à voir avec le niveau de vie des humains **. »

Ici, l'argument qu'avance Gautama Bouddha dans le *Sutta-Nipata* (évoqué au chapitre 9, « Pluralité des raisons impartiales ») devient directement et immédiatement pertinent. Puisque nous sommes beaucoup plus puissants que les autres espèces, nous avons envers elles une certaine responsabilité, liée à cette asymétrie de pouvoir. Nous pouvons avoir de multiples raisons de mener à bien nos efforts de préservation – dont toutes ne sont pas fonction du maintien de notre niveau de vie (ou de la satisfaction de nos besoins) et dont certaines reposent, précisément, sur notre sens des valeurs et sur la reconnaissance de notre responsabilité fiduciaire.

Si l'importance des vies humaines tient aussi à la liberté dont nous jouissons, l'idée de développement durable est à reformuler

* Voir l'analyse sur ce point au chapitre 8, « La rationalité et les autres ».

** Il est nécessaire aussi d'aller au-delà des motivations autocentrées si l'on veut comprendre pourquoi beaucoup de gens s'engagent pour aider à protéger des populations vulnérables de catastrophes environnementales qui n'affectent pas directement leur vie. Le danger d'inondation que la hausse du niveau de la mer fait peser sur les Maldives ou le Bangladesh peut influencer la réflexion et les actes de nombreuses personnes qui ne seront pas frappées par les périls auxquels sont confrontés les habitants des zones géographiques menacées.

en conséquence. Il est impératif de ne pas penser étroitement à rendre durable la satisfaction de nos besoins, mais, plus largement, à rendre durable – ou à perpétuer – notre liberté (dont celle de satisfaire nos besoins). Si l'on recadre ainsi les choses, on pourra définir la « liberté durable » en élargissant les formulations proposées par Gro Brundtland et Robert Solow : ce serait le maintien, et si possible l'extension, des libertés et capabilités concrètes dont jouissent les gens aujourd'hui « sans compromettre la capabilité des générations futures » d'avoir une liberté semblable, ou supérieure.

Pour user d'une distinction médiévale, nous ne sommes pas seulement des « patients » dont les besoins méritent considération, mais aussi des « agents » libres de choisir leurs valeurs et la façon de les promouvoir en regardant bien au-delà de leur intérêt personnel. On ne peut enfermer le sens de notre existence dans la petite boîte du niveau de vie ou de la satisfaction des besoins. Les besoins évidents du patient, malgré leur importance, ne peuvent éclipser le bien-fondé capital des valeurs raisonnées de l'agent.

12

CAPABILITÉS ET RESSOURCES

Que le revenu ou la fortune ne soit pas un bon critère pour évaluer l'avantage, Aristote l'avait expliqué très clairement dans l'*Éthique à Nicomaque* : « La richesse n'est évidemment pas le bien recherché, puisqu'elle est utile en fonction d'autre chose [1]. » La fortune n'est pas un bien que nous apprécions pour lui-même et elle n'est pas toujours un bon indicateur du type de vie qu'elle nous permet de mener. Une personne gravement handicapée ne peut être jugée plus avantagée que sa voisine valide pour la simple raison que son revenu est supérieur ou sa richesse plus importante. En fait, un invalide riche peut souffrir de plus de restrictions qu'un pauvre sans handicap physique. Quand on compare les avantages respectifs de personnes différentes, il convient d'observer l'ensemble des capabilités dont elles parviennent à jouir. C'est sûrement une importante raison d'utiliser comme base d'évaluation l'approche par les capabilités et non celle des ressources, qui se concentre sur le revenu et la richesse.

Puisque l'idée de capabilité est liée à la liberté concrète, elle attribue un rôle crucial à l'aptitude *réelle* d'une personne à effectuer les diverses activités qu'elle valorise. L'approche par les capabilités se concentre sur les vies humaines, pas seulement sur les ressources dont disposent les gens, ou sur les « objets de confort » qu'ils peuvent posséder ou utiliser. Le revenu et la richesse sont souvent considérés comme les grands critères du succès humain. En proposant une réorientation fondamentale des *moyens* d'existence aux *possibilités réelles*, l'approche par les capabilités vise un changement tout à fait radical dans les méthodes d'évaluation utilisées aujourd'hui en sciences économiques et sociales.

Elle opère aussi une rupture majeure avec certaines théories bien établies en philosophie politique, qui privilégient les moyens – par exemple, le recours de John Rawls aux « biens premiers » (intégré à son « principe de différence ») pour évaluer les questions de répartition dans sa théorie de la justice. Les biens premiers sont des moyens d'ordre général tels que le revenu et la fortune, les pouvoirs et les prérogatives des fonctions, les bases sociales du respect de soi, etc. Ils ne sont pas précieux en eux-mêmes, mais parce qu'ils peuvent contribuer à divers titres à la réalisation de ce qui a de la valeur à nos yeux. Pourtant, même si les biens premiers sont au mieux des moyens au service des fins valorisées de la vie humaine, ce sont eux que les principes de justice rawlsiens désignent comme indicateur principal de l'équité de la répartition. En reconnaissant explicitement que les *moyens* d'une vie humaine satisfaisante ne sont pas en eux-mêmes les *fins* du bien-vivre (c'est ce que voulait dire Aristote), l'approche par les capabilités contribue à promouvoir un élargissement majeur du champ de l'évaluation*.

LA PAUVRETÉ COMME PRIVATION DE CAPABILITÉS

L'un des problèmes centraux, dans ce contexte, est le critère de la pauvreté. Identifier la pauvreté à un faible revenu est une démarche bien établie, mais il existe à présent une littérature tout à fait substantielle sur ses insuffisances. Les biens premiers

* J'ai présenté des arguments pour ce changement de focalisation dans mes articles « Well-being, Agency and Freedom : The Dewey Lectures 1984 », *Journal of Philosophy*, vol. 82, avril 1985, et « Justice : Means versus Freedoms », *Philosophy and Public Affairs*, vol. 19, printemps 1990 [« L'évaluation de la justice doit-elle se fonder sur les moyens ou sur les libertés ? », in *Éthique et économie (et autres essais)*, *op. cit.* p. 215-227].

de Rawls sont plus larges que le revenu (celui-ci n'est que l'une de leurs composantes), mais l'identification des biens premiers reste liée, dans l'analyse rawlsienne, à la recherche de moyens d'ordre général dont les revenus et la fortune sont des cas particuliers – et particulièrement importants. Or des personnes différentes peuvent avoir des possibilités tout à fait dissemblables de convertir le revenu et autres biens premiers en bien-vivre et en liberté individuelle, si appréciée dans une vie humaine. La relation entre ressources et pauvreté est donc à la fois variable et profondément tributaire des caractéristiques précises des personnes dont il s'agit et de l'environnement – tant naturel que social – où elles vivent*.

Divers types de contingences provoquent des variations dans la conversion du revenu en modes de vie accessibles. Quatre d'entre elles au moins sont importantes :

1 – *L'hétérogénéité personnelle* : les caractéristiques physiques disparates des individus, liées à l'âge, au sexe, à la vulnérabilité aux maladies, à l'invalidité, etc., diversifient beaucoup leurs besoins. Pour accomplir les activités élémentaires, une personne malade ou handicapée aura besoin d'un revenu supérieur à un individu moins éprouvé. Certains désavantages, par exemple de graves invalidités, sont impossibles à corriger entièrement, même en recourant à des traitements ou prothèses très onéreux.

2 – *La diversité des environnements physiques* : ce que permet de faire un revenu donné dépend aussi du contexte environnemental, dont font partie les conditions climatiques (amplitude thermique, inondations, etc.). Les conditions

* Dans une contribution datant de 1901, Rowntree a relevé un aspect du problème en évoquant la « pauvreté secondaire », qu'il opposait à la « pauvreté primaire », définie en termes de faible revenu (B. Seebohm Rowntree, *Poverty. A Study of Town Life*, Londres, Macmillan, 1901). Pour tenter de définir le phénomène de la pauvreté secondaire, Rowntree privilégia l'influence des habitudes et des modes de comportement sur la composition de la consommation d'une famille. Même aujourd'hui, ce problème reste important, mais l'écart entre faiblesse du revenu et privation réelle peut avoir aussi d'autres sources.

environnementales ne sont pas nécessairement figées : elles peuvent être améliorées par des efforts collectifs ou aggravées par la pollution ou l'épuisement des ressources naturelles. Mais au niveau individuel on doit plutôt les prendre comme une réalité non modifiable dans la conversion des ressources et revenus personnels en fonctionnements et en qualité de vie.

3 – *La variété des climats sociaux* : la conversion des ressources personnelles en fonctionnements est aussi influencée par les conditions sociales, notamment la qualité du système de santé publique et de l'épidémiologie, l'organisation de l'instruction publique, la prégnance ou l'absence de la criminalité et de la violence dans la localité où l'on se trouve. Outre les équipements publics, la nature des relations sociales peut être très importante, comme la littérature récente sur le « capital social » l'a souligné[2].

4 – *Les différences de perspectives relationnelles* : les modes de comportement établis dans telle ou telle société peuvent faire varier substantiellement les besoins financiers nécessaires à l'accomplissement des mêmes fonctionnements élémentaires. « Se montrer en public sans honte » peut exiger une tenue vestimentaire et d'autres dépenses d'un montant plus élevé dans une société riche que dans une société pauvre (Adam Smith l'a noté il y a plus de deux siècles dans *La Richesse des nations*[*]). Il en va de même des ressources personnelles nécessaires pour prendre part à la vie de la communauté, voire, dans de nombreux contextes, pour satisfaire aux exigences élémentaires du respect de soi. Il s'agit essentiellement d'une variation

---

* Voir Adam Smith, *Recherches sur la nature et les causes de la richesse des nations* [1776], 2 vol., trad. fr. de Germain Garnier revue par Adolphe Blanqui, Paris, Flammarion, coll. « GF », 1991, t. II, p. 34-36 ; sur le rapport entre désavantage relatif et pauvreté, voir les travaux plus récents de W. G. Runciman, *Relative Deprivation and Social Justice : A Study of Attitudes to Social Inequality in Twentieth-Century England*, Londres, Routledge, 1966, et de Peter Townsend, *Poverty in the United Kingdom*, Harmondsworth, Penguin, 1979.

entre les sociétés, mais elle influence les avantages relatifs de deux personnes situées dans des pays différents *.

Il peut aussi y avoir « cumul » de désavantages issus de sources différentes, et c'est une réalité qu'il est capital de prendre en considération pour comprendre la pauvreté et concevoir des politiques qui la combattent [3]. Des handicaps tels que l'âge, l'invalidité ou la maladie réduisent les possibilités de gagner sa vie, mais ils compliquent aussi la conversion du revenu en capabilités, puisqu'une personne âgée, handicapée ou gravement malade a besoin d'un revenu plus important (en raison des frais d'assistance, de prothèses, de traitements) pour accomplir les mêmes fonctionnements (à supposer qu'ils soient possibles) **. Il est facile d'en conclure que la pauvreté réelle (en termes de privation de capabilités) est beaucoup plus profonde que nous ne pouvons le déduire des chiffres du revenu. Ce peut être une préoccupation cruciale lorsqu'on évalue l'action publique d'assistance aux personnes âgées et à d'autres catégories qui souffrent de problèmes de conversion en plus de leurs difficultés à gagner un revenu ***.

* En fait, une privation relative en termes de revenu peut entraîner une privation absolue en termes de capabilités. Être relativement pauvre dans un pays riche peut constituer un gros handicap de capabilité, même si le revenu absolu dont on dispose est élevé à l'aune des critères mondiaux. Dans un pays globalement opulent, acheter assez de produits pour réaliser le même fonctionnement social demande davantage de revenu. Voir sur ce point mon article « Poor, Relatively Speaking », *Oxford Economic Papers*, vol. 35, 1983, repris in *Resources, Values and Development*, *op. cit.*

** Il y a aussi un cercle vicieux entre (1) la malnutrition provoquée par le manque de revenu et (2) le manque de revenu dû à l'impossibilité de travailler à cause de la malnutrition. Sur ces liens, voir Partha Dasgupta et Debraj Ray, « Inequality as a Determinant of Malnutrition and Unemployment : Theory », *Economic Journal*, vol. 96, 1986, et « Inequality as a Determinant of Malnutrition and Unemployment : Policy », *Economic Journal*, vol. 97, 1987.

*** La contribution de ces handicaps à l'importance de la pauvreté en termes de revenus en Grande-Bretagne a été vigoureusement soulignée par une étude empirique pionnière de A. B. Atkinson, *Poverty in Britain and the Reform of Social Security*, Cambridge, Cambridge University Press, 1969. Dans ses ouvrages suivants, Atkinson a poussé plus loin ses recherches sur le lien entre le faible revenu et d'autres types de difficultés ; voir son article « On the Measurement of Poverty », *Econometrica*, vol. 55, 1987, et *Poverty and Social Security*, New York, Harvester Wheatsheaf, 1989. On trouvera une brillante

La répartition des moyens et des possibilités au sein de la famille complique encore l'étude de la pauvreté en termes de revenu. La famille reçoit un revenu par l'intermédiaire de ses membres qui gagnent de l'argent et il n'est pas partagé entre tous les individus qui la composent indépendamment de leur âge, de leur sexe et de leur aptitude à travailler. Si une part disproportionnée du revenu familial sert à promouvoir les intérêts de certains au détriment des autres (si, par exemple, les garçons sont systématiquement préférés aux filles dans l'allocation des ressources), la valeur totale de ce revenu ne suffira pas à prendre la juste mesure de l'ampleur des privations des membres négligés de la famille (en l'occurrence, les filles) [4]. C'est un problème important dans de nombreux contextes. L'inégalité entre les sexes est une caractéristique majeure de la répartition des revenus familiaux dans de nombreux pays d'Asie et d'Afrique du Nord. On évaluera de façon plus directe – et plus fiable – la privation des filles en examinant les manques de capabilité que reflètent leurs niveaux supérieurs de mortalité, de morbidité, de malnutrition et de négligence médicale plutôt qu'en comparant les revenus des familles [*].

analyse de l'idée générale de désavantage, et de son extrême pertinence pour l'évaluation sociale comme pour la politique publique, dans Jonathan Wolff, coll. Avner De-Shalit, *Disadvantage*, Oxford, Oxford University Press, 2007.

* Il est clair que le désavantage des femmes n'est pas un facteur aussi crucial pour évaluer l'inégalité et la pauvreté en Europe ou en Amérique du Nord, mais le postulat – souvent implicite – selon lequel le problème de l'inégalité des sexes ne se pose pas dans les pays « occidentaux » est tout à fait fallacieux. Par exemple, sur l'ensemble des pays du monde inclus dans le système des comptes nationaux au milieu des années 1990, l'Italie a l'un des taux les plus élevés de travail féminin « non reconnu » (essentiellement un travail familial peu prestigieux), selon le *Rapport sur le développement humain 1996* du PNUD (New York, Nations unies, 1995). La prise en compte de l'effort et du temps fournis et de ce qu'ils signifient pour la liberté personnelle des femmes est importante pour l'Europe et l'Amérique du Nord aussi. Il existe également une inégalité des sexes notable dans les pays riches en termes de possibilités d'études de haut niveau ou de perspectives de carrière à des postes très élevés.

HANDICAP, RESSOURCES ET CAPABILITÉS

On sous-estime souvent le poids du handicap dans l'appréciation des privations à travers le monde, et c'est peut-être l'un des arguments les plus forts en faveur de la perspective des capabilités. Les personnes qui souffrent de handicaps physiques ou mentaux ne comptent pas seulement parmi les humains les plus démunis de capabilités ; elles sont aussi, assez souvent, les plus négligées.

Le handicap est un problème d'ampleur gigantesque à l'échelle mondiale. Plus de 600 millions de personnes – un être humain sur dix – en souffrent gravement[5]. Plus de 400 millions d'entre elles vivent dans des pays en développement. Or, dans ces pays, les invalides sont très souvent les plus pauvres parmi les pauvres, alors même que leur *besoin* en termes de revenu est supérieur à celui des valides : leur permettre de vivre une vie à peu près normale et alléger leur handicap requiert argent et assistance. La dégradation de leur aptitude à gagner un revenu, appelons-la le « handicap de gain », est aggravée et amplifiée dans ses effets par le « handicap de conversion » : leur difficulté à convertir revenus et ressources en bien-vivre, précisément en raison de leur invalidité.

Pour mesurer l'importance du « handicap de conversion » qu'induit l'invalidité, on peut se référer à certains résultats empiriques d'une étude pionnière sur la pauvreté au Royaume-Uni qu'a entreprise Wiebke Kuklys dans une thèse remarquable qu'elle a soutenue à l'université de Cambridge peu avant de mourir prématurément du cancer : son travail a ensuite été publié sous forme de livre[6]. Elle a constaté que 17,9 % des individus vivaient dans des familles dont le niveau de revenu était inférieur au seuil de pauvreté. Elle n'a ensuite pris en compte que les individus appartenant à des familles qui comptaient un membre handicapé et a découvert que le pourcentage de ceux qui vivaient au-dessous du seuil de pauvreté passait à 23,1 %. Cet écart d'environ 5 % reflète approximativement le handicap de gain qui accompagne l'invalidité (difficultés d'emploi et nécessité des soins aux invalides). Si l'on introduit le handicap de conversion, en tenant compte donc du besoin d'un revenu supérieur pour atténuer les désavantages de l'invalidité, le pourcentage des individus vivant sous les seuils de pauvreté ajustés dans des familles comptant un ou des invalides bondit à 47,4 %, soit un écart de près de 30 % par rapport à la proportion des personnes dont le revenu est inférieur au seuil de pauvreté dans l'ensemble de la population (17,9 %). Si l'on regarde le tableau comparatif sous un autre angle, sur les trente points supplémentaires représentant le désavantage de pauvreté des individus qui vivent dans des familles ayant un membre handicapé, environ un sixième est attribuable au handicap de gain et cinq sixièmes au handicap de conversion (le problème central qui distingue la perspective des capabilités de celle des revenus et des ressources).

Comprendre ce qu'exige moralement et politiquement l'invalidité est important – non seulement parce qu'elle affecte très péniblement une partie de l'humanité, mais aussi parce que beaucoup de ses conséquences tragiques peuvent être surmontées, dans une large mesure, par une aide sociétale déterminée et une intervention imaginative. Les politiques du handicap ont un vaste champ d'action potentiel : l'atténuation de ses effets et la prévention de son apparition. Il est essentiel de comprendre que de nombreux handicaps sont évitables, qu'on peut faire beaucoup pour réduire l'*incidence* de l'invalidité et pas seulement pour alléger les *souffrances* qu'elle inflige.

De fait, seul un pourcentage tout à fait modeste des 600 millions de personnes invalides étaient condamnées à vivre ainsi à la conception ou même à la naissance. La malnutrition des mères et la sous-alimentation pendant l'enfance peuvent exposer les enfants à des maladies et à des handicaps. Certaines maladies liées aux infections et à l'absence d'eau non polluée peuvent entraîner la cécité. D'autres invalidités sont des conséquences de la poliomyélite, de la rougeole, du sida, ou d'accidents de la route et d'accidents du travail. Citons aussi les mines antipersonnel qui jonchent toutes les « zones de troubles » du monde et peuvent mutiler ou tuer leurs victimes, en particulier les enfants. L'intervention sociale contre l'invalidité doit prévenir autant que gérer et soulager. Si la justice nous impose de donner priorité à l'élimination de l'injustice flagrante et non à la quête au long cours de la société parfaitement juste (thèse que je soutiens tout au long de ce livre), la prévention et l'allégement de l'invalidité ne peuvent avoir qu'une place centrale dans notre effort.

Quand on pense à tout ce qu'une intervention intelligente et humaine pourrait faire, il est stupéfiant de voir à quel point la plupart des sociétés restent inactives, voire complaisantes, face à ce fardeau massif et non partagé qu'est le handicap. Le conservatisme des esprits contribue grandement à cette inaction. Maintenir la répartition des revenus comme guide principal de l'équité distributive, en particulier, empêche d'envisager la question embarrassante de l'invalidité et ses implications morales et politiques pour l'analyse sociale. Cet usage constant des présentations de la pauvreté fondées sur le revenu (tel le fréquent rappel, si prisé par les organisations internationales, du nombre de personnes vivant avec moins de 1 ou de 2 dollars par jour) détourne l'attention de ce que constitue une privation sociale sévère, associant le handicap de conversion au handicap de gain. Les 600 millions de handicapés de la planète ne souffrent pas seulement d'un faible revenu. Leur liberté de bien vivre subit de multiples atteintes, dont les effets, séparés et conjoints, les mettent en grand danger.

L'UTILISATION DES BIENS PREMIERS PAR RAWLS

Au vu de l'écart important entre capabilités et ressources (dont les raisons ont déjà été évoquées), comment ne pas rester sceptique devant le principe de différence de John Rawls, qui s'en remet entièrement aux biens premiers pour évaluer les questions de répartition ? Cette divergence, si importante soit-elle, ne traduit pas un désintérêt de Rawls pour l'importance de la liberté concrète – je le précise une fois de plus. Même si ses principes de justice, fondements de la base institutionnelle de la société, sont centrés sur les biens premiers, il tient compte ailleurs du besoin de corriger cette focalisation sur les ressources pour mieux saisir la liberté réelle des personnes. Son empathie constante pour les désavantagés est manifeste dans ses écrits.

En fait, Rawls recommande des correctifs spéciaux pour les « besoins spéciaux », comme l'invalidité et le handicap, même si cela ne figure pas dans ses principes de justice. Ces corrections n'interviennent pas quand s'établit la « structure institutionnelle de base » de la société à « l'étape constitutionnelle », mais doivent apparaître plus tard, dans le cadre de l'*utilisation* des institutions ainsi établies, notamment « à l'étape de la législation ». Cela suffit à éclaircir le champ des motivations de Rawls, et la question à poser devient : est-ce une façon adéquate de corriger la cécité partielle de la perspective des ressources et des biens premiers dans les principes de justice rawlsiens ?

La place éminente que Rawls accorde à la métrique des biens premiers révèle la sous-estimation générale d'une réalité : des personnes différentes entre elles, pour des raisons de caractéristiques personnelles ou d'influence de leurs environnements physiques et sociaux, voire de privation relative (quand leurs avantages absolus dépendent de leur situation relative par rapport aux autres), risquent d'avoir des possibilités très différentes de convertir des ressources d'ordre général (comme le revenu ou la fortune) en capabilités – ce que, concrètement, elles peuvent ou ne peuvent pas faire. Les écarts entre possibilités de conversion ne sont pas une simple question de « besoins spéciaux » : ils reflètent des variations omniprésentes – grandes, petites et moyennes – dans la condition humaine et les contextes sociaux pertinents.

Rawls prévoit l'apparition finale de dispositions spéciales pour les « besoins spéciaux » (par exemple pour les aveugles ou pour ceux qui ont un autre handicap évident) dans une phase ultérieure du développement par étapes de son récit de la justice. Par ce geste, il indique que le désavantage le préoccupe considérablement, mais la façon dont il traite ce problème omniprésent a une portée tout à fait limitée. D'abord, ces corrections n'interviennent – quand elles interviennent – qu'après l'établissement de la structure institutionnelle fondamentale au moyen des « principes de justice » rawlsiens – la nature des institutions fondamentales n'est donc absolument pas influencée par ces « besoins spéciaux » (le rôle du principe de différence assure aux biens premiers, tels les revenus et la fortune, une domination sans partage sur la création de la base institutionnelle qui traite des questions de répartition).

Deuxièmement, même au stade ultérieur où l'on prête une attention particulière aux « besoins spéciaux », aucune tentative n'est faite pour prendre en compte le problème omniprésent des variations dans les possibilités de conversion entre personnes différentes. Il est bien sûr important d'être attentif au handicap manifeste et facile à identifier (comme la cécité), mais, puisque les variations sont multiformes (liées par exemple à une plus grande vulnérabilité aux maladies, à des environnements épidémiologiques plus dangereux, à des différences de degré et de nature des handicaps physiques et mentaux, etc.), il est essentiel de choisir comme base informationnelle les fonctionnements et les capabilités pour penser les dispositifs sociaux et les réalisations sociales, et ce dès que l'on met en place la structure institutionnelle et que l'on vérifie qu'elle fonctionne bien et fait un usage adéquat du raisonnement humain, ouvert à l'empathie.

Je suis persuadé que Rawls est également motivé par son souci d'équité dans la répartition des libertés et des capabilités, mais, en fondant ses principes de justice sur la perspective informationnelle des biens premiers dans le principe de différence, il laisse la détermination des « institutions justes » de l'équité distributive reposer exclusivement sur la base fragile des biens premiers, qui doivent donner l'orientation fondamentale. Sa préoccupation profonde pour les capabilités n'est donc pas assez influente à l'étape institutionnelle.

DIVERGENCES AVEC LA THÉORIE RAWLSIENNE

Puisqu'elle ne partage pas l'institutionnalisme transcendantal qui fonde la démarche de Rawls, l'approche développée dans ce livre n'entend pas dérouler, étape par étape, le scénario de l'avènement d'une société parfaitement juste. Parce qu'elle se concentre sur le progrès de la justice par le changement institutionnel et d'autres types de changement, elle ne relègue pas les problèmes de conversion et de capabilité dans une catégorie secondaire dont l'examen est différé. Comprendre la nature et les sources des privations et iniquités de capabilité est essentiel pour éliminer les injustices flagrantes sur lesquelles le raisonnement public peut établir un consensus partiel*.

L'approche rawlsienne a aussi exercé une vaste influence en dehors du domaine propre que Rawls lui avait assigné, tant elle a dominé le raisonnement sur la justice dans la philosophie morale et politique contemporaine. Ceux qui ont tenté, par exemple, de conserver sa fondation contractuelle dans une nouvelle et plus ambitieuse théorie de la justice englobant le monde entier (ce type de « théorie cosmopolite de la justice » a un champ d'application beaucoup plus large que l'approche « pays par pays » de Rawls) ont continué à rechercher un classement complet des jugements de répartition, car une justice institutionnelle transcendantale étendue à l'ensemble du globe en a besoin [7]. Les théoriciens ne se satisfont évidemment pas d'un classement partiel, incomplet, fondé sur les capabilités ; il faut beaucoup plus qu'« un classement ordinal simplement partiel », explique Thomas Pogge, pour déterminer « comment doit être conçu un ordre institutionnel » [8]. Je souhaite bonne chance aux bâtisseurs d'un jeu d'institutions transcendantalement justes pour le monde entier, mais, pour ceux qui sont prêts à se concentrer, du moins dans l'immédiat, sur la réduction des injustices criantes dont souffre si terriblement une partie de la planète, la

* Lorsque j'explore les limites de la focalisation de la démarche rawlsienne sur l'indice des biens premiers pour formuler ses principes de justice, je n'entends évidemment pas suggérer que tout serait parfait dans cette approche institutionnaliste transcendantale si elle remplaçait la focalisation sur les biens premiers par un engagement direct pour les capabilités. Les graves difficultés, examinées plus haut, que créent l'orientation transcendantale et non comparative de Rawls et la focalisation purement institutionnelle de ses principes de justice demeureraient quelle que soit la base informationnelle utilisée pour l'évaluation des questions de répartition. Ce que je soutiens ici, c'est qu'aux problèmes généraux qu'elle doit à son institutionnalisme transcendantal la théorie rawlsienne en ajoute un autre, *supplémentaire*, en se concentrant sur les biens premiers pour traiter les problèmes de répartition dans ses principes de justice.

pertinence d'un classement « simplement » partiel pour une théorie de la justice peut être tout à fait décisive [9].

Le problème crucial, à mon sens, n'est pas de savoir si une théorie couvre tout, est capable de comparer n'importe quelle paire d'options, mais si les comparaisons qu'elle peut effectuer sont judicieuses et argumentées. Quand nous comparons les libertés et les capabilités, nous sommes dans le bon espace, et il ne faut pas nous déporter ailleurs, séduits par les charmes d'un ordre complet (sans nous poser la question de savoir *ce* qui est ordonné complètement).

L'avantage de la perspective des capabilités sur celle des ressources, c'est sa pertinence, sa dimension substantielle, et non de nous promettre la production d'un ordre total. La métrique des capabilités, écrit très justement Elizabeth Anderson, est « supérieure à une métrique des ressources parce qu'elle se concentre sur les fins et non sur les moyens, parvient mieux à prendre en compte la discrimination contre les handicapés, a une bonne sensibilité aux variations individuelles dans les fonctionnements importants pour la démocratie et constitue un bon guide pour la juste fourniture de services publics, notamment en matière de santé et d'éducation [10] ».

L'ÉGALITÉ DES RESSOURCES CHEZ DWORKIN

Si Rawls, dans ses principes de justice, utilise la perspective des ressources sous la forme de l'indice des biens premiers mais ignore les variations de conversion entre ressources et capabilités, Ronald Dworkin se sert de cette même perspective en faisant place, explicitement, à la prise en compte de ces variations par un habile recours à l'idée de marché – notamment d'un marché primordial imaginaire des assurances contre les handicaps de conversion. Dans cette expérience de pensée, on postule que les gens, sous le voile d'ignorance d'une position originelle de type rawlsien, entrent sur le marché hypothétique où l'on peut s'assurer pour ce genre de problèmes. Puisque, dans cette situation imaginaire, personne ne sait qui aura quel handicap ni s'il en aura un, tous achèteront cette assurance contre de possibles infortunes et (« plus tard », si l'on peut dire) ceux qui auront réellement les handicaps pourront recevoir une indemnisation, déterminée par les marchés des assurances : ils obtiendront davantage de ressources de types différents en compensation. C'est, selon Dworkin, ce qu'il peut y avoir de plus équitable : il voit dans ce système une réelle « égalité des ressources ».

C'est certainement une proposition intéressante et très ingénieuse (après dix ans de co-enseignement avec Ronald Dworkin dans un cours commun à Oxford, je connais son extraordinaire envergure intellectuelle et je n'en attendais pas moins de lui). Mais, ayant imaginé cet hypothétique marché, Dworkin fait suivre sa brillante contribution d'un « essayez donc de faire mieux ! » qu'il adresse notamment aux malheureuses victimes de l'approche par les capabilités *. Car de deux choses l'une, explique-t-il : soit l'égalité des capabilités signifie en fait l'égalité du bien-être, auquel cas (selon Dworkin) c'est une vision erronée de l'équité ; soit c'est en réalité la même solution que sa propre égalité de ressources, et alors il n'y a aucune divergence réelle entre nous (et aucun intérêt à mettre en œuvre l'approche par les capabilités).

En dépit de mon immense admiration pour le travail de Ronald Dworkin, il m'est difficile de savoir par où commencer pour exposer ce qui pèche dans le raisonnement qu'il oppose à l'approche par les capabilités. Premièrement (je débute par un point tout à fait mineur, par simple souci de clarté), même s'il s'avérait qu'égalité de capabilité signifie égalité de capabilité de bien-être, ce ne serait pas la même chose qu'égalité de bien-être ** (la distinction entre capabilité et accomplissement a été analysée au chapitre précédent). Mais l'important, c'est qu'il devrait

---

* Je suppose que je dois me sentir honoré d'être pris suffisamment au sérieux pour être désigné par Dworkin comme le protagoniste principal de l'approche, selon lui fort insatisfaisante, des capabilités. Voir Ronald Dworkin, *La Vertu souveraine*, trad. fr. de Jean-Fabien Spitz, Bruxelles, Bruylant, 2007, p. 135-218 ; voir aussi son article « Sovereign Virtue Revisited », *Ethics*, vol. 113, 2002.

** Par exemple, la pratique *réelle*, par certains, de modes de vie coûteux, que Dworkin ne veut pas subventionner, ne doit pas être confondue avec la *capabilité* de vivre ainsi – une capacité que beaucoup de gens peuvent partager sans la concrétiser.

ressortir clairement de ce que j'ai déjà dit de la perspective des capabilités que je ne plaide ni pour l'égalité du bien-être ni pour l'égalité de la capabilité d'accomplir le bien-être *.

Deuxièmement, à supposer que l'égalité des ressources ne diffère en rien de l'égalité de capabilité et de la liberté concrète, pourquoi est-il plus intéressant, sur le plan normatif, de réfléchir à la première plutôt qu'à la seconde puisque les ressources n'ont d'importance qu'instrumentale, en tant que moyens au service de fins autres qu'elles-mêmes ? Puisque les ressources sont seulement « utiles en fonction d'autre chose » (comme dit Aristote) et puisque l'argumentation en faveur de l'égalité des ressources repose en dernière analyse sur cet « autre chose », pourquoi ne pas mettre l'égalité des ressources à sa juste place, pour en faire un moyen de parvenir à l'égalité de la capabilité d'accomplir – si les deux coïncident vraiment ?

Il n'y a bien sûr aucune difficulté mathématique majeure à penser un objet assimilable à une fin (telle l'utilité ou la capabilité) en termes de montants « équivalents » d'autre chose (par exemple, le revenu ou les ressources), qui sert de moyen pour l'atteindre – tant que le second élément est assez puissant instrumentalement pour nous permettre d'atteindre n'importe quel niveau précis du premier. Cette technique analytique a été très utilisée en théorie économique, en particulier dans l'analyse des utilités, pour penser l'utilité non pas directement, mais en termes de revenus équivalents (on parle souvent d'« utilité indirecte » ou d'« utilité en équivalent monétaire »). L'égalité des capabilités et l'égalité des ressources dworkinienne, que l'on peut qualifier dans le même sens de « capabilités indirectes », pourraient coïncider si

* Ma conférence Tanner de 1979 sur l'usage de la capabilité, qui a été publiée sous le titre « Equality of What ? », *in* S. McMurrin (éd.), *Tanner Lectures on Human Values*, t. I, *op. cit.* [« Quelle égalité ? », in *Éthique et économie (et autres essais), op. cit.*], présentait la perspective des capabilités non seulement dans son contraste avec la focalisation rawlsienne sur les biens premiers, mais aussi comme une rivale – et critique – de toute approche fondée sur le bien-être. Dworkin ne commente pas ce point dans son premier article sur l'égalité de ressources (« What Is Equality ? », partie I : « Equality of Welfare », et « What Is Equality ? » partie II : « Equality of Resources », *Philosophy and Public Affairs*, vol. 10, 1981) et il le fait pour la première fois, à ma connaissance (sauf si quelque chose m'a échappé), dans son livre *La Vertu souveraine, op. cit.*

et seulement si la seconde, grâce au bon fonctionnement des marchés d'assurance, garantissait à tout le monde, en gros, les mêmes capabilités. Mais alors, pourquoi s'extasier sur le seul succès instrumental (« tous ont les mêmes ressources – hourra ! ») plutôt que sur ce qui compte vraiment (tous ont la même liberté concrète, ou les mêmes capabilités) ?

Troisièmement, la coïncidence n'est peut-être pas réelle, puisque les marchés de l'assurance peuvent traiter plus facilement certains objets que d'autres. Certains désavantages en termes de capabilités ne proviennent pas de caractéristiques personnelles (tel qu'un handicap), mais relationnelles et environnementales, (comme l'état de privation relative, dont l'analyse a été inaugurée par Adam Smith dans *La Richesse des nations*). On comprend aisément pourquoi sur un marché d'assurances destinées aux particuliers il est beaucoup plus difficile de prendre en ligne de compte ces caractéristiques non personnelles *.

Un autre motif de non-coïncidence tient au fait que dans mon approche, l'évaluation des différences interpersonnelles de privation fait l'objet d'un raisonnement public, alors que cette évaluation est laissée au soin d'opérateurs atomisés sur les marchés d'assurance imaginés par Dworkin. Dans le système dworkinien, c'est l'interaction des évaluations respectives des individus qui détermine les prix de marché et les niveaux d'indemnisation offerts par les divers types d'assurance. C'est donc le marché qui, dans ce cadre, est chargé d'accomplir l'évaluation, alors que celle-ci nécessite en réalité un raisonnement public et un débat interactif.

Quatrièmement, Dworkin se concentre sur un objectif qu'il partage avec les autres approches inspirées par l'institutionnalisme transcendantal : parvenir à des institutions parfaitement justes (d'un seul coup). Mais, lorsqu'on cherche à faire progresser la justice par l'élimination des pires injustices (même s'il n'y a aucun espoir de réaliser ainsi des institutions parfaitement justes, voire de

* Certaines des raisons de l'écart entre égalité des ressources et égalité des capabilités ont été analysées, entre autres, par Andrew William, « Dworkin on Capability », *Ethics*, vol. 113, 2002, et Roland Pierik et Ingrid Robeyns, « Resources versus Capabilities : Social Endowments in Egalitarian Theory », *Political Studies*, vol. 55, 2007.

se mettre d'accord sur leur profil), on peut faire grand usage de ce que certains appellent avec mépris un « classement simplement partiel ». Le marché imaginaire des assurances contre le handicap, dans le cadre dworkinien, ne prétend même pas nous donner les moyens d'identifier les évolutions nécessaires à la justice : il se concentre exclusivement sur l'exercice fictif de la justice transcendantale.

Cinquièmement, Dworkin considère que l'existence, l'unicité et l'efficacité des équilibres de marché de la concurrence parfaite, dont il a besoin pour son récit institutionnel, ne posent absolument aucun problème. Et il les postule, sans vraiment chercher à les justifier, en dépit de ce que nous savons des énormes difficultés qu'elles recèlent, démontrées par un demi-siècle de recherches économiques sur la théorie de l'« équilibre général ». Or bon nombre de leurs traits problématiques, liés aux limites informationnelles (notamment l'information asymétrique), au rôle des biens publics, aux économies d'échelle et à d'autres entraves, sont particulièrement nets sur les marchés de l'assurance [11].

Il y a, j'en ai peur, du fondamentalisme institutionnel dans l'approche de Dworkin, une certaine naïveté, aussi, quand il postule qu'une fois d'accord sur certaines règles de redistribution des ressources fondées sur l'assurance nous pourrons oublier les résultats avérés et les capabilités réelles dont jouissent les différents individus. Il suppose que les libertés et les résultats réels peuvent être confiés en toute sécurité au mécanisme institutionnel des marchés fictifs : nul besoin, selon lui, de vérifier ensuite si ce qui se passe correspond bien à ce à quoi s'attendaient les gens. Les marchés de l'assurance sont censés fonctionner sur des contrats conclus une fois pour toutes – aucune surprise, aucune répétition, aucune discussion sur ce qu'on espérait et sur ce qui s'est vraiment produit.

Si l'ingénieux mécanisme dworkinien des marchés imaginaires de l'assurance a une utilité, elle est ailleurs que dans sa prétention à constituer une théorie neuve et viable de la justice distributive. L'égalité des ressources qu'il présente n'est absolument pas un substitut de l'approche par les capabilités, mais il est possible d'y voir une façon – l'une des nombreuses façons * – de comprendre

* Au lieu de donner un revenu privé supplémentaire aux handicapés, on peut choisir, bien sûr, une autre grande option, très utilisée dans la pratique :

comment penser l'indemnisation des handicaps en termes de transfert de revenu. Dans ce champ difficile, nous pouvons accepter toute aide que des expériences de pensée sont susceptibles de fournir tant qu'elles ne prétendent pas au pouvoir sans appel de juges institutionnels suprêmes.

La promotion de la justice et l'élimination de l'injustice exigent, nous l'avons dit (notamment au chapitre 3), de se préoccuper conjointement du choix des institutions (dont celles qui traitent des revenus privés et des biens publics), de l'ajustement des comportements et, enfin, des procédures de correction des des accords sociaux fondées sur l'examen public de ce qui a été promis, de la manière dont fonctionnent réellement les institutions et dont on peut améliorer les choses. On n'a pas le droit de faire taire le raisonnement public pour se fier une fois pour toutes à la promesse des vertus d'un choix institutionnel fondé sur le marché. Le rôle social des institutions, même imaginaires, est plus complexe.

---

leur fournir des services sociaux gratuits ou subventionnés. Cette procédure est au cœur de l'État-providence en Europe. C'est ainsi que fonctionne un service de santé national, qui ne donne pas aux malades plus de revenu pour payer leurs soins médicaux.

13

BONHEUR, BIEN-ÊTRE ET CAPABILITÉS

Puisque la science économique est censée être ma profession quelle que soit mon histoire d'amour avec la philosophie, autant le reconnaître : ma profession n'est pas en bons termes avec le bonheur. On l'appelle souvent la « science lugubre », à la suite de Thomas Carlyle. Les économistes sont fréquemment perçus comme d'affreux rabat-joie qui veulent noyer la jovialité naturelle et l'affection mutuelle des êtres humains dans une potion indigeste de rigueur économique. Edmund Clerihew Bentley a d'ailleurs rangé les écrits économiques du grand utilitariste John Stuart Mill dans ce triste casier – sans plaisir ni amitié :

John Stuart Mill,
Par un puissant effort de volonté,
A surmonté sa bonhomie naturelle,
Et rédigé les *Principes d'économie politique*.

La science économique est-elle vraiment à ce point hostile au bonheur et à la convivialité qu'il faille imposer implacablement silence à sa bonhomie pour pouvoir y appliquer son esprit ?

Certes, il est hors de doute que le sujet de cette science est souvent assez grave, et parfois tout à fait déprimant ; il peut être assez difficile de garder sa jovialité naturelle quand on étudie la famine ou la pauvreté, quand on essaie de comprendre les causes et les effets d'un chômage dévastateur ou d'un dénuement dramatique. C'est normal : la jovialité n'est pas d'un grand secours pour analyser le chômage, la pauvreté ou la famine.

Mais que dire de la science économique en général, avec ses multiples centres d'intérêt, qui ne sont pas tous aussi perturbants ? Parvient-elle un tant soit peu à intégrer la perspective du bonheur et à comprendre son importance pour la vie humaine, donc pour la bonne politique économique ? C'est la première question que je traiterai dans ce chapitre.

La deuxième sera : jusqu'où la perspective du bonheur est-elle adéquate pour évaluer le bien-être ou l'avantage d'une personne ? Nous pouvons nous tromper de deux façons : soit en ne reconnaissant pas à sa juste valeur l'importance du bonheur, soit en le surestimant quand nous jugeons le bien-être des individus, soit encore en ne voyant pas les limites de la démarche qui fait du bonheur la principale – ou la seule – base d'évaluation de la justice sociale ou du bien-être social. En plus de cet examen des liens du bonheur avec le bien-être, il est bon de se demander quelles sont ses relations avec la perspective de la liberté et de la capabilité. Puisque j'ai déjà montré l'importance de la capabilité, il me paraît important de mesurer l'écart entre les deux points de vue, bonheur et capabilité.

Troisièmement, quel est le lien entre la capabilité et le bien-être d'une personne ? L'expansion de sa capabilité accroît-elle toujours son bien-être ? Sinon, en quel sens la capabilité est-elle un indicateur de son « avantage » ?

Ces questions seront examinées dans un instant, mais je voudrais d'abord préciser un point : la pertinence du concept de capabilité ne se limite pas uniquement à son rôle d'évaluation des avantages d'un individu (c'est dans ce rôle-là que la concurrence entre capabilité et bonheur peut jouer), car elle implique aussi des devoirs et des obligations, du moins d'un certain point de vue. La capabilité, je l'ai dit, est une forme de pouvoir, dans un sens qui, manifestement, n'est pas applicable au bonheur. Quelles sont les conséquences de cette opposition pour la philosophie morale et politique en général et pour la théorie de la justice en particulier ?

BONHEUR, CAPABILITÉ ET OBLIGATIONS

Cette question est liée à la responsabilité du pouvoir effectif, déjà évoquée au chapitre 9 (« Pluralité des raisons impartiales »). À la différence de la logique contractuelle, la pensée qui assigne au pouvoir effectif le devoir ou l'obligation de changer les choses ne se fonde pas, dans ce raisonnement précis, sur l'avantage mutuel que l'on a à coopérer ou sur les engagements pris dans le cadre d'un contrat social. Elle repose plutôt sur l'idée suivante : si un individu a le pouvoir d'entreprendre une action dont il ou elle entrevoit qu'elle contribuera à réduire l'injustice dans le monde, alors cette action se trouve justifiée par un puissant argument raisonné (sans qu'il y ait besoin de traduire ce motif en termes d'avantage imaginaire inspiré par la prudence dans un cadre hypothétique de coopération). C'est un type de raisonnement que j'ai rattaché à l'analyse de Gautama Bouddha sur les obligations que confère le pouvoir effectif (Bouddha présente l'argument dans le *Sutta-nipata*), mais il est apparu sous diverses formes dans la philosophie morale et politique de nombreux pays à différentes époques.

La liberté en général et la liberté d'action en particulier font partie du pouvoir effectif dont dispose un individu, et on aurait tort de ne voir dans la capabilité (qui est liée à ces idées de liberté) qu'une conception de l'avantage humain : elle est tout aussi capitale pour comprendre ses obligations. Cette idée révèle un contraste majeur entre bonheur et capabilité en tant qu'ingrédients informationnels de base d'une théorie de la justice : le bonheur ne crée pas d'obligations, comme le fera inévitablement la capabilité si l'on accepte l'argument de la responsabilité du pouvoir effectif. Il y a à cet égard une différence importante entre bien-être et bonheur, d'un côté, liberté et capabilité, de l'autre.

La capabilité joue dans l'éthique sociale et la philosophie politique un rôle qui dépasse de loin sa concurrence avec le bonheur et le bien-être pour nous guider vers l'avantage humain. Je n'approfondirai pas davantage cette distinction ici – du moins pas directement, car elle se présentera quand j'expliquerai pourquoi le renforcement de la liberté d'une personne n'accroît pas nécessairement son bien-être. Je vais plutôt me concentrer sur la pertinence de la capabilité pour évaluer la situation et les avantages des individus, par opposition à la perspective du bonheur que met en avant l'économie traditionnelle du bien-être. La question de l'obligation liée à la capabilité est un aspect important de l'approche globale de la justice présentée dans cet ouvrage.

SCIENCE ÉCONOMIQUE ET BONHEUR

La discipline de l'économie du bien-être, composante de la science économique qui porte sur l'estimation de la qualité de vie et l'appréciation des politiques publiques, a une longue histoire de valorisation du bonheur : elle l'a mis au cœur de sa méthode d'évaluation et a vu en lui le seul guide pour déterminer le bien-être humain et les avantages dont jouissent des individus différents. Longtemps – pendant plus d'un siècle –, l'économie du bien-être a été dominée par une approche particulière, l'utilitarisme, inauguré sous sa forme moderne par Jeremy Bentham, puis illustré par des économistes comme John Stuart Mill, Francis Edgeworth, Henry Sidgwick, Alfred Marshall et Arthur Cecil Pigou, parmi beaucoup d'autres théoriciens de premier plan. Le bonheur y jouissait d'un statut exceptionnel : il était l'unique facteur important pour évaluer le bien-être et l'avantage humain, donc pour servir de base à l'évaluation sociale et à la conception de l'action publique. L'utilitarisme a été pendant très longtemps une sorte de « théorie officielle » de l'économie du bien-être, bien qu'il existe aujourd'hui (comme l'a parfaitement montré John Roemer) beaucoup d'autres théories convaincantes sur ce point [1].

Même de nos jours, d'ailleurs, une importante composante de l'économie du bien-être reste encore largement utilitariste, du moins dans sa forme. Néanmoins, l'importance du bonheur dans la vie humaine est souvent traitée avec une certaine négligence dans le discours dominant sur les problèmes économiques contemporains. Des données empiriques considérables ont montré que, si l'on s'est enrichi dans de nombreuses régions du monde, si l'on a en valeur réelle bien plus d'argent à dépenser qu'avant, on ne se sent pas plus heureux. Sur la base de ces travaux et avec des arguments forts, des sceptiques ont contesté la prémisse implicite des « réalistes », qui voyaient dans la croissance le remède universel à tous les maux économiques, y compris le malheur et l'absence de bonheur – ils ont posé la question dont Richard Easterlin a fait le titre d'un article justement célèbre : « L'augmentation des revenus de tous va-t-elle accroître le bonheur de tous[2] ? » La nature et les causes de la « vie sans joie » dans les économies prospères ont aussi été étudiées par un certain nombre d'économistes disposés à s'aventurer au-delà du simple postulat fonctionnel selon lequel le niveau d'utilité s'accroîtra toujours avec le revenu et la richesse. L'analyse – en partie économique, en partie sociologique – qu'a donnée Tibor Scitovsky de « l'économie sans joie » (pour citer le titre de son célèbre ouvrage) a fait date dans ce champ de recherche négligé[3].

Il n'y a aucune raison de douter de l'importance du bonheur dans la vie humaine, et il est bon que la tension entre la perspective des revenus et celle du bonheur retienne enfin davantage l'attention dans la pensée orthodoxe. Même si j'ai eu bien des occasions de controverses avec mon vieil ami Richard Layard (j'évoquerai un peu plus loin certains de nos désaccords), je ne saurais trop souligner l'importance que j'attache à sa recherche sur le paradoxe qui a motivé son livre captivant et combatif, *Le Prix du bonheur. Leçons d'une science nouvelle* : « Notre existence repose sur un paradoxe. Nous désirons, pour la plupart, jouir d'un revenu plus important et luttons pour y parvenir. Pourtant, à mesure que les sociétés occidentales sont devenues plus riches, nous ne sommes pas devenus plus heureux[4]. » S'il y a des questions à poser, elles ne viennent qu'après avoir pleinement reconnu l'importance du bonheur pour la vie humaine, avec ses amples conséquences sur les modes de vie ; et après avoir compris, par conséquent, que la relation entre revenu et bonheur est beaucoup plus complexe que ne l'ont souvent supposé les théoriciens essentiellement attentifs au revenu.

Ces questions concernent le statut des autres façons d'estimer la qualité des vies humaines et d'évaluer l'importance de la liberté dans notre façon de vivre ; toutes ces autres préoccupations doivent-elles être jugées négligeables ou subordonnées à l'utilité, ou faut-il ne voir en elles, peut-être, que des déterminants – ou des instruments – de l'augmentation du bonheur ? Le cœur du problème n'est pas l'importance du bonheur mais la prétendue insignifiance de tout le reste, idée qui semble tenir à cœur à de nombreux champions de la perspective du bonheur.

Portée et limites du bonheur

C'est indéniable : le bonheur est de la plus haute importance, et les raisons ne manquent pas d'essayer de promouvoir le bonheur de tous, dont le nôtre. Richard Layard, dans son plaidoyer vigoureux et enthousiaste (on est heureux en le lisant) pour la perspective du bonheur, fait une remarque qui sous-estime peut être un peu notre aptitude à analyser les questions délicates, mais nous comprenons aisément ce qu'il veut dire : « Si l'on nous demandait pourquoi il importe d'être heureux, nous serions incapables de trouver à cela aucune justification qui fût étrangère au concept de bonheur lui-même. À l'évidence, il importe d'être heureux [5]. » Il est certain que le bonheur est un succès crucial dont on voit assez l'importance.

Mais voici la thèse qui pose problème : « Le bonheur représente à mes yeux cet objectif ultime, car, contrairement aux autres objectifs possibles, il est intrinsèquement bon. » Il s'agit, ajoute Layard, « d'un objectif "allant de soi", comme dit la Déclaration d'indépendance des États-Unis [6] ». (En fait, la Déclaration d'indépendance américaine présente comme l'une des vérités « évidentes pour elles-mêmes » que tous les hommes sont « doués par le Créateur de certains droits inaliénables », et c'est dans l'énumération détaillée de ces divers droits que figure le droit au bonheur, parmi plusieurs autres – ce n'est donc pas tout à fait « contrairement aux autres objectifs possibles ».) Affirmer qu'en dernière analyse rien d'autre ne compte – que ce soit la liberté, l'égalité, la fraternité ou ce qu'on voudra : voilà ce qui risque de ne pas entrer si facilement en résonance avec la façon dont les êtres humains ont défini et continuent à définir ce qui leur paraît évidemment bon. C'est le cas si nous examinons ce qui a motivé les gens pendant la Révolution française, il y a plus de deux siècles, ou ce qu'ils préconisent aujourd'hui, dans la pratique politique comme dans l'analyse philosophique (pensons à Robert Nozick aux yeux duquel l'importance de la liberté est évidente par elle-même, et à Ronald Dworkin qui qualifie l'égalité de vertu souveraine)[7]. Pour assurer au bonheur le statut unique que Layard veut lui donner, il faudrait une argumentation un peu plus développée : on ne peut se contenter de le dire « intrinsèquement bon ».

Bien que Layard se dise fermement persuadé que, pour défendre le critère du bonheur, « nous serions incapables de trouver […] aucune justification qui fût étrangère au concept de bonheur lui-même », il avance ensuite une raison qui a d'ailleurs une certaine plausibilité. C'est quand il conteste les prétentions des capabilités qu'il formule l'argument crucial : « Mais, à moins de pouvoir justifier nos objectifs à partir de ce que les individus ressentent, il y a ici un réel risque de paternalisme » (p. 125). Éviter le paternalisme est à coup sûr une raison extérieure, différente de l'essence intrinsèquement bonne du bonheur, cette évidence prétendument indiscutable. Layard accuse de paternalisme – de « jouer à Dieu » et de décider « ce qui est bon pour les autres » – tout observateur social qui remarque que les gens terriblement défavorisés s'adaptent souvent à leur état de privation pour se rendre la vie plus supportable, sans que leur privation disparaisse pour autant.

La prémisse pratique de Layard se trouve à la fin de sa remarque : il nous prie de nous abstenir de faire ce que nous pensons « bon pour les autres, même s'ils ne ressentiront jamais les choses de cette façon » (*Le Prix du bonheur*, p. 133). Est-ce équitable pour ceux dont il veut réfuter les idées ? En refusant d'admettre passivement l'existence de la privation permanente, ils veulent ouvrir un débat rationnel sur les maux qui écrasent les éternels chiens battus : ils se disent que, s'il y a plus d'attention à ces problèmes, les opprimés « adaptés » verront – et « sentiront »

– assez de raisons pour protester. Nous avons déjà relevé au chapitre 7 (« Position, pertinence et illusion ») que, dans l'Inde traditionaliste, l'acceptation docile et sans douleur par les femmes de leur soumission a cédé la place, au fil des décennies, à un « mécontentement créatif » et à l'exigence d'un changement social ; et que le fait même de se demander pourquoi les femmes admettaient passivement leur condition, sans se plaindre ni créer de problèmes, a beaucoup contribué à ce changement*. Le débat public interactif sur l'acceptation de cette privation chronique a joué un rôle notable – débat souvent impulsé par des mouvements féministes, mais aussi mené, plus généralement, dans le cadre d'un réexamen politique radical des diverses sources d'inégalité en Inde.

Nous raisonnons souvent avec nous-mêmes en pensée, et avec les autres dans le débat public, sur la fiabilité de nos convictions et de nos réactions mentales, afin de vérifier que nos sentiments immédiats ne nous égarent pas. Du roi Lear, qui nous conseille de nous mettre à la place des autres pour évaluer nos propres inclinations (par exemple, celle qui nous conduit à écouter sans critique « ce juge » déblatérer contre « ce simple filou »), à Adam Smith, qui montre que des esprits culturellement cloîtrés, même dans la gloire intellectuelle de l'Athènes classique, auraient eu quelques raisons de réexaminer leur vision positive de la pratique alors courante de l'infanticide, le besoin de raisonner sur nos sentiments non examinés ne manque pas de promoteurs**.

Cela est vrai aussi du rôle de l'éducation publique aujourd'hui, par exemple sur la santé, les habitudes alimentaires ou le tabac, et c'est une idée pertinente pour mieux comprendre la nécessité d'un débat ouvert sur les problèmes de l'immigration, de l'intolérance raciale, de l'absence de droits aux soins médicaux ou de la position des femmes dans la société, hors de tout prétendu paternalisme. L'expérience de nombreuses sociétés le prouve : il existe quantité de raisonnements capables de défier l'hégémonie

* J'aimerais bien persuader mon ami Richard Layard de ne pas s'aligner entièrement sur Bentham et de se rapprocher un peu de Mill.

** Pour une excellente analyse des arguments en faveur d'un réexamen permanent de sa vie, de ses croyances et de ses pratiques, voir Robert Nozick, *The Examined Life : Philosophical Meditations*, New York, Simon & Schuster, 1989.

incontestée des « sentiments » et impressions non examinées sur tout le reste.

La preuve par le bonheur

Si important soit-il, le bonheur ne peut être notre unique valeur, ni la seule mesure de ce que nous valorisons. Mais, sans lui attribuer une influence aussi décisive, on a raison de voir en lui un élément très précieux de la vie humaine, parmi d'autres. La capabilité d'être heureux est un aspect majeur de la liberté que nous avons de bonnes raisons de chérir. La perspective du bonheur éclaire tout un pan de notre existence.

Outre son importance propre, le bonheur peut avoir l'intérêt et la pertinence d'une preuve. Lorsque nous atteignons d'autres objectifs que nous valorisons (pour diverses raisons justifiées), ce succès influence très souvent notre sentiment de bonheur. Il est naturel de prendre plaisir à réussir dans ce que nous tentons de faire. De même, négativement, lorsque nous ne parvenons pas à obtenir ce que nous valorisons, cela peut être une source de déception. Le bonheur et la frustration entretiennent respectivement des liens avec le succès et l'échec de nos efforts pour atteindre nos objectifs, quels qu'ils soient. Ils peuvent donc constituer un bon moyen indirect de vérifier si les gens réussissent ou non à obtenir ce qu'ils valorisent.

Mais reconnaître ce lien ne nous impose nullement de conclure que, si nous valorisons certaines choses, c'est uniquement afin d'éviter la frustration que nous ressentirions en cas d'échec. Nos raisons de privilégier ces objectifs-là (à quelque distance qu'ils se situent de la simple quête du bonheur) expliquent pourquoi nous pouvons raisonnablement nous sentir heureux de réussir à les atteindre et frustrés d'échouer. Le bonheur peut donc constituer un indicateur intéressant puisqu'il est régulièrement lié à nos succès et à nos échecs dans la vie, même s'il n'est pas tout ce que nous cherchons ou avons des motifs de chercher.

UTILITARISME ET ÉCONOMIE DU BIEN-ÊTRE

Je reviens maintenant au traitement du bonheur dans la discipline économique en général, et dans l'économie dite du bien-être en particulier (où le bien-être des gens est un centre d'intérêt privilégié qui guide la prise de décision politique). Des utilitaristes comme Bentham, Edgeworth, Marshall ou Pigou trouvaient évident de soutenir qu'en matière de bien social il fallait classer les options et choisir entre elles sur la simple base de la somme des bien-être individuels. Et le bien-être individuel était représenté, selon eux, par l'« utilité » individuelle, qu'ils assimilaient très généralement au bonheur de l'individu. Ils avaient aussi tendance à ignorer les problèmes de répartition inégale du bien-être et des utilités entre personnes différentes. Toutes les options d'états possibles étaient donc jugées à la somme globale de bonheur que l'on y trouvait, et les diverses possibilités d'action publique évaluées au « bonheur total » respectif qui en résulterait.

Un coup majeur a été porté à l'objet même de l'économie du bien-être dans les années 1930 : des arguments présentés, entre autres, par Lionel Robbins (et influencés par la philosophie du « positivisme logique ») ont convaincu les économistes que les comparaisons interpersonnelles d'utilités n'avaient aucune base scientifique et ne pouvaient être effectuées de manière sensée. Le bonheur d'un individu, affirmait-on désormais, ne peut être comparé d'aucune façon au bonheur d'un autre. « Tout esprit est impénétrable à tous les autres esprits », soutenait Robbins, citant W. S. Jevons, « et aucun dénominateur commun du sentiment n'est possible [8]. »

Cette récusation absolue pose un grave problème, car il existe des règles plausibles d'évaluation comparée des joies et des peines de la vie humaine ; et, quand bien même il resterait des zones de doute et de désaccord, on comprend aisément pourquoi des consensus apparaissent assez facilement sur certaines comparaisons interpersonnelles et produisent donc un ordre partiel (j'ai déjà examiné ce mécanisme *). Ces accords se reflètent aussi dans la langue que nous utilisons pour décrire le bonheur de personnes différentes : elle ne place pas les êtres humains sur autant d'îles disparates et espacées les unes des autres **. Comment, par exemple, suivre l'intrigue du *Roi Lear* si les comparaisons interpersonnelles n'exprimaient rien ?

Néanmoins, puisque les économistes, dans l'ensemble, se sont laissés persuader – bien trop rapidement – qu'il y avait effectivement une erreur méthodologique dans le recours aux comparaisons interpersonnelles d'utilités, la version complète de la tradition utilitariste a vite cédé la place, dans les années 1940 et 1950, à une autre façon, plus pauvre en informations, de prendre appui sur l'utilité ou sur le bonheur. On l'a baptisée la « nouvelle économie du bien-être ». Elle continuait à prendre en compte les utilités *et elles seules* (c'est ce qu'on appelle souvent le « welfarisme ») tout en se dispensant des comparaisons interpersonnelles. La base informationnelle de l'économie du bien-être restait étroitement limitée aux utilités, mais les usages autorisés de ces informations sur l'utilité avaient été réduits par l'interdiction des comparaisons interpersonnelles d'utilités. Or le welfarisme sans comparaisons interpersonnelles est une base informationnelle vraiment restrictive pour les jugements sociaux. Il nous permet de nous demander si le même individu est plus heureux dans un état que dans un autre, mais pas de comparer le bonheur d'une personne à celui d'une autre.

---

* Voir mon livre *Collective Choice and Social Welfare*, *op. cit.*, qui plaidait pour l'usage systématique des comparaisons interpersonnelles de bien-être sous forme d'ordres partiels dans la théorie du choix social. Et mon article « Interpersonal Comparisons of Welfare », in *Choice, Welfare and Measurement*, *op. cit.* Voir aussi Donald Davidson, « Judging Interpersonal Interests », *in* Jon Elster et Aanund Hylland (éd.), *Foundations of Social Choice Theory*, Cambridge, Cambridge University Press, 1986, et Allan Gibbard, « Interpersonal Comparisons : Preference, Good, and the Intrinsic Reward of a Life », *in* J. Elster et A. Hylland (éd.), *Foundations of Social Choice Theory*, *op. cit.* Sur des questions voisines, voir H. Putnam, *Fait-valeur, la fin d'un dogme, et autres essais*, *op. cit.*

** La rigueur du langage en tant que reflet d'un aspect de l'objectivité a été analysée aux chapitres 1, « Raison et objectivité », et 5, « Impartialité et objectivité ».

Limites informationnelles et théorème d'impossibilité

C'est au cours de cette recherche de formulations acceptables pour le bien-être social que Kenneth Arrow a présenté son célèbre « théorème d'impossibilité ». Son livre *Choix collectif et préférences individuelles* (publié en 1951) a inauguré une nouvelle discipline, la théorie du choix social[9]. On l'a vu au chapitre 4 (« Voix et choix social »), Arrow a déterminé un ensemble de conditions, apparemment très modérées, reliant les choix ou les jugements sociaux à l'ensemble des préférences individuelles, et il les a considérées comme une sorte d'ensemble minimal d'exigences que toute procédure décente d'évaluation sociale devait satisfaire. Or il a montré qu'il était impossible de satisfaire simultanément ces conditions peu exigeantes. Le « théorème d'impossibilité » a provoqué une crise majeure dans l'économie du bien-être, et il fait date, à vrai dire, dans l'histoire des études sociales et politiques autant qu'en économie.

Tout en formulant la problématique du choix social sur la base des préférences individuelles, Arrow s'en est tenu au point de vue alors dominant : « la comparaison interpersonnelle des utilités n'a pas de sens[10] ». La conjonction de ces deux choix, l'appui exclusif sur les utilités individuelles et le refus de se servir des comparaisons interpersonnelles d'utilités, a été le catalyseur du théorème d'impossibilité.

Voici un exemple illustrant un aspect de cette difficulté. Soit un gâteau à répartir entre deux ou plusieurs personnes. Des répartitions différentes sont possibles, et il faut choisir. Avec l'information disponible dans le cadre dessiné par Arrow en 1951, nous ne pouvons pas être guidés par la moindre considération d'équité, car il faudrait pouvoir identifier le riche et le pauvre. Si la qualité de « riche » ou de « pauvre » est définie en termes de revenu ou de détention de biens, c'est une caractéristique extérieure aux utilités et nous ne pouvons donc en tenir aucun compte dans le système d'Arrow, qui exige l'appui exclusif sur les utilités. Mais nous ne pouvons pas non plus identifier cette qualité de « riche » ou de « pauvre » en l'assimilant à un degré de bonheur élevé ou faible, car il faudrait procéder à une comparaison interpersonnelle du bonheur ou des utilités, qui est refusée aussi. Fondamentalement, les considérations d'équité ne sont plus applicables dans ce cadre. L'étendue du bonheur en tant qu'indicateur de la situation d'une personne ne vaut que pour chaque individu *séparément* – sans comparaison entre les niveaux de bonheur de deux personnes différentes – et on ne peut faire aucun usage de la métrique du bonheur pour évaluer l'inégalité et prendre acte des exigences de l'équité.

Toutes ces restrictions informationnelles nous conduisent à une classe de procédures décisionnelles qui sont en réalité diverses variantes des méthodes de *vote* (comme la décision à la majorité). Puisqu'elles ne nécessitent aucune comparaison interpersonnelle, ces procédures de vote restent accessibles dans le cadre informationnel d'Arrow. Mais (nous l'avons vu au chapitre 4) elles posent des problèmes de cohérence, remarqués il y a plus de deux cents ans par des mathématiciens français comme Condorcet et Borda. Par exemple, l'option A peut l'emporter sur B dans un vote à la majorité, puis B l'emporter sur C et C sur A, à la majorité aussi. Il ne nous reste donc plus que la possibilité peu séduisante de recourir à une méthode dictatoriale de jugement social (autrement dit, d'abandonner ce jugement à une seule personne, le « dictateur », dont les préférences pourraient déterminer les classements sociaux). La prise de décision dictatoriale peut bien sûr être d'une cohérence féroce, mais il est clair que ce serait une méthode politiquement inacceptable, et elle est d'ailleurs explicitement exclue par l'une des conditions d'Arrow (la condition de « non-dictature »). C'est ainsi qu'apparaît son résultat d'impossibilité. Plusieurs autres résultats d'impossibilité ont été identifiés peu après, essentiellement à l'ombre du théorème d'Arrow : leurs axiomes étaient différents, mais leurs conclusions aussi déprimantes.

Les moyens de résoudre ce type d'impossibilités ont été très largement explorés depuis cette époque pessimiste, et il est apparu clairement, entre autres, qu'enrichir la base informationnelle du choix social est une importante nécessité pour surmonter les effets négatifs d'un système de prise de décisions affamé d'informations (comme le sont inévitablement les systèmes de vote, notamment quand on les applique à des problèmes économiques et sociaux). Il faut, en particulier, donner aux comparaisons interpersonnelles des avantages et désavantages des individus un rôle central dans ce type de jugements sociaux. Si l'on choisit l'utilité comme indicateur de l'avantage individuel, la comparaison interpersonnelle des utilités devient une nécessité cruciale pour un système d'évaluation sociale viable.

Non que je veuille nier qu'on puisse établir des mécanismes de choix social qui se passent de toute comparaison interpersonnelle des avantages ou des utilités ; mais leurs prétentions à satisfaire les exigences de la justice sont compromises par leur incapacité à comparer le bien-être et les avantages relatifs de personnes différentes à des échelles capables de coïncider [*]. On peut aussi, on l'a vu, interpréter autrement que comme des classements d'utilités ou de bonheurs les intrants informationnels à ordonner lorsqu'on effectue un choix social. Arrow lui-même l'a d'ailleurs noté, et le débat sur la cohérence des systèmes de choix social peut être – et a été – déplacé dans un espace plus général dès lors qu'on réinterprète autrement les variables intégrées au modèle mathématique qui les sous-tend. Ce problème a été analysé au chapitre 4 (« Voix et choix social ») et, de fait, la notion de « voix » est une idée tout autre – et à bien des égards plus polyvalente – que le concept de bonheur [11].

Des questions ont été posées avec force, dans ce contexte, sur le bien-fondé du recours exclusif à l'utilité – interprétée comme bonheur ou satisfaction du désir – en tant que base de l'évaluation sociale, c'est-à-dire sur la recevabilité du welfarisme. D'un point de vue général, le welfarisme est une approche très spéciale de l'éthique sociale. L'une de ses grandes limites est évidente : le même ensemble de bien-être individuels peut accompagner un

* Les meilleurs exemples de ce type de choix social comprennent le modèle classique du « problème de la négociation » de John Nash (« The Bargaining Problem », *Econometrica*, vol. 18, 1950), ainsi que des innovations récentes, comme l'exploration institutionnelle de Marc Fleurbaey (« Social Choice and Just Institutions », *Economics and Philosophy*, vol. 23, 2007, et *Fairness, Responsibility, and Welfare*, Oxford, Clarendon Press, 2008), qui recherche la symétrie des processus mais n'invoque pas explicitement des comparaisons interpersonnelles de bien-être.

contexte global très différent dans lequel les dispositifs sociétaux, les possibilités, les libertés et les indépendances personnelles sont tout autres.

Le welfarisme exige que l'évaluation ne prête aucune attention directe à ces diverses caractéristiques, mais uniquement à l'utilité ou au bonheur qui leur sont associés. Cependant, le même ensemble de chiffres d'utilité peut être associé dans un cas, pas dans l'autre, à de graves violations de libertés humaines tout à fait fondamentales. Ou alors il peut impliquer dans un cas, pas dans l'autre, la négation de certains droits individuels reconnus. Quoi qu'il puisse se passer sur ces autres plans, le welfarisme nous imposerait d'ignorer ces différences dans nos évaluations, puisque chaque option doit être jugée sur un seul critère : la somme totale d'utilités qu'elle produit. Il y a quelque chose de fort étrange dans cette insistance à refuser absolument toute importance intrinsèque à tout ce qui n'est pas l'utilité ou le bonheur dans l'évaluation de situations ou de politiques concurrentes.

Cette négligence frappe fortement les libertés : les possibilités concrètes, qu'on appelle parfois les libertés « positives » (par exemple, la liberté de bénéficier d'une scolarisation gratuite ou peu coûteuse, ou de soins médicaux de base), mais aussi les libertés « négatives », qui excluent l'ingérence d'autrui, y compris celle de l'État (et comprennent, par exemple, le droit aux libertés individuelles) *. Le welfarisme impose une vision très limitée de l'évaluation normative et de l'économie du bien-être. Accorder de l'importance à l'utilité est une nécessité, mais soutenir que tout le reste ne compte pas, c'est tout à fait différent. Il peut être justifié, notamment, de vouloir que les considérations de liberté

* Je dois préciser ici que l'usage de la distinction entre liberté « positive » et « négative » en économie du bien-être est assez différent de l'opposition philosophique esquissée par Isaiah Berlin dans sa conférence de 1969 à Oxford « Two Concepts of Liberty » [Deux concepts de liberté], dont l'idée centrale était la distinction entre les contraintes *internes* et *externes* sur l'aptitude d'une personne à faire ce qu'elle peut avoir des raisons de valoriser ; voir Isaiah Berlin, *Éloge de la liberté*, trad. fr. de Jacqueline Carnaud et Jacqueline Lahana, Paris, Calmann-Lévy, 1988.

soient dûment prises en compte dans l'évaluation des dispositifs sociaux.

En outre, l'étroitesse informationnelle est encore aggravée par la vision utilitariste du bien-être individuel : celui-ci est entièrement perçu en termes de bonheur ou comme un assouvissement des désirs et des aspirations. Cette vision étriquée du bien-être individuel peut se révéler particulièrement restrictive lorsqu'on effectue des comparaisons *interpersonnelles* sur des privations. Ce problème mérite commentaire.

Bonheur, bien-être et avantage

Le calcul utilitariste fondé sur le bonheur ou la satisfaction du désir peut être profondément injuste pour ceux qui souffrent de privations permanentes, puisque notre état d'esprit et nos désirs ont tendance à s'adapter aux circonstances, notamment pour rendre la vie supportable dans certaines situations. C'est en trouvant un *modus vivendi* avec leur malheur sans issue que les opprimés traditionnels – minorités tyrannisées dans des communautés intolérantes, travailleurs spoliés dans des systèmes industriels exploiteurs, métayers précaires dans un monde incertain ou ménagères soumises dans des cultures profondément sexistes – parviennent à rendre leur vie un tant soit peu vivable. Les plus désespérément démunis peuvent ne pas avoir le courage de souhaiter un changement radical, et ils ajustent en général leurs désirs et leurs attentes au peu qu'ils jugent réalisable. Ils s'efforcent de prendre plaisir à de petites satisfactions.

L'intérêt pratique de ces adaptations pour ceux qui se trouvent en situation d'oppression chronique est facile à comprendre : c'est une façon de parvenir à vivre en paix avec la privation constante. Mais ces ajustements ont aussi l'effet secondaire d'introduire des distorsions dans l'échelle des utilités perçues sous l'angle du bonheur ou de la satisfaction du désir. Mesurés à l'aune de son plaisir ou de la réalisation de ses désirs, les désavantages de l'opprimé qui n'ose rien espérer apparaîtront bien inférieurs à ce qu'ils sont objectivement au vu de ses privations et de son asservissement. L'adaptation des attentes et des perceptions joue un rôle particulièrement important dans la perpétuation des inégalités sociales, y compris dans la privation relative dont souffrent les femmes [*].

La perspective du bonheur a reçu récemment quelques puissants appuis, dont celui de Richard Layard [12]. Il importe d'être clair sur les divers problèmes posés par ce regain de sympathie pour la perspective utilitariste du bonheur – qui tente de ranimer la philosophie des Lumières du XVIIIe siècle telle que l'avait formulée Jeremy Bentham [13]. Nous devons notamment nous demander si – et dans quelle mesure – on peut accepter ces thèses sans avoir à nier ce qui vient d'être dit sur les adaptations d'échelle du bonheur en situation de privation permanente.

Il est très important de distinguer les comparaisons qui portent sur le bien-être de personnes différentes et celles qui concernent différents états de la même personne. Le phénomène adaptatif compromet particulièrement la fiabilité des comparaisons d'utilité interpersonnelles : il entraîne une sous-évaluation des terribles épreuves endurées par les opprimés chroniques, puisque les petits répits atténuent leur détresse morale sans supprimer – ni même réduire substantiellement – l'état de privation qui caractérise leur vie misérable. Négliger l'étendue de leurs privations au motif qu'ils parviennent à tirer un tant soit peu de bonheur de leur existence n'est pas une bonne manière de parvenir à une compréhension adéquate des exigences de la justice sociale.

Le problème est peut-être moins grave lorsque les comparaisons portent sur une seule et même personne. Puisque le bonheur n'est pas étranger à la qualité de vie, même s'il ne constitue pas un bon indicateur de tout ce qui peut y contribuer considé-

---

* J'ai analysé les effets très importants de l'ajustement adaptatif des échelles d'utilité à la privation dans mon article « Equality of What ? », *in* S. McMurrin (éd.), *Tanner Lectures on Human Values*, t. I, *op. cit.* [« Quelle égalité ? », in *Éthique et économie (et autres essais)*, *op. cit.*] ; et dans mes livres *Resources, Values and Development, op. cit.* ; *Commodities and Capabilities, op. cit.* Voir aussi Martha Nussbaum, *Femmes et développement humain : l'approche des capabilités*, trad. fr. de Camille Chaplain, Paris, Des femmes-Antoinette Fouque, 2008.

rablement, les petites joies obtenues en adaptant ses attentes et en rendant ses désirs plus « réalistes » peuvent être perçues comme un gain. Ce serait donc un argument pour conférer un certain poids au bonheur et à la satisfaction du désir, y compris quand ils proviennent d'un effort d'adaptation à une vie de privation permanente. En un sens, c'est une évidence. Cependant, même s'agissant d'une seule et même personne, l'usage d'une échelle de bonheur peut être fortement trompeuse s'il conduit à négliger l'importance d'autres privations qui ne peuvent pas être mesurées selon cette échelle.

En fait, les relations entre contexte social et perceptions posent aussi d'autres problèmes à la métrique mentale des utilités, puisque, dans nos perceptions, nous pouvons ne pas souffrir des privations que nous subissons vraiment et qu'un regard plus clairvoyant et mieux informé met au jour. En voici un exemple, qui porte sur les rapports entre santé et bonheur.

Santé : perception et mesure

L'absence de connaissances médicales et de points de comparaison familiers peut limiter la conscience que l'on a de son propre état de santé : c'est l'une des difficultés de l'évaluation de la santé. Plus généralement, il y a une opposition conceptuelle entre les points de vue « internes » de la santé reposant sur la propre perception du patient et les points de vue « externes » fondés sur les observations et examens pratiqués par des médecins et spécialistes chevronnés. S'il est souvent fructueux d'associer ces deux perspectives (un bon praticien s'intéressera aux deux), il peut y avoir une discordance considérable entre leurs évaluations [14].

La vision externe a récemment fait l'objet d'importantes critiques, notamment dans les puissantes analyses anthropologiques d'Arthur Kleinman qui lui reproche d'être distante et peu sensible à la maladie et à la santé [15]. Ces travaux soulignent l'importance qu'il y a à envisager la souffrance comme une caractéristique centrale de la maladie. Aucune statistique médicale résultant d'observations mécaniques ne peut conduire à une compréhension juste dès lors que la douleur, comme l'avait relevé Wittgenstein, est une question d'autoperception. Si vous *ressentez* une douleur, vous en *avez* une, et, si vous *ne ressentez pas* de douleur, aucun observateur extérieur ne peut raisonnablement rejeter l'idée que vous *n'en avez pas*. Quand elles rendent compte de la souffrance, les données empiriques sur lesquelles se fondent les stratèges qui planifient les politiques de santé, allouent les ressources économiques ou effectuent les analyses coûts/avantages sont déformées à la base. Il faut recourir au discernement qu'apporte sur ces questions la recherche anthropologique.

De fait, on peut affirmer que les décisions de santé publique sont assez souvent insuffisamment réactives à la réalité des souffrances du patient et à son expérience des soins. D'un autre côté, lorsqu'on considère ce débat, qui a eu lieu par le passé et se poursuit dans le présent, les limites tout à fait sérieuses du point de vue « interne » doivent également être reconnues. S'il paraît très difficile de ne pas lui accorder la préséance en matière d'évaluation sensorielle, il convient aussi d'admettre que la pratique médicale ne se préoccupe pas de la seule dimension sensorielle de la maladie (aussi importante soit-elle assurément) *. L'un des problèmes que pose le recours aux perceptions personnelles du patient en matière médicale vient du fait que sa vision interne peut être sérieusement limitée par ses connaissances et son expérience sociale. Une personne élevée dans un milieu où sévissent les maladies et peu équipé sur le plan médical peut être encline à tenir certains symptômes pathologiques pour « normaux », alors même que la médecine serait capable de les identifier, voire de les prévenir. Comme pour l'adaptation des désirs et des plaisirs se pose ici un problème d'ajustement au contexte social qui a pour effet de brouiller les pistes. Le problème a été analysé plus haut, au chapitre 7 (« Position, pertinence et illusions »).

* La morbidité autosignalée est en fait déjà largement utilisée dans les statistiques sociales, et l'examen de ces statistiques fait apparaître des difficultés qui peuvent fourvoyer gravement l'action publique en matière de soins et de stratégie médicale. J'ai analysé une partie des problèmes en cause dans mon article « Health : Perception versus Observation », *British Medical Journal*, vol. 324, avril 2002.

Si le point de vue « interne » est privilégié pour certaines informations (celles de nature sensorielle), il est dès lors nécessaire de situer socialement les données statistiques qui relèvent de l'autodéclaration, de prendre en compte les niveaux d'éducation, l'existence ou l'absence d'équipements de santé et d'une information publique sur les pathologies et les remèdes. Le point de vue « interne » de la santé mérite attention, mais se fier à elle pour évaluer les soins à donner ou la stratégie médicale à adopter est extrêmement périlleux.

Il importe de le comprendre lorsqu'on définit une politique de santé, et plus généralement une politique « bonne pour la santé » qui est influencée par quantité de variables autres que la politique de santé au sens strict (par exemple, l'enseignement général et les inégalités sociales)*. Pour ce qui nous occupe ici, l'écart entre autoperception de sa santé et état de santé réel souligne les limites du recours à l'évaluation subjective quand on veut mesurer le bien-être. Le bonheur, le plaisir et la douleur ont leur importance, mais les prendre pour des indicateurs généraux susceptibles de nous renseigner sur tout ce qui contribue au bien-être est, au moins en partie, un saut dans l'inconnu.

---

* L'importante distinction entre les politiques de santé proprement dites et les politiques qui font progresser la santé a fait l'objet d'un travail de recherche approfondie de Jennifer Prah Ruger, « Aristotelian Justice and Health Policy : Capability and Incompletely Theorized Agreements », thèse de doctorat de l'université Harvard, 1998 (à paraître chez Clarendon Press sous le titre *Health and Social Justice*). Voir aussi ses articles « Ethics of the Social Determinants of Health », *Lancet*, vol. 364, 2004, et « Health, Capability and Justice : Toward a New Paradigm of Health Ethics, Policy and Law », *Cornell Journal of Law and Public Policy*, vol. 15, 2006, ainsi que la thèse de Sridhar Venkatapuram, « Health and Justice : The Capability to Be Healthy », thèse de doctorat de l'université de Cambridge, 2008. La Commission des déterminants sociaux de la santé de l'Organisation mondiale de la santé, présidée par Michael Marmot, examine les conséquences, pour l'action publique, d'une interprétation plus large des facteurs qui déterminent la santé (Organisation mondiale de la santé, *Combler le fossé en une génération : instaurer l'équité en santé en agissant sur les déterminants sociaux de la santé. Rapport final de la Commission des déterminants sociaux de la santé*, Genève, OMS, 2009).

Bien-être et liberté

Passons maintenant à la troisième des questions formulées plus haut : quels liens la capabilité d'une personne entretient-elle avec son bien-être ? Il nous faut nous demander aussi, à ce propos, si une expansion de sa capabilité accroît invariablement son bien-être.

La capabilité, nous l'avons vu, est un aspect de la liberté qui porte en particulier sur les possibilités concrètes. Un jugement sur la capabilité d'une personne est-il nécessairement une bonne indication de son bien-être ? C'est une idée à laquelle il convient de poser des limites à l'aide de deux importantes distinctions, qui se situent (1) entre agence et bien-être et (2) entre liberté et accomplissement. Les deux sont apparues plus haut dans un autre contexte ; mais il faut à présent les discuter plus directement afin d'évaluer la relation entre capabilité et bien-être.

La première distinction oppose la promotion du bien-être de la personne et ses efforts pour atteindre ses objectifs globaux en tant qu'agent. L'agence englobe tous les buts qu'un individu s'est fixés, et ils peuvent, *inter alia*, comprendre d'autres objectifs que la promotion de son bien-être. L'agence peut donc produire des classements différents de ceux du bien-être. D'ordinaire, les objectifs d'une personne en tant qu'agent comprendront, entre autres, son propre bien-être ; l'agence et le bien-être auront donc en général un espace commun (par exemple, un renforcement du bien-être, toutes choses égales par ailleurs, devrait impliquer un progrès dans la concrétisation des objectifs de l'agent). Par ailleurs, lorsqu'un individu ne parvient pas à atteindre les objectifs indépendants de son bien-être, cet échec peut lui inspirer une frustration qui réduit son bien-être. Ces liens et quelques autres entre bien-être et agence existent, mais ils ne font pas coïncider les deux concepts.

La seconde distinction se situe entre accomplissement et liberté d'accomplir, et elle a été analysée plus haut, au chapitre 11 en particulier. Ce clivage est applicable à la fois à la perspective du bien-être et à celle de l'agence. Réunies, les deux distinctions apportent quatre concepts différents de l'avantage d'une personne : (1) l'accomplissement de son bien-être ; (2) l'accomplissement de sa qualité d'agent ; (3) sa liberté de bien-être ; et (4) sa liberté d'action. Nous pouvons alors classer en quatre catégories les points à évaluer lorsqu'on mesure l'avantage humain sur la base de ces deux distinctions [16].

Estimer chacun de ces quatre types d'avantages requiert une forme d'évaluation chaque fois différente. Chacune de ces formes peut avoir des impacts très hétérogènes sur des questions où interviennent l'évaluation et la comparaison des avantages individuels. Par exemple, lorsqu'on détermine chez une personne l'étendue de la privation qui nécessite une assistance extérieure ou étatique, on peut affirmer que son bien-être est plus pertinent que son succès d'agent (l'État aura sans doute plus de raisons de l'aider à surmonter sa faim ou sa maladie qu'à ériger un monument à la gloire de celui qu'il considère comme son héros, même si cet être loyal attache plus d'importance au monument qu'à sa faim ou à sa maladie).

De plus, lorsqu'il s'agit de définir la politique de l'État à l'égard des citoyens adultes, la liberté de bien-être doit peser plus lourd que l'accomplissement du bien-être. L'État peut offrir à une personne des possibilités suffisantes d'apaiser sa faim sans insister pour qu'elle accepte obligatoirement cette offre [*]. Assurer à tous la possibilité de mener une vie à peu près décente ne signifie pas nécessairement exiger que tout le monde utilise tout ce que propose l'État ; la garantie du droit de chacun à une alimentation suffisante ne doit pas s'accompagner, par exemple, d'une interdiction du jeûne par l'autorité publique.

Prendre en compte les accomplissements liés à l'agence ou la liberté d'action permet de ne plus percevoir une personne comme un simple support du bien-être en ignorant l'importance

* La politique sociale se heurte à une complication sérieuse quand la capabilité de la famille à éviter la faim pour tous ses membres ne se traduit pas par cet accomplissement-là, parce que ceux qui la dominent ont des priorités différentes (l'homme « chef » de famille peut être plus attaché à des objectifs autres que les intérêts de chaque membre de sa famille). La distance entre capabilité et accomplissement que créent ces décisions « multipersonnelles » tend à renforcer la pertinence de la perspective de l'accomplissement quand on veut évaluer l'avantage de toutes les personnes concernées.

de ses jugements et priorités personnels, auxquels sont liées ses préoccupations d'agent. En fonction de cette distinction, le contenu de l'analyse de capabilité prend aussi des formes différentes. La capabilité d'un individu peut se définir comme liberté de bien-être (celle d'améliorer son propre bien-être) et liberté d'action (celle de faire progresser tous les objectifs et valeurs qu'il souhaite promouvoir). La première présente un intérêt plus général pour l'action publique (par exemple, l'élimination de la pauvreté par éradication des grandes privations de liberté de bien-être), mais, du point de vue du propre sens des valeurs de la personne, la principale est probablement la seconde. Si une personne attache plus d'importance à un objectif ou à une règle de conduite qu'à son bien-être personnel, on peut considérer que c'est à elle d'en décider (sauf dans des cas particuliers, comme un dysfonctionnement mental qui pourrait l'empêcher de penser convenablement ses priorités).

Les distinctions analysées ici répondent à une autre question encore : la capabilité d'une personne peut-elle aller à l'encontre de son propre bien-être ? La liberté d'action – et la version particulière de la capabilité qui lui est liée – peut, effectivement, pour des raisons déjà analysées, contrarier la recherche exclusive de son bien-être personnel ou la culture de sa liberté de bien-être. Cette divergence n'a rien d'incompréhensible. Si les objectifs liés à l'agence s'écartent de la maximisation du bien-être personnel, il s'ensuit que la capabilité perçue comme liberté d'action peut diverger à la fois de la perspective de l'accomplissement du bien-être et de celle de la liberté de bien-être. Comme on l'a vu au chapitre 9 (« Pluralité des raisons impartiales ») et dans ce chapitre, lorsqu'une expansion de la capabilité augmente notre pouvoir d'influencer la vie d'autrui, on peut être fondé à utiliser sa capabilité ainsi accrue – sa plus grande liberté d'action – pour améliorer l'existence des autres, surtout si ces autres sont relativement plus mal lotis, au lieu de ne penser qu'à notre bien-être personnel.

Pour la même raison, l'avantage d'une personne en tant qu'agent peut tout à fait contredire son avantage du point de vue du bien-être : il n'y a là rien de mystérieux. Quand les autorités de l'Inde britannique ont levé l'assignation à résidence de

Mohandas Gandhi et l'interdiction qui lui était faite de prendre part à des activités politiques, sa liberté d'action s'est étendue (et, naturellement, ses accomplissements d'agent aussi), mais en même temps les épreuves qu'il a choisi de subir et les souffrances qu'il a acceptées au cours de sa lutte non violente pour l'indépendance de l'Inde ont eu manifestement des effets négatifs sur son bien-être personnel. D'ailleurs, même la décision de Gandhi d'effectuer de longs jeûnes pour des raisons politiques montrait de toute évidence qu'il donnait largement priorité à sa qualité d'agent sur son bien-être.

Avoir plus de capabilités en termes de liberté d'agence est un avantage, mais seulement dans cette perspective spécifique, et certainement pas – du moins pas nécessairement – dans celle du bien-être. Ceux qui sont incapables de trouver un sens à l'idée d'avantage autrement qu'en l'alignant sur l'intérêt personnel (il y a des écoles de pensée qui vont dans ce sens, comme nous l'avons vu au chapitre 8, « La rationalité et les autres ») auront du mal à voir pourquoi la liberté d'action peut être perçue comme un avantage pour la personne concernée. Mais il n'est nul besoin d'être un Gandhi (ou un Martin Luther King, un Nelson Mandela, une Aung San Suu Kyi) pour comprendre que ses objectifs et ses priorités peuvent s'étendre bien au-delà des étroites limites de son propre bien-être.

14

ÉGALITÉ ET LIBERTÉ

L'égalité n'a pas seulement été l'une des principales exigences révolutionnaires en Europe et en Amérique au XVIIIe siècle, son importance a fait l'objet d'un extraordinaire consensus dans le monde postérieur aux Lumières. Dans un de mes livres précédents, *Repenser l'inégalité*, j'ai fait remarquer que toutes les théories normatives de la justice sociale qui ont été préconisées et soutenues récemment exigent l'égalité de *quelque chose* – quelque chose que la théorie en question juge particulièrement crucial [1]. Ces théories peuvent être totalement différentes (se concentrer, par exemple, sur l'égalité des libertés individuelles ou des revenus, des droits ou des utilités de chacun) ; elles peuvent même s'affronter. Mais elles n'en ont pas moins ce point commun : elles veulent l'égalité de quelque chose (qui a du poids dans leur approche respective).

Il n'est pas surprenant de voir l'égalité figurer en bonne place dans les contributions des philosophes généralement perçus comme « égalitaristes », ou « libéraux » au sens américain, par exemple John Rawls, James Meade, Ronald Dworkin, Thomas Nagel ou Thomas Scanlon, pour n'en citer que quelques-uns. Ce qui est peut-être plus significatif, c'est que l'égalité est exigée, sous une forme fondamentale quelconque, même par ceux que l'on voit comme des adversaires de « la logique d'égalité » et qui n'ont pas caché leur scepticisme face à l'importance de la « justice distributive ». Robert Nozick, par exemple, n'a peut-être aucun penchant pour l'égalité des utilités (comme James Meade) ni pour celle de la détention des biens premiers (comme John Rawls), mais il exige bel et bien l'égalité des droits libertariens : nul ne doit avoir plus de droits qu'un autre à la liberté personnelle. James Buchanan, le fondateur de la « théorie du choix public » (rivale conservatrice, à certains égards, de la théorie du choix social), que les revendications d'égalité laissent manifestement tout à fait sceptique, intègre à sa vision de la société juste l'égalité de traitement juridique et politique (ainsi qu'un respect égal pour l'objection de quiconque s'oppose à un changement proposé) [2]. Dans chaque théorie, l'égalité *est recherchée* dans un « espace » quelconque (c'est-à-dire sur certaines variables liées à chaque individu), espace dont on voit bien qu'il joue un rôle central dans ladite théorie*.

Cette idée générale s'applique-t-elle aussi à l'utilitarisme ? L'idée va susciter une résistance sérieuse, puisque les utilitaristes, en général, ne souhaitent pas l'égalité des utilités dont jouissent des personnes différentes – ils veulent seulement maximiser la *somme* des utilités, sans se préoccuper de leur répartition, ce qui ne paraît pas particulièrement égalitaire. Et pourtant les utilitaristes recherchent aussi une égalité : leur traitement égalitaire des êtres humains consiste à attacher une importance égale aux gains et aux pertes d'utilité de chacun, sans exception. En tenant à

* Lorsque G. A. Cohen critique John Rawls, dans *Rescuing Justice and Equality, op. cit.*, pour avoir intégré à ses principes de justice des inégalités dues à des raisons d'incitations, on peut estimer que par cet argument, que j'ai commenté plus haut (au chapitre 2), il reproche en fait à Rawls de ne pas prendre suffisamment au sérieux son propre raisonnement sur l'importance d'égaliser les biens premiers quand on définit la justice parfaite. Cohen ne nie pas la pertinence des contraintes comportementales ou d'autre type dans l'élaboration pratique d'une politique, et la critique qu'il adresse à Rawls porte uniquement sur la définition transcendantale de la société parfaitement juste. On l'a déjà montré, les réflexions de Rawls sur la justice contiennent des éléments non transcendantaux, et ce pourrait être le cas ici avec son choix de ne pas étendre plus encore les exigences comportementales du monde issu du contrat en postulant un comportement juste qui n'a pas besoin d'incitations.

pondérer à égalité les gains d'utilité de tous, l'objectif utilitariste fait bel et bien usage d'une forme particulière d'égalitarisme, intégrée à son mode de calcul. Et c'est précisément ce trait égalitaire qui fait le lien, a-t-on dit, avec le principe fondateur de l'utilitarisme : « donner un poids égal aux intérêts égaux de toutes les parties » (pour citer un grand utilitariste de notre époque, Richard Hare), et avec l'impératif utilitariste de toujours attribuer « le même poids aux intérêts de tous les individus » (pour citer un autre grand nom de la pensée utilitariste d'aujourd'hui, John Harsanyi)[3].

Faut-il donner un sens particulier à cette similitude formelle qui consiste à vouloir l'égalité de quelque chose – et de quelque chose que la théorie normative en question juge très important ? Il est tentant d'y voir une coïncidence, puisque ce point commun est purement formel et ne porte pas sur le contenu, le « quoi » d'« égalité de quoi ? ». Pourtant, le besoin d'une certaine « formule égalitariste » pour défendre une théorie montre combien la non-discrimination est capitale ; sans une exigence de ce type, une théorie normative passerait pour arbitraire et partiale. Ce qui semble ici reconnu, c'est qu'il faut de l'impartialité sous une forme quelconque pour qu'une théorie soit viable*. Si l'on pense au critère de validité de Thomas Scanlon, ce que personne ne peut « raisonnablement rejeter », il existe peut-être un lien fort entre recevabilité et non-discrimination, qui impose de voir les gens, à un niveau fondamental, comme des égaux dont les réactions de rejet sont toutes importantes**.

ÉGALITÉ, IMPARTIALITÉ ET CONTENU

L'approche par les capabilités, qu'ont examinée plusieurs des chapitres précédents, s'appuie sur l'idée, évoquée plus haut, que

* Reconnaissance que l'on peut lier aux arguments examinés au chapitre 5, « Impartialité et objectivité ».

** Le critère de Scanlon a été évoqué plus haut, en particulier aux chapitres 5 à 9.

la question vraiment cruciale est « égalité de quoi * ? » et non : avons-nous vraiment besoin de l'égalité dans quelque espace que ce soit ? Cela ne signifie pas que la seconde question soit négligeable. Et l'existence d'un aussi large consensus pour exiger l'égalité dans un espace ou dans un autre ne prouve pas que ce postulat soit exact. Il est sûrement possible de soutenir que ces théories se trompent toutes. Qu'est-ce qui donne à cette caractéristique commune un tel attrait ? C'est une grande question, à laquelle nous ne pouvons rendre justice ici, mais il est utile de se demander dans quelle direction il convient de regarder pour chercher une réponse plausible.

L'exigence de voir les gens comme des égaux (sous un angle important) est liée, à mon sens, à l'impératif normatif d'impartialité et aux revendications de l'objectivité. Cela ne saurait passer pour une réponse absolue, exhaustive et se suffisant à elle-même, puisqu'il faut aussi examiner les justifications de l'impartialité et de l'objectivité (certaines idées sur ce sujet ont été évoquées au chapitre 5).

Être égalitariste n'est évidemment pas une caractéristique « unifiante », étant donné les désaccords sur la réponse à la question « égalité de quoi ? ». C'est justement parce qu'il y a de telles différences de contenu entre les espaces différents où l'égalité est recommandée par divers auteurs que l'existence même d'une similitude égalitariste fondamentale entre leurs approches respectives a plus ou moins échappé à l'attention générale. Cette ressemblance a pourtant une certaine importance.

Pour le montrer, je renverrai à l'intéressant recueil d'articles qu'a édité William Letwin sous le titre *Against Equality* [Contre l'égalité] [4]. Dans l'un des textes très argumentés de cet ouvrage, Harry Frankfurt plaide contre « l'égalité comme idéal moral » en contestant de façon convaincante les prétentions de ce qu'il appelle l'égalitarisme économique, « la doctrine qui tient pour souhaitable que chacun dispose du même niveau de revenu et

---

* L'importance de cette question et la place de la capabilité dans la réponse ont été exposées dans ma conférence Tanner de 1979 à l'université Stanford, « Equality of What ? », *in* S. McMurrin (éd.), *Tanner Lectures on Human Values*, t. I, *op. cit.* [« Quelle égalité ? », in *Éthique et économie (et autres essais)*, *op. cit.*].

de fortune (en bref, d'autant d'"argent")[5] ». Si, dans le vocabulaire choisi pour exprimer ce rejet, Frankfurt dit attaquer « l'égalité comme idéal moral », c'est essentiellement parce qu'il utilise ce terme général pour désigner une version particulière de l'« égalitarisme économique » : « Cette version de l'égalitarisme économique (disons simplement : "égalitarisme") pourrait aussi se définir comme la doctrine selon laquelle il ne devrait pas y avoir d'inégalités dans la *répartition* de l'argent. » On le voit, les argument de Frankfurt récusent les exigences spécifiques d'une interprétation courante de l'égalitarisme économique (1) en contestant que cette égalité ait le moindre intérêt intrinsèque *et* (2) en montrant qu'elle conduit à la violation de valeurs intrinsèquement importantes – valeurs étroitement liées au besoin de porter une attention égale à tous sur *un autre* plan, plus pertinent. Le choix de l'espace de l'égalité est donc d'une importance capitale dans le développement de la thèse bien argumentée de Frankfurt[6].

Tout cela cadre avec le modèle général où l'on conteste l'égalité dans un espace au motif qu'elle viole l'impératif plus important de l'égalité dans un autre espace. Vues sous cet angle, les disputes sur les problèmes de répartition ne portent pas sur « pourquoi l'égalité ? » mais sur « égalité de quoi ? ». Puisque, dans la philosophie politique, économique ou sociale, certaines zones de concentration (identifiant des espaces où l'on peut rechercher l'égalité) sont traditionnellement associées aux revendications égalitaires, c'est l'égalité dans ces espaces-là (tels le revenu, la fortune, les utilités) que l'on baptise en général « égalitarisme », tandis que l'égalité dans d'autres espaces (comme les droits, les libertés individuelles ou ce qu'on tient pour de justes mérites) passe pour un objectif inégalitaire. Mais ne nous laissons pas trop piéger par les conventions et remarquons bien la similitude fondamentale de toutes ces théories, puisque toutes revendiquent l'égalité dans *un espace quelconque* et insistent sur la priorité de l'égalité dans cet espace-là, tout en contestant – explicitement ou implicitement – les exigences contradictoires de l'égalité dans d'autres espaces (à leur avis moins importants).

Capabilité, égalité et autres préoccupations

Si l'égalité est importante et si la capabilité est bien un trait central de la vie humaine (comme j'ai tenté de le prouver dans ce livre), n'est-il pas exact de présumer que nous devons exiger l'égalité *de* capabilité ? Je dois être clair : la réponse est non. Pour plusieurs raisons distinctes. Nous pouvons, bien sûr, accorder de la valeur à l'égalité de capabilité, mais cela ne veut pas dire que nous devons l'exiger même quand elle est en contradiction avec d'autres considérations importantes. Si souhaitable qu'elle soit, l'égalité de capabilité n'est pas « l'atout maître » qui l'emporte nécessairement sur toutes les autres considérations avec lesquelles elle pourrait se trouver en conflit (dont d'autres aspects essentielles de l'égalité).

Premièrement, la capabilité, comme je me suis efforcé de le souligner, n'est qu'un des aspects de la liberté lié aux possibilités concrètes, et elle ne peut faire droit comme il conviendrait à l'équité en cause dans des procédures importantes pour l'idée de justice. Si l'idée de capabilité est du plus haut intérêt quand il s'agit d'évaluer la dimension de possibilité de la liberté, elle ne peut pas traiter comme il le faudrait sa dimension procédurale. Les capabilités sont des caractéristiques des avantages individuels et, si elles peuvent intégrer certains traits des processus mis en œuvre (on l'a vu au chapitre 11), elles ne nous en disent pas assez sur leur équité ni sur la liberté des citoyens d'invoquer et d'utiliser des procédures équitables.

Je vais illustrer l'idée par un exemple qui paraîtra peut-être rude. Il est maintenant bien établi que, à soins égaux, les femmes vivent plus longtemps que les hommes et ont des taux de mortalité inférieurs dans toutes les classes d'âges. Si l'on pensait exclusivement aux capabilités, en particulier à égaliser la capabilité de longévité, on soutiendrait qu'il faut donc accorder plus d'attention médicale aux hommes qu'aux femmes pour compenser le handicap naturel masculin. Mais moins soigner les femmes que les hommes pour les mêmes problèmes de santé serait une violation flagrante d'un impératif important de l'équité procédurale (celui qui impose de traiter tout le monde de la même façon dans les questions de vie et de mort) et il n'est pas déraisonnable de dire que, dans les cas de ce genre, les exigences d'équité de la dimension procédurale de la liberté passent avant la focalisation sur la dimension de possibilité, dont l'idée de privilégier l'égalisation des espérances de vie.

L'approche par les capabilités peut se révéler très importante pour juger des possibilités concrètes des gens (et plus efficace, je l'ai dit, pour estimer l'équité de la répartition des possibilités que les méthodes centrées sur les revenus, les biens premiers et les ressources), mais cette idée ne contredit en rien la nécessité d'être plus attentif à la dimension procédurale de la liberté dans l'évaluation de la justice*. Une théorie de la justice – ou plus généralement une théorie adéquate du choix social normatif – doit être aussi vigilante sur l'équité des procédures que sur l'équité et l'efficacité des possibilités concrètes dont chacun peut disposer.

La capabilité, en fait, n'est rien de plus qu'une perspective par laquelle il est possible d'évaluer raisonnablement les avantages ou désavantages d'une personne. Cette perspective est importante en soi, et de portée primordiale pour les théories de la justice et l'évaluation morale et politique. Mais ni la justice ni l'évaluation politique ou morale ne peuvent s'intéresser exclusivement aux possibilités et avantages globaux des individus dans une société**. La question du processus et du traitement équitables dépasse les avantages globaux des individus et introduit d'autres préoccupations – en particulier procédurales –, auxquelles on ne peut pas répondre convenablement si l'on se concentre uniquement sur les capabilités.

Le problème central ici touche aux multiples dimensions dans lesquelles l'égalité « compte » : l'égalité est irréductible à sa

* On peut défendre un argument semblable à propos du contenu des droits humains dans l'acception que l'on donne généralement à cette idée, et ce point sera analysé au chapitre 17, « Droits humains et impératifs mondiaux ».

** De fait, même dans le cadre de la définition rawlsienne des différents problèmes de la justice, la capabilité ne concurrence que l'usage des biens premiers pour juger les avantages relatifs dans le principe de différence ; elle n'a pas d'impact sur les autres problèmes, dont la place des libertés personnelles et la nécessité de procédures équitables.

manifestation dans un seul espace, que ce soit celui de l'avantage économique, des ressources, des utilités, de la qualité concrète de la vie ou des capabilités. Mon scepticisme vis-à-vis de cette interprétation monofocale des exigences de l'égalité (qui les limite à la perspective des capabilités) s'inscrit dans une critique générale de toute vision monofocale de l'égalité.

Deuxièmement, même si j'ai souligné l'importance de la liberté dans l'évaluation des avantages personnels, et par conséquent de l'égalité, il peut y avoir, pour les jugements de répartition, d'*autres* exigences qu'on ne saurait expliquer clairement par la volonté d'égaliser la liberté globale de tous. L'exemple des trois enfants qui se disputent une flûte (dans l'Introduction) le montre bien : quand Carla demande la juste reconnaissance du fait qu'elle a fabriqué la flûte de ses propres mains, il n'est pas facile d'écarter son argument. La logique qui privilégie l'effort et la juste rétribution du travail, et qui engendre aussi des préoccupations normatives comme l'exploitation humaine, peut nous retenir d'opter sans réfléchir pour l'égalité des capabilités[7]. La littérature dénonçant l'exploitation de la main-d'œuvre dans les ateliers-bagnes et les rémunérations injustes de ceux qui font le « travail réel » adopte cette perspective.

Troisièmement, la capabilité n'est pas monolithique puisqu'elle peut être définie de plusieurs façons (pensons, entre autres, à la distinction entre liberté de bien-être et liberté d'action analysée au chapitre 13, « Bonheur, bien-être et capabilités »). De plus, nous l'avons vu, le classement des capabilités, même avec une focalisation spécifique (telle que la qualité d'agent ou le bien-être), ne produit pas nécessairement un ordre complet, notamment à cause des variations raisonnables (ou des ambiguïtés incontournables) dans le choix des pondérations relatives à attacher à divers types de capabilités ou de fonctionnements. Bien qu'un classement partiel puisse suffire pour juger les inégalités dans certains cas, en particulier pour identifier des situations d'inégalité flagrante, il ne donne pas forcément des évaluations claires de l'inégalité dans d'autres cas. Tout cela ne signifie pas qu'il soit inutile de chercher à réduire l'inégalité des capabilités. C'est sûrement une préoccupation majeure, mais il est important de bien voir les limites de l'égalité des capabilités en tant que composante, parmi d'autres, des exigences de la justice.

Quatrièmement, l'égalité n'est pas la seule valeur dont doive se soucier une théorie de la justice ni même le seul sujet pour lequel l'idée de capabilité soit utile. Si nous distinguons simplement les considérations d'agrégation et de répartition en matière de justice sociale, la perspective des capabilités, qui représente un important moyen d'évaluer les avantages et les désavantages, a des conséquences pour les deux tâches, agréger et répartir. Par exemple, on peut défendre une institution ou une politique non parce qu'elle renforce l'égalité des capabilités, mais parce qu'elle élargit les capabilités de tous (même s'il n'y a aucune amélioration de la répartition). L'égalité de capabilité – ou, sur un mode plus réaliste, la réduction de l'inégalité de capabilité – est à prendre au sérieux, mais la progression générale des capabilités de tous l'est aussi.

En niant qu'il soit bon de se concentrer exclusivement sur l'égalité des capabilités, ou plus généralement sur les capabilités, nous n'entendons pas dénigrer leur rôle extrêmement important dans l'idée de justice (analysé plus haut, en particulier aux chapitres 11 à 13). La recherche raisonnée de cet élément très important de la justice sociale, qui n'évince pas tous les autres, conserve un rôle crucial dans l'effort de promotion de la justice.

Capabilités et libertés personnelles

Si je m'écarte de John Rawls quand il choisit les biens premiers comme base d'évaluation des questions de répartition dans le principe de différence, et que je suggère de les remplacer dans ce rôle par les capabilités, je le fais sans intention cachée de contester le raisonnement de Rawls sur d'autres problèmes. Notamment sur la priorité de la liberté, qui fait l'objet du premier principe de sa théorie de la justice.

Les raisons sont nombreuses, je l'ai dit (au chapitre 2, « Rawls et au-delà »), de donner à la liberté personnelle une réelle priorité (sans que ce soit nécessairement sous la forme lexicographique extrémiste retenue par Rawls). Accorder un statut spécial – une prééminence générale – à la liberté, c'est bien plus que prendre en compte son importance en tant que l'une des nombreuses influences déterminant l'avantage global d'une personne. La liberté individuelle est certes utile, comme le revenu et les autres biens premiers, mais son importance ne s'arrête pas là, puisqu'elle concerne nos vies à un niveau très fondamental et exige que chacun respecte les préoccupations profondément personnelles de tous.

Il est essentiel de garder cette distinction à l'esprit quand nous comparons les prétentions rivales des biens premiers et des capabilités à mieux servir un objectif limité au sein de la réflexion sur la justice : l'évaluation des problèmes généraux de répartition, qui se fondent sur les comparaisons des avantages globaux des individus. C'est bien sûr l'objet du principe de différence de Rawls, mais ce n'est qu'une composante du tableau général de la théorie de la justice rawlsienne. Quand on soutient, comme je l'ai fait, que les capabilités peuvent juger les avantages globaux de personnes différentes mieux que les biens premiers, on affirme très précisément cela – et rien de plus. Il n'est pas question de prétendre que la perspective des capabilités pourrait faire aussi le travail dont s'acquittent les autres composantes de la théorie rawlsienne, notamment le statut spécial de la liberté personnelle et les exigences d'équité procédurale. Les capabilités en sont aussi incapables que les biens premiers. La concurrence entre biens premiers et capabilités s'exerce dans un champ limité, dans un domaine spécifique, qui porte sur l'évaluation des avantages globaux respectifs des individus.

Puisque je suis en gros d'accord avec le raisonnement rawlsien qui sous-tend le premier principe, c'est-à-dire l'importance de la priorité de la liberté personnelle partagée par tous à égalité, il est peut-être utile de se demander si cette priorité doit être aussi absolue que Rawls l'a prévue. La liberté individuelle est d'une extrême importance, mais pourquoi faudrait-il invariablement juger la moindre violation de cette liberté plus cruciale pour une personne

– ou pour une société – que la pire famine, la disette, une épidémie ou quelque autre calamité ? Nous l'avons vu au chapitre 2, il convient de distinguer entre le choix d'accorder une certaine priorité à la liberté personnelle (ne pas la traiter purement et simplement comme l'une des composantes du grand panier des « biens premiers », puisque sa place est si centrale dans notre vie) et l'exigence « extrémiste » de lui donner une priorité *lexicographique*, en voyant dans le moindre gain de liberté – si infime soit-il – une raison suffisante pour faire des sacrifices – si énormes soient-ils – dans d'autres aspects appréciables du bien-vivre.

Rawls soutient par des arguments persuasifs la première idée, mais opte, dans la formulation du principe de différence, pour la seconde. Or, les mathématiques de la pondération différentielle autorisent de nombreuses possibilités intermédiaires entre l'absence de toute pondération supplémentaire pour la liberté personnelle et sa priorité absolue sur tout le reste. Nous pouvons être « rawlsien » dans le premier sens, en soutenant la « priorité de la liberté », sans nous rallier au second.

Jusqu'à quel point doit-on donner priorité à la liberté individuelle, dans tel ou tel cas particulier, serait certainement un bon sujet de réflexion publique. Mais le mérite principal de Rawls ici, à mon sens, est d'avoir montré pourquoi la liberté doit avoir une place prééminente dans le raisonnement public en général. Son travail a contribué à faire comprendre que la justice dans le monde où nous vivons exige de porter une attention particulière aux libertés que tous peuvent partager [*]. Ce qu'il importe de retenir ici, c'est que, dans un dispositif social juste, la liberté personnelle tient une place qui dépasse de loin sa reconnaissance en tant qu'élément de l'avantage individuel, au même titre que le revenu ou la fortune. Même si le présent ouvrage (en s'écartant de Rawls) souligne le rôle des libertés concrètes sous la forme des capabilités, cela n'implique aucune négation du rôle spécial de la liberté [**].

* Le mot « partager » est très important ici : il n'est pas question de revendiquer la liberté personnelle pour certains seulement. Nous avons déjà évoqué la critique de Mary Wollstonecraft contre Edmund Burke qui avait soutenu l'indépendance américaine sans poser le problème de la liberté des esclaves (chapitre 5, « Impartialité et objectivité »).

** La priorité de la liberté personnelle joue un rôle important dans le résultat de choix social présenté dans mon article « The Impossibility of a Paretian

LES CARACTÉRISTIQUES PLURIELLES DE LA LIBERTÉ

Étant donné l'importance de la liberté, sous différentes formes, dans les théories de la justice, je dois entreprendre à présent un examen plus approfondi des *contenus* de la liberté personnelle (*liberty*) et de la liberté en général (*freedom*), qui ont fait l'objet de débats virulents dans la littérature économique. Les termes *freedom* et *liberty* sont utilisés de nombreuses façons, et il faut en dire davantage sur leurs domaines respectifs.

Une distinction en particulier, entre la dimension de possibilité et la dimension procédurale, a été explorée au chapitre 11 (« Vies, libertés et capabilités »). La pluralité des dimensions de la liberté peut être envisagée sous d'autres angles que le clivage possibilités/processus. La liberté d'accomplir ce que l'on veut raisonnablement réaliser est liée à toute une gamme de facteurs qui peuvent avoir divers degrés de pertinence selon les conceptions de la liberté.

Savoir si une personne peut atteindre les objectifs qu'elle s'est raisonnablement fixés est au cœur de l'idée de liberté que nous construisons ici et dont la notion de capabilité est une composante*. Mais la concrétisation d'une préférence peut se produire de différentes façons. Premièrement, une personne peut, par ses actes propres, faire aboutir ses choix au résultat escompté – c'est le cas du *contrôle direct*. Mais le contrôle direct n'est pas nécessaire à la concrétisation. Il y a donc une seconde question, plus large : les préférences d'une personne peuvent-elles se concrétiser – par le contrôle direct ou par l'aide des autres ? Les exemples

Liberal », *Journal of Political Economy*, vol. 78, 1970. John Rawls a fait de lumineux commentaires sur ce lien dans son article « Social Unity and Primary Goods », *in* A. Sen et B. Williams (éd.), *Utilitarianism and Beyond*, *op. cit.* Je reviendrai sur cette question dans la suite de ce chapitre.

* Quand on assimile la liberté au pouvoir d'obtenir le résultat que l'on veut après évaluation raisonnée, une question se pose, bien sûr : l'intéressé a-t-il vraiment eu la possibilité de raisonner sur ce qu'il veut réellement ? Effectivement, la possibilité de mener une *évaluation raisonnée* ne peut que tenir une place importante dans toute conception concrète de la liberté. Comme nous l'avons vu au chapitre 8, « La rationalité et les autres », c'est une question centrale pour juger la rationalité de la préférence et du choix.

de « pouvoir indirect » permettant l'obtention des résultats préférés vont des cas simples où l'on agit par l'intermédiaire d'un avocat, d'amis fidèles, de relations, aux cas plus complexes où un médecin prend des décisions à la place d'une personne pour que le résultat final corresponde à celui qu'aurait voulu le patient s'il avait eu assez de connaissances pour comprendre la question : c'est tout le problème du *pouvoir effectif*. L'importance du pouvoir effectif par contrôle indirect nécessite ici quelques commentaires, notamment parce qu'il est habituel de ne voir dans la liberté que le contrôle direct : qu'on nous laisse le choix de faire certaines choses nous-mêmes.

Parmi les libertés que nous exerçons en société, beaucoup passent par un autre processus que le contrôle direct [8]. Une victime d'accident blessée et inconsciente n'est pas en mesure de prendre les décisions sur les soins qu'on doit lui donner ; mais, quand le médecin choisit une solution parce qu'il sait que le blessé l'aurait préférée s'il avait pu s'exprimer, il n'y a pas violation de la liberté du patient – il y a même concrétisation de cette liberté au sens du « pouvoir effectif », si le médecin a choisi en fonction de ce que le patient aurait voulu [9]. La direction indiquée par le bien-être peut s'écarter – parfois radicalement – des exigences de la liberté effective du patient.

L'idée de liberté effective peut être étendue à des cas plus complexes de dispositifs sociétaux, par exemple celui où les autorités publiques qui surveillent l'épidémiologie régionale prennent des mesures pour éliminer des épidémies locales (on sait en effet que c'est ce que veut la population). La notion d'effectivité s'applique ici au groupe et à ses membres, et la liberté effective prend une forme sociale – ou coopérative –, mais cela reste un cas de pouvoir effectif où aucun individu n'a de contrôle spécifique sur la décision sociétale. La distinction peut s'illustrer ainsi : le cas où les autorités locales prennent certaines mesures au motif que ce sont celles que veulent les gens, c'est-à-dire celles qu'ils choisiraient si on leur en donnait la possibilité ; et celui où l'administration prend ces mesures parce qu'elle-même les pense de nature à améliorer le bien-être de la population locale. Cette seconde raison est tout à fait honorable, mais diffère de la première (bien qu'il y ait entre les deux des liens de cause à effet, puisque les considérations de bien-être interviennent probablement dans le choix – réel ou supposé – des populations concernées).

Autre type de distinction : être en mesure d'obtenir le résultat qu'on veut, qui peut être identique à celui d'autres personnes concernées (par exemple, on souhaite éradiquer les épidémies dans sa région, en parfait accord avec le reste de la population – cette préférence pouvant, en fin de compte, déterminer l'action publique), et obtenir ce qu'on veut par la grâce d'un heureux hasard. Il peut arriver que, pour une raison quelconque, ce que souhaite une personne est justement ce qui se produit. Ses préférences sont ici satisfaites mais leur pouvoir effectif n'est pas en jeu puisqu'elles n'ont probablement eu aucune influence sur ce qui s'est passé (ce n'est pas parce que cette personne, individuellement ou avec d'autres, voulait ce résultat-là que la chose s'est produite). Non seulement elle n'a eu ici aucun contrôle (direct ou indirect), mais elle n'a exercé aucun pouvoir, par quelque moyen que ce soit pour produire un résultat conforme à ses préférences. Elle a obtenu satisfaction parce qu'elle avait cet ensemble de préférences, mais cela n'aurait pas nécessairement été le cas avec une autre personne.

Autre exemple : il peut arriver que la pratique religieuse d'une personne soit celle que l'État entend renforcer. Cette personne verra ainsi ses préférences religieuses satisfaites sans qu'elles aient joué un rôle particulier dans les décisions des autorités. Certains diront que la liberté n'entre pas en ligne de compte dans cette coïncidence et ils ont raison si l'on pense la liberté comme capacité de faire advenir – directement ou indirectement – un résultat précis : cette personne se trouve simplement en situation favorable, son efficacité n'a pas joué dans l'obtention de ce qu'elle veut *. Pourtant, sa liberté de vivre comme elle l'entend tranche radicalement avec la difficile situation d'un autre individu qui, attaché à des croyances hétérodoxes, subira des entraves à sa pratique religieuse (à une autre époque, il aurait pu se retrouver face au tribunal de l'Inquisition). Pouvoir suivre son style de vie préféré est une liberté

* C'est la position de Philip Pettit, et il ne conçoit donc la liberté qu'« indépendamment du contenu » (l'efficacité d'une personne doit être indépendante de ce qu'elle veut).

d'une certaine importance, même en l'absence de toute liberté de choix (c'est-à-dire de liberté indépendante du contenu de la préférence). Lorsque Akhbar a annoncé et promulgué sa mesure libératrice : « que nul ne soit importuné à cause de sa religion et que chacun soit autorisé à embrasser la religion qui lui plaît », il a garanti la liberté effective d'un nombre considérable de gens – en fait, de la majorité de ses sujets, qui avaient jusque-là subi une discrimination parce qu'ils n'étaient pas musulmans ; néanmoins, ces sujets n'auraient eu aucun pouvoir d'arrêter Akhbar s'il avait pris une autre décision.

Cette distinction en appelle une autre, qui sera examinée un peu plus loin et qui oppose la capabilité en général à la capabilité sans dépendance, privilégiée dans une conception spécifique de la liberté que nous allons présenter : il s'agit de la vision dite républicaine, développée notamment par Philip Pettit*. Mais j'espère qu'après l'analyse qui précède on voit mieux la nécessité de se faire une idée plurielle de la liberté : on ne peut pas la définir d'un seul point de vue.

CAPABILITÉ, DÉPENDANCE ET INTERFÉRENCE

Certains auteurs utilisent les termes *liberty* et *freedom* de façon tout à fait interchangeable et traitent les deux comme s'ils avaient à peu près le même sens. Mais, quand Rawls préconise de donner priorité à la liberté-*liberty*, c'est avec des arguments qui reflètent une préoccupation spéciale pour la liberté dans la vie personnelle, en particulier la liberté de ne subir aucune ingérence, notamment celle de l'État. Rawls ne s'arrête pas à ce que les gens peuvent faire réellement – en prenant tout en considération –, il réfléchit également à l'importance qu'a pour eux la liberté de vivre comme ils l'entendent, sans être perturbés par les interférences des autres. Et nous sommes ici, bien évidemment, sur le

* Voir son livre *Républicanisme : une théorie de la liberté et du gouvernement*, trad. fr. de Patrick Savidan et Jean-Fabien Spitz, Paris, Gallimard, 2004, et son article « Capability and Freedom : A Defence of Sen », *Economics and Philosophy*, vol. 17, 2001.

territoire classique de l'ouvrage pionnier de John Stuart Mill, *De la liberté*[10].

Dans certaines théories de la liberté, celle par exemple qu'on appelle la théorie républicaine ou néoromaine, la liberté n'est pas définie seulement par ce qu'une personne est capable de faire dans une certaine sphère, elle comprend une exigence supplémentaire : que les autres ne puissent pas la priver de cette capacité, même s'ils le veulent. Dans cette optique, la liberté personnelle d'un individu peut être compromise, y compris en l'absence de toute interférence, par la simple existence du pouvoir arbitraire d'un autre qui *pourrait* l'empêcher d'agir comme il l'entend, même si ce pouvoir d'intervenir n'est pas vraiment utilisé[11].

C'est sur ces bases « républicaines » que Philip Pettit a critiqué l'idée de liberté comme capabilité, puisqu'une personne peut avoir la capabilité de faire des choses qui dépendent de la « faveur des autres » : il a fait valoir que si ses choix (ou accomplissements) concrets sont dépendants elle n'est pas réellement libre. « Imaginez », explique Pettit, « que vous ayez une disposition à choisir entre A et B, que vous puissiez décider dans un sens ou dans l'autre, mais que votre possibilité de mettre en œuvre cette décision dépende de la bonne volonté de ceux qui vous entourent [...]. On peut dire que vous avez bien des préférences décisives, mais qu'elles ne sont décisives que par faveur[*]. » Certes, être libre de faire quelque chose indépendamment des autres (si bien que leur volonté n'a pas d'importance) donne à

* Philip Pettit, « Capability and Freedom : A Defence of Sen », art. cité, p. 6. Je commente ici non les arguments de Pettit pour ma « défense », mais sa critique de ma concentration sur la capabilité, où il suggère qu'il serait bon de rapprocher cette notion du point de vue « républicain », afin que les capabilités qui dépendent de la faveur des autres ne comptent pas comme des libertés réelles. Pettit voit cela comme un prolongement naturel de l'idée de capabilité et de sa justification (telle que je la présente) : « Dans ma lecture, la théorie de la liberté de Sen coïncide avec l'approche républicaine par cet accent sur le lien entre liberté et non-dépendance » (p. 18). Je vois la pertinence de ce lien, mais je dois répondre que les deux visions de la liberté – la républicaine et celle qui se fonde sur la capabilité – ont leur valeur puisqu'elles reflètent des aspects distincts de l'idée de liberté, dont le pluralisme interne est incontournable.

la liberté concrète d'un individu une force qui lui manque lorsque sa liberté d'agir dépend soit de l'aide – ou de la tolérance – des autres, soit d'une coïncidence fortuite (« ça s'est trouvé comme ça ») entre ce qu'il veut faire et ce que les autres, qui auraient pu l'en empêcher, veulent aussi. Pour prendre un cas extrême, il est clair que les esclaves restent des esclaves même si leurs choix ne sont jamais contraires à la volonté de leur maître.

Incontestablement, la conception républicaine de la liberté est importante et saisit un aspect de nos intuitions sur ce qu'exige la liberté. Là où je suis en désaccord, c'est quand il est dit que la vision républicaine de la liberté peut *remplacer* la perspective de la liberté comme capabilité. Il y a assez de place pour les deux idées sans que cela crée la moindre tension, sauf si nous tenons absolument à une définition monofocale de la liberté, option dont j'ai déjà fait la critique.

Considérons trois situations dans lesquelles peut se trouver une personne handicapée A qui est incapable de faire certaines choses toute seule, sans aide *.

- *Cas 1* : La personne A n'est pas aidée par d'autres, elle ne peut donc pas sortir de chez elle.
- *Cas 2* : La personne A est aidée en permanence par des assistants de vie mandatés dans le cadre d'un système de sécurité sociale en vigueur dans son pays (ou, autre possibilité, par des bénévoles), et elle est donc pleinement capable de sortir de chez elle quand elle le veut et de circuler librement.
- *Cas 3* : La personne A a des domestiques bien rémunérés qui obéissent – et sont tenus d'obéir – à ses ordres, et elle est donc pleinement capable de sortir de chez elle quand elle le veut et de circuler librement.

* Cet exemple est adapté de ma « réponse » à l'article de Pettit, publiée avec deux autres contributions intéressantes et importantes, dues respectivement à Elizabeth Anderson et Thomas Scanlon, dans *Economics and Philosophy*, vol. 17, 2001.

En termes de « capabilité » telle que définie par l'approche du même nom, les cas 2 et 3 sont semblables du point de vue de la personne handicapée (je parle de sa liberté, pas de celle des domestiques, qui poserait d'autres problèmes) et tous deux s'opposent de la même façon au cas 1, où la personne n'a pas la capabilité en question. Ce clivage entre pouvoir et ne pas pouvoir faire quelque chose est capital, car ce qu'une personne est concrètement capable de faire compte vraiment.

Mais l'approche républicaine jugera la personne handicapée non libre dans les deux premiers cas : dans le cas 1 parce qu'elle ne peut pas faire ce qu'elle veut (sortir de chez elle) et dans le cas 2 parce que son aptitude à faire ce qu'elle veut (en l'occurrence, sortir de chez elle) est « dépendante du contexte » – dépendante de l'existence d'un système de sécurité sociale, voire « dépendante de la faveur » des autres, de leur bonne volonté, de leur générosité (pour citer les divers termes de Pettit). On peut sûrement dire que, dans le cas 3, A est libre sur un mode qui n'existe pas dans le cas 2. L'approche républicaine saisit cette différence et elle a donc un pouvoir de discrimination particulier qui fait défaut à l'approche par les capabilités.

Néanmoins, cela ne supprime pas l'importance de la distinction sur laquelle se concentre l'approche par les capabilités : *la personne peut-elle ou non, concrètement, faire ces choses-là ?* Il y a un contraste extrêmement fort entre le cas 1, d'une part, et les cas 2 et 3, de l'autre. Dans le premier, A n'a pas la capabilité de sortir de chez elle et n'est pas libre à cet égard, tandis que, dans les deuxième et troisième, elle a la capabilité et la liberté de sortir de chez elle quand elle le souhaite. C'est cette distinction-là que l'approche par les capabilités s'efforce de saisir, une distinction qu'il est essentiel de percevoir en général, et de percevoir dans l'élaboration de l'action publique en particulier. Réunir les cas 1 et 2 sous le signe de l'absence de liberté, sans les distinguer en rien, nous amènerait à conclure qu'instituer des systèmes de sécurité sociale ou avoir une société solidaire ne change absolument rien à la liberté de quiconque face à l'invalidité ou au handicap. Pour une théorie de la justice, ce serait une immense lacune.

Il existe de nombreux cas où la question majeure est : peut-on ou non, concrètement, faire ce qu'on choisit ou qu'on a des raisons de choisir ? Par exemple, des parents ne seront peut-être pas en mesure, individuellement, de monter leur propre école pour leurs enfants, et ils dépendront alors de l'action publique, qui peut être déterminée par toute une gamme d'influences, comme la politique locale ou nationale. Pourtant, il est raisonnable de considérer que l'ouverture d'une école dans une région accroît la liberté des enfants d'être éduqués. Le nier serait manquer un aspect important de la liberté, fondée en raison comme en pratique. Ce cas contraste de manière tranchée avec un autre, celui où il n'existe dans la région aucune école et aucune liberté d'être scolarisé. La différence entre les deux a une certaine importance, et c'est sur elle que se concentre l'approche par les capabilités, même si ni dans un cas ni dans l'autre la personne ne peut se scolariser toute seule, indépendamment du soutien de l'État ou de l'aide des autres. Nous vivons dans un monde où être totalement indépendant de l'aide et de la bonne volonté des autres est un objectif particulièrement difficile à atteindre et n'est peut-être pas toujours le plus important.

La tension entre capabilité et républicanisme en tant qu'approches de la liberté apparaît si et seulement si nous ne voulons faire place qu'à « une seule idée et pas plus ». Elle surgit quand on cherche une interprétation monofocale de la liberté, bien que la liberté en tant qu'idée ait des composantes irréductiblement multiples*. La vision républicaine de la liberté, à mon sens, *ajoute* quelque chose à la perspective fondée sur les capabilités. Elle ne détruit nullement sa pertinence comme approche de la liberté.

---

* Philip Pettit est clairement tenté par la vision monofocale – qu'il perçoit comme une interprétation globale de la liberté : « la position ici défendue aidera à démontrer qu'il faut penser la liberté globalement et pas seulement de façon compartimentée » (*A Theory of Freedom*, Londres, Polity, 2001, p. 179). Pettit parle ici d'un type différent de dualité, impliquant des questions comme le libre-arbitre, mais cette remarque sur ses motivations paraît s'appliquer aussi à l'opposition interne particulière dont il est question ici – et qu'il voit peut-être comme une « compartimentalisation » – entre deux approches de la liberté : la républicaine et celle de la capabilité.

Mais la pluralité ne s'arrête pas là. Une distinction s'opère aussi autour d'une autre question, qui a déjà été posée : la non-capabilité d'une personne est-elle due aux interférences des autres ? Nous ne parlons pas ici du pouvoir d'intervenir, qu'il soit exercé ou non – ce serait une préoccupation républicaine –, mais d'une ingérence réelle. La distinction entre interférence potentielle et réelle est importante, et elle a, de toute évidence, reçu le soutien du pionnier de la pensée politique moderne qu'est Thomas Hobbes. Même si Hobbes a peut-être eu une certaine sympathie pour le point de vue républicain ou néoromain dans les premières phases de sa réflexion (c'était une approche tout à fait courante dans la pensée politique de la Grande-Bretagne à cette époque), Quentin Skinner montre de façon convaincante que son interprétation de la liberté s'est ensuite cristallisée autour d'une vision non républicaine dans laquelle l'important est de savoir s'il y a ou non interférence réelle*. Voir dans l'ingérence des autres la caractéristique centrale de la négation de la liberté est donc une idée hobbésienne.

Rien ne s'oppose à intégrer au sein de l'idée de liberté plusieurs traits distincts, respectivement centrés sur la capabilité, l'absence de dépendance et l'absence d'interférence [12]. Ceux qui veulent une seule et unique interprétation canonique de la « vraie » nature de la liberté sous-estiment peut-être la grande diversité des modes d'intervention des idées de liberté et de non-liberté dans nos perceptions, nos jugements et nos évaluations. « La liberté a mille charmes à dévoiler / Que les esclaves heureux ne connaîtront jamais », a dit William Cowper. Sans aller jusqu'à mille distinctions conceptuelles, il ne devrait pas être trop diffi-

* Voir Quentin Skinner, *Hobbes and Republican Liberty*, Cambridge, Cambridge University Press, 2008. Même dans l'un de ses premiers livres, *Elements of Law* (1640), Hobbes a témoigné quelque hostilité à la thèse selon laquelle il y a violation de la liberté même en l'absence d'interférence réelle, sans développer toutefois dans cet ouvrage une théorie différente. Mais il a affirmé haut et fort son rejet de la perspective républicaine dans *Léviathan* (1651), où il formule aussi une autre approche qui voit dans l'ingérence réelle le problème central. En fait, soutient Skinner, « Hobbes est l'adversaire le plus redoutable de la théorie républicaine de la liberté, et ses efforts pour la discréditer constituent un moment décisif de l'histoire de la pensée politique anglophone » (*Hobbes and Republican Liberty*, *op. cit.*, p. XIV).

cile d'envisager plusieurs aspects différents de la liberté comme complémentaires et non concurrents. Une théorie de la justice peut prêter attention à chacun d'eux. Dans celle que je présente ici, la pluralité est omniprésente, elle est inhérente au jugement de justice. La pluralité des aspects de la liberté s'adapte à merveille à cet ample cadre.

L'IMPOSSIBILITÉ DU LIBÉRAL PARÉTIEN

La capabilité d'influencer un résultat pour l'orienter dans le sens que l'on souhaite peut être, nous l'avons souligné, une importante composante de la liberté. On peut inclure dans le résultat, quand c'est utile, le processus qui y a conduit (on parle alors de résultat « global »). Dans la théorie du choix social, qui porte sur des états sociaux (voir le chapitre 4), la vision qui a particulièrement retenu l'attention est celle qui lie la liberté à un résultat. Et nombre des problèmes de liberté individuelle, et de liberté en général, analysés en théorie du choix social l'ont été dans ce cadre-là.

Un résultat ayant engendré toute une littérature est le théorème assez simple qu'on a baptisé l'« impossibilité du libéral parétien ». Il démontre que, si les gens sont en mesure d'avoir toutes les préférences qu'ils veulent, les impératifs formels de l'optimalité de Pareto peuvent entrer en conflit avec certaines exigences minimales de liberté personnelle [13]. Je n'essaierai pas de montrer comment fonctionne ce théorème d'impossibilité, mais je vais l'illustrer par un exemple qui a été beaucoup discuté. Soit un livre jugé pornographique et deux lecteurs possibles [*]. Le premier, qui s'appelle Prude, déteste ce livre, n'a aucune envie de le lire, mais il souffrirait encore plus que ce soit l'autre qui le lise – le nommé Lubrique, qui, lui, adore le livre (Prude est

* En cette époque d'innocence qu'était le début des années soixante, je crains d'avoir été assez naïf pour prendre comme exemple *L'Amant de Lady Chatterley*, de D. H. Lawrence. J'avais été influencé par la bataille judiciaire que venait alors de livrer et de gagner devant la justice britannique la maison d'édition Penguin Books pour obtenir le droit de publier ce livre.

particulièrement tourmenté à l'idée que Lubrique se régale à le lire). De son côté, Lubrique aimerait beaucoup lire ce livre, mais encore plus que ce soit Prude qui le lise (en souffrant atrocement, espère Lubrique).

Donc, que faire ? Il n'y a ici aucun argument fondé sur la liberté personnelle pour qu'aucun des deux ne lise le livre, car il est clair que Lubrique veut le lire, et Prude n'a pas à interférer dans sa décision : ça ne le regarde pas. Il n'y a pas non plus d'argument fondé sur la liberté personnelle pour que Prude lise le livre : manifestement, il ne veut pas, et ce n'est pas à Lubrique d'intervenir dans ce choix qui ne le concerne pas. Il ne reste qu'une seule option : que Lubrique lise le livre – et c'est exactement ce qui se passerait, bien sûr, si chacun décidait par lui-même quoi lire (ou ne pas lire). Néanmoins, nous l'avons dit, Prude et Lubrique préfèrent l'un comme l'autre que ce soit Prude qui lise le livre et non Lubrique. Donc, l'option que chacun aurait spontanément choisie pour lui-même est incompatible avec le principe de Pareto, qui se fonde sur les préférences déclarées des deux, et les deux classent en tête l'option où c'est Prude qui lit l'ouvrage. Mais les deux autres options violent les conditions minimales de liberté. Par conséquent, aucune option ne répond à toutes les conditions spécifiées du choix social, puisque chacune est inférieure à une autre d'un certain point de vue. D'où l'impossibilité de satisfaire simultanément le principe de liberté et le principe de Pareto.

De même que les autres théorèmes d'impossibilité en théorie du choix social, ce résultat était conçu comme le *commencement* d'un débat sur la façon de traiter le problème du choix – et non la *fin* de toute discussion possible. Et c'est bien ainsi qu'il a fonctionné. Certains ont déduit du résultat d'impossibilité que, pour qu'il y ait liberté effective, les gens devaient respecter la liberté des autres de faire leurs propres choix et cesser de s'intéresser davantage aux choix que font les autres dans leur vie personnelle qu'à leurs propres choix dans leur propre vie (ce qui est le cas ici tant pour Prude que pour Lubrique) [14]. D'autres ont utilisé le résultat mathématique pour soutenir que, peut-être, le principe de Pareto, tenu pour sacré dans l'économie du bien-être traditionnelle, devait être parfois violé [15]. L'argumentation dans ce sens souligne que les préférences individuelles sont ici avant tout tournées vers l'autre ; or cela compromet leur statut, puisque, comme l'a écrit John Stuart Mill, « il n'y a aucune commune mesure entre le sentiment d'une personne pour sa propre opinion et le sentiment d'un autre qui s'offense du fait qu'il ait cette opinion » *. D'autres encore ont proposé de ne reconnaître à quelqu'un le droit à la liberté que s'il respecte la liberté des autres dans ses propres préférences personnelles[16].

Des solutions différentes ont aussi été proposées. L'une d'elles, qui a suscité de vastes débats, peut être baptisée la « solution de l'alliance ». Elle suggère que le problème est résolu si les parties concernées concluent un contrat d'amélioration parétienne au terme duquel Prude lit le livre pour empêcher Lubrique de le faire **. Est-ce vraiment une solution[17] ?

Il y a, d'abord, un point méthodologique très général. Un contrat d'amélioration parétienne est toujours possible dans n'importe quelle situation paréto-*inefficace*. Cette vérité ne change rien au problème auquel on est confronté dans un monde où les choix individuels conduisent à un résultat paréto-inefficace. Notons aussi une difficulté générale dans cette façon de chercher une « solution ». Un contrat paréto-améliorant risque de ne pas être viable, car l'incitation à le rompre peut être forte[18]. Ce n'est sans doute pas l'argument principal contre le recours à l'alliance (l'argument le plus fort contre cette prétendue solution porte sur les raisonnements qui pourraient inciter les deux parties à proposer et à accepter un tel contrat), mais c'est l'un de ceux qu'il faut envisager avant de passer aux questions plus sérieuses. Nous devons prendre en considération la crédibilité de ce contrat et la

* J. S. Mill, *De la liberté*, *op. cit.*, p. 144. Remettre en question l'acceptation inconditionnelle de la priorité du principe de Pareto était, je dois l'avouer, ma motivation principale quand j'ai présenté ce résultat. Voir aussi Jonathan Barnes, « Freedom, Rationality and Paradox », *Canadian Journal of Philosophy*, vol. 10, 1980 ; Peter Bernholz, « A General Social Dilemma : Profitable Exchange and Intransitive Group Preferences », *Zeitschrift für Nationalökonomie*, vol. 40, 1980.

** Quantité de commentateurs ont cherché une « issue » de ce côté. L'un des plus récents est G. A. Cohen, *Rescuing Justice and Equality*, *op. cit.*, p. 187-188.

difficulté d'assurer son respect (comment être sûr que Prude va vraiment lire le livre et non faire semblant ?).

Ce n'est pas un mince problème, mais peut-être y a-t-il plus grave encore : les tentatives visant à faire respecter de force ce type de contrat au nom de la liberté individuelle (par exemple, en postant un gendarme pour vérifier que Prude lit vraiment et ne tourne pas seulement les pages) peuvent constituer une puissante, une effroyable menace pour la liberté personnelle elle-même. Ceux qui cherchent une solution libérale exigeant une intrusion policière de ce genre dans les vies personnelles doivent se faire une idée assez curieuse du profil d'une société libérale.

Certes, ces mesures répressives ne seraient pas nécessaires si chacun se conformait volontairement à l'accord. Mais, si l'on estime que la préférence individuelle détermine le choix (sans aucune variation due à d'autres motifs – comme ceux qu'on a analysés au chapitre 8), cette possibilité est exclue, puisque Prude ne lira pas le livre si on lui laisse le choix (c'est-à-dire s'il n'y a pas de gendarme). Si l'on considère, en revanche, que les préférences représentent les *désirs* des gens (pas nécessairement leurs choix), ce qui est peut-être plus raisonnable en l'occurrence, il est bien sûr possible de soutenir que, même si Prude et Lubrique désirent tous deux agir d'une façon contraire au contrat, rien ne les oblige à le faire puisqu'ils ont signé un contrat et qu'ils ont donc une raison de résister à leurs désirs, de ne pas en être esclaves. Mais si cette question est posée, et si les actes contraires aux désirs ressentis sont autorisés, nous devons formuler une question préalable – et plus fondamentale – sur cette « solution de l'alliance » : pourquoi postuler que Prude et Lubrique *choisiraient*, au départ, de conclure un tel contrat (même s'ils peuvent *désirer* le résultat correspondant – perçu comme un « résultat final ») ?

On ne voit pas du tout pourquoi Prude et Lubrique devraient conclure ce contrat, particulièrement « intrusif dans les affaires de l'autre », puisque Prude accepte de lire le livre qu'il déteste afin d'amener Lubrique, qui a envie de le lire, à s'en abstenir et que Lubrique accepte de ne pas lire un livre qu'il aimerait lire afin d'amener Prude, malgré ses réticences, à le lire. Si les gens attachent plus d'importance à s'occuper de ce qui les regarde qu'à suivre leurs désirs, ce contrat bizarre ne sera pas signé (cf.

« je pense qu'Ann serait beaucoup plus heureuse si elle divorçait de Jack et j'aimerais bien qu'elle le fasse – donc je m'en mêle et je lui dis de divorcer »). La bonne pratique libérale de lire ce qu'on aime et de laisser les autres lire ce qu'ils aiment est en mesure de survivre aux charmes apparents de ce curieux contrat. Il est difficile de voir dans une solution de l'alliance une vraie solution.

Pour une raison inexplicable, certains auteurs semblent croire que le problème est de savoir si les droits sont « aliénables » (au sens où les gens auraient l'autorisation de renoncer, dans une négociation, à des droits particuliers) et si les personnes en cause doivent être *autorisées* à conclure ce type de contrat [19]. Je ne vois pas pourquoi on ne pourrait pas négocier des droits de ce genre dans des contrats librement consentis. De fait, tout indique que les gens n'ont besoin, en général, de l'autorisation de personne (ni de celle de la société) pour conclure ce type de contrat. Mais ils ont besoin d'une raison, et c'est là que le bât blesse. Si l'on donne comme raison (certains l'ont fait) qu'un tel contrat serait la seule façon d'obtenir – et de maintenir – un résultat paréto-efficace, on fait un raisonnement circulaire puisque l'une des motivations du débat sur le résultat d'impossibilité est précisément de mettre en question et d'évaluer la priorité de la paréto-efficacité.

Le problème réel concerne l'existence ou l'absence de raisons suffisantes de conclure un contrat de ce genre, d'abord, puis de s'y tenir. La maximisation sans état d'âme du plaisir ou de la satisfaction du désir (si l'on ignore le principe qui enjoint à chacun de s'occuper de ce qui le regarde) pourrait, bien sûr, apporter *certaines* raisons de rechercher ou d'accepter ce pacte. Mais elle donnerait aussi à Prude comme à Lubrique de bonnes raisons de ne pas respecter le contrat après l'avoir signé (cela ressort du simple classement de leurs désirs), et c'est une réalité dont l'un et l'autre devraient tenir compte au moment où ils se demandent s'ils doivent le signer ou non. Plus important : même pour le choix fondé sur le désir, nous devons distinguer entre le désir que quelqu'un agisse d'une certaine façon (par exemple, le désir de Lubrique que Prude lise le livre) et le désir d'avoir un *contrat* imposant que cette personne agisse de cette façon-là (par exemple, la volonté de Lubrique que Prude signe un contrat l'obligeant à lire le livre, que sinon il ne lirait pas). Si les résultats sont perçus en termes « globaux », les deux objets de désir ne sont pas du tout les mêmes*. De fait, le désir général de Lubrique que Prude lise le livre n'implique en aucun cas le désir d'avoir *un contrat qui obligerait* Prude à le lire. L'introduction d'un contrat crée des problèmes que l'on ne peut esquiver par le seul renvoi à des désirs simples portant sur des actes individuels sans aucun contrat.

Comme pour le théorème d'impossibilité beaucoup plus général d'Arrow, la meilleure interprétation du résultat d'impossibilité du libéral parétien est d'y voir une contribution au débat public, parce qu'il met l'accent sur des questions qui sans lui n'auraient peut-être pas été posées. J'ai soutenu plus haut (au chapitre 4, « Voix et choix social ») que c'est l'un des grands usages qu'en fait la théorie du choix social quand elle essaie d'éclaircir les problèmes et tente d'encourager le débat public à leur sujet. Et cet engagement est au cœur de l'approche de la justice présentée dans cet ouvrage.

CHOIX SOCIAL CONTRE FORMES DE JEU

Il y a plus de trente ans, Robert Nozick a posé une grande question qui porte à la fois sur l'impossibilité du libéral parétien et sur la formulation de la liberté individuelle en théorie du choix social :

> Les problèmes commencent lorsqu'on assimile le droit d'un individu à choisir entre des solutions différentes au droit à décider de la hiérarchie relative de ces choix à l'intérieur d'une hiérarchie existant dans la société. [...] Une vision plus adéquate des droits individuels se présente comme suit : les droits individuels sont « copossibles » ; chaque personne peut exercer son droit comme elle

* La distinction entre perspective « globale » et « finale », exposée plus haut dans ce livre (dès l'Introduction, mais en particulier au chapitre 7), est pertinente ici.

> l'entend. L'exercice de ces droits fixe certaines caractéristiques du monde. À l'intérieur des contraintes de ces caractéristiques fixes, un choix peut être opéré par un mécanisme de choix social basé sur une hiérarchie sociale ; s'il reste encore des choix à faire ! Les droits ne déterminent pas une hiérarchie sociale, mais, au lieu de cela, établissent les contraintes à l'intérieur desquelles doit être fait un choix social par l'exclusion de certaines possibilités, en en fixant d'autres, etc. [...] Si une mise en modèle est légitime, cette mise en modèle reste dans le domaine du choix social et, donc, est restreinte par le droit des gens. *De quelle autre façon peut-on affronter le résultat auquel parvient Sen*[20] ?

Nozick définit donc les droits à la liberté comme un *contrôle* donné à l'individu sur certaines décisions personnelles, et « chaque personne peut exercer son droit comme elle l'entend ». Mais il n'y a aucune garantie de résultat – c'est seulement un droit au choix de ses actes.

Cette vision de la liberté individuelle, entièrement tournée vers les procédures, est une autre façon de penser les droits. Cette démarche intellectuelle a rencontré de nombreux échos et inspiré beaucoup de développements dans la littérature. L'une des complications vient du problème de l'interdépendance : une personne peut avoir le droit de faire quelque chose à condition que certains autres événements arrivent ou n'arrivent pas. Si mon droit de me joindre aux autres quand ils chantent se distingue de mon droit de chanter quelles que soient les circonstances (que les autres chantent, prient, mangent ou donnent des cours), les stratégies qui me sont permises doivent être définies par rapport aux (dans le contexte des) choix stratégiques des autres. Les formulations du choix social peuvent traiter ce type d'interdépendance assez facilement, puisque les droits sont définis en référence explicite aux résultats (liés à des combinaisons de stratégies). Pour avoir une sensibilité semblable, l'interprétation procédurale de la liberté individuelle a intégré une idée empruntée à la théorie des jeux : les « formes de jeu » (abandonnant ainsi la tentative faite par Nozick de concevoir la liberté en termes de « droits de chaque individu », définis séparément de ceux des autres)[21].

Dans l'approche par les formes de jeu, chacun dispose d'un ensemble d'actions ou de stratégies parmi lesquelles une seule option peut être retenue. Le résultat dépend des choix d'actes, ou de stratégies, effectués par tous. Les exigences de la liberté individuelle sont spécifiées en termes de restrictions des choix autorisés d'actes ou de stratégies (ce que nous pouvons faire), mais pas en termes de résultats acceptables (ce que nous obtenons). Cette structure est-elle assez robuste pour définir comme il convient la liberté individuelle ? Il est certain qu'elle saisit une façon courante de comprendre notre liberté d'action. Néanmoins, la liberté personnelle et la liberté en général ne portent pas seulement sur les actes respectifs de chacun, mais aussi sur ce qui émane des choix réunis *.

La question de l'interdépendance dans la définition de la liberté est particulièrement importante pour prendre en compte les actions qu'on pourrait appeler invasives. Prenons le droit d'une non-fumeuse à ne pas être incommodée par la fumée. C'est bien sûr un droit à un résultat, et aucune interprétation de la liberté personnelle ne peut être adéquate si elle demeure entièrement détachée des résultats réels. Les formulations des formes de jeu doivent être élaborées « en commençant par la fin » – en remontant des résultats acceptables aux combinaisons de stratégies qui aboutissent à l'un d'eux. Il leur faut donc parvenir au problème indirectement. Au lieu de rejeter une possibilité où le résultat est qu'on me souffle de la fumée au visage, l'exigence procédurale passe par des restrictions sur les choix de stratégie. Nous pouvons tester l'efficacité respective des options suivantes :

1 – interdire de fumer quand des personnes font objection au fait qu'on fume ;
2 – interdire de fumer en présence d'autres personnes ;
3 – interdire de fumer dans les lieux publics, que d'autres personnes soient présentes ou non (afin que les autres ne soient pas obligés de rester à l'écart de ces lieux).

* L'importance des « réalisations sociales » a déjà été examinée plus haut, notamment avec le contraste entre *nyaya* et *niti* (chap. 1 à 6 et 9).

Nous imposons aux fumeurs des exigences de plus en plus rigoureuses si les contraintes plus souples ne donnent pas le résultat nécessaire pour assurer la liberté concrète d'échapper au tabagisme passif (cela s'est réellement produit dans l'histoire législative de certains pays). Nous choisissons effectivement ici, bien sûr, entre des « formes de jeu » différentes, mais le choix entre ces formes est guidé par leur efficacité à produire la réalisation sociale que l'on recherche au nom de la liberté individuelle.

Il est hors de doute que l'on peut définir les formes de jeu de façon à leur permettre de tenir compte de l'interdépendance et de protéger des actions invasives des autres. La définition des formes de jeu autorisées doit être élaborée – directement ou indirectement – à la lumière des résultats émanant de la combinaison des stratégies des individus. L'idée directrice qui inspire le choix des formes de jeu peut être : fumer n'est pas acceptable quand cela inflige à des victimes involontaires un « tabagisme passif » ou les oblige à quitter les lieux pour l'éviter. Dans ce cas, ce choix dépend en fait de la nature des réalisations sociales (ou des résultats globaux) qui apparaissent – ce qui est le centre d'intérêt principal de la théorie du choix social. Il nous faut envisager à la fois la liberté d'action et la nature des conséquences et des résultats pour avoir une bonne compréhension de la liberté individuelle.

Il ressort de cette analyse que l'égalité et la liberté ont toutes deux plusieurs dimensions au sein de leurs vastes domaines. Évitons dans les deux cas d'adopter un point de vue étroit, monofocal, ignorant tous les autres aspects de ces valeurs. Cette pluralité fait nécessairement partie intégrante d'une théorie de la justice qui doit rester sensible aux diverses considérations invoquées par chacune de ces deux grandes idées, liberté et égalité.

QUATRIÈME PARTIE

Raisonnement public et démocratie

15

LA DÉMOCRATIE COMME RAISONNEMENT PUBLIC

Dans le roman d'Aldous Huxley *Contrepoint*, le personnage principal, Sidney Quarles, quitte fréquemment sa maison de campagne de l'Essex pour se rendre à Londres, afin de travailler, dit-il, au British Museum sur la question de la démocratie dans l'Inde antique. « Il s'agit du gouvernement local à l'époque des Maurya », explique-t-il à son épouse, Rachel, en évoquant la dynastie impériale indienne qui a régné sur le pays aux IVe et IIIe siècles avant Jésus-Christ. Mais Rachel comprend vite que tout cela est une habile manœuvre de Sidney pour l'induire en erreur : elle subodore que sa véritable raison d'aller à Londres est de prendre du bon temps avec une nouvelle maîtresse.

Aldous Huxley nous montre comment Rachel Quarles considère ce qui se passe :

> [Les] visites [de Sidney] à Londres avaient été fréquentes et prolongées. Après la seconde de ces visites, Mrs. Quarles s'était demandé, avec tristesse, si Sidney avait trouvé une autre femme. Et lorsque, à son retour d'un troisième voyage, et, quelques jours après, à la veille d'un quatrième, il se mit à gémir avec ostentation sur l'énorme complexité de l'histoire de la démocratie chez les anciens Indous, Rachel fut convaincue que la femme avait été effectivement découverte. Elle connaissait assez Sidney pour être sûre que, s'il

> avait réellement compulsé des documents sur les anciens Indous, il ne se serait jamais donné la peine d'en parler à table – du moins, pas d'une façon si étendue, ni avec une telle insistance. Sidney parlait pour la même raison qui incite la seiche, lorsqu'elle se sent poursuivie, à jeter de l'encre – pour dissimuler ses mouvements. [...] À travers le nuage d'encre, Mrs. Quarles entr'aperçut une forme féminine [1].

Il s'avère, dans le roman de Huxley, que Rachel Quarles avait raison. Sidney jetait de l'encre exactement pour la raison qu'elle soupçonnait.

La confusion provoquée par les « nuages d'encre » est importante pour notre sujet. Nous égarons-nous – sur une voie un peu différente peut-être de celle où Sidney Quarles voulait fourvoyer Rachel – en postulant que l'expérience de la démocratie n'est pas l'apanage de l'Occident et peut se trouver dans le reste du monde, par exemple dans l'Inde antique ? Beaucoup sont persuadés que la démocratie ne s'est épanouie qu'en Occident et nulle part ailleurs. C'est une idée fréquemment exprimée. On l'utilise pour expliquer des événements contemporains ; les gigantesques problèmes de l'Irak d'après l'invasion sont parfois mis au compte non de la nature très particulière de l'intervention militaire peu informée et mal pensée de 2003, mais d'une difficulté imaginaire : la démocratie et le raisonnement public seraient inadaptés aux cultures et traditions des pays non occidentaux comme l'Irak.

L'usage qu'on a fait ces dernières années de la rhétorique de la démocratie a semé une grave confusion sur le fond de la question. On constate de plus en plus une dichotomie étrange et déroutante : elle oppose ceux qui veulent « imposer » la démocratie aux pays du monde non occidental (dans le « propre intérêt » de ces pays, bien sûr) et ceux qui refusent de la leur « imposer » (par respect pour les « propres usages » des pays concernés). Mais tout ce vocabulaire de « démocratie imposée », utilisé par les deux camps, est extraordinairement inadapté : il postule implicitement que la démocratie appartient exclusivement à l'Occident, qu'il s'agit d'une idée occidentale par essence qui n'a pu naître et se développer qu'à l'Ouest.

Or cette thèse, qui répand le pessimisme sur la possibilité même d'une pratique démocratique dans le monde, serait extrêmement difficile à démontrer. Même les « nuages d'encre » des « anciens Indous », comme dit Rachel, n'étaient pas entièrement imaginaires, puisqu'il y a eu, effectivement, plusieurs expériences de démocratie locale dans l'Inde de l'Antiquité (nous y reviendrons). Pour comprendre les racines de la démocratie au niveau mondial, nous devons nous intéresser à l'histoire de la participation populaire et du raisonnement public dans différentes régions du monde. Cessons de penser la démocratie dans les seuls termes de l'évolution européenne et américaine : il faut regarder au-delà. Nous ne comprendrons rien aux exigences omniprésentes de « vie participative » dont Aristote a parlé avec tant de perspicacité si nous prenons la démocratie pour une sorte de « produit culturel spécial » de l'Occident.

Il est bien sûr incontestable que la structure institutionnelle de la pratique contemporaine de la démocratie est en grande partie le produit de l'expérience européenne et américaine des derniers siècles*. Il est extrêmement important de le reconnaître, puisque ces développements dans les formes institutionnelles ont été immensément novateurs et en fin de compte efficaces. On ne saurait douter qu'il y a là un apport « occidental » majeur.

Néanmoins, comme Alexis de Tocqueville, le grand historien de la démocratie américaine, l'a relevé au début du XIXe siècle, si la « grande révolution démocratique » qui se produisait alors en Europe et en Amérique était « une chose nouvelle », elle consti-

* Comme le souligne John Dunn dans son livre instructif sur l'histoire institutionnelle de la démocratie (*Democracy : A History*, New York, Atlantic Monthly Press, 2005, p. 180) : « On peut suivre la progression de la démocratie représentative en tant que forme de gouvernement, des années 1780 à nos jours, en plantant des épingles sur la carte pour marquer sa diffusion et en notant non seulement l'homogénéisation croissante de ses formes institutionnelles au fil des décennies, mais aussi le discrédit cumulé des autres formes étatiques, d'une riche diversité, qui ont rivalisé avec elle tout au long de la période, souvent avec une assurance initiale considérable. La forme institutionnelle qui avance pendant toute l'époque a eu pour pionniers les Européens ; et elle s'est répandue dans un monde où l'Europe d'abord, puis les États-Unis exerçaient une puissance militaire et économique tout à fait disproportionnée. »

tuait aussi une expression du « fait le plus continu, le plus ancien et le plus permanent que l'on connaisse dans l'histoire » *. Bien que la démonstration que donne Tocqueville de cette thèse radicale se limite à l'Europe et ne remonte pas au-delà du XIIe siècle, l'idée générale qu'il avance a une pertinence bien plus large. En pesant les avantages et inconvénients de la démocratie, nous devons accorder l'attention qui convient à la force d'attraction du gouvernement participatif, qui a fait et refait surface avec une cohérence certaine dans diverses parties du monde. Cette force n'a évidemment pas été irrésistible, mais elle n'a cessé de défier l'idée reçue qui fait de l'autoritarisme une réalité inamovible dans la plupart des régions du globe. La démocratie sous sa forme institutionnelle élaborée est tout à fait nouvelle sur la planète – sa pratique ne date que de deux siècles –, et pourtant, comme le souligne Tocqueville, elle exprime une tendance de la vie sociale qui a une histoire beaucoup plus longue et plus étendue dans l'espace. Les adversaires de la démocratie, quelle que soit la vigueur de leur rejet, doivent trouver un moyen de répondre à l'aspiration profonde à un gouvernement participatif, aspiration très présente aujourd'hui et qu'il sera fort difficile d'éradiquer.

Le contenu de la démocratie

Au fil des chapitres précédents, on aura compris à quel point le raisonnement public joue un rôle central dans l'analyse de la justice. Ce qui conduit à faire le lien entre l'idée de justice et la pratique de la démocratie, puisque, dans la philosophie politique contemporaine, il est désormais largement admis que la meilleure définition de la démocratie est celle de « gouvernement par la discussion ». Cette expression, je l'ai dit dans l'Introduction, a été probablement conçue par Walter Bagehot, mais l'œuvre de John Stuart Mill a joué un rôle essentiel pour faire mieux comprendre et défendre cette manière de voir **.

---

* Alexis de Tocqueville, *De la démocratie en Amérique*, Paris, Gallimard, coll. « Folio », 1986, t. I, p. 38.

** Clement Attlee a évoqué cette conception particulière de la démocratie dans un discours « injustement célèbre » (je ne peux le qualifier autrement) prononcé à Oxford en juin 1957, où il n'a pu résister à la tentation de faire

Il existe, bien sûr, une idée plus ancienne – et plus formelle – de la démocratie qui la définit essentiellement par les élections, les scrutins, et non dans la perspective plus générale du gouvernement par la discussion. Néanmoins, dans la philosophie politique d'aujourd'hui, la compréhension de la démocratie s'est énormément élargie, si bien qu'on ne la réduit plus aux impératifs du *scrutin public* ; on lui demande beaucoup plus d'envergure en termes d'« exercice du raisonnement public », selon l'expression de John Rawls. C'est vraiment un grand tournant dans l'interprétation de la démocratie qu'ont apporté les œuvres de Rawls [2] et de Habermas [3], ainsi qu'une vaste littérature récente sur le sujet, qui comprend les contributions de Bruce Ackerman [4], Seyla Benhabib [5], Joshua Cohen [6], Ronald Dworkin [7], entre autres. Une conception comparable sous-tend aussi les écrits du pionnier de la théorie du « choix public », James Buchanan [8].

Dans sa théorie de la justice, Rawls souligne nettement cet angle de vision : « L'idée force de la démocratie délibérative est l'idée de délibération elle-même. Quand les citoyens délibèrent, ils échangent des points de vue et discutent les arguments qui les soutiennent au sujet de questions politiques publiques [9]. »

L'analyse de Habermas sur le raisonnement public est, à bien des égards, plus large que celle de Rawls, comme celui-ci l'a lui-même reconnu [10]. Habermas présente la démocratie sous une forme plus directement procédurale que d'autres auteurs, dont Rawls. Certes (comme je l'ai soutenu au chapitre 5), ce contraste entre les usages rawlsien et habermassien de traits procéduraux pour définir le déroulement et l'issue du raisonnement public est peut-être moins tranché qu'il n'y paraît. Il reste que Habermas a fait une contribution vraiment forte en clarifiant la vaste portée du raisonnement public et en particulier la double présence simultanée, dans le discours politique, de « questions morales de justice » et de « questions instrumentales de pouvoir et de coercition » *.

un petit mot d'esprit – assez drôle, je suppose, quand on l'entend pour la première fois – sur un grand sujet : « Démocratie signifie gouvernement par la discussion, mais elle n'est efficace que si l'on peut faire taire les gens » (propos rapporté dans *The Times*, 15 juin 1957).

* Habermas a fait aussi des commentaires lumineux sur les différences entre trois approches générales, conceptuellement hétérogènes, de l'idée et du rôle

Dans les débats sur la définition de la nature et de l'issue du raisonnement public, il y a eu quelques malentendus réciproques entre les deux auteurs. Par exemple, Jürgen Habermas observe que la théorie de John Rawls « entraîne un primat des droits fondamentaux de type libéral, qui éclipse en quelque sorte le processus démocratique », et il comprend dans sa liste des droits que veulent les libéraux « la liberté de croyance et de conscience, […] la protection de la vie, de la liberté personnelle et de la propriété * ». L'inclusion des droits de propriété, ici, ne correspond pas, cependant, à une position explicitement formulée par John Rawls sur le sujet, puisque celui-ci n'a défendu un droit général à la propriété dans aucun de ses textes dont j'ai connaissance **.

Il y a manifestement de nombreuses différences entre les visions possibles du rôle du raisonnement public dans la politique et l'éthique discursive ***. Mais l'existence de ces divergences

---

du raisonnement public. Il oppose sa « conception procédurale-délibérative » aux visions qu'il nomme « libérale » et « républicaine » (voir son texte « Three Normative Models of Democracy », *in* S. Benhabib (éd.), *Democracy and Difference : Contesting the Boundaries of the Political*, *op. cit.*). Voir aussi Seyla Benhabib, « Introduction : The Democratic Moment and the Problem of Difference », *in* Id. (éd.), *Democracy and Difference*, *op. cit.*, et Amy Gutmann et Dennis Thompson, *Why Deliberative Democracy ?*, Princeton, NJ, Princeton University Press, 2004.

* Jürgen Habermas, « La réconciliation grâce à l'usage public de la raison. Remarques sur le libéralisme politique de John Rawls », *in* J. Habermas et J. Rawls, *Débat sur la justice politique*, *op. cit.*, p. 41-42.

** Peut-être Habermas est-il influencé dans son diagnostic par le fait que Rawls laisse un espace pour répondre au besoin d'incitations, ce qui pourrait donner un rôle instrumental important aux droits de propriété. Rawls autorise les inégalités dans ce dispositif parfaitement juste pour des raisons d'incitation, quand elles améliorent la part qu'obtiennent les plus défavorisés. J'ai analysé ce problème au chapitre 2 (« Rawls et au-delà ») en traitant de la critique de G. A. Cohen (dans son livre *Rescuing Justice and Equality*, *op. cit.*) sur cet aspect des principes de justice rawlsiens. On peut sûrement se demander s'il est acceptable que des inégalités jouant un rôle d'incitation aient une place dans une société présentée comme parfaitement juste, mais il importe de voir que Rawls n'intègre pas de droits de propriété inconditionnels dans les droits libertariens, comme le fait par exemple Robert Nozick (*Anarchie, État et utopie*, *op. cit.*).

*** Voir Joshua Cohen, « Deliberative Democracy and Democratic Legitimacy », *in* A. Hamlin et P. Pettit (éd.), *The Good Polity : Normative Analysis*

ne menace pas la thèse centrale que j'essaie d'explorer ici. Il est plus important de voir que ces contributions nouvelles ont toutes stimulé une prise de conscience générale : les problèmes principaux d'une conception large de la démocratie sont la participation politique, le dialogue et l'interaction publique. Le rôle capital du raisonnement public dans la pratique démocratique met toute la question de la démocratie en rapport étroit avec celle qui est au centre de ce livre : la justice. Si les impératifs de la justice ne peuvent être évalués qu'à l'aide du raisonnement public et si le raisonnement public est constitutif de l'idée de démocratie, il y a donc un lien intime entre justice et démocratie, avec des traits discursifs partagés.

Cependant, la vision de la démocratie comme « gouvernement par la discussion », si largement admise dans la philosophie politique d'aujourd'hui (même si elle ne l'est pas toujours par les institutionnalistes politiques), entre parfois en tension avec des analyses contemporaines de la démocratie et de son rôle formulées en termes plus anciens – et plus rigidement organisationnels. La conception institutionnelle, tendance *niti*, de la démocratie, qui perçoit celle-ci exclusivement en termes de scrutins et d'élections, n'est pas seulement traditionnelle, elle a aussi été préconisée par de nombreux commentateurs politiques contemporains, dont Samuel Huntington : « Les élections, ouvertes, libres et équitables, sont l'essence de la démocratie, l'incontournable *sine qua non*[11]. » Malgré la transformation générale dans l'approche conceptuelle de la démocratie en philosophie politique, l'histoire de la démocratie est souvent racontée, même aujourd'hui, en termes assez étroitement organisationnels qui se concentrent particulièrement sur la procédure des scrutins et des élections.

Les votes, bien sûr, jouent un rôle très important, même pour l'expression et la matérialisation du processus de raisonnement public, mais ils ne sont pas la seule réalité qui compte : ils ne

---

of the State, op. cit. ; Jon Elster (éd.), *Deliberative Democracy*, Cambridge, Cambridge University Press, 1998 ; Amy Gutmann et Dennis Thompson, *Why Deliberative Democracy ?*, *op. cit.* ; James Bohman et William Rehg, *Deliberative Democracy*, Cambridge, MA, MIT Press, 1997.

constituent qu'une partie – certes primordiale – du mode opératoire du raisonnement public dans une société démocratique. De fait, la sincérité des scrutins eux-mêmes dépend de façon cruciale de la présence d'autres éléments, comme la liberté d'expression, l'accès à l'information et la liberté d'opposition *. À lui seul, le vote peut être tout à fait insuffisant, comme les victoires électorales retentissantes des dictatures au pouvoir dans les régimes autoritaires l'ont illustré abondamment dans le passé et le font encore aujourd'hui, par exemple en Corée du Nord. La difficulté ne réside pas seulement dans la pression politique et répressive que l'on fait subir aux électeurs pendant le scrutin lui-même, mais dans le silence imposé par la censure à l'expression des opinions publiques, l'exclusion de l'information, le climat de peur, ainsi que l'élimination de l'opposition politique, la suppression de l'indépendance des médias et l'absence des droits civils fondamentaux et des libertés politiques. Tout cela épargne largement aux pouvoirs en place le besoin de recourir massivement à la force pour assurer en permanence le conformisme dans le scrutin lui-même. Quantité de dictateurs dans le monde ont d'ailleurs remporté des triomphes électoraux colossaux même sans aucune coercition ouverte pendant les opérations de vote, essentiellement en supprimant le débat public et la liberté d'information et en instaurant un climat de peur et d'angoisse.

La démocratie : une tradition limitée ?

Même si l'on admet que la démocratie, bien comprise, est étroitement liée à l'analyse de la justice telle que nous l'explorons dans cet ouvrage, n'est-il pas gravement problématique de penser l'idée de justice – omniprésente, générale, qui nourrit le débat et l'agitation sur toute la planète – dans le cadre d'une idée souvent perçue comme « occidentale » par essence, la forme

* Sur l'importance de la liberté d'expression et les débats qui s'y rapportent aux États-Unis, voir Anthony Lewis, *Freedom for the Thought That We Hate : A Biography of the First Amendment*, New York, Basic Books, 2007.

démocratique ? N'essayons-nous pas, ce faisant, de concentrer l'attention sur un trait purement occidental d'organisation politique en le présentant comme la voie royale vers l'équité et la justice dans le monde ? Puisque le raisonnement public a une telle importance pour la pratique de la justice, pouvons-nous seulement penser la justice dans le vaste monde quand l'art du raisonnement public dans le cadre de la démocratie semble être, selon la conviction courante, si purement occidental et géographiquement limité ? La croyance qui fait de la démocratie une notion fondamentalement occidentale, d'origine européenne – et américaine –, est très répandue et peut en effet paraître plausible, même si, en dernière analyse, elle constitue un diagnostic erroné et superficiel.

John Rawls et Thomas Nagel ont pu désespérer de la possibilité même d'une justice mondiale en l'absence d'un État souverain mondial (on l'a vu dans l'Introduction), mais tenter de promouvoir la justice mondiale par le biais du débat public *sur, pour et par* la population de la planète ne pose-t-il pas un autre problème ? On a déjà soutenu dans cet ouvrage (en particulier aux chapitres 5, « Impartialité et objectivité », et 6, « Impartialités ouverte et fermée ») que les exigences de l'impartialité ouverte imposent d'adopter un point de vue mondial pour envisager pleinement la justice où que ce soit dans le monde contemporain. Si cette idée est juste, cet impératif ne sera-t-il pas, *de facto*, impossible à satisfaire au cas où il apparaîtrait que la population mondiale se répartit en groupes rigidement séparés, dont beaucoup ne peuvent être amenés d'aucune façon à une démarche de raisonnement public ? C'est une immense question, qui, en dépit de son assise fortement empirique, est pratiquement incontournable dans cet ouvrage sur la théorie de la justice. Il est donc important d'examiner si la tradition de la démocratie, que ce soit dans son interprétation largement organisationnelle en termes de scrutins et d'élections ou, plus généralement, en tant que « gouvernement par la discussion », est d'essence occidentale ou non.

Si l'on veut voir la démocratie dans la vaste perspective du raisonnement public, dépassant largement les traits institutionnels spécifiques qui ont émergé de façon particulièrement vigoureuse en Europe et en Amérique au cours des derniers siècles, on est amené à réévaluer l'histoire intellectuelle du gouvernement participatif de nombreux pays du monde – pas seulement ceux d'Europe et d'Amérique du Nord[12]. Les séparatistes culturels, qui ne considèrent pas la démocratie comme une valeur universelle, soulignent souvent le rôle unique de la Grèce antique, et notamment de la cité d'Athènes, où le vote a vu le jour sous une forme particulière au VIe siècle avant Jésus-Christ.

LES ORIGINES MONDIALES DE LA DÉMOCRATIE

La Grèce antique a en effet été tout à fait unique*. Sa contribution tant à la forme qu'à la compréhension du contenu de la démocratie ne saurait être surestimée. Mais voir dans cette expérience une preuve claire et nette de l'essence européenne ou occidentale de l'idée de démocratie mérite un examen critique bien plus sévère qu'on ne l'applique d'ordinaire à ce point de vue. Pour commencer, il est particulièrement important de comprendre que même le succès de la démocratie athénienne reposait sur un climat de débat public ouvert et non sur les seules élections, et, s'il est certain que le vote est né en Grèce, la tradition du débat public (très puissante à Athènes et dans la Grèce antique) a une histoire beaucoup moins localisée.

* La Grèce antique avait aussi une conjonction remarquable de conditions qui rendait possible et viable l'émergence de procédures démocratiques. Comme le fait apparaître la pénétrante histoire de la démocratie de John Dunn, le gouvernement démocratique « a commencé comme remède improvisé à une difficulté grecque très locale il y a 2 500 ans, a connu un épanouissement bref mais éclatant, puis s'est estompé pratiquement partout pendant près de 2 000 ans » (*Democracy : A History*, *op. cit.*, p. 13-14). Si je soutiens que la démocratie comprise au sens large en termes de raisonnement public n'a pas eu cette histoire d'ascension éphémère et de chute, la remarque de Dunn est certainement vraie des institutions formelles de la démocratie qui sont apparues dans la Grèce antique et ont été temporairement instituées dans plusieurs pays comme l'Iran, l'Inde et la Bactriane (influencés par l'expérience grecque, nous allons le voir), mais n'ont ensuite refait surface qu'à une époque nettement plus proche de la nôtre.

Même pour la procédure électorale, peut-on conclure de cette expérience, dans une vision culturellement ségrégationniste, qu'elle est d'origine européenne ? L'idée doit être réexaminée. Premièrement, il y a une difficulté élémentaire à tenter de définir des civilisations non sur la base de l'histoire précise des idées et des actes, mais en termes de vastes généralisations régionales, en qualifiant par exemple d'« européen » ou d'« occidental » de grossiers conglomérats. Avec ce mode d'appréhension des catégories « civilisationnelles », il n'y a pas de problème majeur à considérer les descendants des Vikings et des Wisigoths comme les dignes héritiers de la tradition électorale de la Grèce antique (puisqu'ils sont de souche européenne), même si les Grecs antiques, qui pratiquaient des échanges intellectuels très vifs avec d'autres civilisations à l'est et au sud de la Grèce (en particulier l'Iran, l'Inde et l'Égypte), ne semblaient guère intéressés par quelque causerie avec les Goths et les Wisigoths.

Le second problème porte sur ce qui a vraiment suivi l'expérience inaugurale des élections par les Grecs. Si Athènes a certainement été la première cité à mettre en place des procédures de vote, de nombreuses régions asiatiques l'ont ensuite imitée, en grande partie sous l'influence hellénique. Rien ne prouve que l'expérience grecque du gouvernement électoral ait eu un impact immédiat dans les pays situés à l'ouest de la Grèce et de Rome, par exemple sur les territoires actuels de la France, de l'Allemagne ou de la Grande-Bretagne. En revanche, certaines cités d'Asie – en Iran, en Bactriane et en Inde – ont intégré des éléments de démocratie dans leurs gouvernements municipaux au cours des siècles qui ont suivi l'épanouissement de la démocratie athénienne ; ainsi, durant plusieurs siècles, la ville de Shushan, Suse, dans le sud-ouest de l'Iran, a eu un conseil élu, une assemblée du peuple et des magistrats qui étaient élus par l'assemblée*.

La pratique de la démocratie municipale dans l'Inde antique est également bien attestée. C'est à cette littérature que se référait

* Voir aussi les divers exemples indiens de gouvernement démocratique local dans Radhakumud Mookerji, *Local Government in Ancient India* [1919], Delhi, Motilal Banarsidas, 1958.

Sidney Quarles, dans ses conversations avec Rachel, lorsqu'il évoquait le thème de ses études imaginaires à Londres – il citait même les noms des auteurs pertinents sur le sujet avec assez d'exactitude[13]. B. R. Ambedkar, qui a présidé le comité de rédaction chargé de mettre au point la nouvelle Constitution indienne à soumettre à l'Assemblée constituante, peu après l'indépendance de l'Inde, en 1947, a étudié assez longuement l'éventuelle pertinence des expériences antiques de démocratie locale en Inde pour la conception d'une démocratie à grande échelle dans l'ensemble de l'Inde moderne*.

La pratique des élections a une très longue histoire dans les sociétés non occidentales ; mais, lorsqu'on définit la démocratie plus largement, en termes de raisonnement public, il est facile de prouver que la critique culturelle qui l'assimile à un phénomène purement régional est entièrement fausse[14]. S'il est certain qu'Athènes a excellé dans la pratique du débat public, la délibération ouverte s'est également épanouie, parfois de façon spectaculaire, dans plusieurs autres civilisations antiques. Ainsi, certaines des toutes premières assemblées générales ouvertes, spécifiquement réunies pour aplanir les divergences et rapprocher les points de vue sur des questions sociales et religieuses, sont apparues en Inde : on les appelle les conciles bouddhiques ; à partir du VIe siècle avant Jésus-Christ, des représentants des diverses religions et courants de pensée s'y retrouvaient pour débattre de leurs points de désaccord. Le premier de ces conciles s'est réuni à Rajagriha (aujourd'hui Rajgir), peu après la mort de Gautama Bouddha, et le deuxième s'est tenu une centaine d'années plus tard à Vaisali. Le dernier a eu lieu au IIe siècle après Jésus-Christ au Cachemire.

* En fait, après ses études sur l'histoire de la démocratie locale dans l'Inde antique, Ambedkar n'a vu finalement guère d'intérêt à s'inspirer de cette expérience ancienne – et strictement locale – pour concevoir une Constitution destinée à la démocratie indienne moderne. Allant plus loin, il a soutenu que le « localisme » engendrait « l'étroitesse d'esprit et le communautarisme » et que « ces républiques de village ont été la ruine de l'Inde » (voir *The Essential Writings of B. R. Ambedkar*, éd. Valerian Rodrigues, Delhi, Oxford University Press, 2002, notamment le texte 32 : « Basic Features of the Indian Constitution »).

L'empereur Ashoka a été l'hôte du troisième concile bouddhique, le plus grand, qui se déroula au IIIe siècle avant Jésus-Christ à Patna (qui s'appelait alors Pataliputra), la capitale de l'Empire indien. Il s'est efforcé de codifier et de répandre l'une des formulations les plus anciennes des règles de débat public (sorte de version précoce des *Robert's Rules of Order* du XIXe siècle) *. Autre exemple historique : en l'an 604, au Japon, le prince bouddhiste Shotoku, qui était régent au nom de sa mère, l'impératrice Suiko, a rédigé ce qu'on appelle la « Constitution des 17 articles ». Cette constitution soulignait déjà (dans l'esprit de la *Magna Carta*, signée six siècles plus tard, en 1215) que « les décisions sur les questions importantes ne doivent pas être prises par une seule personne. Elles doivent être discutées avec beaucoup de gens [15] ». Certains commentateurs ont vu dans cette constitution d'inspiration bouddhiste du VIIe siècle « le premier pas du Japon dans son évolution graduelle vers la démocratie [16] ». La Constitution des 17 articles expliquait ensuite : « N'ayons pas de rancœur quand les autres ne sont pas du même avis que nous. Car tous les hommes ont un cœur, et chaque cœur a ses propres inclinations. Leur bien est notre mal, et notre bien est leur mal. » De fait, l'importance du débat public est un thème récurrent dans l'histoire de nombreux pays du monde non occidental.

La pertinence de cette histoire mondiale ne repose pas, cependant, sur un quelconque postulat implicite qui nous interdirait de rompre avec l'histoire, de « faire du neuf ». Des ruptures avec le passé, à divers titres, restent nécessaires dans le monde entier. Inutile d'être né dans un pays qui a une longue histoire démocratique pour choisir aujourd'hui cette voie. L'importance de l'histoire à cet égard se trouve plutôt dans cette idée plus générale : les traditions établies continuent à exercer une certaine influence sur les idées des populations, elles peuvent inspirer ou dissuader,

* Voir chapitre 3, « Institutions et personnes », et aussi *L'Inde : histoire, culture, identité*, *op. cit.* [*Robert's Rules of Order* est le titre d'un livre sur les procédures parlementaires publié par l'auteur américain Henry Martyn Robert – *NdT.*]

et il faut les prendre en compte, que nous soyons dynamisés par elles, que nous souhaitions leur résister et les transcender, ou (selon l'idée claire et forte du poète indien Rabindranath Tagore) que nous voulions les examiner afin de trier ce que nous allons retenir du passé et ce que nous devons rejeter, à la lumière de nos préoccupations et priorités d'aujourd'hui [17].

Il n'est donc pas surprenant – même si cela mériterait d'être plus clairement perçu – que, dans le combat pour la démocratie dirigé par des chefs politiques visionnaires et intrépides (tels Sun Yat-sen, Jawaharlal Nehru, Nelson Mandela, Martin Luther King ou Aung San Su Kyi), une conscience de l'histoire locale autant que mondiale ait joué un rôle constructif important. Dans son autobiographie, *Un long chemin vers la liberté*, Nelson Mandela dit à quel point il a été impressionné et influencé, dans son enfance, par le caractère démocratique du fonctionnement des assemblées locales qui se tenaient dans la maison du régent à Mqhekezweni :

> Tous ceux qui voulaient parler le faisaient. C'était la démocratie sous sa forme la plus pure. Il pouvait y avoir des différences hiérarchiques entre ceux qui parlaient, mais chacun était écouté, chef et sujet, guerrier et sorcier, boutiquier et agriculteur, propriétaire et ouvrier. [...] Le gouvernement avait comme fondement la liberté d'expression de tous les hommes, égaux en tant que citoyens [18].

La pratique politique dans l'État d'*apartheid* que gouvernait la population d'origine européenne (ses membres, peut-être est-il intéressant de le rappeler dans ce contexte, avaient coutume de s'autodésigner par le terme culturel d'« Européens » et non de « Blancs ») n'a guère pu aider Mandela dans sa compréhension de la démocratie. Pretoria n'avait pas grand-chose à lui apporter. Il s'en est fait une idée claire, comme nous le voyons dans son autobiographie, grâce à ses convictions générales sur l'égalité politique et sociale, qui avaient des racines mondiales, et par l'observation directe du débat public participatif qui se pratiquait dans sa ville.

Le Moyen-Orient fait-il exception ?

Dans notre réexamen du passé historique des caractéristiques démocratiques, nous devons aussi réévaluer l'histoire du Moyen-Orient, puisqu'il existe une croyance, souvent argumentée, selon laquelle ce bloc de pays a toujours été hostile à la démocratie. Cette assertion récurrente exaspère ceux qui dans le monde arabe se battent pour la démocratie et, en tant que généralisation historique, elle se révèle une absurdité. Il est vrai, bien sûr, que la démocratie en tant que système institutionnel n'a pas joué le premier rôle dans le passé du Moyen-Orient, mais la démocratie institutionnelle est un phénomène très récent dans la plupart des régions du monde.

Si nous décidons de prêter attention au raisonnement public et à la tolérance des points de vue différents, conformément à l'interprétation large de la démocratie, le Moyen-Orient a un passé très honorable. Il ne faut pas confondre la petite histoire de l'islamisme militant et la grande histoire de la population musulmane et de la tradition politique des gouvernants musulmans. Au XIIe siècle, quand le philosophe et médecin juif Maïmonide a été contraint d'émigrer d'Espagne (où des régimes musulmans tolérants avaient cédé la place à un pouvoir islamique qui l'était beaucoup moins), il a cherché refuge non en Europe, mais dans un royaume musulman tolérant du monde arabe : il a reçu un poste honoré et influent à la cour de l'empereur Saladin, au Caire. Saladin était un musulman convaincu : il s'était battu avec acharnement pour l'islam pendant les croisades, notamment contre Richard Cœur-de-Lion. Mais c'est dans le royaume de Saladin que Maïmonide a recouvré son assise et sa voix. La tolérance des opinions dissidentes est évidemment au cœur de la possibilité d'exercer le raisonnement public, et les régimes musulmans tolérants, à leur apogée, assuraient une liberté que l'Europe, sous l'emprise de l'Inquisition, refusait parfois.

L'expérience de Maïmonide n'a rien d'exceptionnel. Même si le monde contemporain regorge d'exemples de conflits entre juifs et musulmans, les régimes musulmans du monde arabe et de l'Espagne médiévale possèdent une longue histoire d'intégration des juifs à la communauté sociale : leur sécurité et leurs libertés étaient respectées, et ils exerçaient parfois de hautes fonctions *. Comme l'écrit Maria Rosa Menocal dans son livre *L'Andalousie arabe : une culture de la tolérance*, si Cordoue, ville d'Espagne sous autorité musulmane, était au Xe siècle « en position de concurrence avec Bagdad pour le titre de centre mondial de la civilisation, et peut-être l'avait [...] même surpassée », elle le devait à l'influence conjointe du calife Abd al-Rahman III et de son vizir juif Hasdaï ibn Shaprout [19].

L'histoire du Moyen-Orient et de la population musulmane comprend aussi de nombreux récits de débats publics et de participation politique par le dialogue. Dans les royaumes musulmans gouvernés du Caire, de Bagdad et d'Istanbul, en Iran, en Inde ou encore en Espagne, les champions de la discussion publique étaient nombreux. La tolérance de la diversité d'opinions était souvent d'une envergure exceptionnelle comparée à la situation européenne. En ces années 1590 où le grand empereur moghol Akhbar faisait en Inde ses proclamations en faveur de la tolérance religieuse et politique, et entreprenait de mettre en place des débats organisés entre adeptes de confessions différentes (hindouistes, musulmans, chrétiens, parsis, jaïns, juifs et même athées), l'Inquisition poursuivait activement sa tâche en Europe. En 1600, tandis que Giordano Bruno était brûlé vif à Rome pour hérésie, Akhbar prônait à Agra la tolérance et le dialogue entre les religions et les ethnies.

Les problèmes actuels du Moyen-Orient et de ce qu'on appelle, par simplification abusive, le « monde musulman » sont peut-être immenses, mais, pour évaluer sérieusement leurs causes, il est nécessaire, comme je l'ai soutenu dans mon livre *Identité et violence*, de mieux comprendre la nature et la dynamique de la politique identitaire. Ce qui conduit à reconnaître qu'il existe de multiples appartenances non religieuses et que ces allégeances peuvent aller de priorités laïques à un intérêt politique pour l'exploitation des différences confessionnelles. N'oublions

* Il est important de voir comment l'héritage intellectuel islamique a influencé le développement de la culture européenne et l'émergence de nombreux traits que nous associons maintenant sans réfléchir à la civilisation occidentale. Sur ce point, voir David Levering Lewis, *God's Crucible : Islam and the Making of Europe, 570-1215*, New York, W. W. Norton & Co., 2008.

pas non plus les rapports dialectiques du Moyen-Orient avec son propre passé impérial, suivi de son assujettissement par l'impérialisme occidental – dont l'influence demeure forte à bien des égards. L'illusion d'un Moyen-Orient irrémédiablement voué à un avenir non démocratique est une ineptie, une erreur grave – et pernicieuse – dans la réflexion sur la politique mondiale et la justice planétaire aujourd'hui.

LE RÔLE DE LA PRESSE ET DES MÉDIAS

Faire de la démocratie un héritage intellectuel occidental issu d'un passé lointain et unique (sans équivalent nulle part ailleurs dans le monde) est donc une thèse qui ne tient pas. Elle ne résisterait pas même à la vision assez limitée qui réduit la démocratie aux procédures électorales, et elle fait vraiment mauvaise figure quand on conçoit son histoire en termes de raisonnement public.

Pour promouvoir le raisonnement public dans le monde, il est capital de soutenir une presse libre et indépendante, qui brille souvent par son absence – situation qu'il est sûrement possible de renverser. Sur ce plan, les traditions établies en Europe et en Amérique dans les trois cents dernières années ont fait une différence énorme. Les enseignements qui en ont été tirés ont transformé la situation dans le monde entier, de l'Inde au Brésil et du Japon à l'Afrique du Sud, et le besoin de médias libres et actifs est une leçon qu'on apprend vite autour du globe. Ce qui me paraît particulièrement encourageant, c'est la rapidité avec laquelle la couverture, et parfois la culture, médiatiques peuvent changer *.

* À titre personnel, je dois dire que, lors de ma première visite en Thaïlande, en 1964, il m'aurait été difficile de deviner avec quelle rapidité le piètre contenu de la presse dans ce pays allait s'enrichir, pour nourrir aujourd'hui l'une des traditions médiatiques les plus vigoureuses du monde, qui apporte une énorme contribution à l'ampleur du débat public dans ce pays.

Des médias sans entrave et en bonne santé sont importants pour plusieurs raisons, qu'il est utile de distinguer. Leur premier apport – et peut-être le plus élémentaire – est la *contribution directe* de la liberté d'expression en général et de la liberté de la presse en particulier à notre qualité de vie. Nous avons tant de motifs de vouloir communiquer entre nous et de mieux comprendre le monde où nous vivons ! La liberté des médias a une importance capitale pour notre capacité de le faire. L'absence de médias libres et la suppression de la possibilité de communiquer entre personne appauvrissent directement la qualité de la vie humaine, même si le pays autoritaire qui impose de telles mesures est très riche en termes de produit national brut.

Deuxième apport : la presse a un *rôle d'information* majeur, elle diffuse le savoir et permet l'examen critique. Elle exerce cette fonction informative en publiant des reportages spécialisés (sur des progrès scientifiques, des innovations culturelles, etc.), mais aussi, plus généralement, en tenant la population informée de ce qui se passe dans diverses régions du monde. En outre, le journalisme d'investigation peut mettre au jour des informations qui sans lui seraient passées inaperçues, voire seraient restées totalement inconnues.

Troisième apport : la liberté des médias a une importante *fonction protectrice :* elle donne une voix à ceux que l'on néglige, aux défavorisés, ce qui peut améliorer considérablement la sécurité des êtres humains. Les gouvernants d'un pays sont souvent coupés, dans leur propre existence, des malheurs du peuple. Ils peuvent traverser une catastrophe nationale telle qu'une famine ou quelque autre désastre sans partager le sort des victimes. Mais s'ils doivent faire face à la critique publique des médias et affronter les élections avec une presse non censurée, ces perspectives vont les inciter à prendre des mesures préventives pour éviter les crises. J'approfondirai cette question au chapitre suivant, « La pratique de la démocratie ».

Quatrième point, la *formation de valeurs* indépendantes et fondées sur une bonne information exige la possibilité de communiquer et d'argumenter ouvertement. La liberté de la presse est essentielle à cet égard : la constitution de valeurs raisonnées est un processus interactif et la presse joue un rôle majeur pour permettre ces interactions. Les nouvelles normes et priorités (comme les familles moins nombreuses, donc des grossesses moins fréquentes, ou une meilleure compréhension de la nécessité d'une égalité entre les sexes) apparaissent dans le discours public, et c'est le débat public qui les diffuse dans les différentes régions*.

La relation entre pouvoir de la majorité et protection des droits de la minorité, qui font l'un comme l'autre partie intégrante de la pratique démocratique, est particulièrement tributaire de la formation de valeurs et de priorités tolérantes. L'une des leçons tirées, en théorie du choix social, du résultat d'impossibilité du « libéral parétien », analysé au chapitre 14 (« Égalité et liberté »), est l'importance cruciale des préférences de tolérance mutuelle pour rendre compatibles la liberté et les droits libéraux avec le pouvoir de la majorité – ainsi que l'intérêt de la décision à l'unanimité pour des choix particuliers. Si la majorité est prête à soutenir les droits des minorités, voire d'individus dissidents ou hors norme, la liberté pourra être garantie sans avoir à restreindre le pouvoir de la majorité.

Enfin, des médias qui fonctionnent bien peuvent grandement faciliter le débat public argumenté, si important dans la recherche de la justice. Les évaluations nécessaires aux jugements sur la justice ne sont pas une activité solitaire, elles sont inévitablement discursives. Il n'est guère difficile de voir pourquoi des médias libres, énergiques, efficaces peuvent sensiblement faciliter cet indispensable processus discursif. Les médias ne sont pas seulement précieux pour la démocratie, ils le sont aussi pour la quête de la justice. Une « justice sans discussion » pourrait devenir un carcan.

L'importance multiforme de l'intervention des médias montre aussi comment des modifications institutionnelles peuvent changer la pratique du raisonnement public. Son immédiateté, sa force ne dépendent pas seulement de traditions et de convictions héritées du passé, mais aussi des possibilités de discussion et

* Le rôle de la communication et de la délibération dans le choix social a été analysé au chapitre 4, « Voix et choix social ». Voir aussi Kaushik Basu, *The Retreat of Democracy*, Delhi, Permanent Black, 2007.

d'interaction qu'offrent les institutions et la pratique. Les paramètres culturels prétendument immémoriaux et immuables, qui sont trop souvent invoqués pour « expliquer », voire justifier, la faiblesse du débat public dans tel ou tel pays, ont la plupart du temps une valeur explicative bien inférieure à ce qu'apporterait une compréhension plus complète du fonctionnement de l'autoritarisme moderne – la censure, la réglementation de la presse, l'élimination de la dissidence, l'interdiction des partis d'opposition et l'incarcération des dissidents (si ce n'est pis encore). L'idée de démocratie peut contribuer à l'abolition de ces entraves, et ce n'est pas le moindre de ses bienfaits. Cette contribution est précieuse en soi, mais également, si l'approche développée dans ce livre est exacte, de toute première importance pour faire avancer la justice.

16

LA PRATIQUE DE LA DÉMOCRATIE

« Le secrétaire d'État pour l'Inde semble être un homme étrangement mal informé », écrivait *The Statesman,* le journal de Calcutta, dans un éditorial bien senti du 16 octobre 1943 [*]. Il poursuivait :

> Si les dépêches ne sont pas injustes avec lui, il a déclaré au Parlement jeudi qu'il estimait le nombre hebdomadaire de morts (présumés de faim) au Bengale, Calcutta comprise, à environ un millier, mais qu'il pourrait être plus élevé. Toutes les données publiquement accessibles indiquent qu'il se situe beaucoup plus haut, et ses vastes services devraient lui assurer amplement les moyens de le découvrir [**].

---

* Contrairement au reste du livre, ce chapitre est essentiellement empirique. La compréhension de certains problèmes centraux de la philosophie politique dépend, je l'ai dit, d'une lecture plausible des liens de cause à effet qui influencent les réalisations sociales : le développement de la *nyaya* à partir des *niti* institutionnelles. Ce chapitre porte en partie sur le comportement général des démocraties et sur l'évaluation de l'absence de démocratie. Ces expériences réelles peuvent nous éclairer à ce sujet, même si l'extrapolation à partir de l'étude d'expériences spécifiques et de cas particuliers est une démarche dont les limites sont bien connues.

** « The Death-Roll », éditorial, *The Statesman,* 16 octobre 1943. Voir à ce sujet mon livre *Poverty and Famines : An Essay on Entitlement and Deprivation, op. cit.*, qui indique aussi toutes les références des citations que j'utilise ici.

Deux jours plus tard, le gouverneur du Bengale (sir T. Rutherford) écrivait au secrétaire d'État pour l'Inde :

> Votre déclaration à la Chambre sur le nombre de morts, qui se fondait, je suppose, sur ma communication au vice-roi, a été sévèrement critiquée dans certains journaux [...]. La pénurie fait maintenant sentir tous ses effets, et j'estimerais à présent le nombre de morts à deux mille au moins par semaine.

Alors, combien ? Mille, deux mille morts, ou un chiffre tout à fait différent ?

La Commission d'enquête sur la famine, qui rédigea le rapport sur ces événements en décembre 1945, constata qu'au second semestre de l'année 1943 il y avait eu 1 304 323 morts, contre une moyenne de 626 048 pour la même période dans les cinq années précédentes, et elle conclut que le nombre de décès supplémentaires dus à la famine s'était élevé à plus de 678 000 de juillet à décembre 1943. Soit un chiffre hebdomadaire qui n'est pas de l'ordre de 1 000 ni de 2 000, mais se situe au-dessus de 26 000 morts *.

Enfant, j'ai été un témoin oculaire de la famine du Bengale de 1943. Qu'est-ce qui a rendu possible un tel désastre ? Non seulement l'absence de démocratie dans l'Inde coloniale, mais aussi les restrictions sévères imposées à la presse indienne en matière de reportage et de critique, et le mutisme délibéré des médias britanniques (dans le cadre du prétendu « effort de guerre », de peur d'aider les forces japonaises qui étaient aux portes de l'Inde, en Birmanie). L'effet conjoint des silences imposé et volontaire des médias a été d'empêcher un vrai débat public sur la famine en Grande-Bretagne métropolitaine, y compris au Parlement de Londres, qui n'a jamais discuté de ces événements ni des mesures à prendre pour y faire face (avant octobre 1943, date où *The Statesman* lui a forcé la main). Il

* Dans mon livre *Poverty and Famines*, *op. cit.*, je montre que l'estimation de la Commission d'enquête sur la famine minorait énormément, elle aussi, le nombre total des victimes, pour une grande raison : la mortalité due à la famine a augmenté pendant plusieurs années, car les épidémies qu'elle avait provoquées ont perduré (appendice D) ; voir aussi mon entrée sur les « désastres humains » dans *The Oxford Textbook of Medicine*, *op. cit.*

n'existait bien sûr en Inde aucun parlement sous l'administration coloniale britannique.

En fait, la politique de l'État, loin d'apporter de l'aide, exacerbait la famine. Des milliers de personnes sont mortes de faim chaque semaine, pendant plusieurs mois, et, tout au long de cette période, aucun secours officiel n'a été organisé. Pis, la famine a été aggravée, premièrement, par la décision du gouvernement de l'Inde britannique à New Delhi de suspendre le commerce du riz et des autres céréales entre les provinces de l'Inde : ces denrées ne pouvaient donc pas circuler par les canaux légitimes du commerce privé, même si leurs prix étaient beaucoup plus élevés au Bengale. Deuxièmement, au lieu d'essayer d'importer au Bengale davantage de produits alimentaires venus de l'étranger – l'administration coloniale de New Delhi avait dit catégoriquement qu'elle ne le ferait pas –, la politique officielle consistait à tenter d'exporter des denrées *hors du Bengale*. En janvier 1943 encore, alors que la famine était sur le point d'éclater, le vice-roi des Indes avait dit au chef du gouvernement local du Bengale qu'il « avait tout simplement *obligation* de produire davantage de riz à exporter du Bengale vers Ceylan, même si le Bengale lui-même en manquait [1] ! ».

Ces mesures – il convient de le préciser pour donner un minimum de sens à l'avis officiel de l'Inde britannique sur le sujet – étaient fondées sur l'idée qu'il n'y avait aucune baisse particulière de la production alimentaire au Bengale à cette époque et que, « par conséquent », une famine « ne pouvait absolument pas se produire » dans cette région. L'État n'avait pas tout à fait tort quant au volume de la production, mais sa théorie de la famine était désastreuse. Au Bengale, la demande de denrées alimentaires avait considérablement augmenté, essentiellement en raison de l'effort de guerre : arrivée de soldats et d'autres personnels impliqués activement dans le conflit, boom du secteur du bâtiment et d'autres activités économiques annexes en raison de la guerre. Une partie très importante de la population, surtout dans les zones rurales, s'est alors trouvée confrontée à une forte hausse des prix alimentaires, du fait de l'augmentation de la demande urbaine, alors que ses propres revenus stagnaient. Et c'est ainsi qu'elle a connu la faim. Pour assurer aux personnes vulnérables la possibilité d'acheter des aliments, il aurait fallu leur octroyer plus de revenu et de pouvoir d'achat, par exemple en créant des emplois d'urgence ou un système d'aide publique ; on aurait pu aussi les secourir en approvisionnant davantage la région en céréales – même si la crise n'avait pas été *causée* par une diminution de l'offre, mais par une augmentation de la demande.

Ce qui était extraordinaire, plus encore que l'attachement du gouvernement colonial à une fausse théorie de la famine, c'était l'incapacité de New Delhi à remarquer que chaque jour des gens mouraient par milliers dans les rues : ses fonctionnaires devaient être de vrais « théoriciens » pour que les réalités du terrain leur échappassent aussi grossièrement. Un régime démocratique, avec liberté de critique et pression parlementaire, n'aurait jamais laissé les hauts responsables, dont le gouverneur du Bengale et le vice-roi des Indes, penser comme ils l'ont fait *.

Il y a eu un troisième plan pour lequel la politique de l'État a été contre-productive : son rôle dans la redistribution des denrées à l'intérieur du Bengale. L'État a acheté au prix fort des produits alimentaires du Bengale rural pour les envoyer vers Calcutta, afin de mettre en place un système de rationnement sélectif à prix contrôlés, réservé aux résidents de la ville. C'était là un aspect de l'effort de guerre : il fallait atténuer le mécontentement urbain. La conséquence la plus grave de cette politique a été de confronter la population rurale, aux revenus faibles et stationnaires, à une explosion des prix alimentaires ; l'intense activité provoquée par les dépenses de guerre en zone urbaine se traduisait en zone rurale par une sortie massive des denrées agricoles, puissamment accélérée par la politique de l'État, qui les achetait cher dans les campagnes (« à n'importe quel prix ») pour les revendre bon marché à une composante précise de la population de Calcutta. Aucun de ces problèmes n'a été évoqué sous une forme un tant soi peu concrète dans les débats parlementaires qui eurent lieu durant cette période de blackout médiatique.

Les journaux bengalais de Calcutta protestaient aussi fort que la censure de l'État le leur permettait – donc pas très fort, car les cen-

* Ces problèmes sont analysés dans mon livre *Poverty and Famines : An Essay on Entitlement and Deprivation*, *op. cit.*, chap. 6.

seurs prétendaient que c'était nuisible au « moral des troupes ». Il est certain que ces critiques indigènes ont eu fort peu d'écho à Londres. Le débat public responsable sur ce qu'il convenait de faire n'a commencé dans les hautes sphères de la capitale qu'en octobre 1943, après la décision de Ian Stephens, le courageux rédacteur en chef du *Statesman* de Calcutta (alors propriété britannique), de rompre les rangs en s'écartant de la politique de « silence » volontaire et en publiant des reportages saisissants et des éditoriaux cinglants les 14 et 15 octobre *. La critique du secrétaire d'État pour l'Inde citée plus haut est un extrait du second de ces deux éditoriaux. L'initiative de Stephens fit immédiatement entrer en effervescence les cercles dirigeants de l'Inde britannique et provoqua également des débats sérieux au Parlement de Westminster, à Londres. Les résultats ne tardèrent pas : les secours publics au Bengale commencèrent – enfin – en novembre (il n'y avait eu jusque-là que des œuvres de charité privées). La famine prit fin en décembre, en partie grâce à une nouvelle récolte, mais les secours y étaient aussi pour beaucoup. Il reste qu'à cette date des centaines de milliers de personnes avaient déjà trouvé la mort.

PRÉVENTION DES FAMINES ET RAISONNEMENT PUBLIC

Nous avons dit au chapitre précédent qu'aucune famine majeure ne s'est jamais produite dans une démocratie qui fonctionne, avec élections régulières, partis d'opposition, garantie fondamentale de la liberté d'expression et médias relativement libres (même quand le pays est très pauvre et sa situation alimentaire très dégradée). Cette idée est aujourd'hui assez largement

* Le dilemme de Ian Stephens sur le sujet et sa décision finale de donner priorité à son rôle de journaliste sont admirablement analysés dans son livre *Monsoon Morning*, Londres, Ernest Benn, 1966. Quand j'ai fait sa connaissance, plus tard, dans les années 1970, j'ai très vite compris combien le souvenir de cette décision difficile était resté vif dans son esprit. Mais il était fier, à juste titre, d'avoir par sa politique éditoriale sauvé la vie de quantité de gens et réussi à endiguer la marée montante de ces chiffres de morts.

admise, bien qu'elle ait d'abord suscité un grand scepticisme*. C'est un exemple simple, mais assez important, de l'aspect le plus élémentaire du pouvoir de protection qu'apporte la liberté politique. Bien que la démocratie indienne ait de nombreuses imperfections, les incitations politiques qu'elle a créées n'en ont pas moins suffi à éliminer les grandes famines à partir de l'indépendance. La dernière famine de grande ampleur en Inde – celle du Bengale – s'est produite quatre ans seulement avant la fin de l'Empire. Ce qui avait été une tragédie récurrente, un trait permanent de la longue histoire de l'Empire des Indes britannique, a pris fin abruptement avec l'instauration d'une démocratie après l'indépendance.

Si la Chine a mieux réussi économiquement que l'Inde dans de nombreux domaines, elle a connu – à la différence de l'Inde indépendante – la plus grande famine de l'histoire, en 1958-1961 : on estime à près de trente millions le nombre de morts. Cette famine a fait rage pendant trois ans, c'est dire si l'État ne s'est pas empressé de modifier ses politiques désastreuses. En Chine, il n'y avait pas de parlement ouvert à la dissidence critique, pas de parti d'opposition, pas de presse libre. L'histoire des famines a, c'est un fait, des liens particulièrement étroits avec les régimes autoritaires, par exemple le colonialisme (comme dans l'Inde britannique ou en Irlande), les États à parti unique (comme en Union soviétique dans les années 1930, en Chine ou au Cambodge plus tard) et les dictatures militaires (comme en Éthiopie ou en Somalie). La situation actuelle de famine en Corée du Nord en donne un nouvel exemple [2].

Les rigueurs d'une famine n'accablent que la population qui souffre, pas le gouvernement au pouvoir. Les dirigeants n'ont jamais faim. Mais, quand le gouvernement est responsable devant la population et quand il y a un journalisme d'information libre

* Après ma présentation initiale de cette thèse dans « How Is India Doing ? », *New York Review of Books*, vol. 29, 1982, et « Development : Which Way Now ? », *Economic Journal*, vol. 93, 1983, il y eut des remontrances de plusieurs auteurs (dont des experts en alimentation), ainsi que de vigoureuses polémiques dans la *New York Review of Books* comme dans l'*Economic and Political Weekly*, à la suite de mes articles.

et une critique publique non censurée, les gouvernants aussi sont incités à faire de leur mieux pour éradiquer les famines *.

Outre ce lien direct et systémique entre gouvernement par la discussion et prévention des famines, il faut en signaler deux autres, plus spécifiques. Premièrement, le pourcentage de la population touché ou même menacé par une famine est d'ordinaire très réduit – en général nettement inférieur à 10 % (souvent de beaucoup) et pratiquement jamais supérieur à ce chiffre. Donc, si les victimes de la faim étaient les seules à exprimer leur mécontentement en votant contre le gouvernement lorsqu'une famine fait rage ou menace, les détenteurs du pouvoir ne risqueraient pas grand-chose. Ce qui transforme la famine en catastrophe politique pour les dirigeants d'un pays, c'est le rayon d'action du raisonnement public : il mobilise et dynamise une très large part de la population, amenée à protester, à conspuer ce gouvernement « négligent » et à vouloir le renverser. Le débat public sur la nature de la calamité peut faire du sort des victimes un problème politique majeur qui a un impact considérable sur

---

* Il est utile de préciser ici que le bien-fondé de cette proposition a parfois été mis en doute au motif que des famines, ou des situations proches de la famine, ont eu lieu dans quelques pays qui avaient commencé à mettre en place une forme d'élections démocratiques mais sans disposer des autres caractéristiques qui font une démocratie responsable. Le Niger, où ont lieu des élections mais aussi des famines, a été donné comme contre-exemple par plusieurs observateurs en 2005. Ce qu'il faut comprendre ici, comme le *New York Times* l'a écrit dans un éditorial, c'est que le lien avec la prévention des famines, fondé sur des incitations, s'applique au cas spécifique d'une démocratie *qui fonctionne*. Le Niger ne méritait pas cette qualification, car la démocratie ne fonctionne pas seulement par les élections (que ce pays avait récemment établies), mais aussi grâce à d'autres institutions démocratiques qui ont pour effet de créer la responsabilité de tous et des gouvernements en particulier. Le *New York Times* formule le problème de fond avec clarté : « Amartya Sen a enseigné, à juste titre, que "dans l'histoire de l'humanité aucune famine n'a jamais eu lieu dans une démocratie qui fonctionne bien". Les mots clés sont : "qui fonctionne bien" ; les dirigeants qui sont réellement responsables devant leur peuple ont des incitations fortes pour prendre à l'avance des mesures préventives. M. Tandja [le président du Niger], que le président Bush a accueilli chaleureusement à la Maison-Blanche en juin dernier en qualité de démocrate exemplaire, a manifestement besoin d'un cours de rattrapage en économie humaine et en démocratie responsable » (« Meanwhile, People Starve », *New York Times*, 14 août 2005).

le ton qu'adoptent les médias et l'expression publique, et finalement sur le vote des citoyens – potentiellement d'une majorité d'entre eux*. Cette capacité à inciter les gens à s'intéresser aux souffrances des uns et des autres à travers le débat public, et à mieux comprendre la vie d'autrui, n'est pas le moindre succès de la démocratie.

Le second lien spécifique entre démocratie et prévention des famines concerne le rôle informationnel du débat public, plus ample encore que sa fonction d'incitation. Dans la famine chinoise de 1958-1961, l'échec du Grand bond en avant, qui comprenait une expansion radicale de la collectivisation, est resté un secret bien gardé. La nature, la dimension et l'étendue de la famine étaient peu connues de l'opinion publique, tant en Chine qu'à l'étranger.

En fait, l'absence d'un libre mécanisme de diffusion des nouvelles a fini par tromper le gouvernement lui-même, nourri de sa propre propagande et des rapports avantageux des responsables locaux du parti, qui rivalisaient pour se faire bien voir à Pékin. Les innombrables communes ou coopératives qui n'avaient pu produire suffisamment de céréales étaient conscientes, bien sûr, de leur propre problème, mais, à cause du blackout sur l'information, elles ne savaient pas que l'échec s'était généralisé dans toutes les campagnes chinoises. Aucune ferme collective ne voulait reconnaître qu'elle était la seule à ne pas avoir atteint les objectifs, et le gouvernement de Pékin était abreuvé de rapports enthousiastes annonçant de grands succès, même de la part de celles qui avaient subi les pires échecs. En additionnant ces chiffres, les autorités chinoises ont cru, à tort, disposer de 100 millions de tonnes de grains de plus qu'elles n'en avaient

* Tout cela a des rapports évidents avec les arguments présentés notamment aux chapitres 8, « La rationalité et les autres » et 15, « La démocratie comme raisonnement public ». L'engagement politique que suscitent les souffrances des victimes de la famine est fondé sur les différents types de « raisons impartiales » évoquées au chapitre 9, « Pluralité des raisons impartiales » : non seulement des considérations de « coopération » et d'« avantage mutuel », mais aussi la responsabilité du « pouvoir effectif » ; en effet, dans un pays frappé par la famine, on peut amener par le débat public les plus fortunés à comprendre qu'ils ont un devoir spécifique à l'égard des plus vulnérables.

en réalité, au moment où la famine atteignait son point culminant[3].

Bien que le gouvernement de Pékin fût tout à fait décidé à éliminer la faim, il n'a cependant pas révisé sensiblement ses politiques désastreuses (liées à l'erreur stratégique que fut le Grand Bond en avant) pendant les trois années de la famine. Si cette non-révision a été possible, ce n'est pas seulement parce qu'il n'y avait pas d'opposition politique ni de médias indépendants, mais aussi parce que le régime chinois lui-même ne voyait pas la nécessité de changer de cap, en partie par manque d'information : il ne se rendait pas compte de l'ampleur de l'échec du Grand Bond en avant.

Notons avec intérêt que même le président Mao, dont les convictions radicales avaient beaucoup contribué au lancement et à la poursuite inflexible du Grand Bond en avant, reconnut à la démocratie un rôle particulier. C'était en 1962, après que la famine eut fait des dizaines de millions de morts – Mao fit l'observation suivante devant un rassemblement de 7 000 cadres du Parti communiste :

> Sans démocratie, vous n'avez pas la moindre idée de ce qui se passe en bas ; la situation n'est pas claire ; vous n'êtes pas en mesure de recueillir suffisamment d'opinions de tous côtés ; il ne peut y avoir de communication entre le sommet et la base ; les organes de direction au sommet s'appuieront sur des matériaux partiels et incorrects pour prendre des décisions, et vous aurez ainsi toutes les peines du monde à éviter d'être subjectivistes ; il sera impossible de réaliser l'unité de compréhension et l'unité d'action, et impossible de réaliser un véritable centralisme[4].

La défense de la démocratie par Mao est ici, bien sûr, tout à fait limitée, concentrée exclusivement sur la dimension *informationnelle* et ignorant sa capacité incitative, ainsi que l'importance intrinsèque et constitutive de la liberté politique[*]. Il n'en est pas moins du plus haut intérêt que Mao lui-même, en analysant les

* Sur ce point, voir aussi Ralph Miliband, *Marxism and Politics*, Londres, Oxford University Press, 1977, p. 149-150, qui fournit une analyse et un jugement remarquablement éclairants sur ce curieux tournant dans la pensée politique de Mao.

causes des politiques catastrophiques qui avaient été suivies, ait reconnu l'importance du manque de liens d'information, qu'un raisonnement public plus actif aurait pu créer pour empêcher des désastres comme celui qu'avait vécu la Chine.

Démocratie et développement

La plupart des champions de la démocratie sont plutôt réticents à soutenir que celle-ci sera en mesure de promouvoir le développement et d'accroître le bien-être social – en général, tous ces objectifs leur paraissent louables, mais nettement distincts et largement indépendants. Les détracteurs de la démocratie, en revanche, se sont montrés tout disposés à faire part de leur diagnostic : ils voient des tensions sérieuses entre démocratie et développement. Les théoriciens qui les déclaraient incompatibles de fait – « décidez-vous : voulez-vous la démocratie ou, à la place, le développement ? » – venaient souvent, du moins au début, des pays d'Asie orientale, et leurs voix sont devenues plus influentes quand plusieurs de ces pays ont remporté d'immenses succès (tout au long des années 1970 et 1980 et même après) en stimulant la croissance économique sans s'orienter vers la démocratie. L'observation d'une poignée d'exemples a vite conduit à une sorte de théorie générale : les démocraties ne sont guère capables de faciliter le développement au regard de ce que peuvent faire les régimes autoritaires. La Corée du Sud, Singapour, Taïwan et Hong Kong n'ont-ils pas accompli des progrès économiques étonnamment rapides sans se conformer, du moins initialement, aux impératifs de base de la gouvernance démocratique ? Et, à la suite des réformes économiques chinoises de 1979, la Chine autoritaire n'a-t-elle pas réussi infiniment mieux, en termes de croissance économique, que l'Inde démocratique ?

Pour traiter ces questions, il nous faut être particulièrement attentifs à la fois au contenu de ce qu'on peut appeler développement et à l'interprétation de la démocratie (notamment aux rôles respectifs du vote et du raisonnement public). L'évaluation du développement ne peut être dissociée des vies que les gens peuvent mener et de la liberté réelle dont ils jouissent. On peut difficilement réduire le développement à la seule augmentation d'« objets de confort », par exemple une hausse du PNB (ou des revenus personnels) ou un progrès de l'industrialisation – si importants que soient ces facteurs en tant que moyens pour atteindre les véritables fins. Leur valeur dépend nécessairement de leur impact sur ce qui doit être au centre de l'idée de développement : les vies et libertés des personnes en jeu*.

Si le développement est compris au sens large, en se concentrant sur les vies humaines, il apparaît immédiatement que la relation entre développement et démocratie doit être en partie perçue comme un lien interne, chacun d'eux étant un élément constitutif de l'autre, et pas seulement sous l'angle de leurs rapports externes. Bien que l'on se demande souvent si la liberté politique est « propice au développement », ne passons pas à côté de cette idée capitale : les libertés politiques et les droits démocratiques sont des « composantes constitutives » du développement. Leur pertinence pour le développement n'a pas à être établie *indirectement*, *via* leur contribution à la croissance du PNB.

Néanmoins, après avoir reconnu ce lien central, nous devons aussi soumettre la démocratie à une analyse conséquentielle, puisqu'il existe également d'autres types de liberté (en dehors des libertés politiques et des droits civiques) auxquels il faut être attentif. Nous devons nous préoccuper, par exemple, de la pauvreté économique, donc nous intéresser à la croissance économique, même sous l'angle assez limité de la croissance du PNB ou du PIB par habitant, puisque une hausse des revenus réels peut ouvrir la voie à certains accomplissements vraiment importants ; le lien général entre croissance économique et élimination de la pauvreté, par exemple, est aujourd'hui relativement bien établi, quand il y a un effort complémentaire de répartition. Outre qu'il apporte des revenus à beaucoup, un processus de croissance économique grossit également les recettes publiques, qui peuvent être utilisées à des fins sociales, tels la scolarisation,

* Ce problème a retenu notre attention au chapitre 11, « Vies, libertés et capabilités ».

les soins et services médicaux et la mise en place d'autres équipements qui améliorent directement la vie et les capabilités des gens. De fait, l'expansion des recettes publiques que provoque une forte croissance est parfois beaucoup plus rapide que la croissance économique elle-même (ces dernières années, par exemple, alors que l'économie indienne a connu une croissance de 7, 8 ou 9 % par an, le taux de croissance des recettes publiques s'est situé autour de 9, 10 et 11 %). Ces recettes créent une possibilité, que l'État peut saisir, de partager plus équitablement l'expansion économique. Ce n'est bien sûr qu'une potentialité, et l'usage réel de la hausse des recettes publiques est une autre question très importante, mais la croissance économique permet cette répartition plus juste quand le gouvernement fait des choix responsables*.

Les doutes si souvent formulés sur la compatibilité entre démocratie et développement économique rapide reposaient sur quelques comparaisons entre pays sélectionnés : celles-ci se concentraient, d'une part, sur les économies en forte croissance de l'Asie orientale et, de l'autre, sur l'Inde, avec sa longue histoire de croissance faible du PNB – 3 % par an. Mais des comparaisons plus complètes entre les pays, quoi qu'elles valent (et elles ne peuvent valoir moins que celles, aujourd'hui si fréquentes, qui confrontent quelques cas triés sur le volet pour en tirer des conclusions grandioses), ne confirment pas que la démocratie soit défavorable à la croissance économique[5]. L'Inde était souvent donnée comme preuve que les pays démocratiques sont destinés à croître beaucoup plus lentement que les autoritaires. À présent que la croissance économique indienne s'est remarquablement accélérée (elle a commencé dans les années 1980, mais a été consolidée par les réformes économiques des années 1990 et se poursuit depuis à un rythme rapide), il devient difficile d'utiliser l'Inde comme exemple parfait de la lenteur du progrès économique sous gouvernance démocratique. Ce pays n'est pas moins démocratique aujourd'hui que dans les années 1960 ou

* Sur d'importants contrastes entre divers types d'usages – et de gaspillages – des ressources engendrées par la croissance économique, voir mon livre commun avec Jean Drèze, *Hunger and Public Action*, *op. cit.*

1970 *. En fait, tout indique que le facteur qui facilite la croissance est le soutien d'un climat économique favorable et non la férocité d'un système politique impitoyable **.

SÉCURITÉ HUMAINE ET POUVOIR POLITIQUE

Nous devons aller au-delà de la croissance économique pour comprendre les exigences pleines et entières du développement et de la recherche du bien-être social. Il faut être attentif à l'abondance des données qui prouvent que la démocratie et les droits civils et politiques renforcent d'autres types de libertés (comme la sécurité humaine) en donnant une voix, du moins dans de nombreuses circonstances, aux démunis et aux vulnérables. C'est une question importante, et elle est étroitement liée au rôle de la démocratie dans le raisonnement public et la promotion du « gouvernement par la discussion ». Le succès du régime démocratique dans la prévention des famines est l'une de ses multiples contributions aux progrès de la sécurité humaine, mais il y en a beaucoup d'autres ***.

Le pouvoir protecteur de la démocratie, son aptitude à fournir de la sécurité, est loin de se limiter à la prévention des famines. Pendant la grande expansion de la Corée du Sud ou de l'Indonésie, dans les années 1980 et au début des années 1990, quand

* L'Inde est aussi un contre-exemple de la thèse parfois avancée selon laquelle la stabilité d'un régime démocratique nécessite un revenu par habitant relativement élevé.

** Notons aussi que, malgré le maintien de mesures économiques ineptes en Inde pendant des décennies, le système démocratique a lui-même autorisé – et mis en place – certaines des réformes nécessaires susceptibles d'accélérer considérablement la croissance économique.

*** Voir le rapport de la Commission sur la sécurité humaine, créée conjointement par les Nations unies et le gouvernement japonais, *La Sécurité humaine maintenant*, Paris, Presses de Sciences Po, 2003. J'ai eu le privilège de coprésider cette commission avec ce visionnaire qu'est le Dr Sadako Ogata, ancien haut commissaire de l'ONU aux réfugiés. Voir aussi Mary Kaldor, *Human Security : Reflections on Globalization and Intervention*, Cambridge, Polity Press, 2007.

tous voyaient leur situation économique progresser conjointement sans discontinuer, les pauvres ne pensaient peut-être pas beaucoup à la démocratie, mais à la fin des années 1990, quand sont venues les crises économiques (l'effondrement et le chacun-pour-soi), la démocratie, les droits civils et politiques ont terriblement manqué à ceux dont les moyens d'existence et la vie ont subi des chocs inouïs. La démocratie est soudain devenue un problème central dans ces pays, et la Corée du Sud a pris dans ce sens un grand tournant.

L'Inde a sans aucun doute bénéficié du rôle protecteur de la démocratie en tant qu'elle constitue pour les gouvernants une excellente incitation politique à se montrer secourables en cas de désastre naturel. Néanmoins, la pratique et l'envergure de la démocratie peuvent être tout à fait imparfaites, c'est le cas de l'Inde, en dépit de ses succès incontestables. La démocratie permet qu'une opposition fasse pression pour un changement de politique, même quand le problème est chronique et a une longue histoire, pas seulement lorsqu'une crise apparaît soudain, telle une famine. La déficience relative des politiques sociales indiennes en matière de scolarisation, de soins médicaux de base, de nutrition des enfants, de réforme agraire fondamentale et d'égalité des sexes reflète le manque de débat public, d'action militante sur ces questions et de pression sociale (dont celle de l'opposition) autant que le désintérêt des gouvernants et les insuffisances du discours officiel*. L'Inde offre un excellent exemple des réussites de la démocratie aussi bien que de ses échecs spécifiques dus à une utilisation inadéquate des possibilités offertes par les institutions démocratiques. Nombre d'excellentes raisons existent d'aller plus loin que la *niti* électorale, vers la *nyaya* démocratique.

* On peut aussi reprocher à la presse indienne d'avoir manqué de vigueur dans son traitement de privations persistantes quoique non immédiatement mortelles. Pour une analyse de ce problème par l'un des rédacteurs en chef les plus éminents du pays, voir N. Ram, « An Independent Press and Anti-Hunger Strategies : The Indian Experience », *in* Jean Drèze et Amartya Sen (éd.), *The Political Economy of Hunger*, Oxford, Clarendon Press, 1990 ; voir aussi K. Basu, *The Retreat of Democracy*, *op. cit.*

Démocratie et choix politique

Ce n'est que dans certaines régions de l'Inde que l'urgence des politiques sociales a trouvé une expression politique adéquate. Dans l'État du Kerala, les besoins d'éducation universelle, de soins médicaux de base, d'équité élémentaire entre les sexes et de réforme agraire ont trouvé un appui politique efficace. Ce phénomène s'explique à la fois par l'histoire et par les événements contemporains du Kerala : l'intérêt pour l'éducation des mouvements d'opposition aux castes supérieures (dont la gauche politique actuelle dans cet État est l'héritière), les initiatives précoces des « royaumes indigènes » de Travancore et de Cochin (qui ne faisaient pas partie du Raj pour la politique intérieure), les efforts des missionnaires pour diffuser l'éducation (dont les effets n'étaient pas limités aux seuls chrétiens, qui constituent un cinquième de la population du Kerala) et aussi la plus grande possibilité pour les femmes de faire entendre leur voix dans les décisions familiales, en partie liée à la présence et à l'importance des droits de propriété matrilinéaires dans une composante nombreuse et influente de la communauté hindouiste, les Nayar [6]. Il y a longtemps que le Kerala utilise à bon escient le militantisme et l'expression politiques pour élargir la gamme des possibilités sociales. L'usage que l'on fait des institutions démocratiques n'est sûrement pas indépendant de la nature de la société.

La conclusion générale est à peu près incontournable : la performance économique, les possibilités sociales, l'expression politique et le raisonnement public sont étroitement liés. Dans les domaines où l'on a fait récemment un usage plus déterminé de l'expression politique et sociale, on a vu des signes de changement considérables. Le problème de l'inégalité des sexes a inspiré beaucoup plus d'engagement politique ces dernières années (souvent à l'initiative de mouvements de femmes) ; cet activisme a conforté les efforts politiques visant à réduire l'asymétrie entre les sexes dans la vie économique et sociale. Il y a en Inde une longue histoire de prééminence des femmes dans des domaines particuliers, notamment à des postes de dirigeants politiques. Si ces succès ont sûrement un lien avec la libre expression des femmes (qu'ont aidée ces dernières années les possibilités offertes par la politique participative), leur portée s'est limitée à des secteurs relativement étroits de la population – essentiellement les milieux aisés *. Un aspect important du renforcement de la voix des femmes dans la vie publique indienne contemporaine est l'élargissement graduel de ce champ d'influence dans la société. L'Inde a encore beaucoup à faire pour supprimer les inégalités entre sexes, mais l'engagement politique accru en faveur du rôle social des femmes a été une innovation importante et constructive de la pratique démocratique.

Globalement, les possibilités qu'offre l'agitation publique sur les problèmes d'inégalités et de privations sociales commencent à être plus utilisées que par le passé, même si l'engagement sur ces questions a connu plusieurs années d'éclipse au cours desquelles la politique d'affrontement interconfessionnel a détourné l'attention de ces préoccupations. Il y a eu ces derniers temps beaucoup plus d'actions dans le cadre de mouvements organisés, souvent fondés sur des revendications de droits humains, tels le droit à l'éducation, le droit à la nourriture (notamment au déjeuner dans les écoles), le droit aux soins médicaux de base, les garanties de protection de l'environnement et le droit à la « garantie de l'emploi ». Ces mouvements servent à attirer l'attention sur des échecs précis de la société et sont en cela complémentaires des larges débats publics dans les médias, mais ils donnent aussi un tranchant politique à des exigences socialement importantes.

La liberté démocratique peut sûrement servir à renforcer la justice sociale et à rendre la politique meilleure et plus équitable. Mais ce processus n'a rien d'automatique : il exige le militantisme de citoyens politiquement engagés. Si les enseignements des expériences empiriques évoquées ici viennent essentiellement d'Asie, en particulier d'Inde et de Chine, des leçons comparables

* Si la plupart des femmes dirigeantes politiques en Inde sont issues de l'élite urbaine, il y a quelques cas de dirigeantes originaires de milieux ruraux de caste inférieure qui ont remarquablement réussi en politique (elles venaient des secteurs les plus prospères de ces milieux).

peuvent être tirées d'autres régions, dont les États-Unis et les pays européens *.

DROITS DES MINORITÉS ET PRIORITÉS D'INCLUSION

Pour terminer, j'aborderai un problème qui est incontestablement l'un des plus difficiles que la démocratie ait à résoudre : elle doit assurer à la fois le pouvoir de la majorité et les droits des minorités. Ce n'est pas une idée neuve, même si (on l'a vu au chapitre 15), dans le contexte organisationnel, la démocratie est souvent entièrement perçue en termes d'élections et de gouvernement de la majorité. Quand on la conçoit comme raisonnement public (thème du chapitre précédent), cette vision plus large, qui recourt aux élections mais est loin de s'y limiter, peut reconnaître l'importance des droits de la minorité sans ignorer le vote de la majorité dans le cadre de la structure démocratique globale. Condorcet, le pionnier de la théorie du choix social au XVIIIe siècle, avait mis en garde contre « la maxime trop répandue chez les républicains anciens et modernes que le petit nombre peut être légitimement sacrifié au plus grand [7] ».

Il reste qu'une majorité impitoyable qui n'aurait aucun scrupule à dépouiller de ses droits la minorité placerait la société devant un choix difficile : respecter le pouvoir de la majorité ou garantir les droits de la minorité. La formation de valeurs tolérantes est donc indispensable pour qu'un système démocratique fonctionne sans heurts (comme on l'a montré au chapitre 14).

* De fait, la pratique de la démocratie reste encore très imparfaite dans la plus vieille démocratie du monde en termes de barrière à la participation et de champ couvert par les médias (même si, avec l'élection de Barack Obama à la présidence, une grande barrière à la participation semble avoir été, enfin, rompue au sommet). Sur les problèmes de la pratique démocratique aux États-Unis, voir le livre instructif de Ronald Dworkin, *Is Democracy Possible Here ? Principles for a New Political Debate*, Princeton, NJ, Princeton University Press, 2006.

Tout cela s'applique aussi au rôle préventif de la démocratie face aux violences interconfessionnelles. C'est un problème plus compliqué que le cas simple de la prévention des famines. La démocratie les empêche même si les victimes de la faim ne constituent qu'un petit pourcentage de toute population menacée : les souffrances de la minorité sont politisées par le débat public et finissent par obtenir le soutien de l'écrasante majorité à la prévention de la famine, puisque la population, en général, n'a aucune raison particulière de vouer une hostilité tenace – ou une animosité exploitable – aux affamés potentiels. Le mécanisme est beaucoup plus complexe pour les querelles religieuses, car les haines entre communautés peuvent être stimulées par la démagogie des extrémistes.

Le rôle préventif de la démocratie face aux violences intercommunautaires repose sur la capacité de processus politiques inclusifs et interactifs à l'emporter sur le fanatisme toxique de la pensée de division. Cette tâche a été importante dans l'Inde indépendante, d'autant plus que cette entité laïque et multiconfessionnelle est née, au cours des années 1940, dans une période d'immenses affrontements et de violences intercommunautaires, brève par le nombre d'années mais longue par l'ombre de vulnérabilité qu'elle projette. Le problème avait été explicitement analysé sous cette forme par Mohandas Gandhi lorsqu'il avait souligné que l'inclusion était un trait essentiel du système démocratique souhaité par le mouvement d'indépendance qu'il dirigeait [8].

Certains succès ont été remportés dans ce domaine et la laïcité de l'Inde démocratique s'est perpétuée, dans un climat de tolérance et de respect entre communautés, en dépit de tensions occasionnelles. Mais ce maintien n'a pas empêché des explosions périodiques de violences interconfessionnelles, souvent nourries par des groupes politiques qui bénéficient des divisions ainsi créées. On ne peut vaincre l'impact de la démagogie religieuse qu'en défendant des valeurs larges qui franchissent les lignes de faille. La reconnaissance des identités multiples de chacun, dont fait partie l'identité religieuse, a une importance cruciale à cet égard ; en Inde, les hindouistes, les musulmans, les sikhs et les chrétiens partagent non seulement une nationalité, mais aussi, suivant les individus, d'autres identités : une langue, une littérature, une profession, un lieu de résidence, parmi tant d'autres bases de classification *. La politique démocratique offre la possibilité de débattre de ces affiliations non confessionnelles et de leurs prétentions à l'emporter sur les clivages religieux **. Si, après les sanglants attentats commis à Bombay en novembre 2008 par des terroristes d'origine musulmane (et presque certainement d'ascendance pakistanaise), la réaction très redoutée d'agression contre les musulmans de l'Inde ne s'est pas produite, c'est dans une large mesure grâce au débat public qui a suivi les attentats, auquel musulmans et non-musulmans ont largement contribué et participé. La pratique de la démocratie peut sûrement aider à faire reconnaître plus ouvertement les identités plurielles des êtres humains [9].

Et pourtant, les clivages communautaires, comme les différences raciales, resteront exploitables par ceux qui veulent attiser la discorde et provoquer la violence, sauf si les liens établis par les démocraties nationales se révèlent efficaces face à ce danger ***. Cela dépendra beaucoup de la vigueur avec laquelle la politique démocratique créera des valeurs tolérantes, et la simple existence d'institutions démocratiques n'est certainement pas une garantie

---

* De même, les militants hutu qui ont commis d'effroyables violences contre les Tutsi au Rwanda en 1994 n'avaient pas seulement leur identité propre de Hutu, ils partageaient aussi avec les Tutsi des identités communes : par exemple être un Rwandais, un Africain, peut-être un habitant de Kigali.

** L'Inde, dont la population est hindouiste à plus de 80 %, a actuellement un Premier ministre sikh et une dirigeante d'origine chrétienne à la tête de la coalition politique gouvernementale (et du parti dominant, le Congrès). De 2004 à 2007 se trouvait aussi au pouvoir, outre ces deux personnes, un président musulman (il y avait déjà eu des présidents musulmans en Inde). Pendant cette période, donc, aucune des trois plus hautes fonctions de l'État n'était occupée par un membre de la confession majoritaire – et pourtant il n'y avait aucun mécontentement perceptible.

*** Les émeutes organisées qui ont eu lieu dans le Gujerat en 2002 et qui ont fait près de 2 000 morts, pour la plupart des musulmans, restent une énorme tache sur le bilan politique indien, et l'opposition à ces événements dans le reste du pays a montré la puissance des valeurs laïques dans l'Inde démocratique. Des preuves fondées sur les études des résultats électoraux indiquent que cet épisode honteux a renforcé le vote en faveur des partis laïcs aux élections générales de 2004, qui ont suivi ces terribles événements.

automatique de succès. Des médias actifs, énergiques peuvent ici jouer un rôle très important, en faisant mieux comprendre les problèmes, les malheurs et l'humanité de certains groupes à d'autres groupes.

Le succès de la démocratie ne se résume pas à la mise en place de la structure institutionnelle la plus parfaite qu'on puisse imaginer. Il dépend de nos modes de comportement et du fonctionnement des interactions politiques et sociales. Pas moyen de s'en remettre à une virtuosité purement institutionnelle. Le fonctionnement des institutions démocratiques, comme de toutes les autres, est tributaire d'agents humains et de leur façon d'agir, d'utiliser les occasions qui se présentent pour faire ce qu'ils peuvent raisonnablement. Les enseignements pratiques à tirer de ces études de cas semblent compléter à peu près les arguments théoriques explorés précédemment dans ce livre. Les raisons conceptuelles d'invoquer la *nyaya* et pas seulement la *niti* dans la quête de la justice sont grandement confirmées par les leçons des expériences qui viennent d'être exposées.

17

DROITS HUMAINS ET IMPÉRATIFS MONDIAUX

Il y a quelque chose de très séduisant dans l'idée que toute personne, où que ce soit dans le monde, quels que soient sa nationalité, son lieu de résidence, son ethnie, sa classe, sa caste, sa communauté, a certains droits fondamentaux que les autres doivent respecter. L'attrait moral des droits humains a été mis au service de toute une série de fins, de la lutte contre la torture, la détention arbitraire ou la discrimination raciale à la volonté d'éliminer la faim, la sous-alimentation ou la négligence médicale au niveau mondial. En même temps, l'idée même de droits humains, que les gens sont censés avoir du simple fait qu'ils sont humains, a beaucoup d'adversaires, qui la jugent sans fondement. Leurs questions sont toujours les mêmes : ces droits existent-ils ? d'où viennent-ils ?

Nul ne conteste que le recours aux droits humains peut être une conviction générale attrayante, voire fonder une rhétorique politiquement efficace. Le scepticisme et l'inquiétude portent sur le « flou » ou l'« inconsistance » de leur fondement conceptuel. De nombreux philosophes et théoriciens du droit voient dans ce discours un pur verbiage – certes bien intentionné, voire louable, mais dénué de force intellectuelle.

Le vif contraste entre le succès pratique de l'idée de droits humains et le scepticisme théorique sur son bien-fondé conceptuel n'est pas nouveau. La Déclaration d'indépendance américaine avait jugé « évidente pour elle-même » l'idée que tout le monde dispose de « certains droits inaliénables », et treize ans plus tard, en 1789, la Déclaration des droits de l'homme française précisait : « Les hommes naissent et demeurent libres et égaux en droits »*. Mais très rapidement Jeremy Bentham, dans son livre *Sophismes anarchiques* rédigé en 1791-1792 et dirigé contre les « droits de l'homme » français, proposa le rejet en bloc de ce genre de revendications. « Les droits naturels », estimait-il, « sont une pure absurdité : des droits naturels et imprescriptibles sont une absurdité rhétorique, une absurdité montée sur des échasses [1] » – il voulait dire, j'imagine, une absurdité artificiellement exaltée.

Cette dichotomie demeure très vivante aujourd'hui et, malgré l'utilisation permanente de l'idée de droits humains dans la politique mondiale, beaucoup n'y voient pas autre chose que « des braillements sur papier » (autre définition railleuse de Bentham). La récusation des droits humains est souvent globale, elle vise tout ce qui concerne l'existence de droits que les gens auraient en vertu de leur seule humanité, par opposition à ceux qu'ils ont en raison de qualifications spécifiques telles que leur nationalité, et qui sont liés aux dispositions d'une législation réelle ou d'une jurisprudence admise.

Les militants des droits humains n'ont souvent aucune patience pour ce scepticisme intellectuel, peut-être parce que ceux qui invoquent ces droits cherchent en général à changer le monde et non à l'interpréter (selon la célèbre distinction de Karl

* La Déclaration des droits de l'homme est née des idées radicales liées à la Révolution française, cataclysme politique qui ne traduisait pas seulement des tensions sociales croissantes, mais aussi un grand soulèvement de la pensée. La Déclaration d'indépendance américaine reflétait aussi une transformation des idées sociales et politiques. « Le gouvernement, avait écrit Jefferson, est de toute évidence un simple instrument, plus ou moins utile, par lequel les hommes nés égaux essaient de sécuriser leur vie, leur liberté et leur droit de chercher le bonheur. Quand un gouvernement viole ces objectifs, avait-il dit d'une formule dont les échos retentiraient dans les palais de toute l'Europe, c'est "le droit du peuple de le modifier ou de l'abolir" » (Bernard Bailyn, *Faces of Revolution : Personalities and Themes in the Struggle for American Independence*, New York, Vintage Books, 1992, p. 158).

Marx). Ils n'ont aucune envie, cela se comprend aisément, de s'évertuer à tenter d'avancer des arguments conceptuels pour convaincre les théoriciens sceptiques, tant il est urgent de réagir à des privations terribles dans le monde entier. Cet activisme a porté ses fruits puisqu'il a permis de faire un usage immédiat de l'idée globalement attrayante de droits humains contre l'extrême oppression ou l'immense misère, sans attendre que les nuages théoriques se dissipent. Il n'en est pas moins nécessaire, pour que ces droits puissent inspirer un respect raisonné et durable, de répondre aux doutes conceptuels qu'ils inspirent et de clarifier leur fondement intellectuel.

QU'EST-CE QUE LES DROITS HUMAINS ?

Il faut prendre au sérieux les interrogations sur la nature et la base des droits humains, et répondre à la longue tradition bien ancrée qui les récuse d'emblée. Lorsque Bentham assimile les « droits de l'homme » à une « absurdité » (voire à une « absurdité montée sur des échasses »), son diagnostic n'est que l'expression musclée de doutes généraux que partagent plus ou moins franchement quantité de gens. Ces doutes exigent une analyse sérieuse, tant pour établir fermement le statut des droits humains que pour comprendre leur pertinence au regard de l'idée de justice.

Qu'est-ce au juste que les droits humains ? Existe-t-il vraiment des droits de ce genre ? demande-t-on souvent. Il y a, selon les personnes, quelques variations dans la façon dont l'idée est invoquée. Mais nous pouvons tout de même cerner les préoccupations fondamentales qui la sous-tendent en examinant non seulement l'usage actuel du concept, mais aussi l'histoire de son utilisation sur une longue période. Une histoire qui comprend la mention des « droits inaliénables » dans la Déclaration d'indépendance américaine et les assertions du même ordre de la Déclaration des droits de l'homme en France, au XVIIIe siècle, ainsi que l'adoption relativement récente, en 1948, de la Déclaration universelle des droits de l'homme par les Nations unies.

L'« existence » des droits humains n'est manifestement pas du même type que celle de Big Ben au centre de Londres. Ni que celle d'une loi inscrite dans un code par voie législative. Même si, telles qu'elles sont formulées, les déclarations de droits reconnaissent l'*existence* de « choses » appelées « droits humains », elles sont en réalité des énoncés éthiques forts sur ce qu'il *faudrait* faire *. Elles exigent que certains impératifs soient admis et disent qu'il faut agir pour concrétiser les libertés reconnues à travers ces droits. Ce qu'elles ne disent pas, c'est que ces droits humains sont déjà des droits *légaux* établis, consacrés par des lois ou par la jurisprudence (Bentham, on va le voir, confond les deux aspects) [2].

Si c'est ainsi que nous comprenons les droits humains, deux questions se posent aussitôt, celles de leur contenu et de leur viabilité. La question du contenu concerne l'objet de l'affirmation éthique que l'on fait quand on déclare un droit humain. Pour y répondre brièvement (sur la base de ce qui a été théorisé et de ce qui se dit dans la pratique), l'assertion éthique porte sur l'importance cruciale de certaines libertés (comme celle de ne pas être torturé ou d'échapper à la famine) et, par conséquent, sur la nécessité d'accepter l'obligation sociale de les promouvoir ou de les sauvegarder **. Ces deux thèses – sur les libertés et sur

---

* La question des « enchevêtrements faits-valeurs » dans le langage que nous utilisons a été abordée en termes généraux aux chapitres 1, « Raison et objectivité », et 5, « Impartialité et objectivité », et il importe ici de voir que l'assertion de l'existence des droits humains doit sa force à la reconnaissance de certaines libertés importantes, qui, affirme-t-on, doivent être respectées et, parallèlement, à l'acceptation par la société, sous une forme ou sous une autre, d'obligations de soutenir et de promouvoir ces libertés. J'en dirai davantage sur ces liens éthiques dans ce qui suit. Sur les problèmes méthodologiques liés à ce type d'enchevêtrement, voir H. Putnam, *Fait-valeur, la fin d'un dogme, et autres essais*, *op. cit.* Voir aussi Willard Van Orman Quine, « Deux dogmes de l'empirisme », dans son livre *Du point de vue logique*, trad. fr. de C. Alsaleh, B. Ambroise, D. Bonnay…, Paris, Vrin, 2003. Certaines tentatives d'échapper à ces enchevêtrements ont été source de difficultés considérables en économie, voir à ce sujet Vivian Walsh, « Philosophy and Economics », *in* John Eatwell, Murray Milgate et Peter Newman (éd.), *The New Palgrave : A Dictionary of Economics*, Londres, Macmillan, 1987, p. 861-869.

** Comme l'ont souligné Judith Blau et Alberto Moncada dans leur excellent ouvrage *Justice in the United States : Human Rights and the US Constitution*, New York, Rowman & Littlefield, 2006, la Déclaration d'indépendance de

les obligations – devront être examinées de plus près (je me contente pour l'instant d'identifier le *type* de thèse que l'éthique des droits humains tente de proposer).

La seconde question concerne la viabilité des revendications éthiques qu'implique une déclaration de droits humains. Comme les autres thèses éthiques qui peuvent être avancées, les déclarations de droits de l'homme s'accompagnent de la présomption implicite que les revendications éthiques qui les sous-tendent survivront à un examen ouvert et informé. C'est là que l'analyse de ce qui nous occupe ici est liée à la pratique, évoquée plus haut, de l'« impartialité ouverte ». Le recours à ce processus interactif d'examen critique, ouvert aux arguments venant des autres et sensible à toute information pertinente, est un trait central du cadre général d'évaluation éthique et politique déjà exploré dans cet ouvrage. Dans cette approche, la viabilité dans le débat argumenté impartial apparaît primordiale pour la justification des droits humains, même si ce type de raisonnement laisse subsister des zones considérables d'ambiguïté et de désaccord *. La discipline de l'examen et de la viabilité doit être appliquée au champ spécifique des droits humains, et j'y reviendrai à la fin de ce chapitre.

Les énoncés éthiques à contenu distinctement politique qui relèvent d'une déclaration de droits de l'homme peuvent émaner de personnes ou d'institutions et se présenter sous forme de remarques individuelles ou d'assertions sociales. Ils peuvent aussi être proclamés par des groupes particuliers d'individus chargés d'examiner ces questions, tels les auteurs de la Déclaration d'indépendance américaine ou ceux de la Déclaration des droits de l'homme française, ou encore le comité des Nations unies (présidé par Eleanor Roosevelt) qui a rédigé la Déclaration universelle. Ces formulations collectives peuvent aussi recevoir une

1776, avec sa reconnaissance de certains droits fondamentaux, « a donné le la à tout ce qui a suivi – l'indépendance, la rédaction d'une Constitution et la mise en place de l'appareil d'État » (p. 3).

* La discordance partielle ne gêne pas l'approche présentée dans cet ouvrage, pour des raisons déjà analysées, en particulier dans l'Introduction et au chapitre 4, « Voix et choix social ». J'y reviendrai encore au chapitre suivant, qui sera le dernier, « La justice et le monde ».

sorte de ratification institutionnelle, comme lors du vote de 1948 aux Nations unies, créées trois ans plus tôt. Mais ce que l'on formule ou ratifie, c'est une assertion éthique – pas un énoncé sur ce que la loi garantit déjà.

D'ailleurs, ces expressions publiques de droits humains constituent souvent une invitation à prendre l'initiative d'une législation nouvelle et non à compter sur les dispositions juridiques existantes. Les rédacteurs de la Déclaration universelle de 1948 espéraient manifestement que la reconnaissance formelle des droits humains servirait de modèle à de nouvelles lois qui seraient promulguées pour légaliser ces droits dans le monde entier*. La visée centrale était une législation neuve, pas seulement une interprétation plus humaine des protections juridiques en vigueur.

Les proclamations éthiques de droits humains sont comparables aux énoncés de l'éthique utilitariste – même si, sur le fond, les formulations des premiers diffèrent totalement des thèses de la seconde. Les utilitaristes veulent qu'on voie dans les utilités tout ce qui compte et qu'on fonde l'action publique sur la maximisation de leur somme, alors que les champions des droits humains veulent qu'on reconnaisse l'importance de certaines libertés et qu'on accepte le devoir social de les sauvegarder. Mais, s'ils ne sont pas d'accord sur ce que la morale exige, leur affrontement se situe sur un territoire général qui leur est commun : celui des croyances et des prises de position éthiques. Voilà justement ce qui importe ici pour répondre à la question : qu'est-ce que les droits humains ?

L'affirmation d'un droit humain ainsi comprise (par exemple sous la forme : « Cette liberté est importante et nous devons réfléchir sérieusement à ce qu'il faudrait faire pour nous entraider à la concrétiser ») peut en fait être comparée à d'autres déclarations éthiques, comme « le bonheur est important », « l'autonomie, ça

* Eleanor Roosevelt en particulier avait ce type d'attentes quand elle a conduit la jeune Organisation des Nations unies à adopter la Déclaration universelle en 1948. L'histoire extraordinaire de cet énoncé planétaire est magnifiquement racontée par Mary Ann Glendon, *A World Made New : Eleanor Roosevelt and the Universal Declaration of Human Rights*, New York, Random House, 2001.

compte » ou « il faut protéger les libertés individuelles ». La question « y a-t-il vraiment des droits humains ? » est donc du même ordre que « le bonheur est-il vraiment important ? » ou « l'autonomie et la liberté comptent-elles vraiment ? »*. Ce sont des questions éthiques éminemment discutables, et la viabilité des affirmations que l'on avance dépend de l'examen de ce qui est affirmé (la discipline de l'étude et de l'évaluation de la viabilité sont des sujets auxquels je reviendrai un peu plus loin)**. La « preuve d'existence » qui est souvent réclamée aux militants des droits humains est comparable aux demandes de validation d'autres types de thèses éthiques – de celles des utilitaristes à celles de Rawls ou de Nozick. C'est l'un des angles sous lesquels le thème des droits humains est intimement lié à la démarche centrale de ce livre, puisque l'examen public est au cœur de l'approche que nous suivons ici.

---

* Néanmoins, quand on veut répondre à ces questions cruciales, il ne faut pas chercher à repérer l'existence d'« objets » éthiques identifiables en tant que droits humains. Sur la question générale de l'évaluation éthique, voir chapitre 1, « Raison et objectivité » ; voir aussi H. Putnam, *Ethics without Ontology*, *op. cit.*

** On peut affirmer l'importance d'un « droit » sans souscrire à l'interprétation retenue par Ronald Dworkin et soutenue par Thomas Scanlon, selon laquelle un droit « l'emporte », par définition, sur tout argument contraire inspiré par « ce qu'il serait bon qu'il se passe » (R. Dworkin, *Taking Rights Seriously*, Cambridge, MA, Harvard University Press, 1977, et T. Scanlon, « Rights and Interests », *in* K. Basu et R. Kanbur (éd.), *Arguments for a Better World : Essays in Honor of Amartya Sen*, t. I, *op. cit.*, p. 68-69). Je dirais que prendre les droits au sérieux nous impose de reconnaître qu'il serait mauvais – parfois terrible – qu'ils soient violés. Mais la reconnaissance d'une revendication en tant que droit ne nous contraint pas à postuler qu'elle doit toujours l'emporter sur tout autre argument allant en sens contraire (fondé par exemple sur le bien-être ou sur une liberté non comprise dans ce droit). Peut-être n'est-il pas surprenant que les adversaires de l'idée de droits humains leur attribuent souvent des prétentions remarquablement hégémoniques, puis récusent les droits humains au motif que ces prétentions sont parfaitement invraisemblables. Mary Wollstonecraft et Thomas Paine ne revendiquaient nullement pour les droits des êtres humains la suprématie inconditionnelle, et la plupart de ceux que l'on peut considérer aujourd'hui comme des militants des droits humains ne le font pas non plus. Mais ils insistent pour que ces droits soient pris au sérieux et inclus parmi les grands facteurs qui déterminent l'action, pour qu'ils ne soient ni ignorés ni écartés.

ÉTHIQUE ET DROIT

L'analogie entre les formulations des droits humains et les énoncés utilitaristes en tant que propositions éthiques peut contribuer à dissiper un peu la confusion qui est depuis si longtemps le fléau des analyses de la question. On voit aisément la ressemblance fondamentale entre ces deux voies d'accès possibles – mais très différentes – à l'éthique sociale. Néanmoins, c'est un lien qui a totalement échappé au grand fondateur de l'utilitarisme moderne, Jeremy Bentham, dans son célèbre jeu de massacre contre la Déclaration des droits de l'homme. Au lieu de comprendre la perspective des droits humains comme une approche éthique (en concurrence avec sa propre théorie, l'utilitarisme), il a considéré que la comparaison appropriée était celle des statuts juridiques respectifs (1) des déclarations des droits de l'homme et (2) des droits réellement garantis par la loi. Il a donc conclu que les premiers manquaient fondamentalement de bases juridiques alors que les seconds, manifestement, en avaient.

Puissamment armé de la fausse question et de la fausse comparaison, Bentham a récusé les droits humains avec une admirable promptitude et une ahurissante simplicité. « Le *droit*, le *droit* substantif, est l'enfant de la loi », car « de lois *réelles* dérivent des droits *réels* », mais de « lois *imaginaires* » comme celles du « droit naturel » ne peuvent dériver que « des droits *imaginaires* »[3]. Le rejet benthamien de l'idée de droit naturel de l'homme repose entièrement, comme on voit, sur la rhétorique de l'usage privilégié du mot « droit ».

Le postulat de Bentham était simple : pour qu'une revendication compte comme droit, elle doit avoir force juridique, et tout autre sens du mot « droit » – même tout à fait courant – est erroné. Or, dans la mesure où les droits humains sont délibérément conçus comme des assertions éthiques importantes, signaler qu'ils n'ont pas nécessairement force de loi est à la fois évident et sans importance pour la nature de ce qu'ils affirment[4]. La bonne comparaison se situe à coup sûr entre une éthique fondée sur l'utilité (comme celle que préconisait Bentham), qui accorde une valeur morale fondamentale aux utilités mais aucune – du moins directement – aux libertés et autonomies individuelles, et une éthique des droits humains, qui fait place à l'importance fondamentale des droits perçus en termes de libertés et d'obligations correspondantes (comme celle des partisans des « droits de l'homme »)*.

De même que le raisonnement éthique utilitariste souligne qu'il faut prendre en compte les utilités de chacun pour décider ce qu'il est nécessaire de faire, de même l'approche des droits humains exige que les droits admis pour chacun (sous la forme d'un respect des libertés et des obligations correspondantes) soient consacrés par une reconnaissance éthique. La comparaison pertinente porte sur ce contraste important entre utilités et droits, *et non* sur la distinction entre la force juridique des droits légaux en vigueur (bien définis par l'expression de Bentham « enfant de la loi ») et la faiblesse juridique de la reconnaissance *éthique* de droits sans aucune reformulation et validation législatives. D'ailleurs, au moment même où Bentham, massacreur obsessionnel de ce qu'il prenait pour des prétentions juridiques abusives, travaillait à sa récusation des « droits de l'homme » en 1791-1792, la portée de l'interprétation éthique des droits, fondée sur la valeur de la liberté humaine, était explorée par Thomas Paine dans son livre *Les Droits de l'homme* (1791-1792) et par Mary Wollstonecraft dans ses ouvrages *Défense des droits des hommes* (1790) et *Défense des droits de la femme, suivie de quelques considérations sur des sujets politiques et moraux* (1792)[5].

Il est clair qu'en donnant une interprétation éthique des droits humains on prend le contre-pied de ceux qui les conçoivent comme des droits juridiques ainsi que de ceux qui les prennent, comme Bentham, pour de faux droits juridiques. Les droits éthiques et juridiques sont bien sûr liés par leurs motivations. Une

* L'importance des libertés et des droits peut évidemment s'associer à une certaine valorisation du bien-être. Voir sur ce point le chapitre 13, « Bonheur, bien-être et capabilités ». Mais, lorsqu'on intègre les priorités de l'utilité et de la liberté au raisonnement éthique, certains problèmes de cohérence peuvent se poser et il faut les traiter de façon spécifique. Cette question a été analysée au chapitre 14, « Égalité et liberté » ; voir aussi *Collective Choice and Social Welfare*, *op. cit.*, chap. 6, et Kotaro Suzumura, « Welfare, Rights and Social Choice Procedures », *Analyse & Kritik*, vol. 18, 1996.

autre approche, orientée vers la sphère de la loi, évite l'erreur d'interprétation de Bentham : elle voit dans les droits humains des propositions morales qui peuvent servir de base à une législation. Dans un article justement célèbre publié en 1955, « Are There Any Natural Rights ? », Herbert Hart observe que les gens « parlent essentiellement de leurs droits moraux quand ils plaident pour l'intégration de ces droits dans un système juridique [6] ». Il ajoute que le concept de droit « appartient à cette composante de la morale qui se soucie spécifiquement de déterminer dans quels cas la liberté d'une personne peut être limitée par celle d'une autre, donc quelles actions peuvent faire l'objet à juste titre de règles juridiques coercitives ». Alors que Bentham voyait le droit comme un « enfant de la loi », Hart conçoit les droits humains en « parents de la loi » : ils inspirent des législations précises [*].

Hart a évidemment raison – il est incontestable que l'idée de droits moraux peut servir et a souvent servi de base à une législation nouvelle. Et c'est de fait un usage important des revendications de droits humains [**]. Avec ou sans leur terminologie, la volonté de faire respecter et si possible de garantir certaines libertés a impulsé dans le passé des campagnes énergiques et efficaces d'agitation politique, comme le mouvement des suffragettes qui a revendiqué et fini par obtenir le droit de vote pour les femmes. Inspirer une législation est sûrement l'un des usages constructifs qui ont été faits de la puissance éthique des droits humains, et la défense nuancée par Hart du concept et de son utilité dans ce cadre précis a été éclairante et très influente [***]. Des États ou

* Joseph Raz a développé ce point de vue, qui appréhende les droits humains en tant que bases morales d'initiatives juridiques. Voir son article très critique mais finalement constructif « Human Rights without Foundations », *in* Samantha Besson et John Tasioulas (éd.), *The Philosophy of International Law*, Oxford, Oxford University Press, 2010.

** C'est, par exemple, exactement ce qui s'est passé pour les droits inaliénables reconnus dans la Déclaration d'indépendance américaine, puis reflétés par la législation qui a suivi : ce cheminement a été très fréquent dans l'histoire législative de nombreux pays.

*** À propos de l'énorme influence de Tom Paine sur l'émergence d'une action publique américaine pour l'élimination de la pauvreté, voir Gareth Stedman Jones, *An End to Poverty*, New York, Columbia University Press, 2005 ; voir aussi J. Blau et A. Moncada, *Justice in the United States*, *op. cit.*

communautés d'États ont promulgué de nombreuses législations qui ont donné force de loi à certains droits perçus comme des droits humains fondamentaux. La Cour européenne des droits de l'homme (CEDH), créée en 1950 (après la signature de la Convention européenne des droits de l'homme), peut examiner les plaintes de citoyens des États signataires contre des violations de droits humains. En Grande-Bretagne, par exemple, son action a été complétée par le *Human Rights Act* de 1998, qui visait à transposer les principales clauses de la Convention européenne des droits de l'homme dans le droit national, la CEDH s'efforçant d'assurer la « juste satisfaction » de ses dispositions dans les jugements nationaux. La « voie législative » a été utilisée très activement.

AU-DELÀ DE LA VOIE LÉGISLATIVE

Mais n'y a-t-il rien à ajouter sur les droits humains ? Il faut bien voir que cette idée peut aussi servir – et a servi – à d'autres fins que les seules fins législatives. La reconnaissance de droits humains peut inspirer une législation nouvelle, mais cela ne signifie pas que les droits humains servent *exclusivement* à déterminer ce qui peut « faire l'objet à juste titre de règles juridiques coercitives ». Les *définir* ainsi serait vraiment semer la confusion. S'ils sont perçus comme de puissantes revendications morales, ce que suggère Hart lui-même en les assimilant à des « droits moraux », nous pouvons sûrement nous autoriser un certain œcuménisme sur les diverses façons de les promouvoir. Les moyens de faire progresser l'éthique des droits humains ne sauraient se réduire à la seule élaboration de nouvelles lois (même si, parfois, légiférer peut être la bonne solution) ; par exemple, le contrôle social et les autres formes de soutien militant qu'assurent des organisations comme Human Rights Watch, Amnesty International, Oxfam, Médecins sans frontières, Save the Children, la Croix-Rouge ou Action Aid (pour mentionner divers types d'ONG) peuvent contribuer à élargir l'application effective de droits humains reconnus. Dans de nombreux contextes, la législation peut n'avoir aucun rôle.

Quel est le champ d'action qui convient à la voie législative ? Si un droit humain qui n'est pas consacré par la loi est important, on pense parfois que le mieux est de légiférer pour en faire un droit juridiquement spécifié. Mais peut-être est-ce une erreur. Reconnaître et défendre, par exemple, le droit d'une épouse à prendre part efficacement aux décisions familiales, ce que les sociétés traditionnellement sexistes lui refusent souvent, peut être tout à fait essentiel, et pourtant les défenseurs de ce droit humain, qui soulignent à juste titre son extrême importance éthique et politique, conviendraient peut-être qu'il n'est pas raisonnable de le muer, pour reprendre le vocabulaire de Herbert Hart, en « règle juridique coercitive » (dont l'effet pourrait être de jeter en prison le mari qui n'a pas consulté son épouse). Il faut provoquer les changements nécessaires par d'autres moyens, dont les explications et les critiques dans les médias, le débat public, les campagnes de sensibilisation*. Grâce à l'énorme impact de la communication, de la persuasion, de l'explication et du débat public informé, les droits humains peuvent exercer une influence sans qu'il y ait nécessairement besoin d'une législation coercitive.

De même, la liberté, pour un bègue, de ne pas être raillé ou méprisé dans les réunions publiques peut avoir une grande importance éthique et requérir protection, mais une législation répressive (prévoyant amendes ou peines de prison pour ceux qui se seraient mal conduits) ne serait probablement pas le bon moyen de mettre fin à la violation de la liberté d'expression des personnes touchées par ce handicap. La protection de ce droit humain doit passer par d'autres canaux, par exemple l'influence de l'éducation et du débat public sur la politesse et le bon comportement en société**. L'efficacité de la perspective des droits humains ne dépend pas nécessairement de leur statut supposé de « projet de loi » en puissance.

---

* Cette idée n'aurait pas surpris Mary Wollstonecraft, qui a examiné toute une série de moyens par lesquels il était possible de faire avancer les droits des femmes (*Défense des droits de la femme*, *op. cit.*).

** Voir l'analyse instructive de Drucilla Cornell sur le rôle majeur de la civilité et de valeurs voisines dans son livre *Defending Ideals*, *op. cit.*

Dans l'approche que nous développons ici, les droits humains sont des revendications éthiques constitutivement liées à l'importance de la liberté humaine, et tout argument visant à prouver qu'une revendication précise peut être perçue comme un droit humain s'évalue par l'examen public argumenté, qui implique l'impartialité ouverte. Les droits humains peuvent motiver de nombreuses formes d'action : l'élaboration et la mise en œuvre de lois pour les défendre, l'organisation de la solidarité publique, ou encore des campagnes de protestation contre leurs violations *. Ces diverses initiatives peuvent contribuer – séparément ou conjointement – à faire progresser la concrétisation d'importantes libertés humaines. Ainsi, il y a d'autres voies que l'action législative pour sauvegarder et promouvoir les droits humains, et ces voies différentes sont très largement complémentaires ; par exemple, pour faire efficacement respecter de nouvelles lois sur les droits humains, la surveillance et la pression publiques peuvent être essentielles. Il est possible de concrétiser progressivement l'éthique des droits humains par toute une série d'instruments liés entre eux et par les méthodes les plus diverses. C'est l'une des raisons qui incitent à reconnaître la place qui lui est due au statut éthique général des droits humains, au lieu d'enfermer prématurément le concept dans la petite boîte de la législation – réelle ou idéale.

* La Déclaration universelle des droits de l'homme de 1948 a été suivie de bien d'autres déclarations, souvent à l'initiative des Nations unies : elles vont de la Convention sur la prévention et la répression du crime de génocide, signée en 1951, et de l'Accord international sur les droits civils et politiques et sur les droits économiques, sociaux et culturels, de 1966, à la Déclaration sur le droit au développement, signée en 1986. La logique de cette façon de procéder est claire : la puissance éthique des droits humains a davantage d'impact pratique si on la dote d'une reconnaissance sociale et d'un statut reconnu, même lorsque aucune mesure répressive n'est instituée. Sur ces problèmes, voir aussi Arjun Sengupta, « Realizing the Right to Development », *Development and Change*, vol. 31, 2000, et « The Human Right to Development », *Oxford Development Studies*, vol. 32, 2004.

Les droits comme libertés

Puisque les déclarations de droits humains sont, je l'ai dit, des affirmations éthiques sur la nécessité de prêter l'attention qui convient à l'importance des libertés qu'évoque leur formulation, la valeur de ces libertés est forcément un bon point de départ pour étudier la pertinence des droits humains. Reconnaître l'importance des libertés, c'est être à même non seulement d'affirmer les nôtres, mais aussi de nous sentir concernés par celles des autres – bien au-delà des plaisirs et de la satisfaction des désirs sur lesquels se concentrent les utilitaristes*. Les raisons avancées par Bentham pour faire de l'utilité la base de l'évaluation éthique – qui tiennent davantage de la déclaration que de la justification – doivent être confrontées et comparées à celles qui incitent à se fonder sur les libertés[7].

L'inclusion d'une liberté dans le cadre des droits humains nécessite qu'elle soit assez importante pour donner des raisons de lui prêter une attention sérieuse. Elle doit satisfaire des « conditions minimales », qui portent sur la valeur de cette liberté et sur la possibilité d'influencer sa concrétisation, afin que sa présence dans ce champ soit plausible. Puisqu'un certain consensus est nécessaire pour définir le cadre social des droits humains, il faut se demander, pour l'établir, non seulement si telle liberté particulière d'une personne précise a une quelconque importance éthique, mais également si elle « franchit le seuil » social – si elle a un poids social suffisant pour être intégrée aux droits humains de cette personne, donc créer chez les autres une obligation de réfléchir à ce qu'ils pourraient faire pour l'aider à la concrétiser (nous reviendrons bientôt sur ce point).

La condition de seuil peut empêcher, pour diverses raisons, des libertés particulières de devenir des droits humains. En voici un exemple. On comprend aisément que les cinq libertés d'une personne – appelons-la Rehana – énumérées ci-dessous méritent qu'on leur accorde beaucoup d'importance :

---

* Ce contraste a été examiné au chapitre 13, « Bonheur, bien-être et capabilités ».

1 – la liberté de Rehana de ne pas être agressée ;
2 – sa liberté de recevoir des soins médicaux de base en cas de grave problème de santé ;
3 – sa liberté de ne pas être appelée régulièrement au téléphone à des heures impossibles par ses voisins qu'elle déteste ;
4 – sa liberté de connaître la tranquillité, qui est importante dans l'idéal de vie de Rehana ;
5 – sa liberté d'être « affranchie de la peur » d'un méfait commis par d'autres (au-delà de sa liberté de n'en être pas victime).

Même si ces cinq points sont tous importants à un titre ou à un autre, il n'est pas totalement saugrenu de soutenir que le premier (la liberté de ne pas être agressé) est un bon thème de droit humain, ainsi que le second (la liberté de recevoir des soins médicaux de base), mais que le troisième (la liberté de ne pas être appelée au téléphone trop souvent et à des heures trop gênantes par des voisins qu'elle déteste) ne franchit pas le seuil de la pertinence sociale et ne peut donc se qualifier comme droit humain. Quant au quatrième (la liberté de connaître la tranquillité), même s'il peut être de la plus haute importance pour Rehana, il est trop « introverti » et extérieur au champ d'efficacité d'une politique sociale pour être un objet convenable de droit humain. Si l'on exclut le droit à la tranquillité, c'est à cause du contenu de cette liberté et de la difficulté de l'influencer par une aide de la société, et non parce qu'on la suppose peu importante pour Rehana.

La cinquième liberté, qui porte sur la peur d'une intervention négative des autres, ne peut être raisonnablement évaluée sans examiner le fondement de cette peur et la façon dont on peut la dissiper. Certaines craintes sont bien sûr tout à fait fondées, comme celle de la finitude de la vie qui caractérise la condition humaine. D'autres peuvent être difficiles à justifier rationnellement, et, ainsi que le soutiennent Robert Goodin et Frank Jackson dans leur important article « Freedom from Fear », avant de déterminer si nous devons « craindre rationnellement » quelque chose, nous devrions « vérifier la probabilité de l'éventualité en question, qui peut s'avérer extrêmement réduite »*. Goodin et Jackson ont raison de conclure que « la liberté de ne pas avoir peur », définie comme « l'affranchissement d'influences indues qui nous effraient irrationnellement, est [...] un objectif social vraiment important mais vraiment insaisissable [8] ». Pourtant, ne pas avoir peur peut être une liberté qu'une personne a de bonnes raisons de vouloir, et les autres – ou la société – d'essayer de défendre, que cette peur soit ou non particulièrement rationnelle. Il est certain que les crises de panique des handicapés mentaux exigent l'attention pour des raisons médicales et la nécessité d'équipements de santé adaptés à ces cas peut fort bien se défendre du point de vue des droits humains : l'irrationalité de ces peurs ne les exclut pas du champ de ces droits, il faut les prendre en considération puisque l'effroi et la souffrance sont authentiques et ne peuvent être dissipés par les seuls efforts du malade.

Il y aurait même des motifs raisonnables de situer dans le cadre des droits humains l'élimination de la peur du terrorisme, fût-elle plus intense que les probabilités statistiques ne le justifient. Un climat général de peur a quelque chose de préoccupant, même si la crainte de la violence terroriste est peut-être exacerbée après ce qui s'est passé à New York en 2001, à Londres en 2005 et à Bombay en 2008**. Ce qui fait sens du point de vue des droits humains dans la cinquième liberté est à examiner, à évaluer, et le résultat dépendra beaucoup de la définition des néces-

* Goodin et Jackson citent dans ce contexte la « doctrine du 1 % » de l'ex-vice-président Dick Cheney : « S'il y a ne serait-ce que 1 % de risques que les terroristes s'emparent d'une arme de destruction massive – et il y a eu une petite probabilité que cela se produise depuis un certain temps –, les États-Unis doivent agir aujourd'hui comme si c'était une certitude » (Robert E. Goodin et Frank Jackson, « Freedom from Fear », *Philosophy and Public Affairs*, vol. 35, 2007, p. 249) ; voir aussi Ron Suskind, *La Guerre selon Bush : comment l'Amérique traque le terrorisme islamique depuis le 11 septembre*, trad. fr. de Frank Straschitz et Henri Marcel, Paris, Plon, 2007.

** Le problème avec la « doctrine du 1 % » de Cheney n'est pas qu'il est insensé de craindre un terrible événement qui n'a que 1 % de risques de se produire ; c'est qu'elle traite cet événement « comme si c'était une certitude », ce qui est manifestement irrationnel et n'induit pas à un mode très judicieux de prise de décision sur l'action à mener, notamment par l'État.

sités pratiques qu'impliquerait sa garantie – on se demandera notamment si la société ou l'État peuvent aider à éliminer ces peurs par des moyens inaccessibles à l'action isolée d'un individu, quels que soient ses efforts pour être rationnel *.

De toute évidence, c'est par le débat que nous pouvons déterminer où situer le seuil de pertinence et si une liberté particulière le franchit ou non. Les analyses de seuil, qui portent sur le sérieux et la pertinence sociale de telle ou telle liberté, tiennent une place importante dans l'évaluation des droits humains. La possibilité du désaccord est toujours présente dans les énoncés portant sur ces droits, et l'examen critique fait partie intégrante de ce qu'on pourrait appeler la discipline des droits humains. Même leur viabilité, que nous évoquerons plus loin dans ce chapitre, est intimement liée à l'examen impartial.

LIBERTÉ COMME « POSSIBILITÉ » ET LIBERTÉ COMME « PROCESSUS »

Je passe maintenant à une autre différenciation, dans l'idée de liberté, qui peut être pertinente pour la théorie des droits humains. J'ai analysé plus haut, notamment au chapitre 11 (« Vies, libertés et capabilités »), l'importance de la distinction

* La possibilité que la liberté d'un individu soit compromise par l'interférence de l'État pose un autre type de questions du point de vue de la conception « républicaine » de la liberté défendue par Philip Pettit (*Républicanisme : une théorie de la liberté et du gouvernement, op. cit.*), qui est très proche de sa conception « néo-romaine » analysée par Quentin Skinner (*La Liberté avant le libéralisme*, trad. fr. de Muriel Zagha, Paris, Éd. du Seuil, 2000). Cette façon de définir la liberté ne renvoie pas à un gros risque d'intervention de l'État mais à la simple *possibilité* de son ingérence, qui rend les libertés d'un individu tributaire de la volonté des autres. J'ai contesté que cette idée soit au cœur de la définition de la liberté, tout en préconisant de lui faire une place dans la large gamme des divers aspects de la liberté (voir chapitre 14, « Égalité et liberté »). Comme on l'a signalé plus haut, le soutien initial de Thomas Hobbes à la vision républicaine a disparu de ses écrits ultérieurs sur sa théorie de la liberté. Sur ce point, voir Quentin Skinner, *Hobbes and Republican Liberty*, *op. cit.* ; voir aussi Richard Tuck, *Hobbes*, Oxford, Oxford University Press, 1989, et son édition de Hobbes, *On the Citizen*, en collaboration avec M. Silverthorne, Cambridge, Cambridge University Press, 1998.

entre la dimension de possibilité et la dimension procédurale de la liberté, et indiqué les problèmes complexes que pose l'évaluation de chacune d'elles [9]. Un exemple, variante de celui qui a été évoqué au chapitre 11, peut aider à faire apparaître la pertinence *séparée* (sinon nécessairement indépendante) des possibilités concrètes et des processus réels qu'englobe la liberté d'un être humain. Prenons une jeune personne – appelons-la Sula – qui aimerait bien aller danser avec un ami ce soir. Afin d'évacuer certaines considérations qui ne sont pas essentielles pour ce qui nous occupe ici (mais qui pourraient compliquer l'analyse sans nécessité), postulons que cette sortie ne présente aucun risque de sécurité particulier, qu'elle a procédé à un examen critique de sa décision et conclu que sortir est un acte raisonnable (de son point de vue, ce serait même l'acte « idéal »).

Envisageons maintenant une menace de violation de cette liberté : des gardiens autoritaires de l'ordre social estiment qu'elle ne doit pas aller danser (« c'est tout à fait inconvenant ») et la forcent, par tel ou tel moyen, à rester chez elle. Pour mieux voir que deux problèmes distincts sont à l'œuvre dans cette violation unique, envisageons un autre scénario, où les chefs autoritaires décident qu'elle doit – qu'elle *doit* absolument – sortir (« tu es expulsée pour la soirée – on ne veut pas te voir ici ce soir –, nous recevons d'importants invités qui seraient choqués par ta conduite et ton allure extravagante »). Il est clair qu'il y a violation de la liberté dans ce cas-là aussi, et pourtant Sula est forcée de faire quelque chose qu'elle aurait choisi de faire de toute façon (il fallait bien qu'elle sorte pour aller danser). On saisit immédiatement la situation en comparant les deux options : « choisir librement de sortir » et « être forcé de sortir ». La seconde implique une violation directe de la dimension procédurale de la liberté de Sula, puisqu'on lui impose une action, même si c'est une action qu'elle aurait choisie librement (« Tu me vois passer du temps avec ces invités prétentieux au lieu de danser avec Bob ? »). La dimension de possibilité est touchée aussi – indirectement, certes –, puisque, selon une conception plausible, les possibilités peuvent comprendre le fait même d'avoir plusieurs options : Sula peut valoriser, entre autres choses, sa liberté de choisir (ce problème a été analysé au chapitre 11, « Vies, libertés et capabilités »).

Néanmoins, la violation de la dimension de possibilité serait plus concrète et manifeste si Sula n'était pas seulement forcée de faire ce qu'un autre a choisi, mais aussi quelque chose qu'elle n'aurait pas choisi. La comparaison entre « être forcée de sortir » alors qu'elle avait décidé de sortir de toute façon et « être forcée de rester chez elle » avec des invités assommants fait apparaître ce contraste, qui concerne essentiellement la dimension de possibilité et non la dimension procédurale. Si on l'oblige à rester chez elle écouter des banquiers pontifiants, Sula perd sa liberté de deux façons différentes : elle est contrainte de faire quelque chose sans aucune liberté de choix *et* elle est forcée, en particulier, de faire quelque chose qu'elle n'avait pas choisi [10].

Tant les processus que les possibilités peuvent figurer parmi les droits humains. Pour la dimension de possibilité de la liberté, l'idée de « capabilité » – la possibilité concrète de réaliser ce qu'on valorise – serait le type même de la bonne formalisation, mais les problèmes liés à la dimension procédurale nous imposent d'aller au-delà d'une conception des libertés dans les seuls termes des capabilités. Refuser le bénéfice d'une procédure judiciaire en bonne et due forme à une personne détenue sans procès revient à violer les droits humains – peu importe que l'on puisse attendre d'un procès équitable un jugement différent ou non.

Obligations parfaites et imparfaites

Dans l'approche générale que j'esquisse ici, l'importance des droits est liée en dernière analyse à celle de la liberté dans ses deux dimensions, de possibilité et procédurale. Que dire des devoirs d'autrui qui peuvent être associés à ces droits ? Partons là encore de l'importance des libertés, pour examiner cette fois les liens de cause à effet entre elles et les obligations. Si les libertés sont jugées précieuses (conformément aux analyses effectuées dans ce livre), les gens se doivent de se demander ce qu'il convient de faire pour s'entraider à défendre ou à promouvoir leurs libertés respectives. Puisque la violation – ou la non-concrétisation – des libertés qui sous-tendent des droits importants sont des événements mauvais (ou des réalisations sociales mauvaises), même les personnes qui ne sont pas elles-mêmes à l'origine de cette violation, mais qui sont en position d'aider, sont fondées à se demander ce qu'elles doivent faire dans ce cas [11].

Néanmoins, passer d'une *raison* d'agir (pour aider une autre personne), qui est assez évidente dans un système éthique sensible aux conséquences, à un vrai *devoir* d'effectuer cet acte n'est ni simple ni raisonnablement réductible à une formule unique et sans ambiguïté. Le raisonnement peut ici varier, notamment quand on évalue de quelle façon – et avec quelle intensité – une personne doit prendre une raison d'agir pour qu'elle serve de base à un éventuel devoir. C'est en lien avec ces interrogations qu'intervient la question de l'empathie, qui fait des préoccupations des autres – et de leur liberté de les traduire en actes – l'un de nos propres engagements indirects. La portée et la force de l'empathie doivent faire partie du soubassement conceptuel des droits humains. Néanmoins, l'empathie, au sens propre où l'on ressent la douleur des autres, n'est pas essentielle pour juger nécessaire d'aider une personne qui a mal (ou qui souffre de tout autre malheur ou privation) [*].

L'obligation générale de base est de réfléchir à ce que nous pouvons faire raisonnablement pour aider quelqu'un d'autre à concrétiser sa liberté. Cette réflexion doit prendre en compte, d'une part, l'importance et la nature plus ou moins « influençable » de cette liberté, et, d'autre part, notre situation et l'efficacité probable de notre aide. Il y a ici, à l'évidence, des ambiguïtés et des possibilités de désaccord, mais cela change réellement la donne, lorsqu'on décide de ce que l'on doit faire, de se reconnaître l'obligation d'envisager sérieusement cet argument-là. La nécessité de se poser cette question (au lieu de partir de l'idée,

* L'analyse où Adam Smith distingue, parmi les raisons d'aider les autres, l'« empathie » de la « générosité » ou de l'« esprit public » est pertinente ici (*Théorie des sentiments moraux*, *op. cit.*). Sur cette distinction, voir aussi le chapitre 8, « La rationalité et les autres ».

peut-être réconfortante, que nous ne nous devons rien les uns aux autres) peut impulser une démarche plus générale de raisonnement éthique, et c'est ici que se trouve le territoire des droits humains. Toutefois, la réflexion ne peut s'arrêter là. Puisque nous avons tous des aptitudes et une efficacité limitée, ainsi que des priorités entre nos divers types d'obligations et nos autres préoccupations – non déontologiques –, il nous faut entreprendre un raisonnement pratique sérieux où ces diverses obligations (dont les imparfaites) doivent, directement ou indirectement, figurer *.

Reconnaître les droits humains ne revient pas exiger que chaque individu intervienne pour concourir à empêcher toutes les violations de tous ces droits où qu'elles se produisent. C'est plutôt déclarer que, si quelqu'un peut intervenir efficacement pour empêcher la violation d'un de ces droits, il a une bonne raison d'agir ainsi – et qu'il doit la prendre en compte dans sa décision. Peut-être estimera-t-il que d'autres obligations, ou des préoccupations extérieures au champ du devoir, pèsent plus lourd que la raison d'accomplir l'acte en question. Mais il ne peut pas refuser de réfléchir à son intervention éventuelle en prétextant que l'affaire « ne le regarde pas ». Il y a ici une exigence éthique universelle, mais elle ne prescrit pas automatiquement des actes précis à effectuer en toutes circonstances.

La détermination des actes liés à ces obligations doit autoriser des variations considérables en fonction du choix des priorités, des pondérations et des cadres d'évaluation. Une certaine diversité est également possible dans l'analyse des causes et des effets, notamment quand cette analyse prend en compte ce que pourraient faire d'autres personnes qui sont, elles aussi, en position

* L'importance des obligations liées au pouvoir et à l'efficacité dont on dispose a été analysée aux chapitres 9, « Pluralité des raisons impartiales », et 13, « Bonheur, bien-être et capabilités ». Cette optique nous mène plus loin que les obligations liées à un « contrat social » imaginaire que l'on a, en général, envers les seuls membres de la communauté ou de l'entité politique dont on fait partie, car elles ne s'étendent pas à ceux qui vivent hors de leurs frontières. Sur le problème général de la réalisation d'une inclusion planétaire – contre l'option soit d'ignorer les étrangers, soit de s'en tenir à une formulation mécanique de ce qu'il faudrait faire pour eux –, voir l'analyse perspicace de Kwame Anthony Appiah dans *Pour un nouveau cosmopolitisme*, trad. fr. d'Agnès Botz, Paris, Odile Jacob, 2008, chap. 10.

d'aider ou de nuire. Il peut donc y avoir beaucoup de variations, voire quelque ambiguïté, dans la spécification des devoirs. Mais la présence d'une certaine ambiguïté dans une idée n'est pas une raison pour en récuser la force logique. L'ambiguïté dans la mise en œuvre d'un concept par ailleurs important est une raison d'intégrer à notre compréhension de ce concept l'incomplétude appropriée et la marge de variations admise (comme je l'ai montré dans *Repenser l'inégalité*)[*].

Il ne faut pas confondre les obligations vagues avec l'absence d'obligation. Elles appartiennent à l'importante catégorie, déjà mentionnée, des devoirs qu'Immanuel Kant a nommés « obligations imparfaites » et qui peuvent coexister avec d'autres impératifs – plus complètement spécifiés –, les « obligations parfaites »[12]. Un exemple peut nous aider à illustrer la distinction entre ces divers types d'obligations (et leur présence simultanée). C'est un fait réel, qui s'est produit dans le Queens, à New York, en 1964. Une femme nommée Catherine (Kitty) Genovese a été agressée à plusieurs reprises, puis tuée, sous les yeux d'autres personnes qui regardaient ce qui se passait de leur fenêtre mais qui ont ignoré ses appels au secours[**]. On peut dire que dans cette affaire se sont produits trois événements terribles, à la fois distincts et liés :

1 – la *liberté de la femme* de ne pas être agressée a été violée (c'est, bien sûr, le problème principal ici) ;

2 – le *devoir de l'agresseur* de ne pas agresser et tuer a été violé (manquement à une obligation parfaite) ;

---

* Voir mon livre *Repenser l'inégalité, op. cit.*, p. 74-78, 188-192. Ce problème est aussi traité dans mon article « Maximization and the Act of Choice », *Econometrica*, vol. 65, 1997 [« Maximisation et acte de choix », in *Rationalité et liberté en économie, op. cit.*].

** Un spectateur qui regardait la scène d'un appartement au-dessus a hurlé à l'agresseur de « laisser cette fille tranquille », mais son aide n'est pas allée au-delà de cette intervention isolée et à distance, et la police n'a été appelée que longtemps après l'agression. Pour une analyse remarquable de l'événement et des problèmes moraux et psychologiques qu'il implique, voir Philip Bobbitt, *The Shield of Achilles : War, Peace and the Course of History*, New York, Knopf, 2002, chap. 15, « The Kitty Genovese Incident and the War in Bosnia ».

3 – le *devoir des autres* d'apporter une aide raisonnable à une personne victime d'une agression et d'un meurtre a été également violé (transgression d'une obligation imparfaite).

Ces manquements sont liés entre eux et ils dessinent un jeu complexe de correspondances entre droits et devoirs dans une éthique structurée qui peut aider à expliquer le cadre d'évaluation des droits humains *. La perspective de ces droits impose de s'engager sur tous ces plans **.

On oppose souvent la précision présumée des droits juridiques aux inévitables ambiguïtés des affirmations éthiques de droits humains. Mais ce contraste n'est guère gênant en soi pour les assertions éthiques, dont celles qui posent les obligations imparfaites, puisqu'un cadre de raisonnement normatif peut autoriser raisonnablement des variations qui ne sont pas aisément intégrables à des exigences juridiques où tous les détails sont spécifiés. Comme l'a observé Aristote dans l'*Éthique à Nicomaque*, nous devons chercher « en chaque genre d'affaires le degré de rigueur qu'autorise la nature de l'affaire [13] ».

Les obligations imparfaites, et les ambiguïtés incontournables inhérentes à cette idée, ne pourraient être évitées qu'en déchargeant tous ceux qui ne sont pas des participants directs – le reste de l'humanité – de toute responsabilité d'apporter leur aide dans la mesure du possible. On pourrait admettre cette immunité

* Dans cette analyse, je laisse de côté la distinction entre évaluations morales spécifiques à l'agent et neutres par rapport à l'agent. Le type de définition que je donne ici peut encore être élargi en faisant une place à des estimations spécifiques à la position, comme on l'a vu au chapitre 10, « Réalisations, conséquences et agence ». Voir aussi mes articles « Rights and Agency », *Philosophy and Public Affairs*, vol. 11, 1982 [« Les droits et la question de l'agent », in *Éthique et économie (et autres essais), op. cit.*], et « Positional Objectivity », *Philosophy and Public Affairs*, vol. 22, 1993 [« L'objectivité positionnée », in *Rationalité et liberté en économie*, *op. cit.*].

** Le manquement à leurs obligations dont se sont rendus coupables les spectateurs passifs du viol et du meurtre de Kitty Genovese est lié à l'idée qu'ils auraient dû raisonnablement faire quelque chose pour l'aider – appeler immédiatement la police, par exemple. Ce n'est pas ce qui s'est passé : personne n'est sorti pour mettre en fuite l'agresseur et la police a été appelée après – longtemps après – les faits.

générale sur le plan des obligations *juridiques*, mais elle serait difficilement justifiable sur le plan *éthique*. Il s'avère que, dans certains pays, c'est la loi elle-même qui exige que chacun apporte son aide à un tiers, dans la limite du raisonnable. En France, par exemple, le droit prévoit une « responsabilité pénale pour omission » si l'on ne porte pas assistance, du mieux que l'on pourra, aux victimes de certaines agressions. Bien sûr, les incertitudes dans l'application de ce genre de loi se sont révélées très importantes et ont fait l'objet d'analyses juridiques ces dernières années [14]. L'ambiguïté de devoirs de ce type – en éthique comme en droit – est difficilement évitable si on laisse une certaine marge d'indétermination aux obligations générales des tiers vis-à-vis des autres.

LIBERTÉ ET INTÉRÊTS

Un énoncé de droit humain tel que je l'interprète ici est une affirmation de l'importance des libertés identifiées et approuvées dans la formulation de ce droit. Quand le droit humain d'une personne à ne pas être torturée est reconnu, l'importance de la liberté d'échapper à la torture est réaffirmée et approuvée pour tout le monde [*], et cela confirme aussi que les autres doivent envisager ce qu'ils pourraient faire raisonnablement pour garantir à tous une protection contre la torture. Pour un aspirant tortionnaire, la réponse à cette question est évidemment tout à fait directe : s'abstenir (et c'est, manifestement, une « obligation parfaite »). Pour les autres aussi, il y a des responsabilités, même si elles sont moins précises : elles consistent généralement à essayer de faire ce qui est raisonnablement possible vu les circonstances (et appartiennent à la vaste catégorie des « obligations imparfaites »).

* Comme l'a souligné Charles Beitz, les droits humains jouent « le rôle de pierre de touche morale – c'est un critère d'évaluation et de critique des institutions intérieures, une norme des aspirations à les réformer et, de plus en plus, une norme d'évaluation des politiques et des pratiques des institutions politiques et économiques internationales » (« Human Rights as a Common Concern », *American Political Science Review*, vol. 95, 2001, p. 269).

L'exigence parfaitement spécifiée de ne torturer personne est complétée par l'impératif plus général – et moins précis – d'envisager les moyens par lesquels il serait possible d'empêcher la torture, puis de décider ce que l'on doit faire raisonnablement dans la situation donnée [15].

Un problème intéressant et important se pose ici : celui des prétentions rivales des libertés et des intérêts à servir de base aux droits humains. Contrairement au choix que je fais de me concentrer sur les libertés, Joseph Raz a développé, notamment dans son livre fort instructif *The Morality of Freedom*, une puissante théorie des droits humains qui repose sur l'intérêt : « Les droits fondent des raisons impératives d'agir sur les intérêts d'autres êtres humains [16]. » L'approche de Raz me paraît séduisante, pas seulement parce que c'est un vieil ami dont j'ai appris quantité de choses en dix ans de conversations à Oxford (1977-1987), mais surtout parce qu'il esquisse une démarche de pensée qui a beaucoup d'attrait *. Il faut néanmoins se demander si le

* Pour une thèse du même ordre, voir aussi Thomas Scanlon, « Rights and Interests », *in* K. Basu et R. Kanbur (éd.), *Arguments for a Better World : Essays in Honor of Amartya Sen*, t. I, *op. cit.* À propos d'un point de désaccord lié à celui-ci, mais différent, avec Scanlon dans ce même article, je saisis ici l'occasion de noter qu'il fait une erreur d'interprétation quand il croit que, s'il acceptait mon argument sur la nécessité de « pondérer » différentes revendications fondées sur les droits, ce qui serait « nécessaire est un *classement des droits*, qui détermine quel droit doit l'emporter en cas de conflit » (p. 76, c'est moi qui souligne). Les méthodes mathématiques de pondération autorisent diverses procédures, qui tiennent compte des intensités, des circonstances et des conséquences, sans nous imposer de prévoir la priorité « lexicale » absolue d'un type de droit sur un autre dans tous les cas. Ce problème a été analysé plus haut, au chapitre 2, « Rawls et au-delà », dans le cadre du commentaire sur le choix de Rawls de conférer à la liberté une priorité lexicale (dans tous les cas, contre toute préoccupation contraire), au lieu d'utiliser une forme de pondération plus raffinée qui pourrait reconnaître l'importance spéciale et forte de la liberté sans ignorer tout ce qui se trouve en concurrence avec elle. Cette idée est également liée à l'argument de Herbert Hart qui juge raisonnable de passer outre aux revendications de la liberté quand elles ont des conséquences très défavorables au bien-être de la population, même si, dans d'autres cas, la liberté peut peser plus lourd que le souci du bien-être. Les systèmes de pondération non lexicaux peuvent intégrer cette idée assez communément comprise : rien n'impose de résoudre le conflit entre préoccupations rivales concernant les droits par la pure « typologie » et par un

choix, certes attrayant, de faire des intérêts des individus la base fondatrice des droits est adéquat pour une théorie des droits en général et des droits humains en particulier. Et, en lien avec cette question, il faudrait aussi s'en poser une autre : l'opposition entre la perspective de la liberté et celle de l'intérêt a-t-elle un sens fort ?

Il est sûr qu'il y a ici un vrai contraste. J'ai déjà effleuré le sujet, et son importance profonde, en termes généraux dans un contexte très différent de celui des droits humains. Dans l'exemple évoqué au chapitre 8*, la personne assise près du hublot voit une raison suffisamment forte de baisser le rideau (en sacrifiant son propre plaisir à profiter du soleil) pour permettre à son voisin de s'adonner au jeu informatique idiot auquel il veut jouer. La raison de cet acte, telle que la voit l'occupant du siège hublot, n'est pas l'« intérêt » de l'accro aux jeux vidéo (la personne proche du hublot ne pense pas du tout que son geste sert l'intérêt du joueur, loin de là), mais bien la « liberté » de cet enthousiaste des jeux d'agir à sa guise (que cela soit ou non dans son intérêt tel qu'il apparaît à l'occupant du siège hublot ou au joueur lui-même). Le contraste entre liberté et intérêt peut être tout à fait net.

Prenons maintenant un exemple différent – et plus conforme au type de cas qui figure dans l'étude de Raz sur les droits. La liberté d'un non-Londonien de se rendre à Londres pour se joindre à une manifestation pacifiste dans la capitale (disons, contre l'intervention militaire en Irak impulsée par les États-Unis en 2003) pourrait être violée par une politique d'exclusion qui empêcherait cet aspirant-manifestant de participer à l'action (cet exemple est une pure hypothèse, il n'y a eu aucune exclusion de ce genre). Si une restriction de ce type était imposée, ce serait manifestement une violation de la *liberté* de la personne exclue (qui veut manifester) et, parallèlement, une violation de quelque

« classement des droits » hors contexte, qui ignore totalement les degrés d'intensité et les conséquences. Voir aussi S. R. Osmani, « The Sen System of Social Evaluation », dans le même ouvrage, *Arguments for a Better World*, *op. cit.*

* Voir chapitre 8, « La rationalité et les autres », p. 240-242.

chose dans les *droits* de cette personne, si l'on considère que les droits intègrent ces libertés. Il y a ici un lien logique direct.

En revanche, si les droits ne sont fondés que sur les « intérêts » de la personne en question (par opposition à ses « libertés »), il faut se demander s'il est dans l'*intérêt* de cette personne de se joindre à cette manifestation contre l'intervention militaire en Irak. Et, s'il s'avère que participer à ce rassemblement organisé est certes une priorité politique pour ce manifestant potentiel, mais ne sert guère, voire pas du tout, son « intérêt » personnel, la liberté de manifester à Londres ne peut pas être immédiatement incluse dans l'orbite des droits humains, puisque ceux-ci doivent être fondés sur l'intérêt de la personne. Si l'interprétation qui fonde les droits sur l'intérêt était admise, le statut de la liberté en tant que base du droit humain de manifester serait sûrement fragilisé. Si, au contraire, on reconnaît l'importance des libertés parce qu'elles donnent à l'individu la possibilité de choisir en toute indépendance (de servir son intérêt ou de faire tout autre chose) et de vivre sa vie en fonction de ses propres priorités (intéressées ou non), une perspective qui fonde les droits humains sur l'intérêt sera, en dernière analyse, nécessairement inadéquate *.

Cela dit, je dois noter qu'il est possible de donner à « intérêt » un sens si large – et englobant – que le terme finit par embrasser tous les objectifs pour lesquels une personne choisit d'œuvrer, indépendamment de ce qui les motive. De fait, la langue courante confond souvent violation de la liberté de choix de quelqu'un et atteinte à ses intérêts **. Si l'on peut prendre ainsi

* Richard Tuck a souligné, et c'est plausible, que « l'une des différences frappantes entre une théorie des droits et l'utilitarisme est que l'attribution d'un droit à chacun ne nous oblige pas à faire des estimations sur l'état intérieur de l'intéressé ». Il poursuit : « s'il a le droit de s'exprimer à Trafalgar Square, peu importe s'il le fait avec plaisir ou avec un sens du tragique digne de Dostoïevski ; peu importe même qu'il choisisse de le faire à une occasion particulière ou pas (à comparer avec Hobbes, aux yeux duquel il n'est pas important, en toute rigueur, de savoir si les gens cherchent vraiment, en toutes circonstances, à s'autoconserver) » (« The Dangers of Natural Rights », *Harvard Journal of Law and Public Policy*, vol. 20, été 1997, p. 689-690).

** J'ai argumenté contre le raisonnement qui sous-tend cette assimilation non seulement au chapitre 8, « La rationalité et les autres », mais aussi aux chases aises sur ce qui compte comme intérêt, l'écart entre intérêts et libertés se trouve dans la même proportion aboli *. Au cas où telle serait la bonne interprétation de la thèse de Raz, nos conceptions respectives des droits coïncideraient très largement.

La plausibilité des droits économiques et sociaux

Je passe maintenant d'une analyse générale des droits humains à l'examen de certains principes spécifiques qui demandent à être compris parmi eux. Se pose en particulier la question de l'inclusion des droits dits économiques et sociaux et de ce qu'on appelle parfois les *welfare rights* **. Ces principes, qui sont aux yeux de leurs défenseurs d'importants droits de « seconde génération », tel le droit de tous à la subsistance ou aux soins médicaux, ont été pour la plupart ajoutés à une date relativement récente aux énumérations antérieures et ils ont élargi considérablement le champ des droits humains [17]. Même s'ils ne figuraient pas dans les formulations classiques comme la Déclaration d'indépendance américaine ou la Déclaration des droits de l'homme en France, ils ont aujourd'hui une très forte présence dans ce que Cass Sunstein appelle la « révolution des droits » [18].

La Déclaration universelle des droits de l'homme, en 1948, a représenté à cet égard une grande rupture. La nouvelle proclama-

---

pitres 9, « Pluralité des raisons impartiales », et 13, « Bonheur, bien-être et capabilités ».

* De fait, Joseph Raz lui-même analyse les liens très importants entre les notions d'intérêt et de liberté dans son ouvrage *The Morality of Freedom*, Oxford, Clarendon Press, 1986, et, même si je vois une distinction réelle entre les deux, je n'essaierai pas ici d'évaluer jusqu'à quel point il existe une différence entre les implications de ces deux idées distinctes.

** L'usage du mot *welfare* dans cette expression est beaucoup plus étroit et spécifique que son emploi comme synonyme de bien-être en général. Les *welfare rights* désignent généralement des « droits aux allocations » – pensions de retraite, indemnités de chômage et autres mesures publiques de ce genre, qui visent à atténuer certaines privations économiques et sociales bien identifiées, dont la liste peut comprendre aussi l'analphabétisme et les maladies guérissables.

tion reflétait une transformation de la pensée sociale radicale dans le monde en mutation du XXe siècle. Le contraste avec les textes antérieurs est effectivement très tranché. Souvenons-nous que même le président Abraham Lincoln n'exigeait pas, à l'origine, de droits politiques et sociaux pour les esclaves – seulement des droits minimaux concernant leur vie, leur liberté et les fruits de leur travail. La Déclaration des Nations unies couvre de son parapluie protecteur une liste beaucoup plus longue de libertés et revendications. Elle n'inclut pas seulement les droits politiques de base, mais aussi le droit au travail, le droit à l'éducation, la protection contre le chômage et la pauvreté, le droit de s'affilier à un syndicat et même le droit à une rémunération équitable et satisfaisante. Elle constitue une rupture avec les étroites limites des Déclarations américaine de 1776 et française de 1789.

Dans la seconde moitié du XXe siècle, la politique mondiale de la justice a porté de plus en plus sur ces droits de seconde génération. La nature du dialogue planétaire et des types de raisonnement tenus en cette ère nouvelle reflète une lecture beaucoup plus large des protagonistes et du contenu des responsabilités mondiales[19]. « La Déclaration universelle des droits de l'homme », souligne Brian Barry, « a des conséquences – et de la plus haute importance – pour la communauté internationale dans son ensemble, pas seulement pour les États pris individuellement[*]. » L'élimination de la pauvreté mondiale et d'autres situations de privation économique et sociale arrive alors à l'avant-scène de l'engagement planétaire pour les droits humains, parfois avec des philosophes, comme Thomas Pogge, à la tête du mouvement[20]. L'intérêt toujours plus vif pour le sujet se traduit aussi par des exigences de réforme de l'action publique. De fait,

* Brian Barry, *Why Social Justice Matters*, Londres, Polity Press, 2005, p. 28. Barry précise ensuite quelles sont selon lui les implications de cette reconnaissance capitale : « Si des États n'ont vraiment pas les moyens de fournir à tout le monde des choses comme une alimentation suffisante et un logement convenable, de l'eau potable, des sanitaires et un environnement sain en général, l'éducation et les soins médicaux, dans ce cas les pays riches, individuellement ou en s'associant sous n'importe quelle forme, ont obligation de garantir que, d'une manière ou d'une autre, les ressources nécessaires seront là » (p. 28).

écrit Deen Chatterjee, « la reconnaissance mondiale de la pauvreté endémique et de l'injustice systémique en tant que graves problèmes de droits humains a exercé sur chaque pays une pression en faveur de réformes démocratiques internes et a souligné le besoin criant de rendre plus justes et plus efficaces les directives des institutions internationales[21] ». Les droits de seconde génération constituent aujourd'hui un point important de l'ordre du jour de réformes institutionnelles qui visent à satisfaire des obligations « imparfaites » mondiales, parfois reconnues explicitement mais plus souvent implicitement.

Inclure les droits de seconde génération permet d'associer les enjeux éthiques des grandes idées du développement mondial aux exigences de la démocratie délibérative, puisque les uns et les autres se trouvent liés aux droits humains, et très souvent à une prise de conscience de la nécessité de faire progresser les capabilités humaines. Dans son livre *Ethics of Global Development : Agency, Capability, and Deliberative Democracy* [Éthique du développement mondial : agence, capabilité et démocratie délibérative], contribution de grande portée à cette intégration des deux domaines, David Crocker souligne que, l'agence et les capabilités étant « la base des droits humains, de la justice sociale et des devoirs individuels et collectifs, une éthique du développement examinera aussi comment un monde globalisé constitue une aide ou une entrave aux individus et aux institutions quand ils s'acquittent de leurs obligations morales de respect des droits ». Il précise ensuite que « l'objectif à long terme d'un développement sain et juste – qu'il soit national ou mondial – doit être d'assurer à tous les habitants de la planète un niveau adéquat de liberté d'action et de capabilités moralement fondamentales – indépendamment de la nationalité, de l'ethnie, de la religion, de l'âge, du sexe ou de la préférence sexuelle[22] ». Ce n'est qu'avec l'inclusion des droits de seconde génération que ce type de proposition radicale d'intégration élargie devient possible *sans* nous faire sortir du cadre des droits humains[23].

Toutefois, ces ajouts récents de droits humains ont été plus souvent contestés par des spécialistes, et plusieurs philosophes et théoriciens de la politique ont fort bien expliqué pourquoi. Leurs objections ne se limitent pas à l'usage mondial des droits économiques et sociaux, elles nient leur viabilité même dans les limites d'un État. Deux des rejets les plus vigoureux sont venus de Maurice Cranston et d'Onora O'Neill [24]. Je me hâte de préciser que les arguments hostiles à l'inclusion de ces libertés dans les droits humains ne signifient pas, en général, qu'on ignore leur importance. L'analyse d'Onora O'Neill sur les problèmes philosophiques liés à la pauvreté et à la faim dans le monde, d'inspiration largement kantienne, constitue une enquête du plus haut intérêt sur leur importance capitale [25]. La proposition d'exclure ces questions des droits humains est plutôt liée à l'idée que se font ces penseurs critiques, dont Onora O'Neill, du contenu et du champ d'application de la notion de droit humain.

Il existe, en fait, deux angles d'attaque spécifiques, que j'appellerai la « critique de l'institutionnalisation » et la « critique de la faisabilité ». La critique de l'institutionnalisation, qui vise particulièrement les droits économiques et sociaux, repose sur la conviction que des droits réels doivent être strictement corrélés à des devoirs formulés avec précision. Cette correspondance, disent certains, n'existe que lorsqu'un droit a été institutionnalisé. Onora O'Neill a présenté l'idée avec force et clarté :

> Malheureusement, de nombreux textes et discours sur les droits proclament imprudemment des droits universels à des biens et services, et en particulier des *welfare rights* – droits aux allocations –, ainsi que d'autres droits sociaux, économiques et culturels qui figurent en bonne place dans les Chartes et Déclarations internationales, sans montrer ce qui relie chaque détenteur présumé de ces droits à un ou des porteur(s) d'obligations bien précis, donc en laissant le contenu de ces droits supposés totalement obscur. [...] Certains défenseurs des droits économiques, sociaux et culturels universels se contentent de souligner qu'ils *peuvent* être institutionnalisés, ce qui est vrai. Mais notre point de divergence, c'est qu'ils *doivent* être institutionnalisés : s'ils ne le sont pas, il n'y a pas de droits [26].

Pour répondre à cette critique, nous devons invoquer une idée que nous avons déjà examinée : les obligations peuvent être parfaites ou imparfaites. Même des droits classiques de « première génération », comme la liberté de ne pas être agressé, peuvent imposer aux autres des obligations imparfaites : on en a eu l'illustration avec l'agression publique contre Kitty Genovese sous les yeux de nombreuses personnes à New York. De même, les droits économiques et sociaux peuvent induire des obligations parfaites et imparfaites. Il y a d'amples possibilités de débat public fructueux, et peut-être de pression efficace, sur ce que peut faire une société ou un État – même pauvre – pour empêcher les violations de certains droits économiques et sociaux de base (par exemple dans des situations marquées par la famine, la sous-alimentation chronique ou l'absence de soins médicaux).

De fait, les activités de soutien des organisations sociales sont souvent orientées vers le changement institutionnel, et on peut les interpréter comme une composante des obligations imparfaites qui incombent aux individus et aux collectivités dans une société où des droits humains fondamentaux sont violés. Onora O'Neill a raison, bien sûr, de souligner le rôle essentiel des institutions pour la concrétisation des *welfare rights* (et même des droits économiques et sociaux en général), mais c'est l'importance éthique de ces droits qui donne de bonnes raisons de tenter de les concrétiser, en faisant pression pour des changements dans les institutions comme dans les mentalités ou en y contribuant directement. On peut le faire, par exemple, par une campagne d'opinion pour une nouvelle législation ou en stimulant une prise de conscience de la gravité d'un problème *. Nier le statut éthique de ces revendications serait ignorer la logique qui dynamise ces activités constructives, et notamment les efforts déployés pour obtenir des changements institutionnels comme ceux que souhaite à juste titre Onora O'Neill afin de concrétiser ce que les militants considèrent comme des droits humains.

La « critique de la faisabilité » n'est pas sans rapport avec la critique de l'institutionnalisation : elle fait valoir qu'assurer à tous les nombreux droits économiques et sociaux qu'on énumère est irréalisable, même avec d'immenses efforts. C'est une obser-

* La façon dont le débat public et les médias peuvent contribuer à provoquer l'atténuation ou l'élimination de privations sociales et économiques a été analysée aux chapitres 15, « La démocratie comme raisonnement public », et 16, « La pratique de la démocratie ».

vation empirique qui n'est pas sans intérêt, mais on la transforme en critique contre l'admissibilité des droits revendiqués parce qu'on suppose, sans vraiment justifier cette hypothèse, que, pour être cohérents, les droits humains doivent être pleinement réalisables pour tous. Si l'on admet ce postulat, l'effet immédiat est d'exclure du champ des droits humains possibles de nombreux droits dits économiques et sociaux, notamment dans les sociétés pauvres. Maurice Cranston formule l'argument en ces termes :

> Les droits civils et politiques traditionnels ne sont pas difficiles à instituer. Pour l'essentiel, ils exigent que les États, et les autres en général, laissent un homme en paix. [...] Mais les revendications de droits économiques et sociaux posent des problèmes d'un ordre entièrement différent. Comment peut-on raisonnablement demander aux États des régions de l'Asie, de l'Afrique et de l'Amérique du Sud, où l'industrialisation commence à peine, d'assurer la sécurité sociale et les congés payés aux millions de personnes qui les habitent et qui se multiplient si prestement [27] ?

Cette critique apparemment plausible est-elle convaincante ? Je dirais qu'elle brouille l'exigence que pose un droit reconnu sur le plan éthique. Les utilitaristes veulent la maximisation des utilités, et la viabilité de leur approche n'est pas compromise par le fait qu'il reste toujours de la marge pour améliorer les utilités ; de même, les partisans des droits humains veulent que les droits humains *reconnus* soient *concrétisés* au maximum [28]. La viabilité de leur approche ne s'effondre pas pour la simple raison que de nouveaux changements sociaux seront nécessaires, à un moment donné, pour qu'un nombre toujours plus grand de ces droits reconnus deviennent pleinement concrétisables et concrétisés [*].

Si la faisabilité était une condition nécessaire pour que les gens aient des droits, ce ne sont pas seulement les droits économiques et sociaux, mais tous les droits – même le droit à la liberté – qui deviendraient absurdes : assurer qu'il n'y aura pas transgression

* L'affirmation de droits humains est un appel à l'action – un appel au changement social – et elle ne dépend pas d'une faisabilité préexistante. Voir sur ce point mon article « Rights as Goals », *in* S. Guest et A. Milne (éd.), *Equality and Discrimination : Essays in Freedom and Justice*, Stuttgart, Franz Steiner, 1985.

de ces droits et que tous garderont leur vie et leur liberté est infaisable. Garantir à chacun qu'il sera « laissé en paix » n'a jamais été particulièrement simple (contrairement à ce que prétend Cranston). Nous ne pouvons pas empêcher qu'il y ait un meurtre ici ou là tous les deux jours. Et nous ne pouvons pas non plus, malgré tous nos efforts, arrêter définitivement tous les massacres du genre de ceux qui ont eu lieu au Rwanda en 1994, à New York le 11 septembre 2001 ou plus récemment à Londres, Madrid, Bali et Bombay. Lorsqu'on refuse de considérer une liberté comme un droit humain au motif qu'elle n'est pas entièrement réalisable, on oublie qu'un droit qui n'est pas pleinement respecté demeure un droit, qui demande à être défendu. La non-concrétisation ne fait pas d'un droit un non-droit. Elle motive la poursuite de l'action sociale. Exclure tous les droits économiques et sociaux du saint des saints des droits humains pour en réserver exclusivement l'espace à la liberté et aux autres droits de première génération revient à tracer dans le sable une limite bien difficile à maintenir.

Examen, viabilité et usage

Je passe maintenant à la question dont j'avais différé l'analyse : la viabilité des droits humains. Comment pouvons-nous juger la recevabilité des revendications de droits humains et évaluer les défis auxquels elles peuvent être confrontées ? Comment fait-on pour les contester – ou pour les défendre ? J'ai déjà en partie répondu à la question indirectement, en définissant ces droits d'une certaine façon (ou plus exactement, peut-être, en formulant la définition implicite qui sous-tend l'usage du terme). Comme les autres propositions éthiques qui se disent recevables si on les étudie impartialement, les énoncés sur les droits humains opèrent sur la base de la présomption implicite que la force de leurs thèses éthiques survivrait à un examen ouvert et informé. Ce qui revient à invoquer un processus interactif de réflexion critique usant de l'impartialité ouverte (ouverture qui s'étend, entre autres, à des informations issues de sociétés différentes et à des arguments venus d'horizons lointains autant que proches), donc à autoriser les contestations du contenu et du champ d'application des droits humains putatifs*.

Affirmer qu'une liberté est assez importante pour être perçue comme un droit humain, c'est affirmer en même temps qu'un examen raisonné confirmerait ce jugement. Et il le confirme effectivement dans bien des cas, mais pas chaque fois que l'on avance ce type de revendication. Parfois, nous pouvons être tout près d'un consensus sans obtenir l'acceptation universelle. Les partisans de droits humains particuliers peuvent travailler activement à faire admettre leurs idées fondamentales le plus largement possible. Personne ne s'attend, bien sûr, à une unanimité complète de ce que chacun veut réellement dans le monde, et il y a peu d'espoir qu'un raciste ou un sexiste convaincu soit converti par la force du débat public argumenté. La condition de recevabilité d'un jugement sur des droits, c'est une appréciation générale de la portée du raisonnement en leur faveur quand les autres s'efforceront, s'ils le font, de les examiner impartialement.

En pratique, nous ne disposons, bien sûr, d'aucun système mondial concret d'examen public des droits humains putatifs. Des actions sont lancées sur la base d'une croyance générale en l'acceptabilité de certains droits en cas d'examen impartial de ce genre. En l'absence d'arguments contraires forts émis par des esprits critiques bien informés et réfléchis, une présomption de recevabilité s'établit[29]. C'est sur cette base que de nombreuses sociétés ont introduit de nouvelles législations sur les droits humains et donné voix et pouvoir aux avocats de certains droits particuliers, dont celui à la non-discrimination ethnique ou sexuelle, ou celui, fondamental, à la liberté d'expression raisonnable. Ceux qui veulent élargir la catégorie des droits humains continueront évidemment à faire pression pour obtenir davantage : la quête de ces droits est un processus permanent et interactif**.

* Voir plus haut l'analyse du raisonnement public et de l'impartialité ouverte aux chapitres 1, « Raison et objectivité », 5, « Impartialité et objectivité », et 6, « Impartialités ouverte et fermée ».

** La Déclaration universelle des droits de l'homme adoptée par les Nations unies a joué un rôle tout à fait essentiel pour orienter la réflexion et le débat vers un sujet très important, et son impact sur les raisonnements comme sur

Il faut bien voir, cependant, que même si l'accord se fait pour affirmer certains droits humains, il peut encore y avoir de sérieux débats sur la meilleure façon de leur prêter l'attention qui leur est due, notamment dans le cas des obligations imparfaites. Et d'autres débats sur le poids respectif à attribuer aux divers types de droits humains, sur la façon d'harmoniser leurs exigences respectives et sur leur fusion avec d'autres angles d'évaluation également dignes de notre vigilance éthique [30]. L'acceptation d'une classe de droits humains n'en laissera pas moins un espace à la poursuite de la réflexion, de la contestation et du débat argumenté – c'est dans la nature du sujet.

La viabilité de revendications éthiques qui prennent la forme d'une déclaration de droits humains dépend en dernière analyse de la présomption qu'elles survivraient à une discussion sans entrave. Il est très important de comprendre ce lien entre droits humains et raisonnement public, au regard notamment des exigences de l'objectivité déjà analysées en termes généraux (en particulier aux chapitres 1 et 4 à 9). On peut raisonnablement soutenir que la plausibilité générale de ces revendications éthiques – ou de leur rejet – dépend de leur survie quand elles sont mises à l'épreuve d'un débat et d'un examen sans obstruction, avec libre accès à une information suffisamment large.

Une revendication de droit humain est gravement fragilisée si l'on peut montrer qu'elle ne survivrait probablement pas à un examen public ouvert. Mais, contrairement à une justification fréquente du scepticisme et du rejet de l'idée même des droits humains, on ne peut pas récuser les arguments en leur faveur en faisant simplement remarquer que, dans les régimes répressifs qui n'autorisent pas le débat public ou ne permettent pas d'accéder librement à l'information sur le monde extérieur, nombre de ces droits humains ne suscitent pas d'intérêt populaire sérieux. L'efficacité même de la surveillance des violations de droits

---

les actes au niveau mondial a été vraiment remarquable. J'ai examiné tout ce qu'a accompli cette initiative visionnaire dans mon article « The Power of a Declaration : Making Human Rights Real », *The New Republic*, vol. 240, 4 février 2009.

humains et de la désignation nominative des coupables pour leur faire honte (ou du moins les mettre sur la défensive) indique assez la puissance qu'aura le raisonnement public quand l'information deviendra accessible et que les arguments éthiques seront autorisés et non plus réprimés. Pour récuser comme pour justifier, l'examen critique sans restriction est essentiel.

18

LA JUSTICE ET LE MONDE

Pendant l'été tumultueux de 1816, en Angleterre, le philosophe utilitariste James Mill écrivit une lettre à David Ricardo, le plus grand économiste de l'époque, au sujet des effets de la sécheresse sur la production agricole. Il s'inquiétait de ce qui allait inévitablement en résulter : une misère « dont la seule idée fait frémir jusqu'à l'os – un tiers de la population doit mourir ». Si le fatalisme de Mill sur les famines et la sécheresse était frappant, sa foi dans les exigences d'une version assez simpliste de la justice utilitariste, uniquement soucieuse de réduire les souffrances, ne l'était pas moins. « Ce serait une bénédiction, écrivait-il, de les déposer [les affamés] dans les rues, sur les routes, et de les égorger comme des cochons. » Ricardo exprima beaucoup de sympathie pour la pensée terriblement pessimiste de son correspondant, et, comme Mill (James Mill, je m'empresse de le répéter, pas John Stuart), il dit tout son mépris pour les agitateurs sociaux qui tentaient de semer les ferments de la révolte contre l'ordre établi en affirmant aux gens, bien à tort, que l'État pouvait les aider. Il souligna, dans sa réponse, combien il était « désolé de constater cette disposition à enflammer les esprits des classes inférieures en les persuadant qu'une législation pourrait leur apporter le moindre secours [1] ».

Il est compréhensible que David Ricardo ait fustigé les protestations incendiaires : il était convaincu – tout comme Mill – que les populations menacées par la famine due à la mauvaise moisson de 1816 ne pouvaient en aucune façon être sauvées. Ses récriminations n'en sont pas moins incompatibles avec la perspective générale de ce livre. Il importe de bien comprendre les raisons de cette divergence.

Premièrement, ce qui « enflamme les esprits » de l'humanité souffrante ne peut qu'être d'un intérêt immédiat tant pour l'élaboration de l'action publique que pour le diagnostic de l'injustice. Tout sentiment d'injustice doit être examiné, même s'il se révèle mal fondé ; il doit bien sûr être pris très au sérieux s'il est fondé. Et nous ne pouvons pas savoir avec certitude s'il est erroné ou non sans l'avoir un tant soit peu examiné*. Toutefois, puisque les injustices sont assez souvent liées à des clivages sociaux tranchés dus à des différences de classe, de sexe, de rang, de lieu de résidence, de religion, de communauté et à d'autres barrières bien établies, il est souvent difficile de surmonter ces obstacles pour effectuer une analyse objective du contraste entre ce qui se passe et ce qui aurait pu se passer – comparaison essentielle pour faire avancer la justice. Nous devons passer par le doute, les interrogations, les controverses et procéder à un examen attentif pour déterminer si, et comment, il est possible de faire progresser la justice. Une approche qui se préoccupe particulièrement de diagnostiquer l'injustice, comme celle de ce livre, doit autoriser l'écoute des « esprits enflammés » en prélude à l'examen critique. L'indignation peut servir à motiver la raison, sinon à la remplacer.

Deuxièmement, même si David Ricardo était peut-être l'économiste le plus distingué de l'époque en Grande-Bretagne, les arguments de ceux qu'il prenait pour de simples fauteurs de troubles ne méritaient pas cette récusation hâtive. Les « agitateurs » qui disaient aux victimes potentielles de la famine qu'une législation et une action de l'État pouvaient atténuer la faim étaient en réalité plus proches de la vérité que Ricardo et ses

* Sur la relation entre les théories insuffisamment examinées et leurs conséquences parfois extrêmement graves, problème crucial dans l'analyse du développement, voir Sabina Alkire, « Development : A Misconceived Theory Can Kill », *in* C. W. Morris, *Amartya Sen, op. cit.*

idées sur l'impossibilité d'un secours social efficace. En fait, une politique publique judicieuse peut empêcher entièrement l'apparition des famines. Des recherches détaillées ont montré que ces événements étaient faciles à prévenir : leurs résultats corroborent les plaidoyers des protestataires et non les fins de non-recevoir stéréotypées – et un peu paresseuses – des piliers de l'ordre établi qui niaient toute possibilité d'aide aux victimes. Une analyse économique correcte des causes des famines et des possibilités d'action préventive, si elle prend en compte comme il convient la diversité des facteurs économiques et politiques en jeu, révèle combien il est naïf de lier mécaniquement ces catastrophes à l'offre de denrées, comme l'ont prouvé les travaux économiques récents*.

Une famine est due au fait que beaucoup de gens n'ont pas assez à manger, elle ne prouve pas qu'il n'y a pas assez à manger[2]. Ceux qui se retrouvent du côté des perdants dans la bataille pour la nourriture peuvent assez vite reprendre pied grâce à diverses mesures de création de revenu, dont l'emploi public, qui rendent moins inégale la répartition des denrées dans l'économie (ce moyen de prévention des famines est souvent utilisé aujourd'hui – de l'Inde à l'Afrique). L'important ici n'est pas seulement que le pessimisme de David Ricardo était injustifié, mais aussi que l'on ne peut pas récuser raisonnablement des arguments contraires sans les avoir examinés sérieusement**. Ce qui est

* Le lien entre les famines et le manque de droits à l'alimentation (et non la pénurie de denrées) est analysé dans mon livre *Poverty and Famines : An Essay on Entitlement and Deprivation*, *op. cit.* Les moyens de rétablir les droits perdus aux produits alimentaires, par exemple en créant des emplois publics, sont également explorés dans un livre que j'ai cosigné avec Jean Drèze, *Hunger and Public Action*, *op. cit.* Il existe de nombreux cas récents, dans le monde entier, où, par une politique assurant aux plus vulnérables des droits au minimum d'alimentation nécessaire, les pouvoirs publics ont empêché une grave diminution de l'offre de denrées de provoquer une famine. Les esprits « enflammés » des « classes inférieures » voyaient beaucoup plus juste que les fines intelligences de David Ricardo et de James Mill.

** Sur la base d'études empiriques d'expériences réelles dans le monde entier, j'ai analysé l'efficacité d'une action publique bien pensée pour éliminer des « non-libertés » de divers types, dont celle de mourir de faim, dans mon livre *Un nouveau modèle économique : développement, justice, liberté*, *op. cit.* Voir aussi Dan Banik, *Starvation and India's Democracy*, Londres, Routledge, 2007.

requis, c'est le raisonnement public et non le prompt rejet des convictions adverses, même si elles peuvent d'abord paraître invraisemblables et quelle que soit la volubilité de protestations grossières et simplistes. S'engager avec ouverture d'esprit dans le débat public argumenté est indispensable quand on recherche la justice.

RAGE ET RAISONNEMENT

Le recours simultané à l'indignation et à l'argumentation est typique de la résistance à l'injustice. La frustration et la colère peuvent aider à motiver, mais en définitive, tant dans l'évaluation que dans l'action efficace, il faudra compter sur l'examen raisonné pour se faire une idée plausible et soutenable du fondement de ces protestations (s'il y en a un) et déterminer ce qu'il est possible de faire pour s'attaquer aux problèmes qui les suscitent.

Les fonctions respectives de l'indignation et du raisonnement apparaissent bien dans la formulation que donne Mary Wollstonecraft, pionnière de la pensée féministe, à sa « défense des droits de la femme »*. C'est avec colère et exaspération qu'elle souligne la nécessité d'éliminer radicalement l'assujettissement des femmes :

> Que la femme partage les droits des hommes et elle stimulera leurs vertus ; car la femme sera nécessairement plus parfaite quand elle sera émancipée, sinon l'autorité qui enchaîne à son devoir un être aussi faible sera justifiée. Dans le second cas, il conviendra d'ouvrir avec la Russie un commerce pour se fournir en fouets, cadeau qu'un père devrait toujours faire à son gendre le jour de son mariage afin que le mari puisse avoir toute sa famille bien en main par ce moyen et régner sans violer la justice en maniant ce sceptre ; il sera seul maître de sa maison parce qu'il sera le seul à posséder la raison[3].

* J'ai déjà examiné, et beaucoup utilisé, les œuvres de Mary Wollstonecraft dans cet ouvrage. Voir aussi mon analyse de certains de ses livres dans mon article « Mary, Mary, Quite Contrary : Mary Wollstonecraft and Contemporary Social Sciences », *Feminist Economics*, vol. 11, mars 2005.

Dans ses deux livres sur les droits des hommes et des femmes, la colère de Mary Wollstonecraft ne vise pas seulement les iniquités subies par les femmes ; elle est également dirigée contre le traitement réservé à d'autres groupes humains opprimés, dont les esclaves aux États-Unis et ailleurs*. Néanmoins, ses ouvrages, qui sont devenus des classiques, reposent en dernière analyse sur un puissant appel à la raison. La rage rhétorique est constamment suivie d'arguments raisonnés, et Mary Wollstonecraft veut que ses adversaires les prennent en considération. Elle conclut sa lettre à Monsieur Talleyrand-Périgord, le dédicataire de son livre *Défense des droits de la femme*, en réaffirmant toute sa confiance dans la raison :

> Je souhaite, Monsieur, susciter en France de telles réflexions et, si elles devaient aboutir à confirmer mes principes, j'espère que lors de la révision de votre constitution les Droits de la Femme seront respectés, si la preuve est bien faite que la raison demande qu'on les respecte et réclame à haute voix JUSTICE pour une moitié de la race humaine[4].

Le rôle et la portée de la raison ne sont nullement remis en question lorsque l'indignation nous pousse à chercher l'explication de la nature et du fondement des injustices chroniques qui caractérisent le monde où nous vivons comme celui où vivait Mary Wollstonecraft au XVIIIe siècle. Celle-ci réussit remarquablement à associer rage et raisonnement dans le même ouvrage (en fait, à les juxtaposer), mais même de pures expressions de mécontentement et de déception peuvent contribuer à leur façon au débat public si elles sont suivies de la recherche (peut-être entreprise par d'autres) de leur éventuel fondement raisonnable.

L'appel au raisonnement public, sur lequel insiste Mary Wollstonecraft, est un trait important de l'approche de la justice que je me suis efforcé de présenter dans ce livre. Comme tous les autres aspects de la connaissance humaine, la compréhension des

* La furieuse critique de Mary Wollstonecraft contre Edmund Burke pour avoir ignoré le problème de l'esclavage dans son soutien à la liberté des indépendantistes blancs américains a été évoquée au chapitre 5, « Impartialité et objectivité ».

exigences de la justice n'est pas une activité solitaire *. Lorsqu'on cherche comment faire avancer la justice, on a fondamentalement besoin du raisonnement public, d'arguments issus d'horizons différents et de perspectives divergentes. Toutefois, ce n'est pas parce qu'on engage le débat avec les tenants d'arguments contraires qu'il faut s'attendre à résoudre le conflit des logiques dans tous les cas, à se mettre d'accord sur tout. La résolution complète des problèmes n'est une condition nécessaire ni à la rationalité personnelle d'un individu ni au choix social raisonnable, dont celui d'une théorie de la justice fondée sur la raison **.

JUSTICE EST FAITE QUAND ELLE EST VUE

Mais, pourrait-on demander, pourquoi un accord issu d'un raisonnement public aurait-il un intérêt particulier pour la validité d'une théorie de la justice ? Quand Mary Wollstonecraft, dans sa lettre à M. Talleyrand-Périgord, espère qu'un débat public ouvert et réfléchi aboutira à la reconnaissance des « droits de la femme », ce consensus raisonné lui paraît un moyen décisif de savoir s'il s'agit d'un réel progrès de la justice sociale (si l'on peut dire qu'il octroie des droits légitimes à « une moitié de la race humaine »). Qu'il soit plus simple de réaliser ce qui fait l'unanimité, c'est assez facile à comprendre et c'est une idée d'intérêt pratique. Mais, si l'on va au-delà de cette valeur instrumentale, on peut se demander pourquoi, quand on évalue la viabilité d'une théorie de la justice, un accord ou une entente est censé(e) avoir une importance spéciale.

Pensons à un principe souvent répété dans un domaine très voisin, la pratique du droit : il ne suffit pas de rendre la justice,

* Nous l'avons dit au chapitre 5, la communication et la discussion sont essentielles pour pouvoir comprendre et évaluer les thèses morales et politiques. Sur ce point, voir aussi J. Habermas, *Justification and Application : Remarks on Discourse Ethics, op. cit.*

** Les exigences du rationnel et du raisonnable ont été examinées aux chapitres 8, « La rationalité et les autres », et 9, « Pluralité des raisons impartiales ».

il faut aussi que « l'on voie que justice est faite ». Pourquoi ? Du moment que justice a été rendue, en quoi est-ce important que les gens soient bien d'accord pour dire qu'elle a été rendue ? Pourquoi ajouter à un impératif strictement juridique (que justice soit faite) la condition, la contrainte ou le complément de cette exigence populiste (que la population puisse constater qu'elle est faite) ? Y aurait-il ici confusion entre la rigueur juridique et l'aval populaire – amalgame entre jurisprudence et démocratie ?

Certes, on devine sans peine certaines raisons pratiques d'attacher de l'importance à ce qu'une décision soit *vue* comme juste. D'abord, sur un plan général, l'administration de la justice sera plus efficace si chacun voit que les juges font leur métier sérieusement, qu'ils ne bâclent pas le travail. Si un jugement inspire confiance et soutien unanime, il sera très probablement plus facile de l'exécuter. Il n'est donc guère difficile d'expliquer pourquoi cette formule sur la nécessité que « l'on voie que justice est faite » a été si ovationnée et si souvent répétée depuis le jour où Lord Hewart l'a énoncée pour la première fois en 1923 (in *Rex v. Sussex Justices Ex parte McCarthy* [1923] All ER 233) sous forme de mise en garde : « Il faut que l'on voie de façon manifeste et incontestable que justice est faite. »

Pourtant, on a du mal à croire que c'est seulement ce genre de mérite administratif qui donne à l'observabilité de la justice une importance si décisive. Les avantages concrets d'une approbation générale pour la mettre en œuvre ne sont pas douteux, mais il serait curieux que le principe fondamental de Hewart n'ait d'autre base que la commodité et l'utilité pratique. Au-delà de ces considérations, on peut faire un autre raisonnement plausible : si les autres, malgré tous leurs efforts, ne parviennent pas à considérer un jugement comme juste, dans un sens compréhensible et raisonnable du terme, ce n'est pas seulement son exécution qui en souffrira, c'est aussi son bien-fondé qui sera gravement compromis. Il existe un lien clair entre l'objectivité d'un jugement et son aptitude à résister à l'examen public : c'est une réalité que j'ai explorée de différents points de vue dans cet ouvrage [*].

[*] Voir en particulier les chapitres 1, « Raison et objectivité », 5, « Impartialité et objectivité », et 9, « Pluralité des raisons impartiales ».

Pluralité des raisons

Si l'importance du raisonnement public est l'un des grands thèmes de ce livre, la nécessité d'admettre la pluralité des logiques intégrables à un effort d'évaluation raisonnable en est un autre. Les raisons peuvent parfois rivaliser entre elles, tenter de nous orienter dans un sens ou dans un autre lors d'une estimation particulière, et, quand elles produisent des jugements contradictoires, on a bien du mal à déterminer quelles conclusions crédibles on peut tirer après avoir pesé tous les arguments.

Il y a plus de deux cents ans, Adam Smith déplorait la tendance de certains théoriciens à chercher une vertu homogène unique par laquelle s'expliqueraient toutes les valeurs plausibles que nous pouvons défendre :

> En résumant toutes les différentes vertus à cette seule espèce de convenance, Épicure s'est abandonné à une propension, naturelle à tous les hommes, mais que les philosophes sont particulièrement aptes à cultiver avec une certaine prédilection parce qu'elle est le moyen de montrer leur ingéniosité, la propension à rendre compte de tous les phénomènes à partir d'aussi peu de principes que possible. Et il a poussé indubitablement cette propension plus loin encore, lorsqu'il rapporte tous les objets premiers du désir et de l'aversion naturels aux plaisirs et aux douleurs du corps *.

Il existe effectivement des écoles de pensée qui affirment, explicitement ou implicitement, qu'il faut en dernière analyse ramener toutes les valeurs distinctes à une source unique qui fonde leur importance. La quête de cette source est en partie stimulée par la peur panique de l'« incommensurabilité » – de l'irréductible diversité d'objets de valeur distincts. Fondée sur la présomption de prétendues entraves à l'évaluation du poids relatif d'objets différents, cette angoisse fait oublier que la quasi-totalité des appréciations effectuées dans la vie courante

* Adam Smith, *Théorie des sentiments moraux*, *op. cit.*, p. 400. Même si Épicure est le seul à être mentionné ici, il est possible que Smith ait eu aussi à l'esprit son ami David Hume, dont on connaît les penchants proto-utilitaristes. Bentham, bien sûr, correspondrait mieux que Hume à la description.

consistent à classer par ordre de priorité et d'importance des préoccupations distinctes. Il n'y a rien d'extraordinaire à reconnaître que l'évaluation doit se colleter avec des priorités concurrentes*. Nous comprenons fort bien que les pommes ne sont pas des oranges et que leurs vertus alimentaires sont différentes à divers points de vue – du plaisir à la nutrition –, mais nous n'en sommes pas pour autant paralysés d'indécision chaque fois que nous devons choisir entre les deux. Ceux qui assurent que les humains ne peuvent parvenir à déterminer ce qu'il faut faire que si, d'une façon ou d'une autre, toutes les valeurs sont réduites à une et une seulement sont évidemment à l'aise quand il s'agit de compter (« y en a-t-il plus ou y en a-t-il moins ? »), mais pas de juger (« ceci est-il plus important que cela ? »).

La pluralité des raisons que doit intégrer une théorie de la justice n'est pas seulement fonction de la diversité des objets de valeur dont cette théorie reconnaît l'intérêt, mais aussi de la façon dont elle tient compte, par exemple, de l'importance des divers aspects de l'égalité ou de la liberté**. Les jugements de justice doivent intégrer diverses logiques et divers critères d'évaluation. Nous pouvons souvent classer par ordre de priorité et d'importance relative des considérations rivales, mais cela ne signifie pas qu'il soit toujours possible, fût-ce à une même personne, d'établir un ordre complet de tous les scénarios en concurrence. Un individu peut avoir des idées claires sur certains classements tout en n'étant pas très sûr de certaines autres comparaisons. Qu'il parvienne, par la raison, à condamner l'esclavage ou l'oppression des femmes ne prouve pas qu'il sera capable de dire sans hésiter si le taux maximal de l'impôt sur le revenu est meilleur – ou plus juste – à 40 % qu'à 39 %. Les conclusions raisonnées peuvent aisément prendre la forme de classements partiels et, nous l'avons dit, il n'y a rien de défaitiste à le reconnaître.

---

* Cette question a été analysée au chapitre 11, « Vies, libertés et capabilités », dans un contexte spécifique : l'évaluation de l'importance relative des capabilités distinctes.

** Les pluralités incontournables au sein des larges idées d'égalité et de liberté personnelle ont été examinées au chapitre 14, « Égalité et liberté ».

RAISONNEMENT IMPARTIAL ET ORDRES PARTIELS

Si la résolution incomplète peut être un aspect de la discipline du jugement d'évaluation individuel, elle joue un rôle encore plus important dans ce qu'on peut attendre du raisonnement public. Quand la réflexion est collective, il faut intégrer non seulement les classements partiels respectifs des différents individus, mais aussi l'éventuelle incomplétude du classement partiel commun sur lequel ils peuvent raisonnablement s'entendre*. Mary Wollstonecraft était convaincue que, lorsqu'on examinerait impartialement les raisons de respecter les libertés fondamentales des femmes, on conviendrait que « la raison appelle ce respect ». Les désaccords existants peuvent être dissipés par le raisonnement, aidé par la mise en cause des préjugés, intérêts et idées préconçues non réexaminés. Beaucoup d'accords réellement importants sont réalisables ainsi, mais cela ne signifie pas que tous les problèmes de choix social peuvent être réglés de cette façon.

Dans certains cas, la pluralité des raisons n'est pas gênante pour prendre une décision tranchée ; dans d'autres, elle peut être un problème sérieux. Le cas des trois enfants qui se disputent une flûte, évoqué dans l'Introduction, illustrait la possibilité d'aboutir à une impasse quand on s'efforce de déterminer ce qu'il est juste de faire. Mais ce n'est pas parce qu'on admet une large gamme de considérations diverses que l'on va nécessairement se retrouver dans l'impasse. Même dans le cas des trois enfants, il aurait pu arriver que Carla, qui a fabriqué la flûte, soit aussi la plus pauvre ou la seule qui sache en jouer ; ou que la privation de Bob, l'enfant le plus démuni, soit si extrême et son besoin d'avoir de quoi s'amuser si important pour une existence à peu près vivable que l'argument de la pauvreté domine le jugement de justice. Des raisons distinctes peuvent coïncider dans de nombreuses situations particulières. L'idée de justice, semble-t-il, inclut des cas de type différent : certains sont faciles à résoudre, d'autres posent de terribles problèmes de décision.

* Ce problème a été analysé au chapitre 4, « Voix et choix social ».

L'une des conséquences de ce raisonnement est qu'une théorie large de la justice, qui fait place *en son sein* à des considérations non convergentes, ne se rend pas pour autant incohérente, ingérable ou inutile. Des conclusions précises peuvent émerger malgré la pluralité [*]. Quand celle-ci reflète des préoccupations rivales dont les mérites sont importants mais nous laissent en partie indécis sur leur valeur relative, cela fait sens d'essayer de voir jusqu'où nous pouvons aller, même sans résoudre entièrement les problèmes de pondération relative [**]. Parfois, nous irons assez loin pour que la théorie soit d'une utilité pratique considérable sans sacrifier aucune des exigences rigoureuses de chaque argumentation concurrente.

Les critères rivaux apporteront différents classements d'options où certains éléments seront communs et d'autres divergents. L'intersection de ces divers ordres engendrés par des priorités différentes – les éléments qu'ils classent de la même façon – donnera un ordre partiel qui situera certaines options les unes par rapport aux autres avec beaucoup de clarté et de cohérence interne, tout en se révélant totalement incapable de classer d'autres paires [***]. L'espace commun de l'ordre partiel partagé peut

* Ce que l'on peut rapprocher de la tendance des « participants aux controverses juridiques à essayer d'élaborer des accords incomplètement théorisés sur des résultats particuliers », comme l'a brillamment montré Cass Sunstein dans son important article « Incompletely Theorized Agreements », *Harvard Law Review*, vol. 108, mai 1995. Si Sunstein se concentre sur la possibilité d'un accord pratique sans consensus sur la théorie qui le sous-tend (et c'est effectivement un problème important dans les décisions, juridiques ou non), j'essaie d'éclaircir une question voisine mais un peu différente. Ce que je soutiens ici, c'est qu'une considérable hétérogénéité de perspectives peut être intégrée *au sein même* d'une théorie de grande capacité, ce qui produira des classements partiels permettant de distinguer les décisions plausibles (sinon « la meilleure ») et les propositions clairement rejetées.

** L'acceptation d'une irréductible diversité d'opinions se produit toutefois en dernier ressort, et non en première option, puisque tous les désaccords doivent être d'abord soumis à examen critique et évalués, comme on l'a dit au chapitre 1, « Raison et objectivité ».

*** Il existe des résolutions mathématiques bien précises pour identifier le domaine des décisions clairement tranchées quand l'intersection qui émerge des critères pluriels survivants est incomplète. Voir sur ce point mon ouvrage *Collective Choice and Social Welfare*, *op. cit.* ; et mes articles « Interpersonal Aggregation and Partial Comparability », *Econometrica*, vol. 38, 1970, et

alors être perçu comme le résultat final de cette théorie élargie. Les conclusions tranchées sont utilisables sous la forme et au moment où elles apparaissent, sans qu'il soit en rien nécessaire d'être certain que l'opération « juste » ou « la meilleure » émergera dans tous les cas où nous sommes tentés d'invoquer l'idée de justice.

Le problème fondamental est ici assez simple quand on le dépouille des complexités de l'analyse formelle : il faut comprendre qu'une théorie de la justice complète peut nous donner un classement incomplet des options entre lesquelles il faut choisir, et qu'un classement partiel qui fait consensus nous dit sans ambiguïté quelque chose sur certains sujets et reste muet sur d'autres. Quand Condorcet et Smith soutenaient que l'abolition de l'esclavage rendrait le monde infiniment moins injuste, ils affirmaient qu'il était possible de classer les mondes avec et sans esclavage en mettant en tête le second, c'est-à-dire de montrer la supériorité – et la plus grande justice – d'un monde sans esclavage. Ils énonçaient cette conclusion sans lui adjoindre cette thèse supplémentaire : toutes les options éventuelles résultant de changements d'institutions et de politiques sont pleinement classables entre elles. On peut évaluer l'esclavage en tant qu'institution sans se prononcer – avec la même certitude – sur tous les autres choix institutionnels auxquels la planète est confrontée. Nous ne vivons pas dans un monde du « tout ou rien ».

Il importe de souligner, notamment pour éviter un possible malentendu, que l'approbation consensuelle recherchée ne recouvre pas exactement l'unanimité des classements de préférences *réelles* de chacun dans l'espace de l'ordre partiel argumenté. On ne postule pas ici que tout propriétaire d'esclaves doit choisir de renoncer à ses droits sur d'autres êtres humains – des droits qui lui sont octroyés par les lois de son pays. Adam Smith, Condorcet ou Mary Wollstonecraft voulaient dire qu'avec les exigences du raisonnement public et les impératifs d'impartialité les arguments des esclavagistes seraient balayés par ceux des abolitionnistes. Les

---

« Maximization and the Act of Choice », *Econometrica*, vol. 65, 1997 [« Maximisation et acte de choix », in *Rationalité et liberté en économie*, *op. cit.*].

éléments coïncidents des raisonnements impartiaux qui ont survécu à l'examen critique forment la base d'un ordre partiel, et c'est sur lui qu'on se fonde pour affirmer que telle option est une amélioration manifeste de la justice (comme on l'a montré plus haut). La base de l'ordre partiel destiné aux comparaisons de justice est la coïncidence des conclusions des raisonnements impartiaux ; ce n'est pas l'accord parfait des préférences personnelles des individus *.

La portée des solutions partielles

Pour être utile, un classement social doit avoir un certain contenu concret, mais il n'a pas besoin d'être complet. Fondamentalement, une théorie de la justice doit recourir à des ordres partiels reposant sur l'intersection – ou les points communs – de classements distincts produits par des logiques de justice différentes, toutes capables de survivre à l'examen du raisonnement public. Dans l'exemple particulier des trois façons d'attribuer la flûte (présenté dans l'Introduction), il est fort possible qu'aucune unanimité n'apparaisse entre les classements de ces trois options. Si nous devons précisément choisir entre ces trois possibilités-là, nous ne parviendrons peut-être pas à nous faire aider dans ce choix par un classement incomplet.

En revanche, il existe un très grand nombre de choix sur lesquels un ordre partiel, avec des lacunes spécifiques, peut nous orienter très nettement. Si par exemple, par examen critique des raisons de justice, nous plaçons une option *x* au-dessus de *y* et de *z* sans parvenir à classer entre elles *y* et *z*, nous pouvons assurément mettre en œuvre l'option *x* sans être tenus de

* Il y a manifestement un lien ici avec la distinction entre les exigences respectives du « rationnel » et du « raisonnable », analysée aux chapitres 8, « La rationalité et les autres », et 9, « Pluralité des raisons impartiales ». Cette distinction a des racines rawlsiennes, mais, dans l'usage que j'en fais, la survie d'une pluralité des raisons impartiales est mieux acceptée que dans les principes de justice rawlsiens (comme on l'a vu au chapitre 2, « Rawls et au-delà »).

résoudre le différend entre *y* et *z*. Si nous avons moins de chance et que l'examen des logiques de justice ne permet pas de classer entre elles *x* et *y* mais situe ces deux options au-dessus de *z*, nous n'aurons pas de choix précis émergeant des seules considérations de justice. Néanmoins, les raisons de justice nous guideront tout de même sur un point : le rejet, le refus total de l'option *z*, qui est clairement inférieure à *x* et à *y*.

Les ordres partiels de ce type peuvent avoir un impact vraiment important ; s'il y a consensus, par exemple, pour estimer que le statu quo en matière de santé aux États-Unis, qui est loin de garantir une assurance maladie universelle, est nettement moins juste que plusieurs options précises qui proposent différentes façons de couvrir tout le monde, nous pouvons, pour des motifs de justice, rejeter le statu quo qui n'assure pas la couverture universelle, même si les raisons de justice ne permettent pas de classer complètement les options qui sont toutes meilleures que le statu quo. Nous sommes donc fondés à procéder à un examen critique détaillé des arguments reposant sur des considérations de justice pour voir jusqu'où nous pouvons étendre l'ordre partiel qui émane de cette perspective. Et rien ne justifie de refuser l'aide du classement partiel final que nous obtiendrons, même s'il laisse hors champ certains choix. Dans l'exemple de la santé, nous aurions suffisamment de raisons de faire pression pour une couverture médicale universelle selon l'une des modalités spécifiées, même si nous ne parvenons pas à nous mettre d'accord sur d'autres problèmes de choix social*.

* Le choix rationnel exige que l'une des options supérieures – mais non classées entre elles – soit retenue : il ne faut pas s'en tenir au statu quo, nettement inférieur, par indécision, parce qu'on ne sait pas trop quelle option supérieure adopter. Il y a ici une leçon à tirer de la vieille histoire de l'âne de Buridan, qui ne parvient pas à déterminer lequel des deux tas de foin qui sont devant lui est le meilleur et meurt de faim en raison de son interminable hésitation. Les exigences du raisonnement et de la rationalité en cas de classements incomplets sont analysées dans mon article « Maximization and the Act of Choice », *Econometrica*, vol. 65, 1997 [« Maximisation et acte de choix », in *Rationalité et liberté en économie*, *op. cit.*], et dans mon livre *Rationalité et liberté en économie*, *op. cit.*

parvenir à gérer sa crise économique actuelle (celle de 2008-2009, qui est en plein développement à l'heure où je termine ce livre) aura un impact profond sur les pays qui entretiennent des relations commerciales et financières avec elle, et sur d'autres encore, qui sont en relations d'affaires avec ces partenaires commerciaux des États-Unis. Ajoutons que le sida et d'autres épidémies sont passés de pays à pays, de continent à continent ; et que les médicaments mis au point et produits dans certaines régions du monde sont importants pour la vie et la liberté de personnes qui en sont très éloignées. Il serait facile d'identifier d'autres canaux d'interdépendance.

L'impact d'un sentiment d'injustice dans un pays sur les vies et les libertés dans d'autres compte aussi parmi ces interdépendances. « L'injustice, où qu'elle soit, est une menace pour la justice, où qu'elle soit », écrivait Martin Luther King de sa prison de Birmingham dans une lettre d'avril 1963 [*]. La rancœur contre l'injustice dans un pays peut rapidement s'étendre à d'autres : aujourd'hui, nos « voisinages » s'étendent de fait au monde entier [**]. Nos relations avec les autres, par le commerce et les communications, sont d'une ampleur remarquable dans le monde contemporain, et elles le sont tout autant dans les lettres, les arts et les sciences. Comment une prise en compte adéquate des divers intérêts ou préoccupations pourrait-elle raisonnablement se limiter au corps civique d'un seul pays ? à l'exclusion de tous les autres ?

LE NON-LOCALISME COMME EXIGENCE DE LA JUSTICE

Outre l'envergure mondiale des intérêts interdépendants, il existe une seconde raison d'admettre une conception « ouverte »

Peace in the 20th Century and Beyond, Londres, World Scientific, 2002, et Chris Patten, *What Next ? Surviving the Twenty-first Century*, *op. cit.*

* Pour le contexte de ce jugement de King au sujet de l'impact de la justice mondiale sur la justice locale, voir Martin Luther King, *Autobiographie*, éd. Clayborne Carson, trad. fr. de Marc Saporta et Michèle Truchan-Saporta, Paris, Bayard éditions, 2000.

** Ce point a été analysé au chapitre 7, « Position, pertinence et illusion ».

des exigences de l'impartialité : éviter le piège du localisme. Si l'analyse des impératifs de la justice se limite à un lieu particulier – un pays ou même une région plus vaste –, de stimulantes objections absentes des débats politiques locaux, ou des réflexions fondées sur la culture locale, risquent d'être ignorées ou négligées, alors qu'elles sont éminemment dignes d'être prises en considération dans une perspective impartiale. C'est contre l'étroitesse inhérente à un raisonnement local, lié à des traditions nationales et à des modes de pensée régionaux, qu'Adam Smith a voulu lutter. Il l'a fait en utilisant le mécanisme du spectateur impartial : une expérience de pensée où l'on se demande comment telle pratique ou telle procédure apparaîtrait à une personne désintéressée – lointaine ou proche *.

Smith était particulièrement soucieux de neutraliser l'emprise du localisme sur la jurisprudence et le raisonnement moral et politique. Dans un chapitre intitulé « De l'influence de la coutume et de la mode sur les sentiments de l'approbation et de la désapprobation morales », il montre par divers exemples comment les réflexions menées dans le cadre d'une seule société peuvent être prisonnières d'interprétations vraiment limitées.

> […] l'exposition, c'est-à-dire le meurtre des nouveau-nés, était une pratique autorisée dans presque tous les États grecs, même parmi les Athéniens polis et civilisés. Chaque fois qu'élever un enfant devenait un inconvénient pour la situation des parents, l'abandonner à la faim ou aux bêtes sauvages était considéré sans blâme ni censure. […] La coutume ininterrompue avait alors à ce point autorisé cette pratique que non seulement cette prérogative barbare était tolérée par les maximes imprécises du grand nombre, mais aussi que la doctrine des philosophes, qui aurait dû être plus juste et plus exacte, fut égarée comme dans tant d'autres occasions

* L'approche smithienne du spectateur impartial a été examinée au chapitre 6, « Impartialités ouverte et fermée ». Comprenons bien que le dispositif du spectateur impartial est utilisé par Smith pour ouvrir un débat, non pour le clore par une réponse formelle prétendument dérivée du spectateur impartial : ce n'est pas un arbitre ayant le dernier mot. Pour Smith, le spectateur impartial qui pose quantité de questions pertinentes s'inscrit dans la discipline du raisonnement impartial, et c'est dans ce sens que l'idée a été utilisée dans ce livre.

> par la coutume établie, au point de ne pas censurer l'horrible abus mais de le favoriser au nom d'invraisemblables considérations d'utilité publique. Aristote en parle comme de quelque chose que le magistrat doit encourager en de nombreuses occasions. Platon, si humain, est de la même opinion et, avec tout l'amour du genre humain qui semble animer ses écrits, n'évoque nulle part cette pratique avec désapprobation [5].

Lorsque Adam Smith souligne avec insistance que nous devons, *inter alia*, regarder nos sentiments « comme s'ils étaient à une certaine distance de nous-mêmes », son objectif est de permettre l'examen non seulement de l'influence des intérêts matériels, mais aussi de l'envoûtement par les traditions et les coutumes bien établies.

L'exemple de l'infanticide est encore, malheureusement, d'actualité aujourd'hui, mais dans quelques rares sociétés seulement ; en revanche, certains autres enjeux cités par Smith restent pertinents dans de nombreux pays. C'est vrai, notamment, de son appel à recourir aux « yeux du reste de l'humanité » pour déterminer si « un châtiment apparaîtra [...] équitable [6] ». Je suppose que même la pratique du lynchage de prétendus « mécréants » paraissait parfaitement juste et équitable, il n'y a pas si longtemps, aux champions musclés de l'ordre et de la décence dans le sud des États-Unis*. Aujourd'hui encore, l'examen « à distance » peut être utile pour des pratiques aussi différentes que la lapidation des femmes adultères dans l'Afghanistan des talibans, l'avortement sélectif des fœtus féminins en Chine, en Corée et dans certaines régions de l'Inde**, et l'ample usage de la peine de mort en Chine ou aux États-Unis (avec ou sans les réjouissances publiques festives qui ne sont pas entièrement inconnues dans certaines régions de ce pays)***. Ce qui donne à

* Voir par exemple l'étude de Walter Johnson sur les idées qui avaient cours sur les marchés aux esclaves dans le sud des États-Unis : *Soul by Soul : Life inside the Antebellum Slave Market*, Cambridge, MA, Harvard University Press, 1999.

** Sur ce point, voir mon article « The Many Faces of Gender Inequality », *The New Republic*, vol. 522, 17 septembre 2001, et *Frontline*, vol. 18, 2001.

*** Amnesty International rapporte que, sur les 2 390 personnes exécutées à notre connaissance en 2008, 1718 l'ont été en Chine ; viennent ensuite l'Iran (346), l'Arabie saoudite (102), les États-Unis (37) et le Pakistan (36). Sur

l'impartialité – et à l'équité – une telle importance pour l'idée de justice fait en partie défaut à l'impartialité fermée.

La pertinence de points de vue lointains a un impact évident sur certains débats d'actualité aux États-Unis, par exemple celui qui a eu lieu à la Cour suprême en 2005 pour déterminer s'il était approprié ou non de prononcer la peine de mort pour les crimes commis par un mineur. Puisqu'il faut que l'on voie que justice est faite, on ne peut pas entièrement négliger, même dans un pays comme les États-Unis, la façon dont le problème est perçu dans d'autres pays du monde, de l'Europe au Brésil et de l'Inde au Japon. En l'occurrence, la majorité de la Cour suprême s'est prononcée contre la peine de mort pour un crime commis avant l'âge adulte, même dans l'hypothèse d'une exécution à majorité du condamné*.

Avec le changement de composition de la Cour suprême, ce jugement risque de ne pas être facile à maintenir. Lors de son audition de confirmation, l'actuel président de la Cour, John G. Roberts Jr. s'est explicitement déclaré d'accord avec l'opinion minoritaire, qui, en cas de meurtre commis par un mineur, aurait autorisé l'exécution du condamné une fois devenu adulte : « Si nous nous fondons sur une décision prise par un juge allemand pour savoir ce que signifie notre Constitution, aucun président responsable devant le peuple n'a nommé ce juge. [...] Et pourtant il joue un rôle dans l'élaboration de la loi qui s'impose aux gens dans notre pays[7]. » À quoi le juge Ginsburg, qui avait voté avec la majorité de la Cour suprême dans ce jugement, a répliqué : « Pourquoi ne pas écouter le bon sens d'un juge étranger au moins aussi facilement que nous lisons dans une revue juridique l'article d'un professeur de droit[8] ? »

Le bon sens, y compris dans ses rapports avec le droit, est certainement l'un des aspects du problème, et Ginsburg a raison de penser qu'il peut venir tout autant de l'étranger que de son

l'ensemble du continent américain, Nord et Sud réunis, il n'y a qu'« un seul État – les États-Unis – [qui] exécute en permanence » (« Report Says Executions Doubled Worldwide », *New York Times*, 25 mars 2009).

* *Roper v. Simmons*, 543 U. S. 551, 2005.

pays *. Mais une autre idée a une pertinence plus spécifique pour ce débat, celle qu'a exprimée Adam Smith : il est particulièrement important de prendre en considération et d'examiner les jugements venus de loin pour éviter d'être pris au piège d'un « esprit de clocher » local ou national. C'est pour cette raison-là que Smith préconisait de prendre bonne note de ce que l'on perçoit par « les yeux du reste de l'humanité ». En niant que la peine de mort soit appropriée en cas de meurtre commis par un mineur, la majorité de la Cour suprême ne s'est pas simplement « inclinée devant l'opinion d'étrangers du même bord » (comme l'a suggéré le juge Scalia dans l'« opinion dissidente » qu'il a jointe au jugement de la Cour). L'examen « à distance » peut être très utile pour parvenir à des jugements fondés mais ouverts, qui tiennent compte de questions que l'attention à des points de vue extérieurs peut aider à poser (conformément à l'analyse assez détaillée qu'en donne Smith).

Si les valeurs localistes paraissent convaincantes, c'est souvent parce qu'on ignore ce que l'expérience d'autres peuples a révélé réalisable. La défense par inertie de l'infanticide dans la Grèce antique évoquée par Smith dérivait d'une situation de ce genre : les Grecs ne connaissaient pas d'autres sociétés qui interdisaient l'infanticide sans sombrer pour autant dans le chaos. Malgré l'importance incontestée du « savoir local », le savoir mondial n'est pas sans intérêt non plus, et il peut enrichir les débats sur les valeurs et les pratiques locales.

Écouter des voix venues de loin – ce qui fait partie intégrante du recours au « spectateur impartial » chez Adam Smith – ne veut pas dire acquiescer respectueusement à tout argument en provenance de l'étranger. En acceptant d'examiner un raisonnement effectué ailleurs, on est très loin de se déclarer prêt à

---

* À la différence de certains juges de la Cour suprême, qui estiment erroné de prêter l'oreille aux étrangers et à leurs évaluations quand on élabore des positions juridiques aux États-Unis, la société civile américaine n'entend pas ignorer les idées des étrangers (de Jésus-Christ à Mohandas Gandhi et Nelson Mandela) si elles ont un intérêt pour les impératifs actuels du droit et de la justice. La thèse inverse paraît effectivement assez curieuse : que Jefferson ait été influencé par des arguments étrangers, aucun problème, mais à présent il faut rester sourd aux raisonnements tenus hors des États-Unis.

admettre l'ensemble de ces propositions. Un très grand nombre – parfois même l'ensemble – sera rejeté ; pourtant il peut rester des cas particuliers où un raisonnement nous amène à reconsidérer nos propres interprétations et opinions liées aux expériences et conventions enracinées dans un pays ou une culture. Des arguments qui semblent *a priori* « extravagants » (en particulier quand ils sont vraiment, au départ, « extra »-nationaux) peuvent aider à enrichir notre pensée si nous essayons d'entrer dans la logique de ces assertions localement atypiques. Beaucoup de gens, aux États-Unis ou en Chine, ne sont peut-être nullement impressionnés par le simple constat que de nombreux autres pays – presque toute l'Europe, par exemple – n'autorisent pas la peine de mort. Néanmoins, s'il est important de se fonder sur des motifs raisonnés, cette situation devrait être par principe une bonne raison d'examiner les arguments avancés dans ces pays pour justifier le rejet de la peine capitale*.

JUSTICE, DÉMOCRATIE ET RAISONNEMENT MONDIAL

Porter une attention sérieuse à des analyses et arguments différents et contradictoires, venus d'autres horizons, est un processus participatif qui a beaucoup de points communs avec le fonctionnement de la démocratie par le raisonnement public, que nous avons exploré plus haut**. Les deux ne se confondent pas, bien sûr, puisque la démocratie recherche une évaluation politique – ce qui nous conduit (dans cette interprétation) au « gouvernement par la discussion » –, tandis que la pratique de l'examen non autocentré et non localiste qui prend en compte des points

* La situation inverse est tout aussi vraie : on peut examiner les arguments en faveur du maintien de la peine de mort qui émanent des États-Unis, de Chine ou de tout autre pays qui pratique ce type de châtiment à grande échelle.

** Voir chapitres 15, « La démocratie comme raisonnement public », 16, « La pratique de la démocratie », et 17, « Droits humains et impératifs mondiaux ».

de vue venus de loin peut être largement motivée par les impératifs de l'objectivité. Il y a pourtant des points communs ; les exigences de la démocratie, d'ailleurs, peuvent être perçues comme des moyens d'accroître l'objectivité du processus politique (du moins est-ce une interprétation possible)*. Il est donc légitime de se demander ce qu'impliquent ces constats pour les conditions nécessaires à la justice mondiale, ainsi que pour la nature et les exigences de la démocratie mondiale.

On avance souvent l'idée, manifestement fort plausible, que dans l'avenir prévisible il est vraiment impossible d'avoir un État mondial, *a fortiori* un État démocratique mondial. C'est vrai, mais, si l'on conçoit la démocratie en termes de raisonnement public, cela n'oblige pas à reporter *sine die* la pratique de la démocratie mondiale. Les voix susceptibles d'avoir un impact viennent de plusieurs sources : des institutions mondiales mais aussi de communications et d'échanges moins officiels. Ces canaux ne sont évidemment pas parfaits pour organiser des débats argumentés planétaires, mais ils existent, ils fonctionnent avec une certaine efficacité, et on peut les rendre plus efficaces encore en soutenant les institutions qui contribuent à la diffusion de l'information et donnent plus de possibilités de débattre par-dessus les frontières. La pluralité des sources enrichit le champ d'action de la démocratie mondiale ainsi conçue**.

Beaucoup d'institutions ont ici un rôle à jouer : les Nations unies et les organismes qui leur sont associés, mais pensons aussi au travail et à l'engagement des associations citoyennes, de nombreuses ONG et de certains médias d'information. Les initiatives prises conjointement par un très grand nombre de militants individuels ont également leur importance. Washington et Londres

---

* Voir chapitre 15, « La démocratie comme raisonnement public ».

** Comme pour l'évaluation de la justice, où les raisons de procéder à des comparaisons sont fortes (je l'ai soutenu tout au long de cet ouvrage), la question centrale pour la démocratie est moins « comment définir une démocratie parfaite imaginaire » (à supposer qu'il y ait accord sur ce que c'est) que « comment renforcer le champ d'action et la vigueur de la démocratie ». Voir aussi chapitres 15, « La démocratie comme raisonnement public », et 16, « La pratique de la démocratie ».

ont été ulcérés de voir la stratégie de la coalition en Irak critiquée par tant de gens, Paris et Tokyo atterrés d'entendre vilipender si bruyamment les transnationales dans les rangs des manifestations dites antimondialisation – aujourd'hui l'un des mouvements les plus mondialisés de la planète. Les idées qu'avancent les protestataires ne sont pas toujours raisonnables (parfois, elles ne le sont pas du tout), mais ils sont nombreux à poser des questions très pertinentes, donc à contribuer de façon constructive au raisonnement public.

La répartition des bénéfices des relations mondiales ne dépend pas seulement des politiques intérieures, mais aussi de toute une gamme d'accords internationaux de nature sociale, dont les traités de commerce, le droit des brevets, les initiatives mondiales en matière de santé, les dispositions internationales pour l'éducation, les moyens de faciliter la diffusion des technologies, les accords de modération écologique et environnementale, le traitement des dettes accumulées (souvent contractées par d'anciens régimes militaires irresponsables), la réduction des conflits et des guerres locales. Tous ces problèmes se prêtent éminemment au débat et pourraient être les sujets d'un fructueux dialogue mondial à l'écoute des critiques très lointaines ou toutes proches *.

Les campagnes militantes publiques, les commentaires de la presse et le débat ouvert font partie des moyens qui permettent

* La possibilité pour des voix issues de nations jusque-là ignorées d'avoir une portée mondiale est aussi nettement supérieure dans ce que Fareed Zakaria appelle le « monde post-américain », à une époque où « une grande transformation est en cours autour du globe » (F. Zakaria, *The Post-American World*, New York, W. W. Norton & Co., 2008, p. 1). C'est certainement un changement important, mais le besoin demeure aussi d'aller au-delà des voix venues de pays qui ont récemment réussi sur le plan économique (parmi lesquels, de façons différentes, la Chine, le Brésil, l'Inde, d'autres encore) : elles parlent à présent avec plus de vigueur, mais souvent ne représentent pas les préoccupations et les idées des habitants des pays qui ont moins progressé économiquement (dont une grande partie de l'Afrique et certaines régions d'Amérique latine). Il est également besoin, partout, d'aller au-delà des voix des gouvernements, chefs militaires, grands hommes d'affaires et autres détenteurs de positions dominantes qui se font en général facilement entendre par-dessus les frontières, pour prêter attention aux sociétés civiles et aux habitants moins puissants des différents pays du monde.

de pratiquer la démocratie mondiale sans attendre l'État mondial. C'est aujourd'hui le grand défi : renforcer ce processus participatif qui fonctionne déjà. La quête de la justice mondiale en dépend considérablement. Ce n'est pas une cause négligeable.

CONTRAT SOCIAL CONTRE CHOIX SOCIAL

Dans l'approche de la justice que présente ce livre, le choix de s'appuyer sur le raisonnement public est important, mais la façon de poser les questions de justice aussi. Il y a des arguments forts, je l'ai dit, pour abandonner ce que j'ai appelé l'institutionnalisme transcendantal – qui sous-tend la plupart des théories orthodoxes de la justice dans la philosophie politique contemporaine, dont la justice comme équité de John Rawls. Il faut recentrer les questions de justice, premièrement, sur l'évaluation des réalisations sociales, autrement dit sur ce qui se passe vraiment (au lieu de se limiter à apprécier des institutions et des dispositifs), et, deuxièmement, sur les problèmes de la comparaison des progrès de la justice (au lieu de chercher à identifier des mécanismes parfaitement justes). Ce programme, esquissé dans l'Introduction, a été suivi dans l'ensemble du livre en faisant usage des exigences de l'impartialité dans le débat public ouvert.

La conception développée dans cet ouvrage est très influencée par la tradition de la théorie du choix social (inaugurée par Condorcet au XVIIIe siècle et refondée sur des bases fermes par Kenneth Arrow à notre époque) et elle procède essentiellement par évaluation comparée de réalisations sociales distinctes *. À cet

* La contribution qui a inauguré la théorie moderne du choix social a été incontestablement le livre fondateur de Kenneth Arrow, *Choix collectif et préférences individuelles*, trad. fr. du Groupe de traductions économiques de l'université de Montpellier, Paris, Calmann-Lévy, 1974. Mais l'élégance et la portée du stupéfiant « théorème d'impossibilité » d'Arrow présenté dans ce livre ont incité de nombreux lecteurs à penser que la théorie du choix social était nécessairement condamnée à se heurter à des « impossibilités » touchant au choix social rationnel. En réalité, le cadre utilisé par Arrow, avec quelques extensions réduites mais efficaces, peut aussi servir de base à une analyse sociale constructive (voir sur ce point mon livre *Collective Choice and Social*

égard, elle a aussi d'importantes affinités avec les œuvres d'Adam Smith, Jeremy Bentham, John Stuart Mill et Karl Marx, entre autres*.

Si ses racines remontent aux Lumières, cette approche s'oppose nettement à une autre tradition qui a été particulièrement cultivée à la même époque – celle qui raisonne sur la justice en termes de contrat social. La tradition contractuelle remonte au moins à Thomas Hobbes, mais d'autres penseurs y ont aussi beaucoup contribué : Locke, Rousseau, Kant et, à notre époque, de très grands théoriciens de la philosophie, de Rawls à Nozick, Gauthier et Dworkin. En optant pour le choix social et non pour le contrat social, je n'entends évidemment pas nier tout ce que la seconde approche de la justice a permis de comprendre et d'éclaircir. Néanmoins, si éclairante qu'ait pu être la tradition du contrat social, ses limites sont telles, à mon sens, lorsqu'on veut fonder une théorie de la justice au champ d'action adéquat, qu'elle finit par fonctionner en partie comme un obstacle à la raison pratique sur la justice.

La théorie de la justice qui est le plus largement utilisée aujourd'hui et qui a servi de point de départ à cet ouvrage est, bien sûr, la théorie de la « justice comme équité » de John Rawls. Même si l'ample analyse politique de Rawls contient bien d'autres éléments, sa justice comme équité ne se fixe qu'un seul objectif direct : l'identification d'institutions justes. Un transcendantalisme est à l'œuvre ici, bien que Rawls, nous l'avons vu, ait fait sur des questions comparatives des observations du plus haut intérêt et qu'il ait aussi tenté de prendre acte de la possibilité de désaccords sur la nature de la société parfaitement juste**.

Welfare, *op. cit.*). L'applicabilité et l'apport de la théorie du choix social à l'analyse de la justice ont été analysés au chapitre 4, « Voix et choix social ».

* J'ai aussi analysé plus haut la ressemblance entre l'approche qui est la mienne ici et la longue tradition indienne qui conçoit la justice en termes de *nyaya* (concentrée sur les résultats globaux) plutôt que de *niti* (focalisée sur les dispositifs et les institutions). Voir à ce sujet l'Introduction ainsi que le chapitre 3, « Institutions et personnes ».

** Voir l'analyse sur ce point dans l'Introduction et au chapitre 2, « Rawls et au-delà ».

Rawls a choisi comme objet de ses principes de justice les institutions. Sa concentration sur le choix institutionnel ne traduit pas, néanmoins, un désintérêt pour les réalisations sociales. Sa « justice comme équité » les suppose déterminées par la conjonction d'institutions justes et d'un comportement de tous qui est pleinement conforme à ces institutions, ce qui permet d'effectuer une transition prédictible des institutions aux états de choses. Car telle est la visée de Rawls : atteindre une société parfaitement juste en associant des institutions idéales à des comportements tout aussi idéaux *. Dans un monde où ces postulats comportementaux extrêmement exigeants ne tiennent pas, les choix institutionnels opérés ne donneront pas le type de société qui pourrait sérieusement prétendre à être déclarée parfaitement juste.

DIFFÉRENCES ET POINTS COMMUNS

Dans une phrase mémorable de *Léviathan*, Thomas Hobbes a défini ainsi la vie humaine : « misérable, bestiale et brève ». C'était un bon point de départ pour une théorie de la justice en 1651, et je crains que ce ne le soit toujours aujourd'hui, puisque tant de gens dans le monde vivent une vie qui a très exactement ces tristes caractéristiques, même si d'autres ont connu d'importants progrès matériels. Une grande partie de la théorie exposée ici s'est préoccupée directement de la vie et des capabilités des êtres humains, ainsi que des privations et oppressions qu'ils

* Mais il y a ici une lacune, on l'a vu, puisque Rawls n'exige pas un comportement assez désintéressé pour qu'il soit superflu d'y intégrer des inégalités à des fins d'incitation. Il le fait en dépit de son égalitarisme évident : nous pensions qu'une société sans inégalité due aux incitations lui aurait paru plus digne d'être jugée parfaitement juste. Quand il réduit ses exigences en matière de comportement en autorisant les inégalités fondées sur les incitations (ce dont G. A. Cohen se plaint à juste titre), Rawls fait un compromis avec le pragmatisme en sacrifiant un idéal imaginaire. Mais la question du réalisme se pose aussi pour les autres postulats comportementaux très exigeants qui sont, eux, maintenus par Rawls. Le problème a été examiné au chapitre 2, « Rawls et au-delà ».

subissent*. Même si Hobbes est passé de sa puissante définition du malheur humain à l'approche idéaliste du contrat social (dont j'ai tenté d'analyser les limites), on ne peut guère douter de la motivation qui l'inspirait : rendre la vie meilleure. Et l'on peut en dire autant des théories de la justice de Rawls, Dworkin ou Nagel aujourd'hui, même si, formellement, ces auteurs ont ancré leurs principes de justice dans certains dispositifs et certaines règles (préférant ainsi la voie de la *niti* à celle de la *nyaya*) au lieu de les fonder directement sur les réalisations sociales et sur la vie et la liberté des humains. Il est bon de noter ce qui rapproche les théories de la justice discordantes puisque, dans les débats qui les opposent, l'attention se porte sur leurs différences et non sur leurs points communs**.

En achevant ce livre, je me rends compte que j'ai trop succombé à la tentation analytique d'insister sur les distinctions, de souligner les contrastes. Pourtant, nous qui nous préoccupons de la justice, nous partageons un engagement fort. Où que nos théories puissent nous conduire, nous bénéficions tous de la nouvelle énergie intellectuelle qui les anime aujourd'hui. Nous la devons à l'œuvre fondatrice qui l'a inaugurée et inspirée, celle de John Rawls, à commencer par son remarquable article de 1958 (« Justice as Fairness »).

---

* Voir chapitre 11, « Vies, libertés et capabilités », mais aussi chapitres 10, « Réalisations, conséquences et agence », 12, « Capabilités et ressources », 13, « Bonheur, bien-être et capabilités », et 14, « Égalité et liberté ».

** Par exemple, si je trouve extrêmement instructifs les excellents arguments de Barbara Herman sur le champ d'application et l'importance de ce qu'elle appelle l'« alphabétisation morale », je ne peux que résister à sa thèse lorsqu'elle écrit : « L'essentiel de ce qui nous est demandé individuellement en matière d'aide aux étrangers s'inscrit dans le cadre de l'obligation générale de soutenir les institutions justes » (Barbara Herman, *Moral Literacy*, Cambridge, MA, Harvard University Press, 2007, p. 223). On aurait pu espérer que les étrangers vraiment dans le besoin pourraient revendiquer la juste attention des autres, dans leur pays comme au-dehors, directement, et pas seulement *via* « l'obligation de soutenir les institutions justes », notamment quand lesdites institutions justes sont dérivées « d'une analyse plus ou moins kantienne ou libérale de la justice sociale, fondée sur quelque chose comme une nation ou un État » (Herman, p. 222). Les limites d'une vision de la justice centrée sur les institutions et qui n'est directement applicable qu'à l'intérieur d'une nation ou d'un État ont été analysées dans l'Introduction, ainsi qu'aux chapitres 2 à 7.

La philosophie peut produire – et produit – des travaux d'une importance et d'un intérêt extraordinaires sur une large gamme de sujets qui n'ont rien à voir avec les privations, iniquités et asservissements dont souffrent les êtres humains dans leur vie. Et il faut qu'il en soit ainsi : on ne peut que se réjouir de voir s'étendre et s'unifier l'horizon de notre compréhension dans tous les champs de la curiosité humaine. Mais la philosophie peut également contribuer à donner plus d'ampleur et de rigueur aux réflexions sur les valeurs, sur les priorités, ainsi que sur les dénis de droits, assujettissements et humiliations dont souffrent les êtres humains de par le monde. Les théories de la justice partagent la volonté commune de prendre ces problèmes au sérieux et de voir comment elles peuvent agir, en termes de raison pratique, sur la justice et l'injustice au niveau mondial. Si la curiosité épistémique est une tendance très répandue, le souci du bien et du juste exerce aussi sur nos esprits une forte emprise – manifeste ou latente. Les différentes théories de la justice peuvent rivaliser pour en faire le meilleur usage, mais elles ont aussi un point commun très important : elles participent à la même quête.

Il y a bien des années, dans un article justement célèbre intitulé « What Is It Like to Be a Bat ? » [« Quel effet cela fait d'être une chauve-souris ? »], Thomas Nagel a exposé quelques idées fondatrices sur le problème corps-esprit*. La quête d'une théorie de la justice n'est pas sans rapport avec une question de ce genre : Quel effet cela fait d'être un humain ? Dans son article, Nagel s'intéressait aussi aux humains et, très marginalement, aux chauves-souris. Il critiquait vigoureusement la forte tendance à comprendre la conscience et les phénomènes mentaux à la lumière des phénomènes physiques correspondants (comme le tentaient de nombreux scientifiques et quelques philosophes) et soulignait en particulier la différence entre la nature de la conscience et les liens – de cause à effet ou d'association – qui peuvent la lier à des opérations corporelles**. Ces distinctions

* Thomas Nagel, « What Is It Like to Be a Bat ? », *The Philosophical Review*, vol. 83, 1974.

** Michael Polanyi fait valoir qu'on ne peut pas rendre compte des opérations d'un niveau « supérieur » par les lois gouvernant ses éléments particuliers à un niveau « inférieur », et il conteste la « conception dominante chez les

demeurent, et ma raison de demander quel effet cela fait d'être un humain est différente : elle porte sur les sentiments, préoccupations et aptitudes mentales que nous partageons en tant qu'êtres humains.

La recherche d'une théorie de la justice n'est pas étrangère au type de créature que nous sommes, nous les humains. Je ne veux pas dire par là qu'on pourrait probablement résoudre les divergences entre théories de la justice en revenant aux caractéristiques de la nature humaine, mais souligner que bon nombre d'entre elles voient de façon assez semblable, avec des postulats communs, « quel effet cela fait d'être un humain ». Nous aurions pu être des créatures incapables d'empathie, insensibles à la douleur et à l'humiliation des autres, indifférents à la liberté et – ce n'est pas moins important – incapables de raisonner, d'argumenter, d'être d'accord ou en désaccord. La présence forte de ces traits dans les vies humaines ne nous dit pas quelle théorie de la justice il faut choisir, mais elle nous dit que la quête de la justice est difficile à anéantir de la société humaine, et peu importe que nous la menions de façons différentes.

En développant mon argumentation, j'ai souvent fait appel aux facultés que je viens de citer (comme l'empathie ou l'aptitude à raisonner). D'autres l'ont fait aussi en présentant leurs propres théories de la justice. Si rien ne peut aplanir automatiquement les divergences entre les théories, il est réconfortant de se dire que leurs défenseurs participent tous à une même quête et invoquent tous les mêmes facultés humaines, également présentes dans leurs approches respectives. Grâce à ces aptitudes humaines fondamentales – comprendre, compatir, argumenter –, nous ne sommes pas irrémédiablement voués à vivre des existences isolées, sans communiquer ni coopérer. Il est déjà assez pénible que le monde où nous vivons connaisse tant de privations de toutes sortes, de la faim à l'oppression ; ce serait encore

biologistes qu'une explication mécanique des fonctions vivantes se confond avec leur explication physique et chimique » (*The Tacit Dimension*, Londres, Routledge & Kegan Paul, 1967 ; rééd. avec une préface d'Amartya Sen, Chicago, Ill., University of Chicago Press, 2009, p. 41-42).

plus terrible si nous ne pouvions pas nous parler, nous répondre et nous disputer.

Évoquant le caractère funeste de l'existence humaine, Hobbes ajouta un mot à son énumération : « solitaire ». Échapper à l'isolement est chose capitale, pas seulement pour la qualité de sa vie, mais aussi pour comprendre et répondre à toutes les autres privations dont les gens souffrent. C'est un appui fondamental, qui vient renforcer les théories de la justice dans leur combat.

REMERCIEMENTS

Remercier ceux qui m'ont aidé dans ce travail implique de commencer par celui auquel je dois le plus, John Rawls, qui m'a inspiré le désir d'étudier la justice. Il fut aussi, durant des décennies, un merveilleux professeur, et ses idées continuent à m'influencer même lorsque je ne suis pas d'accord avec certaines de ses conclusions. Ce livre lui est dédié, pour le savoir qu'il m'a transmis, l'affection qu'il m'a donnée, mais aussi pour ses encouragements à pousser le doute toujours plus loin.

Mes premiers contacts intensifs avec John Rawls remontent aux années 1968-1969. J'arrivais de l'université de Delhi pour être cette année-là professeur invité à Harvard où j'ai animé avec lui et Kenneth Arrow un séminaire. La pensée d'Arrow a elle aussi exercé une influence puissante sur cet ouvrage, comme sur beaucoup de mes livres précédents – nous avons eu de longues discussions au fil des ans et c'est le cadre d'analyse de la théorie moderne du choix social que j'utilise, théorie dont il est le fondateur.

Ce travail a été essentiellement réalisé à Harvard, où je suis le plus souvent depuis 1987, et à Trinity College (Cambridge), en particulier les six années (1998-2004) durant lesquelles j'en ai été le doyen. C'est dans ce célèbre collège que j'ai commencé, cinquante ans plus tôt, à réfléchir aux questions de philosophie.

Ce livre a connu une longue gestation, car mes doutes et mes idées se sont développés sur une longue période. Aussi des décennies durant ai-je eu le privilège de recevoir de la part d'un grand nombre de personnes des commentaires, suggestions, questions, réfutations et encouragements qui m'ont tous été très utiles. Ma liste sera en conséquence.

Je commencerai par mon épouse, Emma Rothschild, qui m'a prodigué son aide et ses conseils, et dont l'influence est présente tout au long de cet ouvrage. L'influence de Bernard Williams sera manifeste aux lecteurs familiers de ses écrits : elle s'est exercée au cours de nombreuses années d'« amitié bavarde » et aussi lors d'une fructueuse période de coopération qui a consisté à préparer, éditer et introduire un recueil d'essais sur la perspective utilitariste et ses limites (*Utilitarianism and Beyond*, 1982).

J'ai eu la grande chance d'avoir des conversations particulièrement éclairantes avec certains collègues. À ce titre, j'ai une dette immense envers Rawls bien sûr, mais aussi envers Hilary Putnam et Thomas Scanlon. J'ai aussi beaucoup appris de mes discussions avec W. V. O. Quine et Robert Nozick, tous deux, hélas, aujourd'hui disparus. Donner des cours en leur compagnie à Harvard a été pour moi une source d'enseignement dialectique, qui fut alimentée aussi par mes étudiants. Pendant près de dix ans, Robert Nozick et moi avons ainsi coopéré, avec Eric Maskin parfois, et tous deux m'ont influencé. À divers moments j'ai aussi donné des cours avec Joshua Cohen (du Massachusetts Institute of Technology, qui n'est pas très loin), Christine Jolls, Philippe Van Parijs, Michael Sandel, John Rawls, Thomas Scanlon et Richard Tuck, ainsi qu'avec Kaushik Basu et James Foster quand ils ont été invités à Harvard. Outre le pur plaisir que m'ont procuré ces cours, ils m'ont été prodigieusement utiles pour développer mes idées, souvent grâce à des controverses qui nous ont opposés.

Tous mes écrits on tiré grand avantage des critiques de mes étudiants, et cet ouvrage ne fait pas exception. Il a bénéficié d'interactions fructueuses avec Prasanta Pattanaik, Kaushik Basu, Siddiqur Osmani, Rajat Deb, Ben Fine, Ravi Kanbur, David Kelsey et Andreas Papandreou, pendant plusieurs décennies, et plus tard avec Stephan Klasen, Anthony Laden, Sanjay Reddy,

Jonathan Cohen, Felicia Knaul, Clemens Puppe, Bertil Tungodden, A. K. Shiva Kumar, Lawrence Hamilton, Douglas Hicks, Jennifer Prah Ruger, Sousan Abadian, entre autres. Je tiens aussi à dire l'impact de discussions que j'ai pu avoir avec d'autres étudiants, notamment Luigi Spaventa (mon premier étudiant-chercheur), Sourin Bhattacharya, D. P. Chaudhuri, Kanchan Chopra, Luca d'Agliano, John Wriglesworth, Yasumi Matsumoto, Jonathan Riley, Martin Sandbu, Madoka Saito, Rama Mani, Eoghan Stafford et Nirvikar Singh.

Les joies et bénéfices de l'enseignement interactif remontent pour moi aux années 1970 et 1980 : je donnais alors des cours communs – « tumultueux », m'a dit un étudiant – à Oxford avec Ronald Dworkin et Derek Parfit, plus tard rejoints par G. A. Cohen. Mes souvenirs chaleureux de ces débats argumentés ont été récemment rafraîchis par la gentillesse de Cohen, qui a organisé un séminaire du plus haut intérêt à l'University College de Londres en janvier 2009 sur la démarche générale de ce livre. Ce rassemblement, agréablement truffé d'opposants, comptait Cohen (bien sûr) mais aussi Jonathan Wolff, Laura Valentis, Riz Mokal, George Letsas et Stephen Guest, dont les diverses critiques m'ont été très utiles (Laura Valentis m'a aimablement envoyé d'autres commentaires après le séminaire).

Même si une théorie de la justice ressortit essentiellement à la philosophie, cet ouvrage utilise également des idées provenant d'autres disciplines. Notamment celles d'un champ de recherche majeur, la théorie du choix social. Bien que mes interactions avec d'autres spécialistes qui travaillent dans ce vaste domaine soient trop nombreuses pour être résumées ici en quelques phrases, j'aimerais reconnaître tout particulièrement le profit que j'ai tiré de mon travail avec Kenneth Arrow et Kotaro Suzumura, avec qui j'ai coédité le *Handbook of Social Choice Theory* (le premier volume est épuisé, le second à paraître), et exprimer aussi mon admiration pour le rôle dirigeant qu'ont joué dans ce domaine Jerry Kelly, Wulf Gaertner, Prasanta Pattanaik et Maurice Salles, notamment par leur travail visionnaire et inlassable pour faire naître et prospérer la revue *Social Choice and Welfare*. J'aimerais aussi reconnaître les bénéfices que m'ont valu ma longue association et mes grandes discussions sur les problèmes du choix social, sous une forme ou une autre, avec (outre ceux dont j'ai déjà cité le nom) Patrick Suppes, John Harsanyi, James Mirrlees, Anthony Atkinson, Peter Hammond, Charles Blackorby, Sudhir Anand, Tapas Majumdar, Robert Pollak, Kevin Roberts, John Roemer, Anthony Shorrocks, Robert Sugden, John Weymark et James Foster.

Mon travail sur la justice, notamment ce qui touche à la liberté et aux capabilités, a été durablement influencé par Martha Nussbaum. Ses recherches et son engagement ont profondément marqué nombre des progrès récents de la « perspective des capabilités » : entre autres choses, l'exploration des liens de cette approche avec les idées aristotéliciennes classiques de « potentialité » et d'« épanouissement * », ainsi qu'avec les travaux sur le développement humain, le genre et les droits humains.

La pertinence et l'usage de la perspective des capabilités ont été fort bien explorés ces dernières années par un groupe de chercheurs remarquables. Même si leurs écrits ont notablement influencé ma pensée, une liste complète serait beaucoup trop longue à inclure ici. Je dois néanmoins mentionner l'influence des travaux de Sabina Alkire, Bina Agarwal, Tania Burchardt, Enrica Chiappero-Martinetti, Flavio Comim, David Crocker, Séverine Deneulin, Sakiko Fukuda-Parr, Reiko Gotoh, Mozaffar Qizilbash, Ingrid Robeyns et Polly Vizard. Il y a aussi un lien étroit entre la perspective des capabilités et le champ nouveau du développement humain, inauguré par mon ami Mahbub ul Haq et marqué aussi par l'influence de Paul Streeten, Frances Stewart, Keith Griffin, Gustav Ranis, Richard Jolly, Meghnad Desai, Sudhir Anand, Sakiko Fukuda-Parr, Selim Jahan, entre autres. Le *Journal of Human Development and Capabilities* est très engagé dans le travail sur la perspective des capabilités, mais la revue *Feminist Economics* a aussi fait preuve d'un intérêt particulier pour le sujet et il a toujours été stimulant pour moi de m'entretenir avec sa rédactrice en chef, Diana Strassman, sur les rapports entre la perspective féministe et l'approche par les capabilités.

---

* Les termes grecs sont *dunamis* et *eudaimonia* [*NdT*].

À Trinity, j'étais en excellente compagnie, philosophes, juristes et autres spécialistes intéressés par les problèmes de la justice, et j'ai eu l'occasion d'avoir des échanges avec Garry Runciman, Nick Denyer, Gisela Striker, Simon Blackburn, Catharine Barnard, Joanna Miles, Ananya Kabir, Eric Nelson et à l'occasion avec Ian Hacking (qui est parfois revenu dans son ancien *college* où nous nous étions rencontrés et avions discuté pour la première fois lorsque nous étions tous deux étudiants, dans les années 1950). J'ai eu aussi la possibilité merveilleuse de converser avec de très grands mathématiciens, scientifiques, historiens, sociologues, juristes et professeurs de lettres.

J'ai bénéficié substantiellement de conversations avec plusieurs autres philosophes dont (outre ceux que j'ai déjà mentionnés) Elizabeth Anderson, Kwame Anthony Appiah, Christian Barry, Charles Beitz, Isaiah Berlin, Akeel Bilgrami, Hilary Bok, Sissela Bok, Susan Brison, John Broome, Ian Carter, Nancy Cartwright, Deen Chatterjee, Drucilla Cornell, Norman Daniels, Donald Davidson, John Davis, Jon Elster, Barbara Fried, Allan Gibbard, Jonathan Glover, James Griffin, Amy Gutmann, Moshe Halbertal, Richard Hare, Daniel Hausman, Ted Honderich, Susan Hurley, Susan James, Frances Kamm, Stig Kanger, Erin Kelly, Isaac Levi, Christian List, Sebastiano Maffetone, Avishai Margalit, Alastair McLead, David Miller, Sidney Morgenbesser, Thomas Nagel, Carol Nicholson, Sari Nusseibeh, Susan Moller Okin, Charles Parsons, Herlinde Pauer-Struder, Fabienne Peter, Philip Pettit, Thomas Pogge, Henry Richardson, Alan Ryan, Carol Rovane, Debra Satz, John Searle, Judith Shklar, Quentin Skinner, Hillel Steiner, Dennis Thompson, Charles Taylor et Judith Thomson.

En droit, j'ai tiré un grand profit de mes discussions avec (outre ceux déjà cités) Bruce Ackerman, le juge Stephen Breyer, Owen Fiss, Herbert Hart, Tony Honoré, Anthony Lewis, Frank Michelman, Martha Minow, Robert Nelson, la juge Kate O'Regan, Joseph Raz, Susan Rose-Ackerman, le juge Stephen Sedley, Cass Sunstein et Jeremy Waldron. Même si mon travail sur cet ouvrage a commencé concrètement par mes conférences John Dewey (sur « Bien-être, qualité d'agent et liberté ») au département de philosophie de l'université Columbia, en 1984, et s'est globalement terminé avec un autre ensemble de conférences de philosophie à l'université Stanford (sur la « Justice ») en 2008, j'ai testé mes arguments sur les théories de la justice dans diverses facultés de droit. Outre plusieurs conférences et séminaires aux facultés de droit de Harvard, de Yale et de la Washington University, j'ai aussi donné les conférences Storrs (sur l'« Objectivité ») à la faculté de droit de Yale en septembre 1990, les conférences Rosenthal (sur « Le domaine de la justice ») à la faculté de droit de la Northwestern University en septembre 1998 et une conférence spéciale (sur « les droits humains et les limites du droit ») à la faculté de droit Cardozo en septembre 2005*.

En économie, qui est ma spécialité d'origine et qui a une importance considérable pour l'idée de justice, je bénéficie de discussions régulières, depuis plusieurs décennies, avec (outre ceux dont j'ai déjà cité le nom) George Akerlof, Paul Anand, Amiya Bagchi, Dipak Banerjee, Nirmala Banerjee, Pranab Bardhan, Alok Bhargava, Christopher Bliss, Samuel Bowles, Samuel Brittan, Robert Cassen, Sukhamoy Chakravarty, Partha Dasgupta, Mrinal Datta-Chaudhuri, Angus Deaton, Meghnad Desai, Jean Drèze, Bhaskar Dutta, Jean-Paul Fitoussi, Nancy Folbre, Albert Hirschman, Devaki Jain, Jocelyn Lynch, Tapas Majumdar, Mukul Majumdar, Stephen Marglin, Dipak Mazumdar, Mamta Murhti, Luigi Pasinetti, I. G. Patel, Surendra Patel, Edmund Phelps, K. N. Raj, V. K. Ramachandran, Jeffrey Sachs, Arjun Sengupta, Rehman Sobhan, Barbara Solow, Robert Solow, Nicholas Stern, Joseph Stiglitz et Stefano Zamagni.

J'ai eu également de très utiles conversations avec Isher Ahluwalia, Montek Ahluwalia, Peter Bauer, Abhijit Banerjee, Lourdes Beneria, Timothy Besley, Ken Binmore, Nancy Birdsall, Walter Bossert, François Bourguignon, Satya Chakravarty, Kanchan Chopra, Vincent Crawford, Asim Dasgupta, Claude d'Aspremont, Peter Diamond, Avinash Dixit, David Donaldson, Esther Duflo, Franklin Fisher, Marc Fleurbaey, Robert Frank, Benjamin Friedman, Pierangelo Garegnani, Louis Gevers, W. M. Gorman,

* Les conférences Dewey ont été essentiellement organisées par Isaac Levi, les conférences Storrs par Guido Calabresi, les conférences Rosenthal par Ronald Allen et la conférence de la faculté de droit Cardozo par David Rudenstine. J'ai tiré grand profit des discussions avec eux et leurs collègues.

Jan Graaff, Jean-Michel Grandmont, Jerry Green, Ted Groves, Frank Hahn, Wahidul Haque, Christopher Harris, Barbara Harris White, John Harsanyi, James Heckman, Judith Heyer, John Hicks, Jane Humphries, Nurul Islam, Rizwanul Islam, Dale Jorgenson, Daniel Kahneman, Azizur Rahman Khan, Qaiser Khan, Alan Kirman, Serge Kolm, Janos Kornai, Michael Kramer, Jean-Jacques Laffont, Richard Layard, Michel Le Breton, Ian Little, Anuradha Luther, James Meade, John Muellbauer, Philippe Mongin, Dilip Mookerjee, Anjan Mukherji, Khaleq Naqvi, Deepak Nayyar, Rohini Nayyar, Mahesh Patel, Thomas Piketty, Robert Pollak, Anisur Rahman, Debraj Ray, Martin Ravallion, Alvin Roth, Christian Seidl, Luigi Spaventa, Michael Spence, T. N. Srinivasan, David Starrett, S. Subramanian, Kotaro Suzumura, Madhura Swaminathan, Judith Tendler, Jean Tirole, Alain Trannoy, John Vickers, William Vickrey, Jorgen Weibull, Glen Weyl et Menahem Yaari.

J'ai aussi beaucoup bénéficié, au fil des ans, de conversations sur divers autres sujets étroitement liés à la justice avec Krishna Anooja-Patel, Jasodhara Bagchi, Alaka Basu, Dilip Basu, Seyla Benhabib, Sugata Bose, Myra Buvinic, Lincoln Chen, Martha Chen, David Crocker, Barun De, John Dunn, Julio Frenk, Sakiko Fukuda-Parr, Ramachandra Guha, Geeta Rao Gupta, Geoffrey Hawthorn, Eric Hobsbawm, Jennifer Hochschild, Stanley Hoffmann, Alisha Holland, Richard Horton, Ayesha Jalal, Felicia Knaul, Melissa Lane, Mary Kaldor, Jane Mansbridge, Michael Marmot, Barry Mazur, Pratap Bhanu Mehta, Uday Mehta, Ralph Miliband, Christopher Murray, Elinor Ostrom, Carol Richards, David Richards, Jonathan Riley, Mary Robinson, Elaine Scarry, Gareth Stedman Jones, Irene Tinker, Megan Vaughan, Dorothy Wedderburn, Leon Wieseltier et James Wolfensohn. La partie du livre qui traite de la démocratie dans ses rapports avec la justice (chapitres 15-17) s'inspire de mes trois conférences sur la « Démocratie » à l'école des hautes études internationales (School of Advanced International Studies, SAIS) de la Johns Hopkins University sur son campus à Washington D.C., en 2005. Ces conférences résultaient d'une initiative de Sunil Khilnani soutenue par Francis Fukuyama, et tous deux m'ont adressé de très utiles suggestions. J'ai eu dans ces réunions de la SAIS d'autres discussions qui m'ont également été très utiles.

Le nouveau « Program on Justice, Welfare and Economics » de Harvard, que j'ai dirigé pendant cinq ans, de janvier 2004 à décembre 2008, m'a en outre donné une merveilleuse occasion d'interagir avec des étudiants et des collègues intéressés par des problèmes semblables dans divers champs de recherche. Le nouveau directeur, Walter Johnson, poursuit – et élargit – ces échanges avec beaucoup d'efficacité, et j'ai pris la liberté de présenter l'axe central de ce livre dans mon exposé d'adieu au groupe, qui a formulé quantité d'excellentes questions et de judicieux commentaires.

Erin Kelly et Thomas Scanlon m'ont considérablement aidé en lisant une bonne partie du manuscrit et en m'apportant des suggestions d'une importance cruciale. Je leur en suis extrêmement reconnaissant. J'ai eu aussi la chance insigne de collaborer pendant des décennies avec Sudhir Anand et d'avoir avec lui, sur divers sujets liés au thème de ce livre, des discussions régulières qui m'ont permis de mieux comprendre les exigences de la justice.

Les frais de recherche, dont la rémunération des assistants, ont été en partie couverts par un projet quinquennal sur la démocratie au Centre d'histoire et d'économie du King's College de Cambridge, cofinancé par la fondation Ford, la fondation Rockefeller et la fondation Mellon, de 2003 à 2008, puis par un nouveau projet financé par la fondation Ford sur « l'Inde dans la mondialisation », qui se concentre particulièrement sur la pertinence de l'histoire intellectuelle indienne pour les problèmes contemporains. Je tiens à exprimer ma gratitude pour ce soutien financier, et dire aussi combien j'admire le merveilleux travail de coordination de ces projets qu'effectue Inga Huld Markan. Qui plus est, j'ai eu la bonne fortune d'avoir des assistants de recherche extrêmement compétents et créatifs : ils ont pris intérêt au livre et plusieurs de leurs commentaires m'ont aidé à améliorer mes arguments et leur présentation. Je suis très reconnaissant à Pedro Ramos Pinto, qui a travaillé avec moi plus d'un an et laissé sa marque durable sur ce livre, et à Kirsty

Walker et Afsan Bhadelia pour leur aide exceptionnelle et leur apport intellectuel.

Ce livre est publié à la fois par Penguin et, pour l'Amérique du Nord, par Harvard University Press. Mon éditeur à Harvard, Michael Aronson, m'a proposé plusieurs excellentes suggestions générales. Les deux correcteurs anonymes du manuscrit m'ont transmis des commentaires remarquablement utiles et, puisque mon travail de détective m'a révélé qu'il s'agissait de Frank Lovett et Bill Talbott, je peux même les remercier nommément. La fabrication et la préparation de copie chez Penguin Books ont été parfaitement réalisées, dans des délais très éprouvants, grâce au travail inlassable et rapide de Richard Duguid (manager), Jane Robertson (préparatrice de copie) et Phillip Birch (assistant d'édition). Je leur en suis extrêmement reconnaissant.

Il m'est impossible d'exprimer à sa juste valeur ma gratitude à l'éditeur de cet ouvrage, Stuart Proffitt, de Penguin Books, qui a fait des commentaires et suggestions inestimables sur chaque chapitre (je pourrais presque dire : sur chaque page de chaque chapitre) et m'a conduit à récrire de nombreuses sections du manuscrit pour le rendre plus clair et plus accessible. Ses conseils sur l'organisation générale de l'ouvrage se sont également avérés indispensables. Je peux imaginer le soulagement qu'il éprouvera quand ce livre, enfin, le quittera.

Amartya Sen

NOTES

Préface

1. Charles Dickens, *De grandes espérances* (1860-1861), trad. fr. de Charles Bernard-Derosne, revue par Jean-Pierre Naugrette, Paris, Le Livre de Poche, 1998, chap. 8, p. 102-103.

2. Le rôle crucial du sentiment d'injustice a bien été analysé par Judith N. Shklar, *Visages de l'injustice* [1992], trad. fr. de Jean Mouchard, Belfort, Circé, 2002.

3. John Rawls, *Théorie de la justice* [1971], trad. fr. de Catherine Audard, Paris, Éd. du Seuil, 1987. L'auteur développe – et à certains égards élargit – son analyse de la justice dans ses publications ultérieures, à commencer par *Libéralisme politique* [1993], trad. fr. de Catherine Audard, Paris, Presses universitaires de France, 1995, rééd., coll. « Quadrige », 2001.

4. John Rawls, « Justice as Fairness », *Philosophical Review*, vol. 67, 1958.

5. Christine Korsgaard, *Creating the Kingdom of Ends*, Cambridge, Cambridge University Press, 1996, p. 3. Voir aussi Onora O'Neill, *Acting on Principle – An Essay on Kantian Ethics*, New York, Columbia University Press, 1975, et Andrews Reath, Christine Korsgaard et Barbara Herman (éd.), *Reclaiming the History of Ethics*, Cambridge, Cambridge University Press, 1997.

6. Kwame Anthony Appiah, « Sen's Identities », *in* Kaushik Basu et Ravi Kanbur (éd.), *Arguments for a Better World : Essays in Honor of Amartya Sen*, t. I, Oxford et New York, Oxford University Press, 2009, p. 488.

Introduction. Une approche de la justice

1. Cette remarque a été faite par William Murray, premier *earl* de Mansfield, que cite John Campbell, *The Lives of the Chief Justices in England :*

From the Norman Conquest to the Death of Lord Mansfield, Londres, John Murray, 1949-1957, t. II, chap. 40, p. 572.

2. Voir Thomas Hobbes, *Léviathan*, trad. fr. de François Tricaud, Paris, Vrin/Dalloz, 2004 ; John Locke, *Deux traités du gouvernement*, trad. fr. de Bernard Gilson, Paris, Vrin, 1997. Jean-Jacques Rousseau, *Du contrat social*, Paris, Flammarion, coll. « GF », 1966 ; Immanuel Kant, *Fondements de la métaphysique des mœurs*, trad. fr. de Victor Delbos revue par Alexandre Philonenko, Paris, Vrin, 2004.

3. Voir John Rawls, *Paix et démocratie. Le droit des peuples et la raison publique*, trad. fr. de Bertrand Guillarme, Paris, La Découverte, 2006, p. 165 et 169-170 [traduction de *The Law of Peoples*, Cambridge, MA, Harvard University Press, 1999 ; N. B. : Le livre de John Rawls *Le Droit des gens*, publié dans la collection « 10/18 » par les Éditions Esprit en 1996 et également traduit par Bertrand Guillarme, est la traduction d'un autre texte : « The law of Peoples », in Stephen Shute et Susan Hurley (éd.), *On Human Rights*, New York, Basic Books, 1993 – *NdT*].

4. Voir Thomas Scanlon, *What We Owe to Each Other*, Cambridge, MA, Harvard University Press, 1996.

5. Ces problèmes sont analysés de façon plus détaillée dans mon article « What Do We Want from a Theory of Justice ? », *Journal of Philosophy*, vol. 103, mai 2006. Sur des questions voisines, voir aussi Joshua Cohen et Charles Sabel, « Extra Rempublicam Nulla Justitia ? », et A. L. Julius, « Nagel's Atlas », *Philosophy and Public Affairs*, vol. 34, printemps 2006.

6. Voir notamment Jean-Charles de Borda, « Mémoire sur les élections au scrutin », in *Mémoires de l'Académie royale des sciences*, 1781 ; Marquis de Condorcet, *Essai sur l'application de l'analyse à la probabilité des décisions rendues à la pluralité des voix*, Paris, Imprimerie royale, 1785.

7. Kenneth J. Arrow, *Choix collectif et préférences individuelles*, trad. fr. du Groupe de traductions économiques de l'université de Montpellier, Paris, Calmann-Lévy, 1974 [*Social Choice and Individual Values*, 1951 ; 2e éd., 1963].

8. Amartya Sen, « Maximization and the Act of Choice », *Econometrica*, vol. 65, 1997 [« Maximisation et acte de choix », in *Rationalité et liberté en économie, op. cit.*].

9. T. S. Eliot, « The Dry Salvages », in *Four Quartets*, Londres, Faber & Faber, 1944, p. 29-31 ; trad. fr. de Pierre Leyris, *in* T. S. Eliot, « Les Dry Salvages », *Quatre Quatuors*, Paris, Éd. du Seuil, coll. « Le Don des langues », 1950, p. 85. [Les Dry Salvages sont un petit groupe de rochers au large du Massachusetts – *NdT*.]

10. Amartya Sen, *L'Inde : histoire, culture et identité*, trad. fr. de Christian Cler, Paris, Odile Jacob, 2007 [*The Argumentative Indian*, 2005].

11. Je reviendrai sur ce problème au chapitre 10, « Réalisations, conséquences et agence ».

12. Voir Thomas Nagel, « The Problem of Global Justice », *Philosophy and Public Affairs*, vol. 33, 2005, p. 115.

13. *Ibid.*, p. 130-133, 146-147.

14. Voir John Rawls, *Paix et démocratie. Le droit des peuples et la raison publique*, *op. cit.*

15. Seamus Heaney, *The Cure at Troy : A version of Sophocles' Philotectes*, Londres, Faber and Faber, 1991.

PREMIÈRE PARTIE
LES EXIGENCES DE LA JUSTICE

1. Raison et objectivité

1. Voir Brian F. McGuinness (éd.), *Letters from Ludwig Wittgenstein, With a Memoir*, Oxford, Clarendon Press, 1967, p. 45. [Cette lettre ne figure pas dans la traduction française, par Gérard Granel et Élisabeth Rigal, de la correspondance de Wittgenstein, publiée en 2006 aux éditions TER – *NdT.*]

2. Voir, par exemple, Thomas Schelling, *Choice and Consequence*, Cambridge, MA, Harvard University Press, 1984 ; Matthew Rabin, « A Perspective on Psychology and Economics », *European Economic Review*, vol. 46, 2002 ; Jean Tirole, « Rational Irrationality : Some Economics of Self-Management », *European Economic Review*, vol. 46, 2002 ; Roland Benabou et Jean Tirole, « Intrinsic and Extrinsic Motivation », *Review of Economic Studies*, vol. 70, 2003 ; E. Fehr et U. Fischbacker, « Nature of Human Altruism », *Nature*, vol. 425, 2003.

3. J'envisage différentes façons de penser le comportement intelligent dans les chapitres 1 à 6 de mon livre *Rationalité et liberté en économie*, trad. fr. de Marie-Pascale d'Iribarne-Jaawane, Paris, Odile Jacob, 2006 [*Rationality and Freedom*, 2002].

4. Sur ces questions et des problèmes voisins, voir Thomas Nagel, *The Possibility of Altruism*, Oxford, Clarendon Press, 1970 ; Amartya Sen, « Behaviour and the Concept of Preference », *Economica*, vol. 40, 1973, et « Rational Fools : A Critique of the Behavioral Foundations of Economic Theory », *Philosophy and Public Affairs*, vol. 6, 1977, repris l'un et l'autre dans *Choice, Welfare and Measurement*, Oxford, Blackwell, 1982, et Cambridge, MA, Harvard University Press, 1997 [il existe une traduction française du second essai : « Des idiots rationnels », in *Éthique et économie (et autres essais)*, trad. fr. de Sophie Marnat, Paris, Presses universitaires de France, 1993, p. 87-116] ; George Akerlof, *An Economic Theorist's Book of Tales*, Cambridge, Cambridge University Press, 1984 ; Derek Parfit, *Reasons and Persons*, Oxford, Clarendon Press, 1984 ; Jon Elster, *The Cement of Society*, Cambridge, Cambridge University Press, 1989.

5. T. Scanlon, *What We Owe to Each Other*, *op. cit.*

6. Voir Isaiah Berlin, *À contre-courant : essais sur l'histoire des idées*, trad. fr. d'André Berelowitch, Paris, Albin Michel, 1988 ; *Le Bois tordu de l'humanité :*

romantisme, nationalisme et totalitarisme, trad. fr. de Marcel Thymbres, Paris, Albin Michel, 1992 ; *La Liberté et ses Traîtres : six ennemis de la liberté*, trad. fr. de Laurent Folliot, Paris, Payot & Rivages, 2007 ; *Three Critics of the Enlightenment : Vico, Hamann, Herder*, Londres, Pimlico, 2000 [dont l'un des textes a été traduit en français : *Le Mage du Nord, critique des Lumières : J. G. Hamann, 1730-1788*, trad. fr. de Mariette Martin, Paris, Presses universitaires de France, 1997].

7. Voir Jonathan Glover, *Humanity : A Moral History of the Twentieth Century*, Londres, Jonathan Cape, 1999, p. 6-7.

8. *Ibid.*, p. 310.

9. *Ibid.*, p. 313.

10. L'analyse qui suit s'inspire de ma recension du livre de Jonathan Glover, « The Reach of Reason : East and West », *New York Review of Books*, 20 juillet 2000 ; elle est reprise dans mon livre *L'Inde : histoire, culture et identité*, *op. cit.*, chap. 13.

11. Voir J. Glover, *Humanity : A Moral History of the Twentieth Century*, *op. cit.*, p. 40.

12. *Ibid.*, p. 7.

13. Vincent Smith, *Akbar : the Great Mogul*, Oxford, Clarendon Press, 1917, p. 257.

14. Voir Irfan Habib (éd.), *Akbar and His India*, Delhi et New York, Oxford University Press, 1997, recueil d'excellentes études sur les convictions et les politiques d'Akhbar, ainsi que sur les influences qui ont inspiré sa position hétérodoxe, et notamment son choix de donner priorité à la raison sur la tradition.

15. Pour toutes les références aux décisions politiques fondées sur les raisonnements d'Akhbar, voir la belle analyse de Shireen Moosvi dans son livre *Episodes in the Life of Akbar : Contemporary Records and Reminiscences*, New Delhi, National Book Trust, 1994.

16. Voir M. Athar Ali, « The Perception of India in Akbar and Abu'l Fazl », *in* I. Habib (éd.), *Akbar and His India*, *op. cit.*, p. 220.

17. Hilary Putnam, *Ethics without Ontology*, Cambridge, MA, Harvard University Press, 2004, p. 75.

18. John Rawls, *Libéralisme politique*, *op. cit.*, p. 146-147 et 156. Voir aussi son livre *La Justice comme équité. Une reformulation de « Théorie de la justice »*, trad. fr. de Bertrand Guillarme, Paris, La Découverte, 2003, rééd., La Découverte-Poche, 2008.

19. Jürgen Habermas, « Reconciliation through the Public Use of Reason : Remarks on John Rawls's Political Liberalism », *Journal of Philosophy*, vol. 92, mars 1995 ; voir aussi la réponse de John Rawls, « Reply to Habermas », *Journal of Philosophy*, vol. 92, 1995. [On trouvera en traduction française ces deux articles et un troisième texte *in* Jürgen Habermas et John Rawls, *Débat sur la justice politique*, trad. fr. de Rainer Rochlitz avec la coll. de Catherine Audard, Paris, Éd. du Cerf, 1997.]

20. Voir mes articles « The Reach of Reason : East and West », art. cité ; « Open and Closed Impartiality », *Journal of Philosophy*, vol. 99, 2002 ; et mes livres *L'Inde : histoire, culture et identité*, *op. cit.* ; *Identité et violence, l'illusion du destin*, trad. fr. de Sylvie Kleiman-Lafon, Paris, Odile Jacob, 2007.

21. Voir notamment Nicholas Stern, *The Economics of Climate Change : The Stern Review*, Cambridge, Cambridge University Press, 2007. Il existe aujourd'hui une immense littérature sur le sujet, mais l'enquête sur la responsabilité humaine dans la dégradation de l'environnement a commencé voilà longtemps. On trouvera une évaluation perspicace des premiers écrits sur la question dans Mark Sagoff, *The Economy of the Earth : Philosophy, Law and the Environment*, Cambridge, Cambridge University Press, 1988.

22. Martha Nussbaum a examiné ces liens dans une série de contributions éclairantes.

23. David Hume, *Enquête sur les principes de la morale*, in *Enquête sur l'entendement humain/Principes de la morale*, trad. fr. d'André Leroy (*Enquête*) et de Philippe Baranger et Philippe Saltel (*Principes*), Paris, Flammarion, coll. « Le Monde de la philosophie », 2008, p. 281.

24. Adam Smith, *Théorie des sentiments moraux*, trad. fr. de Michaël Biziou, Claude Gautier et Jean-François Pradeau, Paris, Presses universitaires de France, 1999, p. 426-427.

2. Rawls et au-delà

1. Voir John Rawls, « Outline of a Decision Procedure for Ethics », *Philosophical Review*, vol. 60, 1951 ; « Two Concepts of Rules », *Philosophical Review*, vol. 64, 1955, et « Justice as Fairness », art. cité. Ces articles sont repris *in* Samuel Freeman (éd.), *John Rawls : Collected Papers*, Cambridge, MA, Harvard University Press, 1999. Voir aussi J. Rawls, *La Justice comme équité. Une reformulation de « Théorie de la justice »*, *op. cit.*

2. J. Rawls, *Théorie de la justice*, *op. cit.* Voir aussi ses livres *Libéralisme politique*, *op. cit.* ; *La Justice comme équité. Une reformulation de « Théorie de la justice »*, *op. cit.*

3. Les idées rawlsiennes sur la justice ont profondément influencé l'économie du bien-être ; voir E. S. Phelps (éd.), *Economic Justice*, Harmondsworth, Penguin, 1973, et « Recent Developments in Welfare Economics : Justice et équité », *in* Michael Intriligator (éd.), *Frontiers of Quantitative Economics*, t. III, Amsterdam, North-Holland, 1977.

4. La thèse de Rawls sur le contenu exact du résultat contractuel de la position originelle peut laisser sceptique pour d'autres raisons. Les économistes et théoriciens de la décision, notamment, ont eu tendance à douter de ses conclusions sur la plausibilité de l'issue qu'il prévoit dans la position originelle et à juger en particulier peu vraisemblable le choix de la solution du « maximin », sur laquelle repose, on le voit bien, le principe de différence. Pour des raisons particulières de scepticisme face à la conclusion de Rawls,

voir Kenneth Arrow, *Collected Papers of Kenneth J. Arrow*, t. I, *Social Choice and Justice*, Cambridge, MA, Harvard University Press, 1983. Edmund Phelps a inauguré l'usage des règles de justice rawlsiennes en analyse économique, tout en exprimant, lui aussi, son important scepticisme face aux déductions de Rawls ; voir E. S. Phelps (éd.), *Economic Justice*, *op. cit.* ; et, du même auteur, *Studies in Macroeconomic Theory, II : Redistribution and Growth*, New York, Academic Press, 1980.

5. Kant, *Fondements de la métaphysique des mœurs*, *op. cit.*, p. 128. Pour les exigences du raisonnement kantien, voir, entre autres, Barbara Herman, *Morality as Rationality : A Study of Kant's Ethics*, New York, Garland Publishing, 1990.

6. J. Rawls, *La Justice comme équité. Une reformulation de « Théorie de la justice »*, *op. cit*, p. 185.

7. J. Rawls, *Théorie de la justice*, *op. cit*, p. 93.

8. Voir aussi, sur des questions voisines, Liam Murphy et Thomas Nagel, *The Myth of Ownership*, New York, Oxford University Press, 2002.

9. Voir G. A. Cohen, *Rescuing Justice and Equality*, Cambridge, MA, Harvard University Press, 2008.

10. J. Rawls, *Libéralisme politique*, *op. cit.*, p. 146-147.

11. J'ai analysé les limites des principales versions de la « théorie du choix rationnel » dans mon livre *Rationalité et liberté en économie*, *op. cit.*, notamment au chapitre 1, qui l'introduit, et aux chapitres 3 à 5.

12. Voir en particulier J. Rawls, *Libéralisme politique*, *op. cit.*, p. 76-83.

13. La priorité de la liberté joue un rôle important dans le résultat auquel j'aboutis dans mon article « The Impossibility of a Paretian Liberal », *Journal of Political Economy*, vol. 78, 1970. John Rawls commente ce lien de façon lumineuse dans son article « Social Unity and Primary Goods », *in* Amartya Sen et Bernard Williams (éd.), *Utilitarianism and Beyond*, Cambridge, Cambridge University Press, 1982. J'examinerai la question plus précisément au chapitre 16, « La pratique de la démocratie ».

14. Le critère d'allocation du « maximin lexicographique » est mis en œuvre dans le « principe de différence » de Rawls, qui prévoit de donner priorité aux personnes les plus désavantagées – à en juger par l'indice de détention de biens premiers – dans chaque agrégat. Quand les plus désavantagés de deux agrégats différents ont le même niveau de bien-être, c'est sur la situation de l'avant-dernière catégorie que se concentre l'attention, et ainsi de suite. Ceux qu'intéresse la structure formelle de ce critère en trouveront un exposé facile et une analyse stimulante dans mon livre *Collective Choice and Social Welfare*, San Francisco, Holden-Day, 1970 ; rééd., Amsterdam, North-Holland, 1979 ; voir aussi E. S. Phelps (éd.), *Economic Justice*, *op. cit.*, et Anthony Atkinson, *The Economics of Inequality*, Oxford, Clarendon Press, 1975.

15. Ce problème est également analysé dans mon article « Justice : Means versus Freedoms », *Philosophy and Public Affairs*, vol. 19, printemps 1990 [article traduit en français par Sophie Marnat sous le titre « L'évaluation de

la justice doit-elle se fonder sur les moyens ou sur les libertés ? », in *Éthique et économie (et autres essais), op. cit.*, p. 215-227].

16. Herbert Hart, « Rawls on Liberty and Its Priority », *University of Chicago Law Review*, vol. 40, 1973.

17. Voir J. Rawls, *Libéralisme politique, op. cit.*, leçon VIII. Des restrictions à la priorité de la liberté sont aussi exposées dans son premier livre, *Théorie de la justice, op. cit.*, p. 163-168, 252-257.

18. J. Rawls, *Libéralisme politique, op. cit.*, p. 49.

19. Samuel Freeman, « Introduction : John Rawls – An Overview », *in* Samuel Freeman (éd.), *The Cambridge Companion to Rawls*, Cambridge, Cambridge University Press, 2003, p. 3-4.

20. Immanuel Kant, *Critique de la Raison pratique* [1788], trad. fr. de François Picavet, Paris, Presses universitaires de France, coll. « Quadrige », 2003.

21. J. Rawls, *Théorie de la justice, op. cit.*, p. 37.

22. J. Rawls, *La Justice comme équité. Une reformulation de « Théorie de la justice », op. cit*, p. 137. Tel était d'ailleurs le point de rupture principal sur lequel Rawls attirait explicitement l'attention dans son article pionnier, « Justice as Fairness », art. cité.

23. Voir Thomas W. Pogge (éd.), *Global Justice*, Oxford, Blackwell, 2001.

3. *Institutions et personnes*

1. C'est moi qui souligne. Ces déclarations d'Ashoka se trouvent dans l'Édit XII (sur la « Tolérance ») à Erragudi ; elles sont citées par Vincent A. Smith dans *Asoka : The Buddhist Emperor of India*, Oxford, Clarendon Press, 1909, p. 170-171, et je reprends sa version à quelques modifications près, tout à fait mineures (dont j'assume la responsabilité en me fondant sur le texte original sanskrit).

2. Voir Romila Thapar, *Asoka and the Decline of the Mauryas*, Oxford, Oxford University Press, 1961 ; Upindar Singh, *A History of Ancient and Medieval India : From the Stone Age to the 12th Century*, New Delhi, Pearson Education, 2008.

3. Voir l'excellent livre de Bruce Rich, *To Uphold the World : The Message of Ashoka and Kautilya for the 21st Century*, New Delhi, Penguin, 2008, chap. 8.

4. J. Rawls, *La Justice comme équité. Une reformulation de « Théorie de la justice », op. cit*, p. 69-70.

5. Sur cette question, voir Anthony Laden, « Games, Fairness, and Rawls's "A Theory of Justice" », *Philosophy and Public Affairs*, vol. 20, 1991.

6. J. Rawls, *Libéralisme politique, op. cit.*, p. 78.

7. *Ibid.*, p. 119-120.

8. John Kenneth Galbraith, *Le Capitalisme américain. Le concept du pouvoir compensateur*, trad. fr. de M.-Th. Génin, Paris, Génin, 1956. Voir aussi Richard Parker, *John Kenneth Galbraith : His Life, His Politics, His Economics*,

New York, Farrar, Straus & Giroux, 2005 ; réédité sous le titre *John Kenneth Galbraith : A Twentieth Century Life*, Chicago, Chicago University Press, 2007.

9. Certaines raisons de cette variation entre visions purement institutionnelles et réalisations concrètes sont analysées dans mon livre *Un nouveau modèle économique : développement, justice, liberté*, trad. fr. de Michel Bessières, Paris, Odile Jacob, 2000, rééd. Poches Odile Jacob, 2003 [*Development as Freedom*, 1999].

10. David Gauthier, *Morale et contrat. Recherche sur les fondements de la morale*, trad. fr. de Serge Champeau, Sprimont, Mardaga, 2000, chap. IV.

11. Voir Robert Nozick, *Anarchie, État et utopie*, trad. fr. d'Évelyne d'Auzac de Lamartine, rév. par Pierre-Emmanuel Dauzat, Paris, Presses universitaires de France, 1988, rééd. coll. « Quadrige », 2003.

4. Voix et choix social

1. Pour les sources sur ce point et d'autres conversations voisines, voir mon livre *L'Inde : histoire, culture et identité*, *op. cit.*

2. Voir Peter Green, *Alexander of Macedon, 356-323 B.C. : A Historical Biography*, Berkeley, University of California Press, 1992, p. 428.

3. J.-C. de Borda, « Mémoire sur les élections au scrutin » (1781), *op. cit.* ; Marquis de Condorcet, *Essai sur l'application de l'analyse à la probabilité des décisions rendues à la pluralité des voix* (1785), *op. cit.*

4. Voir C. L. Dodgson, *A Method of Taking Votes on More Than Two Issues*, Oxford, Clarendon Press, 1876, et *The Principles of Parliamentary Representation*, Londres, Harrison, 1951.

5. Le grand classique de la théorie du choix social est le remarquable ouvrage de Kenneth Arrow, fondé sur sa thèse de doctorat, *Choix collectif et préférences individuelles*, trad. fr. du Groupe de traductions économiques de l'université de Montpellier, Paris, Calmann-Lévy, 1974.

6. *Ibid.* Pour les explications en termes informels aussi bien que mathématiques du résultat, voir mon livre *Collective Choice and Social Welfare*, *op. cit.*

7. Il y a eu plusieurs résultats d'impossibilité avec des variantes des axiomes utilisés par Arrow et révélant d'autres conflits entre demandes apparemment sensées faites au choix social rationnel ; voir mon livre *Collective Choice and Social Welfare*, *op. cit.* ; Peter C. Fishburn, *The Theory of Social Choice*, Princeton, NJ, Princeton University Press, 1973 ; Jerry Kelly, *Arrow Impossibility Theorems*, New York, Academic Press, 1978 ; Kotaro Suzumura, *Rational Choice, Collective Decisions, and Social Welfare*, Cambridge, Cambridge University Press, 1983 ; Prasanta K. Pattanaik et Maurice Salles (éd.), *Social Choice and Welfare*, Amsterdam, North-Holland, 1983 ; Thomas Schwartz, *The Logic of Collective Choice*, New York, Columbia University Press, 1986, parmi bien d'autres contributions. On trouvera de belles analyses introductives *in* Jerry Kelly, *Social Choice Theory : An Introduction*, Berlin,

Springer Verlag, 1987 ; Wulf Gaertner, *A Primer in Social Choice Theory*, Oxford, Oxford University Press, 2006.

8. C'est aussi l'un des problèmes principaux que j'ai analysés dans ma conférence du prix Nobel en décembre 1998, « The Possibility of Social Choice », *American Economic Review*, vol. 89, 1999 [« La possibilité du choix collectif », in *Rationalité et liberté en économie, op. cit.*].

9. On peut axiomatiser complètement et intégrer exactement aux procédures du choix social divers types de comparaisons interpersonnelles ; on peut aussi concevoir et utiliser diverses possibilités de construction : voir mes livres *Collective Choice and Social Welfare, op. cit.*, *Choice, Welfare and Measurement, op. cit.*, et mon article « Social Choice Theory », *in* Kenneth J. Arrow et Michael Intriligator (éd.), *Handbook of Mathematical Economics*, Amsterdam, North-Holland, 1986. La littérature sur le sujet est très étendue et comprend, entre autres contributions : Peter J. Hammond, « Equity, Arrow's Conditions and Rawls' Difference Principle », *Econometrica*, vol. 44, 1976 ; Claude d'Aspremont et Louis Gevers, « Equity and the Informational Basis of Collective Choice », *Review of Economic Studies*, vol. 46, 1977 ; Kenneth J. Arrow, « Extended Sympathy and the Possibility of Social Choice », *American Economic Review*, vol. 67, 1977 ; Eric Maskin, « A Theorem on Utilitarianism », *Review of Economic Studies*, vol. 45, 1978 ; Louis Gevers, « On Interpersonal Comparability and Social Welfare Orderings », *Econometrica*, vol. 47, 1970 ; Eric Maskin, « Decision-making under Ignorance with Implications for Social Choice », *Theory and Decision*, vol. 11, 1979 ; Kevin W. S. Roberts, « Possibility Theorems with Interpersonally Comparable Welfare Levels » et « Interpersonal Comparability and Social Choice Theory », *Review of Economic Studies*, vol. 47, 1980 ; Kotaro Suzumura, *Rational Choice, Collective Decisions, and Social Welfare*, *op. cit.* ; Charles Blackorby, David Donaldson et John Weymark, « Social Choice with Interpersonal Utility Comparisons : A Diagrammatic Introduction », *International Economic Review*, 1984 ; Claude d'Aspremont, « Axioms for Social Welfare Ordering », *in* Leonid Hurwicz, David Schmeidler et Hugo Sonnenschein (éd.), *Social Goals and Social Organization*, Cambridge, Cambridge University Press, 1985 ; pour ne citer que quelques éléments de ce vaste corpus de littérature constructive.

10. Kenneth J. Arrow, « Extended Sympathy and the Possibility of Social Choice », *American Economic Review*, vol. 67, 1977.

11. Voir Marie-Jean-Antoine Caritat, marquis de Condorcet, « Esquisse d'un tableau historique des progrès de l'esprit humain » [1793], in *Œuvres de Condorcet*, t. XVI, Paris, Firmin Didot Frères, 1847 ; rééd., Stuttgart, Friedrich Frommann Verlag, 1968.

12. Sur ce point, voir ma conférence du prix Nobel en décembre 1998, « The Possibility of Social Choice », art. cité [« La possibilité du choix collectif », in *Rationalité et liberté en économie, op. cit.*].

13. Parfois, les formulations de la théorie du choix social spécifient les résultats, sous forme non de classements d'états sociaux, mais de « fonctions

de choix », qui nous disent quelles sont les options ouvertes au choix dans chaque ensemble possible. Si la forme « fonction de choix » peut paraître très éloignée de la formulation relationnelle, les deux sont en fait analytiquement liées et nous pouvons identifier les classements implicites qui sous-tendent les fonctions de choix respectives ; sur ce point, voir mes livres *Choice, Welfare and Measurement*, Oxford, Blackwell, 1982, et Cambridge, MA, Harvard University Press, 1997, textes 1 et 8, et *Rationalité et liberté en économie*, *op. cit.*, chap. 3, 4 et 7, ainsi que la littérature – assez vaste, je le crains – qui y est citée.

14. Robert Nozick, *Anarchie, État et utopie*, *op. cit.*, p. 47.

15. Sur ce point, voir mon livre *Collective Choice and Social Welfare*, *op. cit.*, chap. 9.

16. De fait, même dans la théorie du choix social, où le cadre d'analyse est solidement relationnel et entièrement orienté vers les jugements comparatifs, les recherches effectives sur la « justice sociale » ont été étroitement liées à l'identification d'une justice transcendantale (souvent issue du moule rawlsien). L'emprise de la forme transcendantale est pratiquement omniprésente dans les recherches universitaires sur les exigences de la justice et, même si elle a une base analytique plus large, la théorie du choix social n'a pas échappé à l'influence du transcendantalisme dans le choix des problèmes qui ont fait l'objet d'investigations détaillées.

17. Les caractéristiques formelles des « ordres partiels intersections » sont analysées dans mon livre *On Economic Inequality*, Oxford, Clarendon Press, 1973 ; éd. augmentée, comprenant un *addendum* écrit en coll. avec James Foster, 1997.

18. Voir aussi mon livre *Collective Choice and Social Welfare*, *op. cit.*

19. Voir Herbert Simon, *Models of Man*, New York, Wiley, 1957, et *Models of Thought*, New Haven, Yale University Press, 1979.

20. Cela fait partie de la typologie des problèmes de choix social analysée dans mon article « Social Choice Theory : A Re-examination », *Econometrica*, vol. 45, 1977, repris in *Choice, Welfare and Measurement*, *op. cit.*

21. Le problème du droit des membres est le sujet principal de l'importante analyse sur la réalisation d'agrégats de jugements qu'ont publiée Christian List et Philip Pettit, « Aggregating Sets of Judgments : An Impossibility Result », *Economics and Philosophy*, vol. 18, 2002.

22. Voir les références citées à la note 9.

23. Le résultat a été inclus dans mon livre *Collective Choice and Social Welfare*, *op. cit.*, chap. 6, et aussi dans « The Impossibility of a Paretian Liberal », *Journal of Political Economy*, vol. 78, 1970. Il sera brièvement analysé au chapitre 14, « Égalité et liberté ».

24. Les contributions comprennent, parmi beaucoup d'autres : Allan Gibbard, « A Pareto-Consistent Libertarian Claim », *Journal of Economic Theory*, vol. 7, 1974 ; Peter Bernholz, « Is a Paretian Liberal Really Impossible ? », *Public Choice*, vol. 19, 1974 ; Christian Seidl, « On Liberal Values », *Zeitschrift fur Nationalökonomie*, vol. 35, 1975 ; Julian Blau, « Liberal Values

and Independence », *Review of Economic Studies*, vol. 42, 1975 ; Donald E. Campbell, « Democratic Preference Functions », *Journal of Economic Theory*, vol. 12, 1976 ; Jerry S. Kelly, « Rights-Exercising and a Pareto-Consistent Libertarian Claim », *Journal of Economic Theory*, vol. 13, 1976 ; Michael J. Farrell, « Liberalism in the Theory of Social Choice », *Review of Economic Studies*, vol. 43, 1976 ; John A. Ferejohn, « The Distribution of Rights in Society », *in* Hans W. Gottinger et Werner Leinfellner (éd.), *Decision Theory and Social Ethics*, Boston, Reidel, 1982 ; Jonathan Barnes, « Freedom, Rationality and Paradox », *Canadian Journal of Philosophy*, vol. 10, 1980 ; Peter Hammond, « Liberalism, Independent Rights and the Pareto Principle », *in* L. J. Cohen, H. Pfeiffer et K. Podewski (éd.), *Logic, Methodology and the Philosophy of Sciences, II*, Amsterdam, North-Holland, 1982 ; Kotaro Suzumura, « On the Consistency of Libertarian Claims », *Review of Economic Studies*, vol. 45, 1978 ; Wulf Gaertner et L. Krüger, « Self-supporting Preference and Individual Rights : The Possibility of Paretian Libertarianism », *Economica*, vol. 47, 1981 ; Kotaro Suzumura, *Rational Choice, Collective Decisions and Social Welfare*, *op. cit.* ; Kaushik Basu, « The Right to Give up Rights », *Economica*, vol. 51, 1984 ; John L. Wriglesworth, *Libertarian Conflicts in Social Choice*, Cambridge, Cambridge University Press, 1985 ; Jonathan M. Riley, *Liberal Utilitarianism*, Cambridge, Cambridge University Press, 1987 ; Dennis Mueller, *Public Choice II*, New York, Cambridge University Press, 1989. Voir aussi le numéro spécial sur « le paradoxe libéral » d'*Analyse und Kritik*, vol. 18, 1996, avec des contributions d'un grand nombre d'auteurs intéressés par le sujet, ainsi qu'une réponse de ma part.

25. J'ai essayé d'analyser ces liens dans « Minimal Liberty », *Economica*, vol. 59, 1992 [« La liberté minimale », in *Rationalité et liberté en économie*, *op. cit.*], et dans « Rationality and Social Choice », discours du président de l'American Economic Association, publié in *American Economic Review*, vol. 85, 1995 [« Rationalité et choix collectif », in *Rationalité et liberté en économie*, *op. cit.*]. Voir aussi Seidl, « On Liberal Values », art. cité.

26. Voir Philippe Mongin, « Value Judgments and Value Neutrality in Economics », *Economica*, vol. 73, 2006 ; Marc Fleurbaey, Maurice Salles et John Weymark (éd.), *Justice, Political Liberalism and Utilitarianism*, Cambridge, Cambridge University Press, 2008.

27. Sur ce point, voir mon article « Fertility and Coercion », *University of Chicago Law Review*, vol. 63, été 1996 ; voir aussi mon livre *Un nouveau modèle économique : développement, justice, liberté*, *op. cit.*

5. *Impartialité et objectivité*

1. Mary Wollstonecraft, *Défense des droits des hommes. Lettre à l'honorable Edmund Burke*, in *Une Anglaise défend la Révolution française*, trad. fr. de Marie-Odile Bernez, Paris, Éd. du CTHS, 2003, p. 46-47.

2. Mary Wollstonecraft, *Défense des droits de la femme*, trad. fr. de Marie-Françoise Cachin, Paris, Payot, 1976, rééd. Payot & Rivages, coll. « Petite Bibliothèque Payot », 2005.

3. Kant, *Fondements de la métaphysique des mœurs*, *op. cit.*, p. 128.

4. Henry Sidgwick, *The Method of Ethics*, Londres, Macmillan, 1907 ; New York, Dover, 1966, Préface à la sixième édition, p. XVII.

5. Vivian Walsh, « Sen after Putnam », *Review of Political Economy*, vol. 15, 2003, p. 331.

6. Antonio Gramsci, « La philosophie de la praxis face à la réduction mécaniste du matérialisme historique (cahier 11) », *in* Antonio Gramsci, *Textes*, éd. André Tosel, Paris, Éd. Sociales, 1983, p. 135.

7. Amartya Sen, « Sraffa, Wittgenstein, and Gramsci », *Journal of Economic Literature*, vol. 41, 2003.

8. Ludwig Wittgenstein, *Investigations philosophiques*, trad. fr. de Pierre Klossowski, à la suite du *Tractatus*, Paris, Gallimard, coll. « Tel », 1986, p. 112.

9. Dans son analyse perspicace de l'influence de Sraffa, parallèlement à celle de Freud, sur la seconde philosophie de Wittgenstein, Brian McGuinness relève l'impact qu'a eu sur lui « la façon ethnologique ou anthropologique de voir les choses qui lui venait de l'économiste Sraffa ». Voir Brian McGuinness (éd.), *Wittgenstein and His Times*, Oxford, Blackwell, 1982, p. 36-39.

10. Rawls, *Libéralisme politique*, *op. cit.*, p. 156. Même si le langage dont use Rawls semble diviser les gens en personnes raisonnables et déraisonnables, cela n'empêche pas son critère de les couvrir toutes dès lors qu'elles acceptent de participer à un débat public ouvert, d'examiner les arguments et les preuves qui y sont présentés et de raisonner à leur sujet avec ouverture d'esprit (sur ce point, voir chap. 1).

11. A. Smith, *Théorie des sentiments moraux*, *op. cit.*

6. *Impartialités ouverte et fermée*

1. A. Smith, *Théorie des sentiments moraux*, *op. cit.*, p. 172 [III, I, 2] ; la version augmentée apparaît à la sixième édition. Sur les points qui nous intéressent ici, voir l'analyse de D. D. Raphael, « The Impartial Spectator », *in* Andrew S. Skinner et Thomas Wilson (éd.), *Essays on Adam Smith*, Oxford, Clarendon Press, 1975, p. 88-90. Sur l'importance cruciale de ces questions dans la perspective des Lumières, notamment dans les œuvres de Smith et de Condorcet, voir Emma Rothschild, *Economic Sentiments : Smith, Condorcet and the Enlightenment*, Cambridge, MA, Harvard University Press, 2001.

2. Voir Raphael et Macfie, « Introduction », *in* Adam Smith, *The Theory of Moral Sentiments*, Oxford, Clarendon Press, 1976, p. 31.

3. A. Smith, *Théorie des sentiments moraux*, *op. cit.*, p. 171-172 [III, I, 2].

4. J. Rawls, *Théorie de la justice*, *op. cit.*, p. 560.

5. *Ibid.*, p. 560-561.

6. A. Smith, *Théorie des sentiments moraux*, *op. cit.*, p. 171-172 [III, I, 2].

7. Sur ce point, voir mon livre *Identité et violence, l'illusion du destin*, *op. cit.*

8. J. Rawls, *La Justice comme équité. Une reformulation de « Théorie de la justice »*, *op. cit*, p. 35-36.

9. John Rawls, « Reply to Alexander and Musgrave », *in* Samuel Freedman (éd.), *John Rawls : Collected Papers*, *op. cit.*, p. 249. Voir aussi Tony Laden, « Games, Fairness and Rawls's *A Theory of Justice* », *Philosophy and Public Affairs*, vol. 20, 1991.

10. J. Rawls, *Théorie de la justice*, *op. cit.*, p. 560 ; plus largement, voir la section 78 de *Théorie de la justice*, *op. cit.*, p. 557-564, et *Libéralisme politique*, *op. cit.*, p. 146-153.

11. J. Rawls, *Théorie de la justice*, *op. cit.*, p. 79, n. 9.

12. A. Smith, *Théorie des sentiments moraux*, *op. cit.*, p. 400 [VII, II, 2, 14].

13. Le raisonnement qui suit s'inspire d'une analyse antérieure que j'ai présentée dans mon article « Open and Closed Impartiality », *Journal of Philosophy*, vol. 99, septembre 2002.

14. Je n'entends pas nier ici l'existence possible de ce que les topologues appelleraient un « point fixe » (avec des hypothèses convenables sur la continuité) tel que les décisions d'un groupe focal donné ramèneraient exactement au même groupe focal (si improbable que soit cette coïncidence). Mais, en règle générale, le problème d'une possible incohérence ne doit pas être exclu, c'est le moins qu'on puisse dire, quand les décisions que doit prendre un groupe focal influencent sa propre composition.

15. J'ai essayé d'identifier ces problèmes dans « La justice mondiale : au-delà de l'équité internationale », *in* Inge Kaul, I. Grunberg et M. A. Stern (éd.), *Les Biens publics mondiaux : la coopération internationale au XXI*e *siècle*, Paris, Economica, 2002, et aussi dans « Justice across Borders », *in* Pablo De Greiff et Ciaran Cronin, *Global Justice and Transnational Politics*, Cambridge, MA, MIT Press, 2002, présenté initialement sous forme de conférence dans le cadre de la célébration du centième anniversaire de la De Paul University de Chicago, en septembre 1998.

16. John Rawls, *Le Droit des gens*, trad. fr. de Bertrand Guillarme, Paris, Esprit, « Bibliothèque 10/18 », 1996 [traduction de « The Law of Peoples », *in* Stephen Shute et Susan Hurley (éd.), *On Human Rights*, New York, Basic Books, 1993], et *Paix et démocratie. Le droit des peuples et la raison publique*, *op. cit.*

17. Voir Charles R. Beitz, *Political Theory and International Relations*, Princeton, NJ, Princeton University Press, 1979 ; Brian Barry, *Theories of Justice*, t. I, Berkeley, CA, University of California Press, 1989 ; Thomas Pogge, *Realizing Rawls*, Ithaca, NY, Cornell University Press, 1989 ; Thomas Pogge (éd.), *Global Justice*, *op. cit.* ; Deen Chatterjee (éd.), *The Ethics of Assistance : Morality and the Distant Needy*, Cambridge, Cambridge University

Press, 2004 ; Thomas Pogge et Sanjay Reddy, « How Not to Count the Poor », *in* Sudhir Anand, Paul Segal et Joseph Stiglitz (éd.), *Debates on the Measurement of Global Poverty*, Oxford, Oxford University Press, 2009.

18. Voir Kenneth Arrow, Amartya Sen et Kotaro Suzumura (éd.), *Social Choice Re-examined*, Amsterdam, Elsevier, 1997. Voir aussi Isaac Levi, *Hard Choices*, Cambridge, Cambridge University Press, 1986.

19. Voir sur ce point Derek Parfit, *Reasons and Persons, op. cit.*

20. Voir David Hume, « Essai sur le contrat originel », trad. fr. de Philippe Folliot, en ligne sur le site « Philotra » (œuvres philosophiques étrangères traduites en français).

21. John Rawls, « Justice as Fairness : Political Not Metaphysical », in *Collected Papers, op. cit.*, p. 401.

22. J. Rawls, « Reply to Alexander and Musgrave », *ibid.*, p. 249.

DEUXIÈME PARTIE
FORMES DE RAISONNEMENT

7. Position, pertinence et illusion

1. William Shakespeare, *Le Roi Lear*, acte IV, scène VI, v. 150-154, in *Théâtre complet*, trad. fr. de François-Victor Hugo, Paris, Garnier, 1961, t. II, p. 288.

2. Thomas Nagel, *Le Point de vue de nulle part*, trad. fr. de Sonia Kronlund, Combas, Éd. de l'Éclat, 1993, p. 9.

3. Voir A. T. Embree (éd.), *Alberuni's India*, New York, W. W. Norton & Co., 1971, p. 111.

4. G. A. Cohen, *Karl Marx's Theory of History : A Defence*, Oxford, Clarendon Press, 1978, p. 328-329.

5. J'ai examiné ces questions dans mon article « Gender and Cooperative Conflict », *in* Irene Tinker (éd.), *Persistent Inequalities*, New York, Oxford University Press, 1990 ; trad. fr., « La distinction entre les sexes et les conflits de coopération », in *Éthique et économie (et autres essais), op. cit.*, p. 229-270. Voir aussi mon article « The Many Faces of Gender Inequalities », *New Republic* (2001) et *Frontline* (2001).

6. Hume, *Enquête sur les principes de la morale, op. cit.*, p. 310.

8. La rationalité et les autres

1. Jon Elster, *Raison et raisons*, Paris, Collège de France/Fayard, coll. « Leçons inaugurales du Collège de France », 2006, p. 14. Dans ce petit livre, Jon Elster, qui a lui-même éminemment contribué à l'étude de la question, donne une analyse tout à fait séduisante du lien entre raisonnement et rationalité. Il procède aussi à un passage en revue critique de la littérature sur le sujet.

2. La rationalité limitée a été étudiée tout particulièrement par Herbert Simon, « A Behavioral Model of Rational Choice », *Quarterly Journal of Eco-*

nomics, vol. 59, 1955, et *Models of Thought*, New Haven, Yale University Press, 1979.

3. Voir D. Kahneman, P. Slovik et A. Tversky, *Judgement under Uncertainty : Heuristics and Biases*, Cambridge, Cambridge University Press, 1982. Voir aussi B. P. Stigum et F. Wenstøp (éd.), *Foundations of Utility and Risk Theory with Applications*, Dordrecht, Reidel, 1983 ; Isaac Levi, *Hard Choices*, Cambridge, Cambridge University Press, 1986 ; L. Daboni, A. Montesano et M. Lines, *Recent Developments in the Foundations of Utility and Risk Theory*, Dordrecht, Reidel, 1986 ; Richard Thaler, *Quasi-Rational Economics*, New York, Russel Sage Foundation, 1991 ; Daniel McFadden, « Rationality for Economists », *Journal of Risk and Uncertainty*, vol. 19, 1999.

4. Voir A. Smith, *Théorie des sentiments moraux*, *op. cit.* ; Thomas Schelling, *Choice and Consequence*, Cambridge, Harvard University Press, 1984, chap. 3 (« The Intimate Contest of Self-Command ») et 4 (« Ethics, Law and the Exercise of Self-Command »).

5. Beaucoup de ces écarts peuvent trouver leur place dans un modèle général de comportement que Richard Thaler appelle « quasi rationnel » (voir son livre *Quasi Rational Economics*, New York, Russell Sage Foundation, 1991).

6. Voir Milton Friedman, *Essais d'économie positive*, trad. fr. de Pascal Salin, Paris, LITEC, 1995 (citation p. 11).

7. « The Discipline of Economics », *Economica*, vol. 75, novembre 2008.

8. Sur cette question et des sujets voisins, voir Donald Davidson, *Essays on Actions and Events*, Oxford, Oxford University Press, 2e éd., 2001 ; trad. fr. de Pascal Engel, *Actions et événements*, Paris, Presses universitaires de France, 1993.

9. Tant les exigences de la rationalité que les écarts par rapport à la rationalité peuvent prendre de nombreuses formes différentes, que j'ai essayé de traiter dans plusieurs articles repris in *Rationalité et liberté en économie*, *op. cit.*

10. *Ibid.*

11. Voir John Broome, « Choice and Value in Economics », *Oxford Economic Papers*, vol. 30, 1978 ; A. Sen, *Choice, Welfare and Measurement*, *op. cit.*

12. F. Y. Edgeworth, *Mathematical Psychics : An Essay on the Application of Mathematics to the Moral Sciences*, Londres, C. K. Paul, 1881, p. 16, 104.

13. A. Smith, *Théorie des sentiments moraux*, *op. cit.*, p. 265-266.

14. *Ibid.*

15. *Ibid.*, p. 265.

16. Voir George Stigler, « Smith's Travel on the Ship of State », *in* A. S. Skinner et T. Wilson (éd.), *Essays on Adam Smith*, Oxford, Clarendon Press, 1975, notamment p. 237, et « Economics or Ethics ? », *in* S. McMurrin (éd.), *Tanner Lectures on Human Values*, t. II, Cambridge, Cambridge University Press, 1981, notamment p. 176.

17. Voir néanmoins Geoffrey Brennan et Loran Lomasky, « The Impartial Spectator Goes to Washington : Towards a Smithian Model of Electoral Politics », *Economics and Philosophy*, t. I, 1985 ; Patricia H. Werhane, *Adam*

Smith and His Legacy for Modern Capitalism, New York, Oxford University Press, 1991 ; Emma Rothschild, « Adam Smith and Conservative Economics », *Economic History Review*, vol. 45, février 1992 ; Emma Rothschild, *Economic Sentiments*, Cambridge, MA, Harvard University Press, 2001.

18. Stephen Leacock, *Hellements of Hickonomics*, New York, Dodd, Mead & Co, 1936, p. 75 ; voir aussi mon livre *Éthique et économie* (*On Ethics and Economics*, Oxford, Blackwell, 1987), in *Éthique et économie (et autres essais)*, *op. cit.*, chap. 1.

19. Ce problème d'interprétation erronée est analysé de façon plus complète dans mon article « Adam Smith's Prudence », *in* S. Lall et F. Stewart (éd.), *Theory and Reality in Development*, Londres, Macmillan, 1986 ; trad. fr. de Jacques Hoarau, « La prudence chez Adam Smith », *Mouvement des idées et des luttes*, n° 23, 2002/4, p. 110-117. Voir aussi mon livre *Éthique et économie (et autres essais)*, *op. cit.*, p. 24-29.

20. Adam Smith, *Recherches sur la nature et les causes de la richesse des nations*, 2 vol., trad. fr. de Germain Garnier revue par Adolphe Blanqui, Paris, Flammarion, coll. « GF », 1991, t. I, p. 82.

21. A. Smith, *Théorie des sentiments moraux*, *op. cit.*, p. 267.

22. *Ibid.*, p. 229.

23. *Choice, Welfare and Measurement*, *op. cit.*, Introduction, p. 7-8.

24. Gary S. Becker, *Economic Approaches to Human Behavior*, Chicago, Chicago University Press, 1976, p. 14 ; et *Accounting for Tastes*, Cambridge, Harvard University Press, 1996.

9. *Pluralité des raisons impartiales*

1. Voir J. Rawls, *La Justice comme équité. Une reformulation de « Théorie de la justice »*, *op. cit.*, p. 22-26.

2. T. Scanlon, *What We Owe to Each Other*, *op. cit.*, p. 5 ; voir aussi son article « Contractualism and Utilitarianism », *in* A. Sen et B. Williams (éd.), *Utilitarianism and Beyond*, *op. cit.*

3. J. Rawls, *La Justice comme équité. Une reformulation de « Théorie de la justice »*, *op. cit.*, p. 23-24.

4. Voir par exemple Mark Sagoff, *The Economy of the Earth : Philosophy, Law, and the Environment*, Cambridge, Cambridge University Press, 1988 ; Bruno S. Frey, « Does Monitoring Increase Work Effort ? The Rivalry with Trust and Loyalty », *Economic Inquiry*, vol. 31, 1993 ; David M. Gordon, « Bosses of Different Stripes : A Cross-Sectional Perspective on Monitoring and Supervision », *American Economic Review*, vol. 84, 1994 ; Elinor Ostrom, « Collective Action and the Evolution of Social Norms », *Journal of Economic Perspectives*, vol. 14, été 2000 ; Andrew Dobson, *Citizenship and the Environment*, Oxford, Oxford University Press, 2003 ; Barry Holden, *Democracy and Global Warming*, Londres, Continuum International Publishing Group, 2002.

5. Voir par exemple E. Ostrom, « Collective Action and the Evolution of Social Norms », art. cité.

6. La traduction anglaise classique du *Sutta-Nipata* est celle de V. Fausboll *in* F. Max Muller (éd.), *The Sacred Books of the East*, t. X, Partie II, *The Sutta-Nipata : A Collection of Discourses*, Oxford, Clarendon Press, 1881. Pour une traduction anglaise plus récente, voir *The Sutta-Nipata*, trad. angl. de H. Saddhatissa, Londres, Curzon Press, 1985. [Le *Sutta-Nipata* n'a pas été traduit en français – *NdT.*]

7. Voir aussi mes articles « Elements of a Theory of Human Rights », *Philosophy and Public Affairs*, vol. 32, 2004, et « Human Rights and the Limits of Law », *Cardozo Law Journal*, vol. 27, avril 2006.

10. Réalisations, conséquences et agence

1. En collaboration avec Swami Prabhavananda, Madras, Sri Ramakrishna Math, 1989. [Pour une traduction française, voir par exemple celle d'Émile Senart, *La Baghavad-gîtâ*, Paris, Les Belles Lettres, 1944 (avec texte en regard) – *NdT*].

2. T. S. Eliot, « The Dry Salvages », in *Four Quartets*, Londres, Faber & Faber, 1944, p. 29-31 ; trad. fr. de Pierre Leyris, *in* T. S. Eliot, « Les Dry Salvages », *Quatre Quatuors*, Paris, Éd. du Seuil, coll. « Le Don des langues », 1950, p. 85.

3. Voir Len Giovannitti et Fred Freed, *Histoire secrète d'Hiroshima*, trad. fr. de Pierre Francart, Paris, Plon, 1966, p. 182.

4. Sur l'intégration des façons de procéder dans l'évaluation des conséquences, voir l'article éclairant de Kotaro Suzumura, « Consequences, Opportunities, and Procedures », *Social Choice and Welfare*, vol. 16, 1999.

5. Sur ces questions et d'autres qui leur sont liées, voir aussi mes articles « Rights and Agency », *Philosophy and Public Affairs*, vol. 11, hiver 1982 ; trad. fr. de Sophie Marnat, « Les droits et la question de l'agent », in *Éthique et économie (et autres essais)*, *op. cit.*, p. 117-158 ; et « Evaluator Relativity and Consequential Evaluation », *Philosophy and Public Affairs*, vol. 12, printemps 1982 ; le second répond aussi à une critique intéressante de Donald H. Regan, « Against Evaluator Relativity : A Response to Sen », dans le même numéro de la revue.

TROISIÈME PARTIE
LES MATÉRIAUX DE LA JUSTICE

11. Vies, libertés et capabilités

1. Je me suis efforcé d'adopter cette approche directe dans une série de publications qui ont suivi ma première tentative visant à privilégier les capabilités, lors de ma conférence Tanner 1979 publiée sous le titre « Equality of What ? », *in* S. McMurrin, *Tanner Lectures on Human Values*, t. I, Cam-

bridge, Cambridge University Press, et Salt Lake City, University of Utah Press, 1980 [« Quelle égalité ? », in *Éthique et économie (et autres essais)*, *op. cit.*]. Voir Geoffrey Hawthorn (éd.), *The Standard of Living*, Cambridge, Cambridge University Press, 1987, et mes livres *Commodities and Capabilities*, Amsterdam, North-Holland, 1984, et Delhi, Oxford University Press, 1987, ainsi que *Un nouveau modèle économique : développement, justice, liberté*, *op. cit.* Voir aussi l'ouvrage que j'ai coédité avec Martha Nussbaum, *The Quality of Life*, Oxford, Clarendon Press, 1993.

2. Voir William Petty, *Political Arithmetick*, qui a été rédigé aux alentours de 1676 mais publié en 1691 ; voir C. H. Hull (éd.), *The Economic Writings of Sir William Petty*, Cambridge, Cambridge University Press, 1899, t. I, p. 312. J'ai étudié la nature des débats qui ont eu lieu entre les pionniers de l'estimation du revenu national et des niveaux de vie dans mes conférences Tanner de 1985, publiées, avec des commentaires d'autres auteurs (Bernard Williams, John Muellbauer, Ravi Kanbur et Keith Hart), *in* Geoffrey Hawthorn (éd.), *The Standard of Living*, *op. cit.*

3. Ces comparaisons et d'autres voisines sont analysées dans mon livre *Un nouveau modèle économique : développement, justice, liberté*, *op. cit.*, chap. 1 et 4. Voir aussi mes articles « The Economics of Life and Death », *Scientific American*, vol. 266, 1993 ; « Demography and Welfare Economics », *Empirica*, vol. 22, 1995 ; et « Mortality as an Indicator of Economic Success and Failure », *Economic Journal*, vol. 108, 1998.

4. L'une des analyses statistiques pionnières de la pertinence de cette distinction pour l'action publique est celle de Sudhir Anand et Martin Ravallion, « Human Development in Poor Countries : On the Role of Private Incomes and Public Services », *Journal of Economic Perspectives*, vol. 7, 1993.

5. J'examine cette question dans mes livres *Un nouveau modèle économique : développement, justice, liberté*, *op. cit.* ; *L'Inde : histoire, culture et identité*, *op. cit.* ; et *Identité et violence, l'illusion du destin*, *op. cit.* Voir aussi mon article « Human Rights and Asian Values », *New Republic*, 14 et 21 juillet 1997.

6. Cette vision étroite des « possibilités offertes » – uniquement concentrée sur le résultat final – a une certaine influence dans la théorie économique traditionnelle du comportement et du choix, notamment dans la « théorie de la préférence révélée » (même si cette approche, inaugurée par Paul Samuelson, ne vise pas particulièrement à évaluer ou estimer la liberté). Par exemple, dans la logique de la préférence révélée, la possibilité de choisir dans ce qu'on appelle l'« ensemble budgétaire » (autrement dit de choisir un panier de produits dans l'ensemble de tous les paniers possibles au sein des limites du budget total de la personne) est estimée à la valeur exacte de l'élément *choisi* dans cet ensemble. Rien ne serait perdu, dans cette vision « mince » des possibilités offertes, si l'on réduisait le nombre d'éléments de l'ensemble budgétaire, tant que celui qui a été précédemment choisi reste disponible. À l'inverse, j'explore l'importance du processus de choix dans mon article « Maximization and the Act of Choice », *Econometrica*, vol. 65,

1997 [« Maximisation et acte de choix », in *Rationalité et liberté en économie, op. cit.*].

7. Il y a un problème semblable de choix informationnel au sein même de l'idée de liberté, qui est associée à de nombreux traits distincts, comme j'ai essayé de le montrer dans mes conférences Kenneth Arrow, reprises dans *Rationalité et liberté en économie, op. cit.*, chap. 20-22. De fait, même dans l'évaluation de la dimension de possibilité de la liberté, des modes de calcul distincts peuvent entraîner des différences substantielles. Si, dans ma propre approche, liée au mode de raisonnement de la théorie du choix social, l'évaluation est faite en mettant l'accent sur les préférences exactes d'un individu, il existe d'autres explorations intéressantes de l'évaluation, en termes d'« éventail » des options disponibles, par exemple dans certaines contributions où l'on compte le nombre d'options parmi lesquelles une personne peut choisir. Sur divers problèmes en cause dans cette question, voir aussi Patrick Suppes, « Maximizing Freedom of Decision : An Axiomatic Approach », *in* G. Feiwel (éd.), *Arrow and the Foundations of Economic Policy*, Londres, Macmillan, 1987 ; Prasanta Pattanaik et Yongsheng Xu, « On Ranking Opportunity Sets in Terms of Choice », *Recherches économiques de Louvain*, vol. 56, 1990 ; Hillel Steiner, « Putting Rights in Their Place », *Recherches économiques de Louvain*, vol. 56, 1990 ; Ian Carter, « Interpersonal Comparison of Freedom », in *Economics and Philosophy*, vol. 11, 1995, et *A Measure of Freedom*, Oxford, Clarendon Press, 1999 ; Clemens Puppe, « An Axiomatic Approach to "Preference for Freedom of Choice" », *Journal of Economic Theory*, vol. 68, 1996 ; Martin Van Hees, « On the Analysis of Negative Freedom", Theory and Decision, vol. 45, 1998 ; Robert Sugden, « A Metric of Opportunity », *Economics and Philosophy*, vol. 14, 1998.

8. Voir notamment Martha Nussbaum, « Nature, Function and Capability : Aristotle on Political Distribution », *Oxford Studies in Ancient Philosophy*, supplément, 1988 ; « Human Functioning and Social Justice », *Political Theory*, vol. 20, 1992 ; Martha Nussbaum et Jonathan Glover (éd.), *Women, Culture and Development*, Oxford, Clarendon Press, 1995.

9. On trouvera une introduction large et éclairante à cette approche dans le livre de Sabina Alkire, *Valuing Freedoms : Sen's Capability Approach and Poverty Reduction*, Oxford et New York, Oxford University Press, 2002.

10. Voir les articles réunis *in* Flavio Comim, Mozaffar Qizilbash et Sabina Alkire (éd.), *The Capability Approach : Concepts, Measures and Applications*, Cambridge, Cambridge University Press, 2008 ; Reiko Gotoh et Paul Dumouchel (éd.), *Against Injustice : The New Economics of Amartya Sen*, Cambridge, Cambridge University Press, 2009 ; Ingrid Robeyns et Harry Brighouse (éd.), *Measuring Justice : Primary Goods and Capabilities*, Cambridge, Cambridge University Press, 2009 ; K. Basu et R. Kanbur (éd.), *Arguments for a Better World : Essays in Honor of Amartya Sen, op. cit.*, recueil dont l'orientation est plus générale, mais plusieurs articles traitent directement de la perspective des capabilités, dont ceux de Bina Agarwal, Paul Anand (avec Cristina Santos et Ron Smith), Amiya Kumar Bagchi, Lincoln C. Chen,

Kanchan Chopra, James Foster et Christopher Handy, Sakiko Fukuda-Parr, Jocelyn Kynch, Enrica Chiappero-Martinetti, S. R. Osmani, Mozaffar Qizilbash, Sanjay G. Reddy (avec Sujata Visaria et Muhammad Asali), Ingrid Robeyns et Rehman Sobhan ; parmi les autres articles, certains touchent indirectement au sujet. Voir aussi, parmi d'autres textes dans cette littérature à l'expansion étonnamment rapide : Sabina Alkire, *Valuing Freedoms : Sen's Capability Approach and Poverty Reduction*, Oxford, Clarendon Press, 2002 ; « Why the Capability Approach ? », *Journal of Human Development*, vol. 6, mars 2005 ; « Choosing Dimensions : The Capability Approach and Multidimensional Poverty », *in* Nanak Kakwani et Jacques Silber (éd.), *The Many Dimensions of Poverty*, Basingstoke, Palgrave Macmillan, 2008 ; Anthony B. Atkinson, « Capabilities, Exclusion, and the Supply of Goods », *in* Kaushik Basu, Prasanta Pattanaik et Kotaro Suzumura (éd.), *Choice, Welfare, and Development*, Oxford, Oxford University Press, 1995 ; Kaushik Basu et Luis-Filipe Lopez-Calvo, « Functioning and Capabilities », *in* Kenneth Arrow, Amartya Sen et Kotaro Suzumura (éd.), *The Handbook of Social Choice Theory*, t. II, Amsterdam, North-Holland, à paraître ; Enrica Chiappero-Martinetti, « A New Approach to Evaluation of Well-being and Poverty by Fuzzy Set Theory », *Giornale degli Economisti*, vol. 53, 1994 ; « A Multidimensional Assessment of Well-being Based on Sen's Functioning Theory », *Rivista Internazionale di Scienze Sociali*, vol. 2, 2000 ; « An Analytical Framework for Conceptualizing Poverty and Re-examining the Capability Approach », *Journal of Socio-Economics*, vol. 36, 2007 ; David Crocker, « Functioning and Capability : The Foundations of Sen's and Nussbaum's Development Ethic », *Political Theory*, vol. 20, 1992 ; *Ethics of Global Development : Agency, Capability and Deliberative Democracy*, Cambridge, Cambridge University Press, 2008 ; Reiko Gotoh, « The Capability Theory and Welfare Reform », *Pacific Economic Review*, vol. 6, 2001 ; « Justice and Public Reciprocity », *in* R. Gotoh et P. Dumouchel (éd.), *Against Injustice*, *op. cit.* ; N. Kakwani et J. Silber (éd.), *The Many Dimensions of Poverty*, *op. cit.* ; Mozaffar Qizilbash, « Capabilities, Well-being and Human Development : A Survey », *Journal of Development Studies*, vol. 33, 1996 ; « Capability, Happiness and Adaptation in Sen and J. S. Mill », *Utilitas*, vol. 18, 2006 ; Ingrid Robeyns, « The Capability Approach : A Theoretical Survey », *Journal of Human Development*, vol. 6, 2005 ; « The Capability Approach in Practice », *Journal of Political Philosophy*, vol. 17, 2006 ; Jennifer Prah Ruger, « Health and Social Justice », *Lancet*, vol. 362, 2004 ; « Health, Capability and Justice : Toward a New Paradigm of Health Ethics, Policy and Law », *Cornell Journal of Law and Public Policy*, vol. 15, 2006 ; *Health and Social Justice*, Oxford et New York, Oxford University Press, à paraître ; Robert Sugden, « Welfare, Resources and Capabilities : A Review of *Inequality Reexamined* by Amartya Sen », *Journal of Economic Literature*, vol. 31, 1993.

11. Voir Richard A. Arneson, « Equality and Equality of Opportunity for Welfare », *Philosophical Studies*, vol. 56, 1989, et G. A. Cohen, « Equality of What ? On Welfare, Goods and Capabilities », *in* Martha Nussbaum et

Amartya Sen (éd.), *The Quality of Life*, Oxford, Oxford University Press, 1993. Voir aussi Paul Streeten, *Development Perspectives*, Londres, Macmillan, 1981, et Francis Stewart, *Planning to Meet Basic Needs*, Londres, Macmillan, 1985.

12. C'est ce que j'appelais « évaluation élémentaire » dans mon premier livre sur l'approche par les capabilités : *Commodities and Capabilities*, *op. cit.*

13. Voir Isaiah Berlin, *The Proper Study of Mankind*, éd. Henry Hardy et Roger Hausheer, Londres, Chatto & Windus, 1997, et *Éloge de la liberté*, trad. fr. de Jacqueline Carnaud et Jacqueline Lahana, Paris, Calmann-Lévy, 1988 ; Bernard Williams, « A Critique of Utilitarianism », *in* J. J. C. Smart et Bernard Williams, *Utilitarianism : For and Against*, Cambridge, Cambridge University Press, 1973, et Bernard Williams, *L'Éthique et les Limites de la philosophie*, trad. fr. de Marie-Anne Lescourret, Paris, Gallimard, coll. « NRF-Essais », 1990.

14. T. S. Eliot, « Burnt Norton », in *Quatre Quatuors*, *op. cit.*, p. 15.

15. J'ai analysé la question dans « Incompleteness and Reasoned Choice », *Synthese*, vol. 140, 2004.

16. Frances Stewart et Séverine Deneulin, « Amartya Sen's Contribution to Development Thinking », *Studies in Comparative International Development*, vol. 37, 2002.

17. Karl Marx, *Manuscrits de 1844 : économie politique et philosophie*, trad. fr. d'Émile Bottigelli, Paris, Éd. sociales, 1962, p. 90. Voir aussi Jon Elster, *Karl Marx. Une interprétation analytique*, trad. fr. de Pierre-Emmanuel Dauzat, Paris, Presses universitaires de France, 1989.

18. Karl Marx, *Critique du programme de Gotha* [1875], in *Critique des programmes de Gotha et d'Erfurt*, Paris, Éd. sociales, 1950, rééd., 1981, p. 31-32.

19. Le rapport Brundtland est le rapport rédigé par la Commission mondiale sur l'environnement et le développement, présidée par Gro Brundtland (qui a été Premier ministre de Norvège, puis directrice générale de l'Organisation mondiale de la santé) : *Notre avenir à tous*, Montréal, Éd. du Fleuve, 1988, p. 51.

20. Robert Solow, *An Almost Practical Step toward Sustainability*, Washington, DC, Resources for the Future, 1992.

12. Capabilités et ressources

1. Aristote, *Éthique à Nicomaque*, Livre I, 1096 a 5-7, trad. fr. de Richard Bodéüs, Paris, Flammarion, coll. « GF », 2004, p. 58.

2. Voir, entre autres ouvrages sur ce sujet important, Robert Putnam, *Bowling Alone : Collapse and Revival of American Community*, New York, Simon and Schuster, 2000.

3. Voir sur ce point mon article « Poor, Relatively Speaking », *Oxford Economic Papers*, vol. 35, 1983, repris dans *Resources, Values and Development*, Cambridge, MA, Harvard University Press, 1984. Voir aussi Dorothy Wed-

derburn, *The Aged in the Welfare State*, Londres, Bell, 1961, et J. Palmer, T. Smeeding et B. Torrey, *The Vulnerable : America's Young and Old in the Industrial World*, Washington, DC, Urban Institute Press, 1988.

4. Sur ce point, voir mon livre *Un nouveau modèle économique : développement, justice, liberté*, *op. cit.*, chap. 8 et 9, et les articles et ouvrages qui y sont cités. Deux des contributions pionnières dans ce domaine sont Pranab Bardhan, « On Life and Death Questions », *Economic and Political Weekly*, vol. 9, 1974, et Lincoln Chen, E. Huq et S. D'Souza, « Sex Bias in the Family Allocation of Food and Health Care in Rural Bangladesh », *Population and Development Review*, vol. 7, 1981. Voir aussi mon article cosigné avec Jocelyn Kynch, « Indian Women : Well-being and Survival », *Cambridge Journal of Economics*, vol. 7, 1983, et mes livres cosignés avec Jean Drèze, *India : Economic Development and Social Opportunity*, New Delhi et Oxford, Oxford University Press, 1995, et *India : Development and Participation*, Delhi et Oxford, Oxford University Press, 2002.

5. Ces estimations proviennent de la Banque mondiale.

6. Wiebke Kuklys, *Amartya Sen's Capability Approach : Theoretical Insights and Empirical Applications*, New York, Springer-Verlag, 2005.

7. Thomas Pogge a fait d'importantes contributions dans ce sens ; voir en particulier son livre *World Poverty and Human Rights : Cosmopolitan Responsibilities and Reforms*, Cambridge, Polity, 2002 ; 2e éd., 2008.

8. Thomas Pogge, « A Critique of the Capability Approach », *in* Harry Brighouse et Ingrid Robeyns (éd.), *Measuring Justice : Primary Goods and Capabilities*, Cambridge, Cambridge University Press, à paraître.

9. Ce problème a été analysé dans l'Introduction et aux chapitres 1 à 4.

10. Elizabeth Anderson, « Justifying the Capabilities Approach to Justice », *in* H. Brighouse et I. Robeyns (éd.), *Measuring Justice : Primary Goods and Capabilities*, *op. cit.* Sur des questions voisines, voir aussi son article « What Is the Point of Equality ? », *Ethics*, vol. 109, 1999.

11. Voir Kenneth Arrow et Frank Hahn, *General Competitive Analysis*, San Francisco, Holden-Day, 1971 ; Amsterdam, North-Holland, 1979 ; George Akerlof, « The Market for "Lemons" : Quality Uncertainty and the Market Mechanism », *Quarterly Journal of Economics*, vol. 84, 1970 ; M. E. Rothschild et Joseph Stiglitz, « Equilibrium in Competitive Insurance Markets », *Quarterly Journal of Economics*, vol. 90, 1976 ; parmi bien d'autres contributions importantes dans ce domaine.

13. Bonheur, bien-être et capabilités

1. Voir John E. Roemer, *Theories of Distributive Justice*, Cambridge, MA, Harvard University Press, 1996. Cette critique rigoureusement argumentée de différentes théories de la justice présente l'évaluation raisonnée de Roemer sur certaines des grandes approches de la question dans la philosophie politique contemporaine et l'économie du bien-être.

2. Richard Easterlin, « Will Raising the Income of All Increase the Happiness of All ? », *Journal of Economic Behaviour and Organization*, vol. 27, 1995. Voir aussi la très importante analyse d'Easterlin sur la discordance entre revenu et bonheur, et sur la façon de promouvoir le bonheur tant grâce à une augmentation des revenus que par d'autres moyens, « Income and Happiness : Towards a Unified Theory », *Economic Journal*, vol. 111, 2001. Voir aussi Bernard M. S. van Praag et Ada Ferrer-i-Carbonell, *Happiness Quantified : A Satisfaction Calculus Approach*, Oxford, Oxford University Press, 2004.

3. Tibor Scitovsky, *L'Économie sans joie*, trad. fr. de Martine Fiorini et Amanda Wilson, Paris, Calmann-Lévy, 1978.

4. Richard Layard, *Le Prix du bonheur. Leçons d'une science nouvelle*, trad. fr. de Christophe Jaquet, Paris, A. Colin, 2007, p. 15.

5. *Ibid.*, p. 124-125.

6. *Ibid.*

7. Voir Robert Nozick, *Anarchie, État et utopie*, *op. cit.* ; Ronald Dworkin, *La Vertu souveraine*, trad. fr. de J.-F. Spitz, Bruxelles, Bruylant, 2007.

8. Lionel Robbins, « Interpersonal Comparisons of Utilities : A Comment », *Economic Journal*, vol. 48, 1938.

9. Kenneth J. Arrow, *Choix collectif et préférences individuelles*, *op. cit.*

10. *Ibid.*, p. 31.

11. Sur cette question, voir aussi mon livre *Choice, Welfare and Measurement*, *op. cit.*, et « Social Choice Theory », *in* K. J. Arrow et M. Intriligator (éd.), *Handbook of Mathematical Economics*, *op. cit.*

12. R. Layard, *Le Prix du bonheur*, *op. cit.* Voir aussi Daniel Kahneman, « Objective Happiness », *in* Daniel Kahneman et N. Schwartz (éd.), *Well-being : The Foundations of Hedonic Psychology*, New York, Russel Sage Foundation, 1999, et Alan Krueger et Daniel Kahneman, « Developments in the Measurement of Subjective Well-being », *Journal of Economic Perspectives*, vol. 20, 2006. Sur des questions voisines, voir B. M. S. van Praag et A. Ferreri-Carbonell, *Happiness Quantified : A Satisfaction Calculus Approach*, *op. cit.*

13. R. Layard, *Le Prix du bonheur*, *op. cit.*, p. 16.

14. J'ai analysé la question plus complètement ailleurs, en particulier dans « Economic Progress and Health », *in* D. A. Leon et G. Walt (éd.), *Poverty, Inequality and Health*, Oxford, Oxford University Press, 2000 ; et « Health Achievement and Equity : External and Internal Perspectives », *in* Sudhir Anand, Fabienne Peter et Amartya Sen (éd.), *Public Health, Ethics, and Equity*, Oxford, Oxford University Press, 2004.

15. Voir, en particulier, Arthur Kleinman, *The Illness Narrative : Suffering, Healing and the Human Condition*, New York, Basic Books, 1988, et *Writing at the Margin : Discourse between Anthropology and Medicine*, Berkeley, University of California Press, 1995.

16. J'ai examiné les distinctions entre ces quatre catégories dans mes conférences Dewey de 1984 : « Well-being, Agency and Freedom : The Dewey Lectures 1984 », *Journal of Philosophy*, vol. 82, 1985. L'analyse de ces distinctions et de leurs champs de pertinence différents a été approfondie

dans mon ouvrage *Repenser l'inégalité*, trad. fr. de Paul Chemla, Paris, Éd. du Seuil, 2000.

14. Égalité et liberté

1. A. Sen, *Repenser l'inégalité, op. cit.*

2. Voir Robert Nozick, « Distributive Justice », *Philosophy and Public Affairs*, vol. 3, 1973, et *Anarchie, État et utopie, op. cit.* ; James Buchanan, *Liberty, Market and the State*, Brighton, Wheatsheaf Books, 1974, et « On the Ethical Limits of Taxation », *Scandinavian Journal of Economics*, vol. 86, 1984. Voir aussi James Buchanan et Gordon Tullock, *The Calculus of Consent*, Ann Arbor, University of Michigan Press, 1962.

3. Richard Hare, *Moral Thinking : Its Level, Method and Point*, Oxford, Clarendon Press, 1981, p. 26 ; John Harsanyi, « Morality and the Theory of Rational Behaviour », *in* Amartya Sen et Bernard Williams (éd.), *Utilitarianism and Beyond, op. cit.*, p. 47.

4. William Letwin (éd.), *Against Equality : Readings on Economic and Social Policy*, Londres, Macmillan, 1983.

5. Harry Frankfurt, « Equality as a Moral Ideal », *in* W. Letwin (éd.), *Against Equality, op. cit.*, p. 21.

6. Dans son attaque énergique et captivante contre la philosophie politique dominante, Raymond Geuss souligne le fait important que, dans de nombreuses théories plus anciennes de la justice, la nécessité d'un traitement inégal est consacrée et non évitée : « Le droit romain a conceptualisé avec une clarté ferme et inébranlable cette "intuition" presque universellement partagée : traiter un ou une esclave comme s'il ou elle avait le moindre droit serait une violation grossière des principes fondamentaux de la justice » (Geuss, *Philosophy and Real Politics*, Princeton, NJ, Princeton University Press, 2008, p. 74). Geuss a raison sur ce point (et son analyse sur la pertinence des déséquilibres de force met au jour un problème important), mais il est essentiel aussi de faire la distinction entre ce type de rejet du principe même de l'égalité et la démarche de Frankfurt, qui critique l'égalité dans un espace étroitement défini et au nom d'autres valeurs impartiales, dont l'égalité dans un espace qui lui paraît plus essentiel.

7. La perspective marxiste sur cette question est bien développée dans les ouvrages classiques de Maurice Dobb : *Political Economy and Capitalism*, Londres, Routledge, 1937, et *Theories of Value and Distribution since Adam Smith : Ideology and Economic Theory*, Cambridge, Cambridge University Press, 1973. Voir aussi les contributions de G. A. Cohen : *Karl Marx's Theory of History : A Defence, op. cit.*, et *History, Labour and Freedom : Themes from Marx*, Oxford, Clarendon Press, 1988. J'ai tenté d'examiner la théorie de la valeur travail dans ses dimensions descriptive et évaluative dans mon article « On Labour Theory of Value : Some Methodological Issues », *Cambridge Journal of Economics*, vol. 2, 1978.

8. Voir sur ce point mon article « Liberty and Social Choice », *Journal of Philosophy*, vol. 80, 1983 [article traduit en français par Sophie Marnat sous le titre « Liberté et choix social », in *Éthique et économie (et autres essais)*, *op. cit.*, p. 159-188], et mon livre *Repenser l'inégalité*, *op. cit.*

9. On trouvera une analyse de ce type d'« efficacité » et de sa pertinence omniprésente dans la société moderne dans mon article « Liberty as Control : An Appraisal », *Midwest Studies in Philosophy*, vol. 7, 1982.

10. J. S. Mill, *De la liberté*, trad. fr. de Gilbert Boss, Zurich, Éd. du Grand Midi, 2004.

11. Voir Philip Pettit, « Liberalism and Republicanism », *Australasian Journal of Political Science*, vol. 28, 1993 ; *Républicanisme. Une théorie de la liberté et du gouvernement*, trad. fr. de Patrick Savidan et Jean-Fabien Spitz, Paris, Gallimard, coll. « NRF-Essais », 2004 ; et *A Theory of Freedom*, Londres, Polity, 2001 ; ainsi que Quentin Skinner, *La Liberté avant le libéralisme*, trad. fr. de Muriel Zagha, Paris, Éd. du Seuil, 2000.

12. J'ai défendu cette pluralité dans mes conférences Dewey de 1984, publiées sous le titre « Well-being, Agency and Freedom : The Dewey Lectures 1984 », art. cité ; voir notamment la troisième conférence.

13. J'ai présenté ce résultat dans mon article « The Impossibility of a Paretian Liberal », *Journal of Political Economy*, vol. 78, 1979, et dans *Collective Choice and Social Welfare*, *op. cit.*, chap. 6.

14. Voir en particulier Christian Seidl, « On Liberal Values », *Zeitschrift für Nationalökonomie*, vol. 35, 1975.

15. Voir Kotaro Suzumura, « On the Consistency of Libertarian Claims », *Review of Economic Studies*, vol. 45, 1978 ; et Peter Hammond, « Liberalism, Independent Rights and the Pareto Principle », *in* J. Cohen (éd.), *Proceedings of the 6th International Congress of Logic, Methodology and Philosophy of Science*, Dordrecht, Reidel, 1981, ainsi que « Utilitarianism, Uncertainty and Information », *in* Amartya Sen et Bernard Williams (éd.), *Utilitarianism and Beyond*, *op. cit.*

16. Voir Julian Blau, « Liberal Values and Independence », *Review of Economic Studies*, vol. 42, 1975 ; Michael J. Farrell, « Liberalism in the Theory of Social Choice », *Review of Economic Studies*, vol. 43, 1976 ; Wulf Gaertner et Lorenz Kruger, « Self-Supporting Preferences and Individual Rights : The Possibility of a Paretian Liberal », *Economica*, vol. 48, 1981.

17. Dans ce qui suit, j'ai utilisé mon analyse de cette question dans « Minimal Liberty », *Economica*, vol. 59, 1992 [« La liberté minimale », in *Rationalité et liberté en économie*, *op. cit.*].

18. Voir Roy Gardner, « The Strategic Inconsistency of Paretian Liberalism », *Public Choice*, vol. 35, 1980 ; Friedrich Breyer et Roy Gardner, « Liberal Paradox, Game Equilibrium and Gibbard Optimum », *Public Choice*, vol. 35, 1980 ; Kaushik Basu, « The Right to Give up Rights », *Economica*, vol. 51, 1984.

19. Voir Brian Barry, « Lady Chatterley's Lover and Doctor Fischer's Bomb Party : Liberalism, Pareto Optimality and the Problem of Objectional

Preferences », *in* Jon Elster et A. Hylland (éd.), *Foundations of Social Choice Theory*, Cambridge, Cambridge University Press, 1986 ; et R. Hardin, *Morality within the Limits of Reason*, Chicago, Chicago University Press, 1988.

20. Robert Nozick, *Anarchie, État et utopie*, *op. cit.*, p. 206-208. Le résultat dont il parle est l'impossibilité du libéral parétien.

21. Voir en particulier Peter Gardenfors, « Rights, Games and Social Choice », *Nous*, vol. 15, 1981 ; Robert Sugden, *The Political Economy of Public Choice*, Oxford, Martin Robertson, 1981, et « Liberty, Preference and Choice », *Economics and Philosophy*, vol. 1, 1985 ; Wulf Gaertner, Prasanta Pattanaik et Kotaro Suzumura, « Individual Rights Revisited », *Economica*, vol. 59, 1992.

Quatrième partie
RAISONNEMENT PUBLIC ET DÉMOCRATIE

15. La démocratie comme raisonnement public

1. Aldous Huxley, *Contrepoint*, trad. fr. de Jules Castier, Paris, Plon, 1953, rééd. Le Livre de Poche, p. 307-308.

2. Voir en particulier J. Rawls, *Théorie de la justice*, *op. cit.*, et *Libéralisme politique*, *op. cit.*

3. Jürgen Habermas, *L'Espace public : archéologie de la publicité comme dimension de la société bourgeoise*, Paris, Payot, 1997 ; *Théorie de l'agir communicationnel*, Paris, Fayard, 1987 ; et *Morale et communication : conscience morale et activité communicationnelle*, trad. fr. de Christian Bouchindhomme, Paris, Flammarion, coll. « Champs », 1999.

4. La « théorie libérale du raisonnement public » a été très vigoureusement défendue par Bruce Ackerman, *Social Justice in the Liberal State*, New Haven, Yale University Press, 1980. Voir aussi son article bien enlevé et bien argumenté, « Why Dialogue ? », *Journal of Philosophy*, vol. 86, 1989.

5. Seyla Benhabib, *Another Cosmopolitanism*, New York, Oxford University Press, 2006, qui comprend ses échanges de vues avec Bonnie Honig, Will Kymlicka et Jeremy Waldron. Voir aussi Seyla Benhabib (éd.), *Democracy and Difference*, Princeton, NJ, Princeton University Press, 1996. Sur des sujets voisins, voir également Elizabeth Anderson, *Value in Ethics and Economics*, Cambridge, MA, Harvard University Press, 1993.

6. Voir Joshua Cohen et Joel Rogers (éd.), *On Democracy*, Londres, Penguin, 1983, et *Associations and Democracy*, Londres, Verso, 1995.

7. Ronald Dworkin, *Is Democracy Possible Here ? Principles for a New Political Debate*, Princeton, NJ, Princeton University Press, 2006.

8. James Buchanan, « Social Choice, Democracy and Free Markets », *Journal of Political Economy*, vol. 62, 1954. Voir aussi James Buchanan et Gordon

Tullock, *The Calculus of Consent*, Ann Arbor, MI, University of Michigan Press, 1962.

9. John Rawls, *Collected Papers*, Cambridge, MA, Harvard University Press, 1999, p. 579-580. Voir aussi ses ouvrages *Théorie de la justice, op. cit.*, *Libéralisme politique, op. cit.*, et *La Justice comme équité : une reformulation de « Théorie de la justice », op. cit.*

10. John Rawls, « Reply to Habermas », *Journal of Philosophy*, vol. 92, mars 1995 ; trad. fr., « Réponse à Habermas », *in* J. Habermas et J. Rawls, *Débat sur la justice politique, op. cit.*, p. 50.

11. Samuel Huntington, *The Third Wave : Democratization in the Late Twentieth Century*, Norman, OK, et Londres, University of Oklahoma Press, 1991, p. 9.

12. J'ai analysé ces liens généraux *in* « Democracy as a Universal Value », *Journal of Democracy*, vol. 10, 1999 ; « Democracy and Its Global Roots », *New Republic*, 6 octobre 2003 ; *Identité et violence, op. cit.*

13. Aldous Huxley lui-même connaissait bien, manifestement, cette littérature sur les expériences de démocratie municipale dans l'Inde antique : cela ressort clairement des titres que Sidney Quarles présente à son épouse comme ceux qu'il se propose d'étudier à la bibliothèque du British Museum.

14. Cette question est traitée plus complètement dans mes livres *L'Inde : histoire, culture, identité, op. cit.*, et *Identité et violence, op. cit.*

15. Pour une analyse plus complète de ces traditions, avec les références aux sources, voir *L'Inde : histoire, culture, identité, op. cit.*, et *Identité et violence, op. cit.*

16. Voir Nakamura Hajime, « Basic Features of the Legal, Political, and Economic Thought of Japan », *in* Charles A. Moore (éd.), *The Japanese Mind : Essentials of Japanese Philosophy and Culture*, Tokyo, Tuttle, 1973, p. 144.

17. Voir Ramachandra Guha, « Arguments with Sen : Arguments about India », *Economic and Political Weekly*, vol. 40, 2005, et Amartya Sen, « Our Past and Our Present », *Economic and Political Weekly*, vol. 41, 2006.

18. Nelson Mandela, *Un long chemin vers la liberté*, trad. fr. de Jean Guiloineau, Paris, Fayard, 1995, p. 29.

19. Maria Rosa Menocal, *L'Andalousie arabe : une culture de la tolérance, VIII*[e]*-XV*[e] *siècle*, trad. fr. de Mélanie Marx, Paris, Autrement, 2003, p. 75.

16. *La pratique de la démocratie*

1. Pour les sources de cette citation, et des autres, sur la famine du Bengale, voir mon livre *Poverty and Famines : An Essay on Entitlement and Deprivation*, Oxford, Clarendon Press, 1981, chap. 9 et Appendice D.

2. Sur les famines nord-coréennes et leur lien avec le régime autoritaire, voir Andrew S. Natsios, *The Great North Korean Famines*, Washington, DC, Institute of Peace Press, 2002, et Stephan Haggard et Marcus Noland,

Famine in North Korea : Markets, Aid, and Reform, New York, Columbia University Press, 2007.

3. Voir T. P. Bernstein, « Stalinism, Famine, and Chinese Peasants », *Theory and Society*, vol. 13, 1984, p. 13. Voir aussi Carl Riskin, *China's Political Economy*, Oxford, Clarendon Press, 1987.

4. Cité *in* Mao Tse-toung, *Mao Tse-toung parle au peuple : 1956-71*, textes réunis et présentés par Stuart Schram, trad. fr. de Sylvie Barjansky, Paris, Presses universitaires de France, 1977, p. 155.

5. Voir, par exemple, Adam Przeworski *et al.*, *Sustainable Democracy*, Cambridge, Cambridge University Press, 1995 ; Robert J. Barro, *Getting It Right : Markets and Choices in a Free Society*, Cambridge, MA, MIT Press, 1996.

6. Sur ces questions, voir mon livre *Un nouveau modèle économique : développement, justice, liberté, op. cit.* Voir aussi Robin Jeffrey, *Politics, Women, and Well-being : How Kerala Became a « Model »*, Cambridge, Cambridge University Press, 1992 ; V. K. Ramachandran, « Kerala's Development Achievements », *in* Jean Drèze et Amartya Sen (éd.), *Indian Development : Selected Regional Perspectives*, Oxford et Delhi, Oxford University Press, 1996.

7. Condorcet, *De l'influence de la révolution d'Amérique sur l'Europe*, in *Œuvres de Condorcet*, éd. A. Condorcet O'Connor et M. F. Arago, Paris, Firmin Didot, 1847-1849, t. VIII, p. 5. Voir aussi l'analyse de cette question et d'autres qui lui sont liées *in* Emma Rothschild, *Economic Sentiments : Smith, Condorcet and the Enlightenment, op. cit.*, chap. 6.

8. Gandhi a écrit sur le sujet ; voir *The Collected Works of Mahatma Gandhi*, New Delhi, Government of India, 1960. Voir aussi mon livre *Identité et violence, op. cit.*, en particulier p. 225-231.

9. Voir sur ce point mon livre *Identité et violence, op. cit.*

17. Droits humains et impératifs mondiaux

1. Jeremy Bentham, « L'absurdité sur des échasses », *in* Bertrand Binoche et Jean-Pierre Cléro (dir.), *Bentham contre les droits de l'homme*, Paris, PUF, 2007, p. 34.

2. On trouvera une analyse et une défense de cette thèse dans mes articles « Elements of a Theory of Human Rights », *Philosophy and Public Affairs*, vol. 32, 2004, et « Human Rights and the Limits of Law », *Cardozo Law Journal*, vol. 27, avril 2006. Ces articles présentent aussi un cadre général précisant la base, la portée et les conséquences d'une vision des droits qui les assimile, en dernière analyse, à des revendications éthiques satisfaisant les exigences fondamentales du raisonnement impartial.

3. J. Bentham, « L'absurdité sur des échasses », *in* B. Binoche et J.-P. Cléro (dir.), *Bentham contre les droits de l'homme, op. cit.*, p. 122.

4. Admettre l'existence d'une opposition générale entre les catégories respectives des assertions éthiques et des énoncés juridiques n'est évidemment pas nier que les points de vue éthiques puissent contribuer à l'interprétation et au contenu concret des lois. La reconnaissance de cette possibilité est peut

être contraire à une théorie strictement positiviste du droit (voir sur ce point Ronald Dworkin, *A Matter of Principle*, Cambridge, MA, Harvard University Press, 1985), mais elle n'efface pas la différence considérable qui existe entre les affirmations essentiellement éthiques et les déclarations principalement juridiques.

5. Thomas Paine, *Les Droits de l'homme* [1791-1792], trad. fr. de Bernard Vincent, Paris, Ligue des droits de l'homme, Nancy, Presses universitaires de Nancy, 1991. Mary Wollstonecraft, *Défense des droits des hommes. Lettre à l'honorable Edmund Burke* [1790], in *Une Anglaise défend la Révolution française, op. cit.*, et *Défense des droits de la femme* [1792], *op. cit.*

6. Herbert L. A. Hart, « Are There Any Natural Rights ? », *The Philosophical Review*, vol. 64, avril 1955, repris *in* Jeremy Waldron (éd.), *Theories of Rights*, Oxford, Oxford University Press, 1984, p. 79.

7. Voir aussi mon article « Well-being, Agency and Freedom : The Dewey Lectures 1984 », *Journal of Philosophy*, vol. 82, avril 1985 ; et mes livres *Repenser l'inégalité, op. cit.*, et *Un nouveau modèle économique : développement, justice, liberté, op. cit.*

8. Robert E. Goodin et Frank Jackson, « Freedom from Fear », *Philosophy and Public Affairs*, vol. 35, 2007, p. 250.

9. Pour une exploration plus complète de la distinction et de ses conséquences de grande portée, voir mes conférences Kenneth Arrow, « Freedom and Social Choice », reprises dans mon livre *Rationalité et liberté en économie, op. cit.*, chap. 20-22 (« Liberté et choix collectif »).

10. Voir aussi l'analyse des problèmes analogues que pose la multiplicité des aspects de la liberté, dans mes livres *Repenser l'inégalité* (*op. cit.*) et *Rationalité et liberté en économie* (*op. cit.*, chap. 20-22).

11. J'ai étudié la pertinence d'un cadre sensible aux conséquences pour ce type de raisonnement éthique dans mes articles « Rights and Agency », *Philosophy and Public Affairs*, vol. 11, 1982 [« Les droits et la question de l'agent », in *Éthique et économie (et autres essais)*, *op. cit.*], « Positional Objectivity », *Philosophy and Public Affairs*, vol. 22, 1993 [« L'objectivité positionnée », in *Rationalité et liberté en économie, op. cit.*] et « Consequential Evaluation and Practical Reason », *Journal of Philosophy*, vol. 97, 2000.

12. Immanuel Kant, *Fondements de la métaphysique des mœurs* [1785], *op. cit.*, et *Critique de la raison pratique* [1788], *op. cit.*

13. Aristote, *Éthique à Nicomaque, op. cit.*, p. 51.

14. Sur ce point, voir Andrew Ashworth et Eva Steiner, « Criminal Omissions and Public Duties : The French Experience », *Legal Studies*, vol. 10, 1990 ; Glanville Williams, « Criminal Omissions : The Conventional View », *Law Quarterly Review*, vol. 107, 1991.

15. Le lien entre droits et obligations – tant imparfaites que parfaites – a été brièvement exploré et examiné dans un article antérieur, « Consequential Evaluation and Practical Reason », *Journal of Philosophy*, vol. 97, septembre 2000, et dans le chapitre introductif du *Rapport sur le développement humain 2000* des Nations unies, Louvain, De Boeck Université, 2000, fondé sur un

article que j'avais écrit avec Sudhir Anand pour ce numéro spécial, « Human Rights and Human Development ».

16. Joseph Raz, *The Morality of Freedom*, Oxford, Clarendon Press, 1986, p. 180.

17. Voir Ivan Hare, « Social Rights as Foundational Human Rights », *in* Bob Hepple (éd.), *Social and Labour Rights in Global Context*, Cambridge, Cambridge University Press, 2002.

18. Cass R. Sunstein, *After the Rights Revolution ; Reconceiving the Regulatory State*, Cambridge, MA, Harvard University Press, 1990.

19. Voir, par exemple, l'analyse d'Andrew Kuper dans *Democracy Beyond Borders : Justice and Representation in Global Institutions*, New York et Oxford, Oxford University Press, 2004 ; voir aussi le recueil d'articles qu'il a édité, *Global Responsibilities : Who Must Deliver on Human Rights ?*, New York et Londres, Routledge, 2005.

20. Les travaux de Thomas Pogge ainsi que ceux de ses collaborateurs ont défriché de nombreux champs d'étude en politique publique fondés sur l'idée de droits humains et les exigences de la justice. Voir notamment Thomas Pogge, *World Poverty and Human Rights : Cosmopolitical Responsibilities and Reforms*, Cambridge, Polity Press, 2002, 2e éd., 2008 ; Andreas Follesdal et Thomas Pogge (éd.), *Real World Justice*, Berlin, Springer, 2005 ; Thomas Pogge et Sanjay Reddy, « How Not to Count the Poor » *in* Sudhir Anand, Paul Segal et Joseph Stiglitz (éd.), *Debates on the Measurement of Global Poverty*, art. cité ; Robert Goodin, Philip Pettit et Thomas Pogge (éd.), *A Companion to Contemporary Political Philosophy*, Oxford, Blackwell, 2007 ; Elke Mack, Thomas Pogge, Michael Schramm et Stephan Klasen (éd.), *Absolute Poverty and Global Justice : Empirical Data – Moral Theories – Realizations*, Aldershot, Ashgate, 2009.

21. Deen Chatterjee, *Democracy in a Global World : Human Rights and Political Participation in the 21st Century*, Londres, Rowman & Littlefield, 2008, p. 2.

22. David Crocker, *Ethics of Global Development : Agency, Capability, and Deliberative Democracy*, Cambridge, Cambridge University Press, 2008, p. 389-390.

23. Voir aussi Christopher Barry et Sanjay Reddy, *International Trade and Labor Standards*, New York, Columbia University Press, 2008.

24. Voir Maurice Cranston, « Are There Any Human Rights ? », *Daedalus*, automne 1983, et Onora O'Neill, *Towards Justice and Virtue*, Cambridge Cambridge University Press, 1996.

25. Onora O'Neill, *Faces of Hunger : An Essay on Poverty, Justice and Development*, Londres, Allen & Unwin, 1986.

26. Onora O'Neill, *Towards Justice and Virtue*, *op. cit.*, p. 131-132. Voir aussi son livre *Bounds of Justice*, Cambridge, Cambridge University Press 2000.

27. M. Cranston, « Are There Any Human Rights ? », art. cité, p. 13.

28. Sur cette question, voir la solide analyse de Bernardo Kliksberg, *Towards an Intelligent State*, Amsterdam, IOS Press, 2001.

29. Sur ce point, voir mon article « Elements of a Theory of Human Rights », *Philosophy and Public Affairs*, vol. 32, 2004.

30. Certains des problèmes fondamentaux sont analysés par John Mackie, « Can There Be a Rights-based Moral Theory », *Midwest Studies in Philosophy*, vol. 3, 1978.

18. La justice et le monde

1. Voir J. C. Jacquemin, « Politique de stabilisation par les investissements publics », thèse de doctorat inédite, université de Namur, Belgique, 1985. Nous avons analysé, Jean Drèze et moi, divers aspects de cette correspondance dans *Hunger and Public Action*, Oxford, Clarendon Press, 1989, p. 65-68.

2. Voir aussi Stephen Sealet et David Schmidtz, « Famine, Poverty, and Property Rights », *in* Christopher W. Morris (éd.), *Amartya Sen*, « Contemporary Philosophy in Focus », Cambridge, Cambridge University Press, 2010.

3. M. Wollstonecraft, *Défense des droits de la femme*, *op. cit.*, p. 286.

4. *Ibid.*, p. 42.

5. A. Smith, *Théorie des sentiments moraux*, *op. cit.*, p. 290-291.

6. Adam Smith, *Leçons sur la jurisprudence*, trad. fr. d'Henri Commetti, Paris, Dalloz, 2009, p. 149.

7. Cité *in* « Ginsburg Shares Views on Influence of Foreign Law on Her Court, and Vice Versa », *New York Times*, 12 avril 2009, p. 14.

8. *New York Times*, 12 avril 2009.

INDEX DES NOMS

INDEX THÉMATIQUE

TABLE

DEUXIÈME PARTIE

Formes de raisonnement

TROISIÈME PARTIE
Les matériaux de la justice

QUATRIÈME PARTIE

Raisonnement public et démocratie

Mise en page par Méta-systems
Roubaix (59100)

N° d'édition : L.01EHQN000603.N001
Dépôt légal : février 2012
Imprimé en Espagne par Novoprint (Barcelone)